AF537987

HENRI DE LUBAC – CORPUS MYSTICUM

HENRI DE LUBAC

CORPUS MYSTICUM

KIRCHE UND EUCHARISTIE IM MITTELALTER

EINE HISTORISCHE STUDIE

übertragen von
Hans Urs von Balthasar

JOHANNES VERLAG EINSIEDELN

Das französische Original trägt den Titel:
Corpus Mysticum. L'Eucharistie et l'Eglise au Moyen Age
Deuxième Edition revue et augmentée, Paris, Aubier 1949

Mit kirchlicher Druckerlaubnis
des Bischöflichen Ordinariates Chur
vom 21. 8. 1969
2. Auflage 1995
Druck: Offizin Chr. Scheufele, Stuttgart
ISBN 3 89411 161 5

INHALTSVERZEICHNIS

ZWEITER TEIL

ANHANG:

DAS «CORPUS TRIFORME» DES AMALARIUS UND SEINE SCHICKSALE

ABKÜRZUNGEN

AAS	=	Acta Apostolicae Sedis
BLE	=	Bulletin de littérature ecclésiastique
BMP	=	Bibliotheca maxima Patrum
BTAM	=	Bulletin de théologie ancienne et médiévale
CSCO	=	Corpus scriptorum christianorum orientalium
DACL	=	Dictionnaire d'Archéologie chrétienne et de Liturgie
DHGE	=	Dictionnaire d'Histoire et de Géographie ecclésiastiques
DS	=	Denzinger-Schönmetzer
DTC	=	Dictionnaire de Théologie catholique
JThSt	=	Journal of Theological Studies
MGH	=	Monumenta Germaniae Historica
NPB	=	Nova Patrum Bibliotheca
NRT	=	Nouvelle Revue Théologique
PG	=	Migne, Patrologiae cursus completus, series graeca
PL	=	Migne, Patrologiae cursus completus, series latina
RAM	=	Revue d'Ascétique et de Mystique
RevSR	=	Revue des Sciences Religieuses
RHE	=	Revue d'Histoire Ecclésiastique
RHLR	=	Revue d'Histoire et de Littérature religieuses
RHR	=	Revue de l'Histoire des Religions
RSPhTh	=	Revue des Sciences Philosophiques et Théologiques
RSR	=	Recherches de Science Religieuse
RTAM	=	Recherches de Théologie Ancienne et Médiévale
SC	=	Sources Chrétiennes
ThQ	=	Theologische Quartalschrift
TU	=	Texte und Untersuchungen
ZkT	=	Zeitschrift für katholische Theologie
ZKG	=	Zeitschrift für Kirchengeschichte

VORWORT DES VERFASSERS

Die zweite Auflage dieses Werkes, nach der die vorliegende Übersetzung gefertigt ist, erschien vor bereits zwanzig Jahren. Manche Einzelheiten, sogar wichtige Aspekte der langen Geschichte, die es nachzeichnet, könnten heute dank vielfältiger in der Zwischenzeit erschienenen Untersuchungen besser erhellt werden. Eine weniger unvollkommene Kenntnis der Originaltexte lassen heute den Verfasser das Ungenügende von manchen Analysen deutlicher erkennen, obschon sie ihm auch die Richtigkeit seines Gesamtentwurfs und seiner Schlußfolgerungen bestätigt hat. Aber es ist ihm praktisch unmöglich, das ganze Buch nochmals aufzutrennen, um es neu zusammenzusetzen.

So begnügen wir uns damit, in diesem kurzen Vorwort dem Leser drei Erwägungen zu unterbreiten: die erste betrifft die ökumenische Problematik, die zweite die Formulierung des eucharistischen Dogmas, die dritte das liturgische Leben.

Keine unmittelbar ökumenische Absicht hatte diesen Versuch angeregt, die Begriffsgeschichte der beiden Worte corpus mysticum *nachzuzeichnen. Dennoch glauben wir nicht fehlzugehen mit der folgenden doppelten Feststellung, die für die Beziehungen zwischen Orient und Okzident, für heute und konkret gesprochen: zwischen der katholischen und der orthodoxen Kirche nicht ohne Bedeutung sein dürfte. Einmal erscheint die alte lateinische Tradition für den, der sie wirklich kennt, in vielen Punkten der griechischen näher und von ihr abhängiger, als man es oft gemeint hat; die Schätze, die diese uns bietet, müssen uns kostbar sein, um der neuzeitlichen spekulativen Dürre zu wehren, die uns oft nur allzuweit von den orientalischen Quellen entfernt hat. Das andere könnte noch wichtiger sein: eben jene Bedeutung, die* corpus mysticum *ursprünglich und durch lange Zeiten besaß, und der Übergang der ursprünglich eucharistischen zur späteren kirchlichen Bedeutung fordern von uns ein tieferes Nachdenken über den Zusammenhang von Kirche und Eucharistie. Wir werden dadurch – ohne einem künstlichen Gegensatz zwischen einer universalistischen und einer eucharistischen Auffassung von der Kirche zu verfallen – angeleitet, nach dem Buchstaben wie nach dem Geist des letzten Konzils eine umfassendere Ekklesiologie zu entwerfen, die dem Mysterium der Kirche gerechter wird, indem es dessen eucharistische Dimension besser ins Licht setzt.*

Zweitens scheint uns der Wandel des Lehrgehalts, der sich hinter der Wortgeschichte, wie sie in diesem Buch dargestellt wird, vollzieht, einerseits das Alter jenes katholischen Glaubens ins Licht zu stellen, der – in seiner genauen historischen Stunde – mit dem Begriff «Transsubstantiation» ausgedrückt wurde, anderseits den Fehler zu zeigen, den wir begehen würden, wenn wir das ganze «Mysterium des Glaubens» auf diesen einzigen Begriff einengen wollten. Das Wort «Transsubstantiation» ist gewiß in der technischen Sprache der Theologie beizubehalten, aber keinesfalls darf es dem Gedankensystem verhaftet bleiben, von dem es seinen Ursprung herzog und aus dem es die Definition der Kirche losgelöst hat, was von vielen Theologen nachdrücklich aufgewiesen wurde (ich verweise nur auf Jules Lebreton), und es wird durch Gedankengänge wie die vorliegenden so wenig gefährdet, daß sich im Gegenteil der Realismus des Mysteriums dadurch nur bestärkt finden wird. Dazu scheint uns eine Großzahl der alten Formeln dienlich zu sein, ohne daß wir sie sklavisch nachsprechen müßten: sie wecken in uns das Gespür und den Sinn für eine konkrete und komplex-systematische Wirklichkeit.

Endlich möchten wir den geneigten Leser auf eine Bemerkung hinweisen, die wir einst am Ende unseres Schlußkapitels gemacht haben. Im Gefolge Romano Guardinis ging es uns damals darum, gewisse Illusionen bei einigen Führern der liturgischen Bewegung aufzudecken. Sollte heute das Zweite Vaticanum mit seiner Konstitution über die heilige Liturgie, wo kühne und sichere Wegweisungen für deren Erneuerung gegeben werden, jede erneute Warnung überflüssig gemacht haben? Wer aber sieht nicht, daß in der heutigen Krise, in der das Beste mit dem Schlimmsten sich mischt, die Bahn des Konzils oft genug verlassen und sein Geist verraten wird? Es gibt aber keinen schlimmeren Verrat als einen, der sich ins Herz des kirchlichen Lebens selbst einschleicht, nämlich in die Feier der Eucharistie. Ich spreche jetzt nicht von gewissen ungeschickten Anpassungen, die ein harmloses Übel sind, anscheinend unvermeidlich in einer Übergangszeit. Ein unvergleichlich böseres Übel macht sich vielerorts breit: dort, wo die liturgische Versammlung nichts weiter mehr ist als ein horizontaler Dialog, ein Akt, « worin die Gemeinde zu ihrem Selbstbewußtsein kommt », während Anbetung, heiliger Lobpreis, Hören des Wortes Gottes im Glauben, Sündenbekenntnis, Flehgebet um die Gnade ihre Kraft verlieren oder gänzlich in Vergessenheit geraten und ein gewisser humaner Enthusiasmus den lebendigen Glauben übertäubt, dort ebenfalls, wo sich durch auswählende Absonderung kleine Grüppchen zusammentun, die sich bewußt von der großen universal katholischen Gemeinschaft entfernen, die doch in der eucharistischen Feier grundsätzlich immer als ganze versammelt wird. Transzendenz und Universalismus: diese beiden Dimensionen des christlichen und kirchlichen Glaubens stehen und fallen zusammen; alles, was eins von beiden in Frage stellt, droht das eucharistische Geheimnis zu pervertieren und damit das Werk Christi aus dem Innersten her zu zerstören.

Gegen Derartiges mag uns wappnen die im vorliegenden Werk so schwach nachgezeichnete, aber von so viel Kostbarkeiten geschmückte Geschichte der schlichten zwei Worte: corpus mysticum.

Ostern 1969 *Henri de Lubac*

DIE BEDEUTUNGSGESCHICHTE VON «CORPUS MYSTICUM»

EINLEITUNG

Im Vorbereitungsschema zur Constitutio de Ecclesia, die vom ersten Vaticanum unvollendet gelassen wurde, steht der Satz:[1] Gottes Sohn wurde Mensch, damit die Menschen «*corpus efformarent mysticum, cuius ipse existeret caput*»; er hat die Taufe gestiftet, *ad hanc mystici corporis unionem efficiendam*. Der Ausdruck *corpus mysticum* war nicht neu. Er begegnet in vielen früheren Verlautbarungen der Kirche.[2] Die erste scheint die berühmte Bulle *Unam Sanctam* Bonifaz' VIII. zu sein (18. Nov. 1302), wo es heißt: *Unam sanctam Ecclesiam ..., quae unum corpus mysticum repraesentat, cuius caput Christus, Christi vero Deus*.

Woher stammt der Ausdruck? Er wird nicht nur in theologischen Werken, sondern bis in rein geschichtliche und exegetische hinein so geläufig verwendet – mit dem andern: *Christus mysticus* zusammen –, als stammte er unmittelbar von Paulus. Das ist aber nicht der Fall. Er kann auch als Titel für bestimmte patristische Arbeiten stehen. Oder er wird, zuweilen in Anführungszeichen, verwendet, wenn man Texte der Väter oder älterer Theologen anführt, sogar in wörtlich sein wollende Übersetzungen eingefügt.[3] Nun ist er aber, trotz den erklärenden Anmerkungen im vatikanischen Schema,[4] den Vätern gleichfalls unbekannt. Gewiß, wenn man Erasmus trauen wollte, so stünde er schon zweimal bei Cyprian, in Kap. 28 und 37 des Werkleins «*De duplici martyrio ad Fortunatum*».[5] Indes ist längst erwiesen, daß dieses Werk eine Fälschung ist. Es wurde erstmals von Erasmus in seiner zweiten Ausgabe (1530) der Werke Cyprians herausgegeben und als ein Fund in einer «vetustissima bibliotheca» vorgestellt. Aber man

[1] C 1, n 1 und 2 (Mansi LI, 539).

[2] S. Tromp führt einige Stellen an in: Corpus Christi quod est Ecclesia I (1937) 161–166.

[3] Vgl. Bernhard, Brief 244 an Kaiser Konrad: «... commiscuit ea nihilominus ac confaederavit in suo corpore ...» (PL 182, 441 A).

[4] «... usu communi apud Ecclesiae doctores recepta» (Mansi LI, 554).

[5] «Frustra miscetur coetui sanctorum in templo manufacto, si submotus est a consortio Dei et ab universo corpore mystico Christi.» «Ecclesiam sanctam mysticum Christi corpus, extra quam non est salus ...» (Hartel, Bd. 3, 240 und 245).

wird nicht fehlgehen, darin ein Werk des großen Humanisten selbst zu erblicken. Unter diesem Deckmantel wird er seinen Standpunkt in Sachen der kirchlichen Reform haben legitimieren wollen.[6]

Wie Paulus, so sprechen die Väter meistens vom «Leib Christi», der die Kirche ist. Sie nennen ihn *totum Christi corpus* oder *corpus universale* oder «*corpus plenum*».[7] Sie sprechen vom «Leib der Kirche» oder, wie Basilius, vom «Leib der Kirche Christi».[8] Aufgrund eines apokryphen Jesuswortes ist ihnen ein «vollkommener Leib»[9] Christi bekannt. Mit Tertullian,[10] Klemens von Alexandrien,[11] Zeno von Verona[12] nennen sie ihn auch «*corpus spirituale*».[13] Gregor der Große sagt, daß solche Glieder der Kirche, die von andern gelenkt werden, in einer Abwandlung des Pauluswortes als «Glieder eines Gliedes» im geistlichen Leib des Herrn bezeichnet werden können.[14] Andere sehen die Kirche als «den Gesamtleib der Heiligen Christi», nach Origenes dazu bestimmt, am Ende der Zeiten zum «Leib des wahrhaften und vollkommenen Christus» zu werden.[15] «Gemeinsamer Leib Christi» schreibt

[6] Hartel, S. LXIV: «Certe nemini post Erasmum librum mss. videre contigit.» Erasmus war ein eifriger Anhänger der paulinischen Lehre vom Leib Christi (vgl. zumal sein «Handbüchlein» und seine «Vorbereitung auf den Tod»); der Ausdruck «corpus mysticum» ist ihm vertraut.

[7] Augustin, In ps. 68, s 1, n 11: «Corpus eius plenum, tota Ecclesia» (PL 36, 850); In ps. 130, n 1 (PL 37, 1704). Vgl. Apostolische Konstitutionen, lib 2, c 41 und 43 (PG 1, 697 B und 701 A). Origenes, In Joannem X, c 43: «bei der großen Auferstehung des Gesamtleibes Jesu, das heißt der heiligen Kirche» (Preuschen, 222). Thomas von Aquin, In Joannem, c 2, p 3, n 4.

[8] Basilius, In ps. 29 (PG 29, 308 A).

[9] «Die Kirche, die der vollkommene Leib Christi und sein deutliches Abbild ist» (Resch, Agrapha, 2. Aufl., n 75).

[10] Adv. Marcionem, lib 5, c 19: «Reconciliari nos ait in corpore eius per mortem; utique in eo corpore, in quo mori potuit, per carnem mortuus et non per Ecclesiam; plane propter Ecclesiam, corpus commutando pro corpore, carnale pro spiritali» (Kroymann, 644–645). De virginibus velandis (PL 2, 89). De monogamia, c 13 (PL 2, 949).

[11] Stromata, lib 7, c 14 (Stählin III, 62).

[12] Lib 1, tr 13, n 10: «De eius latere ... per aquam et sanguinem, quod est baptismum atque martyrium, spiritale corpus spiritalis felinae effunditur» (PL 11, 352 B).

[13] Der Ausdruck wird in der Neuzeit gelegentlich wieder aufgegriffen. Du Perron, Replique à la Response du Serenissime Roy de la Grand Bretagne (Paris 1620) Vorwort: Gott hat gewollt, daß wir «unter der Autorität seines Namens eine Art geistlichen Leib und eine Form von Staat und Republik» bilden sollten. Pius X., Enzyklika Ad diem illum, 2. Februar 1904 (AAS 36, 452–453).

[14] Moralia in Job, lib 34, c 4, n 8 (PL 76, 722 B).

[15] In Joannem X, c 36 (Preuschen, 210).

Gregor von Nazianz[16] ganz unliterarisch, oder «der große und kostbare Leib Christi»;[17] nach ihm Theodoret: «der gemeinsame Leib der Kirche».[18] Diese Wendung wird im Lateinischen ihre Parallele in «*generale corpus*» finden, geboren durch die Jungfrau-Mutter Kirche, so wie der individuelle Leib von der Jungfrau-Mutter Maria zur Welt gebracht wurde.[19] In den Gefährdungen des nach Ägypten fliehenden Jesuskindes sieht Optat von Mileve die des «*corpus christianum*», des «*corpus ecclesiasticum*»[20] vorgebildet, für ihn gleichsinnig mit «*Ecclesia sanctorum*». Andere, wie Hilarius,[21] Augustinus,[22] Leo[23] sprechen vom «*mysterium*» oder «*sacramentum Christi*». Und die Einigung der Gläubigen in diesem Leibe kann von ihnen ebensowohl «physisch» wie «geistlich» wie auch «mystisch» genannt werden.[24] Sofern sie «geistliche Glieder der Kirche»[25] sind, kann man die Christen demnach ohne weiteres als «mystische Glieder»[26] jenes Leibes bezeichnen, dessen «mystisches Haupt»[27] Christus genannt wird. In den Liturgien wird die Kirche zuweilen als «*corpus sacrum*» des einzigen Gottessohnes bezeichnet, versammelt durch die Apostel[28] und geschmückt durch die Tugenden der Heiligen.[29] Paulin von Nola sah

[16] Oratio 32, c 10 (PG 36, 185C).

[17] Oratio 6 (PG 35, 722A). – Später gibt es analoge Aussagen, etwa bei einem Gerhoh von Reichersberg: «magnum corpus» oder «totum corpus» (PL 193, 630D, 1720B, 1794D, 1795A; PL 194, 316C, usf.).

[18] In I Cor. XII (PG 82, 325C).

[19] Alkuin, In Apocalypsin (PL 100, 1152D).

[20] Weihnachtspredigt (Wilmart, in: RevSR [1922] 284 und 288).

[21] In ps. 125, n 6: «Ipse enim est Ecclesia, per sacramentum corporis sui in se universam eam continens» (Zingerle, 609).

[22] Annotationes in Job: «Non enim boni tantum, sed etiam mali multi ... sacramento corporis Christi subiecti sunt» (PL 34, 873).

[23] Epistula 84, c 2: «Extra sacramentum corporis Christi, extra unitatem nominis christiani» (PL 54, 922).

[24] Cyrill von Alexandrien, In Joannem (PG 73, 161, 1045, 1048). Thesaurus (PG 75, 292). Vgl. Hubert de Manoir, Dogme et spiritualité chez saint Cyrille d'Alexandrie (1944) 299–301.

[25] Kommentar von Auxerre, In Romanos (PL 117, 472A).

[26] Beda, In Samuelem: «Mystica Christi sicut et Ecclesiae membra describuntur» (PL 91, 657B).

[27] Ambrosius, In ps. 118, s 20: «Mysticum caput Christus est» (PL 15, 1483D). De Elia et jejunio, c 10 (PL 14, 710B).

[28] Grimaldus, Liber sacramentorum: «In beatis apostolis tuis ... per quos Unigeniti tui sacrum corpus colligis» (PL 121, 907).

[29] Gallikanische Liturgie: «Qui sanctorum virtute multiplici Ecclesiae tuae sacrum corpus exornans ...» (Chardon, in: Migne, Theologiae cursus completus, Bd. 20, 344).

«die Gnade dieses heiligen Leibes» aufblühen in der Mannigfaltigkeit der Gnadengaben der einzelnen Glieder.[30] Zeno von Verona pries die «einzige Gnade des Leibes Christi», die alle Erwählten in sich einen soll;[31] in seinem Gefolge spricht Florus von Lyon von der «Gnade der Einheit des Leibes».[32] Johannes Scotus Eriugena betrachtet das Wachstum des «*corpus Christi*», das die Kirche ist, und sieht in ihm, wenn es einst vollendet sein wird, ein «*corpus intellectuale*».[33] Der Ausdruck *intellectualis* oder *intelligibilis* steht in jener Zeit aber sehr nah dem Ausdruck *mysticus* (*μυστικὸς καὶ νοητός*), wie denn Eriugena kurz zuvor geschrieben hatte: «*mysticis intelligibilibusque diebus*».[34] Auch hier stehen wir ganz nah bei der Wortbildung «*corpus mysticum*». Trotzdem wurde diese bisher bei keinem einzigen Schriftsteller des christlichen Altertums und frühen Mittelalters als Bezeichnung der Kirche festgestellt. Wenn er in einem Titel oder einem Inhaltsverzeichnis begegnet, wie z. B. bei einer Predigt Leos des Großen[35] oder bei einem Kapitel des *Elucidarium* des Honorius Augustodunensis,[36] dann ist dies stets auf die Rechnung später Herausgeber zu setzen.[37]

Ein, zwei scheinbare Ausnahmen. Die auffallendste ist ein Text Theodorets, in der fünften Rede über die Vorsehung:

> Jene, die fliegen, von aller Sorge um Irdisches frei und den mystischen Leib ersehnend (*τοῦ μυστικοῦ σώματος ἐφιεμένους*), werden in den hl. Evangelien Adler genannt. Denn von den Heiligen handelnd, die zur Zeit der Auferstehung in die Luft entführt werden, heißt es weiter: Wo ein Aas ist, da sammeln sich die Geier.[38]

Zwei Deutungen sind möglich: entweder ersehnen die Heiligen jeder für sich einen glorreichen Leib zu gewinnen, oder sie ersehnen

[30] Epistula 24, n 2 (PL 61, 287C).

[31] Tractoria 50: «Cunctos in unam Christi corporis gratiam ad caelestia regna perducit» (PL 11, 507).

[32] Adv. Amalarium I, n 7: «Quantum ad gratiam unitatis corporis Christi attinet» (PL 119, 77).

[33] De divisione naturae, lib 5, c 38 (PL 122, 994CD).

[34] Ebd. (PL 122, 991B). Vgl. Augustin, In Joannem, tr 45, n 9: «intelligibilis significatio» (PL 35, 1723).

[35] Sermo 63, c 3 (PL 54, vgl. 353 und 355).

[36] Lib 1, c 27 (PL 172, 1128D).

[37] Desgleichen enthalten die modernen Inhaltsverzeichnisse zuweilen das Stichwort «corpus mysticum».

[38] PG 83, 629. Vgl. Klemens, Excerpta ex Theodoto, 58 und 63.

in den großen glorreichen Leib einzugehen: die himmlische Gemeinschaft, die um den Herrn geschart ist und eine Einheit mit ihm bildet. Der zweite Sinn ist bei weitem wahrscheinlicher,[39] aber auch damit hätten wir noch nicht den heutigen Sinn erreicht. Für Theodoret wäre der «mystische Leib» nicht die Kirche im allgemeinen, nach der paulinischen Auffassung des «Leibes Christi», sondern nur die Kirche im Himmel, die Versammlung der Erwählten, die um die gleiche Zeit von Augustin als «mystische Kirche» angesprochen wird, um sie von der auf Erden pilgernden zu unterscheiden: «*Illam ecclesiam beatam, mysticam, magnam.*»[40] Andere werden sie die himmlische Kirche[41] nennen oder «den himmlischen Leib Christi».[42] «Mystischer Leib» heißt hier einfach «mystische Kirche», wobei «Leib» für «Kirche» steht; damit stehen wir schlicht beim gemeinen Sprachgebrauch Pauli und der Väter.

Eine Stelle aus Eusebius sei noch erwähnt, die gleichfalls ausgeschaltet werden muß:

> Wenn du die evangelische Schrift empfängst, siehst du die ganze Lehre unseres Erlösers, da er nicht von dem Fleisch sprach, das er angenommen hatte, sondern von seinem mystischen Fleisch und Blut (*περὶ δὲ τοῦ μυστικοῦ σώματός τε καὶ αἵματος*).[43]

Man braucht nur etwas weiter zu lesen, um sogleich zu sehen, daß es sich nicht um unsern mystischen Leib handelt. Eusebius erklärt die Rede über das Brot des Lebens: eine mystische Rede (*μυστικώτερον*), sagt er, die in einem geistlichen Sinn zu verstehen ist. Der Leib und das Blut, von dem gesprochen wird, ist die von Christus gelehrte Wahrheit, das Wort Gottes selbst: *αὐτὰ εἶναι τὰ ῥήματα καὶ τοὺς λόγους αὐτοῦ τὴν σάρκα καὶ τὸ αἷμα.*[44] Der Gedanke,

[39] Vgl. S. Tromp, Corpus Christi quod est Ecclesia I (1937) 9. S. Hardy übersetzt: «den mystischen Leib zu berühren und sich ihm zu nähern begehren» ..., Unze sermons de Theodoret de la providence de Dieu (1619) 600.

[40] Sermo 252, n 7 (PL 38, 1175). Vgl. Enchiridion, c 57 und 58: «Ecclesia quae in caelo est», «beatissima illa et superna civitas» (PL 40, 259).

[41] Ps-Primasius, In Hebr.: «Caelestem patriam, Ecclesiam videlicet supernam quae constat ex angelis et hominibus iustis, ad quam acceditur fide et desiderio», «Regnum immobile, Ecclesia est caelestis, quae constat ex angelis sanctis et hominibus iustis» (PL 68, 783 B, 785 AB).

[42] Radulf von St. Germer, In Leviticum, lib 1, c 5 (BMP, Bd. 17, 58 C; vgl. lib 5, c 1, ebd. 91 C).

[43] De ecclesiastica theologia, lib 3, c 12 (PG 24, 1021 B).

[44] Ebd. (PG 24, 1021–1024).

den Eusebius vor allem Klemens[45] und Origenes[46] verdankt und der ebenfalls bei Basilius,[47] Ambrosius, Hieronymus,[48] Augustin und vielen andern auftaucht, ist gewiß nicht ausschließlich gemeint. Wohl steht vor allem die Heilige Schrift im Blickpunkt, aber die Verbindung zur Eucharistie als der andern Seelenspeise ist nicht fallengelassen, auch nicht die zur Kirche, jedes der drei Geheimnisse bildet einen besondern Aspekt des Gesamtmysteriums Christi, der Logos ist.[49] Unmittelbar aber spricht Eusebius nicht von der Eucharistie und noch weniger von der Kirche.[50]

Man mag sich verwundern, daß ein Ausdruck, der uns so vertraut ist und den, von den Ursprüngen des Christentums her, ein weiträumiger Zusammenhang von Gedanken und Worten zu fordern, ja beinah aufzuerlegen schien, durch so lange Jahrhunderte unbekannt geblieben ist. Wann aber und auf welche genaue Art taucht er schließlich auf? Das ist unseres Wissens bisher noch nicht exakt aufgezeigt worden. Manche Historiker meinten das 13. Jahrhundert abwarten zu müssen, um ihn endlich in der Summa Aurea des Wilhelm von Auxerre zu finden. In deren drittem Buch unterscheidet Wilhelm in der Tat mehrfach zwei Leiber Christi: das *corpus Christi naturale* oder *corpus verum*, und das *corpus mysticum et gratuitum:* der erste ist der von der Jungfrau geborene und in der Eucharistie gegenwärtige Leib und erfüllt die

[45] Paidagogos, lib 1, c 6 (Stählin I, 11–119). Stromata, lib 5, c 10 (Stählin II, 370).

[46] In Exodum, h 13, n 3 (Baehrens, 274). In Leviticum, h 7, n 5 (Baehrens, 386–387). In Numeros, h 16, n 9 (ebd. 152). In Ecclesiasten (PG 23, 1033 B, 1039 A). In Matt. ser., c 85 (Klostermann, 196–199) usf.

[47] Epistulae, cl 1, ep 8, n 4: «Wer ißt, wird durch mich leben. Denn wir essen sein Fleisch und trinken sein Blut, indem wir dank seiner Menschwerdung und seines sinnenhaften Daseins teilhaft geworden sind des Logos und der Weisheit. Denn er hat seine gesamte mystische Herabkunft als Fleisch und Blut bezeichnet: *σάρκα γὰρ καὶ αἷμα πᾶσαν αὐτοῦ τὴν μυστικὴν ἐπιδημίαν ὠνόμασε* » (PG 32, 253). Vgl. In ps. 44, n 3 (PG 29, 393 B).

[48] In ps. 145 und 147 (Morin, Anecdota maredsolana, Bd. 3, p 2, 290 und 301). In Marcum (ebd. 342). In Ecclesiasten (PG 23, 1033 und 1039) usf.

[49] Hans Urs von Balthasar, Le Mysterion d'Origène, in: RSR (1936) vor allem 523–553, 545–553 und (1937) 53. Vgl. Gaudentius von Brescia, Tractatus 2 (Glueck, 24–32). Cassiodor, In ps. 148 (PL 70, 1039 CD).

[50] Vgl. De solemnitate paschali, n 2: «Die Unterweisungen über das Gottesreich sind das geistliche Fleisch des heilvollen Schlachtopfers»; und n 7: «Täglich ernähren wir uns von dem Leib des Erlösers und haben Teil am Blute des Lammes» (es geht sowohl um die Eucharistie wie um das Leben nach dem Evangelium, nach der Unterweisung Pauli über das Pascha) (PG 24, 696 B und 701 AB).

Rolle des *sacramentum* in bezug auf den zweiten, der kein anderer ist als die Kirche.[51] Jüngst hat, im Gefolge von Lattey,[52] S. Tromp in seinen gelehrten patristischen Studien über die Kirche als Leib Christi versucht, weiter zurückzugehen. Vom 13. Jahrhundert, einem sicher zu späten Zeitpunkt, versetzt er uns in einem Sprung ins 9., indem er uns zwei Texte vorlegt: einen von Ratramnus, den andern von Paschasius Radbert.[53] In der Tat begegnet an beiden Stellen der Ausdruck *corpus mysticum*. Aber beide, wie übrigens manche andere Stellen der gleichen Epoche, handeln noch nicht von der Kirche, sondern, wie wir in der Folge feststellen werden, von der Eucharistie.

Trotzdem ist die von Tromp gewiesene Fährte die rechte. Man wird bei den Schriftstellern des lateinischen Frühmittelalters und ihrer Eucharistielehre einsetzen müssen und kann dann von dort noch ein wenig weiter zurückgehen und einen Blick auf die östliche Kirche werfen. Denn von der eucharistischen Bedeutung her und im Rahmen der Lehre von den Beziehungen zwischen Eucharistie und Kirche erhält *corpus mysticum* dank einer Umkehrung, die sich erst stufenweise vollzog, nach der Mitte des 13. Jahrhunderts jenen allgemeinen Sinn, den das Wort bis heute behielt.[54]

Diese Tatsache wird in den fünf Kapiteln des folgenden ersten Teils erhärtet; die fünf Kapitel des zweiten Teils versuchen sie zu rechtfertigen.

[51] Siehe unten, Kap. 5. Man beachte das Beiwort «gratuitum», das an Zeno und Florus gemahnt (oben Anm. 24 und 25).

[52] The Church, in: Papers from the Summer School of catholic Studies (1928) VII.

[53] AaO. (Anm. 2) 94.

[54] «Kirche» verstehen wir für gewöhnlich in dem sehr umfassenden Sinn, den das Wort lange Zeit besaß: «Redemptoris corpus, sancta nimirum Ecclesia» (Gregor der Große; PL 75, 621). Wir werden zahlreiche Texte und Lehrstücke anführen müssen, leider so sehr im Vorübergehen, daß sie keine zureichende Vorstellung von den betreffenden Lehren vermitteln können. Da wir aber die Geschichte einer bestimmten Formel nachzeichnen, zitieren wir vor allem, was zum exakten Verständnis dieser Formel verhilft.

Leider wurde uns die Arbeit von Ferdinand Holböck: Der eucharistische und der mystische Leib Christi in ihren Beziehungen zueinander nach der Lehre der Frühscholastik (Rom 1941) zu spät bekannt, als daß wir sie noch hätten auswerten können. In den Teilen aber, wo unsere Forschungen sich berühren, fallen unsere Ergebnisse im wesentlichen überein.

ERSTER TEIL

Erstes Kapitel

DIE EUCHARISTIE ALS MYSTISCHER LEIB

Vom «sacramentum panis» zur «unitas corporis»

Im Denken des gesamten christlichen Altertums sind Eucharistie und Kirche verbunden. Bei Augustin erhält diese Verbindung unter dem Druck der donatischen Kontroverse eine neue Eindringlichkeit, die bei den lateinischen Schriftstellern des 7., 8. und 9. Jahrhunderts nachwirkt. Für sie wie für Augustin, von dem sie direkt oder indirekt abhängig sind und dessen Formeln sie unablässig wiederholen, verhält sich die Eucharistie zur Kirche wie die Ursache zur Wirkung, das Mittel zum Ziel, und dabei gleichzeitig wie das Zeichen zur Wirklichkeit. Dieser Übergang aber vom *sacramentum* zur *virtus sacramenti* oder von der *species visibilis* zur *res ipsa*[1] vollzieht sich bei ihnen in so raschem Schwung, und der Nachdruck liegt so sehr auf der Kirche, daß wenn in einem Eucharistietraktat das Wort «Leib Christi» ohne weitere Erklärung vorkommt, oft nicht die Eucharistie, sondern die Kirche damit gemeint ist.[2]

Hildefons von Toledo kann als Beispiel dienen (†669). Im 137. Kapitel seines *De cognitione baptismi* erläutert er die Glaubensaussage: *Panis est corpus Christi.* Der nach Erkenntnis suchende Glaube fragt: *Quomodo est panis corpus eius?* Darauf erwidert Hildefons:

> Quod videtur, speciem habet corporalem; quod intelligitur, fructum habet spiritalem. Corpus ergo Christi si vis intelligere, Apostolum

[1] So Alkuin (PL 100, 834 A). Leidrad (PL 99, 867 B). Hetto (PL 105, 763 B). Rabanus Maurus (PL 107, 317–318; 112, 89 A). Florus (PL 119, 78 A). Ratramnus (PL 121, 150 A und 161). Adrevald von Fleury (PL 124, 950) usf. Vgl. Beda, In Joannem: «Sed quod pertinet ad virtutem sacramenti, non quod pertinet ad visibile sacramentum» (PL 92, 717 D).

[2] So Beda, In Leviticum (PL 91, 334 A). Rabanus Maurus, De clericorum institutione (PL 107, 318 B); In evangelia, h 64 (PL 110, 269–270). Walafried Strabo, De rebus ecclesiasticis, c 16 (PL 114, 936 C) usf. Ferner Thomas von Aquin, In Joannem, c 6, lib 6, n 7.

audi dicentem fidelibus: Vos estis corpus Christi et membra... Unus panis, unum corpus multi sumus.[3]

Nicht als wollte Hildefons (oder der Schriftsteller, den er bearbeitet[4], und der selbst auf eine Augustinusformel zurückgreift[5]) die sakramentale Gegenwart Christi bezweifeln, die diese «geistliche Frucht» bewirkt, sowenig er ja den Glauben durch die «Erkenntnis» ausschalten will. Nicht anders als Augustin selbst und als sein ihm näherstehender Meister, Isidor von Sevilla,[6] und ebenso wie sein Landsmann Gregor von Elvira[7] weiß er, daß um im Leibe Christi, der die Kirche ist, zu verharren, er in aller Wahrheit durch das Sakrament an einem ersten Leib Christi teilnehmen muß.[8] Aber ebensowenig wie sie alle bleibt er bei Christi Gegenwart stehen, um sich daraus einen in sich geschlossenen unbezogenen Begriff zu bilden.[9] «Er entdeckt die reale Einigung mit Christus, nicht sosehr durch die reale Gegenwart als durch das Zeichen hindurch, und diese Einigung ist weniger eine individuelle als die Einigung der Einzelnen untereinander in Christus.»[10]

[3] PL 96, 169 D. Vgl. Florus, Expositio missae, c 62, n 5 (Duc, 135). Hincmar von Reims, De cavendis vitiis (PL 125, 919 A).

[4] De cognitione baptismi wäre demnach eine Anpassung des (verlorenen) Liber responsionum von Justinian von Valencia (um 640). P. Séjourné, Saint Isidore de Séville (1929) 372–373.

[5] Augustin, Sermo 272 (PL 38, 1247).

[6] De ecclesiasticis officiis, lib 1, c 18, n 8: «Non se debet a medicina dominici corporis separare, ne ... a Christi corpore separetur ... Manifestum est enim eos vivere, qui corpus ejus attingunt» (PL 83, 765 B). Formeln, die von Cyprian herstammen, De oratione dominica, c 18 (Hartel, 280–281). Petrus Chrysologus (PL 52, 297 B). Etherius und Beatus, Ad Elipandum (PL 96, 942 AB). Jonas von Orléans, De institutione laicali, lib 2, c 18 (PL 106, 203 B). Rudolf von Bourges, Capitulum 28 (PL 119, 717 D). Adrevald von Fleury (PL 124, 953–954). Burchard von Worms (PL 140, 756 und 757 C) usf.

[7] Tractatus 17: «Caro corpore ac sanguine Christi vescitur et potatur, ut anima de Deo saginetur» (Batiffol-Wilmart, 187–188).

[8] De cognitione baptismi, c 136 (PL 96, 168–169). Augustin, In ps. 39, n 12 (PL 36, 441–442); Sermo 351, n 7 (PL 38, 1542); Contra duas epistulas Pelagianorum, lib 2, c 4, n 7: «sine participatione corporis et sanguinis Christi ...» (PL 44, 576).

[9] Für Augustin vgl. Karl Adam, in: ThQ (1931) 490–536. Für die ersten Jahrhunderte des Mittelalters gilt im allgemeinen noch die Bemerkung Bernolds von Konstanz, De sacramentis excommunicatorum, hinsichtlich der Väter (obschon das Wort «sacramentum» zweideutig ist. Bernold versteht darunter die Realität des Sakraments: die objektive und substantielle Gegenwart Christi): «Husjusmodi distinctionem inter sacramentum et ejus effectus cum quidam ex antiquis Patribus minus attenderent ...» (PL 148, 1064 CD).

[10] F. van der Meer, Sacramentum chez saint Augustin, in: La Maison-Dieu 13 1948) 61.

In einer Denkbewegung, die getreulich diejenige Augustins[11] und mancher Griechen[12] nachzeichnet, erhebt er sich also sogleich zur « geistlichen Frucht ». Sie hat er im Blick, und sie sucht er zu verstehen.

Seine Zeitgenossen und ersten Nachfolger tun es ihm meistens nach. Für das folgende Jahrhundert mag Florus von Lyon stehen. Er ist treuer Augustinist, sehr mißtrauisch gegen alles, was nach Neuerung aussehen könnte. In seiner Erklärung der Messe greift er die schon von Hildefons aufgestellte Formel auf: *Aliud videtur, aliud intelligitur; quod videtur etc.*[13] Sie taucht erneut in einer seiner Schriften gegen Amalarius auf,[14] und um das heilvolle und himmlische Mysterium des Altars zu schildern, schreibt er: *Prorsus panis ille sacrosanctae oblationis corpus est Christi, non materia vel specie visibili, sed virtute et potentia spirituali.*[15] Weder bei ihm noch bei irgendwelchen andern zeitgenössischen Schriftstellern, die sich ebenso ausdrücken, wird der eucharistische Realismus ernsthaft in Frage gestellt. Sie sind gewiß weder « Dynamisten » noch « Symbolisten » im ausdrücklich einschränkenden Sinn, den die Dogmenhistoriker diesen Worten beizulegen pflegen. Wie hätten sie die klaren Aussagen ihrer großen Vorgänger vergessen können, die sie selbst in ihren Florilegien zitieren oder auf eigene Faust übernehmen,[16] in Prosa und in Versen? Und wie hätten sie vor allem der *lex orandi* zu widersprechen gewagt, die sich gerade

[11] Augustin, In Joannem, tr 26, n 11 und 12: «Aliud est sacramentum, aliud virtus sacramenti... Quod pertinet ad virtutem sacramenti, non quod pertinet ad visibile sacramentum» (PL 35, 1611 und 1612). Epistula 185, ad Bonifacium, n 50: « In Christi corpore, cuius habent foris sacramentum, sed rem ipsam non tenent intus, cuius est illud sacramentum » (PL 33, 815). Epistula 187 (PL 33, 839). De Civ. Dei, lib 21, c 25 (PL 41, 741–742). Sermones 57, 131 und 234 (PL 38, 389, 730, 1116) usf. Gregor der Große, In I Regum, lib 2, c 1 (PL 79, 83C).

[12] Vgl. Irenäus, Adv. Haer. 3,24,1: « In ea (Ecclesia) disposita est communicatio Christi, id est Spiritus sancti » (PG 7, 966B). So auch bei Maximus Confessor: « Der ganze Ton liegt auf der Wirkung der Eucharistie, sie scheint die Wesensdefinition zu geben. » Hans Urs von Balthasar, Kosmische Liturgie, Das Weltbild Maximus' des Bekenners ([3]1988) 323. Oder Ambrosius, De mysteriis, c 2, n 6, über die Sakramente im allgemeinen: « Noli considerare corporum figuras, sed mysteriorum gratiam » (PL 16, 391).

[13] Expositio missae, c 62, n 5 (Duc, 135). Vgl. Hincmar von Reims, De cavendis vitiis (PL 125, 919A).

[14] Adv. Amalarium 2 (PL 119, 83D).

[15] Adv. Amalarium 1 (PL 119, 77CD).

[16] Braulio von Saragossa, Epistula 42 (PL 80, 690A). Hesychius von Jerusalem, In Leviticum (PG 93, 1071A und 1072C). Expositio « Dominus vobiscum » (PL 147, 200A). Libri carolini, lib 2, c 27: « Corporis et sanguinis dominici sacramentum, non

damals beim Aufblühen der westlichen Liturgie so starken Ausdruck verschaffte?[17]

> Sancti, venite, Christi corpus sumite,
> Sanctum bibentes quo redempti sanguinem.[18]

Viele von ihnen lernten durch eine Oration im gregorianischen Sakramentar die Bitte aussprechen, *ut inter membra eius numerentur, cuius corpori communicamus et sanguini.*[19] Oder ein Jonas von Orléans konnte in ihrem Namen sagen: *Templa Christi, ubi eius caro et sanguis inmolatur.*[20] Zuweilen kann auch eine Formel wie die des Amalarius gelingen: *Hic credimus naturam simplicem panis et vini mixti verti in naturam rationabilem, scilicet corporis et sanguinis Christi.*[21] Keiner von ihnen wäre ob der Verse erschrokken, die Remigius, nach der Aussage seines Biographen Hincmar, seinem Kelch hatte einprägen lassen:

> Hauriat hinc populus vitam de sanguine sacro
> Iniecto, aeternus quam fudit vulnere Christus.[22]

Zuweilen kann es auch vorkommen, daß sie ausdrücklich zwei Arten der Teilnahme an Christus unterscheiden.[23] Die Einheit des Leibes, den sie alle bei der Kommunion empfangen, erscheint ihnen als Zeichen und Pfand der Einheit des Leibes, den sie selber untereinander bilden sollen.[24] Indes, die Zeit ist noch nicht da für

omni sacramento aequiparandum» (PL 98, 1095 B); lib 1, c 19: «Quid aliud faciunt, nisi ut imagines exaltent christianorum res extenuent?» (col 1047 D: über solche, die Heiligenbilder mit der Eucharistie vergleichen). Haymo(?), In Hebr. (PL 117, 879 CD). Ps-Beda, In ps. 77 (PL 93, 899 AB).

[17] E. Janot, L'Eucharistie dans les Sacramentaires occidentaux, in: RSR 17 (1927) 5–24.

[18] Antiphonar von Bangor (7. Jahrhundert).

[19] N 58, 3 (Lietzmann, 36). Dieselbe Formel im Sacramentarium Gelasianum (Wilson, 19). Vgl. Augustin, In ps. 33, n 10: «Ad eum accedamus, ut corpus et sanguinem eius accipiamus»; n 25: «Nobis dedit manducare corpus suum, in quo tanta perpessus est, et sanguinem bibere» (PL 36, 313 und 321).

[20] De institutione regia, c 13; oder c 16: «Ad perceptionem vero sacri corporis et sanguinis Domini nostri Jesu Christi» (Reviron, 180 und 191). Vgl. Gottschalk, De praedestinatione (Lambot, 195).

[21] Liber officialis, lib 4, c 24 (PL 105, 1141 AB). Amalarius ist hier in der Präzisierung der Lehre seinem Gegner, dem Traditionalisten Florus, eindeutig überlegen.

[22] Hincmar, Vita Remigii (MGH, Script. rer. meroving., Bd. 3, 262).

[23] Ps-Primasius, In Hebr. (PL 68, 708 B). Haymo, In Hebr. (PL 117, 845 A; vgl. 839 A). Remigius von Auxerre, In ps. 21 und 33 (PL 131, 259 CD und 314 D).

[24] Ein anderes Meßgebet des gregorianischen Sakramentars: «(Hostia) quae offertur a plurimis et unum corpus Christi sancti Spiritus infusione perficitur...,

die Analysen, die wissenschaftliche Neugier, ja für die ersten von ihnen ist nicht einmal die Zeit der Polemik angebrochen, aufgrund welcher man dem Sakrament die Bedingungen seiner Wirksamkeit sichern wird. Das geweihte Brot ist für sie schlicht der Leib Christi – die Ausdrücke *sacramentum corporis* und *corpus* wechseln unter ihrer Feder ohne merkliche Sinnverschiebung – aber als erstes erblicken sie in diesem Brot das Gleichnis der Kirche:

> Panem ergo accepit: ideo sacramentum hoc in pane voluit agi, quia Ecclesiae suae similitudinem apte panis convenit...[25]

Dergestalt leitet sie das *sacramentum panis* unmittelbar zur *unitas corporis*.[26] Für ihr Verständnis ist die Eucharistie wesentlich, wie schon für Paulus und für die Väter, *mysterium unitatis*,[27] sie ist *sacramentum coniunctionis*, *federationis*, *adunationis*.[28] Sie ist uns geschenkt *ad unitatem naturae nostrae*.[29] Ist nicht das die Wahrheit, die uns viele ihrer Riten und Bezeichnungen nahelegen? Der Name «Kollekte» zum Beispiel soll nach Amalarius dem ersten Meßgebet deshalb beigelegt worden sein, *quia populus inchoatur colligare in unum*.[30]

propterea ipsi qui sumimus communionem huius sancti panis et calicis, unum corpus Christi efficimur» (Feltoe, in: JThSt 11 (1909–10) 578.

[25] Candidus von Fulda, De passione Domini, c 5 (PL 106, 68C).

[26] Beda, In Lucam, lib 6 (PL 92, 628B), nach Augustin, De consensu evangelistarum, lib 3, c 25, n 72 (PL 34, 1206). Amalarius, De ecclesiasticis officiis (der echte Titel lautet: Liber officialis), lib 3, c 34 (PL 105, 1153D).

[27] Hildefons (PL 96, 170B). Haymo, Homilia 62 (PL 118, 350A). Remigius von Auxerre, Expositio missae (c 40 des Liber de divinis officiis, einer mit dem Namen Alkuins versehenen Kompilation: PL 101, 1260C und D). Vgl. Hilarius, De Trinitate, lib 3, c 24: «Sacramentum perfectae unitatis» (PL 10, 246B); Augustin, Epistula 185, n 50 (PL 33, 815).

[28] Etherius und Beatus, Ad Elipandum (785) (PL 96, 941D). Amalarius (PL 105, 1131B). Rabanus Maurus, De clericorum institutione (PL 107, 320B); In Numeros, lib 3: «De nostro populo, qui in sacramentis Christi confoederatus est» (PL 108, 744B). Hincmar, De cavendis vitiis, c 10 (PL 125, 924B, 925A). Bis zum 13. Jahrhundert und auch noch in seinem Verlauf werden solche Ausdrücke geläufig sein; weil die Eucharistie «sacramentum unitatis», «sacramentum communionis» ist, können sie die Schismatiker nach der Ansicht mancher Theologen nicht haben, da sie selbst sich außerhalb der Einheit, außerhalb der Kommunion befinden. Siehe die Texte bei Landgraf, in: Scholastik (1940) 210 und 211. Vgl. unten, Schluß.

[29] Paschasius Radbert, Liber de corpore et sanguine Domini, c 10 (PL 120, 1305C).

[30] Daher die Bezeichnung «Kollekte». Amalarius, Eclogae de officio missae: «Prima oratio ... dicitur collecta, quia populus inchoatur colligare in unum» (PL 105, 1327D). Remigius von Auxerre (PL 101, 1249D) usf.

Das gleiche scheint auch klar die andere Bezeichnung « communio » ausdrücken zu wollen. Die Synaxe ist das Mysterium der Kommunion.[31] So versteht es noch der aus Auxerre stammende Verfasser des Kommentars über den 1. Korintherbrief:[32]

> Sacramentum igitur corporis Christi a communione cena appelatur, quia commune debet esse omnibus fidelibus et iustis. Uno enim pane universitas Ecclesiae designatur.[33]

Gewiß könnte man Fälle aufführen, wo im christlichen Altertum *communio* (und desgleichen das griechische *κοινωνία*) keine andere unmittelbare Vorstellung erweckt als die des Empfangs des Sakraments.[34] Indes ist sicher richtig, was schon Duguet[35] bemerkt hat: « Es war alte Gewohnheit der Kirche, die Wiederversöhnung mit ihr nicht von der Teilnahme an den Sakramenten zu trennen: galt ein Pönitent als genügend gerechtfertigt, dann reichte man ihm die Eucharistie, so daß die Kommunion das eine wie das andere besagte », nämlich (je nach dem Zusammenhang) hier das eine und dort das andere bezeichnen konnte, oder noch

[31] Vgl. Maximus, Scholia in Eccl. Hierarchiam, c 1–2 (PG 66, 117 B). Vgl. Klemens von Alexandrien hinsichtlich der häretischen Auswüchse: Stromata, lib 3, c 4 (Stählin II, 208–209).

[32] Wurde dieser Kommentar – der aufgrund einer Namensverwechslung fälschlich dem Freunde des Rabanus Maurus, dem Bischof Haymo von Halberstadt zugeschrieben worden ist – von Haimo, einem Mönch von St. Germain d'Auxerre verfaßt, um die Mitte des 9. Jahrhunderts, oder von seinem Schüler und Freund Remigius, « dem eigentlichen Schriftsteller und gewissermaßen Vulgarisator der Wissenschaft von Auxerre » (Cappuyns)? Vgl. M. Cappuyns, in: RTAM (1931) 263–265, und Wilmart, ebd. (1936) 325–330. « Es hat den Anschein », schreibt E. Amann, « daß man in Saint-Germain die verschiedenen Geisteserzeugnisse großzügig zusammenlegte. » L'Eglise au pouvoir des laiques 505, Anm. 4.

[33] In I Cor. XI (PL 117, 570–571). Remigius von Auxerre (PL 101, 1259 AB). Rabanus Maurus, Liber de sacris ordinibus, c 19: « Communicantes... Communicare se dicit, hoc est communionem cum illis habere, memoriamque ipsorum venerari, etc. » (PL 112, 1184 C). Ferner Catechismus Romanus, lib 2, De eucharistiae sacramento, n 5.

[34] Zum Beispiel Hieronymus, Epistula 49, n 15 (Hilberg I, 377); Epistula 77, n 6 (Hilberg II, 42). Cassian, Collatio 23 (PL 49, 1279). Gregor von Tours, Vitae Patrum, c 17, n 2 (PL 71, 1080 A). Konzil von Braga (675), can 1 (Mansi XI, 154). Vita Alcuini (Mabillon, Praefationes et Dissertationes... [Trient 1724] 697) usf. Über *κοινωνία:* summarische Angaben über die ersten Bedeutungen des Wortes bei A. Fotescue, The Mass ([2]1937) 398. 1 Kor 10, 16, aber auch Apg 2, 42. Konzil in Trullo (Mansi XI, 953, 983–987). Anastasius Sinaita (PG 89, 208 D, 765 B) usf.

[35] Conférences ecclésiastiques I (Köln 1742) 287.

öfter beides zugleich. Daher die komplexe Bedeutung von Ausdrücken wie: *communionem accipere*, *communione reconciliari*, *a communione separari*, *a communione alienus*, etc.[36] Daher auch die Kontroversen zwischen Historikern, die in beiden Lagern dazu neigen, in ihren Deutungen Dinge einander gegenüberzustellen, die in den Texten ungeschieden sind. Merken wir noch an, daß in einem eucharistischen Kontext *communio* nicht selten eher auf die Einigung mit der Kirche verweist – also auf das *christianorum consortium* oder die *catholica communio*[37] – als auf den eigentlichen Empfang des Sakraments.[38] Will man das letztere von der Wirkung unterscheiden, die es hervorbringen soll, so versucht man das in gewissen oft subtilen Wortspielen; man spricht statt von *communio* lieber von *communicatio:* für Walafried Strabo bezeichnet der erste Ausdruck das Band im kirchlichen Leib, während der zweite für den Akt der sakramentalen Kommunion aufgespart bleibt.[39] Die Verzweiung der Substantive, die beide vom einzigen Verb *communicare* abstammen, stellt in ihrer Weise die zentrale Bedeutung des Mysteriums ins Licht.

Die gleiche Wahrheit ergab sich nicht weniger eindrucksvoll aus einer andern Distinktion, die sich um das 9. Jahrhundert längst eingebürgert hatte, zumal durch die Anwendung der Konzilsvor-

[36] Konzil von Elvira (gegen 300), passim (Hefele-Leclercq I, 221–263). Konzil von Karthago (348), can 3, usf. Vgl. R. Ceillier, Histoire générale des auteurs sacrés, Bd. 2, 581 und 603–608. Über den weiten Sinn des Wortes «exkommuniziert» und ähnliche Wendungen des christlichen Altertums sowie über den Unterschied zwischen dem Sünder und dem eigentlichen Exkommunizierten, vgl. F. Russo, Pénitence et excommunication, in: RSR 33 (1946) 261. Vgl. P. Hinschius, System der katholischen Kirchenväter Bd. 4, 701–703.

[37] Possidius, Vita sancti Augustini, c 14 (PL 32, 45).

[38] Vgl. Dom Claude de Vert, Dissertation sur les mots de messe et de communion (1694) 159: «Wieviele Konzilien vereinen in einem einzigen Kanon Messe und Kommunion und nennen sie mit dem Sonntag zusammen, ohne daß man deswegen die Kommunion als eine sakramentale verstehen dürfte.» Die These des gelehrten, allzu systematischen Benediktiners ist im übrigen übertrieben.

[39] De rebus ecclesiasticis, c 22: «Qui quadam ratione... differt communicationem, cum tamen non sit extra communionem, non debere a pacis gratia separari...» (PL 114, 950C). Vgl. ebd.: «(in canone) nomina sanctorum quorum... communio et societas flagitatur, duobus in locis posita reperiuntur» (ebd. 948D). Dieser Sprachgebrauch herrscht noch bei Wilhelm von Auvergne: De sacramento ordinis, c 11 und 12 (Opera omnia I [Paris 1674] 545–548). Eine Schrift vom Anfang des 12. Jahrhunderts, die Quelle des Liber Pancrisis, wird die Sakramente wie folgt aufzählen: «Baptismus, paenitentia, confessio et communicatio corporis et sanguinis» (Lottin, in: BTAM 3, n 1172, S. 526).

schriften. Diese verwendeten in der Tat bei Bußanweisungen den Ausdruck *communio* nicht immer ohne Zusatz, in einem komplex-ungeschiedenen Sinn. Ins einzelne gehend pflegten sie zwei Arten von Kommunion zu unterscheiden, zu denen der Pönitent stufenweise wieder zugelassen werden konnte:[40] zuerst die einfache Kommunion, die eine bloße Kommunion im Gebet oder höchstens im Mitopfern war und eine Zulassung zu den kirchlichen Zeremonien beinhaltete, sodann eine volle oder vollkommene Kommunion, die zudem den sakramentalen Empfang des Leibes Christi besagte: *mysteriorum consortium*,[41] *panis consortium*.[42] Die zweite fand also ihr adäquates Zeichen und gewann eben damit ihre Tiefenwirklichkeit in der vollkommenen Teilnahme des wiederversöhnten Büßers an den heiligen Mysterien.[43] Es gab also nach der doppelten Formel Gregors III. die *communio in oblatione* und die *communio in eucharistia*;[44] die erste konnte auch *communio sancta, communio sacra* genannt werden,[45] die zweite dagegen *communio legitima*,[46] *dominica communio*,[47] *altaris communio, communio dominicorum sacramentorum*,[48] *sacrosancti mysterii communio*...[49]

[40] Wir greifen aus dieser oft komplizierten Gesetzgebung, bei der manche Aussagen dunkel bleiben, natürlich nur die Unterscheidung heraus, die uns hier angeht.

[41] Ambrosius, In Lucam, lib 7, n 232: «Occiditur et vitulus saginatus, ut carnem Domini spirituali opimam virtute, per gratiam sacramenti mysteriorum consortio restitutus epuletur» (PL 15, 1761 C).

[42] Fulgentius, Epistula 12, n 26 (PL 65, 392CD).

[43] Ein Text des 9. Jahrhunderts, fälschlich einem Konzil von Nantes (658) zugeschrieben, wird die Buße für unfreiwilligen Totschlag wie folgt festlegen: «Biennio ab oratione fidelium segregatur, non communicet nec offerat; post biennium in communione orationis offerat, non tamen communicet; post quinquiennium, ad plenam communionem recipiatur» (can 18; vgl. can 17, für den vorsätzlichen Totschlag; Hardouin VI, 1, 641). Paulinus, Vita Ambrosii, n 31: «Nec orandi illi cum Ecclesia societas tribuebatur» (PL 14, 37 D).

[44] Mansi XII, 293 A.

[45] Felix III. (5. Jahrhundert). Hormisdas (6. Jahrhundert): «Sacrae consortium communionis», usf.

[46] Konzil von Orange (441), can 3 (Mansi VI, 437).

[47] Gregor III. (Mansi XII, 294 E). Konzil von Elvira, can 78 (Hefele-Leclercq I, 262). Augustin, Epistula 228, ad Honoratum, n 8: «Nulli dominici corporis communione fraudantur» (PL 33, 1017).

[48] Konzil von Vannes (465) (Hardouin II, 797). Augustin, Epistula 149, n 3: «Per sacramentorum communionem unitatisque catholicae videntur Ecclesiae copulari» (PL 33, 631).

[49] Felix III. (5. Jahrhundert). – Die Beiworte «sacra» und «sancta», die allgemeiner sind, kennzeichnen auch zuweilen die sakramentale Kommunion, aber dann

Die gleiche geeinte Zweiheit oder, wenn man lieber will, organische Einheit liegt in der berühmten Formel des Apostolicums: *sanctorum communio*, zumal wenn man sie nach einer karolingischen Predigt, dem *Symbolum graeca lingua* versteht:

> Sanctorum communionem. Ibi est communicatio sancta per invocationem Patris et Filii et Spiritus sancti, ubi omnes fideles omnibus diebus dominicis communicare debent.[50]

Die erste erhaltene Bezeugung dieses Artikels geht auf das 5. Jahrhundert zurück. Sie findet sich in einer Erklärung des Symbolums, die Niketas von Remesiana zugeschrieben wird. *Sanctorum* ist maskulin und begreift in sich nicht nur alle Gerechten, die *ab exordio saeculi* gelebt haben, sondern auch die Engel und himmlischen Kräfte, die alle in der gleichen Kirche Verbündete sind.[51] Es ist das Gegenstück zur « Kommunion der Gottlosen », von der die Apostolischen Konstitutionen sprechen.[52] Aber welches auch der ursprüngliche Sinn der Formel[53] gewesen sein mag, die Nuance, die unsere karolingische Predigt beiträgt, ist weder eine Neuerung noch ein vereinzeltes Zeugnis. Wenn es einen Fall gibt, in dem sich die von Kattenbusch[54] vorgeschlagene systematische Theorie bestens empfiehlt, so gewiß dieser. Die *sanctorum communio* ist hier gleichzeitig und untrennbar verstanden als *sacramentorum communicatio* und *sanctorum societas* oder *consortium*, sie ist somit Gemeinschaft der Heiligen im aktuellen Sinn, aber auch Gemeinschaft mit den Heiligen, zwischen den Heiligen – *una communionis societas*[55] – in der gemeinsamen Teilnahme am Sakrament, an den *sancta* (oder: *sancta mysteria*) und durch die

wird zumeist genauer spezifiziert. So Gregor II.: « Indignum fieri sacra communione corporis et sanguinis ... » (Mansi XII, 259 D).

[50] Ed. Burn, in: ZKG 21, 129.

[51] Caspari, Kirchenhistorische Anekdota I (1883) 355–357. PL 52, 871 AB: Explanatio Symboli, n 10.

[52] Lib 8, c 15, n 3 (Funk 518).

[53] Vgl. G. Morin, in: RHLR (1904) 216; F. J. Badcock, Sanctorum communio as an article in the Creed, in: JThSt 21. Vgl. Röm 12,13, alte Vulgata: « Memoriis (μνείαις) sanctorum communicantes ».

[54] Das apostolische Symbol (2 Bde, 1894 und 1900), vor allem Bd. 2, 927–950.

[55] Optatus, De schismate donatistarum, lib 2, c 3 (PL 11, 949). Paulinus, Vita Ambrosii, n 19: « Maximum a communionis consortio segregavit » (PL 14, 33 C).

Wirkung dieser gemeinsamen Teilnahme.[56] Augustin sprach hier von einer *sacramentorum societas*.[57] So war die Einigung mit der Kirche begonnen in der Zulassung zum gemeinsamen Gebet, *orationis communio*, während die Zulassung zum heiligen Tisch, die *sanctorum communio*, sie vollendet. Die letztere ist wirklich, gemäß dem alten Wort des Konzils von Ancyra, *τὸ τέλειον*.[58] So hilft uns die altehrwürdige Formel unseres Credo besser sehen, wie das Wort *communio* im Grunde bloß einen Sinn hat. Denn wie die sakramentale Kommunion *(communio corporis et sanguinis)* immer gleichzeitig kirchliche Kommunion ist *(communio ecclesiastica, Ecclesiae, ad Ecclesiam...)*, so enthält die kirchliche Kommunion in ihrer vollendeten Gestalt auch immer die sakramentale Kommunion in sich. Mit jemandem in Kommunion sein, heißt mit ihm zusammen den Leib des Herrn empfangen.[59] Mit den Heiligen in der Kirche geeint sein und an der Eucharistie teilnehmen, zum gemeinsamen Reich gehören und dem heiligen Mysterium beiwohnen: dies beides gehört immer zusammen,[60] bildet im Grunde eine Einheit. Wenig später wird man dafür die zusammenfassende Formel: *christiana communio*[61] einsetzen.

[56] Paulinus, Vita Ambrosii, n 24: «Nec prius dignum judicavit caetu Ecclesiae vel sacramentorum communione, quam publicam agaret paenitentiam» (PL 14, 35C). Augustin, Contra Cresconium grammaticum, lib 2, c 36, n 45: «Si ... propter ipsam tantum communionem sacramentorum mali perdunt bonos»; lib 4, c 1: «Per communionem sacramentorum ..., in una sacramentorum communione» (PL 43, 493 und 547). Leo der Große, Sermo 42, c 5: «In sacramentorum communione se temperant ... a sanctorum societate pellantur» (PL 54, 280). «Das Wort *κοινωνία*», sagt Batiffol, «aus dem wir Kommunion gemacht haben, bedeutet zuerst: eine Sache gemeinsam haben, weil man sie untereinander geteilt hat.» Leçons sur la messe (1923) 184. Über den ursprünglichen Wortsinn: C. Callewaert, in: Sacris Erudiri (1948) 161.

[57] In ps. 67, n 39 (PL 36, 837); Epistula 93, c 9, n 28: «communione sacramentorum» (PL 33, 335); Quaestiones evangeliorum, lib 2, c 40: «Propter doctrinae tamen sacramentorumque unitatem» (PL 35, 1356). Vgl. Cyrill von Alexandrien: «*τῶν ἁγίων μυστηρίων ἡ μέθεξις*» (PG 68, 417 A). Gennadius, Liber ecclesiasticorum dogmatum: «communioni sociari» (PL 58, 994). Florus, Liber adv. Joannem Scotum, c 13 (PL 161, 181 A). So wird es auch Alanus von Lille erklären: Contra haereticos, lib 1, c 59 (PL 210, 363 BC).

[58] Canones 4, 5, 6, 8, 9, 22 (Mansi II, 515–520).

[59] Vgl. Johannes von Ephesus, Hist. eccl. (Script. Syr. ser 3, Bd. 3, 51). – Der Catechismus Romanus wird die Formel ganz zentral deuten, p 1, a 9, n 25.

[60] Vgl. auch Apostolische Konstitutionen, lib 8, c 6, n 13 und c 8, n 2 (Funk, 480 und 484). Man beachte, wie von einem Text zum andern *μετόχους* und *κοινωνούς* ihre Stelle gewechselt haben.

[61] Concilium Gerundense, 1101 (Mansi XX, 1134 E). Vgl. den Brief Kaiser Heinrichs an König Ludwig von Frankreich, 1106 (ebd. 1204 B).

Das Opferbrot ist ein einziges; und so erhält jeder Gläubige, der mit dem Leib Christi kommuniziert, auch Kommunion mit der Kirche.[62] Die Eucharistie empfangend «geht jeder über in den Leib Christi»,[63] nimmt jeder Teil an seinem Leib, und das heißt immer: an der Kirche:

> Sicut enim nos de uno pane et de uno calice percipientes, participes et consortes sumus corporis Domini...[64]

Man übersehe nicht: dieses *corpus Domini*, von dem Rabanus Maurus hier spricht, ist nicht oder wenigstens nicht ausschließlich, ja nicht einmal vornehmlich das, was wir den sakramentalen Leib nennen würden. Es ist schon der kirchliche Leib, der aber den ersten in sich einschließt. Schon das *uno pane*, das aus Paulus entlehnt ist, weist deutlich darauf hin, ebenso klar bestätigt es die nachfolgende Wendung *socios corporis Christi;*[65] und wer noch zweifeln wollte, bräuchte nur auf die parallele Formel hinzublicken, die abermals von Augustin[66] stammt und durch die Vermittlung Bedas[67] bei Amalarius wieder auftaucht:

> Ne quisquam se Christum agnovisse arbitretur, si ejus corporis particeps non est, id est, Ecclesiae.[68]

[62] Origenes, In ps. 37, v 6: «Communicare non times corpus Christi, accedens ad Eucharistiam quasi mundus et purus... Nec intelligunt quid est communicare Ecclesiae, vel quid est accedere ad tanta et tam eximia sacramenta» (PG 12, 1386D, Übersetzung des Rufin). Dionysius von Alexandrien, in: Eusebius, Hist. eccl., lib 7, c 9, n 5.

[63] Theodulf von Orléans, Liber de ordine baptismi, c 18 (PL 105, 239–240). Vgl. Augustin, Quaestiones evangeliorum, lib 2, c 39 (PL 35, 1353).

[64] Rabanus Maurus, In I Cor. (PL 112, 94 A).

[65] Ebd. (PL 112, 94 D). Augustin, Contra Adimantum manichaeum, c 14, n 3: «Immunditias ..., quae in societatem corporis Christi, id est in Ecclesiam stabilem et sempiternam, non recipiuntur» (PL 42, 152). Remigius von Auxerre, De celebratione missae: «redemptionis mysterio sociati» (PL 101, 1263 D). Siehe aber auch: Remigius von Auxerre (PL 101, 1262–1263); Gallikanisches Sakramentar: «societatem ... munerum spiritualium» (PL 72, 498 A); Missale Francorum: «Quos tanti mysterii tribuis esse consortes» (PL 72, 336 C). Nikolaus I., Epistula 26: «Corporis et sanguinis Domini nostri Jesu Christi participes fiant» (PL 119, 810 C). Die beiden Ausdrücke «socios» und «participes» entstammen 1 Kor 10 («participes altaris», «socios altaris», «socios daemoniorum»); vgl. auch den Kommentar dieser Stelle bei Augustin, Contra adversarium legis et prophetarum, lib 1, n 38 (PL 42, 625–626).

[66] De consensu evangelistarum, lib 3, n 72: «Ne quisquam se Christum agnovisse arbitretur, si ejus corporis particeps non est, id est Ecclesiae, cujus unitatem in sacramento panis commendat Apostolus», «unitate corporis eius participata» (PL 34, 1206). Vgl. Tertullian, De oratione, c 6: «et individuitatem a corpore eius» (Reifferscheid-Wissowa, 185).

[67] PL 92, 628 B; PL 105, 1153 D.

[68] Diesen Text wird auch Petrus Lombardus anführen (PL 192, 858). Vgl. Petrus Lombardus, In I Cor. X (PL 191, 1624–1625).

Communicare, participare, consortes et socios esse: der komplexe Sinn dieser Formeln entspricht nach allem Gesagten genau dem komplexen Sinn von *corpus.* Sie bezeichnen somit nicht sosehr zwei sukzessive Objekte als ineins zwei Aspekte einer einzigen Wirklichkeit. Denn der Leib Christi, der die Kirche ist, ist nicht *etwas anderes* als dieses Fleisch und Blut des Mysteriums. Es besteht kein eigentliches Wortspiel.[69] Durch die Eucharistie fügt sich jeder wirklich dem einzigen Leib ein. Sie eint dessen Glieder unter sich, wie sie alle Glieder ihrem gemeinsamen Haupt eint. Das erläutert zu Beginn des 9. Jahrhunderts die Expositio missae « Primum in ordine », die älteste jener anonymen « Expositiones », die von Isidor von Sevilla abhängig sind:

> »Ut nobis corpus et sanguis fiat dilectissimi Filii«: id est, ut nos efficiamur corpus eius, et nobis divinitus tradat in mysterio divinae gratiae panem qui de caelo descendit.[70]

Auf diese Weise soll sich nach und nach der *totus Christus*[71] realisieren, denn er ist der Endzweck des Sakraments, der immer vor Augen steht. Und so empfindet man in dieser Perspektive der Totalität und Einheit kaum das Bedürfnis, nach Formeln oder Eigenschaftswörtern zu suchen, die «Leib» von «Leib» unterscheiden.[72]

Drei Leiber im einzigen Leib

In diesem einzigen, totalen *Corpus Christi* kann man es sich dann angelegen sein lassen, mehrere Aspekte zu unterscheiden; kann aber auch im Gegenteil ausschließlich oder vorwiegend auf der Einheit beharren. Diese Differenz ist zum Beispiel der Inhalt

[69] Vgl. M. Comeau, Les Prédications pascales de saint Augustin, in: RSR (1933) 268: « Augustin baut also seine Predigt auf, indem er die verschiedenen Bedeutungen des Wortes Leib nacheinander abwandelt.» Über «communicare» im christlichen Altertum: H. Pétré, «Caritas», étude sur le vocabulaire latin de la charité chrétienne (1948) 267–269.

[70] Vor 819 (PL 138, 1180D).

[71] Etherius und Beatus (PL 96, 938D).

[72] Der Zusammenhang zwischen den beiden Wortbedeutungen zeigt sich auch im Text von De Civ. Dei, lib 10, c 19 (PL 41, 298), den Florus anführt, Expositio Missae, c 57, n 4: «Ipsum vero sacrificium corpus est Christi, quod non offertur ipsis (martyribus), quia hoc sunt et ipsi» (Duc, 130).

des Streites zwischen Amalarius von Metz und Florus von Lyon in der ersten Hälfte des 9. Jahrhunderts. Ein paar Jahre später entsteht anläßlich einer andern Unterscheidung, von der in der Folge noch zu handeln sein wird, eine lange und eher verworrene Diskussion um den Traktat des Paschasius Radbert. Immer ist das *corpus* katexochen, an das man in erster Linie denkt[73] und das nicht näher verdeutlicht zu werden braucht, die Kirche. Durch alle Meinungsverschiedenheiten hindurch, die sich oft heftiger ausdrücken als sie in Wirklichkeit tief sind, und die das Verhältnis von Menschwerdung und Kirche betreffen, wird von allen die geheimnisvolle Kontinuität aufs stärkste empfunden, auch wenn sie freilich nicht immer gleich klar formuliert wird. Ist die Kirche nicht der fortlebende Christus? *Translatus est Christus ad Ecclesiam:* einfache Worte, schwer befrachtet mit Sinn. Und dieser Übergang Christi in seine Kirche wird seinerseits vorbereitet und wie vorgeformt durch einen ersten Übergang: den der Kirche in Christus hinein: ist sie denn nicht schon der große Leib, aus dem Christus seinen Körper gezogen hat? Dieser letzte Punkt scheint dem Fuldaer Mönch Candidus entscheidend wichtig:

> »Accipite et comedite.« Id est, gentes, facite meum corpus, quod vos jam estis. Istud est corpus quod pro vobis datur. Quod enim ex illa massa generis humani assumpsit, passione fregit, et fractum ressuscitavit... Quod igitur ex nobis cepit, hoc pro nobis tradidit. Et vos »comedite«, hoc est, corpus Ecclesiae perficite, ut tota perfecta unus panis efficiatur, cujus caput Christus sit... Panis ergo corpus est Christi quod assumpsit ex corpore Ecclesia sua...[74]

Wenn also zwar die Kirche von einem bestimmten Gesichtspunkt aus einer der üblicherweise aufgezählten drei Leiber sein mag, so ist sie doch in Wirklichkeit, in ihrem Verhältnis zu den

[73] Das gilt auch für Paschasius Radbert selber, wie es H. Peltier, Pascase Radbert, abbé de Corbie (1938) 215–216, richtig bemerkt hat. Vgl. das Gebet anläßlich der Weihe des Neupriesters: «... cuius corpus, Ecclesiam tuam ..., crescere dilatarique largiris» (PL 73, 221).

[74] De passione Domini, c 5 (PL 106, 68–69) und c 6: «Deus, inquit, continuo clarificabit eum. Futurum est enim, inquit, ut Deus etiam corpus meum, id est Ecclesiam, clarificet totum. Et hoc cito futurum, videlicet quod corpus illud, quod pro nobis ex nobis assumpsit, clarificandum erat gloria resurrectionis» (ebd. 71 B). Der gleiche Gesichtspunkt bei Etherius und Beatus (PL 96, 938 A) und bei Rabanus Maurus, In I Cor. X (PL 112, 94 D). Der Text steht bei Ivo von Chartres (PL 161, 135 AB) und bei Gratian, De consecratione, lib 2, c 36 (Friedberg, 1326).

beiden ersten, kein «anderer Leib». So betrachtet ist sie bloß *caeterum corpus*,[75] *reliquum corpus*,[76] gemeint ist: das übrige des Leibes, im Gegensatz zum Haupt. Betrachtet man sie aber in ihrer Totalität, das heißt mit dem Haupt zusammen, dann ist sie selber der LEIB, der letztlich alle jene Leiber in sich enthält, von denen man sagen kann, sie gehörten Christus. *Unus est panis propter unitatem corporis Christi*, sagte Amalarius selbst, der Erfinder der von Anfang an so heiß umstrittenen und doch so zäh sich erhaltenden Lehre vom *triforme corpus*.[77] Wenn ihm Florus vorwarf – und mit wie heftigen Ausdrücken! –, mit dieser Theorie die Einheit des Leibes Christi zu zerstören, dann dachte er nicht nur an das Sakrament, auch nicht an die Beziehung des Sakramentes zum individuellen Leibe Christi; er wollte sagen, daß Amalarius die Einheit der Kirche zerstöre; Amalarius ist nach ihm *unitati Ecclesiae inimicissimus*. Ihn bekämpfen heißt am Heil jener Einheit arbeiten, die der Apostel verkündet und für die der Erlöser gestorben ist:

> Vere nulli umquam licuit corpus Christi dicere triforme vel tripartitum, quod Apostolus unum semper et unicum proclamat, dicens: »Unus panis, unum corpus multi sumus«, etc. Vere unius capitis Christi unum est omnium electorum corpus.
>
> ... Quomodo unum panem caelestem in tria dividit? Omnes ... in Christo unus panis sumus, Christo incorporati et uniti. Hanc unitatem Ecclesiae, id est corporis sui, ipse Dominus Jesus ... significabat, dicens: »Et alias oves habeo, etc.« Pro hac adunatione et unitate corporis sui suscepit mortem... Haec est ineffabiliter mirabilis unitas Do-

[75] Augustin, Sermo 361, n 3: «Ille qui suscitavit carnem suam, caetero corpori, quod est Ecclesia, in capite demonstravit exemplum» (PL 39, 1600). (Vgl. allerdings unten: «Caeterum corpus» wird von Paschasius Radbert auf den historischen Leib angewendet.)

[76] Hieronymus, In ps. 7: «et caput et reliquum corpus» (Morin, Anecdota maredsolana 3, p 2, 24). Joannes monachus (PL 166, 1514C). Helinandus (PL 212, 522). Vgl. Origenes, In Ephes. I,23 (in: JThSt 3 [1901–1902] 401). Hesychius, In ps. 39 (PG 93, 1191–1192D).

[77] Eclogae de officio missae (PL 105, 1328C); De ecclesiasticis officiis (ebd. 1154 bis 1155). Hier liegt eine Erklärung der Einheit des eucharistischen Leibes durch die Einheit der Kirche vor, parallel zur Erklärung (des Scotus Eriugena?) durch die Einheit des Logos, wie diese etwa vorliegt in: In I Cor (PL 117, 564C), In Hebr. (PL 117, 889BC), bei Gezo von Tortona (PL 137, 406BC), Heriger von Lobbes (PL 139, 187AB) usf. Vgl. Gratian und Petrus Lombardus (PL 192, 863). Rupert wird dann die beiden Bedeutungen verbinden (siehe unten, Kap. 4). Amalarius sagt, ebenfalls in den Eclogae: «Christi unum corpus nos sumus omnes» (1316C), «ut Christi corpori adunarentur» (1318A).

mini Jesu et corporis eius, quam nemini licitum est violare aut dividere... Quantum in se est, solvit ac dissipat, dividens eum in tres partes, in tres formas et in tria corpora.[78]

Ein wenig weiter, noch immer in der gleichen Untersuchung, erinnert Florus daran, daß im Mysterium Christus selber empfangen wird, daß es sein Leib und sein Fleisch ist, um dann für seine Hauptthese das Zeugnis Cyprians in *De Ecclesiae unitate* anzurufen: *mysterium Christi, id est corporis eius, scindi non oportere*, und schließlich seinen gewohnten Meister Augustin beizuziehen, der ihm gleichfalls bezeugen soll, daß «die ganze universale Kirche ein einziges Opfer an Gott und ein einziger Leib Christi»[79] sei.

Der Verfasser der *Dicta cuiusdam sapientis de corpore et sanguine Domini adversus Radbertum* – ein Werklein, das man als einen Brief des Rabanus Maurus deuten zu können meinte, das aber von Dom Morin und Dom Cappuyn Gottschalk von Orbais[80] zurückerstattet und neulich von Dom Lambot kritisch ediert[81] wurde – verwundert sich darüber, daß Paschasius Radbert hintereinander Texte von Ambrosius und «Augustin» anführt, ohne zu bemerken, daß sie sich wenigstens auf den ersten Blick widersprechen. Ambrosius nämlich setzt Identität zwischen dem von der Jungfrau geborenen Leib und dem sakramentalen, während Augustin beide unterscheidet.[82] Gottschalk bemüht sich, eine Formel zu finden, die beiden gerecht wird. Von Anfang an und in der Folge noch mehrfach beteuert er, wir hätten in der Eucharistie

[78] Adv. Amalarium I, n 7 (PL 119, 76–77), und II, n 7 (ebd. 85–87): Discours au Concile de Kierzy (MGH, Concilia, Bd. 2, 772). Vgl. I, n 3: «Saluti corporis Christi in commune prospicite» (PL 119, 74 A), und Expositio missae, c 45 (Duc, 122–123).

[79] MGH, Concilia, Bd. 2, 773–775.

[80] Mabillon hatte zwar die Verwandtschaft seiner Sprache mit der Gottschalks wahrgenommen (De controversiis eucharisticis saeculi noni, c 4, in: Zaccaria, Thesaurus theologicus X, 881), hatte das Werk aber aufgrund einer Vermutung mit dem «Brief an Egil» gleichgesetzt, auf den Rabanus Maurus selber für die Widerlegung des Paschasius verweist (Paenitentiale ad Heribaldum PL; 110, 493 A). Vgl. Heriger von Lobbes (PL 139, 179 A). Im Gefolge von Vacant verwirft Geiselmann diese Identifikation: Die Eucharistielehre der Vorscholastik (1926) 222–229. Hinsichtlich der Zuweisung an Gottschalk: G. Morin, in: Revue bénédictine — (1931) 310; M. Cappuyns, Jean Scot Erigène (1933) 87; Peltier, in: DTC XIII 1630.

[81] Œuvres théologiques et grammaticales de Godescalc d'Orbais (Spicilegium sacrum lovaniense, 1945).

[82] Ebd. 325–326.

das wahre Fleisch und das wahre Blut des Herrn;[83] dann fügt er bei, es sei doch klar, daß man in gewisser Beziehung mit Augustinus zusammen drei Leiber Christi unterscheiden müsse. Denn einer ist der von der Jungfrau geborene und zum Himmel aufgefahrene Leib, ein anderer der täglich neugeschaffene und konsekrierte, ein dritter schließlich der, den wir bilden und der das Sakrament empfängt...[84] Indes, wie Paschasius, der die Einheit betonte, doch gleich darauf deren drei Modi unterschied, so beeilt sich Gottschalk nach Setzung der drei Modi sogleich um Wiederherstellung der Einheit. Es liegt ihm sehr daran, daß man *specialiter*, und stärker als Paschasius es getan hatte, die drei Leiber unterscheide, die auch dieser erwähnt hatte; doch fügte er, noch immer im gleichen Satz, bei, daß *naturaliter* diese drei Leiber nur einen einzigen Leib bilden: *aliud specialiter, et tamen naturaliter unum*.[85] Und nun folgt eine ganze Sequenz von subtilen Formeln, die unter Wortgeklingel die dreifache Unterscheidung gleichsam einen Kranz der Einheit flechten läßt:

> Igitur si iam lucet, placet, libet, quod alia specialiter est caro inconsumptibilis, et alia sumptibilis, et alia specialiter corruptibilis, tamen a dante carne datam carnem accipiens caro, salubriter sumendo futura incorruptibilis, nihilominus quoque debet lucere, placere, libere, quod simul una est naturaliter caro dans, data, accipiens, videlicet invescibilis, vescenda, vescens; inconsumptibilis, sumenda, sumens...[86]

Und so kann schließlich Ambrosius, durch «Augustinus» erklärt, zugelassen werden: *Ipsa est caro, naturaliter, non ut non sit tamen alia specialiter*.[87]

[83] Ebd. 324, 325, 329, 332, 334.

[84] Ebd. 326.

[85] Ebd. 335–336; vgl. 327: «non quidem, quod absit, naturaliter, sed specialiter aliud»; 337: «patet profecto unum esse naturaliter corpus et sanguinem Domini»; «quia non sunt carnes duae».

[86] Ebd. 335. Vgl. 333–334; die natürliche Einheit wird aus folgendem Grund behauptet: «Quia prorsus adeps ille frumenti, id est divinitas Verbi, facit ut unum sit corpus unius Agni.»

[87] Ebd. 337. – Man sieht jedoch, daß man die beiden Adverbien bei Gottschalk nicht so pressen darf, daß man mit Dom Paul Renaudin übersetzt: «Was die Substanz, was die Akzidentien betrifft». (Questions théologiques et canoniques I [1913] 10.) Solche Termini könnten nur ein anachronistisches Äquivalent sein; außerdem darf man nicht vergessen, daß, wenn Gottschalk von Identität spricht, er immer die Identität der *drei* Leiber meint.

Derartige Formeln begegnen häufig bei den Verfassern von Eucharistietraktaten. *Illa caro quam assumpsit, et ipse panis, omnisque Ecclesia, non faciunt tria corpora Christi, sed unum corpus*, so schreibt der Verfasser aus Auxerre des Kommentars zum 1. Korintherbrief.[88] *Triplicitas, sed unita*, sagt bald darauf Heriger von Lobbes in seinem kurzen Traktat *De corpore et sanguine Domini*,[89] und versucht auf diese Art die Vertreter der Unterscheidung und der Einheit zu versöhnen. Ferner sagt er: *Non est diversitas ubi est unum, quia non duo aut tria corpora, sed unum*, und in der Art Gottschalks: *corpus Christi naturaliter unum.*[90]

Diese Ausdrucksweise wird lange vorhalten. Wenn Hugo von St. Victor seinerseits die Theorie Amalarius' – mit kleinen Abwandlungen – darstellen wird, legt er die folgende Definition vor, die wiederum von verschiedenen Autoren der zweiten Hälfte des 12. Jahrhunderts, vor allem vom künftigen Innozenz III. aufgegriffen werden wird:

> Est enim corpus Christi universa ecclesia, caput scilicet cum membris, et inveniuntur in corpore isto quasi tres partes, ex quibus totum corpus constat.[91]

[88] PL 117, 564D; und 571 A: «Unum corpus Christi faciunt, non duo.» Ein fast identischer Text wird von Mabillon aus der Handschrift angeführt, in: De controversiis eucharisticis saeculi noni: «Nec sunt duo corpora illa caro, quam assumpsit, et iste panis, sed unum verum corpus Christi faciunt» (Zaccaria X, 873).

[89] Das kleine Werk, das zuerst nach seinem ersten Herausgeber als «Anonymus Cellot» bezeichnet wurde, hat dann Mabillon (De controversiis..., c 3, aaO. 876 bis 878) dem Heriger, Abt von Lobbes zugewiesen, während andere mit B. Pez es Gerbert zuteilen, unter dessen Werken es bei Migne figuriert. In neuerer Zeit hat R. Astier auf Johannes Scotus hingewiesen. 1908 aber kam Dom Morin auf Heriger zurück, und Dom Cappuyns verstärkte die Beweise dafür. Auch R. Heurtevent: Durand de Troarn et les origines de l'hérésie bérengarienne (1912) bekennt sich zu dieser Ansicht. 1933 meinte Dom Morin, beeindruckt durch die Lektüre eines Manuskripts des 12. Jahrhunderts, das große Teile des Werkes unter dem Namen «Johannes Scotus» zitiert, auf die Frage zurückkommen zu sollen (BTAM 2 [1933] 179). Aber eine wichtige Studie von J. R. Geiselmann: Der Einfluß des Remigius von Auxerre auf die Eucharistielehre des Heriger von Lobbes, in: ThQ (1934) 222 bis 244, veranlaßte ihn, die Hypothese Scotus Eriugena endgültig preiszugeben; damit wird die Zuteilung an Heriger von Lobbes noch wahrscheinlicher. Vgl. M. Cappuyns, in: BTAM 3, 86 und 333. Heriger ist durch Gezo von Tortona von Remigius abhängig: Lebon, Sur la doctrine eucharistique d'Hériger de Lobbes, in: Studia Mediaevalia 64.

[90] C 5, 7 und 8 (PL 139, 183C, 185–186). Später wird Wiclif, wenn er die Eucharistie mit dem individuellen Leib vergleicht, im Gegenteil sagen: «Idem in numero sacramentaliter, non naturaliter». Sermonum, Pars III^a^, 1, 61 (Loserth, 457).

[91] De sacramentis (PL 176, 468D). Innozenz III., De sacro altaris mysterio (PL 217, 907–908). Petrus Comestor, Sententiae de sacramentis (Martin, 57*).

Ob der individuelle Leib Christi historisch und sakramental verstanden wird, Hugo sieht ihn auf jeden Fall auch noch eingeborgen im Totalleib, im einzigen, worin «drei Teile» unterschieden werden.[92] Nicht anders steht es noch bei Balduin von Canterbury[93] und beim Verfasser der *Sententiae divinitatis*. Anläßlich des gleichen Ritus des Hostienbrechens legen sie noch, in ähnlichen Ausdrücken, die gleiche Lehre dar: *Corpus Christi in tres partes dividitur sacramentaliter, et tamen non sunt tres Christi, sed unus Christus.*[94]

« *Corpus mysticum* »

Obwohl zuletzt die Einheit immer wieder hergestellt wurde, mußten die «Teile» oder «Modi», die «Formen» oder Aspekte innerhalb des einzigen Leibes doch irgendwie unterschieden werden und erhielten dabei öfter die gleiche Bezeichnung *corpus*. *Primum corpus, alterum corpus, tertium corpus*, sagte zum Beispiel Amalarius.[95] Wer sich mit einer solchen Aufzählung nicht zufriedengeben wollte, die schon einige Bedenken erregte, mußte nach einer Sprache fahnden, die alles Verwirrende ausschloß. Hier nun sollte *corpus mysticum* dienlich werden, um den sakramentalen Leib zu bezeichnen. Der Ausdruck wird nicht für einen besondern Autor oder für eine besondere Schule kennzeichnend sein. Es wird sich zeigen, daß er in einer schon erwähnten eucharistischen Kontroverse im gleichen Fall und im gleichen Sinn von den vier Hauptkämpfern verwendet wird, mit denen sie begann: von Paschasius Radbert und seinen drei Gegnern: Ratramnus, Rabanus Maurus und Gottschalk.

[92] Nach einer andern Abwandlung der amalarischen Theorie wird es sich anders verhalten.

[93] Liber de sacramento altaris (PL 204, 771 D).

[94] Tractatus 5 (Geyer, 138*). Abgesehen von den drei Teilen der Hostie, die allein geteilt wird, meint die Aussage, wie die Definition Hugos, die drei Teile des Leibes Christi, die durch diese drei Partikeln bezeichnet werden, und die der Verfasser gleich darauf auf zwei Arten aufzählen wird (nur die erste dieser Arten interessiert uns hier).

[95] De ecclesiasticis officiis, lib 3, c 35 (PL 105, 1154 D). Alger von Lüttich, De sacramentis corporis et sanguinis Domini, lib 1, c 17: « De tertio corpore Christi, quod est Ecclesia » (PL 180, 791 A).

Man verwechselt zuweilen, jedoch zu unrecht, die beiden Dreiteilungen von Paschasius und Amalarius. Die biblische Exegese des Abtes von Corbie und die liturgische Exegese des Diakons von Metz widersprechen sich keineswegs, aber sie begegnen sich nicht. Paschasius, der nach Amalarius schreibt, verdankt nichts den Spekulationen des letztern über das *triforme corpus*. Er urteilt zwar streng darüber, zweifellos von der Kritik des Florus beeindruckt.[96] Sein eigener Ausgangspunkt und seine Perspektive aber sind davon ganz verschieden. Im 7. Kapitel des *Liber de corpore et sanguine Domini* bemerkt er, in der Schrift werde der Ausdruck *corpus Christi* auf drei verschiedene Arten verstanden; er legt sie im einzelnen dar und bringt sie auf der folgenden Seite in eine wohlüberlegte Beziehung zueinander:

> Profecto quia generalis Christi Ecclesia corpus eius est, ubi Christus caput, et omnes electi membra dicuntur, ex quibus unum colligitur quotidie corpus in virum perfectum ..., ex quo (corpore) quisquis tollit membrum Christi et facit membrum meretricis ..., hic profecto iam non est in corpore Christi...
>
> Idcirco ei iure non licet *edere de hoc mystico corpore Christi;* quod sane corpus, ut vera caro sit Christi, pro mundi vita quotidie per Spiritum sanctum consecratur... Vescuntur... eo condigne qui sunt in corpore illius, ut solum corpus Christi, dum est in via, ipsius carne reficiatur...
>
> Caeterum illud corpus quod natum est de Maria virgine, in quod istud transfertur, ... et nunc pontifex factus in aeternum quotidie interpellat pro nobis; ad quem si recte communicamus, mentem dirigimus, ut ex ipso et ab ipso, nos, corpus ejus, carnem ipsius, illo manente integro, sumamus: quae nimirum caro ipse est, et fructus

[96] In seinem Matthäuskommentar wird er sagen: «Christus exiens de corpore suo, in mysterio non divisus a se, neque tripartitus» (PL 120, 962 B) und in seinem Brief an Frudegard: «Ne sequaris ineptias de tripartito Christi corpore» (ebd. 1365 A). – Wahr bleibt, daß Amalarius wie Paschasius, wenn auch auf andere Art und in geringerem Grade, ein Bewußtsein von der «Realpräsenz» besaßen, das zuweilen in der Art sich auszudrücken, seiner Zeit vorauseilt. Vgl. De ecclesiasticis officiis, lib 3, c 25, und Epistula 4 ad Rantgarium (PL 105, 1141 und 1334–1335). Manche Forscher, vom äußern Gehaben seines Symbolismus beeindruckt, halten ihm dies vielleicht nicht genügend zugute, als stünde von vorneherein fest, daß ein Autor, je mehr er symbolistisch denkt, umso weniger realistisch denken könne. Die «Perpétuité» sagte mit mehr Gerechtigkeit, wenn auch mit einiger Übertreibung im entgegengesetzten Sinn: «Nie hat jemand die Realpräsenz formeller gelehrt» (Ausg. Migne, Bd. II). Verhält sich Florus nicht irgendwie so zu Amalarius wie Ratramnus zu Paschasius, obschon der erste im Namen der Einheit, der zweite im Namen der Unterscheidung protestiert?

ipsius carnis, ut idem semper maneat, et universos qui sunt in corpore pascat.[97]

Während Paschasius solche Unterscheidungen traf und seine Formulierungen auswog, hob er mit Nachdruck des öftern die Realität des sakramentalen Leibes hervor, den er kurz zuvor als *mysticum Christi corpus et sanguis*[98] bezeichnet hatte, unterstrich auch gleichzeitig seine Identität mit dem historischen und himmlischen Leib: *proprium corpus*, *vera caro*, *una Christi caro:* so hämmerte er ein.[99] Anderseits lag ihm die reale Einheit der drei Leiber nicht weniger am Herzen; die subtilen Verflechtungen des eben gelesenen Textes beweisen es hinlänglich. In der unmittelbaren Folge zeigt er noch deutlicher, daß die *tria vocabula corporis* ihm das *unum corpus*[100] nicht verschleierten. Einige Jahre später, gegen 851, als er das 26. Kapitel von Matthäus kommentierte, kam er darauf zurück: *Qui vult vivere in unitate corporis, haec tria mystice unum sentiat esse corpus.*[101]

Der erste dieser Punkte wurde bekanntlich besonders von Ratramnus angefochten. Der zweite wurde, in einem bestimmten Sinn wenigstens, von Rabanus Maurus und von Gottschalk in Frage gestellt. Das hindert die drei untereinander keineswegs einigen Gegner des Abtes von Corbie nicht, mit ihm in der eucharistischen Verwendung von *corpus mysticum* übereinzustimmen.

[97] PL 120, 1284–1286. In der langen Analyse, die Dom Ceillier dem Traktat widmet, hat er für dieses Kapitel nur einen kurzen Satz übrig, in dem er sich zudem ungenau ausdrückt. Histoire générale des auteurs sacrés, Bd. 12, 536. Eine genauere Zusammenfassung bei Jacquin, in: RSPhTh (1914) 85. Anscheinend hat H. Peltier eine Terminologie nicht wiederzugeben gewagt, die ihm doch nicht entgangen ist: vgl. DTC XIII 1653, und: Paschase Radbert, abbé de Corbie (1938) 200, 210, 215–217, 233, 246, 266. [98] C 2 (PL 120, 1273 A).

[99] C 4, 5 und 7 (ebd. 1279 B, 1281 D, 1285 A). In Matth. (ebd. 896 C), Brief an Frudegard (ebd. 1361 A) usf. Vgl. Kommentar von Auxerre, In I Cor. (PL 117, 564 BC).

[100] C 7 (PL 120, 1286 A). Paschasius fügt bei: «Haec sunt totalia, haec mystica, ut Christus et Ecclesia unum corpus solidius confirmetur...»

[101] PL 120, 896 C und D. Man beachte, daß das Beiwort «mystisch» zwar vor allem den sakramentalen Leib meint, aber schließlich auf alle drei Leiber angewendet wird, sogar auf eine bestimmte Weise auf den dritten, sofern alle drei auf die letzte totale Einheit des Leibes aus Haupt und Gliedern bezogen sind: nicht nur auf dessen werdende Einheit, auch nicht bloß auf die Einheit der Kirche als Leib Christi, sondern auf die vollendete Einheit aus Christus und der Kirche «in carne una». Das ist die endgültige und «dauerhafte» Wirklichkeit, die von allen andern Aspekten des Leibes Christi, so real sie für sich genommen in ihrer Ordnung und Seinsweise auch sein mögen, hervorgebracht werden soll und von ihnen «mystisch» bezeichnet wird, bis sie gleichsam in ihr ein- und untergehen.

De hoc corpore mystico, sagt Ratramnus;[102] desgleichen wenn er die Eucharistie dem historischen Leib gegenüberstellt:

Quanta differentia sit inter corpus in quo passus est Christus, et hoc corpus quod pro ejus passionis commemoratione sive mortis sit ... Illud namque proprium et verum, nihil habens in se vel mysticum vel figuratum; hoc vero, mysticum.[103]

Dieselbe Sprache führt Rabanus Maurus, der in seiner Schrift *De clericorum institutione* schreibt:

... Modo in Ecclesia *mysticum corpus illius*, cum unguentis sacrae orationis conditum, in sacris vasis ad percipiendum fidelibus per sacerdotum officium administratur.[104]

Rabanus verfaßte das Werk um 819, als er noch die Schule von Fulda leitete, somit ein dutzend Jahre vor der ersten Ausgabe des Traktats von Paschasius Radbert, die 831 erschien. Gottschalk dagegen hängt von Paschasius ab. In der kleinen Schrift, in der er ihn heftig angreift, beginnt er damit, die eigenen Begriffe des Gegners zu verwenden, ohne etwas daran auszusetzen:

Huc accedit et multo aliud molestius, et omnino difficilius, illius videlicet ... ubi tribus modis dicitur corpus Christi, id est, Ecclesia, *et istud mysticum*, et illud quod sedet ad dexteram Dei.[105]

Somit handelt es sich wirklich um einen damals gemeinsamen Sprachgebrauch. Dasselbe 9. Jahrhundert liefert dafür noch ein weiteres Zeugnis. Die Kirche von Lyon besaß früher ein Homiliar; Mabillon zitiert es nach Auszügen, die ihm Baluze[106] unterbreitet hatte, und meint darin die Hand des Florus[107] zu erkennen; die Epistel vom Gründonnerstag war dort wie folgt kommentiert:

[102] De corpore et sanguine Domini, c 95 (PL 121, 168 A).

[103] C 92 (ebd. 167 A). Vgl. c 97 und 98: «corpus quod per mysterium existit», «quod per mysterium geritur» (ebd. 169 A und B).

[104] Lib 1, c 33 (PL 107, 324 A).

[105] Dicta cuiusdam sapientis (PL 112, 1513 C).

[106] Dieses Homiliar gehört zur Ms-Sammlung von Baluze, die nach seinem Tod die Bibliothèque du Roi erwarb und sich heute in der Bibliothèque Nationale befindet. Auray-Poupardin, Bibliothèque Nationale, Catalogue des Manuscrits de la collection Baluze (1921) 422, n 379, fol 159–166: homélies tirées d'un manuscrit de l'Eglise de Lyon. Die Stadtbibliothek von Lyon besitzt ihrerseits ein Homiliar über die Episteln und Evangelien des Kirchenjahres, ein Manuskript aus dem 9. Jahrhundert (Molinier-Desvernay I [1900] 172, n 628).

[107] Ein Gedicht des Florus enthält ein Lob des Homiliars: «Epigramma libri homeliarum totius anni ex diversorum Patrum tractatibus ordinati» (MGH, Poetae latini aevi carolini, Bd. 2, 530–535).

> »Hoc est corpus meum.« Aliud erat corpus quod loquebatur, atque aliud quod tradebatur. Corpus quod loquebatur, erat substantiale; *quod vero tradebatur, mysticum.* Corpus siquidem Domini mortuum est, sepultum, caeloque ascendit. Corpus vero quod apostolis in mysterio committebatur,[108] quotidie per manus consecratur sacerdotum.[109]

Hesychius und «Augustinus»

Der Lyoner Homilist steht gewiß, was die Theologie angeht, näher bei Ratramnus als bei Paschasius, aber er führt die gleiche Sprache wie beide. Eine solche Übereinstimmung des Vokabulars legt es nah, nach einer möglichen gemeinsamen Quelle, jedenfalls nach einem vorausliegenden Modell zu suchen. Wir brauchen das 9. Jahrhundert nicht zu verlassen, nur Rabanus Maurus genauer zu lesen, um auf die Spur gebracht zu werden. Die erwähnte Stelle aus *De clericorum institutione* ist in der Tat nicht die einzige, wo Rabanus Maurus die Eucharistie als *corpus mysticum* bezeichnet. Schlagen wir seine *Expositiones in Leviticum* auf:

> ... Filia intelligibilis sacerdotis, id est, anima omnis regenerata ab eo per baptisma, si alienigenae coniuncta fuerit, quae ad alienigenas, verbi gratia, Judaeos, paganos, aut haereticos pertinet agens, et societatem eorum amplectens, primitias sanctificatorum, id est *corpore mystico non vescetur.*[110]

Diese allegorische Auslegung von Lev 22,12 ist kein Fund des Abtes von Fulda. Seine Schriftkommentare sind, wie alle aus jener Zeit, bekanntlich fast nur Florilegien aus früheren Schriften. Für den Levitikus hat er vor allem den Kommentar des Hesychius von Jerusalem[111] herangezogen. Er hatte sogar erwogen, nach seinen eigenen Arbeiten über Genesis und Exodus den Leser einfach an dieses Werk zu verweisen.[112] Die angeführte Stelle ist ein wört-

[108] Man beachte die Entsprechung zwischen «mysticum» und «in mysterio». Vgl. das Gedicht des Florus auf das Matthäusevangelium, Vers 236: «Corporis ipse sui sanctis mysteria tradit» (ebd. 515).

[109] Mabillon, Praefationes in Acta SS. ordinis S. Benedicti (1724) 331. Das Zitat wird von Natalis Alexander wiedergegeben (Zaccaria, Thesaurus theologicus X, 891).

[110] Lib 6, c 18 (PL 108, 492D).

[111] In Levit. (PG 93).

[112] Expositiones in Leviticum, Praefatio (PL 108, 247 A).

liches Zitat daraus;[113] dasselbe gilt von einer weiteren Stelle der gleichen *Expositiones*, wo von *sanguis mysticus* die Rede ist.[114]

Rabanus Maurus las seinen Hesychius natürlich in der lateinischen Übersetzung, die damals sehr verbreitet war. Verfasser und Datum dieser Übersetzung sind bisher unbekannt geblieben; man hat sogar angenommen – doch wir meinen, sehr zu unrecht,[115] – es handle sich um ein ursprünglich lateinisches Werk. Daß *corpus mysticum* und *sanguis mysticus* darin die getreue Wiedergabe von *σῶμα μυστικόν* und *μυστικὸν αἷμα* sind, läßt sich anscheinend nicht bezweifeln, obgleich das griechische Original uns nicht erhalten ist. Denn Hesychius, der ein fruchtbarer Exeget war, hat auch, und zwar mehrere Male, die Psalmen ausgelegt; in einem Fragment seines großen Kommentars, das Cordier herausgab und bei Migne abgedruckt ist, finden sich anläßlich Ps 103,32 folgende Überlegungen:

> »Und der Wein erfreut des Menschen Herz.« Es handelt sich um den mystischen Wein. Er erfreut nicht den Leib, sondern das Herz ... Du siehst, daß der Psalmist vom mystischen Brot und Wein spricht ... Wie aber stärkt dieses mystische Brot, wenn nicht, indem es den Herzen die Sicherheit schenkt? Auch wir werden zum Leibe Christi, indem wir seinen mystischen Leib empfangen: *σῶμα καὶ ἡμεῖς Χριστοῦ τῇ τοῦ μυστικοῦ σώματος μεταλήψει γενόμεθα.*[116]

Corpus mysticum – immer im eucharistischen Sinn – findet sich ferner in der Lebensbeschreibung eines heiligen Bischofs der Merowingerzeit: Austregesil (oder Austrilegus), Abt von Saint-

[113] Hesychius, lib 6, c 22 (PG 93, 1070CD).

[114] Man vergleiche Expositiones, lib 5, c 8: «Mysticum Christi sanguinem significans... Sanguis super altare...» (PL 108, 432C), und Hesychius, lib 5, c 17 (PG 93, 1005D).

[115] Wie Tillemont bereits mit mehr Scharfsinn feststellte: sein Latein verrät sich durch mehrere Anzeichen als ein Übersetzungslatein. Was seinen «halb-barbarischen Charakter» angeht (Lappe, De scriptoribus ecclesiasticis I, 637), so erklärt er sich aus der Anstrengung, so wörtlich wie möglich zu sein. Man erinnere sich, daß auch dem hl. Hieronymus seine Übertragung der Isaiashomilien des Origenes als «zu barbarisch» abgesprochen worden sind.

[116] PG 93, 1285CD. Man beachte: im gleichen Satz, in dem Hesychius den sakramentalen Leib als «corpus mysticum» bezeichnet, gebraucht er für den kirchlichen Leib den einfachen Ausdruck *σῶμα*. – Trotz der Autorität Bardenhewers zögern wir nicht, mit Vaccari, Devreesse und Jüssen zusammen diese Fragmenta in Psalmos in PG 93 Hesychius zuzuschreiben. Die hier aufgewiesene Ähnlichkeit mit dem Levitikuskommentar scheint diese These zu bestätigen und zugleich für die Echtheit dieses Kommentars zu sprechen.

Nizier in Lyon, später Erzbischof von Bourges (551–624). Da sein Tod naht, wünscht der Heilige ein letztes Mal die Messe zu lesen:

> ... Accepto pane et calice, more solito, spiritales hostias Domino offerens, mysticum prece conficit corpus Domini.[117]

Der Verfasser ist Zeitgenosse des Heiligen, was uns ins 7. Jahrhundert versetzt. Hat er aber wirklich *corpus mysticum* geschrieben? Man wird zögern, dies als gewiß hinzustellen. Die Kadenz des Satzes legt unabweisbar nahe, *mystica prece* zu lesen, entsprechend einem Text Augustins in *De Trinitate*,[118] der in den folgenden Jahrhunderten oft angeführt wurde; der authentische Text unseres Hagiographen wird wohl eher gelautet haben: *mystica prece conficit corpus*. Auch wird der Satz dadurch fließender. Trotz des *fundere precem* im Melania-Leben,[119] dem *mox post precem* Gregors des Großen[120] (das dem *mox post canonem* seines Biographen Johannes Diaconus[121] entspricht) und einigen analogen Wendungen,[122] wirkt das nicht näher bestimmte *prece* in unserem Text befremdend, während *conficere corpus* im Gegenteil ein einfacher und geläufiger Ausdruck ist. Wie dem auch sei: Hesychius, der 438 starb, hat die Priorität, und er scheint auf die Sprache der Lateiner des 9. Jahrhunderts den entscheidenden Einfluß ausgeübt zu haben.

Das Patronat des «großen Hesychius»[123] (wie Tillemont ihn nannte) ist nicht das einzige, auf das *corpus mysticum* sich berufen könnte. Durch eine seltsame Verwechslung trat – nachdem Paschasius Radbert das Wort schon verwendet hatte – als neuer Kronzeuge Augustinus hinzu. Jenem Teil des Kapitels von Paschasius, in dem wir dem Wort begegnet sind, widerfuhr ein merkwürdiges

[117] Vita sancti Austregisili, lib 1, c 2, n 16 (Heuschenius, in: Acta Sanctorum, Maii, t. V [Antwerpen 1685] 232 A).

[118] Lib 3, c 4, n 10: «Illud... quod... prece mystica consecratum rite sumimus ad salutem» (PL 42, 874). Siehe unten, Kap. 2, Anm. 7.

[119] N 66 (Rampolla, 38).

[120] Epistularum, lib 9, ep. 12. Gregor hatte eben geschrieben (und das erklärt seine Kurzformel): «... ut precem quam scolasticus composuerat super oblationem diceremus» (PL 77, 956–957).

[121] Vita Gregorii, lib 2, c 20 (PL 75, 94).

[122] Marius Victorinus, Adv. Arium, lib 2, c 8: «audi orationem oblationis» (PL 8, 1094 B). Vigilius, Brief an den Bischof von Braga: «ordinem precum», «canonicae precis textum», «paschalis diei preces» (Jaffe, 907).

[123] Mémoires ..., Bd. 14, 227.

Glück: er wurde fast unmittelbar darauf mit ein paar andern Stücken des gleichen Traktats zusammen einem eucharistischen Florilegium einverleibt, aus welchem Gottschalk ihn aufgriff, um ihn im Namen Augustins jener Lehre entgegenzusetzen, die Paschasius im gleichen Kapitel entwickelt.[124] Freilich: auch unter diesem hehren Patronat scheint der Ausdruck nicht in den allgemeinen Gebrauch übergegangen zu sein, als einmal die Kontroversen des 9. Jahrhunderts vorbei waren. Man wird u. E. besser daran tun, sich nicht auf einen Text zu stützen, den man schon bei Florus[125] und bei Remigius von Auxerre[126] findet und den beide vielleicht einer ältern *Expositio* entnahmen, in der gestanden hätte: *Hoc corpus, hic sanguis ... consecratione mysticus fit.* Denn die Worte *corpus* und *sanguis*, denen die Bezeichnung *mysticus* zugesellt wird, entstammen vielleicht einer fehlerhaften Abschrift für *panis* und *calix*. So steht in der Tat bei Augustin im *Contra Faustum*[127] zu lesen, woher der besagte Text offensichtlich stammt. Andere Schriftsteller, darunter Hincmar im 9. Jahrhundert,[128] führen ihn in der richtigen Gestalt an, in der er außerdem allein

[124] Es ist die von uns oben analysierte Stelle (Lambot, 326): «... Ita disputat beatus Augustinus quasi non ei placuerit illud quod secus dixit sanctus Ambrosius...» Das Mißgeschick wird kurz nach der ersten Veröffentlichung des paschasischen Traktats geschehen sein. Siehe M. Lepin, L'idée du sacrifice de la Messe ... (1926) 759–786.

[125] Expositio missae, c 59, n 9: «Hoc corpus et hic sanguis non in spicis et in sarmentis colligitur, sed certa consecratione mysticus fit.» Diesen Satz verschweißt Florus mit einem andern, den er Gregor dem Großen und Ps-Beda entnimmt: «Nobis non nascitur, cum panis et vini creatura in sacramentum carnis et sanguinis, eius ineffabili Spiritus sanctificatione transfertur» (Duc, 132). Vgl. eine ähnliche Stelle in: Adv. Amalarium I, n 9 (PL 119, 77 D).

[126] Expositio missae (Ausg. Froben): «... ut (oblatio), quamvis de simplicibus terrae frugibus sumpta, benedictionis potentia efficiatur corpus et sanguis Filii Dei, ut per hunc cibum et potum impleatur in nobis quod ille promisit ...: Qui manducat me, et ipse vivet propter me. Hoc corpus, hic sanguis non in spicis, sed in sacramentis colligitur, et consecratione mysticus fit nobis, non nascitur» (PL 101, 1260 AB).

[127] Lib 20, c 13: «Noster autem panis et calix, non quilibet (quasi propter Christum in spicis et in sarmentis ligatum, sicut illi desipiunt), sed certa consecratione mysticus fit nobis, non nascitur» (PL 42, 379). (Die Löwener Herausgeber hatten beigefügt: «fit nobis corpus Christi».) Augustin griff damit ein Thema auf, das sich schon bei Gregor von Nyssa, Leben des Moses (PG 44, 368 C) findet. Unter den kostbaren Werken, die Leidrad der Kirche von Lyon gab, befand sich ein Exemplar des Contra Faustum: L. Delisle, Anciens manuscrits de la Bibliothèque de Lyon, in: Notices et extraits des manuscrits ..., Bd. 29 (1880) 390.

[128] Hincmar (PL 125, 925 AB). Ivo von Chartres (PL 161, 135 A und 1071 C). Alger von Lüttich (PL 180, 764 C). Gratian, Decretum, p 3; De consecratione, d 2, c 39 (Friedberg, 1328). Huguccio (S. R. Geiselmann: Die Abendmahlslehre [1933] 154).

einen vernünftigen Sinn zu ergeben scheint.[129] Indes sollte der Text des Florus und Remigius im 11. Jahrhundert von Johannes von Fécamp aufgegriffen werden, der ihn mit einigen Varianten seiner *Confessio fidei*[130] einfügt:

> *Hoc corpus, hic sanguis* non in spicis et sarmentis colligitur, sed *certa consecratione mysticus fit nobis*, non nascitur, cum panis et vini creatura in sacramentum carnis et sanguinis eius ineffabili Spiritus sancti sanctificatione transfertur.[131]

Im 10. Jahrhundert zitiert Heribert von Lobbes nebenbei den Ausdruck des Paschasius Radbert, noch immer in der Meinung, es handle sich um einen Text Augustins: in diesem Paschasiustext, den Gottschalk im Namen Augustins dem Paschasius entgegengehalten hatte, meint Heribert nun die Formel zu halten, mit der er zwischen Paschasius und Gottschalk vermitteln kann.[132] Eine Komödie der Irrungen! Alger von Lüttich[133] führt im 12. Jahrhundert das Wort abermals an. Aber sowenig wie Heribert übernimmt er es nachher in den eigenen Sprachgebrauch. Guibert de Nogent dagegen macht es sich zu eigen: in seinem *De pignoribus sanctorum* (um 1120) steht *corpus mysticum* zusammen mit *figuratum corpus* und im Gegensatz zu *principale corpus*.[134] Der Ausdruck lebt weiter bis zum Ende des Jahrhunderts. Johannes Beleth greift ihn um 1165 auf in seinem *Rationale divinorum officiorum:*

> Quod autem hic quaeritur, quamobrem Christus discipulis prius *corpus suum dederit mysticum*, quam in veritate illud offerret, discussum satis apud alios est.[135]

[129] Denn wenn «corpus» und «sanguis» Subjekt sind, wird die Wendung «non in spicis colligitur» unverständlich.

[130] Nachdem Geiselmann erwiesen hatte, daß dieses Werk keinesfalls von Alkuin stammen kann, weil es die berengarische Kontroverse voraussetzt, hat es Dom Wilmart Johannes von Fécamp (†1079) zugewiesen: Auteurs spirituels et textes dévots du moyen âge latin (1932) 196.

[131] P 4, c 3 (PL 101, 1088 B).

[132] AaO. (Anm. 90) n 3 (PL 139, 181 B).

[133] PL 180, 790 D. Vgl. Gottschalk (PL 112, 1513 C).

[134] Lib 2 (PL 156, 629: «De corpore dominico bipertito, principali scilicet ac mystico»; 634 C, 650 A).

[135] C 99 (PL 202, 104 C). Der gedruckte Text von Beleth weicht in vielen Einzelheiten von dem der Handschriften ab (Hauréau, Notices et extraits des manuscrits ..., Bd. 32 [1888] 188). Es ist aber sehr unwahrscheinlich, daß das Beiwort vom Herausgeber, Corneille Laurimann, stammt, dessen Verbesserungseifer sich eher im umgekehrten Sinn betätigt hätte.

Zweites Kapitel

«MYSTERIUM»

Mystisches Vokabular

Ein solcher Sprachgebrauch kann uns befremden, denn er entfernt sich weit von dem unsern. Bei einigem Nachdenken aber wird er verständlich, ja mehr: die Gründe, die ihn rechtfertigen, scheinen sogar denen überlegen, die ihn im Lauf der Zeit verändert haben.

In der christlichen Tradition, der griechischen sowohl wie der lateinischen, der liturgischen sowohl wie der «theologischen», wird alles, was auf das Mysterium des Altares Bezug hat, reichlich und beinah unbesehen mit dem Ausdruck «mystisch» bedacht. Nichts erscheint deshalb normaler – auch abgesehen von dem aufgezeigten vermutlichen Einfluß des Hesychius –, als daß man den eucharistisch gegenwärtigen Leib Christi mit «mystisch» bezeichnet; so normal ist dies, daß es sich irgendwie von selbst und ohne bewußte Absicht ereignet haben muß. Man nehme hinzu, daß im 9. Jahrhundert das Lesen von Schriftstellern wie Augustinus, Beda, Hesychius den Gebrauch dieses Wortes besonders verbreitet hat.

Die Tradition wies darauf hin, daß der Leib Christi auf dem Altar Gegenwart wurde durch «mystische Worte»,[1] «mystische Segnungen»;[2] diese waren umgeben von «mystischen Zeichen»[3] und «mystischen Handlungen»,[4] die der Priester über einer «my-

[1] Severus von Antiochien (Brooks, The sixth Book of the select Letters of Severus, Bd. 2, 234–235). Durandus von Troarn (PL 149, 1380 A). Hervaeus von Bourg-Dieu (PL 191, 934 B). Petrus Cantor (Geiselmann, Die Abendmahlslehre [1933] 135).

[2] Cyrill von Alexandrien, Brief des ägyptischen Konzils an Nestorius, Übersetzung von Dionysius Exiguus (Mansi IV, 1077); erwähnt (als aus dem Konzil von Ephesus stammend) von Ps-Isidor, Paschasius Radbert, Heriger, Durandus von Troarn, Lanfranc, Guitmund von Aversa, Ivo von Chartres, Wilhelm von St. Thierry, Gratian, vom Konzil von Trient, 22. Session, Kap. V.

[3] Hildebert (PL 171, 1179 A, 1184 B, 1186 C). Petrus Cantor (PL 171, 1205 D). Stephan von Baugé (PL 172, 1301 D). Speculum Ecclesiae (PL 177, 370 A).

[4] Ps-Germanus von Konstantinopel (PG 98, 449 D). Ivo von Chartres (PL 162, 553 B).

stischen Mischung»[5] von Wasser und Wein in einem «mystischen Kelch» vornahm, nach der mystischen Lesung der heiligen Diptychen.[6] Und das Wirken des Heiligen Geistes kam als Antwort auf das «mystische Gebet»[7] des Zelebranten, um das Dargebrachte «mystisch zu beleben»,[8] und so dank einer «mystischen Konsekration»[9] oder «mystischen Heiligung»[10] eine «mystische Verwandlung» oder «mystische Veränderung»[11] zu bewirken. Im Unterschied zur Gegenwart Jesu unter seinen Zeitgenossen in Palästina, ist seine Gegenwart im Sakrament eine solche «in mystischer Gestalt»,[12] das heißt: verhüllt unter «mystischen Symbolen».[13] Im Verlauf dieser «mystischen Liturgie»,[14] dieses «mystischen Kultes»,[15] in der «mystischen Zubereitung»[16] dieses «mystischen Opfers»,[17] der Messe, wird Christus, der einst am

[5] Alger von Lüttich (PL 180, 795D). Anselm von Havelberg (PL 188, 1244A).

[6] Ps-Dionysius (PG 3, 425C, 437A).

[7] Augustin (PL 42, 874). Isidor von Sevilla (PL 82, 255B). Florus (PL 119, 77D). Expositio «Primum in ordine» (PL 138, 1178D). Rabanus Maurus (PL 107, 321D; 111, 131A). Ratramnus (PL 121, 144C). Konzil von Arras, Text von Gerard von Cambrai (Mansi XIX, 431A; PL 142, 1278C). Hugo von Langres (PL 142, 1329B). Gratian, Decretum, p 3, De consecratione, d 2, c 60 (Friedberg, 1337). Petrus Lombardus (PL 192, 862 und 867). Balduin von Canterbury (PL 204, 715C). Petrus Comestor, Sententiae de Sacramentis (Martin 32*). Vgl. Ambrosius: «Per sacrae orationis mysterium» (PL 16, 641A), eine Formel, die von Durandus von Troarn wiederholt wird (PL 149, 1403C), sowie von Lanfrank, Gregor von Bergamo (Hurter, 14) und in dem von Berengar 1079 unterzeichneten Glaubensbekenntnis.

[8] Isidor von Sevilla (PL 82, 255D). Rabanus Maurus (PL 111, 133AB).

[9] Augustin, Contra Faustum (PL 42, 379). Paschasius Radbert (PL 120, 1278A). Gottschalk (Lambot, 325). Ratramnus (PL 121, 131B). Druthmar (PL 106, 1326B). Alger von Lüttich (PL 180, 788B). Abaelard (PL 178, 1530C). Gilbert, In cantica, sermo 7 (TPL 184, 47A). Petrus Lombardus (PL 192, 861). Glaubensbekenntnis, das die griechische Kirche konvertierenden Mohammedanern vorschreibt.

[10] Adam, Leben des Hugo von Lincoln (Geiselmann, Die Abendmahlslehre [1933] 120).

[11] Balduin von Canterbury (PL 204, 678A, 680A, 681B).

[12] Alger von Lüttich (PL 180, 764D).

[13] Theodoret (PG 83, 165–169). Nikolaus von Methone, Traité des azymes (Allatius, Bd. 6, 432). Vgl. Erasmus, In Lucam (Basel 1535) 218; In Joannem (ebd. 78).

[14] Eusebius (PG 20, 1196B). Theodoret (PG 82, 736B). Cyrill von Alexandrien (PG 69, 109C). Nikolaus von Methone (PG 135, 509A). Vgl. Ps-Dionysius (PG 3, 441D).

[15] Apostolische Konstitutionen, lib 8, c 15, n 11 (Funk, 521).

[16] Guibert von Nogent (PL 156, 632D).

[17] Apostolische Konstitutionen, lib 6, c 23 (Funk 361). Chrysostomus (PG 50, 459). Ps-Chrysostomus (PG 55, 741). Proklus (PG 65, 849C). Eutychius von Konstantinopel (PG 86, 2393 und 2396). Anastasius Sinaita (PG 89, 209A). Hesychius (PG 93, 1071D). Historia mystagogica (Brightman, in: JThSt 9, 258; lateinische Fassung in: Mai-Cozza, NPB, Bd. 10, 2. Teil, 10 und 11). Vita Sancti Marae (Acta Sanctorum, jan., t. II, 268). Rabanus Maurus (PL 108, 494A). Paschasius Radbert (PL 120, 1274B). Gerhoh von Reichersberg (PL 193, 957D).

Kreuz geschlachtet wurde, wiederum «mystisch geschlachtet»,[18] um sich weiterhin seinem Vater in einer «mystischen Opferung»[19] darzubringen. Als «mystisches Schlachtopfer»[20] zeigt er denen, die Augen dafür haben, auf dem Altar die «mystischen Zeichen seiner Passion»,[21] wie ein «mystisches Manna»,[22] «mystisch vervielfältigt»[23] durch eine «mystische Brechung»,[24] dann an alle «mystisch ausgeteilt»[25] im Hinblick auf eine «mystische Teilnahme».[26] Und so wird er von den Gläubigen «mystisch empfangen»,[27] die dem «mystischen Tische»[28] genaht sind. Täglich erneut sich also das «mystische Gastmahl»,[29] das der Erlöser am

[18] Augustin hatte geschrieben: «In sacramento ... omni die populis immolatur» (PL 33, 363). Abälard schreibt ihm die Formel zu: «quotidie pro mundi vita mystice immolari», «quotidie Christus pro nobis mystice immolatur» (PL 178, 1530C). So schon Rabanus Maurus (PL 108, 504D), Paschasius Radbert (PL 120, 1277D, 1294A, 1343A), Gottschalk (Lambot, 325), Ascelin (Hardouin, Concilia, Bd. 6, 1021), Anselm, Epistula 107 (PL 159, 257A = Anselm von Laon), Alger von Lüttich (PL 180, 788B). Die Formel stammt aus Hesychius (PG 93, 1085BC). Vgl. Gregor der Große: «In hoc mysterio sacrae oblationis immolatur» (PL 77, 425D). Paschasius Radbert (PL 120, 1274C und 1355A), Guitmund von Aversa (PL 149, 1474A), Alger von Lüttich (PL 180, 788C), Gratian, De consecratione, d 2, c 72 (Friedberg, 1342).

[19] Gelasianum (Wilson, 242 und 359). Gregorianum (Lietzmann, 97). Liber mozarabicus sacramentorum (Férotin, col 585) usf. Gerhoh von Reichersberg (PL 193, 953D).

[20] Paschasius Radbert, In Lamentationes Jeremiae (PL 120, 1119B).

[21] Alger von Lüttich (PL 180, 759A).

[22] Petrus Damiani (PL 145, 717D).

[23] Paschasius Radbert, Liber de corpore (PL 120, 1335–1336). Vgl. Ps-Dionysius (PG 3, 444A).

[24] Hildebert (PL 171, 1192C). Speculum Ecclesiae (PL 177, 373B). Petrus Cellensis (PL 202, 767D).

[25] Ps-Dionysius (PG 3, 445A). Leo der Große (PL 54, 868B). Inschrift des Marinus, Vienne-en-Dauphiné (DACL, Bd. 3, col 168). Hincmar, Vita Remigii (MGH, Script, rer. merov. Bd. 3, 278). Gratian, De consecratione, d 2, c 38 (Friedberg, 1327).

[26] Cyrill von Alexandrien (PG 73, 521A; 74, 560B). Leontius von Byzanz (PG 86, 1765). Theophylakt (PG 123, 1308B und 1312C). Grimaldus, Liber sacramentorum (PL 121, 818B).

[27] Griechische Liturgie, Triodos vom Gründonnerstag. Hesychius (PG 93, 852A). Rabanus Maurus (PL 108, 299A).

[28] Cyrill von Jerusalem (PG 33, 1101G). Gregor von Nazianz (PG 36, 404A, und 37, 1161A). Gregor von Nyssa (PG 46, 692). Johannes Damaszenus (PG 94, 1149). Cyrill von Alexandrien (PG 68, 284B; vgl. 604C; 77, 1017C). Isidor von Pelusium (PG 78, 256). Anastasius Sinaita (PG 89, 297B, 836C, 840B). Theophylakt (PG 124, 704D). Hesychius (PG 93, 1102D und 1103; und: In Isaiam (Faulhaber, 1, 61, 111, 175). Ambrosius (PL 14, 708D). Rabanus Maurus (PL 108, 517)C. Hildebert (PL 171, 1185C). Liturgia Jacobi Baradati (Renaudot, Bd. 2, 373).

[29] Chrysostomus (PG 61, 204). Cyrill von Alexandrien (PG 77, 1016C, 1017A, 1024A). Hesychius, In Isaiam (Faulhaber, 105). In Leviticum (PG 93, 883A,

Vorabend seines Leidens eingesetzt und «mystisch» für seine Kirche vorbereitet hat.[30] Sein Leib, diese «mystische Gabe»,[31] «mystische Sache»[32], wird damit zum wirksamsten «mystischen Heilmittel».[33] Die ihn empfangen, schmecken den «mystischen Wohlgeschmack»[34] dieser «mystischen Speise»[35] und dieses «mystischen Trankes». Sie werden gestärkt von dem «mystischen Brot»,[36] berauscht von dem «mystischen Wein»,[37] der ihnen aus «mystischem Kelch»[38] gereicht wird. Sie wissen, wie kostbar diese «mystische Opferspende»[39] ist, und behalten lange Zeit deren «mystische Auswirkung».[40] Diese «mystische Eucharistie» besitzt eine «mystische Kraft».[41] – Und anderseits war dieses Mysterium vielfach und auf vielerlei Art im Alten Testament mystisch angekündigt,[42] mystisch vorgebildet worden,[43] und war der Gegenstand einer mystischen Hoffnung gewesen.[44] Und besaß es nicht in sich selbst und in vielfacher Hinsicht eine «mystische

886B, 888C, 891C). Maximus Confessor (PG 4, 137B). Eutychius (PG 86, 2400B). Anastasius Sinaita (PG 89, 297B). Ps-Germanus von Konstantinopel (PG 98, 449C). Nicetas David (PG 105, 105D). Historia mystagogica (Brightman, 264; Mai-Cozza, 16). Michael Glykas (Eustratiadès, Bd. 2, 348). Griechische Messe (Mercenier-Paris, Bd. 1, 290, 306, 307). Leo der Große (PL 54, 333B). Libri sacramentorum (Feltoe, 165; PL 121, 885D; 151, 331B). Alkuin (MGH, Epistularum, Bd. 4, 336 und 472). Rabanus Maurus (ebd. Bd. 5, 436 und PL 107, 319A). Missale gothicum (PL 72, 286D). Bruno von Würzburg (PL 142, 383A). Gerard von Cambrai (PL 142, 1279A). Kard. Humbert (PL 143, 938C). Gerhoh von Reichersberg (PL 193, 952D) usf.

[30] Paschasius Radbert (PL 120, 1336C).

[31] Cyrill von Alexandrien (PG 72, 908B). Hildebert: «mystica dona» (PL 171, 1181A, 1182A, 1183C, 1188B). Petrus von Blois (PL 207, 1138B). Liturgia Jacobi Baradati (Renaudot, Bd. 2, 336).

[32] Hildebert, Liber de sacra eucharistia (PL 171, 1201A).

[33] Brief an Karl den Großen (PL 98, 940A). Vgl. Gezo von Tortona (PL 137, 388A).

[34] Fulbert von Chartres (PL 141, 202C).

[35] Siehe unten, Kap. 3, Anm. 15.

[36] Ebd. Anm. 17.

[37] Hesychius, In psalmos (PG 93, 1229D).

[38] Hesychius, In Isaiam (Faulhaber, 28, 72, 202). Ambrosius (PL 16, 142A). Ambrosiaster (PL 17, 243B). Rabanus Maurus (PL 112, 103C). Gezo von Tortona (PL 137, 388B). Abälard (PL 178, 1350B). Vgl. Nestorius (Loofs, Nestoriana, 230; PG 76, 205B). Gregor von Bergamo (Hurter, 75, 78) usf.

[39] Liber de canone mystici libaminis (PL 177, 956).

[40] Gelasianum (Wilson, 35).

[41] Vgl. Gerhoh von Reichersberg, In psalmos (PL 193, 1058A und 1102B).

[42] Augustin (PL 35, 1616; 41, 301). Alkuin (PL 100, 836D). Walafried Strabo (PL 114, 936B).

[43] Cassiodor (PL 70, 797B). Remigius von Lyon (PL 121, 1129C).

[44] Eustathius von Thessalonich (PG 135, 728A).

Vorbedeutung»?[45] Kurz: die Eucharistie, diese «göttliche Mystagogie»[46], war der Gipfelpunkt der christlichen Religion, der wichtigste seiner drei großen mystischen Riten.[47] Sie ist das Mysterium katexochen, das geheimste von allen und auch das heiligste, und selber Zeichen einer geheimen und heiligen Sache. *Mysterium christianum, in quo tot et tanta sunt involuta mysteria.*[48] Vollzieht sich doch alles in ihr «auf mystische Weise».[49] Alles geschieht *mysterio,*[50] *per mysterium,*[51] alles ist enthalten *in mysterio,*[52] verhüllt *sub mysterio.*[53] So ist also in dieser «mystischen Handlung alles mystisch».[54]

... Non terrenum aliquid, sed caeli mystica promit.[55]

[45] Hugo von St. Viktor (PL 176, 468D und 469B). Sermo de excellentia, n 13 (PL 184, 988B). Petrus Lombardus (PL 192, 866). Balduin von Canterbury (PG 204, 656D, 658B, 663A, 680A). Gregor von Bergamo (Hurter, 65, 74 usf.). Vgl. Dionysius Bar Salibi (CSCO, Bd. 98, 73).

[46] Gregor von Nyssa (PG 44, 625).

[47] Johannes Scotus Eriugena (PL 122, 308C).

[48] Cyrill von Alexandrien (PG 76, 189D). Hieronymus (PL 22, 484). Innozenz III. (PL 217, 913D).

[49] Hesychius (PG 93, 1085C). Leonianum (Feltoe, 3). Paschasius Radbert (PL 120, 892A, 1277D, 1294A, 1336C, 1358C). Speculum Ecclesiae (PL 177, 359A). Radulf Ardens (PL 155, 1836).

[50] Grimaldus, Liber sacramentorum (PL 121, 805A) usf.

[51] Faustus von Reji (Ps-Eusebius von Emesa; PL 30, 272A). Gregor der Große (PL 77, 425C). Florus, Remigius von Auxerre, Gezo von Tortona, Adrevald, Fulbert von Chartres, Durandus von Troarn, Lanfranc, Guitmond von Aversa, Johannes von Fécamp, Ps-Haimo, Alger von Lüttich, Gregor von Bergamo, Ivo von Chartres, Gratian (De consecratione, d 2, c 35; Friedberg, 1325), Sermo de excellentia (PL 184, 985B) ...

[52] Hesychius, In psalmos (PG 93, 1297B). Gaudentius von Brescia (Glueck, 26). Ambrosiaster (PL 17, 243D). Ps-Hieronymus (PL 26, 1259A). Gregor der Große (PL 76, 1279A; 77, 425D). Isidor von Sevilla (PL 83, 755A). Florus (PL 119, 49B). Paschasius Radbert (PL 120, 896C, 962B, 1281A, 1302B). Ratramnus (PL 121, 129B, 136A, 114B, 159A und B). Haymo von Halberstadt (PL 118, 363CD). Anastasius (PL 149, 434B). Guitmund von Aversa (PL 149, 1473D). Anselm von Laon (PL 159, 257A). Franco (PL 166, 776D und 778B). Hildebert (PL 171, 1192A). Hervaeus von Bourg-Dieu (PL 181, 934D). Gratian (De consecratione, d 2, c 72 und 74; Friedberg, 1342 und 1344). Petrus Lombardus (PL 192, 862).

[53] Hilarius (PL 10, 246). Ratramnus (PL 121, 128A). Hincmar, Vita Remigii: «in mysterio ... vere sub mysterio» (MGH, Script. rer. merov. Bd. 3, 334). Durandus von Troarn (PL 149, 1891B). Guitmund von Aversa (PL 149, 1474D). Ivo von Chartres, Decretum (PL 161, 139A). Gratian, De consecratione, d 2, c 82 (Friedberg, 1346). Isaak von Stella (PL 194, 1891B). Vgl. Heriger von Lobbes (PL 139, 184B).

[54] Gregor von Nyssa (PG 46, 581A). Hesychius (PG 93, 391C). Paschasius Radbert (PL 120, 1274A, 1332B, 1353A). Bruno (PL 162, 725C). Petrus Cantor (Ps-Hildebert, PL 171, 1205A; Gedichte, die sich in einer Petrus von Blois zugeschriebenen Sammlung befinden, PL 207) usf.

Man sieht: wer anläßlich der Eucharistie von « mystischem Leib » sprach, paßte sich nur der Logik des traditionellsten und allgemeinsten Sprachgebrauchs an. Da schon so viel ähnliche Bildungen geläufig waren, mußte auch diese Wendung eines Tages irgendeinem kirchlichen Schriftsteller aus der Feder fließen. Und wenn sie auch eher spät zur Verbreitung gelangt, dann eigentlich nicht, weil das Eigenschaftswort dem Nomen ermangelte; man würde richtiger sagen, daß eher das Nomen dem Eigenschaftswort gebrach. Gewiß findet man den eucharistischen Gebrauch von *corpus* (*σῶμα*) seit Paulus und den Synoptikern vielfach bezeugt. So häufig aber die Verwendung war, sie war nicht spezifisch. In der Tat: schon seit Paulus erinnerte das Wort, auch in eucharistischem Zusammenhang gebraucht, an einen weiteren theologischen Zusammenhang; und in Fällen wo gleichzeitig von Eucharistie und von Kirche die Rede ist, oder der Schriftsteller die Aussageform für die beiden Gebiete variieren will, bemerkt man in der Tradition ein Bestreben, das Wort *corpus* für die Kirche zu reservieren. Besaß man denn nicht für die Eucharistie ein anderes, ebenfalls schriftgemäßes Wort, das sich zumal von Johannes her empfahl: caro (*σάρξ*)? Diesem wurde der zweite Sinn, den corpus bei Paulus hat, niemals beigelegt. Deshalb empfahl es sich angelegentlicher und gleichsam spezifischer der eucharistischen Theologie.[56] Sicher war es der Ausdruck, der den Sinn der Eucharistie als Speise am besten wiedergab.[57] Der Leib Christi – von den Gläubigen als seinen Gliedern gebildet – mußte sich von dem Fleische Christi nähren:

[55] Paschasius Radbert, Ad Carolum regem, v 17 (PL 120, 1260 B). Rainer von St. Laurentius, De milite captivo (PL 204, 87 D):

> Illius (uxoris) ob requiem certis holocausta diebus
> Mystica libari sacram faciebat ad aram
> Salvificum Christi corpus Christique cruorem...

[56] Ignatius von Antiochien, bei dem der johanneische Einfluß bestimmend ist, sagte immer *σάρξ:* Röm 7,3; Phil 4,1; Smyrn 7,1; vgl. Trall 8,1 hinsichtlich des Glaubens. Nach J. Bonsirven, « Hoc est corpus meum » recherches sur l'original araméen, in: Biblica (1948) 205–219, würde *σάρξ* dem von Jesus beim Abendmahl gebrauchten Wort entsprechen.

[57] Vgl. Thomas von Aquin, In IV Sent., d 8, q 2, a 1: « Dominus Jesus, Jo VI, loquebatur de hoc sacramento tantum secundum quod est activum refectionis, et quia refectioni magis convenit caro quam corpus, secundum similitudinem ad refectionem corporalem, ideo ibi potius dixit carnem quam corpus » (Moos, 335).

Ut simus in eius corpore, sub ipso capite, in membris eius, edentes carnem eius. So redete Augustin,[58] dessen Sprache Beda und Alkuin weithin ins Volk tragen.[59] Als eine wundersame Verlängerung der Inkarnation übernimmt die Eucharistie auch deren Bestimmung: Wie nach dem hl. Leo Christus bei der Geburt unser Fleisch annahm, damit wir bei unserer Wiedergeburt sein Leib würden,[60] so liefert er uns (in Verfolgung des gleichen Heilsgedankens) sein Fleisch als Nahrung, um die Wiedergeburt in seinen Leib hinein zu beschleunigen.[61] Man lese auch den Text, in welchem Paschasius Radbert die Eucharistie als *corpus mysticum* bezeichnet: *corpus* steht um der Symmetrie willen da, um das Gegenstück zu den beiden andern *corpora*, die es einrahmen, zu bilden; in der näheren Ausführung aber wird es sogleich durch *caro* ersetzt, das dann auf der gleichen Seite fünfmal erscheint. In den folgenden Kapiteln erinnern andere Wendungen an Augustin:

> Ideo iam membra Christi eius carne vescimur, ut nihil aliud quam corpus ejus, unde vivimus, et sanguis inveniamur.
> ... Caro et sanguis cibus noster efficitur aeternus, ut nos simus eius corpus.[62]

[58] In Joannem, tr 27, n 1 (PL 35, 1616). Cyrill von Alexandrien, In Joannem, lib 11 (PG 72, 236).

[59] Beda, In Leviticum (PL 91, 341 B und C). Alkuin, In Joannem (PL 100, 836 D).

[60] Sermo 23, c 5: «Sicut factus est Dominus Jesus caro nostra nascendo, ita et nos facti sumus corpus ipsius renascendo» (PL 54, 203 A). Beda, Homiliae, lib 1, h 22: «Templum illud ... Domini carnem quam ex virgine sumpsit figurabat, ... aeque corpus eius quod est Ecclesia (PL 91, 119 A). Alkuin, In Joannem (PL 100, 777 A). Vgl. Augustin, De anima et eius origine, lib 4, n 36 (PL 44, 545).

[61] Hilarius scheint den Gegensatz der zwei Formeln «caro corporis» und «corpus carnis» auszuwerten, um – in umgekehrtem Sinn übrigens als Kol 1,21 (vgl. 2,11) und die meisten Kommentatoren Pauli – sowohl Unterscheidung wie Kontinuität zwischen historischem und sakramentalem Leib einerseits und kirchlichem Leib anderseits auszudrücken. In psalmos (Zingerle, 352–353 und 609); De Trinitate (PL 10, 282 und 246 AB). Der letzte Text wird im Mittelalter oft angeführt werden. Missale gothicum (Bannister I, 18). Über diese Kompilation fränkischer Herkunft, wahrscheinlich für «irgendeine Kirche im merovingischen Gallien hergestellt», gegen Ende des 7. Jahrhunderts, siehe G. Morin, Sur la provenance du «Missale gothicum» in: RHE 27 (1941) 24–30. Hatto von Vercelli, In Coloss. (PL 134, 624 B); In Ephes. (ebd. 571 A). Vgl. Augustin, De Trinitate, lib 14, n 22: «corpus carnis» (PL 42, 1053).

[62] PL 120, 1297 A, 1311–1312, usf. (Aber vgl. 891 A und B.) Peltier, Paschase Radbert, abbé de Corbie (1938) 214 und 229–230, hat, vielleicht mit leiser Übertreibung, auf die persönliche Vorliebe des Paschasius für «caro» hingewiesen.

Eine analoge Tendenz läßt sich bei einem Heriger von Lobbes[63] und noch bei andern aufweisen. So wird man zwar sagen: *sacramentum corporis Christi*, aber wenn man einen Kurzausdruck sucht, dann bietet sich *caro Christi*[64] an. Diese Feststellung, auf die wir zurückkommen werden, darf gewiß nicht überbewertet werden; immerhin sind wir dank ihrer nicht erstaunt, dem Ausdruck *caro mystica* vielleicht noch vor *corpus mysticum* zu begegnen, obschon, wie sich im zweiten Teil dieser Arbeit noch zeigen wird, damit nur ein annähernder Ersatz für das letztere geboten wird. Er mußte aber schon in diesem Zusammenhang erwähnt sein.

Nur erinnernd sei eines Osterhymnus gedacht, dessen Abfassungszeit schwer bestimmbar ist, aber nicht sehr früh liegen kann:

> ... Nunc in mensa vitae ducis
> Comedamus cum lactucis
> Carnes agni mysticas.[65]

Von Fleisch wird hier nur gesprochen, weil vom Lamm die Rede ist. Ein völlig traditionelles und biblisch gut begründetes Bild, das durch die Zeiten wandert. Die *carnes mysticae* des Lammes (man beachte den Plural) sind die des mystischen Lammes. Aber Hieronymus bietet uns hier ein viel älteres und auch viel interessanteres Beispiel.

Im 15. Buch seines Isaiaskommentars rückt er neben Is 55,1, wo von Brot und Wasser die Rede ist, Gen 49,12, wo allein von Wein und Milch gehandelt wird. Natürlich scheinen ihm beide Stellen Andeutungen auf die Eucharistie zu enthalten (bekanntlich waren die Väter in solchen Dingen nicht zimperlich). Dann stellt er aber fest, daß die Septuaginta die «Milch» der Genesis durch «Fett» ersetzt hat. Das gibt zu weiteren findigen Textvergleichen Anlaß, die über den eucharistischen Sinn der Prophetie noch stärker hinausgehen:

[63] In den Erklärungen von Kap. 7 und 8 stets «caro», mit einer Ausnahme.

[64] So Lanfrank (PL 150, 425 A und 423 D; vgl. 430 D, Zitat aus Ambrosius). Siehe unten, Kap. 4.

[65] Mai, Hymni inediti (PNB, Bd. 1, 1852, 2. Teil, 208) Hymnus 28. Vgl. Vita sancti Connradi altera, c 20: «Cum ... jam carnes agni incontaminati et immaculati Jesu Christi ederentur» (MGH, Script., Bd. 4, 439). Paschasius Radbert, In Matthaeum (PL 120, 889 A). Lanfrank, Liber de corpore, c 10 (PL 150, 421 C). Hugo von St. Victor, De sacramentis, lib 2, p 8, c 5 (PL 176, 465 B) usf. Vgl. Gaudentius von Brescia, Tractatus 2: «Haec agni caro, hic sanguis est» (Glueck, 26).

... Moyses, vinum et lac in Christi intelligens passione, mystico sermone testatur: »Gratiosi oculi eius a vino, et candidi dentes eius a lacte« (Gen 49,12). Pro lacte in praesenti loco Septuaginta adipem transtulerunt. De quo sanctus David dicit in psalmo: »Sicut adipe et pinguedine repleatur anima mea« (Ps 62,6); et in alio loco: »Cibavit eos de adipe frumenti et de petra melle saturavit eos« (Ps 80,17). Qui adipes non aliud quam *mysticam carnem* sonant. Ad quam Dominus discipulos hortabatur, discens: »Nisi comederitis carnem meam, et biberitis sanguinem meum, non habebitis vitam in vobis« (Jo 6,54). Unde et in Gethsemani traditus est, quod significat vallem adipeam, sive pinguissimam ...[66]

Obwohl Hieronymus an andern ähnlichen Stellen, in Nachahmung des Origenes, solche Aussagen auf die Heilige Schrift als Lebensbrot[67] anwendet, denkt er an der vorliegenden sicher an die Eucharistie. So haben denn auch die Theologen der Eucharistie diese Zeilen nicht unbeachtet gelassen. Sie stehen in der kleinen Textsammlung, die dem Traktat *De corpore et sanguine Domini* Wilhelms von St. Thierry angefügt ist, und erscheinen schon als stillschweigendes Zitat im 6. Kapitel des Werkes selber.[68] Indes steht schon bei Anastasius Sinaiticus, einem Griechen des 7. Jahrhunderts, eine genaue Entsprechung zu Hieronymus:

»Wer mein Fleisch ißt und mein Blut trinkt, bleibt in mir und ich in ihm.« Er spricht hier nicht von seinem sichtbaren Fleisch und Blut (*ὁρωμένης*), denn Judas und Simon der Magier haben das Fleisch und das Blut der Eucharistie erhalten, das Brot und den Trank, und doch hat Christus nicht in ihnen gewohnt, und auch sie nicht in ihm. Die Erklärung aber dafür, was das wahrhafte Essen des mystischen Fleisches Christi sei (*ἡ ἀληθὴς βρῶσις τῆς μυστικῆς σαρκὸς τοῦ Χριστοῦ*) und welches sein unaussprechliches Blut sei, das darin verborgen ist (*τὸ ἐν αὐτῇ κρυπτόμενον απόρρητον αἷμα αὐτοῦ*), überlassen wir solchen, die fähiger und weiser sind als wir.[69]

[66] Gegen 410 (PL 24, 529–530). Vgl. In Ezechielem (PL 25, 432–435).

[67] PL 25, 115D, 140C, 343AB, 475C, 1028B, 1083–1084, 1408D, 1489, 1548 bis 1549, 1571D; 23, 1033B und 1039A. Anecdota maredsolana, Bd. 3, 2. Teil, 73–74, 290, 301, usf.

[68] PL 180, 363B und 353; und über «adeps frumenti» PL 184, 3875 B.

[69] In Hexaemeron (PG 89, 1069). Vgl. Makarius Magnes, lib 3, c 32 (Blondel, 104), dieser Text wäre besonders mit dem oben erwähnten (S. 19) des Eusebius zusammenzurücken.

Vielleicht sind wir nach dieser Reihe von Wortvergleichen besser gerüstet, zu verstehen, in welchem Sinn oder besser: auf wie viele sinnvolle Weisen die Eucharistie als « mystischer Leib » bezeichnet werden konnte.

Das Adjektiv «mystisch» hängt am Substantiv «Mysterium» (*μυστήριον*), dem im Lateinischen bald *mysterium*, bald *sacramentum* entspricht. Was *sacramentum* betrifft, so kennt man die klassischen Definitionen eines Augustin und Isidor von Sevilla, die später in einem fort wiederholt werden. Das *sacramentum* ist wesentlich *signum*. Man kann aber entweder – vor allem mit Augustin – auf seiner Bedeutung als *sacrum* den Ton legen, was es dann dem *sacrificium* annähert: *sacrificium quasi sacrum factum;* man kann aber auch – vornehmlich mit Isidor – den Ton auf das darin liegende *secretum* legen, was ihm eine innerlichere Ähnlichkeit mit *mysterium* verleiht. Schon bei Cyprian begegnet man beiden Nuancen. Die Definition Isidors samt der Etymologie, die sie begründen soll: *a secretibus virtutibus* ... *sacramenta dicuntur*, stellt also weniger als man gemeint hat eine Neuerung dar; sie registriert beinah nur etwas Herkömmliches und gibt eine Begründung dafür. In der Sprache der Liturgie wie in der der Exegese und Theologie werden beide Wörter, *mysterium* und *sacramentum*, oft unterschiedslos gebraucht.[70] Auch die lateinischen Übersetzungen des Neuen Testaments geben *μυστήριον* durch beide wieder.[71] Wenn im 9. Jahrhundert Johannes Scotus Eriugena den Areopagiten überträgt, gibt er zweimal das griechische Wort durch *mysterium* wieder, während sein unmittelbarer Vorgänger Hilduin es einmal mit *mysterium*, einmal mit *sacramentum* übersetzt.[72] *Sacramentum vel mysterium:*[73] diese praktische Gleichsetzung ist viel älter

[70] Vgl. Hilarius, De Trinitate, lib 9, c 55: «ut et sacramentum nativitatis, et mysterium assumpti corporis manifestaret» (PL 10, 326 B; vgl. A) usf.

[71] J. de Ghellinck, Pour l'histoire du mot «sacramentum», Bd. 1 (1924) 30, 51, 55. Vgl. O. Casel, «So nahm dieses Wort sacramentum den ganzen Bedeutungsreichtum von *μυστήριον* an.» Das chr. Kultmysterium ([4]1960) 83.

[72] Théry, Etudes dionysiennes, Bd. 2, 466.

[73] So Paschasius Radbert (PL 120, 1277 A). Kommentar von Auxerre, In Ephes. (PL 117, 704 B, 712 D, 730–731). Gregor von Bergamo (Hurter, 18). Hugo von Rouen (PL 192, 1203 BC). Vgl. Hilarius, De Trinitate, lib 9, c 62: «Per id vero quod sacramentum est, occultantur» (PL 10, 331 A).

als die Definitionen Isidors. Die Übertragungen des Rufin bezeugen es,[74] desgleichen das ganze Werk Augustins.[75] Commodian dagegen sagt *mysterium* oder *secreta* an Stellen, wo wir eher *sacramentum* oder *sacramenta* erwarten würden.[76] Ja selbst in der Bedeutung des Wortes im klassischen Latein, die scheinbar weit von dem späteren christlichen Sinn abliegt, erkennt man heute gewisse Analogien mit *μυστήριον*.[77]

Was *mysterium* angeht, so ist auch seine Geschichte verschlungen. Es gibt wenig Worte – wenn überhaupt eines – das Jahrhunderte lang so allgemein gebräuchlich war und dabei so unbestimmt, so plastisch, man ist versucht zu sagen: so flau bleibt. Es ist wie ein breites Sammelbecken, worin die Wasser mehrerer Ströme sich vermengen, um sich dann wieder in vielfache abgeleitete Kanäle zu verteilen. Immerhin scheint es möglich, auch ohne bis zu den Ursprüngen zurückzugehen und ohne Aspekte zu berühren, die unsere Untersuchung nicht unmittelbar angehen, die Grundbedeutung des Wortes einigermaßen zu umgrenzen, indem man die zwei großen Felder bestimmt, die teils unterschieden, teils vermengt, aber immer eng verwandt, den Raum für den durchschnittlichen Wortsinn abgeben. Es sind dieselben wie für *sacramentum:* einerseits ist es das Feld, das wir als rituell oder zeremoniell bezeichnen können[78] (« mysterial » dafür zu sagen, wäre tautologisch, und andere, fragwürdige Analogien zu seiner Erklärung wollen wir nicht beiziehen); anderseits ist es das Feld, das man mit biblisch bezeichnen kann, wenn man darunter weniger die Schrift

[74] Vgl. Origenes, In Jesu Nave, h 20, n 4: Die Dinge, die uns die Bibel lehrt, sind wahr und göttlich, aber « pro fragilitate humanae naturae, obtecta sacramentis et mysteriis involuta » (Baehrens, 422).

[75] Zum Beispiel De vera religione, c 17, n 33: Die Unterweisung der Schrift erfolgt « in dictis, in factis, in sacramentis... Nam et mysteriorum expositio » usf. (PL 34, 136). In ps. 120, n 4: « Patuerunt sacramenta, ... patuit secretum templi » (PL 37, 1607). Siehe auch PL 35, 1451, 1512; PL 36, 858; PL 38, 29, 516.

[76] PL 5, 230, und Carmen apologeticum (Dombart, 148). Laktanz seinerseits übersetzt das *μυστήρια* von Wh 2,22 mit « sacramenta » (Lebacqz und de Ghellinck, aaO. 245–246 und 267–269).

[77] So D.B.C. (Capelle): « Schon vor dem christlichen Gebrauch konnte ‹sacramentum›, neben der weiterdauernden sehr genauen Bedeutung des militärischen Eides, zuweilen eine ganze Welt von geheimnisvollen Dingen einschließen und dabei die genaue Sache, die seine Verwendung veranlaßte, irgendwie in den Hintergrund drängen », in: BTAM 1, 154–155; Rezension von O. Casel: Zum Worte Sacramentum.

[78] Vgl. Ps-Alkuin, Disputatio puerorum, c 10 (PL 101, 1135B).

selbst versteht als das weite Feld der Spekulationen über sie, ihren geistlichen Sinn und die Beziehung der beiden Testamente zueinander. Die Übergänge und Interferenzen zwischen den beiden Feldern sind desto heftiger und wesentlicher als die beiden *Testamenta* in der Tradition einmütig als das Wirkfeld sämtlicher *sacramenta* betrachtet werden, als der Unterschlupf aller *mysteria: duo sponsi ubera, ex quibus lac sugitur omnium sacramentorum.*[79] In den beiden Gebieten endlich, in der Exegese wie im Kult, behalten das Wort Mysterium und seine Ableitungen und Verwandten zwei wesentliche Konstanten. Außer dem dauernden Hinweis auf etwas Geheiligtes *(divina et mystica, sacra et mystica)* und dem mannigfachen Widerhall, den ein solcher Hinweis auslöst, enthalten sie immer die zwei Komponenten des *Zeichens* und des *Geheimen (arcanum)*,[80] die in verschiedenen Anteilen miteinander vermengt sein können. (Etwas davon drückt noch der heutige Sprachgebrauch aus, wenn von « Sakrament » oder von « Mysterium » die Rede ist.) So kann das *sacramentum incarnationis dominicae* eher das Mysterium des menschgewordenen Wortes meinen, sofern es das Zeichen oder das Sakrament der Gottheit ist, während das *mysterium incarnationis* eher dieses selbe Mysterium besagt, insofern es selber geheimnisvoll ist, und von seinen *sacramenta* in der Schrift bezeichnet wird.[81] Das Mysterium des Altars, figuriert von der Darbringung des Melchisedek, ist seinerseits in seinem sichtbaren Aspekt ein Zeichen: so wird man sagen dürfen, daß das Brot und der Wein des Königs von Salem *sacramenta fuerunt*

[79] Wilhelm von St. Thierry, Expositio altera in Cantica (PL 180, 488C). Vgl. Augustin, In Joannem (PL 35, 1998) und Origenes, In Ezechielem (PG 13, 809C). Sicard von Cremona, Mitrale, lib 2, c 5: «Scripturae mysteria et Ecclesiae sacramenta» (PL 213, 79). Augustin, In ps. 74, n 12: «Ibi novum Testamentum absconditum latet, tanquam in faece corporalium sacramentorum» (PL 36, 954).

[80] Gelasianum: «ut ad intelligendum Christi proficiamus arcanum» (Wilson, 17–18). Amalarius: «Arcana Scripturae» (PL 105, 1294D). Bruno von Würzburg: «incarnationis arcanum» (PL 142, passim). Guibert von Nogent: «arcanum totius fidei» (PL 156, 531C) usf. – Vgl. Ratramnus, De corpore ..., c 9: «Mysterium dici non potest, in quo nihil est abditum, nihil a corporalibus remotum, nihil aliquo velamine contectum» (PL 121, 131A).

[81] Nach Rabanus Maurus findet man zum Beispiel im Buch der Könige, wenn es durch den «sensus Ecclesiae» vertieft wird, alle «caelestis Regis sacramenta» (MGH, Poetae latini aevi carolini, Bd. 2, 164). Herbert Losinga (Goulburn-Symonds, 20). Petrus Lombardus (PL 192, 222) usf. Vgl. Hilarius, De Trinitate, lib 4, c 27 im Hinblick auf Abraham: «Sacramentum futurae corporationis agnoscens» (PL 10, 117B).

sacramentorum.[82] Das *sacramentum* spielt also eher die Rolle des sich In-sich-Bergenden, Einhüllenden,[83] während das Mysterium das ist, was sich in ihm birgt und verhüllt.[84] So kann Paschasius Radbert den Purpurmantel, in den die Soldaten Jesus kleideten, das Mysterium nennen, dessen Zeichen das Purpurband Rahabs gewesen war.[85] Die geordnete Reihe der *sacramenta* führt uns somit stufenweise zu den höchsten Mysterien empor, die in keiner Weise mehr Sakramente sind: die *mysteria divinitatis.*[86]

Ambrosius läßt den Gegensatz der beiden Termini deutlich werden, wenn er schreibt: *Sacramentum in figura ante praecessit, nunc autem plenum in veritate mysterium est.*[87] Freilich darf dieser Gegensatz nicht überbewertet werden; meistens geht es nur um eine Schattierung. Wenn *mysterium* vor allem ein Gefühl der Tiefe und Dunkelheit erweckt, so läßt es fast immer gleichzeitig an «Typus» oder «Symbol» denken; anderseits verhüllt doch auch *sacramentum* die Sache, deren Zeichen es ist, ebensosehr als es sie enthüllt, es weist geheimnisvoll daraufhin,[88] *in occulto figurat,*[89] *mystice figurat.*[90] Dies erhellt aus den geläufigen Ausdrücken wie *sensus mysticus*, *intelligentia mystica* oder *per mysterium loqui.*

[82] Balduin von Canterbury (PL 204, 650 A).

[83] Rabanus Maurus: «Videamus quid facti hujus continet sacramentum» (PL 108, 1099 B) usf. Hieronymus: «omnia antiquae legis aperuit sacramenta» (PL 25, 1177 C). Paschasius Radbert, In Matthaeum: «Plena sunt mysteriis ..., obumbrata sunt sacramentis» (PL 120, 916 D); aber: «plena sacramentis» (ebd. 902 D). Bernhard, In Cantica, s 23, n 3: «cortex sacramenti» (PL 183, 952 D).

[84] Ambrosius: «mysterium in figura», «figura mysterii», «legis interna mysteria» (PL 15, 1605 B, 1663 C, 1770 A). Gaudentius von Brescia (Glueck, 27). Origenes, In Num., h 4, n 3: «Quae mystica sunt et in secretis recondita» (Baehrens, 23–24).

[85] In Matthaeum, lib 12 (PL 120, 941 B). Umgekehrt, «mysterium» = Zeichen (σύμβολον): Origenes, In Matt., ser. c 122 und 125 (Klostermann, 258 und 261).

[86] Einige Beispiele: Origenes, In Lucam (Rauer, 229). Ambrosius (PL 15, 1626 C; PL 16, 1381 A). Ps-Hieronymus (PL 26, 1009 A). Cassiodor (PL 70, 1018 C). Isidor von Sevilla (PL 82, 255). Ps-Primasius, In Hebr. (PL 68, 719 B). Ratramnus (PL 121, 131 A). Johannes Scotus Eriugena (PL 122, 284 C). Odo von Cambrai (PL 160, 1063 BC). Gregor von Bergamo (Hurter, 44–47) usf.

[87] In Lucam, lib 7, c 96 (PL 15, 1724 B).

[88] Leo der Große, Sermo 4, c 4 (PL 54, 152 A).

[89] Vgl. Augustin, In Joannem, tr 28, n 9 (PL 35, 1627). Ähnliche Ausdrücke: «in figura occultatum» (Isidor von Sevilla; PL 83, 337 C); «latentes ostendit» (Paschasius Radbert; PL 120, 1342 A) usf. Vgl. Libri Carolini (PL 98, 1094 C). Abälards Kommentar, In Ephes. 3: «Sacramentum autem est proprie signum rei occultae» (Landgraf, Bd. 2, 403).

[90] Rupert von Deutz (PL 167, 643 B). Vgl. Hieronymus: «ostendere in mysterio» (PL 25, 1198 B).

Die beiden Adverbien *sacramentaliter* und *mystice* haben in vielen Fällen praktisch dieselbe Bedeutung.[91] Die *mysteria* sind in der Tat *typi mystici*,[92] *mysticae figurae*,[93] *mystica sacramenta*,[94] *intima sacramenta*,[95] und die *sacramenta* ihrerseits sind *typica mysteria*[96] oder *sacra mysteria*.[97] Die *sacramenta* sind ferner *corporalia mysteria*, wie die *mysteria spiritualia sacramenta* sind. Die Adjektive, die das innere Wesen des *mysterium* ausdrücklich hervorkehren, wie *profundum*, *reconditum*, *altum*, *obscurum*, *secretum*, *occultum*, *velatum*, sind demnach, auf *sacramentum* angewendet, eher Zusätze von außen.[98]

Dies alles läßt sich in vielen Fällen sowohl auf die Eucharistie wie auf die Schrift anwenden; und das Mysterium, das sich am Altar vollzieht, kann genannt werden: *hoc mystici calicis sacramentum*.[99] Ein Text Algers von Lüttich mag nochmals abschließend die Unterschiede und Entsprechungen der beiden Termini sowie ihre dauernde Interferenz erläutern:

[91] So noch Wiclif, De Ecclesia, c 18, anläßlich der biblischen Gleichnisse für Christus und die Kirche (Loserth, 440).

[92] Ermenrich von Ellwangen, Epistula ad Grimaldum (MGH, Epistularum, Bd. 5, 575).

[93] Beda (PL 92, 275 A). Paschasius Radbert (PL 120, 63 B und 95 A). Liber mozarabicus ordinum: «Patescunt actu quae fuerant figurata mysterio» (Férotin, col 291). Adhelmus: «mysticis sacramentorum obumbrationibus figurari», «mysticis sacramentorum operculis» (MGH, Ehwald, 312 und 251). Alger von Lüttich, De sacramentis, lib 3, c 14: «Hoc enim nomen (Trinitatis) a saeculo variis mysteriorum figuris occultatum» (PL 180, 852 C).

[94] Hieronymus, In ps. 86: «Paulatim ad mystica ascendimus sacramenta» (Morin, 100); In Ezechielem (PL 25, 433 A). Ps-Hieronymus (PL 26, 1081 D). Leonianum (Feltoe, 122). Gregorianum (Lietzmann, 7). Liber mozarabicus ordinum (Férotin, 291). Konzile von Fréjus und Aachen (MGH, Concilia, Bd. 2, 195 und 242). Paschasius Radbert (PL 120, 51 C, 55 A, 65 D, 67 D, 112 C, 133 B, 145 D, 310 D, 228 A, 236 B, 318 A, 393 C, 540 A, 894 C, 964 A, 1108 D, 1119 B, 1175 B). Johannes Scotus Eriugena (PL 122, 267 B). Gozechin (PL 143, 899 A). Missale Francorum (PL 72, 322 B). Gerhoh (PL 193, 1196 D) usf. Thomas, In Joannem, c 2, lib 3, n 1 und 2: «Signum occultum in figura, signum occultum et figurale.»

[95] Gregor der Große, Moralia in Job, lib 13, n 19: «Quid aliud sanctae Ecclesiae viscera debemus accipere, nisi eorum mentes qui eius quaedam in se mysteria continent, qui ad intima sacramenta deserviunt?» (PL 75, 1026–1027).

[96] Petrus Damiani (PL 145, 282 C; vgl. 395 C: «Constat proculdubio typicae non deesse mysterium»). Balduin von Canterbury (PL 204, 707 A) usf. Anläßlich unserer Sakramente wird Bonaventura sagen: «Sacramentum habet quid mysticum», in IV Sent., d 1 (Quaracchi IV, 14).

[97] Alger von Lüttich, De sacramentis, lib 1, c 5 (PL 180, 753 B) usf.

[98] Augustin (PL 36, 301; PL 37, 1265). Vgl. Arnobius (PL 5, 24 A) usf. «Sacramentum appellatur quandoque in sacra Scriptura res sacra et mystica», wird Odo von Lucca sagen, Summa sententiarum, tr 4, c 1 (PL 176, 117 C).

[99] Vgl. Gratian, De consecratione, d 2, c 72 (Friedberg, 1342).

Sacramentum et mysterium in hoc differunt, quia sacramentum signum est visibile aliquid significans, mysterium vero aliquid occultum ab eo significatum. Alterum tamen pro altero ponitur, ... ut sit mysterium occultans et occultum, et sacramentum signans et signatum.[100]

Die Kraft des Mysteriums

Um aber den Sinnknäuel, den das einfache Wort *corpus mysticum* in sich birgt, und der verworrener ist, als auf den ersten Blick zu vermuten wäre, zu entwirren, sind noch zwei wichtige Eigentümlichkeiten zu beachten.

Zunächst bedeutet *mysterium* seiner ursprünglichen Verwendung nach mehr eine Handlung als eine Sache; hierin liegt ein neuer Gesichtspunkt, es von *sacramentum* zu unterscheiden. Dieses aktive Moment ist schon in der Verwendung Pauli spürbar, obschon der intellektuelle Aspekt bei ihm ebenfalls deutlich ist. Man findet es in der Folge oft wieder: *Peracto meae incarnationis mysterio, revertar ad Patrem.*[101] Es überwiegt auch bei der Anwendung des Wortes auf die Eucharistie.[102] So sprechen wir heute noch von der Feier der heiligen Mysterien, und im Gegensatz dazu von der Anbetung des allerheiligsten Sakraments. Freilich könnte man auch hier ohne Schwierigkeit zahlreiche Ausnahmen feststellen: rhetorische Wendungen, wo beide Worte in gleichem Sinn genommen werden, Sätze, wo das eine oder das andere willkürlich in einem allgemeinen Sinn eingesetzt wird; wechselweisen Gebrauch beider, um anscheinend nur die wörtliche Wiederholung zu vermeiden, oder, seltener, Fälle, wo die aufgewiesenen Nuancen umgekehrt werden. Die beachtlichste Ausnahme ist wohl die augustinische *celebratio sacramenti.*[103] Bei all dieser Beweglichkeit läßt sich aber doch, in Approximation, eine Grundgesetzlich-

[100] Alger von Lüttich, De sacramentis, lib 1, c 5 (PL 180, 753 B) usf.

[101] Paulus Diaconus, Hom. 103 de tempore (PL 95, 1308 D).

[102] Vgl. O. Casel, Das christliche Kultmysterium, ([4]1960) 81, 84 u. ö.

[103] « Sacramentum est in aliqua celebratione » (PL 33, 205, 363, 364; PL 42, 35; PL 44, 124 usf.). Schon Ambrosius, De officiis ministrorum, lib 1, c 50, n 248: « Ut mundum corpus celebrandis exhibeas sacramentis » (PL 16, 98 A). Beda, De Tabernaculo (PL 91, 428 A). Gottschalk (Lambot, 329). Petrus von Poitiers, Allegoriae super Tabernaculum Moysi (Moore-Corbett, 112). Vgl. Paschasius Radbert, Liber de corpore, c 3 (PL 120, 1275 A).

keit festhalten: während man das *sacramentum* «herstellt», es trägt, verwahrt, aufhebt, teilt, bricht, empfängt, in sich aufnimmt, ißt und trinkt,[104] wird im Gegensatz dazu das *mysterium* vollbracht, getan, gefeiert, dargebracht, vollendet, unterbrochen, wiederbegonnen, besucht.[105] Durch das erstere wird man ernährt, geläutert, gestärkt, dagegen wohnt man dem zweiten bei, man dient ihm, man zelebriert es.[106] Das Vollbringen des Mysteriums bringt das *sacramentum* hervor.[107] *In actione mysteriorum.*[108] Rabanus Maurus nennt die Messe: *dominicae celebrationis mysteria.*[109] Florus schreibt in einem seiner liturgischen Gedichte:

> ... ut dum sacra pio peraguntur mystica ritu ...[110]

Und später Hildebert von Lavardin:

> Non alius celebrat, quamvis alius videatur:
> Mysterium sacrum Verbum Deus hoc operatur.[111]

Sacrum mysterium rite celebrans ..., ipsum sacramentum suscipit, sagt der Verfasser der *Instructio sacerdotalis*, die dem hl. Bernhard zugeschrieben wurde.[112]

[104] Sacramentum (sacramenta) conficere, gerere, deponere, frangere, dividere, accipere, sumere, percipere, manducare, bibere, portare, edere, consequi, dispensare, custodire, distribuere, largiri, assumere, projicere, usf.

[105] Mysterium (mysteria) celebrare, agere, peragere, operari, offerre, complere, implere, absolvere, consummare, perficere, iterare, frequentare ...

[106] Sacramento (sacramentis) refici, vegetari, muniri, reparari, purificari, vivificari ... Mysteriis interesse, assistere, ministrare, servire, deservire, exsequi ...

[107] Vgl. Athanasius (PG 26, 1289 B, 1325 C, 1328 C).

[108] Gelasius (Routh, Script. eccles. opuscula, Bd. 2, 139). Hesychius, In Leviticum (PG 93, 891 BC). Walafried Strabo: «sanctissimae actionis mysterium» (PL 114, 946 C) usf. Die Erklärung Batiffols, Leçons sur la Messe, 5. Aufl., 170, wonach «actio» die Abkürzung von «gratiarum actio» wäre, erklärt zweifellos nicht alle Fälle. Vgl. Remigius von Auxerre: «actio sacramentorum» (PL 109, 1271 B).

[109] De clericorum institutione, lib 1, c 33 (PL 107, 322 D); vgl. c 31 (319 C). Missale gothicum: «mysterium sacrae solemnitatis» (Bannister, n 30 und 321). Ferner Thomas, STh III, q 83, a 4: «Populo praeparato et instructo, consequenter acceditur ad celebrationem mysterii, quod quidem et offertur ut sacrificium et consecratur et sumitur ut sacramentum.»

[110] De cereo paschali (MGH, Poetae latini aevi carolini, Bd. 2, 565).

[111] Liber de sacra eucharistia (PL 171, 1202 A). Vgl. Hugo von Rouen, Dialog. 5, 11: «Non omnium est altaris mysteria celebrare... Ad agenda mysteria consecratur» (PL 192, 1204 B und C).

[112] P 2, c 12, n 30 (PL 184, 789 A).

Was auch für andere Worte gilt, wie *sacrificium*,[113] *eucharistia*,[114] *oblatio*,[115] sogar *communio*,[116] so scheint der objektivierende, statische Sinn von *mysterium*, wenn auch frühzeitig durch die substantialisierende Neigung der Sprache eingeführt, trotzdem gegenüber dem ursprünglich aktiven und rituellen Sinn des liturgischen Redens sekundär zu sein.[117] *Secundum ritum mysterii et modum sacramenti*, wird noch Wilhelm von St. Thierry sagen, wenn er die Gegenwart Christi auf dem Altar erklären will.[118] So wird es sich aber auch, trotz gegenteiligem Anschein, verhalten für bestimmte Dinge, die als «mystisch» bezeichnet werden. Das ist klar genug im Fall, wo von «mystischer Eulogie» gesprochen wird, da das Substantiv selber ursprünglich aktiv ist; es bezeichnet die Segnung, die Brot und Wein zu den eucharistischen Gaben macht, um erst dann zum Ergebnis der eucharistischen Handlung zu werden: die Segnung wird verdinglicht, wird zum geweihten, konsekrierten, «eucharistischen», «mystischen Brot».[119] Dasselbe gilt in gewisser Hinsicht für den Ausdruck *corpus mysticum*, worin wir

[113] Zahlreiche Beispiele aus Liturgie, Kanonistik usf: «Sacrificium comedere, custodire, accipere, evomere» usf. Römische Messe: «Haec dona, haec munera, haec sancta sacrificia illibata.» Dieselbe Bemerkung gilt für Pascha, das sowohl das Fest wie das Osterlamm (oder Christus) bezeichnen kann.

[114] Der objektivierte Sinn schon bei Ignatius von Antiochien, Klemens von Alexandrien, Cyprian, Irenäus, in den Acta Petri... Justin und Origenes kennen beide Bedeutungen.

[115] Kard. Humbert, Adv. Graecorum calumnias, c 33: «Cum ipsa patena sanctam anaphoram, id est oblationem exaltant» (PL 143, 951 D).

[116] Ps-Klemens: «Communio in crastinum non servetur, sed cum timore Dei sumatur» (PG 1, 510 A). Kard. Humbert: «Non ita commiscent ipsam sanctam communionem in calice, sed sola communione communicant populum» (aaO.).

[117] Wie immer es mit einem ursprünglich lokalen Sinn griechischer Worte stehen mag, der durch das Suffix -τηριον angezeigt wurde: τελεστήριον, θυσαστήριον usf.

[118] Disputatio adv. Abaelardum (PL 180, 280 C; vgl. 343 D: «Necessaria est species illa ad mysterii ritum»). Ps-Isidor, Brief an Redemptus (PL 83, 905 C und 906 B). Odo von Lucca (PL 176, 141 D). Petrus Comestor, Sententiae de sacramentis (Martin, 53*). Hieronymus, Epistula 51, n 3: «Quando complemus orationem secundum ritum mysteriorum» (Übersetzung des Briefes von Epiphanius an Johannes von Jerusalem: Hilberg I, 399).

[119] 1 Kor 10,16; vgl. Eph 1,3. Dieser erste Sinn ist erhalten bei Origenes, im Martyrium Matthaei, bei Gregor von Nyssa, Basilius, Ps-Dionysius, Theophylakt usf.; desgleichen «benedictio» bei Augustin, in der mozarabischen Liturgie ... usf. Im erweiterten Sinn von der gesamten heiligen Handlung: Sophronius von Jerusalem (PG 87, 3989). Der zweite Sinn ist zunächst vor allem in Ägypten bezeugt: so häufig bei Cyrill von Alexandrien, der etwa sagt: «die mystische Eulogie empfangen», wo wir «kommunizieren» sagen; Inschrift von Alexandrien vom 5. Jahrhundert (Wilpert, Fractio panis, 10); Synodalschreiben des Konzils von Ägypten von 430 (Mansi IV, 1077); Griechische Messe (Mercenier, Paris, 296).

eine wenigstens implizite, wenigstens indirekte Beziehung zu einer Tathandlung aufdecken werden, in welcher dieser Leib begriffen ist, wie immer diese Tathandlung auch bestimmt werden mag.[120]

Sodann aber ist das Mysterium nicht allein in seinem Gehalt, der bezeichnet wird, wesentlich aktiv. Es ist das noch radikaler, wenn auch weniger greifbar, in seiner Form. Die ursprüngliche Wortbedeutung behält zwar etwas Verworrenes und Fließendes. Sie ist synthetisch und dynamisch. Sie bezieht sich nicht sosehr auf das erscheinende Zeichen oder umgekehrt auf die darin sich bergende Wirklichkeit, als vielmehr auf beides zugleich: auf ihre Beziehung, ihr Einssein, ihr gegenseitiges Sichbedingen, auf den Übergang vom einen zum andern oder auf die Durchdringung des einen durch das andere. Sie zeigt auf den Anruf, der vom Zeichen her an das Bezeichnete ergeht, oder besser: auf dic dunkle, aber schon im geheimen wirksame Gegenwart des Bezeichneten im Zeichen. Im eigentlichen und ursprünglichen Sinn «mystisch» ist somit das verborgene und bewegende Band der *allusio*, der *significatio:*[121] man spricht von *mystica figuratio*,[122] *mystica similitudo*,[123] *significationis internae mysterium.*[124] Simonin hat es für Origenes richtig bemerkt: Mysterium, sagt er, «besagt gerade die Beziehung des sinnlichen Zeichens zur bezeichneten Sache, eine für den Außenstehenden verborgene Beziehung (deshalb Mysterium), die aber den Glaubenden fortschreitend geoffenbart wird, wenn sie sich entschlossen in die Schule des Logos begeben. Das Mysterium ist, wo es die Sache betrifft, deren Eignung geoffenbart zu werden, und wo es um das Zeichen geht, dessen Eignung, wirksam zu offenbaren.»[125] Wir fügen bei: es ist, diese doppelte Eignung begrün-

[120] Man findet sogar Kurzformeln wie «corpus celebrari» (Hincmar; PL 125, 921C).

[121] Augustin (PL 35, 1458). Cassiodor (PL 70, 24A, 450B, 797B, 1038D). Paschasius Radbert (PL 120, 1344A). Speculum Ecclesiae (PL 177, 358D). Balduin von Canterbury (PL 204, 645D, 712C, 731, 741). Gregor von Bergamo (Hurter, 65). Gandulf von Bologna (de Walter, 455) usf.

[122] Amalarius (PL 105, 1106B).

[123] Ps-Haimo (PL 116, 650-651). Hatto von Vercelli (PL 134, 755B). Rupert von Deutz (PL 168, 1620D) usf.

[124] Petrus Damiani (PL 145, 282C).

[125] In: RSPhTh (1938) 266.

dend, die *ratio mystica*,[126] aufgrund derer die Sache im Zeichen ist, und das Zeichen irgendwie (in verschiedenen Abstufungen je nach dem Fall) an der höheren Wirklichkeit der bezeichneten Sache teilnimmt. Oder wenn wir weniger die Texte als die Riten betrachten, dann ist es die *virtus occulta*,[127] kraft derer die Sache sich durch das Zeichen hindurch vollzieht, und das Zeichen (wieder in Abstufungen) an der höheren Wirksamkeit der Sache teilnimmt. Daher die Häufigkeit des adverbialen Gebrauchs: *mystice*[128] (oder: *in mysterio*), womit keiner der in Beziehung gesetzten Pole ausschließlich bezeichnet wird, sondern der Bezug selbst, der sich im Verbum ausdrückt: *panis ad corpus Christi mystice refertur*.[129] Daher auch bei einigen Schriftstellern die Verwendung des Verbum *mystificare*[130] oder *mysticare*.[131] Daher ferner zuweilen subtile Überkreuzungen wie *sacramentum mysterii* und *mysterium sacramenti*.[132] Daher schließlich die Erscheinung, die man häufig bei der Wortgruppe Typus–Exemplar–Figura wahrnimmt[133] und speziell beim Eigenschaftswort *spiritualis*, das so nah

[126] Optatus, Weihnachtspredigt: «O ratio mystica, totius temporis continens documenta! (Wilmart, RevSR, 1922, 284). Origenes, In Leviticum: «mysterii rationes» (Baehrens, 364). Maximus Confessor, Ambiguorum liber (PG 91, 1133 A und 1136 B). Ambrosius: «rationis typicae series» (PL 16, 562 A). Cyrill von Alexandrien (PG 73, 456 C). Innozenz IV., Enzyklika Eger in levia (Winckelmann, Acta imper. inedita, Bd. 2, n 1053, 698). Siehe unten, Kap. 10, Anm. 38.

[127] Kard. Humbert, Adv. Simoniacos, lib 2, c 39: «Catholicae Ecclesiae mysteria, idcirco mysteria dicuntur, quia inest eis occulta virtus, quae per rem visibilem quod suum est pro qualitate et ministerio hominum operatur» (MGH, Libelli de lite, Bd. 1, 188–189). Vgl. Paschasius Radbert, In Matthaeum: «ratio typicae efficientiae» (PL 120, 663 D).

[128] Mystice fieri, dici, vocari, innui, referri, esse, designari, intelligi, significari, sonare usf.

[129] Rabanus Maurus (PL 107, 1106 C). Beda (PL 92, 272 C und 597 A). Haymo von Halberstadt, Homilia 66 (PL 118, 389 A). Siehe unten, Kap. 5).

[130] Rupert von Deutz, In Joannem (PL 169, 795 B). Speculum Ecclesiae (PL 177, 359 C und 369 A). Guibert von Tournai, De officio episcopi (BMP, Bd. 25, 408 B). Vgl. Ermenrich von Ellwangen: «typificari» (MGH, Epistularum, Bd. 5, 397).

[131] Arno von Reichersberg, Liber apologeticus contra Folmarum (Weichert, 193).

[132] Zahlreiche Beispiele seit Laktanz, Hilarius und Ambrosius.

[133] So kann sich zum Beispiel «Typus» an die Stelle von «Antitypus» setzen; «exemplar» kann einmal das Urbild, ein andermal das Abbild besagen usf. Man beachte auch den schwankenden Gebrauch von Wendungen wie «in typo» oder «in typum». Entsprechend bei «figuraliter»: Remigius von Auxerre, In psalmos: «Quod ibi historialiter factum est in David carnali, factum est et hic in spiritali David, id est Christo, figuraliter», «umbratice et figuraliter Ecclesiam praedicabant» (PL 131, 159 B und 570 B; vgl. 166 B, 554 D). Augustin (PL 34, 703). Rupert von Deutz (PL 167, 1661 A). Für Origenes siehe von Balthasar, aaO., 515.

bei *mysticus* steht,[134] die aber am häufigsten bei *mysticus* und *mysterium* selber auftritt: die Erscheinung, daß die Attribute übertragen und ausgetauscht werden, daß eine *communicatio idiomatum* zwischen den beiden Anziehungspolen, die das Mysterium umschreiben, erfolgt, also zwischen dem *τύπος* und der *ἀλήθεια*.[135] Dieses Phänomen wird von einer ganzen Reihe von Formeln ausgedrückt, die im Laufe des 12. Jahrhunderts, wo sich unsere Sakramententheologie ausbildet, klassische Geltung erlangen, und die darin liegende mögliche Zweideutigkeit zerstreuen: Formeln, welche zum Beispiel das *mysterium occultans* vom *mysterium occultum* unterscheiden, das *sacramentum active* vom *sacramentum passive dictum*, das *sacrum signans* vom *sacrum signatum* (oder *sacrum secretum*)[136] usf.; praktische, scheinbar aufklärende Formeln, die aber doch wohl ein schon geschwächtes Verständnis der Wirklichkeit verraten: sie deuten, indem sie zerlegen. «In den Tiefen Gottes» verborgen, ehe es in Christus geoffenbart wurde, war das Mysterium unseres Heils doch schon in zahlreichen Mysterien, die die Heilige Schrift erfüllen, präfiguriert.[137] Das «große Mysterium», von dem Paulus den Ephesern berichtet, war die Verbindung von Adam und Eva in ihrem Bezug auf Christus und die Kirche, aber ebensowohl die Verbindung von Christus und der Kirche, die von jener ersten Verbindung vorweg bezeichnet wurde.[138] Die Zahl der in Nicäa versammelten Väter ist ein *mysticus*

[134] Das klassische Beispiel ist der «potus spiritualis», die «esca spiritualis», die «petra spiritualis» von 1 Kor 10,3–4. Vgl. Chrysostomus, In I Cor., h 23 (PG 61, 191) usf.

[135] Eine weitere Ursache für diese Sprachunsicherheiten und Vertauschungen der Attribute ist sicher auch die dem antiken Wortschatz widerfahrene Verwirrung, als er auf die Neuheit des Christentums angewendet wurde. Vgl. Catholicisme (1938) Kap. 6; dt. «Glauben aus der Liebe» ^{3}1992.

[136] Zum Beispiel: Wilhelm von St. Thierry (PL 180, 362 BC), Odo von Lucca (PL 176, 144), Innozenz III. (PL 217, 881). Ein paar Wendungen finden sich bei Dhanis, in: RHE (1930) 920–922. Alger von Lüttich sagt an der oben S. 65 angeführten Stelle noch: «Nec solummodo sacramentum pro alterutro, id est, vel pro signo vel pro signato invenitur, *sed etiam pro utroque*.» De sacramentis, lib 1, c 4 (PL 180, 751–752).

[137] Cyrill von Alexandrien (PG 73, 428 A; vgl. 433 A) usf. Ps-Primasius, In Hebr. (PL 68, 740 C, 741 D, 749 B). Ps-Haimo (PL 116, 246 C; PL 117, 882 C). Adhelmus (Ehwald, 65) usf.

[138] Nicht nur für «sacramentum», sondern sogar für «mysterium» ist die erste Bedeutung die häufigere. Die zweite wird dadurch ermöglicht, daß das Eigentliche des heiligen Objekts nicht voll enthüllt werden kann: es bleibt immer ein Teil geheimnisvoll, «mysterienhaft». Ein Mysterium, das nicht zum Teil offenbart oder

numerus, sowohl weil er von den 318 Dienern Abrahams im voraus bedeutet wurde, wie auch weil er geheimnisvoll auf das Kreuz und den siegreichen Namen Jesu hindeutet, und schließlich aus beiden Gründen gemeinsam.[139] Die *mystica munera*, die dem göttlichen Kind dargebracht werden, können einerseits die Gaben der drei Weisen selber und anderseits die von diesen Gaben bedeuteten Dinge sein, sie sind *munerorum sacramenta*.[140] Wir stellen die gleiche Ambivalenz fest bei *mysticus agnus* und *mysticum pascha*, die unsern Gegenstand so nahe berühren. Das « mystische Lamm » kann ebensowohl das Bezeichnende wie das bezeichnete Lamm sein: nämlich entweder das « typische », figurative, symbolische Lamm, das gesetzliche Opfertier des jüdischen Passafestes, das in jedem Frühjahr *figuraliter et imaginarie*[141] geschlachtet wurde – oder im Gegenteil das Lamm unseres Pascha, das « wahre Lamm », das « archetypische », « intelligible und geistliche », das einzige Lamm, das die « Wahrheit » jener « Figur » ist.[142]

enthüllbar wäre, wäre das rein Unerkennbare (Simonin, aaO.), dagegen würde aber auch ein Mysterium, das voll entschleiert wäre, diese Bezeichnung nicht mehr verdienen.

139 J. Rivière, «Trois cent dix-huit.» Un cas de symbolisme arithmétique chez saint Ambroise, in: RTAM (1934) 349–367. Vgl. De Pascha computus, n 10 (PL 4, 954 AB). Über diese « ganz geheiligte » Zahl siehe: Rupert von Deutz (PL 167, 380–381).

140 Hieronymus, In Matthaeum, c 2 (PL 26, 26 B).

141 Hesychius (PG 93, 882, 1081, 1082). Liber mozarabicus ordinum (Férotin, 225). Isidor von Sevilla (PL 83, 754 C). Etherius und Beatus (PL 96, 940 D). Rabanus Maurus (PL 108, 499–555, 1100 B; MGH, Epistularum Bd. 5, 466). Paschasius Radbert (PL 120, 893 B, 1330). Werner von St. Blasien (PL 157, 209 D). Rupert von Deutz (PL 167, 1662; PL 168, 1533 D; PL 169, 500–501 und 794 D). Honorius von Autun (PL 172, 552 A, 666 A, 923 C). Radulf Ardens (PL 155, 1842 A) usf. Vgl. Victorinus von Pettau, In Apoc.: « lex imaginaria » (Haußleitner, 72).

142 Hesychius (PG 93, 1421 D). Hieronymus, Epistula 52 (Hilberg I, 432; vgl. 359 und 360). Johannes Scotus Eriugena, frag. 1: «Verbum Dei ab Joanne Agnus nominatur. Ipse enim erat, quem mysticus agnus in lege praefigurabat », und kurz darauf: « Ecce Agnus Dei. Hic est unicus et singularis Agnus mysticus, in cuius figura Israeliticus populus singulos agnos per singulas domus paschali tempore immolabat » (PL 122, 310 A und 311 AB). Rupert von Deutz: «Verus Agnus ..., agnus typicus » (PL 167, 613–614). Hugo von Rouen, Tractatus de memoria, I, 11: « Paschalis agnus, ... mysterium veri Agni » (PL 192, 1304 C). Hildebert, Versus de mysterio missae (PL 171, 1177 A):

Involucrum legis Christus patefecit, ovemque
Significativam vera removit ovis.

Vgl. Paschasius Radbert, In Matthaeum: « Hanc mysticam et singularem cenam » (PL 120, 988 C). Augustin, De catechizandis rudibus, n 41: « Pascha in imagine ... verum pascha » (PL 40, 340). Gesetzliches und mystisches Pascha: Kard. Humbert, Adv. Graecorum calumnias, c 9 (PL 143, 938 D). Thomas, In Joannem, c 12, lect. 1, n 1.

Drittes Kapitel

MEMORIALE, VORWEGNAHME, GEGENWART

Ist der Sinn von *mysterium* und *mysticus* damit *festgestellt*, so wird man zunächst ebenso viele Bedeutungen des Wortes *corpus mysticum* auf die Eucharistie angewandt unterscheiden dürfen, als man bei ihr Beziehungen zwischen Zeichen und bezeichneter Sache feststellen kann. Dies gilt, auch wenn in einzelnen Texten Übergänge zwischen mehreren solchen Bedeutungen spürbar sind. Außerdem wird es sich immer um einen Leib handeln, der als Zielpunkt oder umgekehrt als Ausgangspunkt eines Mysteriums verstanden wird. Unter dem objektivierenden und verdinglichenden Ausdruck *corpus mysticum* wird man den Vorgang eines *sacramentum corporis*[1] oder *mysterium corporis*[2] freilegen müssen. Die Fälle sind vielfältig, sie unterscheiden sich durch zahllose subtile Schattierungen, deren Einzeldarstellung ins Unendliche führen würde. Schematisch lassen sie sich anscheinend auf die folgenden drei zurückführen, die den drei wesentlichen Aspekten des eucharistischen Mysteriums entsprechen.

« *In mysterio panis* »

1. *Corpus mysticum* kann zunächst, in der Zone, die wir die kultische nannten, verstanden werden als Ergebnis einer mystischen Handlung, der *corporis celebratio*.[3] Der eucharistische Leib Christi wird dann « mystisch » genannt – welche Existenzweise und welchen Wirklichkeitsgrad immer man ihm zudenken mag – einfach aufgrund der Tatsache, daß er sich im Mysterium, d. h. im

[1] Man vergleiche bei Paschasius Radbert die beiden Ausdrücke (PL 120, 1285 A, 1276D, 1346A).

[2] Zahllose Beispiele. So Kard. Humbert, Adv. Graecorum calumnias, c 20: « in corporis Christi mysterio indubitanter vitalis esca fit perpetua » (PL 143, 946 A).

[3] Augustin (PL 34, 71). Vgl. Gregorianum (Lietzmann, 45). Ratramnus (PL 121, 128 A). Guitmund von Aversa (PL 149, 1454C, 1455BD, 1457C). Gregor von Bergamo (Hurter, 13–14) usf.

Sakrament vorfindet.[4] Mystisch also ist der Leib in diesem ersten Sinn, weil er verborgen – *mystice, latenter* – unter den materiellen oder rituellen Erscheinungen anwest, die ihn auf geheimnisvolle Art bedeuten:[5] *corpus Christi secretum.*[6] Eine Glosse zum 4. Sentenzenbuch wird erklären: *In mysterio, id est in figura, id est sub specie, quae dicitur occultum, quia corpus Christi latet et occultatur.*[7] Mystischer Leib heißt gleichzeitig auch geweihter Leib – *sacratum corpus*[8] – hochheiliger Leib,[9] vergegenwärtigt im Verlauf einer heiligen Zeremonie,[10] *per sacrae orationis mysterium;*[11] und als heilige Speise an einem heiligen Tisch empfangen. In der Tat: sowohl im liturgischen Gebrauch wie in den literarischen Texten werden *mysteria* und *sancta* synonym verwendet.[12] Etwas allgemeiner endlich, und ohne daß man die Aussage zu genau festlegen dürfte: «Mysteriumsleib», sakramentaler Leib,[13] zelebriert im Sakrament.[14] Das Eigenschaftswort läßt sich übrigens auf alle Sakramente anwenden.[15] Um die tiefe Gnade zu bezeichnen, die

[4] Alger von Lüttich (PL 180, 791 B). Ps-Alger, De sacrificio missae (PL 180, 855 D) usf.

[5] Expositio «Quotiens» (PL 96, 1496 B). Rabanus Maurus (PL 111, 133). Guitmund von Aversa (PL 149, 1430 D). Gratian, De consecratione, d 2, c 48: «Caro ... quam forma panis opertam in sacramento accipimus» (Friedberg, 1332).

[6] Gerhoh von Reichersberg, Liber de simoniacis (MGH, Libelli de lite, Bd. 3, 267). Roland, Sentenzen (Gietl, 216). In der griechischen Kirche werden gewisse Gebete ἐκφώνως, andere μυστικῶς (d.h. mit leiser Stimme) gesprochen.

[7] H. Weisweiler, in: Aus der Geisteswelt des Mittelalters. Festschrift Grabmann, Bd. 1 (1935) 393.

[8] Ambrosius, Hymne zum Kirchweihfest (PL 17, 1257). Cassiodor (PL 70, 801). Radulf von St. Germer (BMP, Bd. 17, 182 F).

[9] Leonianum (Feltoe, 59 und 67). Missale gothicum (Bannister I, n. 154) usf.

[10] Beda, In Marcum (PL 92, 270 B, 271 C und D). Glossa in Lucam (PL 114, 338 C) usf. Wenn Hincmar, Beda zitierend, einfach schreibt: «inviolabile corpus» statt «inviolabile corporis sacramentum», ließ er also eine Nuance fallen, die in seinem Zusammenhang bedeutungslos war; man kann ihn nicht beschuldigen, den Sinn des Textes gefälscht zu haben. Vgl. Wilhelm von St. Thierry (PL 180, 355 C).

[11] Ambrosius, De fide, lib 4, c 10 (PL 16, 641 A); vgl. Berengars Glaubensbekenntnis, Lateran 1050 (Mansi XIV, 762 E) und 1079 (XX, 524 D) usf.

[12] Ohne wesentlichen Sinnunterschied begegnen «mystischer Tisch» und «heiliger Tisch», desgleichen bei Darbringung, Nahrung, Brot, Gastmahl usw.

[13] «Sacramentaliter vel mystice corpus Christi», wird noch Wiclif sagen, Sermonum Pars III^{a}, s 25 (Loserth, 194). Vgl. Augustin, Epistula 98, n 9: «In sacramento ... omni die populis immolatur» (PL 33, 364).

[14] Rupert von Deutz (PL 168, 1035 CD).

[15] Guibert von Nogent, Liber quo ordine sermo fieri debeat: «Quidquid mysticum in Ecclesia fit ...: et baptismum, et eucharistia, et Spiritus datio ...» (PL 156, 23 C).

wir heute «sakramentale Gnade» nennen würden, hatte Gregor von Nyssa von «mystischer Gnade» gesprochen.[16]

Unser Ausdruck erklärt sich ganz natürlich, obwohl er ursprünglich gewiß auf einem Umweg entstanden ist. In einer ersten Phase herrschten die umfassenderen oder unbestimmteren Wendungen vor, wie «mystische Speise»[17] oder «mystische Eulogie», oder auch «die mystischen Dinge».[18] Solche Ausdrücke faßten in unbestimmter Weise auch das in sich, was man später die «sakramentalen Gestalten» und die «Substanz des Leibes» nennen sollte. Von diesem Anfang her sieht man zwei differenziertere Formeln entstehen. Einerseits: *panis mysticus*,[19] anderseits: *corpus mysticum*. Beide werden aufeinander einwirken, sogar vertauschbar sein in der Art einer gewissen communicatio (oder vielmehr reversio) idiomatum: so werden etwa beide von Hesychius von Jerusalem auf der gleichen Seite seines Levitikuskommentars[20] verwendet. Mystischer Leib also, weil *ἐν τύπῳ ἄρτου*.[21] Leib, auf den sich mystischerweise das Symbol des Brotes bezieht und den es mystisch enthält. Durandus von Troarn und Lanfranc verwenden eine Formel, die im 12. Jahrhundert als augustinisch gelten wird: *caro sub forma panis operta*.[22] Guibert von Nogent braucht eine

[16] PG 44, 596A.

[17] Hesychius, In Leviticum (PG 93, 1072A). Rabanus Maurus, De ecclesiastica disciplina, lib 3: «Arbor vitae mysticum cibum non unde viveret, sed unde vitam corporis non finiret, sui creatoris munere ministravit; qui cibum quamdiu perciperet, ita percipientem se in uno statu sacramenti cujusdam latentis figurata significatione servaret, ut ..., etc. (PL 112, 1246C). Gerhoh von Reichersberg, In psalmos (PL 193, 953B).

[18] Klemens von Alexandrien (Stählin III, 10). Hippolyt, Elenchos (Wendland, 77). Hesychius, In Isaiam (Faulhaber, 70). Rabanus Maurus (PL 108, 493D). Paschasius Radbert (PL 120, 896C, 1289–1290: «Postquam indignus mystica praesumpsit»; vgl. 1305B).

[19] Origenes, In Genesim, In Leviticum (Baehrens, 52 und 477). Macarius Magnes, lib 3, c 23 (Blondel, 106). Eutherius von Tyana (Batiffol, L'Eucharistie, 5. Aufl., 455–459). Hesychius, In Isaiam (Faulhaber, 11, 63, 95). Maximus Confessor (PG 4, 137C). Anastasius Sinaita (PG 89, 829C). Augustin (PL 42, 370). Rabanus Maurus (PL 108, 492C). Lanfranc (PL 150, 416C). Alger von Lüttich (PL 180, 764C). Photius: «das substantielle und mystische Brot» (PG 101, 420).

[20] PG 93, 1070B und C. Wir beschreiben hier den Ablauf eines geistigen Prozesses, ohne zu behaupten, der logischen Abfolge entspreche eine ebensolche lückenlos chronologisch an den Texten feststellbare. Nicht nur sind manche verloren, sie haben auch immer nur einen Bruchteil der lebendigen Sprache wiedergegeben.

[21] Cyrill von Jerusalem, Catech. mystagog. 4, c 3 (PG 33, 1100A).

[22] Lanfranc (PL 150, 423D). Lanfrancs Text, der diesen Ausdruck enthält, wird von Ivo von Chartres, Decretum (PL 161, 153D) angeführt. Die Panormia

nahverwandte: *corpus sub panis umbra confectum.*[23] In allem: Primat des Aktes und der Synthese und von daher Ausfächerung des Wortgebrauchs. Der Fall der Taufe geht hier abermals parallel, da von einer *actio mystica* die Rede ist, die eine *ablutio mystica*[24] durch eine «mystische Quelle»[25] enthält, in Hinsicht auf eine *regeneratio mystica.*[26] Und wir hören bei diesem Anlaß auch von einem «mystischen Wasser»,[27] nämlich dem sakramentalen, durch welches die Gnade hervorgebracht wird, und ebenso von der «mystischen Gnade», nämlich der auf geheimnisvolle Art durch diese Waschung hervorgebrachten und in diesem Wasser gegenwärtigen Gnade.[28]

«*In mysterio passionis*»

2. *Corpus mysticum* kann auch betrachtet werden als *initium* eines Prozesses von mystischer Bedeutung, diesmal in der von uns oben als biblisch bezeichneten Zone. Hier wird man vor allem die bequeme, irgendwo auch begründete und von den modernen Traktaten durchgeführte Trennung zwischen «Eucharistie als Opfer» und «Eucharistie als Sakrament» vergessen müssen; denn das Sakrament versteht sich nicht ohne das Opfer, in dessen Verlauf es sich verwirklicht und zu dem es auch in seinem Überdauern eine notwendige Beziehung behält: *In sacramento corporis*

schreibt ihn Augustin zu (ex sententiis Prosperii; PL 161, 1076 A); ebenso Alger von Lüttich, Abälard, Petrus Lombardus. Vgl. M. Lepin, L'idée du sacrifice de la messe (1926) 786 und 797. Indes, wenn der Gesamttext gewiß von Lanfranc stammt, so reicht der angeführte Ausdruck doch weiter zurück. Durandus von Troarn, prooemium: «sub forma panis operta» (PL 149, 1375). Der Traktat des Durandus stammt von 1058 oder 1059; der Lanfrancs ist nicht vor 1063 verfaßt.

[23] Guibert von Nogent (PL 156, 634 C).

[24] Leo der Große, Sermo 24, c 3 (PL 54, 206 A). Walafried Strabo, De rebus ecclesiasticis, c 26 (PL 114, 957 D). Origenes, In Jesu Nave, h 4, n 1 (Baehrens, 37). Gregor von Nyssa (PG 46, 581 A).

[25] Ordo baptismi von Severus von Antiochien: «fons mysticus» (Assemani, Bd. 2, 285 und 286).

[26] Gregor von Nyssa, In Cantica (PG 44, 626).

[27] Gregor von Nyssa, Orat. catech. (Méridier, 190). Theophilus von Alexandrien, übersetzt von Hieronymus (Hilberg II, 196). Sophronius von Jerusalem (vgl. Liturgie grecque, Mercenier, Paris, Bd. 2, 173). Ambrosius (PL 15, 1627 B).

[28] Dasselbe gilt für die «mystische Salbung» mit Öl oder Chrisma. Amalarius (PL 105, 1022 D). Laurentius von Novara (PL 66, 92 C). Gregor von Bergamo (Hurter, 59) usf.

Christi mors eius annuntiatur.[29] Und seinerseits ist das Opfer selbst ein Sakrament: *Cum enim sacrificium sit sacramentum.*[30] Rituelles Opfer und sakramentales Opfer: beides ist ein und dasselbe. Und alles daran hat eine wesentliche Beziehung zur Passion des Herrn. *Quae aguntur in celebratione missae, in sacramento dominicae passionis aguntur.*[31] Es ist das tägliche Sakrament, dessen *res* das einmalige Opfer Christi in den Tagen seines Fleisches war: *Cuius rei sacramentum quotidianum esse voluit Ecclesiae sacrificium.*[32] Man kann diesen umfassenden Symbolismus auf verschiedene Arten verstehen, so wie man etwa den totalen Symbolismus der Heiligen Schrift verschieden deuten kann: mehr quantitativ-oberflächlich oder mehr die Tiefen beachtend, mehr geschmeidig das Ganze durchformend oder in strafferen Formeln zusammengefaßt. Aber innerlich begrenzen läßt sich dieser Symbolismus nicht. Augustin umgreift ihn in Formeln wie *sacramentum sacrificii*, *mysterium sacrificii.*[33] Paschasius Radbert wird von *sacrificii similitudo*[34] sprechen. *In sacramento missae* sagt Rabanus Maurus,[35] und Rupert: *missarum sacramenta.*[36] Das eigentliche Missale, jenes « liturgische Buch des am Altar Zelebrierenden »,[37] worin Orationen, Präfation und Kanon standen, wird entsprechend als *sacramentarium*, als *liber sacramentorum* oder *liber mysteriorum* bezeichnet.[38] Wie die Opfer des alten Gesetzes symbolische Ankündigun-

[29] Lanfranc, In I Cor. (PL 150, 194 B).

[30] Deusdedit, Libellus contra invasores et simoniacos (MGH, Libelli de lite, Bd. 2, 325). Vgl. Petrus Lombardus, Sententiarum lib 4: « Ut sacramenta vocemus quae antiquitus res sacras signabant, ut sacrificia, et oblationes, et hujusmodi » (PL 192, 840) usf.

[31] Amalarius, De ecclesiasticis officiis, praefatio (PL 105, 989 A). Ambrosius, In ps. 42, n 36: « Significans passionem Domini Jesu, cujus quotidie vescimur sacramento » (PL 14, 1107 B). Vgl. Gratian, De consecratione, d 2, c 60 (Friedberg, 1337).

[32] Augustin, De Civ. Dei, lib 10, c 20 (PL 41, 298). Haymo von Halberstadt, In Hebr.: « Offert etiam sacrificium Deo Patri acceptum per Ecclesiam suam, dum enim nos offerimus sacramenta corporis ejus, ipse offert » (PL 117, 874 C). Derselbe Text bei Ps-Primasius, In Hebr. (PL 68, 734 B).

[33] Epistula 140, n 48 (PL 33, 558). Vgl. De Civ. Dei, lib 10, c 20 (PL 41, 298).

[34] In Matthaeum, lib 7 (PL 120, 518 C).

[35] In Josue (PL 108, 1106 A).

[36] Chronicon sancti Laurentii Leodiensis, n 21 (MGH, Scriptores, Bd. 8, 269).

[37] V. Leroquais, Sacramentaires et Missels des bibliothèques publiques de France, Bd. 1, XI.

[38] Florus, Expositio missae, c 1, n 2: « ex antiquis mysteriorum libris » (Duc, 87). Paschasius Radbert: « Respice in sacramentorum libro, quid orat sacerdos ut fiat corpus ... Christi », usf. Paul und Gebhard von Regensburg, Dritter Brief an Martin

gen waren, so ist die ganze Eucharistie, der Kult des neuen Gesetzes, ein *sacramentum memoriae:*[39]

> Commemorantes et celebrantes passionem ...[40]
>
> Sine hac memoria non conficimus dominici corporis et sanguinis sacramenta.[41]
>
> Sub sacramento mirabili passionis tuae memoriam reliquisti ...

In ihrer eigentlichen Wirklichkeit, wenn auch durch Vermittlung des äußeren Ritus, bedeutet die Eucharistie also eine vergangene Sache oder vielmehr Handlung.[42] Sie ist ein Mysterium der Kommemoration.[43] Sie kommemoriert und wiederholt, das heißt sie vergegenwärtigt von neuem – *figurando repraesentat*[44] – aber im Mysterium – *in mysterio refigurat*[45] – und durch das Mysterium – *per mysterium reparat*[46] – das eine und einzige geschichtliche Opfer, das die alten Riten ebenfalls *in mysterio* im

von Mailand (gegen 1332): «Nos nullum appellamus sacramentarium, nisi librum missalium orationum, absque lectionibus evangelicis, apostolicis et propheticis» (angeführt bei Le Brun, Explication des cérémonies de la messe, ²1860, 162).

[39] Augustin, Contra Faustum, lib 20, c 21: «sacramentum memoriae» (PL 42, 385); c 18 (383) und lib 6, c 5 (231). Alkuin, Epistula 307: «Pro nobis obtulit hoc sacrificium et nobis dedit in memoriale sempiternum» (MGH, Epistularum, Bd. 4, 470). Urban IV., Bulle zur Einsetzung des Fronleichnamsfestes, 1264: «hoc memoriale sacramentum».

[40] Missale gothicum (Bannister, Bd. I, n 33). Ps-Germanus (PL 72, 89 und 93). Libri carolini (PL 98, 1093 und 1214) usf. Vgl. Gregor der Große, Dialogi, lib 4, c 59: «Passionis mysteria celebramus» (PL 77, 428 A).

[41] Odo von Cambrai (PL 160, 1063 CD). Vgl. Cyprian, Epistula 63, c 17, n 1 (Bayard, Bd. 2, 211). Rabanus Maurus (PL 107, 321 D; PL 111, 131 A).

[42] Guitmund von Aversa, lib 2: «Estque ipsa celebratio, passionis Christi quaedam commemoratio. Commemoratio autem passionis Christi, ipsam passionem significat. Celebratio igitur corporis et sanguinis Domini, passionis Christi est signum» (PL 149, 1455 C). Vgl. Eusebius (PG 22, 89–92; PG 24, 701; Hist. eccles. 1,10). Augustin (PL 41, 298). Gerard von Cambrai (PL 142, 1280 B und 1283 BC).

[43] Wilhelm von St. Thierry, Epistola ad Fratres de Monte Dei, n 55 (Davy, 103).

[44] Alger von Lüttich (PL 180, 787 A). Hieronymus, In Matthaeum (PL 26, 195). Rupert von Deutz, De divinis officiis: «Vespere Dominus panem et vinum assumens, et veritatem sui corporis et sanguinis repraesentans, suis portatus in manibus» (PL 170, 15 A). Balduin von Canterbury (PL 204, 732 D). Petrus von Poitiers, Sententiarum lib 5, c 13: «Repraesentat veram immolationem quae semel facta est, expansis manibus in cruce ...» (PL 211, 1256 CD).

[45] Ps-Alger (PL 180, 853 D). Theofrid von Echternach, Flores epitaphii sanctorum (PL 157, 368 A).

[46] Gregor der Große, In evangelia, h 37 (PL 76, 1279 A); Dialogi, lib 4, c 58 (PL 77, 425 C). Der letzte Text wird sehr häufig angeführt: Lepin, L'idéé du sacrifice de la messe (1926) 40–41. Hincmar, Vita Remigii (MGH, Script. rer. merov., Bd. 3, 300).

voraus bedeuteten.[47] Man braucht sich dabei nicht wie Amalarius (oder schon Ps.-Germanus von Paris) einen Überfluß an symbolischen Einzelheiten vorzustellen, um mit ihm und der gesamten Tradition zu sagen: *In sacramento ... passio Christi in promptu est.*[48] Man wird auf diesem wesentlichen Punkt nicht genug insistieren können. Die Messe ist noch immer das «Pascha des Herrn».[49] Das Opfer der Kirche und das Memoriale der Passion sind nicht zu trennen, sie sind im striktesten Sinne eins. Alles am Altar ereignet sich *in sacramento pretiosae mortis.*[50] Das Opfer, das wir darbringen», schrieb schon Cyprian, «ist die Passion des Herrn.»[51] Die *celebratio corporis*, die wir eben bedacht haben, ist also *celebratio passionis.*[52] Sie ist *cultus dominicae passionis.*[53] Ebenso ist die *oblatio corporis oblatio passionis*[54] und die *communicatio corporis* ist *communicatio passionis.*[55] Daher der neue Sinn, womit die einfachste Aussage: das *mysterium corporis* ist *mysterium passionis*,[56] *invisibile passionis sacramentum*,[57] sich füllt, ohne damit

[47] Zahllose Texte im Zusammenhang mit Melchisedek, mit dem Osterlamm etc. Ambrosius, In ps. 43, n 36: «Considera quemadmodum parentes nostri in figura diripientes agnum manducabant, significantes Domini Jesu passionem, cuius quotidie vescimur sacramento» (PL 14, 1107).

[48] Amalarius, De ecclesiasticis officiis (PL 105, 1141 B). Vgl. E. de Moreau, Les explications allégoriques des cérémonies de la sainte messe au moyen âge, in: NRT 48 (1921) 123 ff.

Gregorianum: «Temporalem Filii tui mortem, quam mysteria veneranda testantur» (Lietzmann, 44). Remigius von Auxerre, Homilia 8: «Nondum quippe fuerat hoc verum sacrificium manifestatum, hoc est sacramentum corporis et sanguinis Domini» (PL 131, 909 D). Rupert von Deutz, In Malachiam: «Totum ministerium mensae Domini ... est commemoratio mortis dominicae» (PL 168, 821 C).

[49] Paschasius Radbert, In Matthaeum, lib 6 (PL 120, 415 A und C).

[50] Sermo de excellentia SS. Sacramenti, n 7 (PL 184, 986 A). Vgl. Leo der Große, Sermo 42, c 1: «Passionis dominicae sacramentum» (PL 54, 275).

[51] Epistula 63, c 17, n 1 (Bayard, Bd. 2, 211). Tertullian, De oratione, c 14 (PL 1, 1170).

[52] Radulf von St. Germer, In Leviticum: «In sacramento Ecclesiae ... passionis illius celebramus mysterium» (BMP, Bd. 17, 201 C). Hugo von St. Victor, De sacramentis: «Quotidie in altari passio Christi celebratur» (PL 176, 429 D). Vgl. die Anaphora des Serapion von Thmuis (Brightman, in: JThSt, I [1899] 105).

[53] Hieronymus, Epistula 114, n 2 (Hilberg II, 395).

[54] Florus, Expositio missae, c 53, n 3 (Duc, 127) und c 60, n 7 (156). Vgl. Gregor von Bergamo, c 3 und 4 (Hurter, 13–14 und 16).

[55] Responsio cuiusdam: «Incarnationis Verbi divini mysterium tractans et societati passionis communicans» (D'Achery, Spicilegium, Bd. I, 149).

[56] Augustin (PL 35, 1353). Gregor der Große (PL 76, 1178 B; PL 77, 426 A), angeführt von Jonas von Orléans, Florus, Hincmar, Gezo, Lanfranc, Alger von Lüttich, Gerhoh von Reichersberg ... Gelasianum: «quod passionis mysterio gerimus» Wilson, 62). Florus, Expositio missae (Duc, 134). Rabanus Maurus (PL 107, 319 C;

den ursprünglichen Sinn, den wir ihr zuerkannt haben, einzubüßen. Es ist *mysterium redemptionis*.[58]

Dieser Beitrag ist so wesentlich, daß er in seltsam realistischen Formeln seinen Ausdruck findet. Der eucharistische Kelch, sagt zum Beispiel Fulgentius von Ruspe, ist «*calix corporeae passionis*».[59] Ein Dekret, das Papst Alexander zugeschrieben wird, sagt: *In sacramentorum oblationibus ... passio Domini miscenda est*.[60] In älterer Zeit hatte Cyprian das Abendmahl selber als *Passio* bezeichnet.[61] In einer Sprache, die an die griechische und orientalische Überlieferung erinnert,[62] erklärt Rupert von Deutz, durch die Wirkung der Konsekration werde das auf dem Altar dargebrachte Brot vergleichbar einem Metall, das ins Feuer getaucht und davon durchdrungen wird, *immersus terribili atque ineffabili mysterio*, und dies sei der Grund, weshalb es künftig in aller Wahrheit Christus sei.[63] Die Kirche, sagt Petrus Damiani, ist der Ort, *in quo per mysterium vivificae passionis Christi corpus offertur*.[64] Wie

PL 111, 131 A und 171 B, 919 B). Ps-Isidor (PL 83, 906 C). Expositio «Dominus vobiscum» (PL 147, 197 AB). Bruno (PL 152, 725 B). Glossa in Matthaeum (PL 114, 169 A). Rupert von Deutz (PL 167, 616 D). Honorius von Autun, Elucidarium: «Qui mysterium passionis Christi ... pro temporali lucru vendunt» (PL 172, 1130 A). Wilhelm von St. Thierry, Epistula ad Fratres de Monte Dei: «Sanctae hujus passionis ac reverendae commemorationis mysterium» (PL 184, 327 AB) usf.

Das «mysterium passionis» ist zuweilen auch die Taufe: Beda (PL 94, 75 A); Paschasius Radbert (PL 120, 1294 C); Hincmar (PL 125, 915 C); Rupert von Deutz (PL 167, 1246 A). Vgl. Florus, Expositio missae (Duc, 156). Der Ausdruck kann auch einen noch ausgedehnteren Sinn haben, so etwa bei Rupert, In Joannem: «Primitiva namque Ecclesia ... iam intra sacramentum dominicae passionis recepta» (PL 169, 803 D; vgl. PL 170, 49–50).

[57] Rupert von Deutz, In Cantica, lib 7 (PL 168, 952 A). Franco, De gratia Dei, lib 10: «In panis et vini specie celebrandum instituit mysterium passionis suae»; lib 11: «passionis Christi et redemptionis nostrae mysteria celebramus» (PL 166, 776 D und 784 B).

[58] Missale romanum: «Et nobis sacramentum redemptionis efficiat» (Stillgebet der Messe der Vier Gekrönten) usf. Florus, Adv. Amalarium 2, n 16 (PL 119, 91 C). Cyprian, Epistula 63, c 14.

[59] Contra Fabianum, frag 28 (PL 65, 790 A).

[60] Burchard (PL 140, 753). Ivo von Chartres, Decretum, p 2, c 15 (PL 161, 164 B). Vgl. Liber pontificalis, Bd. 1, 127.

[61] Epistula 63, passim. Vgl. Batiffol, Leçons sur la Messe, 5. Aufl., 176.

[62] Cyrill von Jerusalem (PG 33, 1116 B). Chrysostomus (PG 61, 203 und 527; PG 63, 898) usf. Präfation der armenischen Liturgie: «Huiusmodi terribilis ... sacramenti.»

[63] In Genesim (PL 167, 431 C). Petrus Damiani, Opusculum 39, c 2: «Dum ... ipsa missarum offeruntur terribilia sacramenta» (PL 145, 644 C). Kard. Humbert, Adv. Graecorum calumnias, c 65 (PL 143, 972 D).

[64] Opusculum 39, c 2 (PL 145, 645 B).

man die heiligen Mysterien *in typum passionis* feiert,[65] so trinkt man den Kelch *in typum sanguinis effusi.*[66] Kommunizieren heißt, in sich das Gedächtnis der Passion empfangen,[67] es heißt gewissermaßen, in sich das Kreuz des Herrn als Nahrung aufnehmen:[68] *De cruce Domini pascimur, quia corpus ipsius manducamus.*[69]

Anspielend auf diese Lehre ist das *corpus mysticum*, als der mystisch geschlachtete und mystisch dargebrachte Leib, jetzt der Leib, der den einst auf Golgotha real geschlachteten und real dargebrachten Leib symbolisiert (wobei ihre tiefere Identität keineswegs in Frage gestellt wird). Es ist nicht mehr bloß, wie im ersten Aspekt *corpus in mysterio*, sondern es ist jetzt *corpus in mysterio passionis.*[70] Es ist der Leib, sofern er zum Gegenstand einer mystischen Darbringung wird, die selbst völlig bezogen bleibt auf jene Darbringung, in der Christus am Ende seines irdischen Lebens sich selber darbrachte;[71] der Leib, sofern er in eine mystische Aktion einbeschlossen ist, in den unabsehbar sich fortsetzenden Widerhall durch Zeiten und Räume der einen, einzigen Aktion, von der sie ihren ganzen Sinn herbezieht; der Leib schließlich, den man empfängt, indem man dabei den Tod des Herrn verkündet: *Eucharistiae perceptio, dominicae passionis est commemoratio.*[72] Es ist der Leib, durch den man dem Leiden des Herrn kommuniziert. *Hoc accipite in pane, quod pependit in ligno; hoc accipite in calice,*

[65] Hieronymus, Adv. Jovinianum (PL 23, 391 A).

[66] Ambrosiaster, In I Cor. (PL 17, 243 B).

[67] Rabanus Maurus, In Leviticum (PL 108, 259 D). Hesychius, In Leviticum: «Comedimus autem nunc cibum, sumentes eius memoriam passionis» (PG 93, 808 B). Gennadius (PL 58, 997 C). Vgl. Theodor von Mopsuestia, 5. Mystagog. Katechese (Mingana, 73): «Wie wir bei der Taufe die Geburt im Tod Christi erhalten, so erhalten wir auch die sakramentale Nahrung im Tod Christi.»

[68] Missale gothicum (Bannister I, n 214). Liber mozarabicus sacramentorum (Férotin, 25).

[69] Augustin (PL 37, 1920). Rupert von Deutz, In Joannem: «comedere passionis salutem» (PL 169, 468).

[70] Ratramnus (PL 121, 155 A). Grimaldus, Liber sacramentorum: «ad conficiendum ... corpus Domini ... patientis crucem.»

[71] Gregor der Große (PL 77, 425 D). Remigius von Lyon, De tenenda Scripturae veritate: «In altari Ecclesiae illa sacrosancta et caelestis oblatio in mysterio passionis eius ac mortis offertur» (PL 121, 1126 C).

[72] Robertus Pullus (PL 186, 774). Rupert von Deutz (PL 167, 1664 A; PL 169, 1472 C). Gregor von Bergamo (Hurter, 14). Augustin (PL 42, 873), angeführt von Hugo von Langres (PL 142, 1329 B). Durandus von Troarn (PL 149, 1379 CD), Petrus Lombardus (PL 192, 862), Gandulf von Bologna (de Walter, 448) usf.

quod manavit de latere:[73] diese augustinische, von Paschasius Radbert zitierte Formel ist ein anderes und mehr als ein Zeugnis der Identität; sie führt uns ins innerste Herz des Mysteriums ein.

Übergang zum Neuen Bund

Diese zweite Bedeutung von *corpus mysticum* erschiene in noch hellerem Licht, wenn wir die Eucharistie in all ihren verzweigten Beziehungen zu den Opfern des alten Gesetzes und der Patriarchen betrachten würden; die Vollständigkeit würde es verlangen, und eine Unzahl schönster Texte möchte uns dazu einladen. Darzustellen wäre dann der symmetrische Gegensatz zwischen der *prophetia* und der *memoria*,[74] zwischen der *praesentatio* und der *repraesentatio*, zwischen der *praeformatio* oder *praefiguratio*[75] oder *adumbratio* und der *refiguratio* oder *reparatio*,[76] oder weiterhin zwischen *τύπος, πρότυπος* oder *πρωτοτύπωμα* und *ἀντίτυπος*, wobei beide insgesamt (wenn auch auf verschiedene Art) auf denselben alles beherrschenden Gipfel zu beziehen wären, die *Veritas ipsa*

[73] Nachdem J. Turmel festgestellt hat, diese Formel lasse in bezug auf Realismus «nichts zu wünschen übrig», triumphiert er zu rasch über den guten Paschasius, der sie als von Augustin stammend angeführt hatte (PL 120, 1354 A): «Leider versagte an diesem entscheidenden Punkt die Gelehrsamkeit des Abtes von Corbie. Der ‹Sermo ad Neophytos› war das Werk eines Unbekannten des 8. oder 9. Jahrhunderts, der dabei Formeln der mozarabischen Liturgie verwendet hatte» (Histoire de la théologie positive, Bd. 1, 435–436). Aber die Gelehrsamkeit Turmels, die die des Paschasius gewiß weit übertrifft, scheint hier ebenfalls zu versagen. Sollte er Augustin, Contra Faustum, lib 12, c 20 nicht gelesen haben?: «bibitur quod de Christi latere manavit» (PL 42, 265), oder noch besser die dritte Predigt aus der Sammlung Denis (PL 46, 827, die unterdessen von G. Morin neu ediert wurde: Sermones post Maurinos reperti, 19): «Hoc agnoscite in pane, quod pependit in cruce; hoc in calice, quod manavit ex latere»? Wenn der Verfasser der Predigt Ad Neophythos (vorausgesetzt daß ein solcher Verfasser kein Mythos ist, von der modernen Kritik erfunden) Augustin nicht abgeschrieben hat, so hat er wenigstens «seine Formeln verwendet». Turmels Kritik gibt nur die seines illustren Vorgängers, des Pastors J. Claude, wieder, Réponse aux deux traités ... (Charenton 1667, 479).

[74] Augustin, Contra Faustum, lib 20, c 18 (PL 42, 382–383).

[75] Und vielleicht «transformatio» in seinem ursprünglichen Sinn genommen; noch ein Beispiel jener Worte, die beiden Vokabularien zugleich angehören, dem eucharistischen und dem biblischen.

[76] Missale gothicum: «sicut in praeformationem Melchisedech ...» (Bannister, Bd. 1, 103) usf. Hesychius, In Leviticum: «cum manna imaginem panis vitae ... praesentaret» (PG 93, 891 B). Vgl. Gratian, De consecratione, d 2, c 88 (Friedberg, 1350).

Sacrificii Christi. Und dann dürfte nicht nur ein Einzelfall untersucht werden, sondern es wäre das Wesentliche, die Beziehung zwischen dem Alten und Neuen Testament zu schildern. *Tunc, mysterium adimplendae veritatis: nunc autem, mysterium veritatis impletae.*[77] Den Übergang vom einen zum andern bildet das Letzte Abendmahl: *In ista die incipit Novum Testamentum.*[78] Oder noch genauer: *Evangelii primordia, corporis et sanguinis sui sacramenta.*[79] Die Einsetzungsworte gemäß Paulus drücken es aus: *Hic calix novum testamentum est in meo sanguine.* Die beiden Kelche, die im Bericht des Lukas einander folgen, müssen auf die beiden Testamente hin ausgelegt werden;[80] ist der zweite doch der eucharistische Kelch, und die Eucharistie als solche gleichsam der Inbegriff des Neuen Bundes: *Novum Testamentum, quod nobis de pane et vino tradidit.*[81] Daran teilnehmen bedeutet am *novitatis mysterium*[82] Anteil geben. Der neue Wein dieses Geheimnisses wird «nicht in der Altheit des Buchstabens, sondern in der Neuheit des Geistes»[83] getrunken. Davon handelt eines der leider so

[77] Vgl. Paschasius Radbert (PL 120, 1280 BC). Das «Gedächtnis» ist also weit mehr als «Erinnerung». Augustin selber schreibt (Contra adversarium legis et prophetarum, lib 1, c 20, n 39): «Israel secundum carnem ... serviebat in umbris sacrificiorum, quibus significabatur singulare sacrificium quod nunc offert Israel secundum spiritum» (PL 42, 626).

[78] Abbo, Sermo 2 (PL 132, 765 A). Abbo fügt bei: «Incipit religio christianorum in ipsa cena Domini.» Amalarius, Liber officialis, lib 1, c 12 (PL 105, 1023 B). Bruno von Segni (PL 165, 1001 A). Werner von Rochefort (PL 205, 674 A). Vgl. Anselm von Laon, In Matthaeum (PL 162, 1470 C).

[79] Rupert von Deutz, In Ecclesiasten (PL 168, 1214 A). Honorius von Autun, Sacramentarium (PL 172, 745–746). Bonizo, Decretum (Mai, NPB, Bd. 7, 3. Teil, 20). Ps-Hugo, Miscellanea, lib 7, tit 37: «Accipiens panem et calicem ..., novum testamentum suis haeredibus sanguine suo conscripsit» (PL 177, 886 D). Petrus Lombardus: «... Panem supercaelestem cum typico agno coniunxit, finiens testamentum vetus et inchoans novum. Per agnum etenim qui in veteri lege solemnis erat hostia, et panem qui novae legis sacramenti forma est, duo testamenta figuravit, atque illa duo coniungens, praedictorum testamentorum consonantiam declaravit» (PL 191, 1299 A).

[80] Fulgentius, Epistula 14, n 43 (PL 65, 431). Paschasius Radbert, In Matthaeum, lib 12, c 26: «Et astruunt vere in utroque calice, quod utrumque intelligi debeat Testamentum» (PL 120, 893 C).

[81] Hincmar (PL 135, 913 AB). Florus, Expositio missae, c 61: «Calix sanguinis mei novi testamenti ... Ergo sanguis Christi novum est testamentum» (Duc, 133 bis 134). Apostolische Konstitutionen, lib 8, c 5, n 7 und c 12, n 36 (Funk, 477 und 508). Ps-Athanasius, De Azymis (PG 26, 1329 C und 1331 A). Vgl. Lk 22,20 und 1 Kor 11,25.

[82] Paschasius Radbert, In Matthaeum, lib p, c 19 (PL 120, 669 C).

[83] Vgl. Ivo von Chartres, Decretum, p 2, c 5, nach Hieronymus (PL 161, 141 A).

spärlich überlieferten Fragmente aus den Predigten des Avitus von Vienne:

> Impleturus Redemptor noster sacramentum carnis adsumptae, ... testamentum fecit, quo nos heredes ab his, quae largiebatur, instituit... Testamentum hoc appellamus testamentum novum ...
>
> Istud testamentum novum, vetere suppleto, ordine suo agitur et totius firmitatis mysteriis celebratur. Quod ipse ineffabilis Redemptor noster ... conscripsit traditus, signavit passus, aperuit suscitatus ... illud est videlicet, quod cenantibus apostolis aeterni libaminis ordinem consecravit. Itaque videmus, quod nihil nobis de substantiae plenitudine minuit, qui quod pro nobis adsumpsit, totum nobis reliquit. Alii heredibus suis sua tribuunt, ille semetipsum, id est carnem vel sanguinem corporis sui.[84]

Für die gesamte ältere Überlieferung der Kirche ist die Idee der beiden Testamente, ihrer Gegensätzlichkeit und ihrer gegenseitigen Einwohnung eine der Grundwahrheiten der Theologie. Sie ist allgegenwärtig und wirkt sich noch stärker als anderswo in der Sakramentenlehre aus. Altes und Neues Testament werden dabei natürlich nicht primär als zwei «Bücher», nicht einmal wesentlich als zwei Geschichtszeiten verstanden, sondern – dem ursprünglichen Sinn der Bezeichnung gemäß – als zwei Heilsvorrichtungen, zwei Gesetzgebungen oder «Institutionen»,[85] die beide, wenn auch auf verschiedene Art, sakramentale Institutionen sind. Vom Alten und Neuen Testament handeln heißt dann, von den Sakramenten handeln, durch die sie gekennzeichnet sind; die Beziehung zwischen beiden beschreiben, heißt die Beziehungen zwischen ihren jeweiligen Sakramenten beleuchten; deshalb kann man auch umgekehrt die Sakramente nicht behandeln, ohne mehr oder weniger ausführlich ihre Stellung in den beiden Testamenten mitzuerörtern.[86] Noch spät in der Theologiegeschichte, wenn das Wort *sacramentum* stark eingeschränkt und spezialisiert sein wird, kann der Sakramententraktat den Titel *De sacramentis novae legis*

[84] Ex sermone die natali calicis (MGH, Auctores antiquissimi, Bd. 6, 2). Vgl. Ps-Dionysius, Hier. eccles., c 3, n 5 (PG 3, 432). Sicard von Cremona, Mitrale, lib 3, c 6 (PL 213, 130).

[85] Vgl. Augustin, De gestis Pelagii, c 5, n 14 und 15 (PL 44, 327–329); Contra duas epistulas Pelagianorum, lib 3, c 4, n 12 (PL 44, 595–596).

[86] Augustin, De spiritu et littera, c 8, n 14 (Kommentar von Römer 2,17–29): «Ea lege ... quae in sacramentis veteribus multa continet figurata praecepta» (PL 44, 208).

tragen und muß deshalb einen Einleitungsteil über die «Sakramente des Alten Bundes» enthalten. Sein Hauptgeschäft bleibt sozusagen die Erklärung, wie diese sich in jene verwandelt haben;[87] der Übergang von einem Testament zum andern wird verstanden als eine *mutatio sacramentorum.*[88]

> Hostia legalis transit, res tecta figuris
> Ostentatur ...
> Iam non per Moysen agnus populo datur assus,
> Agnus adest Christus pro nobis in cruce passus ...[89]

Unter diesen Umständen ist es nicht verwunderlich, daß man zum rechten Verständnis vieler Ausdrücke des eucharistischen Vokabulars zurückgreifen muß auf das, was wir, eines besseren Wortes ermangelnd, die «biblische Zone» nannten, das heißt auf die in den ersten christlichen Jahrhunderten über Schrift und Schriftverständnis entwickelten Theorien. Denn wie die Gedanken der Väter über das Geheimnis der Eucharistie untrennbar sind von ihren Gedanken über die ganze christliche Ökonomie, deren Offenbarung sie in der Schrift fanden, so übersteigt auch ihre Exegese bei weitem den Rahmen bloßer Exegese: sie sucht im Geiste die Totalität des Werkes Gottes in der Welt zu erfassen. Das Mittelalter aber sollte weitgehend von der so erarbeiteten gedanklichen Grundlage zehren und nur ganz langsam das Vokabular umgestalten, das der ursprünglichen Schau entstammte. Uns erscheint es als ausgemacht, daß viele eucharistische Texte tiefer verstanden würden, und manche darunter den Verteidigern der «realen Gegenwart» weniger Auslegungsschwierigkeiten böten, wenn man gleichzeitig die zwei folgenden Punkte beachten würde. Erstens geht die entscheidende Perspektive dieser Texte nicht auf die Feststellung einer Gegenwart oder eines Objekts, sondern auf die einer Handlung und zwar eines Opfers: *celebratio-signum,*

[87] Ebd. c 25, n 42: «Nihil (prophetam) de sacrificiorum vel quorumcumque sacramentorum commutatione dixisse ...» (PL 44, 226).

[88] Siehe auch den Liber de peccato originali, c 32, n 37: «mutatis proinde sacramentis» (PL 44, 403); In ps. 73, n 2: «mutata sunt sacramenta» (PL 36, 931); Epistula 138, n 7: «mutationem istam sacramentorum testamenti veteris et novi» (PL 33, 528).

[89] Ps-Hildebert. Hauréau, Notice sur les mélanges poétiques d'Hildebert de Lavardin, in: Notices et extraits des manuscrits de la Bibliothèque Nationale..., Bd. 28 (1878) 408–409. Siehe unten, Kap. 9.

mortem imitatur.[90] Und zweitens ist das Vokabular, das diese Handlung und dieses Opfer ausdrücken soll, zum großen Teil durch das Vokabular, das die beiden Testamente und ihre Beziehung regelt, bestimmt:

> ... et antiquum documentum
> novo cedat ritui.

In den Texten, um die es uns hier geht, wird also der ganze «eucharistische Komplex», wenn man so sagen darf – Handlung und Gegenwart, Opfer und Sakrament, sinnliches Zeichen und Tiefenwirklichkeit – in Beziehung gesetzt entweder zum Kreuz – *sacramentum corporis quod pependit in ligno* – oder zu den mosaischen Riten und den Opfern der Patriarchenzeit. Keineswegs aber geht es darin unmittelbar um das Verhältnis zwischen dem einen «in sich» betrachteten Leib Christi und den «sakramentalen Gestalten».[91]

«*In mysterio nostro*»

3. *Corpus mysticum* kann endlich verstanden werden als *initium* eines Prozesses, der in umgekehrter Richtung als der vorerwähnte verläuft: eines Prozesses, der nicht zurückblickt, sondern nach vorne schaut, und für den das Bedeuten und das Wirken gleich wichtig wird. In diesem dritten Fall vermengen sich mehr als in den zwei vorigen unsere beiden Zonen: die rituelle und die biblische.

In der Tat ist die Eucharistie nicht nur der Vergangenheit zugewandt, sofern sie auf Golgotha hinblickt. Sie ist ebenfalls der Zu-

[90] Siehe etwa Augustin, Ad Bonifacium (PL 33, 363), oder Gregor der Große, Dialogi (PL 77, 425) und die Deutungen Augustins von Lanfranc (PL 150, 423) und vor allem Guitmund von Aversa: «Nusquam Augustinus in libro de doctrina christiana cibum altaris Domini signum vel figuram vocavit, sed celebrationem dominici corporis signum dixit, quod idem et nos credimus ... Quiquid igitur illud est, quod Augustinus hic figuram appellat, ... non utique corporis Domini, sed crucifixionis eius et vulnerationis, hoc est, occisionis, nostraeque communicationis cum ea» usf. (PL 149, 1457). Siehe ferner Ps-Beda, In psalmos (PL 93, 600 BC und 1035 CD), und Guibert von Nogent, Epistula de buccella Judae data, c 3 (PL 156, 531 AC).

[91] Wenn die dreiteilige Sakramententheorie ausgebaut werden wird, wird das «sacramentum-tantum» nicht nur unsere «Gestalten» enthalten, sondern auch die Riten: Sententiae divinitatis, tr 5 (Geyer, 135).

kunft zugekehrt, einer Zukunft, die von ihr abhängig ist: der Erbauung der Kirche und der Ankunft der «Wahrheit».[92] So ist ihr Symbolismus ein doppelter: sie ist Sakrament des Gedächtnisses und zugleich Sakrament der Hoffnung.[93] *Pignus et imago rei futurae.*[94] Sie ist nicht bloß erneute Herstellung, sondern auch Vorgriff: *praesignat*, *praefigurat*, *praemonstrat.*[95] Sie bringt ihrerseits hervor, und sie tut es, indem sie « bedeutet ». Sie ist vornehmlich das wirksame Zeichen des *Corpus Christi quod est Ecclesia;* wirksames Zeichen der brüderlichen Liebe, die das Band unter ihren Gliedern herstellt: «*fraterna caritas, cuius signum hoc sacramentum gestat.*[96] Wirksames Zeichen des Friedens und der Einheit, für die Christus gestorben ist und der wir, vom Geiste getrieben, entgegenstreben: *signum unitatis, signum concordiae et pacis.*[97] Und insofern bedeutet sie uns selbst – *mysterium nostrum*,[98] *figura nostra*[99] – in dem, was wir durch die Taufe zu sein schon begannen *(unum baptisma)*, aber vor allem in dem, was wir erst werden sollen: in diesem Sakrament der Einheit *praefiguratur quiddam quod futuri sumus.*[100]

Auch hier also ist es entscheidend, falls man die ältere christliche Überlieferung nicht ganz mißverstehen will, die Eucharistie

[92] Drogo (PL 166, 1562CD). Vgl. die Expositio officiorum Ecclesiae, ein anonymes syrisches Werk, dem Georg von Arbeles zugeschrieben: «Mysteria Ecclesiae figuram alicuius rei praeteritae vel futurae depingunt» (Übersetzung Connelly, CSCO, Scriptores Syri, ser 2, Bd. 92, 6).

[93] Augustin, Contra Faustum, lib 12, c 20 (PL 42, 265). Hincmar, De cavendis vitiis, c 9 (PL 125, 920A): «adhuc in sacramento spei, quo in hoc tempore consociatur Ecclesia»; wenn die ganze Kirche so versammelt sein wird, wird sich das Sakrament erübrigen, denn wir werden uns dann «in ipsa perfectione salutis aeterna» befinden.

[94] Ratramnus (PL 121, 163A). Vgl. Hilarius, In Matthaeum (PL 9, 1065BC).

[95] Missale romanum, Messe vom Allerheiligsten Sakrament und «ad tollendum schisma» usf.

[96] Gilbertus Universalis, Glosula in ps. 21 (Smalley, in: RTAM [1936] 58).

[97] Arnulf von Rochester (D'Achery, Spicilegium, Bd. 3, 472). Rupert von Deutz, In Joannem (PL 169, 482). Gregor von Bergamo (Hurter, 44, 74, 78) usf.

[98] Augustin (PL 38, 1247). Ps-Haimo, De corpore et sanguine Domini (PL 118, 81A). Bruno (PL 152, 725) usf. In einem andern Sinn hatte Hieronymus, Liber hebraicarum quaestionum in Genesim, c 14, geschrieben: «Quod autem ait, Tu es sacerdos in aeternum secundum ordinem Melchisedech, mysterium nostrum in verbo ordinis significatur ...» (PL 23, 961B).

[99] Gilbertus Universalis (aaO. 57).

[100] Augustin, In ps. 26, s 2, n 2 (PL 36, 200). Die Wendung, die Augustin anläßlich der Salbung Christi verwendet, drückt seine allgemeine Ansicht über das «sacramentum» aus.

in ihrer Ganzheit zu sehen. Dann erscheint sie ungeteilt als Opfer und Sakrament, sakramentales Opfer oder Opfer als Sakrament: *sacrificium corporis sui, fidelium sacramentum.*[101] Das äußere und rituelle Opfer ist auch das Sakrament des «wahren» Opfers, des innerlichen und geistlichen nämlich, durch welches die heilige Gemeinschaft all derer sich auferbaut, die Gott anhängen.

> Verum sacrificium est omne opus quod agitur ut sancta societate inhaereamus Deo... Sacrificium visibile, invisibilis sacrificii sacramentum.[102]

Dieser Grundsatz, den Augustin anläßlich der alttestamentlichen Riten aufgestellt hat, hat nach ihm Gültigkeit für jedes Opfer, das einen rituellen Bestandteil aufweist. Er gilt auch für die Messe. Deren Endziel ist, uns *ad unitatis societatem* zu führen. Somit muß man sagen, daß jedesmal, wenn ein Glied Christi würdig den Mysterien beiwohnt, es nicht allein den vergangenen Tod des Herrrn verkündet (wie Paulus sagt), vielmehr – auf eben den Wegen des Todes – auch die künftige Vollendung des großen Leibes verkündet, dessen Glied er ist: «bis daß Er kommt», fügt ja Paulus hinzu.[103]

Auch in dieser dritten und letzten Beziehung kann der eucharistische Leib Christi «mystisch» genannt werden, denn auch in dieser Hinsicht nennt man ihn ein «Zeichen».[104] *Mysticum aliquid portat.*[105] Wie man vom «mystischen Brot» spricht, weil es ein Brot ist, mit dem man ein Mysterium herstellt – das Mysterium des Altars –, so kann man von «mystischem Leib» reden, weil er auf dem Altar der Leib ist, durch den sich «unser Mysterium» herstellt. Und wie das Manna eine *res mystica* war in bezug auf die

[101] Augustin, Epistula 140, n 61 (PL 35, 563).

[102] Augustin, De Civ. Dei, lib 10, c 6 (PL 41, 283; vgl. 655). Amalarius (PL 105, 1138 CD).

[103] Ambrosianische Liturgie, Sakramentarium von Biasca: «Haec quotiescumque feceritis, in meam commemorationem facietis, mortem meam praedicabitis, resurrectionem meam adnuntiabitis, adventum meum sperabitis, donec iterum de caelis veniam ad vos» (DACL, Bd. I, 1418). Vgl. De sacramentis, lib 4, c 6, n 26: «donec iterum adveniam» (PL 16, 445 A).

[104] Remigius von Auxerre, In ps. 21: «Signa etiam sacramenta haec mystica ratione vocantur, non Christi, sed nostri» (PL 131, 259 D). Bruno, Expositio in ps. 21 (PL 152, 725). Ps-Haimo, De corpore et sanguine Domini (PL 118, 817 A).

[105] Guitmund von Aversa (PL 149, 1500 BC).

Eucharistie, deren Verheißung und Vorzeichen es war,[106] so ist das eucharistische Mysterium (die Wahrheit jenes Vorzeichens) ein solches bezogen auf seine letzte Frucht. Als mystischer Leib, als «typischer und symbolischer» Leib[107] bedeutet er diesmal – entweder durch sich selbst oder noch mehr durch die Elemente, die ihrerseits ihn schon symbolisieren – nicht mehr den «realen Leib», der einst von der Jungfrau zur Welt gebracht worden war, sondern den «wahrhaften Leib», den totalen und endgültigen Leib, den, um dessen Erlösung willen der Herr seinen Fleischesleib dahinopferte, den, der durch die erreichte Festigkeit seines geistlichen Gefüges kein Vorzeichen von etwas weiterem mehr ist. So erklärt sich, daß vielfach die *fractio hostiae* mit der *apertio Scripturae* in Zusammenhang gebracht wird. Dies durfte schon aufgrund des Berichtes von den Emmausjüngern gewagt werden – der seinerseits in gewissen Liturgien für die eucharistische Handlung herangezogen wird[108] – es wurde ebenfalls durch die althergebrachte Gleichsetzung von göttlichem Wort und Lebensbrot nahegelegt. So war auf eindrückliche Art der alte Gedanke einer «Einsicht des Glaubens» illustriert, der auf der Suche nach der *ratio sacramentorum* ist und die in Schrift und Liturgie enthaltenen Mysterien zu deuten vermag: *intellectus scilicet Scripturarum et sacramentorum Dei.*[109] Kein Wunder somit, wenn dieser Gedanke weite Verbreitung fand:

[106] Petrus von Blois (PL 207, 1145; vgl. 1141 A) usf.

[107] Origenes, In Matthaeum, ser., n 14 (Klostermann, 58). Die letzte von der Eucharistie gemeinte Wirklichkeit, deren wirksames Zeichen sie ist, ist für Origenes der Logos, das göttliche Wort in seiner lauteren Wahrheit. Dieses aber ertönt in der Kirche, und seine vollkommene Entgegennahme fällt mit der Vollendung dieser Kirche zusammen, die der Leib Christi ist und einen so entscheidenden Raum im Denken des Alexandriners einnimmt. Übrigens sagt er selbst: «Der Leib Christi scheint mir ein Sinnbild der Kirche zu sein» (In Joannem; Preuschen, 209).

[108] Keltische Messe während des Brotbrechens: «Cognoverunt Dominum, alleluia, in fractione panis, alleluia (DTC X, 1385). Vgl. Augustin (PL 38, 1106, 1118, 1127).

[109] Wilhelm von St. Thierry, Liber de natura et dignitate amoris, c 10, n 31 (PL 184, 399 A). Vgl. Hilarius, In ps. 64, n 15: «cum subeat nos sacramentorum intelligentia» (Zingerle, 246). Ambrosius, De mysteriis, c 1, n 2: «Nunc de mysteriis dicere tempus admonet, atque ipsam sacramentorum rationem edere» (PL 16, 389; vgl. De sacramentis: 417). Alkuin, Epistula 137: «Ut vero cognoscatis huius sacratissimi mysterii significationes iuxta sanctorum Patrum intelligentiam» (MGH, Epistularum, Bo. 4, 214) usf.

Fractio, revelatio intelligenda est. Fregit, id est, intelligere eos fecit quid corpus illud significaret, scilicet Ecclesiam, cuius ipse est caput ...

Fractio, ut diximus, est revelatio mysterii. De hac fractione dicitur: »Parvuli petierunt panem.« Panis iste est Scriptura, quae crustes et micas habet. Crusta est littera; micae, intellectus qui in ipsa latet. Quae frangitur, cum exponitur. De hac fractione Scripturae loquitur Apostolus: »Et panis quem frangimus ...«[110]

Das Mahl in Emmaus erlaubte denselben Vergleich, auf noch natürlichere Art, weil ja dem Augenblick des Erkennens die Eröffnung der Schriften vorausgegangen war.[111] Und nochmals die gleiche Lehre konnte aus jener ersten Brotbrechung gezogen werden, da Jesus die Brote vermehrte. Das war eine Ankündigung der Eucharistie, aber ebendamit auch des Schriftverständnisses. Die sieben Brote, die sich damals fanden, bedeuteten das Buch mit den geheimnisvollen sieben Siegeln. Die Gebärde des Brechens wiederholt sich beim Brechen der Siegel. Und wer konnte dies tun, wer uns dergestalt das Brot des Wortes brechen, nach dem wir lechzten, um uns bis ins Herz des Mysteriums einzuweihen, außer Ihm, der das Wort selber ist und das vom Himmel herabgestiegene Brot?[112] Mit der Eucharistie aber verhält es sich wie mit der Schrift. Keins von beiden genügt sich selbst in seinem buchstäblichen Sinn, obwohl auf diesem der göttliche Glaube sich ein erstes Fundament legen muß. Um aber in seiner Fülle begriffen zu werden, muß der Glaube kraft einer « geistlichen Einsicht » oder eines « mystischen Verständnisses » gelichtet werden, das ein Werk des Heiligen Geistes Christi ist.[113] *Panis quem frangimus, id est cuius mysterium*

[110] Sententiae Parisienses (Landgraf, 42). Magister Hermann, Epitome theologiae christianae (PL 178, 1742–1743). Sententiae divinitatis (Geyer, 134). Vgl. Abbaudus, De fractione (PL 166, 1341–1348). Honorius von Autun (PL 172, 563 D). Johannes von Salisbury, Polycratus, lib 7, c 13 (PL 199, 667 C). Balduin von Canterbury (PL 204, 762 D). Die Auffassung war nicht neu: siehe Ivo von Chartres (PL 162, 559); Amalarius (PL 105, 1328 C); Beda (PL 92, 628 B); Augustin (PL 34, 1206); Ambrosius (PL 15, 1692 C, und In psalmos; Petschenig, 237); Origenes, In Genesim (Baehrens, 112) und In Leviticum (Baehrens 331).

[111] Odo von Lucca (PL 176, 144–145). Stephan von Baugé (PL 172, 1303). Magister Simon (Weisweiler, 38). Vgl. Albert der Große, In IV Sent. (Vivès, Bd. 29, 337).

[112] Paschasius Radbert, In Matthaeum, lib 7, c 16 (PL 120, 549 AB).

[113] Vgl. Grimaldus, Liber sacramentorum: «Ad superni plenitudinem sacramenti, cujus libavimus sancta, tendamus» (PL 121, 835 C).

aperimus.[114] Eines Tages wird uns dieses Doppelgeheimnis – das sich im Buchstaben und das sich im Ritus bergende, das Geheimnis des Wortes und das Geheimnis der Kirche – in seiner innern Einheit kundwerden. Das heute schon mit dem gleichen Glauben in der Schrift und in der Eucharistie angebetete Mysterium Christi wird dann vor aller Augen erstrahlen, wenn Christus in seinem Leib, der die Kirche ist, sein Vollmaß erreicht haben und in seiner Herrlichkeit mit seinen Heiligen erscheinen wird. Dann werden wir, wie Paulus sagt, nicht mehr durch Rätsel und in Bruchstücken erkennen: *cum venerit quod perfectum est*.[115]

Der Sinn von «corpus mysticum»

Gedächtnis, Vorwegnahme, Gegenwart: unter diesen drei Hauptaspekten,[116] die einzeln hervorgehoben, aber nie voneinander getrennt werden können und von Anfang an Besitz der Kirche waren, ist die Eucharistie ein «Mysterium».[117] Der Leib des Herrn, den die Kirche dabei opfert – *in mysterio panis*, *in mysterio passionis*, *in mysterio nostro* –, durfte deshalb mit gutem Recht als «mystisch» bezeichnet werden.

Blickt man von hier auf gewisse früher zitierte Stellen zurück, die diesen eucharistischen Sinn von *corpus mysticum* oder *caro mystica* bezeugten, dann ist es unschwer, ihren Sinn, der nicht immer genau der gleiche ist, zu bestimmen.

[114] Commentarius Cantabrigiensis in epistulas Pauli e schola Petri Abaelardi, In I Cor. X (Landgraf, Bd. 2, 257; vgl. 265). Vgl. Richard von St.-Victor, De eruditione hominis interioris, lib 1, c 20: «Panis coram nobis procul dubio a Domino frangitur, quando mysteriorum profunditas mystica interpretatione aperitur, ipsoque revelante cognoscitur» usf. (PL 196, 1264 B).

[115] 1 Kor 13, 9–12. Vgl. Augustin (PL 38, 389–390). Rupert von Deutz (PL 168, 1612 C). Alger von Lüttich (PL 180, 764 A). Drogo (PL 166, 1562 CD).

[116] Thomas von Aquin wird sie in seinem Fronleichnamsoffizium zusammenfassen: «Recolitur memoria passionis eius, mens impletur gratia, et futurae gloriae nobis pignus datur.»

[117] Der Aspekt des «Memoriale» wäre doppelt fundiert, er würde noch besser den beiden Zonen, der biblischen und der rituellen zugehören, wenn mit Sicherheit feststünde, daß – wie Odo Casel und Dölger es annehmen – unser Wort *μυστήριον* (soweit es von der heidnischen Sprache abhängt) aus der Terminologie der Totenmäler und Totenspenden herzuleiten wäre, wo die *μυστήρια* Gedächtniszeremonien (Anamnesen) waren.

Für Paschasius Radbert zum Beispiel ist der mystische Leib entweder in einem ganz allgemeinen Sinn der *in mysterio* gegenwärtige und empfangene Leib (erster Aspekt), oder spezieller das Gleichnis des historischen Leibes (zweiter Fall), was dann so ausgedrückt wird, daß es heißt, Christus sei *sui ipsius figura, sui ipsius sacramentum.*[118] Diese Wendung erinnert an eine analoge bei Augustin über das letzte Abendmahl: *Ferebatur Christus in manibus suis.*[119] Ihr Erfolg war noch größer, obschon sie von manchen auch lebhaft angegriffen wurde,[120] weil sie verschiedener Auslegungen fähig war. In der Tat kann Christus in seinem eucharistischen Mysterium sich selber mehrfach bezeichnen: in seinem irdischen Leben, oder in seinem historischen Kreuz, oder in seiner Existenz beim Vater,[121] oder in seinem geistlichen Werk,[122] oder schließlich vor allem in seiner Kirche.[123] Jeder konnte somit, die

[118] Lanfranc, Liber de corpore, c 14: «caro, carnis sacramentum»; «eadem caro, idemque sanguis, sui ipsorum sacramenta existant»; «Christus ergo Christi est sacramentum» (PL 150, 424). Ivo von Chartres (PL 161, 153 B); Alger von Lüttich (PL 180, 792 BD und 793 B) usf. Vgl. Paschasius Radbert: «caro ... carnis sacramentum» (PL 120, 1279 B). Später wird die gleiche Formel einen andern Sinn erhalten, da der bedeutete Leib nicht mehr der historische ist, sondern die Kirche: Gregor von Bergamo, De veritate corporis Christi, c 18 (Hurter, 75–76).

[119] In ps. 33 (PL 36, 306 und 308). Angeführt und kommentiert von: Ps-Beda (PL 93, 652–653), Hincmar (PL 115, 921 A), Remigius von Auxerre (PL 131, 312 B), Heriger von Lobbes (PL 139, 186 AB). Deoduin von Lüttich (PL 146, 1441 B), Durandus von Troarn (PL 149, 1401 D), Guitmund von Aversa (PL 149, 1469), Odo von Cambrai (PL 160, 1062 A), Rupert von Deutz (167, 1105 D; 169, 465 C; 170, 15 A), Hugo von St.-Victor (PL 176, 464 A), Gerhoh von Reichersberg, In psalmos (PL 193, 815 D und 1328 C), Gratian, De consecratione, d 2, c 92 (Friedberg, 1351). Vgl. Sermo de excellentia (PL 184, 984 AB) usf. Bonaventura, In cena Domini, s 2, wird die beiden folgenden Verse anführen:

Rex sedet in cena, turba cinctus duodena,
Se tenet in manibus, se cibat ipse cibus.

(Quaracchi IX, 251). Vgl. 1 Kön 21, 13.

[120] Der Einwand war: Wie kann ein unsichtbarer Leib das Zeichen sein für einen an sich sichtbaren Leib? Der Einwand wird noch von Aubertin aufgegriffen und von der «Perpétuité» besprochen werden (Ausg. Migne, Bd. 2, 795–796). Oder, wenn auch seltener: «... hoc esse non posse, quod idem sit figura et figuratum» (Florilegium von St. Amand, aaO., Anm. 89). Vgl. Gerhoh von Reichersberg, Liber de simoniacis (MGH, Libelli de lite, Bd. 3, 267).

[121] So Odo von Lucca (PL 176, 144).

[122] So Gregor von Bergamo (Hurter, 81) oder Florilegium von St. Amand (Schule des Anselm von Laon): «Etiam sui ipsius figura est. Figurat enim in acceptione sui quod jam incipimus sibi uniri, etiam in fine plenarie», usf. (Lottin, in: RTAM [1939] 309).

[123] So Guitmund von Aversa: «Sacra oblatio ... corporis Domini, id est, Ecclesiae, dicitur signum. Idem igitur Christus sui ipsius est sacrum signum, id est, sacramentum» (PL 149, 1460 D; vgl. 1461). Oder die Sammlung: Deus de cuius

gleiche Formel verwendend, den von ihm vorgezogenen Aspekt dieses vielfachen Symbolismus hervorheben oder die Aspekte auch geeint vorstellen.[124] *Nihil prohibet*, wird die Scholastik sagen, *quod idem in diversis dispositionibus acceptum, sit signum et figura sui ipsius*.[125]

Bei Ratramnus zum Beispiel ist der zweite Aspekt des Paschasius nicht ausgeschlossen, sogar zuweilen ausdrücklich erwähnt, aber ein anderer hat die Vorhand. Für ihn ist die Eucharistie deshalb *corpus mysticum*, weil sie (nach der von Augustin so oft wiederholten Formel) Gleichnis des Christusleibes ist, der wir sind und sein sollen: das *corpus populi credentis*, *corpus accipientis populi*, *corpus populi in Christo renati*, *credentium corpus*.[126] Sie ist, auf dem Altar reproduziert, unser eigenes Mysterium (dritter Aspekt).

Der Hieronymustext über die *caro mystica* dagegen erlaubt uns, deutlicher einige Unebenheiten zwischen unserer Formel und der biblischen Sprache wahrzunehmen. Gewiß: das Fleisch Christi wird mystisch genannt, sofern es eucharistisch zur Nahrung der glaubenden Seelen wird. Hätte Hieronymus etwa über den auf Erden wandelnden Christus gesprochen, so wäre ihm nicht eingefallen, ihn mystisch zu nennen. Trotzdem hat er beim Gebrauch der Wendung nicht ausschließlich, ja vielleicht nicht einmal besonders den Zusammenhang mit der Eucharistie im Blick. Ein paar Zeilen früher kam das Wort schon zweimal vor: *de quo propheta mystico sermone resonabat*, *Moyses ... mystico sermone testatur*.[127] Der wiederholte Gebrauch einer geläufigen Formel[128] wird ihm wie von selbst die dritte Verwendung eingegeben haben. Wir befinden uns hier ganz in der biblischen Sphäre; und man

principio, aus der Schule von Laon: «Notandum est etiam de corpore Domini, quod idem est etiam figura et res, et quod etiam sui ipsius figura est. Figurat enim nobis in acceptione sui quod iam incepimus sibi uniri, et in fine plenarie. Figurat nobis se ipsum, id est vitam aeternam habituros» (Weisweiler, in: RTAM [1933] 269) usf.

[124] So Lanfranc (PL 150, 415 A) und Robert Pullus (PL 186, 965 AB).

[125] Albert der Große, In IV Sent. (Vivès, Bd. 29, 178). – In der differenzierteren Lehre Wilhelms von St. Thierry, von der später die Rede sein wird, sind die Bedeutungsbeziehungen gegenseitige: «Altera Christi caro, alterius est sacramentum» (PL 180, 356).

[126] PL 121, 167–169 und 159.

[127] PL 24, 529 A und D.

[128] Im selben Kommentar zu Isaias, col. 149 C, 633 B, 638 C; vgl. 875 D und PL 25, 1478 B. In ps. 96 (Morin, 142). Epistula 78, n 17 (Hilberg II, 67); Epistula 119, n 7 (ebd. 456); Epistula 129, n 2 (ebd. III, 166) usf.

könnte, ohne die Nuance zu verändern, seinen Gedanken: *Qui adipes, mystice non aliud quam carnem sonant*, mit der Wendung Augustins wiedergeben: *De carne sua manducanda mystice loquens.*[129] Die *caro mystica* ist somit hier das Fleisch, das Christus entweder selber im Evangelium oder im Alten Bund durch seine Propheten *mystice commendat.*

Noch ein Beispiel aus Johannes Beleth. Seine rasche und scheinbar banale Formel bleibt dennoch lehrreich. Er handelt von der Einsetzung der Eucharistie. Beim Abendmahl, sagt er, hat der Erlöser «zuerst seinen mystischen Leib hingegeben, ehe er ihn in Wahrheit dahingab». Als erstes fällt der Gegensatz «*in veritate – mysticum* auf, er zwingt uns, *mysticum* mit *in mysterio* wiederzugeben, worin wir dann eher ein Attribut als eine Apposition zu sehen haben, und somit die Umschrift vornehmen dürfen: *Prius dedit corpus suum in mysterio, quam illud offerret in veritate.* *Μυστικῶς καὶ προληπτικῶς*, hatte Eutychius von Jerusalem[130] gesagt, und Isidor von Sevilla, immer anläßlich des Abendmahls: *Hoc enim in mysterio tunc factum est.*[131] Dieses Mysterium, in welchem sich Christus seinen Jüngern hingab, ist natürlich der Ritus, das Sakrament (erster Aspekt). Den Einsetzungsbericht des Matthäus erläuternd, kann Christian Druthmar sagen: *Hoc est corpus meum, id est, inquit, in sacramento.*[132] Und Rupert von Deutz: *Primum in sacramento panis et vini, deinde in propria specie.*[133] Aber außerdem ist doch auch klar, daß für Beleth die Hingabe *in mysterio* einen Gegensatz bildet zur Darbringung *in veritate.* Diese *veritas* aber, um die es sich bei ihm handelt, ist nicht die endgültige Wahrheit, die Fülle Christi, bei der alles münden wird, sondern eine Ausgangswahrheit: die des Opfers, das alles Kommende auslösen wird: die geschichtliche Wirklichkeit des Kreuzes. Und so ist der «mystische» Leib in Beziehung gesetzt zum «wahren» Leib, der

[129] De Civ. Dei (PL 41, 301). Vgl. Ambrosius, In Lucam, lib 6, n 82 (PL 15, 1690).

[130] PG 86, 2397 A.

[131] PL 83, 755 A.

[132] In Matthaeum (PL 106, 1476 D).

[133] In Reg (PL 167, 1171 D). – Petrus von Poitiers, Sententiae, lib 5, c 12: «Unde etiam Ecclesia instituit ea die (am Karfreitag) missam non celebrari, ... vel quia in veritate immolatur, cuius haec ceteris diebus mystica sunt sacramenta...» (PL 211, 1249 B) usf.

am Kreuze hing (zweiter Aspekt), woraus sich das klassische, nach vielen andern auch von Beleth angedeutete Problem ergibt, wie die Eucharistie vor der Passion eingesetzt werden konnte.

Der Satz des Johannes Beleth liefert uns endlich ein Beispiel dafür, wie immer, verborgener oder offener, eine Beziehung auf das Tatereignis vorhanden ist: nicht nur auf eine «reale», historisch geschehene Handlung, sondern auf eine unmittelbar liturgisch vollzogene. Um das Wörtchen «mystisch» erschöpfend zu übersetzen, müßte man in der Tat unterhalb der wiederhergestellten Formel *in mysterio datum* noch eine andere voraussetzen: *in mysterio oblatum*. Die Symmetrie fordert sie; sie ist unerläßlich, um dem Gegenstück *in veritate oblatum* seine volle Tragweite zu lassen. Somit ist der mystisch verteilte Leib auch, und notwendig vorgängig, der mystisch als Opfer dargebrachte Leib. Die «Gegenwart» dieses Leibes ist damit nicht geleugnet, nicht einmal vernachlässigt: ganz im Gegenteil. Sie erscheint jedoch als logische Folge der ausgesagten Darbringung und Hingabe, die beide Handlungen sind, und die (mystische) Weise dieser Gegenwart wird ebenfalls bestimmt sein durch den (mystischen) Modus dieser Akte.

Dieser «pragmatische» Aspekt steht in einem Text des Hesychius, der dem des Beleth parallel läuft, im Vordergrund. Erläutern wir also zum Abschluß dieses Kapitels unsern letzten Zeugen von *corpus mysticum* durch den, der unser erster war:

> Non solum dicebat: »Potestatem habeo ponendi animam meam«, sed et praeveniens semetipsum in cena apostolorum immolavit; quod sciunt qui mysteriorum percipiunt virtutem... Consummatum est enim manibus prius in mystica cena, accipiens panem et frangens; deinde per crucem, quando ligno affixus est.[134]

Wie immer man diese Nuancen versteht, eins ist vorweg klar: in einer solchen Verwendung von *corpus mysticum* oder *caro mystica* liegt keinerlei Hinweis auf den Grad von «eucharistischem Realismus» oder «Symbolismus» der Lehren, in denen die Ausdrücke auftauchen. Die Tatsache, daß sie von Paschasius Radbert, von Ratramnus, Rabanus Maurus und Gottschalk gleicherweise

[134] In Leviticum (PL 93, 821 D).

verwendet werden, müßte genügen, uns von einer derartigen Nachforschung abzuhalten. Gewiß: Ratramnus und der Lyoner Homilist werden eine abschwächende Intention damit verbinden. Aber diese ergibt sich aus dem Textzusammenhang, sie wird nicht durch den in Frage stehenden Terminus selber getragen. So bleibt schlicht, daß in dieser am Ursprung seiner Geschichte stehenden Aussage, und sonderlich im 9. Jahrhundert, *corpus mysticum* eine Art technischer Ausdruck ist, dazu verwendet, die Eucharistie (gewiß nicht adäquat) zu unterscheiden sowohl vom «Leib, den die Jungfrau gebar» wie vom «Leib, der die Kirche ist», und sie doch gleichzeitig zu beiden hin in Beziehung zu setzen. Durch ein seltsames Versteckspiel kam es aber dazu, daß das *corpus quod est Ecclesia* seinerseits, und zwar gerade in seinem Gegensatz zum eucharistischen Leib, die Bezeichnung *corpus mysticum* erhielt. Das werden die beiden folgenden Kapitel erweisen.

Viertes Kapitel

SAKRAMENTALER UND KIRCHLICHER LEIB

Archaisierende Wendungen

Lange Zeit erhielt sich die paulinische und traditionelle Terminologie in ihrer ursprünglichen Schlichte: die Kirche ist der Leib Christi. Sie ist es in aller Wahrheit, sie ist es auf überschwengliche Weise. Man sinnt nicht darauf, diese Aussage durch einen Zusatz oder ein Eigenschaftswort zu temperieren, wie es etwa für die Eucharistie geschieht, wenn man sie in ihrer Beziehung zum historischen Leib des Erlösers betrachtet. So unterscheidet zum Beispiel ein anonymer Brief des 11. oder 12. Jahrhunderts über die Sakramente der Häretiker, indem er die klassische Dreiteilung aufgreift, folgendermaßen: *Corpus Christi personaliter – sacramentum corporis – corpus eius, quod est Ecclesia.*[1] Desgleichen schreibt Honorius von Autun: *Melchisedech sacrificium Christi pane et vino expressit, quae Christus in sacramentum corporis et sanguinis sui transtulit... Hoc sacrificium suo sanguine firmaverunt, et in corpore Christi connumerari meruerunt.*[2] Wichtige Zeugen sind Guibert von Nogent und Rupert von Deutz.

In seinem Werk über die Reliquien der Heiligen kommt Guibert von Nogent auf die Eucharistie zu sprechen; er nennt den sakramentalen Leib ein *relativum corpus*, ein *derivatum corpus*, ein *vicarium corpus*, das mit dem *corpus principale*, das heißt mit dem historischen Leib, nur eine *vicaria identitas* besäße und sich von ihm unterscheiden ließe als ein *alterum* oder ein *quasi alterum.*[3] Anspielend auf die *carnes sacrificii* des Alten Bundes[4] und in

[1] MGH, Libelli de lite, Bd. 3, 17.

[2] Gemma animae, c 106 und 108 (PL 172, 579 B und 580 A). Gerard von Cambrai, Acta synodi atrebatensis: «Ascendit ergo Christus perfecto corpore suo, et reliquit nobis sacramentum corporis sui» (PL 142, 1280 B). Rupert von Deutz (PL 168, 448 D, 1543 B und D, usf.).

[3] De pignoribus sanctorum, lib 2, c 1 und 2 (PL 156, 629–631). Über dieses Werk, das «ein wahres Ereignis in der Geschichte der Hagiographie ist», vgl. J. de Ghellinck, L'essor de la littérature latine au XIIe siècle, Bd. 2, 117 und 170.

[4] Lev 7,20. Hesychius, In Leviticum (PG 93, 855 D, 856 A, 862 C, 886 B).

natürlicher Entsprechung zum Ausdruck «*panis sacrificii*[5] erfindet Rupert von Deutz die Formel *corpus sacrificii*,[6] die aber kaum Nachfolge fand; er wurde dazu vielleicht von Augustin angeregt, der zuweilen von *caro et sanguis sacrificii*[7] spricht, dem wiederum die Wendung *per sacrificem carnem* in den Gedichten Hildeberts korrespondiert.[8]

Diese Unterscheidungen entsprechen nicht mehr ganz denjenigen, an die uns die Theologen des 9. und 10. Jahrhunderts gewöhnt hatten. Wenn zwar der auf dem Altar gegenwärtige Leib immer klar vom «Leib, den die Jungfrau gebar» und dessen irdisch-fleischlicher Existenzform abgehoben wird, so erscheint er jetzt viel weniger deutlich vom auferstandenen glorreichen Leib unterschieden, wie er zur Rechten des Vaters thront. Zwischen diese beiden: den irdisch-geschichtlichen und den himmlischen Leib legen Guibert und Rupert den entscheidenden Schnitt. Wenn der erstere von *vicaria identitas* spricht, dann will er in keiner Weise dem eucharistischen Geheimnis zu nahe treten, es im Gegenteil erhöhen, im Gegensatz zu den Pseudo-Reliquien Christi, denen eine unerleuchtete Frömmigkeit damals solche Wichtigkeit beimaß.[9] Wenn er eine gewisse Dualität zwischen dem geschichtlichen und dem sakramentalen Leib unterstreicht, so um alle Dualität zwischen dem sakramentalen und dem himmlischen Leib aufzuheben: jene kann ohne Ärgernis zugestanden

[5] Rabanus Maurus (PL 107, 319 A).

[6] De divinis officiis, lib 2, c 9 (PL 170, 41 B); In Genesim, lib 4, c 5 (PL 167, 329 D); In Leviticum, lib 1, c 16, über das Ganzbrandopfer: «corpus hostiae» (PL 167, 759).

[7] Contra Faustum, lib 20, c 21: «Hujus sacrificii caro et sanguis ...» (PL 42, 385): angeführt bei Florus, Expositio missae, c 4, n 25 (Duc, 92). Augustin spricht aber hier vom Opfer Christi im allgemeinen, nicht von der Eucharistie im besonderen. So auch Etherius und Beatus, Ad Elipandum, lib 1, c 67: «Et quid tam grate offerri et suscipi possit, quam caro sacrificii nostri corpus Christi perfectum sacerdotis nostri?» (PL 96, 936 C). Siehe auch Augustin, Quaestiones in Heptateuchum, lib 3, c 57: «sanguis sacrificiorum», «sanguis sacrificii» (PL 34, 704).

[8] Versus de sacramento altaris (PL 171, 1193 B). Missale Francorum: «sacrificis alimentis» (PL 72, 336 D).

[9] Geiselmann, Die Stellung des Guibert von Nogent in der Eucharistielehre der Frühscholastik, in: ThQ (1929) 66–84; 279–305. Vgl. Gerard von Cambrai (PL 142, 1282–1283). Vita S. Eudociae martyris, c 12, n 44: «Accurrit in sacram aedem reseratque illic arcula, in qua divinum donum reliquiarum sancti corporis Christi servabatur, inde particulam acceptam sinu recondit ...», c 13, n 49: «sacrum pignus in ignem conversum ...» (Acta Sanctorum, martii, Bd. 1, 20 und 21).

werden, erklärt sich durch die Differenz der Zeiten, diese dagegen wäre eine *perversa dualitas*, was im Blick auf die Verehrer der materiellen Reliquien Christi gesagt wird. Sie würde die wesentliche Einheit Christi, an der über alle Unterscheidungen hinweg festzuhalten ist, zuschanden machen. Zwischen sakramentalem und glorreichem Leib herrscht also Gleichförmigkeit, vollkommene Übereinstimmung.[10] Guibert betont außerdem, daß sein Gedanke zu keinem Mißverstehen Anlaß gibt, zumal im Zusammenhang *saepe numero identitas enuntiatur*. Oder zieht man etwa die Gottheit des Wortes oder die Identität seiner Natur mit der des Vaters in Zweifel, wenn man ihn mit der Schrift Abglanz, Figur oder Bild des Vaters nennt?[11]

Was das *corpus sacrificii* Ruperts angeht, so deckt es sich zwar nicht schlechthin mit dem *ipsum individuum corpus Domini*, aber nicht deshalb, weil es weniger wirklich der Leib des Herrn wäre. Die Differenz scheint für Rupert vor allem darin zu liegen, daß der eucharistische Leib frei ist von aller Knechtschaft des animalischen Lebens. Er ist das Opferfleisch, das vorweg von seinen groben Bestandteilen befreit – *pelle et fimo* –, zum ganz geistlichen Fleisch gemacht, auf sein reines Wesen zurückgeführt wurde, um aber dadurch nur desto lebendiger und lebenspendender zu werden; er ist von aller Verweslichkeit und Armseligkeit gereinigtes Fleisch, durchgezogen durch das Feuer der Passion, die davon nur die lautere, substantielle *adeps et pinguedo* bestehen ließ, wie der Psalmist sie preist.[12] Brot und Wein des Opfers sind also nicht weniger als Fleisch und Brot; sie sind mehr: sie sind Geist und Leben, denn das wahrhaftige Wort und die wahre Gottheit wohnen ihnen ein.[13] Alles Sterblichen entledigt, sind sie zu Trägern der

[10] De pignoribus sanctorum (PL 156, 648–650 und 643D).

[11] Epistula nuncupatoria, n 1 (PL 156, 609).

[12] Ps 19,4 und 62,6. Vgl. Bernhard, In Cantica, s 23, n 3: «cortex sacramenti et adeps frumenti» (PL 183, 952D). Sermo de excellentia, n 8: «cortex sacramenti et medulla frumenti» (PL 184, 986B).

[13] In Genesim, lib 4, c 5: «Et notandum quod non dictum sit tantummodo ‹de primogenitis gregis sui›, sed additum ‹et de adipibus eorum›. Etenim hoc verum panis et vini sacrificium, non modo caro et sanguis, sed spiritus et vita est, quia Verbum verum quod incarnatum est et vera divinitas in pane et vino est. Unde et vere credimus et confitemur quia panis vitae aeternae est, quia calix salutis perpetuae est. Iste adeps in hoc primogenito est arietum vel ovium, scilicet in carne et sanguine eius vera divinitas et verum Dei Filium, etc.» (PL 167, 329CD). Vgl. In Matthaeum, lib 11 (PL 168, 1583B).

ganzen Gnade und Wahrheit des menschgewordenen Wortes geworden. So kann Rupert abschließend zusammenfassen: *Nomine, re atque effectu, caro vera est et sanguis verus.* Alles, was die wahre Essenz des Leibes Christi ausmacht, ist da, zur Speisung der glaubenden Seele.[14] Man kann indes nicht übersehen, daß solche Ausdrucksweisen eine gewisse einschränkende Tendenz haben, die kaum auszuschalten ist, und von denen, die sie brauchen, auch nicht durchaus verleugnet wird. Die Sache wird deutlich in einem Zusatz, den Rupert selbst zu seinen Ausführungen macht:

> Vita animalis ... carnalis est, caro est. Dominus autem dicit, quia »caro non prodest quidquam« ... Solam ergo vitam spiritualem in sacrificio nobis administrare sapientiam eius decebat ... Haec autem vita spiritualis sic est in corpore sacrificii, absque vita animali, quomodo lux solis absque calore eius in corpore lunae nobis repraesentatur.[15]

Ginge es bloß um den Gegensatz zwischen dem Leib in seiner Fleischesgestalt und dem glorreichen Leib, so hätte Rupert gewiß einen angemesseneren Vergleich gefunden; er hätte dann auch schwerlich das Neutrum *sanctum sanctorum* verwendet, wie er es mit Absicht mehrfach tut, um die Eucharistie vom gekreuzigten Leib abzuheben. Die Absicht wird darin kund, daß er mehr als einmal im gleichen Satz vom Maskulin zum Neutrum hinüberwechselt.[16] Sicher haben diese beiden von Rupert bevorzugten Formeln auch ihre starke traditionelle und biblische Verankerung. Wenn seine Vorstellung vom *corpus sacrificii* sich nicht genau mit unserer Vorstellung von der realen Gegenwart deckt,[17] so könnte

[14] In Leviticum, lib 1, c 16, die Parallele zwischen Ganzbrandopfer und Eucharistie (PL 167, 759–760). Man soll nicht mit den Sinnen beurteilen wollen, «an verum sit corpus, an vera sit caro, quod sumimus» (PL 167, 662 A); «Christi corpus et sanguinem verum» (PL 168, 818–820) usf.

[15] De divinis officiis, lib 2, c 9 (PL 170, 41 D); vgl. c 12 (49–50).

[16] In Leviticum: «Profecto (tam) sanctum sanctorum est, quam vere sacerdos iste, qui sanctificat, sanctus sanctorum est» (PL 167, 760; vgl. 779 D; und PL 168, 927 D und 928 B). Ad Cunonem (PL 169, 203). Vgl. aber De Spiritu sancto, lib 3, c 21 (PL 167, 1663 AB), wo die beiden Ausdrücke im Maskulin stehen (Druckfehler?).

[17] Um dies genauer zu klären, wären längere Ausführungen nötig, als sie hier möglich sind. Vgl. De divinis officiis, lib 2, c 9: «Qui visibilem panem sacrificii comedit et invisibilem a corde suo non credendo repellit ..., dentibus suis mortuum laniat corpus sacrificii ...» (PL 170, 41 B), oder In Genesim, lib 4, c 5 (PL 167, 329). Zur Eucharistielehre Ruperts vgl. den Artikel von P. Séjourné über Rupert von Deutz, in: DTC XIV, 169 ff.

man sie doch der «mystischen Eulogie» Cyrills annähern, bei der die heiligen «Gestalten» gewiß mitgedacht sind; man erkennt auch sogleich die Verbindung seines *sanctum sanctorum* mit den *sancta* oder *sancta sanctorum* der Liturgie.[18] Cyprian bereits hatte die Eucharistie als *sanctum Domini* bezeichnet,[19] und mit Rupert zusammen sprach auch Remigius von Auxerre von *sanctum sanctorum*.[20] War diese Sprache so verschieden von dem *sancta sanctorum* des Realisten Paschasius?[21]

Und doch sollte dieses Überdauern archaischer Wendungen in Verbindung mit dem Wort *corpus* im beginnenden 12. Jahrhundert allmählich Erstaunen und bald darauf Besorgnis erregen. Der Verfasser des *Sermo de excellentia SS. Sacramenti* wird zwar, erheblich später, nochmals sagen: *Hoc sanctum sanctorum et sacramentum sacramentorum*,[22] aber der Zusammenhang ist nicht mehr derselbe, und die rhetorische Wiederholung entgiftet die Aussage... Auch das *vicarium corpus* des Guibert von Nogent bleibt noch irgendwie dem Vokabular des Bilderkultes verbunden: sein Schwesterbegriff *corpus principale* ist die Übersetzung des griechischen *πρωτότυπον*, womit das Original bezeichnet wurde, dessen

[18] *Τὰ ἅγια, τὰ ἅγια τῶν ἁγίων.* Man beachte bei Cyrill von Jerusalem, Cat. mystagog. 5, c 19 (PG 33, 1124) und in den Apostolischen Konstitutionen, lib 8, c 13, n 12–13 (Funk,516) die Abfolge von Neutrum und Maskulin. Didache, c 9, n 5 (Quasten, 11). Cyrill von Alexandrien (PG 74, 696). Vgl. Chrysostomus, In Hebr., h 17 (PG 63, 128). Leonianum (Feltoe, 108 und 127). Etwas verschiedener Gebrauch bei Gregor dem Großen, Epistulae, lib 10, ep 35 (PL 77, 1092 B). – Augustin hatte Christus «sanctus sanctorum» genannt (PL 36, 828) nach Daniel 9, 24. Ebenso Gregor der Große (PL 77, 1159 A), oder Paschasius Radbert (PL 120, 177 C) usf. Rupert tut es auch öfter (PL 167, 561 D, 674 D, 789 A, 1057 B, 1064 D, 1368 D, 1500 A, 1519 D, 1651 D, 1663 AB; PL 168, 422 B, 673 A, 870 C usf.). Ebenso Gerhoh von Reichersberg (PL 193, 1791 A; PL 194, 418 B); wenn dieser aber im Blick auf die Eucharistie schreibt: «audentes tractare sanctum sanctorum, cum sint ipsi ministri turpitudinum» (PL 193, 702–703), ist nicht festzustellen, ob er Neutrum oder Maskulin verwendet. Petrus Alphonsus, Dialog.: «Christus, sanctus scilicet sanctorum et praecipuum sacrificium» (PL 157, 666 C; 625 B).

[19] «Sanctum Domini edere, contrectare ...» (Hartel, 248, 256, 562).

[20] Homilia 8: «Illa sacrificia figuram gestabant istius veri sacrificii quod est sanctum sanctorum» (PL 13, 909 D).

[21] Liber de corpore, c 8, n 1: «quia sancta sanctorum sunt»; n 5–6: «... altare aeneum quod erat in atrio templi; per quod nimirum praesens altare, quo cibum vitae sumimus, manifestissime designatur, quia illud aliud interius infra sancta sanctorum aureum fuisse legimus; ex quo illud intelligibile demonstratur altare, ubi orationes omnium et vota offeruntur singulorum a summo pontifice Christo Domino» (PL 120, 1286 B und 1290 BC). Vgl. Gezo von Tortona (PL 137, 394 D).

[22] N 10 (PL 184, 987 B).

Kopie das Bild war.[23] Trotz des beruhigenden und aufrichtigen Kommentars, den Guibert hinzufügt, erscheint es ein wenig – und alle andern Verwendungen von *vicarium* bestätigen diesen Eindruck[24] – wie ein stellvertretender, vielleicht gar vorläufiger Ersatz, zwar unendlich besser als es die materiellen Reliquien wären, aber (um nochmals ein Wort Guiberts zu verwenden) damit betraut, ein *Interim* darzustellen.[25]

«Corpus» und «Corpus»

Derlei Aussagen hatten wenigstens den Vorteil, daß sie den eucharistischen Leib von jedem andern Leib spezifisch abhoben. Die Kirche dagegen wird im eucharistischen Kontext und auch sonst weiterhin in der Weise der Väter und der Karolingerzeit schlicht und ohne Zusatz *corpus Christi*, *dominicum corpus*,[26] *corpus quod est Ecclesia*, *corpus scilicet Ecclesia*[27] genannt. Wenn von

[23] Akten des zweiten Konzils von Nicäa (Mansi XIII, 325–326). Libri carolini, lib 3, c 16 (PL 98, 1147 B).

[24] Vgl. Petrus Damiani, Sermo 63: «Redemptor noster dilectum sibi speciali praerogativa discipulum ... sibimet vicarium reliquit» (PL 144, 858 C). Für Petrus von Cella ist das Kloster «vicarium crucis» (PL 202, 1108 D) usf. Vgl. Origenes, In Lucam, h 22 (übersetzt von Hieronymus): «Quando vero venit Dominus Jesus et misit Spiritum sanctum vicarium suum» (Rauer, 142). Rupert braucht das Wort «vicarius» auch, um den vorläufigen Charakter des alten Gesetzes auszudrücken: «Illud carnale sacerdotium legis, veri huius sacerdotii vicarium fuit ... Propter transgressiones vicarium sacerdotium positum est, donec verum veniret sacerdotium» (PL 167, 634 D und 635 A).

[25] De pignoribus sanctorum: «Dic mihi, quivis, quare Dominus abiturus e mundo vicarium quo frueremur interim nobis corpus effecerit? ...» (PL 156, 640 A).

[26] Guibert von Nogent, Liber quo ordine sermo fieri debeat (PL 156, 24 B).

[27] Außer den angeführten Texten noch einige Beispiele aus dem 11. und 12. Jahrhundert: Guitmund von Aversa (PL 149, 1459 und 1460). Petrus Damiani (PL 145, 94 A und 834 A). Kard. Humbert (MGH, Libelli de lite, Bd. 1, 195). Liber canonum contra Henricum (ebd. 480). Bruno von Segni (ebd. Bd. 2, 555). Ivo von Chartres (PL 162, 543 C). Rupert von Deutz (PL 167, 555 C, 564 D, 759 C; PL 168, 39 A, 496 D, 560 B, 807 D; PL 169, 301 A und D 802 A). Stephan von Baugé (PL 172, 1289 B). Honorius von Autun (PL 172, 271, 554, 794, 1128 D, 1129 B). Hermann von Tours (PL 180, 30 A, 34 AB). Abälard (PL 180, 331 A). Wilhelm von St. Thierry (PL 184, 398 A). Arnold von Bonneval (PL 189, 1643–1644). Balduin von Canterbury (PL 204, 697 A und 771). Sententiae divinitatis (Geyer, 130). Gregor von Bergamo (Hurter, 63). Sententiae Parisienses (Landgraf, 42). Causa Decretalium: «Voluit in memoriam suae passionis fieri hoc sacramentum, ut assignaret corpus suum, quod est Ecclesia, cui debemus incorporari» (Landgraf, in: Scholastik, 1949, 211; vgl. die dort angeführte anonyme Summa, S. 215) usf.

der «Einheit des Leibes Christi»[28] die Rede sein soll, dann versteht jedermann noch, wie zu den Zeiten eines Florus und Amalarius, um welche Einheit es da geht. Desgleichen, wenn gesprochen wird von «Übergehen in den Leib Christi»[29] oder sogar «in das Fleisch Christi».[30] Zuweilen findet man noch die Abfolge *caro-corpus*, wobei dann *corpus* die Kirche bezeichnet, oder allenfalls die Eucharistie in ihrer ausdrücklichen Beziehung zur Kirche. So etwa in der Formel Gerhards von Cambrai, die parallel steht zu ähnlichen von Augustin und Paschasius: *Meam carnem credentibus distribuo, ipsos in meum corpus transfundo.*[31] Oder, subtiler, bei Lanfranc: *Calix benedictionis et panis qui frangitur, (fiunt) accipienti caro et sanguis Christi; per unitatem enim panis et unitatem corporis, caritatem oportet intelligi.*[32]

Allmählich aber wird sich das Wort Corpus in seiner eucharistischen Bedeutung stärker durchsetzen und an die Stelle der bisher geläufigeren zusammengesetzten Formeln wie *sacramentum corporis* oder *mysterium corporis* treten. Der Grenzstrich ist, wie sich noch zeigen wird, in die Jahre zu legen, die unmittelbar der Affäre um Berengar folgten. Bis gegen die Mitte des 11. Jahrhunderts wird in Chroniken, Heiligenviten, Konzilscanones wie in Lehrschriften immer wieder vom *sacramentum dominici corporis*[33] geredet. Hincmar von Reims, sehr bedacht auf eucharistischen Realismus, trug kein Bedenken, von der Wandlung von Brot und Wein *in sacramentum carnis et sanguinis*[34] zu reden. Dann aber

[28] Robert von Melun, In I Cor. (Martin, 215; vgl. 211).

[29] Augustin (PL 35, 1353; PL 37, 1804). Faustus von Reji (PL 30, 272C). Theodulf von Orléans (PL 105, 239C und 240B). Rabanus Maurus (PL 107, 660D). Paschasius Radbert (PL 120, 895C, 1306B, 1345B) usf. Gerard von Cambrai (PL 142, 1280A). Fulbert (PL 141, 202B). Alger von Lüttich (PL 180, 741B) usf.

[30] Leo der Große, Epistula 59 (PL 54, 868B; vgl. 357C). Hincmar (PL 125, 925D). Glossa in Jo. VI (PL 114, 384D) usf.

[31] PL 142, 1280A; vgl. 1281. Alkuin, der Beda anführt (PL 100, 777A). Ps-Beda, In psalmos (PL 93, 1088A). Vgl. Paschasius Radbert (Ps-Augustin): «ut ... nos corpus ejus carnem illius illo manente integro sumamus» (PL 120, 1285B).

[32] PL 150, 189AB; vgl. 425A, 423D.

[33] Vita Joannis abbatis, c 9 und 10 (MGH, Script. rer. merov., Bd. 3, 511). Ratramnus (PL 121, 309B und 312B). Rutgerus, Vita Brunonis, c 44 (MGH, Script. rer. merov., Bd. 4, 272). Odilo von Cluny, Epitaphium Adalheidae, c 21 (ebd. 644). Thaugmarus, Vita Bernwardi, c 37 (ebd. 775). Hugonis Chronicon (ebd. Bd. 8, 472). Liber legum ecclesiasticarum, c 44 (Mansi XIX, 192D) usf. Ferner Othlo von St. Emmeran, Dialogus de tribus quaestionibus (PL 146, 128BD).

[34] Vita Remigii (MGH, Script. rer. merov., Bd. 3, 335).

zieht sich auf einmal *sacramentum corporis* überall zugunsten des einfachen *corpus* zurück. Es gibt vor- und nachher Ausnahmen;[35] aber der Wandel der Proportionen ist eindeutig. Dieser unscheinbare sprachliche Vorgang ist für unsere Geschichte von großer Bedeutung: denn *corpus mysticum* war in seiner eucharistischen Bedeutung ungefähr gleichwertig mit *sacramentum (mysterium) corporis*. Wer das eine aufgibt, wird auch das andere preisgeben müssen. Und dies stellt man tatsächlich fest: in dem Maße wie *corpus* an Raum gewinnt, entledigt es sich der Epitheta, die früher seine eucharistische Verwendung anzeigten, vor allem des Beiworts *mysticum*. Ferner fallen die Unterscheidungen zwischen «Leib» und «Leib», wie sie ein Paschasius, ein Gottschalk oder Heriger zu treffen liebten, nunmehr dahin. Und wenn weiterhin Kirche und Eucharistie in der Theologie eng verbunden bleiben, so werden gleichsam immerfort, auf der gleichen Seite, ja im gleichen Satz, die Worte *corpus Christi*, ohne weiteren Zusatz, abwechselnd für beide verwendet. Man wird zum Beispiel überlieferungsgemäß verkünden, daß man zum Leib Christi gehören muß, um den Leib Christi würdig empfangen zu können.[36] Oder man wird zur Zeit der gregorianischen Reform und noch lange hernach heftig darüber streiten, ob ein Simonist oder Häretiker, der vom Leib Christi getrennt ist, trotzdem den Leib Christi gültig konsekrieren kann: *Quomodo conficient corpus Christi, qui se demembraverunt a corpore Christi?*[37] Ivo von Chartres wird, einen Text Isidors anpassend, in einer Gründonnerstagspredigt sagen:

> Eo die nullus fidelis extorris debet esse a corpore Christi, quod est Ecclesia, quo die medicinam suae reconciliationis, corpus scilicet et sanguinem, suscepit Ecclesia.[38]

[35] Zum Beispiel Hincmar selber, ebd. 290, 333, 335–336; siehe auch oben, S. 74 Anm. 10. Später, Werner von St. Blasien, Sermo in cena Domini: «comedite ipsum sacramentum» (PL 157, 911 B). Die hl. Hildegard verwendet abwechslungsweise beide Ausdrücke; Epistula 47: «Quando sacerdos verba Dei ruminat, corpus incarnati Verbi Dei iterato conficitur ... Quasi in momento oculi, sacramentum corporis et sanguinis Jesu Christi fit» (PL 197, 225 B und C).

[36] Ivo von Chartres (PL 161, 167 B). Vgl. Isidor von Sevilla (PL 83, 756 B). Rabanus Maurus (PL 107, 321 B) usf.

[37] Bernold von Konstanz, De damnatione schismaticorum (MGH, Libelli de lite, Bd. 2, 39). Liber canonum contra Henricum (ebd. Bd. 1, 479).

[38] Sermo 17 (PL 162, 588). Über die Vorgeschichte siehe oben, Kap. 1, Anm. 47 bis 51.

Noch zu Ende des 12. Jahrhunderts wird man einen Satz des Hesychius so transskribieren: *Intelligibilem sanguinem super altare, id est corpus suum fudit. Ecclesia autem est corpus Christi.*[39] Damit erneuert sich die Zweideutigkeit gewisser augustinischer Formeln,[40] von denen bereits die vergangenen Jahrhunderte mancherlei Beispiele lieferten: *vesci corpore, corpus effici;*[41] *corporis Christi memoria non deficit a corpore Christi;*[42] *dum corpori et sanguini eius communicamus, ardenter fatemur nos in corpus illius transfundi;*[43] *corpus Christi manducare nihil aliud est quam corpus Christi effici,*[44] *manducando Christi corpus fiunt Christi corpus,*[45] usw. Die Zweideutigkeit ist beabsichtigt und sinnschwer, ihre theologische Tragweite bedeutend. Der darin Ausdruck suchende Gedanke ist immer der vom *corpus sacramentum corporis,*[46] in dem Sinn, der sich schließlich durchsetzte und der nicht der ursprüngliche Sinn der Formel war. Tiefer ist es der Gedanke der realen Kontinuität zwischen dem Haupt und den Gliedern des einzigen Leibes: *Ecclesiae ut corpori suo corpus suum incorporat;*[47]

[39] In Leviticum (PG 93, 883 AB). Odo von Ourscamp (Pitra, Analecta novissima, 38). Gandulf von Bologna führt den Text, den er «Esitius» zuschreibt, ausdrücklich an (de Walter, 439).

[40] In Joannem (PL 35, 1612). Sermones 57, 227, 272 (PL 38, 389, 1099, 1247). Sermo Denis, 6 (Morin, 30). Sermo Guelf., 7 (ebd. 463). De anima et ejus origine, lib 2, c 15 (PL 44, 508) usf. Vgl. Chrysostomus, In I Cor., h 24, n 2 (PG 61, 200). Johannes Damascenus (PG 94, 1152 B). Fulgentius (PL 65, 188 C). Rabanus Maurus (PL 110, 269 D). Remigius von Lyon (PL 121, 1129 A; vgl. 1127 C). Hincmar (PL 125, 924 B und 928 C). Gottschalk: «ut nos, qui sumus corpus Christi, sumamus corpus Christi»; «corpori suo dat corpus suum de corpore suo» usf. (Lambot, 329, 330, 335). Vgl. Faustus von Reji, Sermo 3: «Dominicum corpus non dubitet accipere, ne occasione humilitatis nimiae prolongetur a corpore et sanguine, cui se junxit, ut unum corpus efficeretur» (PL 58, 876).

[41] Alte gallikanische Liturgie (Neale-Forbes, 154). Liber mozarabicus ordinum (Férotin, 398).

[42] Bonizo von Sutri, Liber de vita christiana (Mai, NPB, Bd. 7, 3. Teil, 21).

[43] Fulbert von Chartres, Epistula 5 (PL 141, 202 B).

[44] Wilhelm von St. Thierry (PL 184, 403; vgl. PL 180, 362–363). Honorius von Autun: «Corpus Christi comedit corpus Christi» (PL 172, 1252). Alger von Lüttich (PL 180, 806 A). Ferner Wiclif, De Ecclesia, c 1: «Nemo potest esse de illo corpore, nisi manducaverit corpus Christi» (Loserth, 4).

[45] Gerhoh von Reichersberg, In ps. 9 (PL 193, 780 D).

[46] Siehe oben, Kap. 3, Anm. 103. Gregor von Bergamo (Hurter, 74–78). Wilhelm von St. Thierry (PL 180, 355 C). Werner von Rochefort (PL 205, 687 AB). Arnulf, Epistula 2 (d'Achery, Bd. 3, 472) usf.

[47] Alger von Lüttich (PL 180, 774 D; vgl. 806 A). Fulbert: «non solum haeres, sed corpus Christi factus» (PL 141, 203 D). Anselm, Oratio 34: «Fac me, Domine, ita ea (corpus et sanguinem tuum) ore et corde percipere, ut ... dignus sim corpori tuo, quod est Ecclesia, incorporari ...» (PL 158, 927 B).

(Ecclesia) corpus Christi fit participatione eius integerrimi corporis.[48] So besitzt *corpus* unterschiedene, aber untereinander zusammenhängende Bedeutungen, das Wort ist also nicht äquivok. Die Zweideutigkeit läßt übrigens kaum je Raum für ein Mißverständnis, denn der Zusammenhang macht den Sinn deutlich genug. Und doch, auf die Dauer konnte bei gewissen Gemütern eine Unsicherheit eintreten; zumal wenn die Absicht nicht auf den ersten Blick klar war, konnten Irrtümer entstehen oder bestehende mit solchen Texten gedeckt werden.

Andere bewußte oder unbewußte Annäherungen sind erwähnenswert. Für die Eucharistie wie für die Kirche sagt man wie früher: *partem accipere*, *participare*,[49] und mit Recht, weil man von der Eucharistie spricht, sofern sie im Empfänger fruchtbar wird. Einen ähnlichen Übergang schafft das Wort *consecrare*. Wie Brot und Wein vom Priester «konsekriert» werden, um dabei in den Leib und das Blut Christi überzugehen, so konsekriert auch uns die Kommunion:

> Domini corpus quod in altari sumimus ... unitatis recte sacramentum dicitur, eo quod illo cibo ... visibili, in unam Christi Ecclesiam, quae sit corpus eius ... invisibiliter consecremur.[50]

Die Verben *converti*,[51] *transire*, *transfundi*, *transferri*, *transfigurari* – während *transsubstantiari*[52] noch aussteht – besagen ebenfalls und zuweilen beim gleichen Verfasser sowohl die dem Brot und Wein zuteilwerdenden Veränderungen wie *(traiici!)*[53] unsern Übergang in den Leib Christi.[54] Sogar das Verb *conficere*,

[48] Kard. Humbert, Adv. Graecorum calumnias, c 32 (PL 143, 951 A).

[49] Liber mozarabicus ordinum (Férotin, 100). Honorius von Autun (PL 172, 561 B) usf.

[50] Rupert von Deutz (PL 169, 483 A). Innozenz III. (PL 217, 848 AB; vgl. 907 D).

[51] Vgl. Rabanus Maurus, De clericorum institutione: «Sicut ergo in nos id convertitur cum id manducamus et bibimus, sic et nos in corpus Christi convertimur dum obœdienter et pie vivimus» (PL 107, 318 A).

[52] Thomas Waldensis, Doctrinale fidei catholicae, lib 2, c 16: «Corpus Christi mysticum, in quod transsubstantiantur singuli christiani» (Ausgabe von 1757, Bd. 1, 319).

[53] Augustin, In ps. 88, s 1, n 24 (PL 37, 1129). Paschasius Radbert (PL 120, 54 A, 209 D). Gerhoh von Reichersberg (PL 194, 253 D und 828 C). Man vergleiche zum Beispiel Amalarius, PL 105, 1035 A und 1060 D.

[54] «Transire» im ersten Sinn findet sich im Gelasius-Sakramentar, bei Isidor, Theodulf, Paschasius, im Kommentar zum 1. Korintherbrief von Auxerre, bei Wil-

confici, das irgendwie der technische Ausdruck für die «Herstellung» der Eucharistie ist,[55] wird geläufig auch verwendet für die «Herstellung» der Kirche in diesem Mysterium: *conficitur unum corpus, quod est Christus et Ecclesia.*[56] Diese Identität der Vokabeln tritt grell hervor, wenn Gregor von Bergamo zuerst von der Eucharistie, dann von der Kirche handelnd sagt: *corpus Christi – corpus pariter Christi.*[57]

« *Corpus Ecclesiae* »

Ein paar Nuancen halten sich indes noch, bevor sie aus vielerlei Ursachen durch neue ersetzt werden. Von Anbeginn an war dem Kirche-Leib ein Prädikat zugeteilt, das, im selben Zusammenhang, nicht immer ausdrücklich dem sakramentalen Leib beigegeben zu werden brauchte. Im Gefolge Pauli wurde er *unum corpus* genannt, weil er hervorgebracht wurde durch das Sakrament, dessen Frucht die *unitas Ecclesiae*[58] ist. In der vorausgehenden Epoche

helm von St. Thierry, Stephan von Baugé, Robert Pullus; im zweiten Sinn bei Leo dem Großen, Theodulf, Paschasius, Hincmar, Remigius von Auxerre, Gerhoh. Vgl. Gregor von Bergamo, der «Hieronymus» anführt (Hurter, 76; PL 30, 642 A). Augustin, In ps. 68, n 7: «in corpus Christi transire, gloriam Domini quaerere» (PL 36, 859). Faustus von Reji, Homilia de corpore et sanguine Christi, c 3: «Salutaribus mysteriis innovatus, in corpus Ecclesiae ... transisti», und c 11: «Nec dubitet quisquam primarias creaturas, nutu divinae potentiae ..., in dominici corporis transire posse naturam» (PL 30, 272C und 275C). Hincmar, Vita Remigii: «ut accipientes virtutem caelestis cibi, in carnem eius qui caro nostra factus est transeamus» (MGH, Script. rer. merov., Bd. 3, 278).

[55] Vgl. M. de la Taille, Mysterium fidei ([3]1931) 407–408, Anm. B. Botte, Conficere corpus Christi, in: Année théologique VIII (1947) 309–315. Ambrosius, De mysteriis, c p, n 52 (PL 16, 406C). Missale Francorum (PL 72, 329C) usf.

[56] Stephan von Baugé (PL 172, 1285 B und C). Bruno (PL 132, 725). Alger von Lüttich (PL 180, 847 B). Honorius von Autun (PL 172, 561 CD). Odo von Ourscamp (Pitra, 38) usf. Vgl. Rupert von Deutz (PL 170, 49–50). Ebenso für «effici».

[57] Hurter, 78. In einer entsprechenden Wendung wird, als Gegenstück, ein «corpus diaboli» erwähnt. Ebrard de Béthune, Contre les Vaudois, c 8: «Quod Christus corpus suum esse dixit, tanquam Judae successores corpus Christi non affirmant, immo negant. – O alterius corporis membra!» (BMP, Bd. 24, 1547 C).

[58] Gerhoh von Reichersberg (MGH, Libelli de Lite, ld. 3, 261). Alger von Lüttich (PL 180, 751 A). Stephan von Baugé (PL 172, 1285C). Honorius von Autun (PL 172, 795 B). Isaak von Stella (PL 194, 1892). Gratian, der Hilarius anführt, De consecratione, d 2, c 82 (Friedberg, 1346–1348). Balduin von Canterbury (PL 204, 716–717) usf. Die Wirkung des Sakraments, so wird Albert der Große genauer festlegen, ist nicht das «corpus mysticum», sondern die «unitas corporis mystici». Das

hatte Paschasius Radbert in Nachfolge des «Eusebius von Emesa» gesagt: *Et nos in Christo naturaliter unum corpus efficimur.*[59] Und entsprechend jetzt Petrus Damiani,[60] Gebhard von Salzburg[61] oder Bruno der Kartäuser (?): *unum conficimur corpus, id est Christi.*[62] Analoge Formeln begegnen in den Liturgien häufig. Als Beispiel mag eine Präfation im gelasianischen Sakramentar stehen, die Guitmond von Aversa in einem theologischen Traktat wörtlich übernimmt:

> Ipsi qui sumimus communionem huius sancti panis et calicis, unum in Christi corpore efficimur.[63]

Aber nicht immer konnte dieses *unum* seine spezifizierende Rolle spielen, weil es ja auch den sakramentalen Leib kennzeichnete, zumal ein Interesse bestand, zu zeigen, daß er sich durch die Vielheit der Gestalten in Raum und Zeit nicht selber vervielfachen ließ:

> Unum corpus multi sumus, omnes qui de uno pane participamus. Tanta enim est Ecclesiae in Christo unitas, ut quomodo una fides, et unum baptisma, et unum altare, ... ita unus ubique sit panis corporis Christi, et unus calix sanguinis eius.[64]

Gibt es auf diese Art nicht gleichsam eine doppelte *unitas corporis?* Und man kann ja auch kaum von «doppelt» reden, weil diese Zweiheit sich durch eine Art gegenseitige Ursächlichkeit zur Einheit zurückführen läßt: die Einheit des Kirchen-Leibes bürgt – durch die Vermittlung der Einheit des Opfers – für die Einheit des sakramentalen Leibes: dieser seinerseits verschafft dem

wird Richard von Middleton folgendermaßen ausdrücken: «Causa est corporis mystici quantum ad eius formam, quamvis non ad eius materiam» (In IV Sent., d 8, a 1, q 1).

[59] PL 120, 1296, 1276 B, 1324 A. Faustus von Reji (PL 30, 275 B). Gregor von Bergamo (Hurter, 74).

[60] Opusc. 11, c 8 (PL 145, 238 A).

[61] MGH, Libelli de lite, Bd. 1, 267.

[62] In ps. 21 (PL 152, 725 D).

[63] Mohlberg, n 196. Guitmund von Aversa (PL 149, 1434 C und 1468 B). Paschasius Radbert (PL 120, 1364 B). Werner von St. Blasien (PL 157, 911 B).

[64] Florus, Expositio missae (Duc, 133). Fulbert (PL 141, 194 C). Johannes von Fécamp (PL 101, 1088 B). Petrus Damiani (PL 145, 238 A). Odo von Cambrai (PL 160, 1062 C). Amalarius (PL 105, 1328). Hervaeus von Bourg-Dieu (PL 181, 917 D) usf. Siehe oben, Kap. 1, Anm. 64.

Kirchen-Leib eine tiefere Einheit. *Omnes christiani propter unitatem corporis Christi unum corpus sunt.*[65]

Eine andere Ausdrucksweise sollte dem allmählich gefühlten Bedürfnis nach mehr Klarheit besser entsprechen. Gemäß dem hergebrachten *corpus populi*, *corpus Christi quod sumus nos*, sagte man gern: *corpus nostrum quod est Ecclesia*, oder einfacher, mit Paulus: *corpus Ecclesiae.*[66] Oder auch, indem man diesen mit dem vorigen Ausdruck verband: *corpus unum Ecclesiae*, *unitas corporis Ecclesiae.* Durch die Eucharistie, sagt Rupert, sind wir alle *in unum corpus Ecclesiae coniuncti.*[67] Robert von Melun wird sagen: *Significat corpus Christi ... corpus Ecclesiae.*[68] Denn wenn der Leib, den wir bilden, wir Glieder Christi, der Christus gehörige Leib ist, dessen Haupt Christus ist – *corpus Christi* –, so ist er doch auch der Leib, der die Kirche ausmacht, die organische Einheit, die Ganzheit, die sie definiert: *corpus Ecclesiae.*

Aber könnte dieses *corpus Ecclesiae* nicht vielleicht eine bloße weltweite Ansammlung sein, die nur aufgrund einer banalen Metapher den Namen Leib erhalten hätte? So nennt man ja auch die Sammlung der heiligen Schriften das *corpus Scripturarum*,[69] entsprechend wie man vom *corpus iuris* spricht, oder bildlich vom *corpus* der Woche, die zum Haupt den Sabbat besaß,[70] und die beigefügte Bezeichnung *sacrum* oder *sanctum* reicht nicht hin, dem

[65] Remigius von Auxerre, In ps. 103 (PL 131, 672 D).

[66] Guitmund von Aversa (PL 149, 1459). Robert Paululus (PL 177, 430). Sententiae divinitatis (Geyer 136), usf. Vgl. Kol 1,18.

[67] PL 170, 38 D. Zuweilen bedeutet «corpus Ecclesiae», wie auch «Ecclesia» selbst, die Gesamtheit der Menschen noch vor ihrer ausdrücklichen Zugehörigkeit zu Christus. So bei Robert Paululus, der dieses «corpus» dem Widder vergleicht, während das «corpus de virgine» das Lamm ohne Makel ist. Vgl. Amalarius: «Agnus iste absque macula, Christi corpus significat immaculatum; haedus, corpus suum quod nos sumus, qui peccatores sumus» (PL 105, 1025 AB).

[68] In I Cor. (Martin, 207). Sententiae Parisienses (Landgraf, 41). Balduin von Canterbury (PL 204, 770) usf.

[69] Gaudentius von Brescia (Glueck, 26). Eucherius (PL 50, 773 B). Ratramnus (PL 121, 87 C; vgl. 92 D). Lanfranc (PL 150, 429 A). Radulf von St. Germer (BMP, Bd. 17, 207 D). Eine andere Metapher bei Hieronymus, In Marcum: «carnes Scripturarum» (Morin, 342). Vgl. Claudius von Turin (PL 104, 617 AB).

[70] Chrysostomus (PG 55, 519). Paulinus von Nola, über den hl. Paulus: «In suarum litterarum corpore Paulus Magister adfuit.» Adhelmus, De metris et aenigmatibus, c 9: «per omne corpus poeticorum librorum» (Ehwald, 81). Amalarius: «Collegi ... atque ea redacta in unum corpus posui» (PL 105, 1314 B). Ein anderer gleichnishafter Gebrauch bei Amalarius, De ordine antiphonarii: indem wir das Chorgebet in zwei Chören singen und bei jedem Vers abwechseln, «facimus de duobus corporibus unum corpus» (PL 105, 1244 C).

Ausdruck einen prägnanten Sinn zu geben. Vom Leib der Kirche reden, wäre dann nur eine halb bildliche Art, vom *corpus christianorum* zu reden, so wie die Römer einst vom *corpus* der Hellenen oder vom *corpus* der Juden gesprochen hatten.[71] Da die Idee der Ekklesia schon in der Frühzeit des Christentums den Umfang der Idee der Oikumene gewonnen hatte, konnte das *totius Ecclesiae corpus*, das *unum Ecclesiae Christi corpus toto orbe diffusum*[72] ganz natürlich das *totius universi corpus*[73] des Römischen Reiches ablösen. Als einmal die Kirche Siegerin über das Reich geworden war und in gewissem Sinn seine Nachfolge angetreten hatte, machte das christliche Rom die ausgedehnteste Verwendung von der Metapher, immer im Sinn einer Analogie zum Gebrauch, den das heidnische Rom davon gemacht hatte, sich damit begnügend, es und seinen Cäsar zu ersetzen in der Rolle des Hauptes in bezug auf das Gesamtreich – oder jetzt auf die Gesamtkirche –, welche den Leib dazu vorstellte. Die berühmten Formeln, die seit dem 5. Jahrhundert aufkommen, bei Prosper,[74] bei Leo dem Großen,[75] beim Konzil von Chalkedon,[76] sind hinreichend bekannt. Sie werden häufig von den Päpsten des 8. und 9. Jahrhunderts aufgegriffen: *caput totius mundi*, *caput omnium ecclesiarum Dei*, *sancta Romana ecclesia*.[77] Die «Konstantinische Schenkung» durfte nicht verfehlen, sie ebenfalls zu verwenden: *Caput et verticem omnium ecclesiarum in universo orbe terrarum*.[78] Johannes VIII.

[71] Vgl. JThSt (1936) 385 und (1937) 165.

[72] Ratramnus, Contra Graecorum opposita, lib 4, c 2 (PL 121, 308D).

[73] W. L. Knox, Parallels to the N. T. use of σῶμα, ebd. (1938) 243–246. Johannes Diaconus, Vita Gregorii, lib 2, c 54 (PL 75, 111AB). Gregor II (Mansi XII, 259B). Possidius, Vita Augustini, c 7: «per totum Africae corpus» (PL 32, 39).

[74] Carmen de ingratis (PL 51, 97A). De vocatione omnium gentium (PL 51, 704A).

[75] Sermo 82 (PL 54, 422–424).

[76] Schreiben des Konzils an Leo den Großen, Schluß (Mansi VI, 153). Erklärung der päpstlichen Legaten zu Beginn des Konzils (580–581).

[77] Paul, Brief an Pipin (MGH, Epistularum, Bd. 3, 549). Hadrian, Briefe an Karl (ebd. 575 und 636). Lothar und Leo IV. Vgl. Gregor II. (ebd. 268) und Ps-Gregor IV (ebd. t. 5, 78, 606, 609). Nikolaus I, Brief 12 an Photius, und Brief 13 an Kaiser Michael (PL 119, 786A und B, 790). Hadrian, Brief an den Patriarchen Tarasius: «(Petrus) cujus sedes in omnem terrarum orbem primatum tenens refulget, et caput omnium ecclesiarum Dei consistit» (Mansi XII, 1081).

[78] Siehe auch die Exkommunikationsbulle für Michael Caerularius (1054). Gregor VII., Licet ex praeteritis (Caspar, 31). Gregor IX., Brief an Friedrich II. (1236) usf.

ermahnte den König Michael von Bulgarien, zur römischen Kirche zurückzukehren, *quae omnium gentium retinet principatum, et ad quam totius mundi, quasi ad unam matrem et unum caput, conveniunt nationes.*[79] Solche Wendungen bleiben im Lauf des ganzen Mittelalters geläufig.[80] Man wird, nach einer Periode theoretischer Einmütigkeit und der Unterscheidung der Gewalten unter der einzigen Oberhoheit Christi, bloß darüber streiten, welcher von beiden, Papst oder Kaiser, der legitime Erbe der einstigen kaiserlichen Gewalt ist und damit den Titel eines Hauptes über jenen großen Gesamtleib beanspruchen kann,[81] den wir heute aus der Perspektive der Rückschau «die Christenheit»[82] zu nennen pfle-

[79] MGH, Epistularum, Bd. 7, 159. Vgl. an Karl den Kahlen (PL 126, 715 B).

[80] So Alkuin (MGH, Poetae latini ..., Bd. 1, 245 und 258). Konzil von Paris von 829 (Concilia, Bd. 2, 610). Ratramnus (PL 121, 267). Gallikanisches Sakramentar (PL 72, 473 A). Missale gothicum (PL 72, 292 B, 256 B und D). Petrus Damiani (PL 145, 150 B, 161 A, 166, 204). Hugo von Fleury (MGH, Libelli de lite, Bd. 2, 467). Rupert von Deutz (PL 168, 431 D). Honorius von Autun (PL 173, 1182 A). Robert Paululus (PL 177, 419 B) usf. Noch am Konzil von Florenz, Ansprache des Johannes von Montenegro (Mansi XXXI, 1667–1668). – Dieselbe Metapher für die Ortskirchen mit ihrem Bischof (Alkuin, aaO. 251; Amalarius, PL 105, 1324 D), oder die nationalen Kirchen mit ihrem Herrscher (Konzil von Mâcon, 585: Concilia, Bd. 1, 164).

[81] Zum Beispiel Gregor von Catino (MGH, Libelli de lite, Bd. 2, 536–537). Thierry von Verdun (Jaffé, Monum. Bamberg., 130). Anselm von Havelberg (PL 188, 1225 AB und 1226 A). Bonifatius VIII., Bulle Ausculta fili. Matthäus von Aquasparta, Konsistorium vom 24. Juni 1302. Alanus Anglicus (Martin, Les origines du gallicanisme, Bd. 1, 121). Vgl. Innozenz III., Brief an Petrus von Compostela (PL 214, 680 B); Brief an den Erzbischof von Bourges: «Dominus noster eam ad humani corporis similitudinem figuravit, ponens Romanam Ecclesiam caput ejus ...» (106 A); an Basilius von Zagora (1117 A).

[82] In der ersten Hälfte des Mittelalters, als «Christianitas» noch kein einfacher Ehrentitel war (vgl. die Briefe Stephans II. oder Pauls I. an Pipin: Mansi XII, 540, 550, 601), besaß der Ausdruck oft einen eindeutiger religiösen Klang als «Ecclesia»; unser heutiges «Christentum» stünde ihm näher als unser «Christenheit». Vgl. Nicetas von Remesiana, De psalmodiae bono (Burn, 80). Amalarius (PL 105, 1036 D, 1324 D). Das Wort bezeichnete auch das Bekennen des christlichen Glaubens oder die Taufe (vgl. etwa die lateinische Übersetzung des Origenes, In Matth., ser. c 14, 33 39, 45, 48, 63, 68) oder sogar das geistliche Amt. Im altfranzösischen Rolandslied besagt «chrétienté» den christlichen Glauben oder die Taufe. Bei Nikolaus I. findet sich anscheinend zum erstenmal «christianitas» im sozialen Sinn verwendet; im 12. Jahrhundert tritt eine juristische Nuance hinzu (Alexander III.), so kam langsam der Sinn zustande, der heute noch vorherrscht. Gerson wird sagen: «totum corpus christianitatis» (Opera omnia [Antwerpen 1706] Bd. 1, 120). Vgl. Jean Rupp, L'idée de chrétienté dans la pensée pontificale, des origines à Innocent III (1939) und Joseph Lecler, Qu'est-ce que le cléricalisme? in: Construire 7, S. 71–72. In einigen Texten, in denen Rupp die «christianitas» schon von der «Ecclesia» unterschieden sieht, sehen wir darin vielmehr eine Abgrenzung gegenüber der «ecclesia Romana»: sie bezeichnet das «corpus ecclesiae», dessen Haupt Rom ist.

gen, und die jahrhundertelang vor allem ganz schlicht die Kirche genannt wurde. Und die römische Kirche oder die Cathedra Petri wird auch als *caput Ecclesiae corporis* bezeichnet werden, so wie sie *omnium Ecclesiarum mater et magistra, totius christianitatis caput et magistra* heißt.[83]

Nichts Geheimnisvolles, nichts «Mystisches» liegt in alldem, ebensowenig im *corpus Ecclesiae* wie im *corpus Scripturae.* Und doch: wenn man anfängt, die Heilige Schrift von innen her und mit Augen des Glaubens zu betrachten, nicht als eine halbwegs einheitliche Sammlung diverser Schriften, sondern als *doctrinale verbum*, wenn man sie mehr als *sacra doctrina* denn als *sacra pagina* versteht, wenn man sich außerdem erinnert, daß Christus das Wort war, das Gott Vater an uns gerichtet hat, muß uns dann nicht dieses *corpus Scripturae* als ein wahrhaftiges *corpus Christi* vorkommen? Schuf nicht die Einwohnung des einzigen Wortes im Herzen der scheinbar vielfältigen Worte aus ihnen allen eine reale, lebensvolle Einheit? Manche Väter hatten das gedacht, und ihre Unterweisung war nicht ungehört verhallt.[84] Dasselbe galt noch gesteigert vom *corpus Ecclesiae.* Jenseits der institutionellen Einheit, die jedermann wahrnehmen kann, sprach ihr der Glaube seit Paulus eine inwendige Einheit zu.[85] Er leiht ihm ein geheimnisvolles Lebensprinzip: den Geist Christi selbst. So lehrte die *lex orandi*,[86] die ohne Unterlaß von der Theologie aufgegriffen und weiterentwickelt wurde:

> Ecclesia sancta corpus est Christi, uno Spiritu vivificata ... Ecclesia sancta, id est, universitas fidelium, corpus Christi vocatur propter Spiritum Christi quem accepit.[87]

[83] Vgl. Innozenz III. (PL 214, 59 A, 21 D; PL 215, 710, usf.). Vgl. die vorsichtige Formel von Alexis IV. dem Jüngern in seinem Schreiben an den Papst: «totius christianitatis ecclesiasticum caput, romanum videlicet pontificem», und die Bemerkungen Rupps, aaO. 103–104.

[84] Ambrosius (PL 15, 1677 A). Gaudentius von Brescia (Glueck, 27). Hieronymus, In ps. 147 (Morin, 301; vgl. Breviarium in psalmos, PL 26, 1251 A). Hesychius, In Leviticum (PG 93, 969 BC vgl. 985 AB). Etherius u. Beatus (PL 96, 947–955 u. 962 bis 963). Abälard (PL 178, 1528–1529). Vgl. Origenes, In Jeremiam, h 39 (PG 13, 513).

[85] Vgl. Ambrosius, In ps. 61 (Petschenig, 397). Hesychius, In Leviticum: «Ecce et nunc Dei Spiritus unum corpus legis facit ...» (PG 93, 982 A) usf.

[86] Gelasianum: «Deus cuius Spiritu totum corpus Ecclesiae sanctificatur et regitur ...» (Wilson, 76 und 120) usf.

[87] Hugo von St. Victor (PL 176, 416). Isaak v. Stella (PL 194, 1801). Vgl. Fulgentius, Ad Monimum (PL 65, 189 C). Kard. Humbert (MGH, Libelli de lite, Bd. 1, 235).

Um aber so die soziologische Ebene zu überschreiten und in aller Wahrheit zum *corpus Ecclesiae Spiritu vivificatum*[88] zu werden, muß der Kirchenleib in aller Wahrheit zum Leib Christi gemacht werden: *corpus Ecclesiae conficiatur*,[89] *Ecclesia, corpus Christi effecta*.[90] Nun aber ist die Eucharistie das mystische Prinzip, das auf dauerhafte Weise im Schoß der christlichen Gesellschaft sich auswirkt und jenes Wunder herbeiführt. Sie ist das universale Band, die unaufhörlich sprudelnde Quelle. Mit dem Fleisch und dem Blut des Erlösers genährt, werden alle seine Gläubigen «mit einem einzigen Geiste getränkt», der sie wahrhaft zu einem einzigen Leibe zusammenschweißt.[91] Wörtlich gilt also: die Eucharistie *macht* die Kirche. Sie macht aus ihr ein Wirkliches mit Innerlichkeit. Durch ihre heimliche Kraft werden die Glieder des Leibes endgültig untereinander geeint, indem sie in wahrerem Sinn zu Gliedern Christi werden, und ihre gegenseitige Einheit geht Hand in Hand mit ihrer Einigung zum einzigen Haupt hin. Diese Einheit zwischen dem Haupt und dem ganzen übrigen Leib, die Einheit Christi und seiner Kirche – *Ipse caput eius, ipsa corpus suum*[92] – ist mehr, als was man gewöhnlich *totum Ecclesiae corpus* oder sogar *universale Christi corpus*[93] zu nennen pflegte. Sie begründet ein reales Wesen. Sie ist, was bei Alger von Lüttich als *universum Christi corpus, totum dominicum corpus* bezeichnen wird:

> Cum enim altaris sacrificium, signando ipsius Ecclesiae et Christi unitatem, universi corporis Christi sit sacramentum, non conficitur ibi Christus ubi non conficitur universus. Et ideo non fit ibi Eucharistia, ubi unitatis dominici corporis non administratur gratia.[94]

[88] Anselm von Havelberg (PL 188, 1144 AC).

[89] Odo von Ourscamp (Pitra, 38). Vgl. Fulbert, nach Faustus von Reji (PL 141, 203 C). Oben, Anm. 44.

[90] Placidus (MGH, Libelli de lite, Bd. 2, 576). Arnold von Bonneval (PL 189, 1644) usf.

[91] Vgl. Chrysostomus, In I Cor., h 30, n 2 (PG 61, 251).

[92] Alger von Lüttich (PL 180, 747 C und 749 B).

[93] Leonianum (Feltoe, 20). Leo der Große, Sermo 4, c 1 (PL 54, 149 A). Nikolaus I., Epistula 35: «totius Ecclesiae corpore alienus» (PL 119, 833 A). De unitate Ecclesiae conservanda: «Totum Ecclesiae corpus, cujus caput est Christus, redemit ipse Christus» (MGH, Libelli de lite, Bd. 2, 191). Bruno von Segni (PL 165, 445 C). Johannes der Mönch (PL 166, 1513 B). Hervaeus von Bourg-Dieu (PL 181, 1325 A). Isaak von Stella (PL 194, 1801) usf.

[94] PL 180, 847 AB, vgl. 750 BC) Hugo von St. Victor (PL 176, 468 und 506). Petrus Lombardus (PL 192, 262 A).

Etwas Neues wird spürbar, wenn derselbe Alger von Lüttich das Bedürfnis empfindet, einen Ausdruck von Lanfranc, den er mit seinem ganzen Jahrhundert für augustinisch hält,[95] in seiner Erklärung abzumildern. *Caelestis panis suo modo vocatur corpus Christi,*[96] hatte Lanfranc in seiner Abhandlung gegen Berengar geschrieben. *Suo modo*, erklärt uns Alger, und macht damit offenbar eine Anstrengung, sich selbst zu überzeugen, *id est sibi singulariter proprio ..., non communi, sed suo et quasi proprio modo.*[97] Eine andere Formel, die diesmal wirklich von Augustinus stammt, schien den realistischen Auslegern noch mehr Widerstand entgegenzusetzen. An Bonifacius, einen Kollegen im Bischofsamt, hatte Augustin geschrieben:

> Si ... sacramenta quamdam similitudinem earum rerum quarum sacramenta sunt, non haberent, omnino sacramenta non essent. Ex hac autem similitudine plerumque etiam ipsarum rerum nomina accipiunt. Sicut ergo secundum quemdam modum sacramentum corporis Christi est, ita sacramentum fidei fides est.[98]

Unter der Feder Augustins besaß dieses *secundum quemdam modum* keinen so einschränkenden Sinn, als man meinen könnte.[99] Immerhin war es, auf den ersten Blick wenigstens, für die Theologen der «realistischen» Tendenz peinlich. Während Ratramnus sich die Stelle mit Freuden zueignete, war schon Paschasius Radbert genötigt, sie mit Hilfe anderer Stellen zu interpretieren, an denen die Realität des eucharistischen Leibes klar bejaht war, um so die Bedenken seines Jüngers Frudegard zu beschwichtigen, die

[95] Zur Geschichte dieses Textes siehe M. Lepin, L'idée du sacrifice de la Messe ([2]1926) 786–797. Vgl. Gratian, De consecratione, d 2, c 48 (Friedberg, 1332).

[96] PL 150, 425 A.

[97] De sacramentis, lib 1, c 18 (PL 180, 793 B und D).

[98] Epistula 98, n 9 (PL 33, 364). Vgl. Amalarius (PL 105, 1043 C und 1334 bis 1335). – Rupert, De Spiritu sancto, lib 1, c 18, wird erklären, daß «secundum quemdam modum» der zweite Adam wie der erste von Gott ins Paradies gesetzt worden ist (PL 167, 1588 C). Augustin selber hatte von Maria von Bethanien geschrieben: sie war «intenta in veritatem secundum quemdam modum, cuius capax est ista vita»: De Trinitate, lib 1, c 10, n 20 (PL 42, 834).

[99] Man vergleiche Sermo 90, n 2: «Primo scire debetis, secundum quemdam modum omnes nos esse malos» (PL 38, 559). Vgl. Liber adversus Joannem Scotum, c 13 (im Hinblick auf Judas): «cum fuisset aliquando secundum quemdam modum discipulus et amicus» (PL 119, 181 A).

dieser ihm vorgelegt hatte.[100] Je mehr aber die Gesichtspunkte sich verschoben, um so unvermeidlicher wurde ein Mißverstehen des Ausdrucks. Die einen handhabten ihn als bedrohliche Waffe gegen die neuen Formen der Orthodoxie, während die andern ihn mit nicht weniger unobjektiven Erklärungen «zur Ordnung» zurückbrachten. Die Widersacher Berengars im 11. und 12. Jahrhundert stoßen sich daran. Lanfranc umgeht die Schwierigkeit: er begnügt sich damit, allgemein zu zeigen, wie man, ohne dem Realismus zu nahe zu treten, das Fleisch Christi das Sakrament seines Leibes nennen kann.[101] Guitmund von Aversa läßt den Leser zwischen zwei gleich unwahrscheinlichen Deutungen wählen: unter *sacramentum corporis* hätte Augustin hier die eucharistischen Figuren des Alten Testamentes verstanden, oder aber Christus selber, sofern er Figur der Kirche ist.[102] Algers Kommentar ist eine Niederlage: danach hätte Augustin bloß an die sakramentalen Gestalten gedacht, die *forma panis*, die in der Tat *non vere*, *sed figurative et nuncupative* als *corpus Christi* bezeichnet werden kann.[103] Gregor von Bergamo zieht sich elegant aus der Schlinge, indem er den Gebrauch der Formel umkehrt: er verwendet sie, um zu erklären, daß der Leib Christi in der Eucharistie auch als Sakrament des Leibes bezeichnet werden kann – entweder des historischen Leibes in seiner sichtbaren Gestalt, oder des Leibes, der die Kirche ist.[104] Damit fallen wir in die herkömmlichste Schematik zurück. Keiner dieser Auslegungen konnte Erfolg beschieden sein. Ihre Vielfalt allein schon offenbarte die Verlegenheit, die sie zu verdecken suchte. Man wird deshalb in der Folge die Lust verlieren, dieses umkämpfte *secundum quemdam modum* weiterhin zu verteidigen,

[100] PL 120, 1353.

[101] PL 150, 423–425.

[102] PL 149, 1465.

[103] De sacramentis, lib 1, c 18 (PL 180, 793); vgl. c 5: «In quo notandum est, sacramentum corporis Christi, secundum quemdam modum, id est similitudinarie et nuncupative, non proprie corpus Christi vocari, quantum ad elementorum speciem et formam: quod tamen vere et proprie corpus Christi vocatur et creditur, quantum ad substantiam quam continet et in quam panis et vini substantia conversa est» (753–754). – Nachdem Bellarmin die beiden Erklärungen Guitmunds dargelegt hat, geht er zur Erklärung Algers über, der beide abgelehnt hatte, und leitet sie so ein: «Porro Algerus exponit aliter nec minus recte hunc locum Augustini» (De sacramento Eucharistiae, lib 2, c 24).

[104] Hurter, 80.

sowenig wie das *suo modo* des Lanfranc, auch wenn beide Texte in die Sammlungen Ivos von Chartres[105] und Abälards,[106] der zweite außerdem in das *Decretum Gratiani*[107] Eingang fand. Petrus Lombardus, der eine im Wesen gleiche Erklärung wie Alger abgab, hat es anscheinend sorgfältig vermieden, die beiden kompromittierenden Formeln auch nur auszusprechen.[108]

Die gleiche allgemeine Tendenz verurteilt bald auch die Sprache eines Guibert von Nogent und Rupert von Deutz. Guibert mußte bekanntlich eine Apologie seines *vicarium corpus* verfassen.[109] Wilhelm von St. Thierry warf in einem freundschaftlichen Brief Rupert von Deutz vor, einen Ausdruck gebraucht zu haben, der ihm nicht ungefährlich schien:

> Quid hic corpus sacrificii appelletis, penitus non adverto... Corpus igitur sacrificii non aliud intelligo, quam quod mortuum est et resurrexit: quod non corpus sacrificii, sed, sicut vere est, appellamus corpus Domini.[110]

Desgleichen wird jetzt niemand mehr sagen: *ipsum quidem et non ipsum*, obschon der Ausdruck sich durch Einfügung in das *Decretum* Ivos von Chartres[111] und dasjenige Gratians[112] überlebt. Immer beflissener wiederholt man, daß die Eucharistie nicht nur *verum corpus* sei – was seit dem Altertum traditionell war –, sondern *ipsum corpus*, was bis dahin, abgesehen von Augustin, selten war;[113] nicht nur *proprium corpus*, was schon die Väter und die Zeiten der Karolinger gekannt hatten:

[105] Decretum (PL 161, 137 B und 154 D); Panormia (ebd. 1076 A).

[106] Sic et Non (PL 178, 1524 und 1534).

[107] De consecratione, d 2, c 48 (Friedberg, 1332).

[108] PL 192, 860–861.

[109] Epistula nuncupatoria (PL 156, 609).

[110] PL 180, 341 C und 342 AB. Über diesen Zwischenfall: Histoire littéraire de la France, Bd. 11, 554–555 und Bd. 12, 325.

[111] P 2, c 9 (PL 161, 156 B).

[112] De consecratione, d 2, c 45 (Friedberg, 1331).

[113] Lanfranc (PL 150, 427 C). Alger von Lüttich (PL 180, 783 A). Gregor von Bergamo (Hurter, 75). Sententiae Parisienses (Landgraf, 41). Ysagoge in theologiam (Landgraf, 205). Odo von Lucca (PL 176, 140). Balduin von Canterbury (PL 204, 770) usf. Vgl. Florus: «Panem, qui in mysterio sumitur, corpus et carnem Christi esse, immo ipsum esse Christum et Dominum» (MGH, Concilia, Bd. 2, 773). Augustin selber, In ps. 98, n 9: «Et quia in ipsa carne hic ambulavit, et ipsam carnem nobis manducandam ad salutem dedit ...» Aber noch im gleichen Kapitel präzisiert Augustin: «Non hoc corpus quod videtis ...» (PL 37, 1264 und 1265). Vgl. unten, Anm. 126. Fulgentius, Ad Monimum, lib 2, c 11, verwendet «ipsum» ebenso für

Discipulos docuit proprium se tradere corpus ...;[114]
Agnus lux mundi, proprio nos corpore pascens ..,[115]

sondern *ipsum proprium corpus*,[116] *verum et proprium corpus*,[117] usw. *Idem corpus* scheint nicht mehr zu genügen, wie es einst Rather von Verona[118] genügte, man verstärkt die Aussage: *idem ipsum corpus*, *idem ipse sanguis*, *unum idemque*, *prorsus idipsum*, *omnino idipsum*, *ipsum individuum corpus*, *semper idipsum*, *idem et non aliud* oder auch *ipsum plane non aliud*.[119] Abgesehen von ihrer Aufschwellung sind diese Formeln nicht neu, nur werden sie jetzt viel häufiger und eindringlicher. Sie waren vor allem auf eine Schule beschränkt gewesen,[120] und ein Heriger von Lobbes konnte in bezug auf sie eine Art *Sic et Non* aufstellen.[121] Jetzt werden sie im Rahmen der Orthodoxie nicht mehr beanstandet. Sie zeigen auch jetzt, sowenig wie früher, keinerlei Tendenz, rückwirkend

den kirchlichen Leib: «Cum ab ipso Christi corpore, quod est Ecclesia, in sacramento panis et calicis ipsum Christi corpus et sanguis offertur ...» (PL 65, 190 B). Petrus Chrysologus hatte das «ipsum corpus» dem bloßen Gewand des Herrn gegenübergestellt: «Audiant christiani, qui quotidie corpus Christi attingunt, quamnam de ipso corpore sumere possunt medicinam, quando mulier totam rapuit de sola Christi fimbria sanitatem», Sermo 34 (PL 52, 297 B).

114 Juvencus (PL 19, 310 A). Vgl. Chrysostomus, In Matthaeum, h 82, n 5 (PG 58, 744). Isidor von Pelusium, lib 1, Epistula 109: *σῶμα ἰδικὸν τῆς αὐτοῦ σαρκώσεως* (PG 78, 256 C). Macarius Magnes, lib 3, c 23: *τὴν σάρκα φαγεῖν τὴν οἰκείαν ἑαυτοῦ... σῶμα γοῦν ἴδιον ἔδωκε* (Blondel, 105 und 106).

115 Hincmar, Ferculum Salomonis (MGH, Poetae latini, Bd. 3, 414). Ratramnus, c 28: «in proprium corpus quod passurum erat» (PL 121, 139 C). Irenäus, Adv. Haereses, lib 5, c 2 (PG 7, 1126). Gaudentius von Brescia: «Ipse igitur ... qui producit de terra panem, de pane rursus efficit proprium corpus» (Glueck, 26).

116 Guitmund von Aversa (PL 149, 1459 B und 1460 BC; vgl. 1444 B). «Proprium»: Sententiae Florianenses (Ostlender, 30). Petrus Lombardus (PL 192, 859). Ps-Damiani (145, 881 C). Innozenz III. (PL 214, 1120 A) usf.

117 Durandus von Troarn, der Hincmar anführt (PL 149, 1407 D). Guitmund von Aversa (PL 149, 1461 B). Speculum Ecclesiae (PL 177, 362 A). So bereits Gerard von Cambrai beim Konzil von Arras im Jahre 1052 (Mansi XIX, 431 B).

118 Ex dialogo confessionali (PL 136, 403 C).

119 Hugo von Langres (PL 142, 1329 A). Durandus von Troarn (PL 149, 1413 A). Ivo von Chartres (PL 161, 143 B). Odo von Lucca: «idem corpus quod in cruce pependit ... ipsum corpus» (PL 176, 139 D). Bruno von Segni (PL 165, 291 A). Honorius von Autun (PL 172, 1252–1253). Hugo von Rouen (PL 192, 1209 B und 1306 A). Gerhoh von Reichersberg (PL 193, 1049–1050); den Einwand aus der Verschiedenheit der Erscheinungsgestalten widerlegend, sagt Gerhoh ferner: «Sed per omnem huiusmodi specierum varietatem, corpus Christi, semper id ipsum, suam non mutat identitatem, sed tam nomine quam essentia idipsum suam operatur efficaciam» (ebd. 1051 A).

120 Man beachte vor allem die Formeln des Paschasius (PL 120, 891 A, 1361 A, 1361 C, usf.). Dagegen: Rabanus Maurus (PL 110, 493 A).

121 PL 139, 179 AC.

die Realität des Kirchen-Leibes zu minimalisieren. Meistens stellen sie den sakramentalen Leib nicht in Gegensatz zum Kirchen-Leib; sondern wollen, wie die parallelen Wendungen mit dem Wort *caro*,[122] einfach die vollkommene Identität des sakramentalen und des von der Jungfrau geborenen Leibes trotz der verschiedenen Daseinsweise hervorheben:[123]

> ... Et tamen est eadem caro tunc de virgine nata,
> Et caro nunc verbo vitae de pane sacrata.[124]

Noch andere, fast unmerkliche Änderungen arbeiten auf das gleiche Ziel, oder wenigstens – sofern sie beinahe unbewußt sein mochten – auf das gleiche Ergebnis hin. Wenn auch Alger von Lüttich die traditionellen drei Leiber unterscheidet, dann sagt er nicht mehr, wie der zu Beginn dieses Kapitels zitierte Brief über die Sakramente der Häretiker, *corpus personaliter* und *sacramentum corporis*, sondern er sagt: *corpus in humana forma* und *corpus in sacramento;* nur das dritte Glied bleibt unverändert: *corpus quod est Ecclesia*.[125]

Gewiß bleiben da und dort Spuren der alten Terminologie bestehen. Man könnte solche vor allem in der ersten Gruppe der Berengar-Gegner aufweisen. Eine ganze Dialektik sollte sich um einen andern Augustinustext herum betätigen, der von vornherein jeden Versuch, die beiden ersten Leiber gleichzusetzen, zu entmutigen schien: *Non hoc corpus quod videtis manducaturi estis*.[126] Den Text konnte man um so weniger umgehen, als auch

[122] Gottfried (PL 157, 213). Bruno von Segni (PL 165, 1006B). Petrus Lombardus (PL 191, 1642). Petrus von Blois (PL 207, 1138C) usf. Vgl. Augustin, Sermo 71, n 17 (PL 38, 453). Cyrill von Alexandrien, Adv. Nestorium, lib 4, c 5 und 6 (PG 76, 192–193 und 201C). Seit Paschasius wird häufig eine Formel des Konzils von Ägypten (das man für das Konzil von Ephesus hält) angeführt, die von Cyrill im 11. Anathematismus (DS 262) aufgegriffen und von Dionysius Exiguus als «carnem ... ipsius Verbi» (vgl. Ivo von Chartres [PL 161, 138C] und Gratian De consecratione, d 2, c 80 [Friedberg, 1346]) übersetzt wird. Der ursprüngliche Sinn war übrigens ziemlich verschieden.

[123] Bei Ratramnus war, wie bereits festgestellt, «mysticum» dem «proprium et verum» entgegengesetzt (PL 121, 167A; aber 139C). Bei Paschasius ist es das Gegenteil (PL 120, 1315 usf.).

[124] Hildebert(?), Liber de sacra eucharistia (PL 171, 1199B).

[125] PL 180, 791.

[126] In ps. 98, n 9 (PL 37, 1265). Der Text wird aufgeführt bei Ivo von Chartres (PL 161, 150C, 156B, 1075B); und bei Gratian, De consecratione, d 2, c 44 und 45 (Friedberg, 1330). In ps. 33, s 1, n 8 (PL 36, 305). Sermo 131, n 1: «Putatis quia de

Berengar ihn als Beweis beigezogen hatte. Aber was sich als Hindernis gegen die neuen Formeln aufzurichten schien, verhalf ihnen vielmehr zum Sieg, indem es sie zwang, sich zu rechtfertigen und genau auszudrücken. Wenn Durandus von Troarn die Schwierigkeit, ohne sie zu lösen, aus der Welt schafft, indem er *nam* anstatt *non*[127] liest, wenn Lanfranc vor allem auf andere weniger zweideutige Stellen Augustins zurückgreift (wozu ihn auch der unmittelbare Textzusammenhang berechtigte),[128] so leistet Guitmund von Aversa endgültige Arbeit. Indem er wie Berengar, aber gegen ihn, die Möglichkeiten der Dialektik und Grammatik ausbeutet, die Lanfranc nur diskret beigezogen hatte, und damit ausgerüstet an eine exakte Analyse des Augustintextes herangeht, schlägt er eine völlig saubere Distinktion vor:

> Ipsam carnem dat nobis manducandam in eadem substantia, non autem hoc corpus, id est, in eadem forma. Ac si diceret: Corpus quidem meum dabo vobis, sed ... non in hac specie quam videtis. Alioquin cur addidit: »quod videtis«, cum sufficeret dicere: »non hoc«, nisi quia hoc secundum essentiam, non hoc secundum quod videtur?[129]
>
> Domini corpus ipsum verum non qualitative, sed substantialiter ...[130]

Diese Unterscheidungen werden klassisch werden;[131] sie beruhigen die Bedenken, die der Unterschied der neuen Sprechweise von der alten erregen konnte. Sie stehen auch nicht sehr fern zum Beispiel von dem *naturaliter–specialiter* eines Gottschalk. Man kann auch keinesfalls sagen, daß sie Unstimmigkeiten in den Text hineintragen. Immerhin stellen sie «Erklärungen» dar, auf

hoc corpore meo quod videtis, partes facturus sum, et membra mea conscissurus, et vobis daturus?» (PL 38, 729). Zu vergleichen die Deutung, die Augustin selber von Mt 19,17 (PL 42, 843) gibt.

[127] PL 149, 1412–1413.

[128] PL 150, 430C und 433–434 (vgl. 424B: «idem», «essentialiter idem»). Vgl. Ivo von Chartres, Epistula 287 (PL 162, 287–288). Augustin: «Nihil aliud quam caro Christi et sanguis ...; caro Christi et sanguis non alia quam quae de Spiritu sancto creata sunt» (PL 37, 1264).

[129] PL 149, 1462BC; vgl. 1463–1464.

[130] Confessio (PL 149, 1500D).

[131] Alger von Lüttich (PL 180, 772BC). Hervaeus von Bourg-Dieu (PL lil, 933 bis 934). Schule von Laon, Sammlung «Deus de cuius principio» (Weisweiler, in: RTAM [1933] 269). Ivo von Chartres (PL 162, 286–287). Petrus Lombardus, In I Cor.: «idem substantialiter» (PL 191, 1640D) usf. Vgl. Gregor von Bergamo, c 8 (Hurter, 31–35).

deren Gedanken Augustinus nie verfallen wäre. Gesetzt, er wäre durch ein doppeltes Wunder im 11. Jahrhundert wiedergeboren worden und hätte zudem die Kenntnis von allem in der Zwischenzeit Erfolgten gehabt, so hätte er sie gewiß approbiert, aber nicht als Deutung seiner Aussagen, sondern als Vorsichtsmaßnahmen, die zu seiner Zeit noch grundlos gewesen waren. Setzen sie doch nicht bloß neue Irrtümer und Gefährdungen voraus, sondern eine ganze Problematik, die von der des 5. Jahrhunderts, ja sogar noch des 9. und 10. durchaus verschieden war. Der alte Lyoner Homiletiker, bei dem wir *corpus mysticum* lasen, war kein vorzeitiger Berengaranhänger, wenn er seinen Gläubigen klarmachte: *Aliud erat corpus quod loquebatur, aliud quod tradebatur.* Er war nur der Sprechweise seines Meisters treu geblieben. Und er durfte es sein, ohne seine Hörer in Erstaunen zu setzen. Ein Text von Aelfric von Canterbury (zitiert in den *Notae* zu Bedas Geschichtswerk) überbietet noch diese Sprache, ohne daß man darin eine Neigung zum Häretischen zu wittern bräuchte: *Multum distat inter corpus illud, in quo Christus passus est, et corpus illud, quod in Eucharistiam consecratur.*[132] Bei Lanfranc und Guitmund sind wir weit entfernt von diesem *aliud–aliud*, von diesem *multum distat.*

Ebenso bei dem Verfasser des « Briefes an Abt Gerald », der kurz nach dem von Berengar entfachten Sturm sein Glaubensbekenntnis niederlegt:

> Credo sacrosanctum corpus dominicum quod in altare quotidie ex sacerdotis officio consecratur, omni exsecrata dubitatione, veram esse carnem Christi quae passa est in cruce et verum sanguinem qui manavit ex latere... Sicut nullum corpus aliud pro nostra salute traditum praeter suum scio, ita nullam eius aliam carnem quam quae nata est de Maria virgine et resurrexit de sepulcro manducari in remissionem peccatorum credo, neque alium sanguinem bibi quam qui profluxit de eius latere non dubito.[133]

Fortan ist die Sache also entschieden: die beiden ersten der drei « Leiber » sind ineinsgesetzt.

[132] Beda, Historia ecclesiastica, lib 5, c 22 (Abraham Whelocus, 1644). Vgl. Ratramnus, Liber de corpore, c 69 (PL 121, 155 und 156 A).

[133] PL 149, 434. Anastasius von Cluny († 1085)? Vgl. P. Fournier, in: Baudrillart, DHGE, Bd. 2, col. 1469.

Was man so auf der einen Seite gewinnt, beginnt man vielleicht auf der andern zu verlieren. Auch die notwendigsten Fortschritte können nur relativ sein. Unvermerkt wird die Wirkung der neuverbreiteten Gewohnheiten sein: die Plastik, mit der sich bis anhin der «dritte Leib» darstellte, allmählich einzuebnen oder ihn wenigstens aus seiner Vorrangstellung zu verdrängen, den er in der Ökonomie des Mysteriums innegehabt hatte.

Gewiß, die Kirche wird in den Erörterungen immer noch einen zentralen Platz besetzt halten. Noch ist man weit davon entfernt, einen Eucharistietraktat auszubauen, der ihr diesen Platz strittig machte – oder einen Kirchentraktat ohne Bezug auf den über die Eucharistie. Das eucharistische Mysterium erscheint weiterhin als das *mysterium unitatis*.[134] Es ist, wie Petrus Damiani sagt: *unitatis individuae sacramentum*.[135] Die eucharistische Kommunion wird immer auch verstanden als eine Kommunion mit der Kirche; das Wort *communio*, von dem man zuweilen bemerkt, es sei die Übersetzung des griechischen «synaxis»;[136] behält den kirchlichen Sinn, den es in den vorausgehenden Epochen besessen hatte.[137]

[134] Ivo von Chartres (PL 162, 512B und 506A). Petrus Lombardus, In I Cor. (PL 191, 1624C). Gratian, der Augustin anführt, De consecratione, d 2, c 36 und 58 (Friedberg, 1326 und 1336). Anselm von Laon, In Matthaeum, c 26: «sacramentum unitatis» (PL 162, 1462B). Balduin von Canterbury (PL 204, 695). Sicard von Cremona, Summa in Decretum Gratiani: «unitatis sacramenta, ut eucharistiae et consecrationis ecclesiae» (handschriftlicher Text, angeführt bei Teetaert, La confession aux laïques dans l'Eglise latine ... [1926] 218, Anm. 1) usf.

[135] PL 145, 238B.

[136] «Synaxis» selbst steht übrigens, wie *κοινωνία*, oft ohne jeden kirchlichen Nebensinn. So etwa bei Ps-Dionysius, der beiden Wendungen (wenigstens ausdrücklich) nie einen andern Sinn beilegt als den der Einigung mit Christus und mit Gott. Desgleichen Anastasius Sinaita (PG 89, 208D, 765B). Im 13. Jahrhundert protestiert der Ausleger des Areopagiten, Pachymeres, gegen die von einigen vorgebrachte gegenteilige Auslegung: In Hierarchiam ecclesiasticam, c 3 (PG 3, 452B). Bessarion jedoch wird sagen, De sacramento Eucharistiae: «Synaxis apud Dionysium (hoc sacramentum) dicitur, hoc est collectio. Colligit enim quae apud se distant, et dissimila aequat, et in unum sparsa reducit» (PG 161, 497B).

[137] Honorius von Autun (MGH, Libelli de lite, Bd. 3, 56). Radulf Ardens (PL 155, 1834). Balduin: «Sanguis Christi est, nobis communicatus, id est, nobis et pro nobis communiter datur ... Sanguis Christi, qui pro communi salute fusus est. Hac auctoritate Apostoli potus iste communionis nomen habere potest, ut sacra communio dicatur. Communicatio enim intelligi potest, quia in commune datur vel accipitur; communio vero, quia in commune habetur. Alia etiam ratione potest dici communio. Hic enim sanguis caritatem operatur in nobis, per quam omnia com-

Noch lange wird das so bleiben.[138] Man wird weiterhin die sakramentale Handlung verbunden sehen mit der unentbehrlichen Einigung, die der Gläubige mit dem Leib der Kirche haben muß.[139] Im Denken wie im Reden wird das Altargeheimnis in nächster Nähe des Geheimnisses der Heiligengemeinschaft verharren: *solemnitas eucharistiae, ad quam pertinet sanctorum communio.*[140] Trotzdem beginnt ganz leise und im Verborgenen etwas auseinanderzuklaffen. Wenn man früher die drei Leiber aufgezählt hatte, beeilte man sich, die Einheit des zweiten mit dem dritten zu unterstreichen; jetzt beharrt man vorwiegend auf ihrer Unterscheidung. Das theologische Interesse hat sich verlagert. Das Bedürfnis nach Einheit wurde von einem Bedürfnis nach Unterscheidung abgelöst, und was Gegenstand eines mystischen Eifers war, wird immer stärker als gefährliche Vermengung empfunden. Alger von Lüttich stellt dies bald fest, gleich zu Beginn seines *De sacramentis:*

> Quia sancti de corpore et sanguine Domini varie scribentes, aliquando de universo Christo, capite scilicet et membris, aliquando ... vel de capite, vel de membris loquuntur ..., simplicibus (ut de re ineffabili non intellecta) errores, plus autem quam oportet sapere volentibus gignuntur haereses... Alii enim quod de membris dicitur, capiti adscribunt; alii, quod de capite, membris imponunt; et de utroque vel alterutro tam confuse sentiunt, ut vel caput nimis humilient, vel membra nimis glorificent ...[141]

Um diesem Mißstand abzuhelfen, beginnt man also, ein *alterum corpus* dem *proprium corpus*[142] entgegenzusetzen. Man hält zwischen ihnen das Band des sakramentalen Bedeutens aufrecht, aber man stellt die beiden wie *aliud* und *aliud* dar. So nochmals

munia fiunt ...» (PL 204, 715 D). Odo von Ourscamp: «ut per hanc communionem multi fideles in unum corpus Ecclesiae conveniant» (Pitra, 37).

138 Albert der Große (Vivès, Bd. 21, 162; Bd. 29, 228; Bd. 38, 97 über die «tres communiones in corpore mystico»). Thomas, S.Th. III, q 73, a 4. Petrus Canisius, Catechismus maior (Catechismi latini, Bd. 1, 35 und 130–131).

139 Odo von Cambrai: «Hoc sacrificium tibi offerimus in corpore Ecclesiae communicando» (PL 160, 1058 D; vgl. 1061 D). Bonaventura: «Christus, qui debet sumi in communicatione, id est in caritate et unitate Ecclesiae» (Quaracchi IX, 247) usf.

140 Guibert von Tournai, Tractatus de officio episcopi, c 25 (BMP, Bd. 25, 409 C).

141 PL 180, 739.

142 Guitmund von Aversa (PL 149, 1465 D). Wilhelm von St. Thierry (PL 180, 357 C). Sententiae Florianenses (Ostlender, 30).

Alger: *significari voluit aliud corpus suum, id est Ecclesiam*,[143] oder der Kommentar zum 1. Korintherbrief aus der Umgebung Abälards.[144] So auch Gregor von Bergamo, der mit seinem schon erwähnten *pariter corpus* sowohl nach der neuen Art die Zweiheit der bezeichneten Dinge hervorhob, wie er nach der alten die Einheit der Bezeichnung *corpus* bestätigte. Und ebenso Gerhoh von Reichersberg:

> Panis ille aliud est, aliud significat... Nam est corpus Domini, significat autem unam Ecclesiam, quae licet et ipsa sit corpus Domini, aliud tamen est corpus Domini redimens, aliud corpus Domini redemptum. Aliud est corpus Domini quod est etiam Dominus, de quo Maria loquens: »Tulerunt, inquit, Dominum meum ...«, et aliud corpus Domini quod non potest Dominus vel Deus nominari, quamquam sit corpus Domini. Corpus Domini quo redimimur, est ipsum individuum corpus, de quo dixit Christus: »Hoc est corpus meum ...« Corpus vero Domini quod est Ecclesia, non est unum individuum corpus, nec est corpus redimens, sed est per unam fidem unum corpus, et est corpore Christi redempta, una in multis individuis vel personis Ecclesia.[145]

Sogar Rupert wird von der allgemeinen Bewegung mit fortgerissen. Sein Beispiel ist besonders symptomatisch. Gewiß hätte er schwerlich, wie Gerhoh, den eucharistischen Leib als *ipsum individuum corpus* bezeichnet. Er hätte sich vielleicht nicht so kategorisch geweigert, dem kirchlichen Leib das Attribut *individuum* zuzugestehen, hätte ihm einfach die alte Bedeutung belassen wie in der Formel *individua Trinitas* oder in der Aussage des Petrus Damiani, der vom *sacramentum unitatis individuae* sprach. Dennoch beharrt auch er, ebenso stark, ja stärker als alle übrigen, auf der sakramentalen Gegenwart des gleichen Leibes, «der für uns

[143] PL 180, 794 C.

[144] In 1 Cor. X: «Panis quem frangimus, id est, cuius mysterium aperimus, nonne est participatio corporis, id est nonne ostendit nos esse participes alterius corporis Christi, quod videlicet est Ecclesia? Corpus enim Christi quod in altari habetur in specie panis, significat alterum corpus Christi, quod est Ecclesia, cuius nos sumus membra» (Landgraf, Bd. 2, 257–258). Einige Zeilen weiter heißt es jedoch: «Est participatio corporis, id est, ostendit nos participes corporis Christi, quod est Ecclesia» (ebd. 259).

[145] MGH, Libelli de lite, Bd. 3, 26. Über den Gebrauch und den Sinn von «individuum» siehe ferner Alger von Lüttich (PL 180, 783 B).

dahingegeben wurde ».[146] Er weigert sich, die Eucharistie als etwas Eigenes von der geschichtlichen Leiblichkeit abzugrenzen.[147] Dagegen liegt ihm zu verschiedenen Malen daran, den kirchlichen Leib von jeder Vermengung mit den andern « Leibern » fernzuhalten. Die Kirche, so betont er zum Beispiel, kann nur *alio respectu*[148] als Leib Christi bezeichnet werden. Und wiederum:

> Unitas Verbi unum efficit corpus Christi, ut illud quod tunc in cruce pependit, et istud quod nunc Ecclesiae fides ore sacro conficit, unum corpus sit ... Ecclesia quidem corpus Christi est, sed non illud corpus quod pro vobis traditum est, siquidem Ecclesia non pro seipsa tradita est ...
>
> Quamlibet sancta Ecclesia corpus Christi sit, non tamen idipsum corpus Christi est Ecclesia, quod pro nobis traditum est.[149]

Nochmals: nichts in alldem ist grundsätzlich neu. Die Unterscheidungen sind elementar. Die Entgegensetzungen von fleischlichem und geistlichem Leib, von individuellem und kirchlichem Leib, von dem durch Christus geopferten Leib und dem « lieberen, geliebteren Leib », um dessentwillen er jenen opfert, geht auf die ersten christlichen Jahrhunderte zurück. Man fand sie bei Tertullian,[150] und Gregor von Elvira,[151] sie waren mit Etherius und Beatus,[152] dann mit dem Epheserkommentar von Auxerre[153] ins Mittelalter übergegangen, und Bernhard schickt sich an, sie neu aufzugreifen.[154] Aber bisher war diese Entgegensetzung nicht anläßlich der Eucharistie formuliert worden. Daß sie in diesen neuen Bereich eingeführt wird, hat selbst an sich nichts Umstürzendes: Wenn sich die Lehre von der Eucharistie auf diese Weise verfeinert, indem sie sich gegen Irrlehren wehrt, so läßt sich nicht sagen, daß sie dabei eine wesentliche Umgestaltung erfahren hat. Aber

[146] In Joannem, lib 6: « Nempe si non est idem corpus, si non est idem qui de caelo descendit panis vivus, non est hoc corpus quod pro vobis traditur ... » (PL 169, 463 A).

[147] De divinis officiis, lib 2, c 2: « Nec duo corpora dicuntur, aut sunt, etc. » (PL 170, 35).

[148] In Joannem: « Una fiat Ecclesia, quae alio respectu corpus meum ... dicatur et sit » (PL 169, 494 AB).

[149] PL 169; 469 und 483 D, vgl. 463 C.

[150] Adv. Marcionem, lib 5, c 19 (Kroymann, 645).

[151] In Cantica, tr 1 (Wilmart, in: BLE, 1906, 240).

[152] Lib 2, c 80 (PL 96, 1019 B). [153] PL 117, 730 B.

[154] In Cantica, s 12, n 7 (PL 183, 831); Sermo de diversis 90, n 5 (ebd. 710).

die Gewichtsverteilung, die Blickrichtung haben sich ein wenig gewandelt. Besonders was die Kirche angeht, muß eingeräumt werden: die neuen Redeweisen bedeuten bereits eine gewisse Abschwächung in der Ausdruckskraft und bereiten vielleicht von fern eine Abschwächung in der geistigen Auffassung vor.

Und dann taucht ein wenig später, um die Mitte des 12. Jahrhunderts, ein alter Ausdruck wieder auf, mit einem neuen Sinn, um seinerseits der Unterscheidung des « dritten Leibes » zu dienen. Dieser Ausdruck ist Ankündigung und Vorbereitung für das Wiederauftauchen, gleichfalls mit einem neuen Sinn, des alten *corpus mysticum*. Man nannte die Eucharistie mit den ganz schlicht verständlichen Wendungen *caro sacramentalis*,[155] *caro invisibilis*,[156] auch *caro intelligibilis*.[157] Diesem unsichtbaren und intelligiblen Fleisch, dem sakramentalen Fleisch setzt Petrus Lombardus ein anderes gegenüber, eine *caro spiritualis*, als Gegenstand der geistlichen Einsicht und geistlichen Speisung (oder vielmehr bereits als das Ergebnis dieser Speisung), worin sich die Einigung aller Kommunizierenden verwirklicht findet:

> ...spiritualem carnem Christi, quae est unitas fidelium.[158]

Und kurz darauf Peter von Poitiers: *Nota quod ecclesiastica unitas dicitur caro Christi spiritualis.*[159]

Fassen wir das Ergebnis dieser ersten Etappe zusammen, die bisher nur in großen Zügen umrissen wurde, während wir uns ein paar Einzelheiten sowie die Frage nach den Ursachen für später vorbehalten. Wir stellen fest, daß die Bezeichnung « mystisch » dem sakramentalen Leib allmählich entzogen wird, parallel zu einer Reihe anderer, mehr oder weniger analoger Bezeichnungen, während anderseits eine bestimmte Anzahl von Redensarten und

[155] Stephan von Baugé (PL 172, 1296 BC) usf.

[156] Hugo von Langres (PL 142, 1330 D). Sententiae Anselmi (Bliemetzrieder, 118). Alger von Lüttich (PL 180, 814 C). Petrus Lombardus (PL 192, 860). Speculum Ecclesiae (PL 177, 365) usf.

[157] Petrus Lombardus (PL 192, 860). Odo von Lucca (PL 176, 144). Odo von Ourscamp (Pitra, 38). Gandulf von Bologna (de Walter, 439) usf. Bereits Gottschalk (Lambot, 328). Siehe unten, Kap. 7, 195 f.

[158] In I Cor. (PL 191, 1643 C); Sententiae (PL 192, 859).

[159] Sententiae (PL 211, 1252–1253). Er bezeichnet die Frucht der Eucharistie als « ecclesiastica pax », « esse de unitate Ecclesiae » (ebd. 1252 D).

Beiworten beginnen, den Kirchen-Leib näher zu umgrenzen und irgendwie zu vereinzeln. Diesem letztern wird nun in einer zweiten Etappe immer gewohnheitsmäßiger das Beiwort «mystisch» zugewiesen werden, das, im Maße als der sakramentale Leib es verlor, zu einer Art herrenlosem Gut geworden war, so sehr, daß ein Tag kommt, da sich «mystisch» endgültig mit «Leib» verbinden wird, um fortan nur noch die Kirche zu bezeichnen.[160]

[160] Natürlich verzahnen sich diese beiden Etappen ineinander. Einige Texte sind Vorläufer, andere sind Nachzügler. Der Schriften über die Eucharistie sind zu viele und zu verschiedenartige, als daß die Entwicklung der Sprache völlig regelmäßig sein könnte. Trotzdem zeichnet sich eine bestimmte Kurve sehr deutlich ab. Wer das Gesamte im Blick behält, sieht eine logische Folge: wir versuchen sie zuerst sichtbar zu machen, um sie nachher kritisch zu beleuchten.

Fünftes Kapitel

DIE KIRCHE ALS MYSTISCHER LEIB

« *Caro mystica* », « *corpus mysticum* »

Es gab zumindest einen Vorgänger. Rabanus Maurus im 9. Jahrhundert behielt den Ausdruck *corpus mysticum* gewiß der Eucharistie vor, aber schrieb er nicht doch auch von der Kirche: *Ecclesia catholica, quae mystice corpus est?*[1] Das Adverb oder eines seiner geläufigsten Ersatzworte sollte im Abstand von zwei, drei Jahrhunderten sowohl von Lanfranc wie vom Verfasser des *Speculum Ecclesiae* aufgegriffen werden:

> Typice, cum unus panis et unum corpus Ecclesia dicitur Christi...[2]
> ... Alio respectu panis et vinum corpus Christi, quod est Ecclesia, significant: quia sicut panis ex multis granis et vinum ex multis racemis, ita una Ecclesia, quae typice corpus Christi, ex multis personis adunatur.[3]

Kurz vor dem *Speculum* fand Gregor von Bergamo eine vermittelnde, für uns sehr erhellende Formel:

> ... Istud unum corpus, quod nos multi, sancto nos vivificante Spiritu, sumus, per hoc sacramentum mystice designari, patenter his verbis expressit Apostolus.
> In eucharistia ... corpus Christi, quod est Ecclesia, ... mystice, vel sacramentaliter intimatur.[4]

Man greift hier den Augenblick, da das Adjektiv *mysticus* anfängt, vom Bezeichnenden zum Bezeichneten überzugehen, von der Eucharistie zur Kirche, es kleidet sich für diesen Übergang in die adverbiale Form, in der sich für ein Kurzes seine Doppelbedeutung zusammenballt und eint.

Bevor sie endlich *corpus mysticum* genannt wird, kann die Kirche noch zuweilen als *caro mystica* angesprochen werden. Auf den eucharistischen Ursprung dieses Ausdrucks braucht nicht

[1] De Universo, lib 5, c 10 (PL 111, 131).
[2] Lanfranc, In I. Cor. X (PL 150, 189 B).
[3] Speculum Ecclesiae, c 7 (PL 177, 363 A).
[4] C 18 und 19 (Hurter, 74 und 80).

eigens verwiesen zu werden. Auf die Texte des Hieronymus und Wilhelm von St. Thierry, in denen uns die Wendung schon begegnete, wird noch zurückzukommen sein. Bei Petrus Lombardus findet sie sich auf die Kirche angewendet, aber immer noch im Zusammenhang, der von der Eucharistie handelt, und als Wechselbegriff zu *caro spiritualis*. Die Auswechselbarkeit ist ganz natürlich, denn indem man vom Bezeichnenden zum Bezeichneten übergeht, macht man auch den Schritt vom «Typus» zum «Geist». *Mystica et spiritalia sapere*, hieß es schon bei Paschasius Radbert.[5] Der Lombarde unterscheidet in seinem Kommentar zum 1. Korintherbrief, mit ausdrücklicher Berufung auf Hieronymus, aber in einem andern Sinn als dieser, eine *duplex caro Christi:* die erste, *sacramentum-et-res*, nennt er *caro propria*, die zweite, *res-et-non-sacramentum* nennt er *caro mystica*. Die gleiche Distinktion mit den gleichen Termini erscheint nochmals im 4. Buch der Sentenzen. In beiden Werken ist nun aber diese *caro mystica* die Kirche: *unitas fidelium*, *unitas ecclesiastica*, *unitas Ecclesiae in praedestinatis*.[6]

War auch das Wortgebilde nicht neu, so scheint es doch nirgends vor Lombardus so klar für die Kirche verwendet worden zu sein. War er wirklich der erste, der es auf diese Weise benützt hat, oder übernahm er es von einem unmittelbaren Vorgänger? Jedenfalls enthielt eine Glossa über Paulus, die er anführt und ergänzt, bereits eine sich nähernde Formel:

> Species illa visibilis ... habet etiam similitudinem cum re mystica, quae est unitas fidelium.[7]

Es ist nicht undenkbar, daß die gleiche Glossa an einer andern Stelle ausdrücklich von *caro mystica* sprach. Aber «beim gegenwärtigen Editionszustand ist das Studium der» von Lombardus in seinem Pauluskommentar benützten «Quellen nur nach den gedruckten Quellen möglich».[8] Eine Untersuchung der Hand-

[5] PL 120, 1274 B. Vgl. Cyrill von Alexandrien (PG 73, 460 B). Ps-Chrysostomus, In Ps. 95 (PG 55, 623). Beda, Epistula 13 (PL 94, 698 C) usf.

[6] PL 191, 1642; PL 192, 857. Vgl. PL 192, 58: «carnem Christi de virgine sumptam, ... sed non mysticam.»

[7] In I Cor. X. Der Satz wird in den Sentenzen angeführt (PL 192, 857).

[8] J. de Ghellinck, DTC IX, 1956. Vgl. A. Wilmart: «Um sinnvoll von der Glossa zu reden, wäre eine zuverlässige Ausgabe erfordert; die von mir durchgesehenen

schriften und der Inedita der Epoche wäre also erfordert, um dieses kleine Problem zu lösen. Wir meinen indes, daß die literarischen Gewohnheiten unseres Autors und das, was man sein Genie der eklektischen Kompilation nennen konnte, ihn zu dieser leichten Änderung prädestinierten.

Kurze Zeit darauf wird sich Petrus von Troyes, genannt Petrus Comestor, wie sein illustrer Vorgänger ausdrücken. In seinen Sentenzen über die Sakramente, deren Abfassung zwischen 1165 und 1170 erfolgte, unterscheidet auch er, auf den gleichen Hieronymustext gestützt, ein doppeltes Fleisch Christi. Dem ersten verleiht er abwechselnd drei Eigenschaftsworte, die damals schon geläufig waren: *vera*, um sich als Realist auszuweisen, *propria*, um genauer seine Identität mit dem «Fleisch, das die Jungfrau gebar», festzustellen, *sacramentalis*, weil es sich um den eucharistischen Leib handelt. Das zweite Fleisch ist das Ergebnis des ersten und wird bezeichnet als *caro mystica*, das heißt als die Kirche, sofern sie kraft des Sakraments in Christus versammelt und geeint ist: *Ecclesia, quae unitas fidelium est* oder einfacher: *unitas Ecclesiae*.[9] Man beachte, wie *sacramentalis* und *mystica*, die noch unlängst Synonyme waren und im Grunde dasselbe Wort sind, jetzt getrennt und einander gegenübergesetzt werden.

Recht interessant ist auch der Gebrauch von *caro mystica* (diesmal ohne Anspielung auf die Eucharistie) beim englischen Karmeliten Herbert von Bosham, dem Sekretär, dann Historiker von Thomas Becket. In seinem seltsamen *Liber Malorum*, das kurz nach 1180 verfaßt sein dürfte,[10] bezeichnet er die Kirche noch geläufig als *corpus Christi*, ohne Beiwort.[11] Einmal nennt er sie sogar *Christi proprium corpus*.[12] Für ihn ist der *Christus integer* wie für Augustin *caput cum corpore*. Aber dieser ganze, totale Christus erscheint ihm als ein «*mystisches Ganzes*», als ein «ganz mystischer Mensch»,[13] das heißt: er erkennt ein «Mysterium» darin. Bald darauf läßt das paulinische Bild von Bräutigam und Braut das

Handschriften haben mir gezeigt, daß es verwegen wäre, sich an die gedruckten Texte zu halten» (RTAM, 1936, 340).

[9] Martin, 35 und 36.

[10] Es ist eine Art Anhang zum «Leben des Thomas Becket». Dieses war Erzbischof Balduin gewidmet, der 1180 auf den Sitz von Canterbury erhoben wurde.

[11] PL 190, 1398 B, 1399 D, usf. Vgl. Epistula 29 (ebd. 1463 A).

[12] Lib 2 (PL 190, 1329 C).

[13] Lib 2 (ebd. 1329–1330) und lib 3 (1398 BD).

Wort *caro* aus seiner Feder fließen. Und nun schreibt er, indem er die Menschwerdung des Wortes vergleicht mit der Einigung zwischen Kirche und Christus:

> Quis audeat praeferre aut etiam coaequare sponsi et sponsae unitatem, ipsius Verbi Altissimi unientis et unitae sibi carnis unitati? Aut e diverso ..., quis postponere audeat? Quandoquidem illud Verbi et carnis (consortium?) propter istam sponsi et sponsae unitatem; et etiam cum hoc constet, quod mystica Imperatoris caro et invisibilis, quae est fidelium unitas, visibili illa Christi carne gravi et corpulenta, quam de virgine traxit, multo sit dignior et multo carior ipsi Imperatori. Et inter causas illas haec, ut videtur, potissimarum una, quia *propter hanc carnem suam mysticam et invisibilem*, visibilem illam assumpsit et univit sibi.[14]

Corpus mysticum sollte der *caro mystica* auf dem Fuße folgen. Eines wurde vom andern heraufgerufen. Hier ist es endlich, ebenfalls in einem eucharistischen Zusammenhang, im *Tractatus de sacramentis* eines gewissen Magister Simon:

> In sacramento altaris duo sunt: id est, corpus Christi verum, et quod per illud significatur: corpus eius mysticum, quod est Ecclesia.

Und kurz darauf:

> In hoc sacramento duo notantur: unum quod celatur, id est verum corpus Christi, quod sub specie panis et illis accidentibus occultatur; et aliud quod significatur, id est mysticum corpus Christi, quod est Ecclesia.[15]

Dieser «Magister Simon», dessen *Tractatus* unlängst ans Licht gebracht wurde, ist weiter nicht bekannt. Deshalb ist auch das Datum seines Werkes schwer bestimmbar. Dhanis hat es sorgfältig mit den Sentenzen des Petrus Lombardus verglichen und läßt dem letztern mit viel Wahrscheinlichkeitsgründen den zeitlichen Vorrang; er schlägt vor, das *De sacramentis* des Simon um 1170 herum anzusetzen.[16] Nachträglich hat ihr Herausgeber, P. Weisweiler, das Werk mit den *Sententiae divinitatis* verglichen und meint, diese letztern hingen von Simon ab.[17] Aber auch das

[14] Lib 3 (ebd. 1392C).
[15] Weisweiler, Maître Simon et son groupe (1937) 27 und 34.
[16] RHE (1930) 947.
[17] Einführung, S. XLVI und LXII. Lottin, in: BTAM 3, n 472, und in: Bergh, NRT (1938) 367.

Datum der *Sententiae divinitatis* ist ungewiß. Geyer, der sie edierte, hatte 1141–1147 vorgeschlagen, aber unterdessen ist das Datum als zu früh, und, wenn man den Anregungen Pelsters[18] folgen will, als viel zu früh erkannt worden. Nichts zwingt uns also, selbst wenn wir mit Weisweiler die Abhängigkeit der *Sententiae divinitatis* von Simon annehmen wollten, dessen Werk *De sacramentis* vor die Sentenzen des Petrus Lombardus zu stellen, die 1152 abgeschlossen wurden. Vielleicht würde sogar die Weise, wie Magister Simon *corpus mysticum* gebraucht (aus der wir aber kein Argument ziehen wollen), das entscheidende Ergebnis von Dhanis neu bestätigen. Weisweiler, der für die (nicht erhaltene) Hauptquelle des Magister Simon « die Zeit um 1145 » ansetzt, gestattet uns seinerseits, den fertigen Traktat zwischen diesem Zeitpunkt und 1160 anzusetzen.[19]

Der anonyme Traktat « Über die sieben Sakramente », «Traktat von Madrid» genannt, stammt aus der gleichen Schule oder « Gruppe » wie die der Magisters Simon und ist vermutlich wenig später, gegen 1170 verfaßt. Er drückt sich in fast denselben Worten aus.

> Voluit... Dominus corpus suum sub sacramento dare... Ideo autem sub tali sacramento, ut per verum corpus mysticum significetur, scilicet Ecclesia.[20]

Um dieselbe Zeit, aber in einem ganz andern Milieu spricht der Abt von Stella, Isaak, das Wort vom *corpus mysticum* aus, im Verlauf einer Instruktion an seine Mönche. Von der Kirche als dem Leib Christi handelnd, vergleicht er sie natürlich mit dem menschlichen Organismus. Der letztere aber erscheint ihm in seiner komplexen Einheit vergleichbar einem umgekehrten Baum. Desgleichen die Kirche:

> Simili compositione, in hoc mystico corpore, sub uno capite Christo et una radice ..., membra multa sunt ... Verumtamen, sicut de sola vita radicis in totum arboris corpus viror et vigor vitaque procedit,

[18] ZkT (1929) 575.

[19] AaO. S. CCXIV, 1145–1160: diese Daten führt auch F. Stegmüller an, Repertorium commentariorum in Sententias Petri Lombardi (1947) Bd. 2 (Indices, 710).

[20] Der Traktat wurde von Weisweiler (vgl. Anm. 15) im Anschluß an den des Magister Simon herausgegeben, S. 91.

sic de solo Christi et Dei nostri sancto Spiritu totum Ecclesiae corpus vivit, sentit, movetur...[21]

So beginnt also in der zweiten Hälfte des 12. Jahrhunderts die Kirche als *corpus mysticum* bezeichnet zu werden, und der Ausdruck scheint rasche Verbreitung gefunden zu haben. Er siedelt sich vor allem in den Glossen an, dann in den Kommentaren zum Sentenzenbuch des Lombarden.

> ... Quam similitudinem habeat vinum cum sanguine Christi, invenies supra, in texto illius capituli, in quo agitur de illis tribus, scilicet, specie vini, sed et Ecclesiae Christi mystico et corpore Christi vero.[22]
>
> ... Hoc sacramentum per se figurat hanc triplicem unionem in corpore mystico ...[23]

Wir begegnen ihm auch in einer der zahlreichen fälschlich Hugo von St. Victor zugeschriebenen Predigten, und zwar gerade in einer Predigt *in festivitate paschali et corporis Christi;* obschon der unmittelbare Zusammenhang nicht wie im vorausgegangenen Zitat als eucharistisch bezeichnet werden kann:

> Primum (pascha) fuit in percussione Aegypti, secundum in passione Domini, tertium in iustificatione impii, quartum in morte iusti, quintum in assumptione et glorificatione totius Ecclesiae, quae est corpus Christi mysticum.[24]

Übergangsformeln

Der neue Sprachgebrauch stellt sich freilich nicht mit einer abgeschlossenen unbeweglichen Formel vor, oder mit einer technischen Redensart. «*Mysticum*» ist ein Beiwort, das einstweilen noch nicht das Wesen des *corpus quod est Ecclesia* ausdrückt. Der Abt von Stella zum Beispiel hat wohl jenes eine Mal von «*diesem* mystischen Leib» gesprochen, da er die Kirche mit dem mensch-

[21] PL 194, 1801. Isaak war Abt von Stella etwa von 1147 bis 1169, dem ungefähren Jahr seines Todes.

[22] Münchner Hs, angeführt von H. Weisweiler, Festschrift Grabmann, Bd. 1 (1935) 393.

[23] Kommentar (Pariser Hs) angeführt von A. Landgraf, in: Scholastik (1940) 220–221.

[24] Ps-Hugo, Sermo 27 (PL 177, 960 A).

lichen Leib und dem Baum verglich. Er sagt aber niemals sonst «*der* mystische Leib», nicht einmal «der mystische Leib Christi». Er sagt, wie die Früheren: *Ecclesiae corpus* oder *Christi corpus*. Diese letztere Formel steht dreimal auf einer Seite der vorerwähnten Predigt;[25] Isaak braucht sie ebenfalls in seiner *Epistola de officio missae*.[26] Auch Magister Simon fügt noch nicht automatisch *mysticum* zu *corpus* hinzu, um die Kirche zu bezeichnen. Die beiden Fälle, die wir bei ihm fanden, bleiben vereinzelt, obschon andere Gelegenheiten sich boten, sie zu wiederholen. Wer das Sakrament würdig empfängt, sagt er zum Beispiel, wird *unitati corporis Christi aggregatus;* oder: durch die eucharistischen Gestalten *corpus Christi, id est Ecclesia, designatur*.[27] Zeitgenossen Simons oder wenig später Schreibende, wie Balduin von Canterbury († 1190) bleiben den schlichten Formeln der Vergangenheit treu. Petrus Comestor, bei dem sich *caro mystica* fand, sagt im übrigen *corpus Christi*.[28] Man muß bis zum Beginn des 13. Jahrhunderts warten, vielleicht etwas länger sogar, um den neuen Ausdruck allgemein übernommen und endgültig fixiert zu finden. Ein Simon von Tournai, der um 1200 in Paris lehrt, zieht es vor, zum alten *spirituale corpus* zurückzukehren:

> Sexto quaesitum est, de quo intelligatur quod dicitur auctoritate canonis: »Iube haec perferri in sublime altare, etc.«? Si enim hoc dicitur de corpore quod ibi conficitur, quomodo perferetur in sublime altare, cum ibi sit?
>
> Solutio redditur. Duo sunt corpora Christi. Unum materiale, quod sumpsit de virgine, et spirituale collegium, collegium ecclesiasticum. Sed spirituale adeo cohaerens est Christo vinculo caritatis, ut confectio materialis corporis fiat propter salutem spiritualis. Petitur ergo dictis verbis spirituale corpus Christi deferri in sublime altare, ubi nondum est, per confectionem materialem huc celebratum. Hoc autem insinuant verba sequentia canonis quae sunt: »Quotquot, etc.« Intelliguntur haec de translatione nostra in sublime altare.[29]

[25] PL 194, 1801–1902.

[26] «Rogat (sacerdos) ... eo sacrificium suum perferri et corpori Christi in caelo uniri, quatenus, etc.» (ebd. 1894–1895).

[27] AaO. 25 und 28. [28] «Corpus Christi, universa est Ecclesia» (57).

[29] Disputatio 71 (Warichez, 202–203). Simon, der seit 1165 in Paris dozierte, behielt seinen Lehrstuhl wenigstens bis 1201. Über Simon von Tournai siehe J. de Ghellinck, L'essor de la littérature latine au XIIe siècle, Bd. 1, 85–86. Zur Geschichte dieser Erklärung des «Jube haec perferri»: B. Botte, L'Ange du Sacrifice, in: RTAM (1929) 285–308.

Simon von Tournai offenbart hier an einer Einzelheit seine zugleich originelle und konservative Denkrichtung, durch die er einigermaßen am Rand der geistigen Zeitströmung verbleibt. Seine Terminologie hat nicht Schule gemacht. Das *spirituale corpus*, das er zu erneuern beliebte, ließ jetzt an ein Gegenstück wie *materiale corpus* denken (zu dem noch eine *materialis confectio* hinzukäme!), was, auf die Eucharistie angewendet, unerfreulich klingt, trotz des von Wilhelm von St. Thierry gegebenen Beispiels und der fortschreitenden Abkehr von einer spiritualistischen Sprache in Sachen der Eucharistie.[30] Man wird *spirituale corpus* in der späteren Tradition nur noch ganz sporadisch antreffen.[31] So einmal bei Petrus von Poitiers: die Kirche ist für ihn der geistliche Leib Christi, so wie sie das «geistliche Bundeszelt» ist.[32] An der Stelle jedoch, wo er neben anderen die gleiche Erklärung des geheimnisvollen Kanongebets gibt wie Simon von Tournai, sagt Peter von Poitiers immer noch schlicht, seiner Gewohnheit gemäß: *corpus Christi:*

> ... Vel ita: »Iube corpus tuum deferri in sublime altare tuum associandum corpori Christi«, id est, ut unitas Ecclesiae quae signatur et efficitur corpore Christi quod est hic, associetur corpori Christi; id est, Ecclesia militans Ecclesiae triumphanti. Et est quaedam figura per quam quod est figurati attribuitur figuranti.[33]

Andere Theologen, bei denen *corpus mysticum* bereits vorkommt, machen davon nur mäßig Gebrauch. Als Lothar von Segni um 1195 während der erzwungenen Muße, die seiner Erhebung auf den Papstthron voraufging, seinen großen Traktat *De sacro altaris mysterio* schrieb, stellt er wohl darin das *corpus Christi mysticum* dem *corpus Christi verum* gegenüber, aber nur

[30] Siehe unten, Kap. 7. Vgl. den Text der Glosse, den Wiclif anführen wird, De Ecclesia, c 6: «Non fecit nos corpus suum quod natum est de virgine et sumitur in altari, sed corpus suum spirituale, quod est Ecclesia» (Loserth, 137).

[31] Vgl. unten, Anm. 59.

[32] Allegoriae super Tabernaculum Moysi: «exordium corporis sui spiritualis, id est Ecclesiae» (Moore-Corbett, 145). Petrus von Poitiers gibt hier eine Stelle Gregors des Großen wieder, Moralia in Job, lib 28, n 14 (PL 76, 455 D), die in die «glossa ordinaria» eingegangen war (PL 113, 280 A) und nur lautete: «in prima sui corporis parte». Moore-Corbett, 174: «spirituale tabernaculum, id est Ecclesiam». – Ebenso die Vitis mystica, n 128 (PL 184, 712 und 713).

[33] Sententiae, lib 5, c 12 (PL 211, 1251–1252); vgl. Allegoriae super Tabernaculum Moysi (Moore-Corbett, 57 und 85).

an einer einzigen Stelle. Anderswo spricht er im genau gleichen Sinn von *caro Christi mystica*, noch anderswo und zwar mehrfach nur von *corpus Christi.*[34] Auch beim Liturgiker Sicard von Cremona († 1215) ist die Rede von *corpus mysticum* als der Kirche im Gegensatz zum *corpus personale* oder *corpus partiale* als der Eucharistie;[35] aber wie bei Meister Simon, bei Abt Isaak, bei Innozenz III. fällt der Ausdruck nur im Vorübergehen. Sicard braucht das Wort bloß einmal, während er im gleichen Zusammenhang zweimal den für die Symmetrie günstigeren Ausdruck *corpus generale* verwendet.[36] Wilhelm von Auxerre stellt, wie wir schon wissen, *corpus Christi mysticum* oder *gratuitum* dem *corpus Christi verum* oder *naturale* gegenüber. Er spricht davon nicht bloß im 4. Buch der *Summa aurea*, im Abschnitt über die Eucharistie,[37] sondern bereits im 3. Buch, wo er von der Inkarnation handelt[38] – und das ist wohl der Grund, warum man ihn für den Erfinder der Formel gehalten hat: denn das Band zwischen den beiden Geheimnissen der Eucharistie und der Kirche war so gelockert worden, daß es einem nicht einfiel, sie in den Ausführungen über die Eucharistie suchen zu gehen. Zudem erscheint dieses *corpus mysticum*, Synonym von *Ecclesia sive unitas Ecclesiae*, und bei Wilhelm auch *caro Christi mystica* genannt,[39] noch so wenig eingebürgert als Ausdruck für die Kirche, daß er sich einmal eigens die Mühe nimmt, ihn dem Leser zu erklären: *corpus mysticum, id est Ecclesia mystica*. Das geschieht wiederum an der Stelle, wo er noch, in der Weise des Petrus von Poitiers und Simon von Tournai, die Kanonworte «*Iube haec perferri*» erklärt:

> Per hoc pronomen »haec« demonstrantur formae significantes; sed pro significato suo ultimo, scilicet pro corpore Christi mystico. Frequenter enim in sacra Scriptura ponitur significans pro significato … Est ergo sensus: Iube haec perferri, id est, iube corpus tuum mysticum, id est, Ecclesiam mysticam, perferri per manum, id est, per operationem sanctorum angelorum, qui assistunt sacrificio altaris, in

[34] PL 217, 866 B, 879 B, 907 D.
[35] Mitrale, lib 3 (PL 213, 141).
[36] Ebd. (PL 213, 117).
[37] Ausgabe von 1500, fol 275 v°, 259 r°, 262 v°.
[38] Tractatus 1, c 4, q 5 und 6 (fol 116 v°).
[39] Fol 258 v° und 259 r°.

sublime altare tuum, id est, ad triumphantem Ecclesiam quae in caelis est; id est, coniungi Ecclesiam militantem Ecclesiae triumphanti ...[40]

Man erkennt die Verwandtschaft dieses Textes mit dem Peters von Poitiers und zugleich, von unserem Standpunkt aus, seine Neuheit ihm gegenüber. Wilhelm sagt ferner, und zwar dreimal nacheinander, um die Wirkung der Kommunion zu beschreiben: *corpori Christi mystice incorporari*, und diese Wendung zeigt beides: den Übergang zwischen dem alten eucharistischen und dem neuen kirchlichen Sinn von *corpus mysticum*, und das verknüpfende Band, das der Glaube zwischen beiden Leibern, beiden Mysterien erkennt:

Sumere corpus Christi spiritualiter est corpori Christi mystice incorporari. Incorporari autem corpori Christi mystice fit duobus modis, etc.[41]

Die *Summa aurea* stammt aus dem ersten Drittel des 13. Jahrhunderts.[42] Ein Manuskript von Douai mit einer Reihe von *Quaestiones*, die um 1230 abgefaßt wurden, überschreibt eine von diesen: *De corpore mystico*.[43] Wilhelm von Auvergne, dessen Traktat *De sacramento Eucharistiae* aus den gleichen Jahren stammt,[44] sagt unterschiedslos *corpus Christi mysticum* oder *corpus Ecclesiae*, doch bleibt dieser zweite Ausdruck bei ihm noch der grundlegende: wenn dieser viermal auf der gleichen Seite erscheint, so der erste nur einmal.[45] In *De sacramento ordinis*[46] schreibt derselbe Verfasser: *corpus Christi mysticum, quod est*

[40] Fol 262 r°. Es sei erwähnt, daß hier «corpus mysticum» und «Ecclesia mystica» den umgekehrten Sinn haben als den bei Theodoret und Augustin festgestellten (Einleitung, Anm. 38 und 40). In der entsprechenden Erklärung des gleichen Textes brauchen Sicard von Cremona und Praepositin von Cremona noch nicht das Beiwort «mysticum»; anders die Summa Alexandri, Thomas, Petrus von Tarantasia.

[41] Fol 259 r°.

[42] Nicht vor 1215; vielleicht erst nach 1222. Wilhelm von Auxerre stirbt 1231 oder 1232.

[43] Die Quaestio behandelt Jo 16: «Rogo, Pater, ut ipsi unum sint.» P. Glorieux, in: RTAM (1938) 131. Die Quaestionen dieser Handschrift sollen gesamthaft der Zeit von ca. 1230–1237 angehören (ebd. 123–124).

[44] Der Traktat gehört zu einem De sacramentis, das nach einer Handschrift des 15. Jahrhunderts 1234 verfaßt sein soll. «Man kann sich fragen, was diese Auskunft wert ist», schreibt F. Vernet (DTC VI, 1969), der die Abfassung der meisten Werke Wilhelms vor seinem Episkopat (1228) ansetzen möchte.

[45] C 4 (Opera, 1674, Bd. i, 441–442).

[46] C 11 (ebd. 545).

Ecclesia, was noch immer eine Übergangsformel ist, Lukas von Deutz (†1249), gegen die Albigenser schreibend, faßt die überlieferte Lehre ohne jede Spracherneuerung zusammen:

> Sacramento communionis corporis et sanguinis Christi, fidelium populus unum corpus, capiti Christo connexum, efficitur.[47]

Bei den großen Scholastikern

Die Werke, die die Generation der großen Scholastiker einleiteten, sind großenteils noch unveröffentlicht und deshalb schlecht bekannt. Von den letzteren an wird jedenfalls *corpus mysticum* in seiner neuen Bedeutung sowohl im technischen Sinn wie geläufig gebraucht. Ihre Einhelligkeit hat es zustande gebracht, daß die lange «Vorgeschichte» vergessen wurde, von der die vorausgegangenen Kapitel einige Reste ausgegraben haben. Es besteht kein erheblicher Unterschied zwischen Albert dem Großen[48] – dessen breite Erörterungen des eucharistischen Mysteriums den überlieferten Anschauungen so viel Platz einräumen –, Bonaventura,[49] Thomas,[50] der Summa des Alexander von Hales,[51] oder mehr volkstümlicheren Schriftstellern wie einem Hugo Ripelin von Straßburg. Nehmen wir diesen letzten als Beispiel. *Corpus Christi verum* und *corpus Christi mysticum* bezeichnen je den sakramentalen und den kirchlichen Leib und sind bei ihm wie bei allen übrigen gleichzeitig miteinander verbunden und einander entgegengesetzt:

[47] Adv. Albigenses, lib 2, c 1 (Ausgabe von 1612, 69).

[48] In Matthaeum, XXVI (Vivès, Bd. 21, 6). In IV Sent. (ebd. Bd. 29, il, 206–211, 251, 300, 381, 388, 392–393 usf.). Vgl. A. Piolanti, Il corpo mistico e le sue relazioni con l'Eucaristia in S. Alberto Magno (Rom 1939).

[49] In III Sent. (Quaracchi III, 164, 209, 210). In IV Sent. (ebd. III, 184, 191, 196, 208, 286, 440). Breviloquium (ebd. V, 273–275). In Lucam (ebd. VII, 546). Vgl. Richard von Middleton, In III Sent., d 13 (Hocedez, 293 und 294).

[50] In IV Sent., d 12 und 13 (Vivès, Bd. 10, 305 und 322). S. Th. III, q 73, a 1 und 3; q 83, a 4 ad 9 und a 5 (ebd. Bd. 5, 420, 422, 525, 527). In I Cor. X (ebd. Bd. 20, 709). In Joannem (ebd. Bd. 19, 769).

[51] III^{a}, q 12, m 2, a 2, n 3: «Corpus Christi verum figura est et sacramentum corporis mystici» (Venedig 1575, fol 40 v°). Aber vorher und nachher öfters: «corpus ejus, quod est Ecclesia».

Circa Eucharistiam, est quoddam sacramentum tantum, ut species panis et vini; quoddam est ibi res tantum, ut corpus Christi mysticum; quoddam est ibi res et sacramentum, ut corpus Christi verum, quod traxit de virgine: istud enim est res primi, et sacramentum secundi.[52]

So eingerahmt und aufgefaßt ist der Ausdruck so sehr klassisch geworden, daß ihn Bonaventura, ohne genauer hinzusehen, einfach dem Lombarden zuschreibt.[53] Man wird ihm in der Folge oft begegnen, vor allem im Traktat über die Priesterweihe, anläßlich der dem Priester verliehenen doppelten Vollmacht über das *corpus Christi verum* und das *corpus Christi mysticum:* so bei Gerson[54] oder im römischen Katechismus.[55] Er ist sogar schon auf dem Sprung, sich vom Zusammenhang, in dem er ursprünglich erschien, und der ihn erklärt, zu lösen und selbständig zu machen. Aber vollzogen ist das noch nicht durchaus. Wird im Eucharistietraktat reichlich und sozusagen mit Notwendigkeit von dem Wort Gebrauch gemacht, so erscheint es außerhalb von diesem noch selten. Bonaventura liefert dafür anscheinend nur ein einziges Beispiel. Es steht im Traktat von der Buße, anläßlich der Genugtuung für andere:

Videmus in aliquo corpore animalis, quod unum membrum se exponit ut sustineat laesionem et gravamen alterius, sicut patet, quod brachium se exponit pro capite. Si ergo in corpore mystico est connexio per assimilationem ad corpus naturale, videtur similiter quod unum membrum onus alterius possit et debeat supportare.[56]

Hier besteht ein unmittelbarer Übergang vom *corpus naturale* zum *corpus mysticum.* Die Analogie wird nicht von Christus oder

[52] Compendium theologicae veritatis, lib 6, c 6; vgl. c 18 (Lyon 1649, 457 und 473, unter dem Namen Albert des Großen). Vgl. Bessarion, De sacramento Eucharistiae (PG 161, 495–498).

[53] Quaracchi IV, 196.

[54] De examinatione doctrinarum: «Exemplum de potestate sacerdotali, quae aequalis est in quolibet quoad corpus Christi verum, sed diversificatur quoad mysticum ...» (Opera, Bd. 1, 10, Antwerpen 1706), und De potestate ecclesiastica, consideratio 7 (Goldast, Bd. 2, 1390). Siehe auch Antonius de Rosellis, Monarchia, p 2, c 12 (Goldast, 341–342). Vgl. Bonaventura, In IV Sent., d 17 (Quaracchi IV, 440).

[55] «Ordinis potestas ad verum Christi Domini corpus in sacrosancta eucharistia refertur, iurisdictionis vero potestas tota in Christi corpore mystico versatur.» Im übrigen aber bezeichnet der Catechismus Romanus, wie im Altertum, die Kirche für gewöhnlich als «corpus Christi».

[56] In IV Sent., d 20 (Quaracchi IV, 530).

von den sakramentalen Gestalten her genommen, sondern von der Leiblichkeit überhaupt. Der Ausdruck kommentiert nicht das zehnte oder elfte Kapitel des 1. Korintherbriefes oder die Parallelstellen im Römerbrief, wo Paulus das alte Gleichnis von Haupt und Gliedern aufgreift, um es zu vertiefen. Das ist bei Bonaventura Ausnahme,[57] ist es auch bei Albert[58] und in der Alexandersumme. In den zwei Quaestionen, die der dritte Teil der letzteren der Gnade Christi widmet, findet sich *corpus mysticum* nur dreimal, unter andern sehr zahlreichen Wendungen, wie *corpus Ecclesiae, unum corpus, membrum corporis* usw. Zudem bildet der erste der drei Texte eine Art Einschub; er ist ein kurzes geschlossenes Stück, das unverändert aus dem Eucharistietraktat herübergenommen worden ist.[59]

Bei Thomas – wo man auch *persona mystica* findet[60] – ist dieser unabhängige Gebrauch schon etwas häufiger.[61] In mehreren Texten scheint der Gebrauch von *corpus mysticum* sich durch den Gegensatz zu *corpus naturale* zu rechtfertigen, so in den Kommentaren zum 1. Korinther- und zum Epheserbrief.[62] In der *Tertia* sagt der 1. Artikel der 8. Quaestio sogar ausdrücklich: *Sicut tota Ecclesia dicitur unum corpus mysticum per similitudinem ad naturale corpus hominis*... Daß die *Summa* mit Vorliebe *corpus Ecclesiae mysticum* sagt, statt *corpus Christi mysticum*,[63] ist ebenfalls ein Anzeichen fortgeschrittener Entwicklung. Man kann freilich auch die Aussagen finden: *Corpus Christi verum est figurativum corporis my-*

[57] Allerdings findet sie sich innerhalb der Sakramentenlehre.

[58] Quaestiones de incarnatione, De unione capitis quod est Christus et corporis, scilicet Ecclesiae (Backes, 19 und 23).

[59] «Corpus Christi verum, quod traxit de virgine, est figura et sacramentum corporis mystici, quod est Ecclesia, quia sicut corpus Christi est compactum ex purissimis sanguinibus virginis, etc.» (fol 40 v°).

[60] In Col. (Vivès, Bd. 21, 390). S. Th. III, q 48, a 2, ad 1 (ebd. Bd. 5, 242); q 19, a 4 (ebd. 2). De Veritate, q 29, a 7, ad 11, vgl. ad 10: «membra Christi mystica» (ebd. Bd. 15, 352). Vgl. S. Th. III, q 49, a 1: «quasi una persona»; In III Sent., d 18, a 6, sol 1 ad 2.

[61] S. Th. III, q 8, a 1. Vgl. a 3 und 4; q 49, a, 1; q 82, a 1, ad 4. De Veritate, q 29, a 5; In III Sent., d 13 und 18; In Rom. XII; In I Cor. XII; In Ephes. Thomas verknüpft übrigens den Kommentar von 1 Kor 12 mit dem von 1 Kor 10–11: «Postquam Apostolus prosecutus est de ... sacramentis ..., hic incipit determinare de his quae pertinent ad rem sacramentorum.»

[62] In I Cor. XII; In Ephes, IV; S. Th. IIª IIªᵉ, q 183, a 2, ad 3; III, q 48, a 1. Vgl. M.-J. Congar, Esquisses du Mystère de l'Eglise (1941) 65, Anm. 2.

[63] S. Th. III, q 8, a 3 und 4.

stici,[64] was uns in die Ursprünge zurückversetzt, zu Magister Simon und zum Madrider Traktat. Außerdem gibt es bei Thomas wie bei manchen seiner Zeitgenossen Fälle, wo *corpus mysticum* nicht ausgesprochen wird, obschon es durch *corpus naturale* unausweichlich gefordert scheint.[65] In der Tat erklären sich ja die beiden Termini nicht gegenseitig. Und immer noch ist bei unsern Autoren die schlichte Redensart, die zwölf Jahrhunderte pflogen, die häufigste: *corpus Christi*, *corpus Ecclesiae*, *unum corpus*[66] usf. Wenn sie ein Beiwort hinzusetzen, dann nicht immer « mysticum ». Dem *corpus naturale* oder *corpus materiale* entspricht zunächst eher, aufgrund einfacher Analogiebeziehung, ein *corpus spirituale*,[67] dessen Haupt ein *caput spirituale*,[68] dessen Glieder *membra spiritualia*[69] sind, begabt mit *sensus spirituales*.[70] Im Gegensatz dazu besteht ein reales Band von « mystischer » Bedeutung, wenn gezeigt wird, wie das *corpus Christi mysticum* teilnimmt am *corpus Christi verum* oder am *corpus Christi naturale*.[71] So versteht sich, daß trotz der sekundären Tradition, als deren Vorläufer ein Isaak von Stella gelten kann, während einer der Hauptbegründer Wilhelm von Auxerre zu sein scheint, es lange gedauert hat, bis man sich daran gewöhnte, *corpus mysticum* seinem eigentlichen Sitz im Leben zu entreißen und ihm ein eigenständiges Schicksal zu bereiten.

[64] S.Th. III, q 82, a 9, 2; vgl. q 80, a 4; In IV Sent., d 8, q 1, a 1 und 3; und q 2, a 1, wo man die Spuren einer doppelten Herkunft feststellen kann: « Significat etiam quasi rem ultimam, corpus mysticum, scilicet Ecclesiam, quae propter distinctionem officiorum habet similitudinem cum toto corpore ratione distinctionis membrorum. »

[65] Bonaventura, In III Sent. (Quaracchi III, 27). Thomas, In III Sent.; In IV Sent.; De Veritate, q 29, a 4. Ulrich von Straßburg, Summa de Bono, t V, tr 1, c 13 (Backes, 29–30) usf. Vgl. « Perpétuité »: « Der Leib Jesu Christi, der natürliche sowohl wie der mystische ... » (Migne, Bd. 2, 784).

[66] So noch Ulrich von Straßburg, Summa de Bono (Backes, 29) usf.

[67] Alexander von Hales, aaO. Albert, Quaestiones de incarnatione (Backes, 20). Thomas von Aquin, In Ephes, lect 5: « Corpus naturale tria habet ... Spiritualiter ergo ... »; Opusculum 7, De symbolo, c 13: « Sicut in corpore naturali operatio unius membri cedit in bonum totius corporis, ita in corpore spirituali, scilicet Ecclesia. »

[68] Alexander von Hales, aaO. Albert, In III Sent., d 13, a 2 (Vivès, Bd. 28, 238 und 240). Thomas von Aquin, S.Th. III, q 69, a 5.

[69] Albert (ebd. Bd. 28, 239 und 240). [70] Albert (ebd.)

[71] Wilhelm von Auxerre, Summa Aurea (fol 116 v°). Thomas von Aquin, In Ephes.: « Considerandum est quod corpus Christi verum est exemplar corporis Christi mystici ... Corpus Christi mysticum ..., ad similitudinem corporis Christi veri » (Vivès, Bd. 21, 311–312) usf.

Doch nun nähern wir uns der Zeit, da man sich endgültig daran gewöhnt. Man redet nunmehr geläufig vom «mystischen Leib», ohne Zusammenhang mit der Eucharistie, und zwar genau in dem Maß, als die Theorien über die Kirche, in ihrer sichtbaren Gestalt oder ihrem innern geheimnisvollen Leben, sich außerhalb des sakramentalen Rahmens zu entwickeln beginnen. Das ist bereits der Fall in dem «ältesten Kirchentraktat», dem *De regno christiano*, den Jakob von Viterbo anfangs des 14. Jahrhunderts herausgab.[72] Er zieht darin das synoptische Bild vom Reich dem paulinischen Bild vom Leib vor, greift aber dann doch auf dieses zurück, um die Einheit zu rechtfertigen, die ihm als die Haupteigenschaft des *regnum ecclesiasticum* erscheint: so ist die Kirche für ihn *corpus mysticum*, und Christus ist ihr *caput spirituale et mysticum*.[73] Entsprechend bei Johann von Paris, dessen Theologie im übrigen eine ganz andere ist.[74] Dieses *corpus mysticum* wird jetzt nicht mehr bloß nach der Analogie des natürlichen Menschenleibes gedeutet werden, sondern gleichzeitig auch nach der der menschlichen Gesellschaften, gemäß dem berühmten Vergleich, den Aristoteles in seiner «Politik» gezogen hatte;[75] und man sinkt damit mehr oder weniger zurück zum alten banalen *Ecclesiae corpus*. Immerhin geht es hier noch um einen bloßen Vergleich; aber gerade dies wurde allzu oft vergessen. Man weiß, welchen Gebrauch – oder Mißbrauch – gewisse Theologen um Bonifaz VIII. im Zug der kirchlichen Machtansprüche von dem Ausdruck machen werden. Während zu Beginn des 13. Jahrhunderts der Kanonist Alanus Anglicus in den Glossen zu seiner Kompilation der Dekretalien noch sagen konnte: *Est enim unum corpus Ecclesiae*,[76] sagen jetzt

[72] Im Jahre 1301 oder 1302 (Arquillière). M.-J. Congar berichtigt: der älteste *verselbständigte* Traktat (L'idée thomiste de l'Eglise, in: Esquisses [1941] 59–60 und 90).

[73] S. 109, 152, 201.

[74] Vgl. Jean Leclercq, Jean de Paris et l'ecclésiologie du XIIIe siècle (1942) 113. Dom Leclercq verweist auch auf eine unveröffentlichte Quaestio de unitate corporis mystici von Eudes von Châteauroux, die genauer erforscht werden müßte.

[75] Vgl. G. de Lagarde, La Naissance de l'esprit laïc, Bd. 3, Secteur social de la Scolastique 170–175.

[76] Gegen 1208.

Ägidius von Rom,[77] Matthäus von Aquasparta, Alvaro Pelayo:[78] *est unum corpus mysticum*. Indem sie aber auf diese Art ein Wort, dessen Klang ganz « mystisch » und geistig war, auf die juristisch-soziale Ordnung anwandten, kennzeichnet sich ihre Lehre als eine Zerfallserscheinung; sie lieferte die kirchliche Macht dem Ressentiment der Fürsten und den Anfeindungen ihrer Theologen aus. Daher die bittern, sich endlos hinziehenden Zänkereien, die das späte Mittelalter erfüllen und die alten Kämpfe zwischen Papsttum und Kaisertum auf eine andere Ebene übertragen. Die Diskussionen konzentrieren sich in etwa um die Einheit des mystischen Leibes mit seinem Haupt. Die Zeiten waren vorbei, da ein Petrus Damiani noch von *Regnum* und *Sacerdotium* als den zwei Häuptern der Welt sprechen konnte.[79] Eine solche Rede war jetzt allen verpönt. Die päpstlichen Theologen sagten: wenn ein Leib kein Monstrum sein soll, kann es nur ein einziges Haupt haben, nun aber bildet die christliche Gesellschaft einen einzigen Leib, so ist sein einziges Haupt der Papst.[80] Dem hielten die Theologen der Fürsten dreierlei entgegen. Entweder ließen sie die Prämissen der Gegner gelten und forderten dann nach der Analogie mit dem menschlichen Leib für den Fürsten eine ebenso wichtige Rolle: ist der König oder Kaiser nicht das Herz dieses Leibes, eigenständig für alle zeitlichen Geschäfte?[81] Oder sie stellen die Einzigkeit des

[77] De ecclesiastica potestate (Scholz, 50, 132, 152) usf. In seinem Kommentar zum Römerbrief, lect 39, sagt auch Aegidius: « corpus mysticum », « unum corpus mysticum » (Rom, 1555, fol 76 v°, In Rom. XII).

[78] Collirium adversus haereses: « Ecce unus principatus in politia christiana et unus pastor. Ecce unus principalis rector et monarcha huiusmodi principatus et secundum hoc sunt omnes fideles Christi unum corpus mysticum. » Angeführt von N. Jung: Alvaro Pelayo (1931) 215–216.

[79] Disceptatio synodalis (MGH, Libelli de lite, Bd. 1, 77ff.).

[80] Antonius de Rosellis, Monarchia (gegen 1440) (Goldast, Bd. 1, 254–255, 308, 315, usf.). Hostiensis, Summa super titulis Decretalium. (Anonymes Fragment, herausgegeben von Scholz, 471.) Heinrich von Cremona, De potestate papae (ebd. 466). Vgl. Carlyle, A History of the mediaeval political Theory in the West, vol. V, 328, 395, 401. Vgl. Thomas (Bartolomäus v. Lucca), De regimine principum, lib 3, c 10: « Cum enim summus Pontifex sit caput in corpore mystico omnium fidelium. » Petrarca, Epistolae de iuribus imperii Romani (Goldast, Bd. 2, 1355). Man vergesse aber nicht, daß schon Paschasius Radbert geschrieben hatte: « Petrus ... constitutus iam caput Ecclesiae » (In Matthaeum; PL 120, 565 D); doch geschah dies ohne jede Andeutung der Frage nach den beiden Gewalten.

[81] Somnium Viridarii, c 38, der Soldat (Goldast, 71; vgl. 73 und 165). Natürlich hielt man auf der andern Seite den Papst für « cor et caput » des « corpus mysticum » (Antonius de Rosellis, aaO., 308 und 440). Vgl. P. Claudel, La Ville, 3. Akt: « Und

Leibes in Frage: neben dem *corpus mysticum* der Kirche, ja noch vor ihm gibt es einen andern großen kollektiven Leib: das *corpus naturale* des Menschengeschlechts im ganzen.[82] Wenn man den Papst als *caput Ecclesiae* bezeichnen kann, dann müßte der Kaiser als *caput mundi* angesprochen werden.[83] Warum sollte der Leib der Laien und der Leib der Kleriker nicht jeder sein eigenes Haupt besitzen, ohne daß man gleich von Monstrum reden müßte?[84] Endlich und radikaler: andere weigerten sich, dem mystischen Leib ein anderes Haupt zuzugestehen als Christus,[85] und in kühnem Gegenangriff beschuldigten sie die Vertreter des päpstlichen Imperialismus, in ihrem Gehirn ein Monstrum geboren zu haben. So ein Marsilius von Padua, nach welchem die römischen Machtansprüche *Christi corpus omne mysticum infecerunt.*[86]

Dieser letzte Vorwurf begegnet wenig später bei den Vorläufern, dann schließlich bei den Vertretern der Reformation. Nun betrifft er nicht mehr bloß die Ansprüche der römischen Kurie an das zeitliche Regiment der Fürsten, sondern greift den Primat Petri selber an. Die Vorstellung einer sichtbaren Kirche wird fragwürdig. Was zu Beginn nur Ausdruck eines Machtstreites war, beginnt das soziale Gebäude der Christenheit zu spalten und wird schließlich seine Mitschuld an der Spaltung der Kirche selbst tragen. Man hatte eine übertriebene Gleichsetzung zwischen dem «mystischen Leib» und dem «sichtbaren Leib» versucht,[87] und

was ist der König, das unter allen Menschen Geheiligte, der König? Er ist das Herz, gesetzt in die Mitte aller Organe.»

[82] Wiclif, Sermones, p 2 (Loserth, 84–86).

[83] Und ebenso von jedem Fürsten, daß er «caput regni sui» ist: Johannes von Paris, Tractatus de potestate regia et papali (Ausgabe von 1618, S. 19).

[84] Somnium Viridarii, c 307 (Goldast, 200). Occam, Octo quaestiones, 1 (Goldast, Bd. 2, 314 und 319).

[85] Quaestio de utraque potestate: «Sed istud caput dicimus esse Christum, qui solus est proprie caput ...» (Goldast, Bd. 2, 103). Und Johannes von Paris, aaO.: «qui solus proprie et maxime est caput Ecclesiae». Bestenfalls ist der Papst «caput ministeriale», wird bald darauf Gregor von Heimburg sagen (Goldast, Bd. 2, 1629), und desgleichen Panormitanus, Lectura super V libros Decretalium: «caput et sponsus est ipse Episcopus (Christus); papa autem est vicarius Episcopi, et non vere caput Ecclesiae» (Basel 1488).

[86] Defensor pacis, lib 2, c 24, n 2.

[87] Ein Albert der Große verstand es, den mystischen Leib und die Kirche zu unterscheiden, ohne sie indes zu trennen. In IV Sent., d 13, a 28: «Cum ergo ille talis a corpore mystico se abiciat, etiam ab Ecclesia abiciendus esse videtur» (Vivès, Bd. 29, 381). Vgl. auch die von Thomas getroffenen Unterscheidungen: S. Th. III, q 8, a 3 und 6.

zwar zugunsten des äußerlichsten Elementes der Kirche und seiner vergänglichsten Ausformungen: des Anspruchs der päpstlichen Gewalt über die zeitlichen Dinge. Diese Unklugheit wird sehr schwer bezahlt werden müssen. Die Proteste eines Wiclif,[88] eines Johannes Hus,[89] eines Luther und Calvin[90] werden sich viel weiter erstrecken als auf diese Verbildungen: sie werden das Katholische selbst angreifen, und die entgegengesetzten Exzesse ihrer spiritualistischen Reaktion werden dahin zielen, den mystischen Leib Christi ganz vom sichtbaren Leib der Kirche zu trennen. Die katholische Theologie ihrerseits wird trotz einiger rühmlicher Ausnahmen den Auswirkungen dieser Dissoziation nicht entgehen. Zuweilen wird es den Anschein haben, als nehme sie sie einfach in Kauf. Wenn man zum Beispiel die Bemerkungen der Väter beim Ersten Vatikanischen Konzil über das ihnen vorgelegte Schema betrachtet, wo die Kirche gleich zu Beginn als *corpus mysticum* definiert wird, dann sieht man, daß eine beträchtliche Anzahl von ihnen sich darüber verwundert. Sie warfen diesem Begriff nicht nur vor, er sei «dunkel»[91] oder allzu metaphorisch[92] oder im Gegenteil zu abstrakt.[93] Ein paar verlangten, daß man ihn verurteile als einen Herd von Irrtümern: schon daß die Jansenisten ihn verwendet hätten, schien ihnen Grund genug zu einer unbedingten Verwerfung.[94] Andere gaben sich weniger extrem, meinten aber, der Begriff, der in der mystischen Theologie angängig sei, habe keinen Platz in einem dogmatischen Traktat,[95] oder dort, wo man das Wesen der Frömmigkeit festzulegen, nicht

[88] De Ecclesia, c 1 und 2 (Loserth, 5ff.) usf. Wiclif spricht immerfort von der Kirche als «corpus Christi mysticum»; vgl. die 4 Bände Sermones (Loserth) passim. Vgl. Bd. 4, 77: «Fingunt enim tanquam fidem catholicam quod papa suus sit caput universalis Ecclesiae» (und S. 298).

[89] Einige Texte bei W. Wagner, Die Kirche als Corpus Christi mysticum beim jungen Luther, in: ZkT (1937) 63.

[90] Siehe die Widerlegung Bellarmins, De romano Pontifice, lib 1, c 9 (Vivès, Bd. 1, 486), wo übrigens das Beiwort «mysticum» nicht vorkommt.

[91] Mansi LI, 738–739 (n 26), 745 (63) und 751 (95).

[92] Ebd. 760 und 763 (n 128, 132, 140).

[93] Ebd. 741 und 745 (n 43 und 63).

[94] Mehrere Bischöfe «non satis consultum putant, doctrinam de corpore mystico Christi, qua sectatores Jansenii usi sunt ad proprios insinuandos errores, assumere ad dogmata de Ecclesia Christi constabilienda ...» (ebd. 761, n 133).

[95] Ebd. 755 (n 112). Ein anderer Bischof meint, ein solcher Ausdruck zieme sich nicht für den Titel einer dogmatischen Erklärung (ebd. 757, n 122).

aber diese zu fördern habe ...[96] Noch andere sahen richtiger, oder dem Zeitdenken entsprechender, hatten aber Schwierigkeiten, die Lehre vom mystischen Leib, dessen traditionelle Bedeutung sie wohl sahen oder ahnten, harmonisch zu verbinden mit der heute nötigen Darstellung der kirchlichen Institution ...[97] Alle diese Bedenken wurden bekanntlich zerstreut durch die Veröffentlichung der Enzyklika *Mystici corporis* Pius' XII. am 29. Juni 1943.[98]

Soviel Verdrehungen, Angriffe, Verurteilungen, Schwankungen hätten weitgehend vermieden werden können, wenn die historischen Ursprünge des Ausdrucks *corpus mysticum* nicht schon so früh in Vergessenheit gesunken wären, und gleichzeitig der Geist der Lehre, in deren Schoß er sich ausgebildet hatte, sich nicht derart verflüchtigt hätte. Doch wie dem auch sei, der Ausdruck selbst mit seinen Varianten blieb fortan christlichem Reden erhalten, und seit dem 13. Jahrhundert hat ihn, ob gut oder weniger gut verstanden, ein günstiges Schicksal weitergetragen. Ein paar Hinweise nur: Katharina von Siena feiert zur Zeit des großen Schismas den «mystischen Leib der heiligen Kirche» in glühendsten Tönen, sie fleht die Barmherzigkeit Gottes[99] für deren Wunden an, sie kämpft und stirbt für deren Einheit.[100] Ein paar Jahre danach sagt Pierre Cauchon im Todesurteil über Jeanne d'Arc, das Mädchen müsse als ein faules Glied vom *corpus Christi mysticum* weggeschnitten werden.[101] Im 16. Jahrhundert reden die Scholastiker, die Humanisten und die Protestanten nach Herzenslust über den mystischen Leib. Als Ausnahme zieht Calvin ein paar analoge Wendungen vor; wenn er nicht einfach wie das Altertum *Christi corpus* sagt, stellt er das *spirituale* et *arcanum Christi corpus*

[96] Ebd. 760 (n 128 und 130).

[97] Mehrere Väter betonen, man dürfe, wenn man vom mystischen Leib Christi redet, nicht den Anschein erwecken, die wahre Kirche sei unsichtbar und nur aus den Gerechten bestehend (ebd. 744, 753, 755, 762; n 57, 105, 111, 135).

[98] Vgl. D.-C. Lialine, Une étape en ecclésiologie, réflexions sur l'encyclique «Mystici corporis», Auszug aus: Irenikon (1946–1947). L. Malevez, Quelques enseignements de l'encyclique «Mystici corporis Christi», in: NRT, 62 (1945) 993 bis 1015. Für die Geschichte der Theologie vom Corpus mysticum lese man, als Ergänzung zu E. Mersch, in derselben Zeitschrift (S. 1025–1038) den Aufsatz von Dom A. Kerkvoorde.

[99] Vgl. Gespräch von Gottes Vorsehung (dt. Übertragung 1964) 244–245.

[100] Sie schreibt auch an Petrus von Luna: «Ereifert euch für die Wahrheit, um zu einer Säule im mystischen Leib der heiligen Kirche zu werden.»

[101] Champion, Bd. 1 (1920) 390.

dem *corpus politicum dumtaxat* entgegen, oder redet von der «heiligen Einigung» zwischen Christus und seinen Gliedern, die schließlich ein *corpus integrum et perfectum* zu bilden bestimmt seien.[102] Aber Erasmus[103] und Luther[104] tragen jeder in seiner Art dazu bei, der Formel auch in der Neuzeit Erfolg zu sichern. Sie bleibt seither Gemeingut der katholischen und protestantischen Theologie. Fénelon hat in seinem *Traité du ministère des pasteurs*[105] einen erfreulichen Gebrauch davon gemacht. Die Formel wird sogar von der Theologie her ein paar Einfälle in das Gebiet der Philosophen machen: Suarez sagt, die sich gesellschaftlich gliedernden Menschen bildeten *unum corpus mysticum quod moraliter dici potest per se unum*,[106] und in der «Kritik der reinen Vernunft» wird Kant seine Leser über das *corpus mysticum* der Vernunftwesen unterhalten, das zustande kommt durch die freie Unterwerfung eines jeden unter die Sittengesetze.[107]

Wir brauchen unsern Ausdruck nicht weiter durch diese neue Phase seiner Geschichte zu verfolgen. Der Sinn kann immer noch, zuweilen erheblich variieren, je nach dem allgemeinen geistigen Zusammenhang, in den er sich einfügt – die eben angeführten Beispiele lassen es hinreichend ahnen –, aber die Grundausrichtung bleibt fixiert.

[102] Opera, Bd. 49, col 501–507; Bd. 51, col 282.

[103] Oben, Einleitung, Anm. 5.

[104] So im Kommentar zum Römerbrief: «Non ergo regnet peccatum in vestro mortali corpore»: «quod dicit ad differentiam corporis nostri mystici, quod est Ecclesia, quod est immortale corpus» (Ficker, 55). «Multi unum corpus» mysticum «sumus in Christo ...» (ebd. 111) usf. Luther spricht aber auch von «geistlichem Leib» und stellt diesen geistlichen Leib Christi in Gegensatz zu dessen natürlichem Leib (Predigt über die Eucharistie, Dezember 1519).

[105] Kap. 2: «Was würde den mystischen und repräsentativen Leib Jesu Christi mehr verunstalten als eine allgemeine Revolution der Glieder, die keinerlei Ordnung und Abhängigkeit mehr besäßen? Die Kirche, die der Leib der Glaubenden ist, würde dadurch zu einem Ungeheuer und wäre nicht mehr das Bild des Erlösers ... Deshalb muß jedes Glied seine eigene Funktion bewahren ... Anders kann man nicht sprechen, wenn man glaubt, daß die vom Heiligen Geist beseelte Kirche ein wahres und wirkliches Ganzes ist, ein lebendiger Körper mit seinen Organen. Wer könnte dies leugnen, ohne Paulus und der ganzen christlichen Religion zu widersprechen?» (Œuvres, Paris, Bd. 1, 154 und 155).

[106] De legibus, lib 3, c 2, n 4 (Opera omnia; Vivès, Bd. 5, 181). Es ist das, was Rousseau «corps moral et collectif» nennen wird: Emile, 5. Buch; vgl. De l'Economie politique (in der Encyclopédie).

[107] Kritik der Reinen Vernunft, Transzendentale Methodenlehre, Vom Ideal des höchsten Guts (Weischedel II [1963] 679).

Merken wir nur noch an, daß gegen Ende des 13. Jahrhunderts der Liturgiker Durandus von Mende im 4. Buch seines *Rationale* das Wort *caro mystica* in einem Kapitel mit dem gleichen neuen Sinn verwendet wie *corpus mysticum* in einem andern.[108] Man könnte vermuten, dieser Wechsel der Bezeichnung hätte einen subtilen Grund: *caro mystica* bezeichne etwa die kirchliche Einheit, die aus der « Kraft » des Sakraments erwächst, während *corpus mysticum* die Kirche im allgemeinen bedeute. Die Vorgeschichte der beiden Worte würde so etwas nahelegen. Tatsächlich ist die Erklärung einfacher. Wilhelm Durandus ist ein Eklektiker, der seine Güter nimmt, wo er sie findet. Die Schriftsteller, die er ausschreibt, sind Zeugen einer Zeit, in der der Wortgebrauch noch nicht festgelegt war. Das erste der beiden Kapitel, das, worin *caro mystica* vorkommt, ist unverändert aus Innozenz III. herübergenommen, der ein Jahrhundert früher schrieb.[109] Das zweite ist eine Adaptation: der Text bei Innozenz enthielt bloß *corpus Christi:* nach der neuen Mode und vermutlich ohne auch nur zu überlegen, fügt Wilhelm ein *mysticum* bei.[110]

[108] Rationale divinorum officiorum, lib 4, c 42, n 21–22; c 51, n 20 (Ausgabe von 1672) 176 und 198.

[109] Man vergleiche c 42 und Innozenz, lib 4, c 36 (oben, Anm. 34).

[110] Man vergleiche c 31 und Innozenz, lib 6, c 3. Siehe auch Bonaventura, In IV Sent., d 12 (Quaracchi IV, 286).

ZWEITER TEIL

Sechstes Kapitel

«CARO SPIRITUALIS»

Hieronymus und Augustinus ausgeglichen

Caro spiritualis, caro mystica, corpus mysticum: die drei sich vertretenden Wendungen sind mit der Zeit praktisch gleichsinnig geworden, aber doch nur, wenn man bestimmte Texte herausgreift und nicht zu genau hinsieht. Um die Nuancen besser wahrzunehmen, sind einige zusätzliche Bemerkungen unerläßlich. Sie helfen uns die Wortentwicklung verstehen, der wir bisher nur äußerlich gefolgt sind, die wir aber nunmehr von innen mitzuvollziehen versuchen wollen.

Von jeher war, wie sich schon erwies, *caro* der Eucharistie spezifischer zugestaltet als *corpus.* Das ist leicht verständlich, da seit Paulus *corpus* eine andere erstrangige dogmatische Funktion zu erfüllen hatte, die von *caro* nicht übernommen werden konnte.[1] In der Tat liegt im üblichen Gebrauch von «Leib» die Vorstellung einer zugleich geeinten und vielfältigen Totalität, die für die paulinische Kirchenauffassung entscheidend ist. «Leib» ist der Organismus, der Austausch zwischen den mit mannigfachen und zusammenstimmenden Funktionen ausgestatteten Gliedern; er ist auch Fülle. Die Theologen des 13. Jahrhunderts weisen mit Recht darauf hin, daß es angemessener ist, die Eucharistie, in sich selbst und ohne Rücksicht auf ihre Bedeutung betrachtet, als *caro Christi* zu bezeichnen.[2] *Caro:* das war außerdem das Wort für die Opfer des Alten Bundes, wo die *carnes* der Opfertiere vordeuteten auf das Fleisch des göttlichen Opfers.[3] Im Johannesevangelium

[1] Vgl. jedoch Gregor von Elvira, Tractatus 9: «Caro Christi, quod est Ecclesia» (Batiffol-Wilmart, 99). Aber wenn die Kirche Fleisch Christi genannt wird, dann eher als seine Braut denn als sein Leib; das zeigt zum Beispiel die nachfolgende Formel Gottschalks, De corpore et sanguine Domini: «Deus homo, Verbum caro, dat Ecclesiae suae, sponsae suae, carni scilicet suae, manducandam carnem suam» (Lambot, 335).

[2] So die Summe Alexanders, IV^{a}, q 10, m 4, a 2. Vgl. m 3, a 3.

[3] Beda, In Leviticum (PL 91, 341 B).

taucht das Wort nicht erst im 6. Kapitel auf, in der Rede über das Lebensbrot – die übrigens im christlichen Altertum nicht immer, wenigstens nicht unmittelbar auf die Eucharistie ausgelegt wurde –, sondern erscheint schon im Prolog: *Verbum caro factum.* Es war das Kennwort der Menschwerdung. Ein zwiefach paradoxes Wort, das das Fleisch selbst nicht verstehen kann: *vocatur caro quod non capit caro, et ideo magis non capit caro, quia vocatur caro.*[4] Ein Wort der Schwäche und des Todes – *numquid autem caro vivificat?*[5] –, an das sich der Gedanke der Auferstehung heftete,[6] und auch der Gedanke der geistlichen und lebenspendenden Nahrung: *caro cibus. Caro Christi, corpus vitae.*[7] Eine Homilie aus dem 9. Jahrhundert, die wenig mehr ist als die Adaptation einer Predigt Augustins über Johannes, sagt:

> Per spiritum prodest caro, quae per seipsam non prodest... Nam per carnem spiritus aliquid pro salute nostra egit. Caro vas fuit, quod habebat, per quam spiritus salvavit nos, utens organo carnis ad salutem humani generis.[8]

Caro plena sacramento, singt im 12. Jahrhundert der Pseudo-Hildebert...[9]

Nun gab es unter den im Mittelalter bekannten Vätertexten, in denen *caro Christi* vorkam, einen besonders berühmten. Er stammte aus dem Epheserkommentar des Hieronymus:

> Dupliciter vero sanguis Christi et caro intelligitur: vel spiritualis illa atque divina, de qua dixit: »caro mea vere est cibus« et »nisi

[4] Augustin (PL 35, 1612). Ps-Beda (PL 92, 718 A). Alkuin (PL 100, 834 D). Rabanus Maurus (PL 110, 269). Adrevald von Fleury (PL 124, 950 D). Durandus von Troarn (PL 149, 1402 B). Wilhelm von St. Thierry (PL 180, 357 C). Vgl. Rö 8, 3.

[5] In ps. 98, 9 (PL 37, 1264).

[6] Vgl. Jo 6. Bernhard, In vigilia Nativitatis Domini sermo 1, n 6: «ut veterem utrem corporis tui nova illa resurrectionis caro reficiat et sustineat» (PL 183, 89 D).

[7] Ambrosius, De mysteriis, c 8, n 48 (PL 16, 405 A). Lanfranc (PL 150, 430 D). Cyrill von Alexandrien, In Joannem (PG 73, 568 C) und Adv. Nestorium (PG 76, 189 D, usf.). (Cyrill sagt öfter auch *σῶμα:* PG 73, 601 B, 604 B und D; PG 76, 193 B.) Vgl. Athanasius (PG 26, 1011) und Johannes Damascenus (PG 94, 1152). « Caro vivificatrix » : Ivo von Chartres, Decretum, p 2, c 4 (PL 161, 138 D); Gratian, De consecratione, d 2, c 80 (Friedberg, 1346). – Die Formel «Verbum caro factum» legte übrigens die parallele Formel «panis caro factus» nahe.

[8] Haymo von Halberstadt (PL 118, 351 B). Augustin (PL 35, 1616 und 1617 bis 1618). Alkuin (PL 100, 838 AB).

[9] PL 171, 1199 B; PL 207, 1138 B (Petrus Cantor).

manducaveritis ...«, vel caro et sanguis quae crucifixa est et qui militis effusus est lancea.[10]

Die Folge des Textes stellt die Tragweite dieser Unterscheidung heraus:

> Iuxta hanc divisionem, et in sanctis eius diversitas sanguinis et carnis accipitur, ut alia sit caro quae visura est salutare Dei, alia caro et sanguis quae regnum Dei non queat possidere.[11]

Vorweg sei bemerkt, daß trotz der Wendung: *alia caro, alia caro* es sich weniger um zwei verschiedene «Fleische» handelt, die vom gleichen Wort bezeichnet würden, als um zwei verschiedene Weisen, das gleiche Fleisch zu betrachten; so wie man etwa den gleichen Text auf zwei verschiedene Arten auffassen kann: *dupliciter intelligitur.*[12] Also keine Dualität der Substanz. Sollen wir deshalb mit Alger von Lüttich und vielen andern von einer Dualität der «Formen» oder Zustände sprechen? Im Grunde ebensowenig. Zumindest ist es nicht das, worauf Hieronymus hinaus will. Sein Gedanke schließt das zwar ein, aber geht darüber hinaus. Im zweiten Teil des eben gelesenen Textes hat er weniger eine objektive Zweiheit im Auge als eine gegenläufige Beziehung, derjenigen vergleichbar, die Jesus selber ausgedrückt hat: *Caro et sanguis non revelavit tibi... Caro non prodest quidquam... Verba mea spiritus et vita sunt.* Es scheint folglich durchaus, daß schon im ersten Teil jene geheimnisvolle *caro spiritualis atque divina* nicht das eucharistische Geheimnis «in sich» bezeichnen will. Der Ausdruck sucht nicht einzig die Verfassung Christi in diesem Mysterium zu beschreiben, das zu bezeichnen, was man später seine «Gegen-

[10] In Ephes., lib 1, c 1 (PL 26, 451). Nachdem er oft zitiert wurde, geht dieser Text schließlich ein in Abälard (PL 178, 1530), in das Dekretum Ivos von Chartres, p 2, c 5 (PL 161, 141 AB), in die Panormia, die «multipliciter» schreibt (PL 161, 1076 BC), in Gratian, De consecratione, d 2, c 49 (Friedberg, 1332). Vgl. den berengarischen Text (Matronola, 112).

[11] Vergleichbare Texte vor Hieronymus: Klemens von Alexandrien, Paidagogos, lib 2, c 2 (Stählin I, 167 ff.). Origenes, In Leviticum, h 9, n 10 (Baehrens, 438). Für die Gegenübersetzung von Fleisch und Geist: Hieronymus, In Galat., lib 5 (PL 26, 406–422).

[12] Vgl. In Isaiam: «Locus iste dupliciter intelligitur» (PL 24, 309 D). Epistula 78, n 18: «dupliciter accipitur» (Hilberg, Bd. 2, 67). Man vergleiche die lateinische Fassung des Irenäus, Adv. Haereses, lib 4, c 41, n 2: «Filius enim, quemadmodum et quidam ante nos dixit, dupliciter intelligitur: alius quidem ..., alius ...» (PG 7, 1115 B).

wartsweise» nennen wird, sondern wie die *adeps frumenti* und die *caro mystica* des Isaiaskommentars, wie die μυστικὴ σάρξ des Anastasius Sinaita, und ähnlich wie der *panis caelestis* mancher anderer alter Texte, weist er vor allem auf die belebende Kraft der Eucharistie, eine Kraft, die faktisch vom Glauben und von der Verfassung des Kommunizierenden mitabhängt. Diese Absicht erscheint hier sogar klarer als anderswo, dank dem Gegensatz, der durch die Erwähnung des andern Fleisches, der *alia caro*, herausspringt. Der Hieronymustext erinnert an liturgische Texte, die das *corpus salutare*, *corpus vivificum*, *corpus vivum et vitam praestans* besingen.[13] Noch besser rückt man ihn in die Nähe von Augustinustexten, auch wenn der ursprüngliche Gesichtswinkel nicht immer der gleiche ist. Der erste der zwei von Hieronymus gegeneinandergestellten Begriffe ist das Fleisch in seiner sinnlichen Erscheinung, seiner reinen Fleischeswirklichkeit, während bei Augustin der Ausgangspunkt für gewöhnlich das «*visibile sacramentum*» ist. Dieser Unterschied hindert aber nicht, daß die *caro spiritualis* bei Hieronymus annähernd zusammenfällt mit dem *sacramentum spiritualiter intellectum* Augustins.[14] Diese «*caro spiritualis*» ist auch – wieder nach einem Ausdruck Augustins – das Fleisch Christi, sofern es in der Wahrheit empfangen wurde oder empfangen werden sollte – *in ipsa veritate spiritualiter manducata* –, nämlich *non tantum in sacramento*, *sed usque ad spiritus participationem*.[15] Oder nach einer Wendung von Paschasius Radbert, aufgegriffen von Heriger von Lobbes: *caro carni spiritualiter conviscerata*.[16]

Indes, von einem ganz andern Blickpunkt her hatte sich, durch Sammlung verschiedener traditioneller Daten, im 9. Jahrhundert die Theorie vom «dreifachen Leib Christi» ausgebildet, die wir im ersten Kapitel beschrieben haben. In der Absicht ihres ersten

[13] Oft vorkommende Ausdrücke, vor allem in den syrischen Liturgien (Renaudot, Bd. 2, passim). Vgl. Petrus Comestor, Sententiae de sacramentis, n 17 (Martin, 48*).

[14] In ps. 98 (PL 37, 1264). Vgl. Lanfranc (PL 140, 433–434) usf.

[15] De verbis Apostoli, sermo 2, angeführt von Alger (PL 180, 798 A). In Joannem, tr 27 (PL 35, 1616) usf. Vgl. Gottfried (PL 157, 213). Abälard, Sic et Non, c 117 (PL 178, 1533C und 1535B). Alger von Lüttich (PL 180, 798D und 895D).

[16] Heriger von Lobbes (PL 139, 188A). Paschasius Radbert (PL 120, 1327A). Petrus Lombardus, In I Cor.: «corpus Christi digne et spiritualiter sumptum» (PL 191, 1623C).

Autors sollte diese Theorie vor allem die verschiedenen Verwendungen des Wortes Leib, wie die Bibel sie für Christus gebraucht, in eine Ordnung bringen. Man sollte sie bald aufgrund einer falschen Zuteilung, zu der sich anscheinend noch eine Fehldeutung gesellte, Augustinus zuschreiben, was ihr gewaltigen Auftrieb verlieh. Wir lernten bereits diesen seltsamen Irrtum kennen, durch den ein jüngst von Paschasius Radbert verfaßter Text dem großen Bischof von Hippo zugeschrieben und dann gegen Radbert selbst ausgespielt wurde. Die Fehldeutung aber betrifft eine echte Stelle aus Augustin, wo erklärt wird, wie Christus *tribus modis intelligitur et nominatur.*[17] Diese dreifache Seinsweise Christi – als Gott, als Menschgewordener und *in plenitudine Ecclesiae* – hat aber nichts zu tun mit dem «dreifachen Leib» in der Theorie des Paschasius. Diese ist zwar, wie Lepin mit Recht feststellt,[18] eine «Augustinusnachahmung», aber nur der Form, nicht dem Gehalt nach. Richtiger ließe sie sich auf Ambrosius zurückführen, der anläßlich von Lk 17,37 geschrieben hatte:

> »Ubi fuerit corpus, ibi congregabuntur et aquilae.« Si igitur intelleximus aquilas, de corpore iam dubitare non possumus, maxime si meminerimus quod a Pilato Joseph corpus acceperit... Est etiam corpus de quo dictum est: »Caro mea vere est cibus« ... Est etiam corpus Ecclesia.[19]

Wie dem auch sei, man war damals überzeugt, den «dreifachen Leib» mit dem «doppelten Fleisch», also Augustinus mit Hieronymus ausgleichen zu sollen. Keinesfalls durfte es scheinen, zwischen diesen beiden großen Auctoritates bestände eine «Unstimmigkeit». Man war es sich schuldig zu zeigen, daß ihre anscheinend verschiedenen Meinungen keinen Widerspruch in sich schlossen: *varie loquuntur, sed non contrarie.*[20] Das zu zeigen, war nicht weiter beschwerlich; über kurzem flossen die beiden Theorien ineinander. Bald nach der paschasischen Kontroverse werden Hieronymus

[17] Sermo 341 (PL 39, 1493). Vgl. Balduin von Canterbury (PL 204, 695 BC).

[18] L'idée du sacrifice de la Messe (^{2}1926) 766.

[19] In Lucam, lib 8 (PL 15, 1781–1782).

[20] Heriger von Lobbes (PL 139, 180 A und 183 BC). Alger von Lüttich (PL 180, 790 C). Bernold von Konstanz, De sacramentis haereticorum (MGH, Libelli de lite, Bd. 2, 89–90).

und Augustin Seite an Seite zum gleichen Zweck angeführt,[21] und noch lange wird man sich auf Hieronymus und sein «doppeltes Fleisch» berufen, um eine Erörterung des «dreifachen Leibes» einzuleiten.[22] Um die Analogien besser sichtbar zu machen, wird der Sprachgebrauch je nach Bedürfnis leise zurechtgerückt: bei Heriger von Lobbes, dann bei Alger von Lüttich wird aus dem *tribus modis* des Ps-Augustinus ein *tripliciter*, das dann als Gegenstück zum *dupliciter* des Hieronymus steht, und umgekehrt wird aus dem *dupliciter caro* des Hieronymus ein *dupliciter corpus*.[23]

Aber dieser höchst bewußte Konkordismus wird natürlich zugunsten der neuesten Theorie ausschlagen. Zwar werden *caro* und *corpus* noch öfter ununterschieden gebraucht oder eklektisch nebeneinandergestellt; zwar behält *caro* noch eine Zeitlang den Vorzug vor *corpus:* aber der paschasische Gesichtspunkt der objektiven Gegenwart drängt doch die Sicht des Hieronymus von der lebenspendenden Kommunion ein wenig in den Hintergrund. Man begnügt sich nicht mehr, mit Hincmar von Reims und Johannes von Fécamp zu singen:

Manditur alma caro, sanguis bibiturque sacratus.[24]

Vielmehr singt man in manchen Kirchen, lange bevor Thomas von Aquin sein «*Ave verum corpus*» dichtet:

Ave, sanctissima caro... [25]

Damit sind die beiden *carnes*, die Hieronymus unterschied, schlechterdings mit den beiden ersten von den drei «Leibern» des

[21] Heriger von Lobbes (PL 139, 181 B). Alger von Lüttich (PL 180, 363 A).

[22] Heriger von Lobbes, Alger von Lüttich, Wilhelm von St. Thierry (PL 180, 363 A). Petrus Lombardus (PL 192, 857; vgl. PL 191, 1642 AB). Petrus Comestor (Martin, 35).

[23] Heriger von Lobbes (PL 139, 179 und 183 C). Gratian, De consecratione, d 2, c 62: «Dupliciter corpus Christi intelligitur» (Friedberg, 1337); man vergleiche c 49 (1332). Alger von Lüttich, De sacramentis, lib 1, Titel des 17. Kapitels: «Quod dupliciter vel tripliciter dicitur corpus Christi» (PL 180, 790 B). Die Titelüberschriften scheinen von Alger selbst zu stammen: M. Brigué, Alger de Liége, un Théologien de l'Eucharistie au début du XIIe siècle (1936) 25.

[24] Johannes von Fécamp, Confessio fidei (PL 101, 1092 A). Die Verse stammen vielleicht von Hincmar. Vgl. A. Wilmart, Distiques d'Hincmar sur l'Eucharistie?, in: Revue bénédictine (1928) 87–96.

[25] V. Leroquais, Sacramentaires et Missels des Bibliothèques publiques de France, passim.

Pseudo-Augustin gleichgesetzt, das heißt dem geschichtlichen und sakramentalen. Die *spiritualis caro* wird dann, wenigstens eine zeitlang, gleichbedeutend mit dem *corpus mysticum* des Rabanus Maurus und Paschasius Radbert. Schon dieser letztere hatte sie, wenn man der bestbezeugten Lesart folgen darf, im 5. Kapitel seines *Liber de corpore*[26] ungefähr so verwendet. Und noch Alger von Lüttich wird, nachdem er Hieronymus angeführt hat, schreiben können:

> Quod non dixisse quantum ad duplicem substantiam credendus est, sed quantum ad duplicem eiusdem substantiae formam, qua nunc in humana, nunc in panis et vini intelligitur forma... Quam suam duplicitatem in cena ipse Christus ostendit, cum ipse, in humana forma praesens, seipsum in sacramento discipulis exhibuit. Hanc duplicitatem non substantiae sed formae Sancti notaverunt, etc. Cum igitur corpus Christi in humana forma, corpus Christi in sacramento, corpus Christi Ecclesia tripliciter dicatur...[27]

Der Text des hl. Hieronymus wird damit zwar nicht einfach verfälscht, aber doch von seiner ursprünglichen Bedeutung weggerückt. Der Schwerpunkt ist verschoben. Das materielle Fleisch, von dem er leise abwertend sprach, wird zum geschichtlichen Leib Christi in der ganzen Abfolge seiner Zustände, wozu ebensowohl der glorreiche Leib, der zur Rechten des Vaters thront, wie der von der Jungfrau geborene, leidende und sterbende gehört; nichts erinnert hier mehr an jenes «Fleisch und Blut, die das Reich Gottes nicht erben können». Vom «geistlichen Fleisch» hingegen wird jetzt nur noch geredet, um das *corpus in sacramento* zu bezeichnen, um also die Eucharistie in einem ganz objektiven Sinn zu beschreiben, der nicht mehr ganz der Sinn des Hieronymus ist und der ungefähr das Gegenteil der Sicht des echten Augustinus darstellt.[28]

[26] «Bibimus quoque et nos spiritaliter ac comedimus spiritalem Christi carnem» (PL 120, 1261 C). Eine andere Lesart hat: «comedimus spiritualiter». So gewissenhaft die von Sabattier und Martène besorgte Ausgabe des Liber de corpore auch angestellt wurde (die neue Überprüfung der Handschriften durch Peltier hat «nichts Neues zutage gefördert»), der Text bleibt doch allzuoft unsicher.

[27] De sacramentis, lib 1, c 17 (PL 180, 790–791).

[28] Das gleiche gilt für Wendungen wie «caro vivificatrix». So Gottfried von Vendôme: «ipsam beatissimam et vivificatricem carnem multi homines perversi accipiunt» (PL 157, 213 C).

Wie kam diese Umkehr zustande? Daß Gesichtspunkte sich mit der Zeit notwendig verschieben, daß man aber damals gleichzeitig an der Tradition bis in den Wortlaut hinein festhalten wollte, genügt kaum als Erklärung. Ein anderer Einfluß machte sich noch bemerkbar: der des Ambrosius. Denn das « Spirituelle », worin man das unterscheidende Kennzeichen des « zweiten Leibes » Christi zu finden meinte, wurde nicht von allen als der Ausdruck seiner sakramentalen Seinsweise verstanden, die man auch noch durch Worte wie *invisibile* oder *intelligibile*, *rationabile*, *intellectuale*, *mysticum* bezeichnete.[29] Auch wenn man diesen eucharistischen Leib von dem zur Rechten des Vaters thronenden unterschied, konnte man in seiner « Spiritualität » das Resultat der *mutatio carnis in spiritum* erblicken,[30] wie sie die Auferstehung gewirkt hatte. Das aber war ein unterscheidend ambrosianischer Gesichtspunkt.

Die ganze Tradition seit Paulus wußte und betonte das: *seminatur corpus animale, surget corpus spiritale*,[31] und es war gewiß nicht der Leib des Herrn, der hier eine Ausnahme gemacht hätte! *Τοῦτο, οὐ τοιοῦτο. Eiusdem naturae, alterius gloriae.*[32] Immerhin konnte die Aussage mehr oder weniger radikal verstanden werden. Was war denn genauerhin diese « geistliche Glorie », in die der vom Grab erstandene Leib verwandelt wurde?[33] Was dieses « Verschlungenwerden » des sterblichen Fleisches « in die Majestät der Gottheit hinein »?[34] Das Griechische bot hier Vorteile, die dem

[29] Eine Wendung Lanfrancs wird lange klassisch bleiben: « carne Christi et sanguine utroque invisibili, spirituali ... » Siehe unten, Kap. 7.

[30] Vgl. Johannes Scotus Eriugena, In Joannem, frag 2 (PL 122, 317 A); De divisione naturae, lib 5: « non mutationem corporis terreni in caeleste corpus, sed omnino transitum in ipsum purum spiritum » (ebd. 987).

[31] 1 Kor 15, 44.

[32] Gregor der Große, Homilia 26 in evangelia, n 1 (PL 76, 1198 A).

[33] Hilarius, In ps. 118: « in spiritalem gloriam transformatur » (Zingerle, 492); De Trinitate, lib 11, n 40 und 49: « subiectio illa corporis, per quam quod carnale ei est, in naturam spiritus devoratur » (PL 10, 425 und 426). Vgl. Rufin, In Apol. Pamphili, praef. ad Macarium (PG 17, 542).

[34] Hieronymus, In Jeremiam: « Si enim mors absorpta est in victoria, quare non carnis humilitas, quae propter humanam salutem assumpta est, in divinitatis transierit maiestatem ...? » (PL 24, 787 D); In Marcum (sofern diese Markushomilien wirklich von Hieronymus stammen, nach der Zuteilung von G. Morin; Anecdota Maredoolana, Bd. 3, 3. Teil, 356).

Lateinischen fehlten. Man denke zum Beispiel daran, welcher Gedankenreichtum durch den Gegensatz zwischen *μορφή* und *σχῆμα* ausgedrückt werden kann.[35] Die lateinischen Bibelübersetzungen geben die beiden Worte schlecht und recht, wie auch die zwei andern Worte *εἶδος* und *τύπος* mit den vag synonymen *forma* und *figura* wieder.[36] Ambrosius jedoch, den man «den letzten der griechischen Väter vor Augustinus» hat nennen können,[37] hat von ihnen noch mehr als Hilarius die Idee einer Transfiguration des Körpers, ja des ganzen Seins geerbt,[38] die sein genialer Schüler nur unvollkommen weiterführen sollte. Als im 9. Jahrhundert die Diskussionen darüber wieder auflebten, fanden sich die Theologen wie von selbst in zwei Lager geteilt, je nach dem Kirchenvater, an dem sie sich gebildet hatten. Der Augustinist Florus wird sich gegen den Spiritualismus des Hellenisten Johannes Scotus[39] erheben, und der letztere wird selber ausdrücklich feststellen, daß sich der Widerstand gegen die Lehre «Gregors des Theologen, Maximus' und Ambrosius'»[40] im Namen Augustins organisieren sollte. Zu den andern Griechen hätte Johannes Scotus noch den Namen Athanasius hinzufügen können.[41] Er selber bemüht sich

[35] Zorell, N.T. Lexicon graecum. Moulton-Milligan, The Vocabulary of the Greek Testament. Vgl. Origenes, Periarchôn, lib 2, c 10,2 (Koetschau, 174).

[36] Vgl. A. Wilmart, Auteurs spirituels et textes dévots du moyen âge (1932) 398, Anm.

[37] M. Lot-Borodine, in: RHR 1 (1933) 49.

[38] Origenes, In Lucam, h 29, 29 (Rauer, 182); In Rom. (PG 14, 852); Contra Celsum (Koetschau, Bd. 1, 237). Didymus, Fragmenta in Actus (PG 39, 1660 B). Gregor von Nyssa, Contra Eunomium (PG 45, 697, 706–708, 836–837); Adv. Apollinarem (PG 45, 1276–1277); De anima et resurrectione (PG 46, 148 C) usf.

[39] Florus, Adv. Joannem Scotum, c 8: «Quomodo distinguendum est inter corpus animale et corpus spirituale, nisi quod corpus animale per animam tantummodo mortaliter et corruptibiliter vivificatur?» usf. (PL 119, 153 CD). Braulio von Saragossa, Epistula 42 (PL 80, 688 A; Madoz, 179–180). Liber sive definitio ecclesiasticorum dogmatum, c 43 (Turner, in: JThSt 7 [1905–1906] 97). Amalarius (PL 105, 1236–1237) usf. Bei Rabanus Maurus, De videndo Deum, spürt man sein Zögern (PL 112, 1277 BC).

[40] De divisione naturae, lib 5 (PL 122, 880 BC, 987, 990–991, 995, 1015 C). Johannes Scotus ist in der Tat das getreue Echo der griechischen Väter. Khomiakov freilich sah in ihm den Begründer des syllogistischen Rationalismus, ja das Urbild des westlichen Christentums in seinem Gegensatz zum mystischen Osten (Gratieux, Khomiakov, Bd. 2, 81). Rosenberg schließlich macht ihn im «Mythos des 20. Jahrhunderts» neben Roger Bacon und Galilei zu einem der großen «Nordischen», die dank dem Genius ihrer Rasse unsere Anschauung von der Welt erneuert haben, während der Katholizismus der «östlichen Magie» verhaftet blieb!

[41] Vierter Brief an Serapion, n 19 (PG 26, 665–668).

einigermaßen, Augustin in dieses Lager hinüberzubringen, aber die Objektivität liegt hier auf der Seite des Florus.

Für Augustinus ist ein Leib immer ein individueller Organismus, aus Fleisch und Knochen gebildet, aus verschiedenen und genau lokalisierten Organen zusammengesetzt. Wohl ließ auch er wie alle übrigen die Vorstellung eines vergeistigten Fleisches gelten, das nicht mehr «Fleisch und Blut» war.[42] Vom Leib der Bewohner des himmlischen Jerusalem handelnd, zögerte er nicht, ihn zu nennen *corpus iam caeleste et spirituale*, *corpus angelicum in societate angelorum*.[43] Und doch darf man bei ihm solche Aussagen nicht allzuwörtlich fassen. Zeigt er doch eine Neigung, die mit den Jahren zunimmt und gegen Ende zuweilen eine polemische Spitze erhält,[44] sie auf die Ebene der Ethik zu verpflanzen. Worauf es ihm ankommt, ist die vollkommene *concordia carnis et spiritus* in der Stadt der Seligen. «Geistliches Fleisch», so erklärt er mehr als einmal, heißt vor allem ein Fleisch, das dem Geist völlig untertan ist, der selber ganz unter Gott steht;[45] heißt ein Fleisch, das den Geist in keiner Hinsicht mehr hindert und von der Beschauung ablenkt.[46] Gewiß: auch er unterschied sehr klar einen verweslichen und einen unverweslichen Zustand; er unterschied ferner den Zustand des Körpers Adams vor dem Sündenfall und den des auferstandenen Leibes und will nur den letztern zusatzlos einen «geistlichen Leib» nennen.[47] Dennoch scheint der Unterschied

[42] De fide et symbolo, n 24: «Illo tempore immutationis angelicae, non iam caro erit et sanguis, sed tantum corpus» (PL 40, 195). De agone christiano, c 32: «Jam non erit caro et sanguis, sed caeleste corpus ... Fiet corpus caeleste et angelicum» (PL 40, 309).

[43] In ps. 145, n 3 (PL 37, 1805).

[44] De Civ. Dei, lib 13, c 20: «Non quia in spiritum convertetur, sicut nonnulli putant» (PL 41, 393). Retractationes, lib 17 (PL 32, 613).

[45] Enchiridion, c 91: «Ideo ait Apostolus, ‹seminatur corpus animale, resurget corpus spirituale›, quoniam tanta erit tunc concordia carnis et spiritus, vivificante spiritu sine sustentaculi alicuius indigentia subditam carnem, ut nihil nobis repugnet ex nobis, sed sicut foris neminem, ita nec intus nos ipsos patiamur inimicos» (PL 40, 274). De Civ. Dei, lib 13, c 20: «Sicut enim spiritus carni serviens non incongrue carnalis, ita caro spiritui serviens recte appellabitur spiritualis» (PL 41, 393). Contra Adimantum, c 12, n 4 (PL 42, 145). Contra duas epistolas Pelagianorum, lib 1, c 10, n 17 (PL 44, 559). Epistula 43, n 6 (PL 33, 588) usf.

[46] In ps. 75, n 5 (PL 36, 96).

[47] De Genesi ad litteram, lib 6, c 19, n 30 (PL 34, 351–352). De Civ. Dei, lib 13, c 20: «Non solum enim non erit tale, quale nunc est in quavis optima valetudine, sed nec tale quidem quale fuit in primis hominibus ante peccatum ...» (PL 41, 393 bis 394). Ebenso Florus, c 8 (PL 119, 153–154). Aegidius von Rom (In Sent., lib 2, d 22,

zwischen jenem und diesem schließlich gering: es handelt sich nur um eine weitere Stufe in den wundersamen Wirkungen der Allmacht. Der Kontrast, den er zwischen den beiden Zuständlichkeiten aufrechtzuerhalten sich bemüht, verhindert nicht, daß er sie beide nach dem gleichen Leitbild entwirft. Befreite er den Auferstehungsleib von der *esuriendi necessitas*, so schrieb er ihm trotzdem noch die *vescendi potestas* zu.[48] Er bewunderte die «herrlichen Mittel», durch die Gott diese Masse von Fleisch und Blut auf ewig vor der Verwesung bewahrte, so wie er einst die zerstörende Wirkung der Flammen im Feuerofen von Babylon aufgehoben hatte.[49] Die Glieder dieses Auferstehungsleibes waren für ihn unverweslich *de facto*, blieben aber für ihn trotzdem an sich *membra mortalia;* sie waren mit «jeder Leichtigkeit» ausgestattet, blieben aber wie zur Zeit ihrer ursprünglichen Schwere zeitlich und räumlich umschrieben: *formae lineamentis manentibus;*[50] und wie die Apostel den Leib Christi am Osterabend hatten abtasten dürfen, so müßte man es noch im Himmel und zur Zeit seiner Wiederkunft in Herrlichkeit können...[51]

Wie sehr unterschied sich von all dem die von Ambrosius überlieferte Vorstellung! Gewiß: auch hier, im «hellenistischen» Lager, war nicht die Rede davon, das wesenhafte Fortbestehen des auferstandenen Leibes in Frage zu stellen. Fleischlich allerdings war er nicht mehr; das war er einst gewesen. Er blieb es in einem Sinn: als transfiguriertes Fleisch. *Non aliud, sed ipsum, de animali*

q 1, a 1) wird später sagen, daß die Meinung, Augustin habe den Stammeltern einen geistlichen Leib zugeschrieben, ein Mißverständnis ist: «quantum ad naturam» war der Leib, den er ihnen zuschrieb, ebenso animalisch wie der unsere, und nur «quantum ad mores et ad actiones» sprach er in bezug auf sie von einem geistlichen Leib oder Fleisch und meinte damit, daß in ihnen sich nichts der Ordnung des Geistes widersetzte.

[48] Epistula 205, n 4: «ut absit labes, adsit effigies; adsit motio, absit fatigatio; adsit vescendi potestas, absit esuriendi necessitas» (PL 33, 943). De Civ. Dei, lib 13, c 22: «Non enim potestas, sed egestas edendi ac bibendi talibus corporibus auferetur» (PL 41, 395).

[49] Epistula 205, n 4 (PL 33, 943). Vgl. In ps. 62, n 10 (PL 36, 753–754).

[50] Ebd. De Genesi ad litteram, lib 12, c 7, n 18 (PL 34, 459–460) usf. Siehe ferner De Civ. Dei, lib 22, c 15–16, und Enchiridion, c 87–90.

[51] Epistula 205, n 2: «Ergo proinde Domini corpus ita in caelo esse credo, ut erat in terra quando ascendit in caelum, etc.» (PL 33, 942–943). In der gleichen Denkrichtung liegt es, wenn im Catechismus Romanus der auferstandene Leib als «geistig» bezeichnet werden wird, dank der vierten Eigenschaft der Verklärung: der «subtilitas» (p 1, a 1, n 15).

in spirituale mutatum, verdeutlicht Johannes Scotus,[52] der gern den Mailänder Bischof anführt, um zu zeigen, daß er nicht bloß griechischen Autoren folgt.[53] Die Meinung des Ambrosius, die diesem von Origenes zukam,[54] hatte nichts gemein mit den Träumereien, die oft den Origenisten zugeschrieben wurden: daß man den groben irdischen Leib hinter sich lasse, um einen andern subtileren, aus einer himmlischen Materie bestehenden anzunehmen,[55] wie es nach der Meinung gewisser Doketen der Leib Christi auch während seines Erdenwandelns gewesen sein mochte.[56] *Manente corporis veritate*, hat Ambrosius selber erklärt,[57] und Johannes Scotus kommentiert jetzt: *vera corpora et spiritualia... non enim materialia, nec tamen phantastice, sed veraciter*.[58] Sich so auszudrücken schien keinen Widerspruch in sich zu schließen. Man konnte ja auch mit Paulus und sogar mit den Augustinusschülern vom

[52] Johannes Scotus Eriugena, De divisione naturae, lib 5: «Ex veris quippe rationibus vera corpora procedere et spiritualia, dubium non est. In tali corpore Christum suis discipulis post resurrectionem apparuisse credimus, non quod aliud illud, aliud quod natum est ex virgine ..., sed ipsum de mortali in immortale, de animali in spirituale, de terreno in caeleste mutatum. In talibus corporibus humanae naturae numerositas ex secretissimis sinibus, si non peccaret, pullularet» (PL 122, 993–994). Vgl. lib 4 (ebd. 799, 807–810, usf.). Man erkennt hier einen unmittelbar aus Gregor von Nyssa überkommenen Gedanken.

[53] PL 122, 830C, 880B, usf.

[54] Vgl. Periarchôn, lib 2, c 2 und 3 (Koetschau, 112–113 und 116). «Diese ganze Lehre vom pneumatischen Leib für die Seele beruht offenkundig auf der Eschatologie des hl. Paulus» (1 Kor 15, 44ff.): G. Verbeke, L'Evolution de la doctrine du Pneuma du Stoïcisme à saint Augustin (1945) 465.

[55] Gregor der Große, Moralia in Job, lib 14, c 55, n 71: «Sciendum quippe mihi est utrum in quodam alio subtili fortasse, vel aereo, an in eo quo moriar corpore resurgam» (PL 75, 1077B). Elftes Konzil von Toledo, praefatio: «Hoc ergo exemplo Capitis nostri confitemur vera fieri (fide?) resurrectionem carnis omnium mortuorum. Nec in aerea vel qualibet alia carne, ut quidam delirant, surrecturos nos credimus, sed in ista qua vivimus, consistimus et movemur» (Mansi XI, 136E). Julian von Toledo, Prognosticon futuri saeculi, lib 3, c 17 (PL 96, 504BC).

[56] Amphilochus, frag 10 (PG 39, 105–108). Didymus, In epistulam primam Joannis (Zoepfl, 66).

[57] In ps. 1, n 51 (PL 14, 949C). Vgl. Gregor von Nazianz, 40. Rede, c 45: *οὐκ ἔτι μὲν σάρκα, οὐκ ἀσώματόν δε* (PG 36, 421C). Johannes Scotus Eriugena, De divisione naturae, lib 1, c 10: «naturae integritate permanente» (PL 122, 451B); c 40: «non ut in eis natura pereat, sed ut in eis solus appareat qui solus vere est; et hoc est naturam transcendere, naturam non apparere, sicut aer ... luce plenus non apparet, quoniam sola lux regnat» (ebd. 483B); lib 5, c 8 (ebd. 876–881). Was Origenes selbst betrifft, so sagt F. Prat (Origène [1907] 94) mit Recht von ihm, daß er «immer energisch mit der Auferstehung der Toten zusammen die Identität des Auferstehungsleibes verteidigt».

[58] De divisione naturae, lib 5 (PL 122, 993D).

«geistlichen Aufbau des Leibes Christi» reden,[59] konnte sagen, daß die Christen durch ihre geistliche Vereinigung mit dem Herrn ihm *concorporales* werden.[60]

Ambrosius und Augustinus versöhnt

Diese doppelte Weise, den Auferstehungsleib zu verstehen, mußte nun aber einen tiefen Widerhall in der Eucharistielehre haben. Bei vielen Augustinschülern wird die Lokalisation des Leibes Christi jahrhundertelang das Haupthindernis für den sakramentalen Realismus bilden:[61] *corpus enim Domini in quo resurrexit, uno loco esse potest.*[62] Für Ambrosius dagegen und die von ihm Angeregten bestand diese Schwierigkeit nicht. Doch bleibt dieser Gegensatz einstweilen latent, und während man beiderseits heftig über andere Punkte diskutiert, wird man sich betreffs einer spiritualistischen Aussageweise verständigen oder verständigt zu sein meinen, die von anderswoher gerechtfertigt schien.

Ambrosius hielt stramm an der paulinischen Aussage fest: «Der Herr ist Geist.» Im selben Kapitel des *De mysteriis*, in dem er die Werke der göttlichen Macht aufführte, die uns an das *sacramentum carnis* zu glauben bewegen, geht er sogleich von der Menschwerdung zur Eucharistie über und unterstreicht den geistlichen Zustand Christi vom Ostertag an:

> In illo sacramento Christus est, quia corpus est Christi. Non ergo corporalis esca, sed spiritualis est. Unde et Apostolus de typo eius ait:

[59] Fulgentius, Ad Monimum: «spiritualis aedificatio corporis Christi» (PL 65, 109 B).

[60] Ps-Primasius, In epistulam ad Hebraeos: «concorporales illi secundum spiritalem hominem» (PL 68, 708 B). Alger von Lüttich: «concorporales et consanguinei Christo spiritualiter efficimur» (PL 180, 795 D). Albert der Große, De sacrificio missae, tr 3, c 21: «per spiritualem incorporationem» (Vivès, Bd. 38, 157).

[61] Ferner z. B. auch Wiclif, Sermonum, p 3, s 51: «Non est ibi natura corporis Christi, ut est in caelo, sed est ibi virtus Dei... Concedi debet quod corpus Christi est in situ sacramenti corpus Christi, sed illud corpus non habet ibi esse corporale sed spirituale, cum corpus vel corporeitas de genere quantitatis quae inest corpori Christi in caelo non sit in situ huius sacramenti» (Loserth, 445).

[62] Augustin, In Joannem, tr 30, n 1 (PL 35, 1632); vgl. die berengarische Schrift (Matronola, 112). Ivo von Chartres, Decretum, p 2, c 8 (PL 161, 150–151); Gratian, De consecratione, de 2, c 44 (Friedberg, 1330) usf., wo «potest» zu «oportet» geworden ist.

«Quia patres nostri escam spiritalem manducaverunt.« Corpus enim Dei, corpus est spiritale; corpus Christi, corpus est divini Spiritus, quia Spiritus Christus, ut legimus: »Spiritus ante faciem nostram Christus Dominus.»[63]

An dieser kurzen, aber gewichtigen Stelle,[64] die oft angeführt werden wird, häuft Ambrosius irgendwie die verschiedenen Gesichtspunkte – die alle untereinander zusammenhängen –, unter welchen der eucharistische Leib als « geistlich » bezeichnet werden kann und darf: weil unsichtbar, verhüllt im Sakrament; weil Nahrung des Geistes, dank dem Geist, der in ihm wirkt;[65] weil im Geist die Figuren des Alten Bundes erfüllend; schließlich weil er der Leib dessen ist, der als *totus Spiritus*, als *per omnia Deus*[66] auferstand. Auf diesem letzten Zug liegt der Nachdruck, auf ihn bezieht Ambrosius die übrigen. Er trägt am stärksten das Merkmal seiner Persönlichkeit.[67] Dank diesem konnte die ambrosianische Eucharistielehre ein Gleichgewicht gewinnen, zu dem die augu-

[63] De mysteriis, n 58 (PL 16, 408–409). Vgl. De Spiritu sancto, lib 1, c 9, n 105: «Et Christus Spiritus dicitur, quia Jeremias dixit: Spiritus ante faciem nostram Christus Dominus» (PL 16, 729 D). Man kann hier an die «res caelestis» (*οὐράνιον*) des Irenäus erinnern, im berühmten Text Adv. Haereses, lib 4, c 18, n 5 (PG 7, 1029 A; vgl. H.-D. Simonin, Note à propos d'un texte eucharistique de saint Irénée, in: RSPhTh [1934] 281–292); sowie an das «himmlische Fleisch» Christi, mit dem unser Fleisch sich vereint, bei Hippolyt, In Cantica (Bonwetsch, Hippolyts Kommentar zum Hohenlied, 1902, 66, in: TU, 23,2).

[64] Durandus von Troarn (PL 149, 1385 D). Gratian, De consecratione, d 2, c 85 (Friedberg, 1349–1350) usf.

[65] Häufigkeit des Ausdrucks «esca spiritualis», *βρῶσις πνευματική*. So Cyrill von Alexandrien: *τὴν μυστικήν τε καὶ πνευματικωτέραν τροφήν – τροφῆς πνευματικῆς καὶ νοητῆς* (PG 73, 481 B und 561 C).

[66] De fide resurrectionis, n 91 (PL 16, 1341). Vgl. Hieronymus, In Jeremiam: «Si enim mors absorpta est in victoria, quare non carnis humilitas, quae propter humanam salutem assumpta est, in divinitatis transierit maiestatem, ut fecerit utrumque unum ...?» (PL 24, 787 D). Beda, In Leviticum: «Ubi autem suspensus est in ligno, dispensatio carnis finita est» (PL 91, 335 B). Johannes Scotus Eriugena: «carnem Christi, versam iam in spiritum, immo in ipsum Deum» (PL 122, 993 B). Rupert von Deutz, In Cantica, lib 4: «Caro in divinitatis gloriam transivit» (PL 168, 904 C). Noch Bessarion hat die Wendung «ipsum corpus Domini deificatum», aber anscheinend ohne ihr eine genaue Bedeutung zuzulegen (De sacramento Eucharistiae PG 161, 498 C).

[67] J. Tixeront, Histoire des dogmes, Bd. 2, 9. Aufl., 319, scheint uns die Tragweite der Stelle ein wenig zu unterschätzen, wenn er schreibt: «Der Bischof von Mailand will hier weniger auf die Seinsweise des Leibes in der Eucharistie hinweisen als vielmehr auf die heiligende Wirkung». Er selbst anerkennt S. 344–345, daß nach Ambrosius die Auferstehung im Leib «eine Verwandlung hervorbringt, die unser Verfasser zuweilen im origenischen Sinn zu übertreiben scheint». Vgl. aber: In Lucam, lib 10 (PL 15, 1845–1846).

stinische, die an sich die tiefere war, sich als weniger geeignet erwies. Es war eine echte Lehre der Transsubstantiation, noch ehe es eine solche ausdrücklich gab, so sehr, daß ein Gottschalk daran Ärgernis nahm,[68] eine Lehre, die doch nur die einfachen Glaubensaussagen bestätigte. Mit dem konsequentesten Realismus einte sie aber gleichzeitig mühelos einen unentwegten Spiritualismus, so daß sich Paschasius und Ratramnus, jeder auf seine Art, darauf stützen konnten. Zwar erwähnt Paschasius den Mailänder Bischof nicht, außer einmal in einem kleinen Florileg, das er seinem Brief an Frudegard beigab.[69] Und doch zitiert er ihn, auf seine etwas freie Art, und läßt sich deutlich von seiner Auffassung leiten.[70] Ratramnus seinerseits läßt den Schluß des angeführten Textes volltönend erklingen, zieht aber, im Gegensatz zu seinem Antagonisten, daraus ein Argument für die betonte Unterscheidung zwischen dem historischen und dem sakramentalen Leib:

> Huius doctissimi viri auctoritate perdocemur, quod multa differentia separatur corpus in quo passus est Christus, et hoc corpus quod in mysterio passionis Christi quotidie a fidelibus celebratur.[71]

Man könnte vielleicht die Gefahr, in die sich Ratramnus damit hineinbegibt, so ausdrücken, daß man sagte: er ist zu sehr Augustinist, um diesen eucharistischen Spiritualismus des Ambrosius ungestraft übernehmen zu können, oder: er bleibt zu sehr Ambrosianer (und ist mit dem Standort, auf den er sich stellt, schon zu sehr Paschasianer), um sich ungestraft dem kirchlichen Symbolismus Augustins ergeben zu können. Des letztern Auffassung vom Leib ließ in der Tat die Anwendung des ambrosianischen Begriffs vom geistlichen Leib auf die Eucharistie recht heikel erscheinen; und wenn anderseits bei Paschasius und bereits bei Ambrosius die Frage nach der realen objektiven Gegenwart in den Vordergrund gerückt wurde, gestaltete sich die Lage nicht weniger heikel für den, der dem kirchlichen Leib jenen zentralen Platz beibehalten wollte, den er in Augustins Eucharistielehre besaß. Es bestanden zwei Traditionen, von denen die eine aufzugeben einen Schaden bedeutete,

[68] Lambot, 325–326. [69] PL 120, 1360B.

[70] Man vergleiche den Liber de corpore, c 1 und 4 (PL 120, 1267–1272 und 1279BC) und Ambrosius, De mysteriis (PL 16, 406–407).

[71] PL 121, 154–155.

und die doch, so wie sie waren, nicht gleichzeitig übernommen werden konnten. Eine gleichzeitige vollkommene Treue zu beiden Lehrern hätte eine schöpferische Leistung gefordert. Aber soviel konnte man einem Geist des 9. Jahrhunderts nicht zutrauen. Und faktisch ist die Synthese nie erfolgt. Später, wenn man den Text des Ambrosius zugunsten des Realismus und der Identität anführen wird, wird man sorgsam das Zitat beenden, ehe sich auch der Spiritualismus in ihm auszusprechen beginnt.[72] Ratramnus aber will im Gegenteil das «*Spiritus Christus*» ins Licht setzen, das Ambrosius bei Paulus entliehen hatte, aber da er, was die Auferstehungsleiber angeht, unbewußt von dem gleichen etwas kurzatmigen Augustinismus wie alle seine Zeitgenossen beherrscht war, setzt er beim Abschreiben «*Spiritus Christi*».[73] Der kleine Zug verrät viel.

Diese ambrosianische Christologie, die im Gefolge der Griechen solchen Nachdruck auf die Unterschiede in der Verfaßtheit des irdischen und des glorreichen Daseins legt, wird sich aber noch viel später, lange nach Ratramnus, auf dem Gebiet der Eucharistielehre fruchtbar erweisen. Die Erklärungen Ruperts zum Beispiel, denen wir schon begegneten, setzen diese Sicht voraus. Bei ihm verbindet sie sich noch, wie bei Ratramnus, mit einer augustinischen Ader, die den Erfolg einigermaßen beeinträchtigt. In der zweiten Hälfte des 12. Jahrhunderts wird sie sehr bewußt von den Brüdern Gerhoh und Arno von Reichersberg wieder aufgegriffen. In ihrer langen glutvollen Auseinandersetzung mit den Schülern des Petrus Lombardus und Gilbert de la Porrée werden sie nicht müde, sich auf die vereinten Autoritäten des Hilarius und Ambrosius zu berufen. Aber konsequenter – oder vielleicht einfach als Spätergekommene – lösen sie sich stärker von Augustin, so daß ihr Realismus gefestigter erscheint und die Lehre dieser Traditionalisten das genaue Gegenteil eines Archaisierens ist: *In veritate sacramentorum Christi adoratur Deus, qui et sumitur in corpore de virgine sumpto et in caelum assumpto.*[74] Natürlich werden sie nicht darauf verzichten, auch ihrerseits einen so hohen Namen

[72] So Gregor von Bergamo, c 27 (Hurter, 104).

[73] PL 121, 153 A: «videlicet secundum quod sit in eo Spiritus Christi».

[74] Gerhoh von Reichersberg, Ad Adamum abbatem Eberacensem (PL 193, 497 B). Vgl. oben S. 123.

wie den Augustins für sich zu beanspruchen, aber ihre Stellung ist diesbezüglich vergleichbar derjenigen des Johannes Scotus gegenüber Florus. Wieviel Distinktionen sind sie nicht zu erfinden gezwungen, um den Augustin-Texten, die man ihnen entgegenhält, einen für sie annehmbaren Sinn zu entnehmen![75] Sie haben das lebhafte Gefühl, daß es, wenn man dem Auferstehungsleib, wie Augustin es zu tun scheint, einen besonderen Ort in einem materiellen Himmel zuschreibt, um die Wirklichkeit, die das Mysterium in sich birgt, geschehen ist. War es nicht eben dies, was ihrer Meinung nach einen Folmar drängt, die Lästerung Berengars zu erneuern?[76] Nicht also einzig um der Glorie des Menschensohnes willen, zu deren Herolden sie sich machten, sondern auch um der Ganzheit ihres sakramentalen Glaubens willen entheben sie den Auferstehungsleib aller Begrenzungen, die auf das *tempus corporeae ac dispensatoriae minorationis* zurückzuführen sind.[77] So allein kann dann die Gegenwart Christi zur Rechten des Vaters bejaht werden *sine praeiudicio praesentiae corporis Christi in altaris sacramento, quod Ecclesia proferens quotidie in multis simul locis in veritate participat.*[78] Und so allein kann dann der Gläubige in aller Wahrheit, die augustinischen Formeln wiederaufgreifend, sagen: *Totus in caelo, totus in altari; totus in ore comedentis, ... totus in corde credentis ...*[79] Realität der Gegenwart, Identität des Lei-

[75] Arno von Reichersberg, Liber apologeticus contra Folmarum (Weichert, 202 bis 205). Und gleich als verstände er die Vergeblichkeit seiner exegetischen Bemühungen, schließt Arno: «... Aut certe, ista de corporali caelo dicendo (beatus Augustinus), lac potum parvulis dedit, non escam. Quamdiu enim parvuli sumus, vix aliud quid etiam de caelestibus quam materialia cogitare et imaginari novimus aut possumus.» Wenn er es unternommen hat, Augustin anders zu verstehen, so war es «ne Patribus aliis inveniatur contrarius».

[76] Gerhoh von Reichersberg, De gloria et honore Filii hominis, c 13, n 2: «Sed nunc in eius (Berengarii) locum surrexit ille blasphemus, recte nominatus Folmarus, quasi follis amarus, dictis et scriptis affirmando corpus Domini ex quo ascendit numquam fuisse sub caelo ...» (PL 194, 1117D). Gerhoh übertreibt. Wahr ist allerdings, daß der Irrtum Folmars mit seiner Vorstellung einer im Himmel lokalisierten Gegenwart Christi zusammenhängt; nur dort befand sich nach ihm der Leib Christi in der ganzen Fülle, und außerdem war in einer großen Hostie, zum Beispiel, mehr von ihm vorhanden als in einer kleinen: vgl. J. de Ghellinck, in: DTC V, 1266).

[77] Arno von Reichersberg, Liber apologeticus contra Folmarum (Weichert, 230; vgl. 196 und 228). Und S. 198: «Spiritalibus enim post resurrectionem effectis, spiritalis magis amplitudo quam corporalis necessaria est.»

[78] Arno von Reichersberg, ebd. 202.

[79] Gerhoh von Reichersberg (PL 193, 497B). Vgl. Augustin, angeführt von Gratian, De consecratione, d 2, c 70 und 75 (Friedberg, 1341 und 1345).

bes: an beidem halten die streitbaren Brüder mit Ambrosius zusammen fest, doch ist wohl zu beachten, daß für sie wie für Ambrosius der in Frage stehende Leib nur ein «geistiger Leib» sein kann: *In sacramento altaris veritatem sui corporis et sanguinis in cibum praestat, et potum salutis aeternae, nimirum corpore suo iam spiritali in illa sacramentali specie essentialiter abscondito.*[80] Das Ganze ist, wie man sieht, durch das ambrosianische Prinzip bestimmt, das Gerhoh nochmals mit diesen Worten in Erinnerung ruft: *Mortuus est ut homo, vivit ut Dominus.*[81]

Spiritualistisches Vokabular

Nach diesem Abstecher in eine spätere Zeit, der durch die Sonderstellung Gerhohs und Arnos von Reichersberg gerechtfertigt war, wollen wir nochmals ein wenig zurückkehren.

In einem Verhältnis, das sehr wechselnd ist, haben die Theologie und die Sprache des Ambrosius tatsächlich im Verein mit den Texten von Hieronymus und Augustin dazu beigetragen,[82] in Sachen der Eucharistie ein «spiritualistisches» Vokabular durchzusetzen. Aber dieses Vokabular trieb keineswegs, rein als solches, dazu, den Glauben an die reale Gegenwart Christi *in sacramento* zu erschüttern. Hatte nicht auch ein Johannes Chrysostomus selber einmal von «geistigem Blut» gesprochen?[83] Solche Rede war einfach ein Mittel, jeden Materialismus vom Verständnis dieser Leibwirklichkeit fernzuhalten. Zudem stimmte sie mit dem Johannes-

[80] Ebd. – Aber Arno und Gerhoh sichern ihren Realismus nicht ohne eine deutlich «ubiquistische» Tendenz, die man ihnen immer wieder vorwerfen wird. Vgl. Arno, aaO. 223 usf. Das Problem der Vervielfältigung der Gegenwart Christi blieb für alle sehr dornig. Hugo von St. Victor begnügte sich damit, gegen die Einwände auf die Allmacht Gottes hinzuweisen, und erinnerte nach der augustinischen Lehre vom Wunder daran, daß was uns als notwendiges Gesetz erscheint, in Wahrheit nur «consuetudo» sei, und was uns als «mirabile» erscheine, es für Gott nicht sei: De sacramentis, lib 2, p 8, c 11 (PL 176, 469CD).

[81] Gerhoh von Reichersberg, In ps. 17 (PL 193, 889B).

[82] Ratramnus führt sogleich nach seiner Erklärung des Ambrosius den Hieronymus an, und sagt von beiden zusammen: «Non parva doctor iste differentia corporis et sanguinis Christi fecit distinctionem» (PL 121, 156A).

[83] In Hebr., h 16, n 2 (PG 63, 125). Die lateinische Übersetzung des Mutianus (ebd. 343–344) läßt «sanguis spiritualis» fallen. Vgl. die Responsio cuiusdam: «salvo et solido spiritali sacramento» (d'Achery, Bd. 1, 150).

evangelium überein. Auch die Ausdrücke, die Paulus anläßlich des Manna und des Wassers aus dem Felsen in der Wüste verwendet, ermutigte ihn dazu: wenn er sie « geistig » nannte, so doch wohl, sagte man, weil sie « geistig » erzeugt worden waren wie die Eucharistie.[84] Sie waren der Allmacht Gottes zu verdanken, die hier durch Vermittlung der Engel, ohne Beiziehung der Naturkräfte, gehandelt hatte. Und vor allem wiesen sie, wenn sie « geistig » verstanden wurden, auf die « geistige » Sache voraus, die die Eucharistie sein sollte.[85] Der abälardische Kommentar zu den Paulusbriefen, den Landgraf ediert hat, sagt, als spätes Glied einer Tradition, die wenigstens bis zum Ambrosiaster zurückreicht,[86] vom Manna: *Esca spiritualis dicitur, quia cibum animae, corpus videlicet Christi designat.*[87] Eine solche Sprache finden wir allenthalben vom 9. bis 11. Jahrhundert, quer durch alle Lehrdifferenzen hindurch, die im Augenblick unerheblich sind. Sie erweckt noch keinerlei Mißtrauen. Ratramnus verwendet sie allerdings besonders ausgiebig:

> Numquid Dominum gustare, corporeum est aliquid sentire? Invitat ergo (Spiritus) spiritualis gustus saporem experiri, et in illo vel potu vel pane nihil corporaliter opinari, sed totum spiritualiter sentire, quoniam Dominus Spiritus est.[88]

Aber nicht bloß bei Ratramnus lesen wir Aussagen wie diese: *Corpus quod per mysterium Dei dicitur, non est corporale, sed spiritale,*[89] oder die folgende:

> Nihil igitur hic corporaliter, sed spiritualiter sentiendum: corpus Christi est, sed non corporaliter; et sanguis Christi est, sed non corpo-

[84] So Chrysostomus, In I Cor. X, 4 (PG 51, 249).

[85] Siehe die Kommentare zu 1 Kor 10. Sedulius Scotus: « Ideo manna spiritualis cibus dicitur, quia spiritualiter per angelos ministratum fuit ..., sive quia figuraliter spiritualia (sic), id est corpus Christi » (PL 103, 147 CD). Rabanus Maurus (PL 112, 88 C). Kommentar von Auxerre (PL 177, 558–559). Lanfranc (PL 150, 188 A). Ps-Strabo (PL 114, 535 A). Vgl. Ps-Beda, In psalmos (PL 93, 899 D). Bruno, In ps. 77 (PL 152, 1037 A, 1038 A) usf. Wiclif wird sagen: « Quae esca dicitur spiritualis, quia per eius miraculosam missionem erant spiritualiter satiati, et per illam figuram futuram eucharistiam ... cognoverunt », Sermonum, p 3, s 16 (Loserth, 125). Siehe unten, Anm. 122. [86] On I Cor. 10, 3 (PL 17, 234 A).

[87] Commentarius cantabrigiensis in Epistulas Pauli et Schola Petri Abaelardi, In I Cor. X (Bd. 2, 1939, 255).

[88] De corpore et sanguine Domini, c 58 (PL 121, 151 B); c 16: « Neque ista commutatio corporaliter, sed spiritualiter facta » (ebd. 134 B).

[89] C 62 (PL 121, 152 C) usf.

raliter... Sub velamento corporei panis corporeique vini, spirituale corpus spiritualisque sanguis existit.[90]

Diese Formeln hat Ratramnus nicht erfunden. Sie waren überliefertes Gut, und zwar ebensowohl im Augustinismus[91] wie im «Hellenismus», wo sie nicht nur eucharistisch verwendet wurden.[92] Mehr noch: man findet ganz ähnliche bei Paschasius Radbert selbst, sogar in seinem Brief an Frudegard, wo er seinen Realismus verteidigt und verstärkt, aber auch in seinen früheren Werken. *Corpus Christi non corrumpitur, quia spirituale est.*[93] Schon in der ersten Redaktion seines *Liber de corpore* hatte er gesagt: *Intellige quia spiritualia haec, spiritualia sunt, totum spirituale et divinum.*[94] Im Matthäuskommentar desgleichen: *Spiritualiter accipienda sunt haec omnia quae traduntur in sacramento... Totum fieri in Spiritu intelligatur.*[95] Man liest zwar heute im 9. Kapitel des *Liber de corpore:*

> Sicut iam per baptismum Christo induuntur, ita Christus in eis per hoc sacramentum corporaliter maneat.[96]

Indes scheint es uns sehr wahrscheinlich, daß hier die Lesart *spiritualiter* vorgezogen werden muß, die dem Sprachgebrauch des Paschasius wie seiner ganzen Zeit angemessener ist[97] und sich dem Zusammenhang besser einfügt: handelt es sich doch in jenem Kapitel um die Gegenwart Christi, der im Gläubigen bleibt, so wie

[90] C 60 (PL 121, 152 A); c 16 (ebd. 134–135); c 65: «Nihil in esca ista, nihil in potu isto corporaliter sentiendum, sed totum spiritualiter attendendum» (ebd. 153 bis 154) usf.

[91] Zum Beispiel Cassiodor, In ps. 103: man darf nicht «corporaliter advertere», sondern soll «spiritualiter sentire»: dies wird vom eucharistischen Brot und Wein ausgesagt (PL 70, 733–734).

[92] Vgl. Johannes Scotus Eriugena, De divisione naturae, lib 5, c 38 (PL 122, 1015 C).

[93] PL 120, 1356 B. Man vergleiche Ratramnus, c 63: «Spirituale, id est... invisibile et impalpabile ac... incorruptibile» (PL 121, 153 A).

[94] C 8 (PL 120, 1287 C); c 2 (ebd. 1274 B); c 8 (ebd. 1280 C). Siehe ferner ebd. 1277 B, 1281, 1327 BC, 1328 D, usf.

[95] Lib 12 (PL 120, 895 A).

[96] PL 120, 1296 A.

[97] Kein anderes Beispiel für «corporaliter» bei Paschasius (außer in einem ganz anderen Sinn: ebd. 1278 C, 1325 A und B). In der Anwendung auf den sakramentalen Leib bleibt das Wort zumeist sehr selten bis auf Guitmund von Aversa. Vgl. jedoch den Kommentar von Auxerre, In Hebr.: «... sicut Christus tam corporaliter quam spiritualiter fovit et nutrit Ecclesiam» (PL 117, 730 AB).

der Vater im Sohn bleibt; man durfte diese Gegenwart *naturalis* nennen, nach dem Wort, auf das Hilarius viel Gewicht legte, sie war aber deshalb nicht weniger gewiß *spiritualis*. Wenn Paschasius in dieser Gegenwart eine Auswirkung der Kommunion sieht, so verwechselt er sie doch nicht mit der sakramentalen Gegenwart, da sie die letztere überdauert. Sagt er nicht übrigens selbst in einem spätern Kapitel: *Sanguis spiritualiter de altari corporis Christi nos refundat?*[98] Im 9. Kapitel wird also das Eigenschaftswort durch einen ängstlichen Abschreiber geändert worden sein – der unserer heutigen Meinung nach sogar etwas mehr Ängstlichkeit hätte zeigen dürfen –, wie es anscheinend auch in einem analogen Text des Christian von Stavelot[99] unterdrückt worden ist. Die umgekehrte Korrektur wäre, nach allem, was wir von den späteren Kontroversen und der Entwicklung der eucharistischen Sprache wissen, viel weniger verständlich.[100]

Wer die Tendenzen des Florus kennt, wird nicht erstaunt sein, folgendes bei ihm zu lesen:

> Panis ille sacrosanctae oblationis corpus est Christi, non materia vel specie visibili, sed virtute et potentia spirituali.[101]

[98] B 21, n 2 (PL 120, 1334 B).

[99] In Matthaeum (PL 106, 1476 D). Während «spiritualiter» unterdrückt wird, werden dem Satz: «Hoc est corpus meum, id est, inquit, in sacramento» die Worte «vere subsistens» zugefügt. Die Unterdrückung wie der Zusatz werden aufgrund einer Hs der Lyoner Minoriten als authentischer Text Christians verteidigt von Sixtus von Siena, du Perron, Natalis Alexander, der Perpétuité gegen den lutherischen Herausgeber J. Secer. Natalis Alexander freilich erklärt Christian, indem er auch die entgegengesetzte Hypothese in Betracht zieht: Dissertatio de fide christianorum saeculi noni circa Eucharistiam, c 2 (Zaccaria, Thesaurus, Bd. 10, 919). Dom Ceillier zieht in seiner Erklärung der Stelle analoge Ausdrücke bei Paschasius heran (Vivès, Bd. 12, 421–422). – «Ich wundere mich», schrieb Claude 1667, «daß seit Sixtus uns niemand mehr eine Einsichtnahme in das Manuskript (der Minoriten) bezeugt... Diese angebliche Verbesserung des Sixtus ist neuer Wein in alte Schläuche» (Réponse aux deux traités..., 497–506).

[100] M.-H. Peltier, Pascase Radbert (1938) 216, Anm. 1 ist jedoch der gegenteiligen Ansicht.

[101] Adv. Amalarium 1, n 9 (PL 119, 77 CD; vgl. 77 D: «accedit divinae virtutis infusio»; ebd, 78 A). Zu dieser Zeit behält das Wort «virtus» noch eine sehr starke und quasi-substantielle Bedeutung (trotz Paschasius; PL 120, 890 und 1625). Hesychius, In Leviticum: «Per ignorantiam autem percipit, qui virtutem eius et dignitatem ignorat, qui nescit quia corpus hoc et sanguis est secundum veritatem, sed mysteria quidem percipit, nescit autem mysteriorum virtutem» (PG 93, 1071 B). Faustus von Reji, c 5: «Eo quod Eucharistiae perceptio, non in quantitate, sed in virtute consistat» (PL 30, 273 C). Johannes Scotus Eriugena: «Si ergo transformata caro Christi est in Dei virtutem et spiritus incorruptionem, profecto ipsa caro virtus est et incorruptibilis spiritus» (PL 122, 992 C). Ratramnus: «Intellige quod non in

Aber Hincmar von Reims, der näher bei Paschasius Radbert steht als bei Florus, und mit Scotus Eriugena nicht minder streng verfuhr wie Paschasius mit Ratramnus, erinnert seinerseits anläßlich der Eucharistie daran, daß «der Buchstabe tötet» und daß man zur «geistlichen Einsicht»[102] seine Zuflucht nehmen muß. Im folgenden Jahrhundert nennt Heriger von Lobbes nicht nur den Leib Christi eine geistliche Speise – das war allgemein Sitte –, sondern sagt außerdem: *Nec spiritus amittit, quod fide integra in re corporali spiritaliter sumpsit.*[103] Dieser Satz ist übernommen aus einem anonym gebliebenen Werk, dessen Verfasser auch sagte: «*spiritaliter fit*», «*spiritalis alimoniae sacramentum*», «*nonnisi spiritu sumitur*».[104] Man sieht: solche Formeln sind wirklich kein Monopol irgendeiner Richtung. Aelfric von Canterbury († um 1020), geistiger Erbe des Ratramnus, sagt erneut, daß das Brot und der Wein des Opfers verwandelt werden in *corpus spirituale*, *in sanguinem spiritualem*, daß diese Verwandlung selber geistlicher Ordnung ist: *spiritualiter corpus eius efficitur et sanguis*, und daß auf dem Altar, *in mysterio spirituali*, im Gegensatz zum Ereignis am Kreuz, *non est corpus Christi corporaliter*, *sed spiritualiter*.[105] Er insistiert auf dem Abstand zwischen dem Leib, mit dem Christus gelitten hat, und dem geistlichen Leib, «den wir Eucharistie nennen».[106] Ein Jahrhundert früher aber hatte Adrevald von Fleury, der als Vertreter der entgegengesetzten Richtung betrachtet werden kann (so daß man sein Florileg lange Zeit für eine gegen

specie, sed in virtute corpus et sanguis Christi existant» (PL 121; 150 A, vgl. 153 A); man achte auf den Parallelismus zu folgender Stelle: «Exterius igitur quod apparet non est ipsa res, sed imago rei; mente vero quod sentitur et intelligitur, veritas rei» (ebd. 160 C). So noch Gerard von Cambrai: «Videtur enim sanctus ille panis, quo corpus Domini consecratur et visibiliter ore percipitur; sed virtus Dei Verbi, id est divinitas, qua anima percipientis sanctificatur, videri non potest» (PL 142, 1280 AB). – In der späteren Zeit wird es anders: vgl. Durandus von Troarn (PL 149, 1387 C) usf.

[102] De cavendis vitiis (PL 125, 920–921). Hincmar führt etwas weiter unten (927 C) den Text des Ambrosius an.

[103] C 9 und 10 (PL 139, 188 D).

[104] Responsio cuiusdam de corpore et sanguine Domini (d'Achery, Bd. 1, 149).

[105] Ex epistulis ad Wulfstanum et ad Wulfsinum (J.-M. Routh, Scriptorum ecclesiasticorum opuscula, 3. Aufl., Bd. 2, 166–177; das Original dieser beiden Stücke ist angelsächsisch. S. 168, Transponierung der Unterscheidung des Hieronymus, und Entsprechung zur «spiritualis esca» von 1 Kor. 10.

[106] In den Anmerkungen des Abraham Whelocus zu Bedas Historia Ecclesiastica (1644), lib 5, c 22 und lib 4, c 24: «in ratione spirituali».

Scotus Eriugena gerichtete Schrift ansah),[107] nicht gezögert, in diesem schmalen Büchlein Texte von Vätern zu sammeln, die von geistlichem Fleisch, geistlicher Speisung, geistlichem Verständnis des Mysteriums und geistlicher Sättigung handelten.[108] Ebensowenig zögert Odo von Cluny, ein Schüler des Remigius von Auxerre, die zwei Ausdrücke des Hieronymus *divinum ac spirituale* aufzugreifen,[109] und wenn Johannes von Fécamp von dem «heilbringenden Opfer» spricht, das die Liturgie *spiritali ratione* begeht, ruft er aus: *Absit ut aliquid ibi aliter, nisi divine et spiritualiter intelligatur!*[110]

Kurz, während mehreren Jahrhunderten und ohne Unterscheidung der Schulen wird das Substantiv *corpus* von allen verwendet, aber das Adjektiv «*corporalis*» nicht minder von allen verworfen, «leiblich» erschien für alle unweigerlich an «sinnlich» gebunden.[111] Anstelle dessen steht *spiritualis*, welches Wort wie *mysticus* zum allgemeinen Sakramenten-Vokabular gehört.[112] Im Bereich der Eucharistie empfiehlt es sich aus vielen Gründen. Es kennzeichnet zuerst natürlich die Speise: *esca*, *cibus*, *alimentum*, *alimonia*, *victus*, *panis*,[113] die Speise, mit der Christus seine Kirche geistlich ernährt.[114] Es bestimmt ferner die Weise der Gegenwart:

[107] So Chardon, Histoire des sacrements. Der Gedanke wurde neuerdings von Dom Cappuyns bekämpft, Jean Scot Erigène (1933) 90–91, der behauptet, daß der Titel, unter dem das Werk uns bekannt ist: De corpore et sanguine Christi contra ineptias Joannis Scoti, aus der Zeit (11.–12. Jahrhundert) stammt, wo man das Werk des Ratramnus dem Johannes Scotus zuschrieb. Das Argument jedoch, daß es unverständlich wäre, wenn ein Gegner des «Scotus» oder Ratramnus den Ausdruck «corpus spirituale» oder ähnliche Ausdrücke sich angeeignet haben könnte, erscheint uns weniger überzeugend: wurden denn solche Ausdrücke nicht ebensowohl von einem Paschasius Radbert gebraucht?

[108] PL 124, 949 und 950. Adrevald führt den Text des Hieronymus an (ebd. 949 C). [109] Collectiones, lib 2 (PL 133, 575 B).

[110] Confessio fidei, p 4, c 1 (PL 101, 1087 B), und c 2: «Haec est salutaris victima ... quae spirituali ratione celebratur» (ebd. 1088 AB). Vgl. Florus (unten, Anm. 118).

[111] Noch im 12. Jahrhundert Guibert von Nogent, Epistula de buccella Judae data (PL 156, 534 C).

[112] Vgl. Ps-Beda, In ps. 44: «Est enim aliud oleum spirituale, aliud corporale. Corporale est, quod in signo est; spirituale vero est in sacramento. Et illud valet exterius, istud interius» (PL 93, 721 A) usf.

[113] Zahllose Beispiele. Man begegnet oft auch dem ausdrücklichen Gegensatz zu «corporalis», so bei Ambrosius, supra, und bei allen, die ihn zitieren. Vgl. Robert Paululus: «Fit ... divina virtute de cibo corporis esca spiritualis» (PL 177, 431 C).

[114] Hervaeus von Bourg-Dieu, In Ephes. 5 (PL 181, 1268 B) usf. Vgl. Athanasius, 4. Brief an Serapion: «Dieses Fleisch selbst, zusammen mit seinem Blut, wird euch

das *corpus spirituale* ist ein Leib, der sich *in spiritualibus sacramentis* findet,[115] den man *in spiritualibus mysteriis* feiert,[116] *in sacrificio spirituali*[117] darbringt. Es ist der Leib, der im Gegensatz zu den alttestamentlichen Opfern *non corporali mactatione sed spiritali ratione celebratur*,[118] der Leib auch dessen, der nicht nur durch Überschattung des Geistes zur Welt kam, sondern sich auch durch den Geist dargebracht hat und immer weiter darbringt.[119] Gemäß einer Tradition, die weit zurückreicht, wird *spiritualis* auch gleichlautend mit *supernaturalis* und mit «wunderbar» verwendet:[120] welches Beiwort könnte somit geeigneter sein, um die wunderbare Verwandlung zu bezeichnen, die mit dem geweihten Brot und Wein vor sich geht?[121] Womit läßt sich die geheimnisvolle Herstellung des Lebensbrotes, das Christi Leib selbst ist, besser erklären: *miro et ineffabili modo, quod est naturaliter ex germine terreno panis et vinum, efficitur spiritualiter corpus Christi?*[122] Schließlich

von mir geistig als Nahrung geboten werden, dergestalt, daß es geistig an jeden Einzelnen verteilt werden wird» (Lebon, 203).

[115] Cyprian, Epistula 63 (Bayard, Bd. 2, 208). Chrysostomus (PG 61, 191). Ambrosius (PL 15, 1711 B; PL 16, 408–409). Caesarius von Arles (Morin, 297–298). Liber mozarabicus ordinum (Férotin, 165). Faustus von Reji, c 2 (PL 30, 272 B). Amalarius (PL 105, 1131 B). Paschasius Radbert (PL 120, 1534 B). Ps-Beda, In psalmos (PL 93, 905 D und 915 A). Aelfric, aaO., Anm. 105. Fulbert von Chartres (PL 141, 203 C). Ivo von Chartres (PL 161, 140 A und 1073 D). Honorius von Autun (PL 172, 842 B) usf. Cyrill von Jerusalem, Cat. mystagog. 5 (Quasten, 102). Ps-Primasius (PL 68, 734 D). Paschasius Radbert, In Matthaeum: «Ideo hoc pascha cum Judaeis celebravit Dominus ... ut transferret suos de vetustate litterae ad spiritualia sacramenta» (PL 120, 886 B).

[116] Amphilochius: *νοητοῖς καὶ ἀρρητοῖς μυστηρίοις* (PG 39, 36 A) usf.

[117] Eusebius (PG 22, 365 D). Cyrill von Jerusalem, Cat. mystagog. 5 (Quasten, 102). Chrysostomus (PG 63, 111). Ps-Germanus von Konstantinopel (PG 98, 449 D). Keltische Messe (DTC 10, 1384). Liber mozarabicus ordinum (Férotin, 310, 317, 328, 427). Missale gothicum (Bannister, Bd. 1, 62). Radulf von St. Germer (BMP, Bd. 17, 90 D) usf. (vgl. Röm 12,1).

[118] Florus, Expositio missae, c 59, n 6 (Duc, 131) usf. Vgl. Didymus, De Trinitate, lib 1, c 25, und lib 2, c 8: *ἀναίμακτος λατρεία, ἀναίμακτος θυσία* (PG 39, 380 A und 589 C), und in der Catena von Cordier: In psalmos 7,39 und 106,22: *τὴν ἀναίμακτον θυσίαν καὶ λογικὴν τοῦ κυριακοῦ σώματος καὶ αἵματος – θυσίας λογικὰς καὶ ἀναιμάκτους*. Cyrill von Jerusalem, Cat. 23, n 8 (Rupp, Bd. 2, 384) usf.

[119] Ps-Primasius, In Hebr. (PL 68, 742 D). Vgl. Hebr 9.

[120] Zum Beispiel Chrysostomus, In I Cor., h 7, 23 und 29 (PG 61, 59, 191, 241) usf.

[121] Christian Druthmar, aaO. Das Opfer ist geistig, weil es dem unsichtbaren Handeln Gottes verdankt wird: Cabasilas, Auslegung der göttlichen Liturgie, c 51 (Salaville, 283).

[122] Florus, Adv. Amalarium 1, n 9 (PL 119, 77 D). Rupert von Deutz: «spiritualem, id est non naturali ordine, sed spirituale virtute provenientem» (PL 167,

wird der Leib in sich selbst und gleichsam aufgrund seiner Substanz – jenseits aller unmittelbar eucharistischen Erwägungen – mehrfach als geistlich bezeichnet. Im Hintergrund von allem ist das während des Frühmittelalters sogar überall da. Wie sollte es anders sein bei Lesern von Paulus, Ambrosius und Hieronymus.

Die Eucharistie ist also *corpus spirituale*, so wie sie *corpus mysticum* ist. Der erste Ausdruck wird sich fast ebensolang durchhalten wie der zweite.[123] Zu Beginn des 12. Jahrhunderts wird der selige Odo von Cambrai in seiner « Erklärung des Meßkanons » anläßlich der Worte *hostiam puram* sagen:

> Haec autem hostia pura est, quia, quamvis caro vera sit et sanguis, tamen spiritualis est et incorrupta... Haec hostia caro est, non carnalis, sed incontaminata lux... Corpus est, et non corporalis, sed spirituale lumen.[124]

659 CD; vgl. PL 169, 464 C). Petrus Lombardus (PL 191, 1617 CD) usf. Siehe oben, Anm. 85.

[123] Er wird den zweiten sogar überleben, wenigstens in einigen Fällen – wenn man dem Text Goldasts in seiner Ausgabe des Philothei Achillini Somnium Viridarii trauen kann; c 360, Clericus: « Singuli de corpore militantis Ecclesiae cibantur spirituali corpore Christi » (Goldast, Bd. 1, 219).

[124] Expositio in canonem missae, d 3 (PL 160, 1064). Vgl. die Versus de mysterio missae:

> Hac in carne nihil carnale nihilque cruentum:
> Spiritus hanc tangit ... (PL 171, 1194 D).

Siebtes Kapitel

VIELERLEI KONKORDISMEN

Reaktion gegen Berengar

Odo von Cambrai steht nicht als ein Rückblickender vor der Geschichte. Dieser Schüler des hl. Anselm «liebt es, beim Erforschen des Dogmas die dialektische Methode anzuwenden, die sein Lehrer eingeführt hatte.»[1] Trotzdem sollte die Sprache, die wir eben von ihm vernahmen, schon bald archaisierend wirken. Als er seine «Erklärung des Meßkanons» verfaßte, hatte die Kontroverse um Berengar, von der die ganze zweite Hälfte des 11. Jahrhunderts widerhallte, einmal mehr das Vokabular der Theologen verändert, indem sie sie zwang, neue Vorsichtsmaßregeln im Reden und neue Deutlichkeit in der Lehre walten zu lassen.

Berengar berief sich auf «Scotus Eriugena» (in Wirklichkeit war es Ratramnus), er führte Augustin, Ambrosius und Hieronymus[2] für sich ins Feld, verkündete laut, man könne ihm nicht widersprechen, ohne damit die Überlieferung anzugreifen, griff Paschasius Radbert angeblich nur um seiner Neuerungen und «Torheiten»[3] willen an, und erneuerte so mit beängstigender Schroffheit und Einseitigkeit in einer völlig gewandelten geistigen Atmosphäre die alten Themen des Spiritualismus. Wo er «körperliches Essen» und «geistliches Essen» gegeneinanderstellte, reichte das erste nur bis zu den «äußerlichen Dingen», nämlich Brot und Wein, so sehr, daß man trotz einiger scheinbar klarer Stellen[4] befürchten mußte, seine Eucharistielehre lasse für den Leib Christi selber keinerlei Raum. Das «Sakrament der Wieder-

[1] D.-L. de Clerck, in: RTAM 13 (1946) 160.

[2] Briefe an Lanfranc und Ascelin (PL 150, 63 und 66). De sacra cena adversus Lanfrancum liber posterior (Vischer, 36, 42, 50). Er zitiert ferner Cyprian, Hilarius, Leo den Großen, Gregor u. a. (269–275, usf.).

[3] «Ineptum Paschasium, erraticum et erraticorum ducem.»

[4] So De sacra cena (Vischer, 51): «Certissimum habete, dicere me, panem atque vinum altaris post consecrationem esse revera corpus et sanguinem»; oder S. 57: «Panem et vinum per consecrationem converti in altari in verum Christi corpus et sanguinem, non mea, non tua, sed evangelica apostolicaque simul authenticarum Scripturarum, quibus contra ire fas non sit, est sententia.»

herstellung» war für ihn ferner in allen Dingen dem Sakrament der Neugeburt vergleichbar.[5] Der *panis mysticus*, den der Gläubige empfing, war zwar nach ihm *corpus Christi*, aber – so fügte er bei – *corpus Christi quantum ad spiritualitatem.*[6] Und wenn er beteuerte, durch die Konsekration würden Brot und Wein zum wahren Fleisch und wahren Blut Christi, so fügte er sogleich einen verdächtigen Dativ hinzu – der sich gewiß auch auf überlieferte und liturgische Formeln berufen konnte:[7] *post consecrationem ipsum panem et vinum facta esse fidei et intellectui verum Christi corpus et sanguinem.*[8] Diese beiden doch wohl einschränkenden Zusätze konnte Berengar auch verknüpfen: *Christi corpus, spiritualiter interiori homini verum.*[9] Oder er beteuerte, daß der Kommunizierende im «geweihten Brot», im «Opferbrot» den Leib Christi empfängt, daß dieses Brot nach der Konsekration nicht mehr als natürliches Brot betrachtet werden soll; dies aber um alsbald zu verdeutlichen: *Quantum ad naturam, panis est, quod tu vides oculis corporis; quantum ad divinam benedictionem, ipse panis est corpus Christi, quod attendere debes oculis cordis, oculis fidei*, und auch dies mußte notgedrungen verdächtig erscheinen, obwohl wir das Wort *natura* hier nicht als Äquivalent für unser *substantia* nehmen dürfen.[10]

Wir brauchen hier übrigens nicht zu entscheiden, ob und in welchem genauen Sinn Berengar die «Realpräsenz» leugnete oder annahm. Noch heute gehen die Ansichten darüber gänzlich auseinander.[11] Einer seiner bewandertsten und unsanftesten

[5] AaO., 128 (Kommentar zu Ambrosius).

[6] AaO., 194; vgl. 223 und 246.

[7] Über das «nobis fiat» im Kanongebet «Quam oblationem» vgl. Dom Bernard Capelle, Pour une meilleure intelligence de la messe 71. Der Verfasser des Sermo de excellentia legt Wert auf einige Erklärungen, die einer subjektivistischen Deutung wehren sollen.

[8] Purgatoria epistula contra Almannum (Martène und Durand, Thesaurus novus anecdotarum, Bd. 4, col 110). De sacra cena (Vischer, 255 und 278; vgl. 177). Schon Florus hatte geschrieben: «efficitur fidelibus corpus»; siehe Kontroverse zwischen Arnauld und Claude. Claude, Réponse aux deux traités ... (1667), 491–493, und Réponse au livre de M. Arnaud ... (1670) 859.

[9] Purgatoria epistula, aaO.

[10] De sacra cena (Vischer, 164, 177, 178–179). Vgl. Alger von Lüttich (unten, Anm. 21).

[11] Während zum Beispiel Dom Cappuyns bei Berengar nur «einen ziemlich alltäglichen Symbolismus» sehen möchte (und zahlreiche Einzelzüge scheinen ihm recht zu geben), ist Amann der Ansicht, «die berengarische Auffassung» entferne

Gegner, Guitmund von Aversa, scheint ihn für keinen bloßen Symbolisten gehalten zu haben; er entscheidet die Frage nicht, ob die *umbratici* oder die *impanatores* seine authentischen Schüler sind.[12] Falls er die Impanation vertreten hat, so war sie für ihn wohl nicht ganz dasselbe, was sie für Spätere wurde; wenn er die Formel des Paschasius Radbert ablehnt, daß «die Substanz des Brotes im Sakrament des Herrenleibes völlig fehlt», so erklärt er näherhin, daß die *res sacramenti* nicht das Sakrament als solches aufhebe, daß das geweihte Brot seinen Nährwert und alles, was wir heute die sakramentalen «Gestalten» oder Erscheinungen nennen, behalte, alles was «dem Blick, der Hand oder dem Zahn zugänglich ist».[13] Und wer wollte ihm das bestreiten? Anderseits ist es nicht unmöglich, daß hinter der Zickzacklinie seiner sich folgenden Vorstöße, Retraktationen und Selbstauslegungen sein Denken sich wirklich entwickelt hat. Eins ist sicher: mit seinem abrupten Augustinismus, was die Lokalisation des glorreichen Leibes betrifft, wird er sich mehr als andere an der Schwierigkeit stoßen, der wir schon bei Florus oder Ratramnus begegnet sind und die später einen Folmar bedrängen wird.[14] Dazu kam sein Dialektikertemperament, das ihn sonderlich ungeeignet machte, eine Lehre zu begreifen, die schon aufgrund der vorgerückten Zeit und der verschobenen Fragestellungen leicht mißverstanden werden konnte. Man kann der Meinung sein, er habe sich *bona*

sich «viel weniger stark als behauptet wurde von der offiziellen Lehre, wie das Trienter Konzil sie dargestellt hat». (L'Eglise au pourvoir des laïques, 529, Anm. 6.)

[12] De corporis ... veritate, lib 1 (PL 149, 1430 D); lib 3 (ebd. 1488 B und C–D.) Hingegen Lanfranc, c 8: «Carnem et sanguinem negas, in solo sacramento rem totam constituens» (PL 150, 237). Man vergleiche Durandus von Troarn, De corpore ..., 1: «... ut dicant ea quae ad altare deferuntur panis et vini munera, post consecrationem etiam quod fuerant permanere, et sic quodammodo corpus Christi et sanguinem verum, non naturaliter, sed figuraliter esse » (PL 149, 1377 B). Richtig ist, daß nach Durandus diese Deutung für die Berengaranhänger ein Mittel ist, ihren radikaleren Nihilismus zu verhüllen.

[13] Brief an Ascelin (PL 150, 66). Erklärungen über sein Glaubensbekenntnis am Lateran 1050 (Mansi XIX, 763 BC und 764 B–765 A). De sacra cena (Vischer, 98–99): «Panis consecratus in altari amisit vilitatem, amisit inefficaciam, non amisit naturae proprietatem ...», Text Matrolona, 109–110, 116, 118. Vgl. Ratramnus, De corpore ..., c 15: «corporaliter namque nihil in eis cernitur esse permutatum» (PL 121, 134 A). Rupert von Deutz wird sich nicht wesentlich anders ausdrücken.

[14] Vgl. De sacra cena (Vischer, 266): «Corpus enim in quo surrexit, uno loco esse oportet», S. 200: «Portiunculam carnis Christi in altari adesse, fieri non potest, nisi in caelo corpus Christi desecetur, et desecta de eo particula ad altare submittatur.»

fide für einen Verleumdeten gehalten.[15] Er war gewiß aufrichtig, wenn er beteuerte, er wolle nur bei der Überlieferung bleiben, wie die Väter sie ausgelegt und, seiner Meinung nach, « Johannes Scotus » getreu wiedergegeben hatte.[16] Die Tatsache blieb: während unter Karl dem Kahlen eher Paschasius Radbert als der große Neuerer erschien, war jetzt Berengar für die ganze Kirche ein Ärgernis. « Du schmückst mit dem Titel des allgemeinen Glaubens einen allgemeinen Irrtum », schrieb Lanfranc, und ferner: « Du gibst den Namen Kirche einer Rotte von Toren »:[17] in solch abschätzigen Urteilen liegt auch ein Geständnis. Hatte sich somit die Lage umgekehrt, so waren die Gründe dafür nicht allein auf seiner Seite zu suchen. Der Blickpunkt hatte sich ohne Zweifel seit zwei Jahrhunderten im Schoß der Orthodoxie langsam verschoben; aber nicht weniger gewiß scheint, daß auch Berengar, wie immer er darüber denken mochte, nicht mehr ganz die Sicht des Ratramnus besaß, noch weniger die der alten Väter. Die ewig neue Geschichte aller Archaismen! Je mehr sich Berengar an die alten Formeln klammerte, um so stärker wird unter dieser scheinbaren Starre das, was sie ausdrücken sollen, unmerklich verbogen. So mußte das Mißtrauen, dem er sich von vornherein gegenübergestellt sah, dann die nachfolgenden Verurteilungen, notwendig zu einer Reaktion im Sprechstil der Theologie herbeiführen. Wieder einmal (und es war nicht das letzte Mal) spürte man unter dem Deckmantel wörtlicher Treue eine gefährliche Neuerung um sich greifen, während der überlieferte Glaube, um sich selbst treu zu sein, seine Gesichtspunkte ändern und zum Teil seine Sprache erneuern mußte.

[15] De sacra cena: « Ich habe (in Tours vor Hildebrand) auf die verleumderische Anklage geantwortet, die von Unsinnigen gegen mich vorgetragen wurde » (Vischer, 50).

[16] An Lanfranc und Ascelin (PL 150, 66). An den Mönch Richard (Sudendorf, 211–212). De sacra cena (Vischer 42 und 50). – « Eine dialektischere, radikalere und auch weiter entwickelte Fassung des Spiritualismus eines Ratramnus »: so kennzeichnet Cappuyns seine Lehre (DHGE, Bd. 3, col 404).

[17] De sacra cena (Vischer, 36 und 39; vgl. 49): « Der allgemeine Irrtum der Toren, als den du den allgemeinen Glauben der Kirche zu bezeichnen nicht zögerst »; und S. 74: – Es ist bemerkenswert, daß im 9. Jahrhundert Ratramnus der Verteidiger der lateinischen Kirche « Contra Graecorum opposita » gewesen war, während im 11. Jahrhundert diese Rolle Kardinal Humbert zufällt, dem erbittertsten Gegner Berengars.

Sehr bezeichnend in dieser Hinsicht ist die Haltung Hildeberts von Lavardin. Er ist ein ehemaliger Schüler Berengars, wenn nicht gar, wie man lange gemeint hat, sein Jünger. In seinen Irrtum hinein folgte er ihm nicht, blieb aber seinem Andenken treu, wie das ihm gewidmete bewundernde Gedicht beweist.[18] Er behält also einen grundsätzlich spiritualistischen Standpunkt bei, zeigt sich aber bemüht, die zweideutigen Formeln seines Meisters durch Ergänzungen auszugleichen. Wenn er zum Beispiel einen Ausdruck der spiritualisierenden Tradition aufgreift: *non phantasticum sed verum*, so fügt er hinzu: *nec solum in sacramento*, *sed in semetipso*.[19] Vor allem ist er auf eine etwas mühsame Weise beflissen – er war ja mehr Gelehrter und Schöngeist als Theologe – die Gegenwart Christi auf dem Altar zu erklären: *sensibiliter* oder *insensibiliter*, *corporaliter* oder *incorporaliter*.

Ipsum et sensibiliter dici potest esse ibi, et insensibiliter. Sensibiliter quidem, propter veram corporis sensibilitatem et propter sacramenti formam sensibus subiectam; insensibiliter vero quantum ad speciem, et sensus nostri perceptionem... Est igitur secundum aliquid ibi corporaliter propter veram corporis naturam et sacramenti, ut dictum est, formam, et propter quemdam existendi modum; secundum aliquid vero incorporaliter, quantum videlicet ad actum sentiendi et modum quemdam existendi.[20]

Alger von Lüttich

Doch bei niemandem läßt sich die Reaktion besser erfassen, mitsamt ihrem Zögern, ihren unvermeidlichen Ungeschicklichkeiten und kleinen Inkonsequenzen, wie sie allem Denken, das unterwegs ist, anhaftet, als bei Alger von Lüttich. Er führt dabei übrigens im wesentlichen nur die Schwankungen seiner Vorgänger fort, vornehmlich Lanfrancs. Wie so viele andere vor ihm beginnt er mit der Erklärung, Christi Leib sei keine leibliche, sondern eine geistliche Nahrung; sein Leib aber sei im Sakrament geistig,

[18] Martène und Durand, aaO., col. 102. Vgl. PL 171, 1396–1397.

[19] Brevis tractatus de sacramento altaris (PL 171, 1150 C und 1151 A). Vgl. Heriger von Lobbes, über die Menschwerdung: «Accepit itaque Christus carnem nostram, non phantasticam, sed naturalem» (PL 139, 187 A).

unsichtbar, unverweslich, und diese Geistigkeit sei seit der Auferstehung sein natürlicher Zustand:

> Quod autem corpus Christi spirituale sit et incorruptibile et invisibile ... in sacramento, testantur sancti... Spirituale et invisibile corpus Christi astruximus... Cum omne corpus sit visibile atque palpabile, solum corpus Christi post resurrectionem, mutata natura, non substantia, non est corporale, sed spirituale, invisibile.[21]

Er fügt sogar ausdrücklich hinzu – in der konkordistischen Anmerkung, die wir schon kennen –, daß die *caro spiritualis*, von der Hieronymus sprach, eben der Leib Christi in seiner sakramentalen Form sei.[22] Wie für Berengar die Verwandlung von Brot und Wein in den Leib und das Blut Christi eine *conversio intelligibilis* war,[23] so will er auch den Leib des Herrn als *invisibiliter* erklären.[24] In alldem, zumal in der gewohnten Austauschbarkeit der Bezeichnungen *spirituale*, *intelligibile*, *invisibile* gleicht er sich der überlieferten Sprache an, die der Übersetzer des Hesychius,[25] dann Paschasius Radbert[26] und nicht anders Ratramnus[27] noch vor Berengar[28] geführt hatten, die dann auch die ersten Gegner Berengars wie ein Hugo von Breteuil,[29] und sein Hauptwidersacher Lanfranc[30] verwendeten.

Bloß erinnert sich Alger dann auch der so bedrängenden Formeln des Glaubensbekenntnisses, das Berengar beim Konzil 1059 in Rom unterschreiben mußte: *sensualiter ... manibus sacerdotum tractari, frangi, et fidelium dentibus atteri.*[31] Gewiß: trotz einigen Verteidigungsversuchen wie dem Guitmunds,[32] trotz den integra-

[20] AaO. (PL 171, 1151–1152, vgl. 1151 B).

[21] De sacramentis corporis et sanguinis Domini, lib 1, c 12 und 18 (PL 180, 775 A und 793 BC). Vgl. c 11 (ebd. 772 AC); lib 2, c 1 (ebd. 810 B).

[22] Siehe oben, Kap. 6.

[23] Vgl. De sacra cena (Vischer 186): «conversio intelligibilis».

[24] PL 180, 772 C. Und ebd. 814 C: «invisibile corpus».

[25] In Leviticum: «Dominico verbo ea quae apparent in aliud aliquid maius et intelligibile transferente» (PG 93, 891 B) usf.

[26] PL 120, 1274 B und 1355 A. [27] PL 121, 137 A, 138 B, 139 A, 161 AB.

[28] Purgatoria epistula, aaO., col 110.

[29] De corpore et sanguine Christi contra Berengarium (PL 142, 1330 D).

[30] PL 150, 424 A und 438 D.

[31] Alger führt es an (PL 180, 797 B). Vgl. Lanfranc, c 11, über die capharnaitische Auslegung: «Putaverunt... quod in terris degentem Dominum in frustra essent conscissuri ...» (PL 150, 422 AB).

[32] Lib 1: «Quare non possit dentibus premi, qui manibus Thomae et post resurrectionem potuit attrectari?» (PL 149, 1432 A).

listischen Übertreibungen eines Abbaudus,[33] die Walter von St. Victor bald darauf erneuern sollte,[34] hatte die «unglückselige Formel», die Kardinal Humbert in so untraditionellen Worten verfaßt hatte,[35] sich nicht durchsetzen können. Man führte sie an, um den Irrtum auszuschalten – das Adverb *sensualiter* klang wie eine Herausforderung an Berengar, der seine Ansicht ausdrücklich mit dessen Zurückweisung definiert hatte –,[36] begann aber alsbald, sie zu verbessern oder zu «erklären». Manche versahen sie mit einem abschwächenden «*quasi*». Andere ließen es in der Schwebe, ob es sich um das «Brot» oder um den «Leib» handelte.[37] Noch andere, wie der hl. Bruno(?), zögerten nicht zu sagen, der Leib Christi werde nur scheinbar «zermalmt»[38] usw. Alger hütete sich also, die offizielle Formel in einem Sinne auszulegen, der schon binnen kurzem als übertrieben erscheinen konnte. Anderseits schien es ihm nicht genug, seinen Realismus dadurch zu bekunden, daß er ein Wort aufgriff, das neuerdings in der Diskussion über die Kommunion der Schismatiker und Unwürdigen erfolgreich geworden war: *essentia*, *essentialiter*.[39] Er

[33] Tractatus de fractione corporis Christi: «Unde potero scire quod verum loquatur evangelista, cum dicit: hoc est corpus meum, si fefellit quando dixit: fregit? ... Itaque, qui vere frangi corpus Christi non concedit, totam fidem tanti sacramenti, quantum in se est, fregit. Sed absit, ut evangelica atque apostolica falsa credantur! Absit ut impossibile credatur apud Deum omne verbum!» (PL 166, 1344 CD).

[34] Contra quatuor labyrinthos (PL 199, 1153–1154).

[35] M. Cappuyns, Bérenger de Tours, in: DHGE, Bd. 8, col 393, und BTAM 1, 391. Vgl. Dom Paul Renaudin, Questions théologiques et canoniques, Bd. 1, 52: «Gewisse Wendungen dieser Formel können zu Fehldeutungen Anlaß geben und müssen in einem übertragenen Sinn verstanden werden.» Das «sensualiter» wird noch von Fulbert von Chartres praktisch weggedeutet (PL 141, 203 B).

[36] Purgatoria epistula, aaO., col 111, usf.

[37] Odo von Cambrai: «Qui indigne sumit, ore quidem sumit et dente terit corporaliter, sed nihil proficit spiritualiter» (PL 160, 1068 A).

[38] In ps. 77: «licet sub specie panis videatur frangi et a dentibus fidelium conteri» (PL 152, 1038 D). Abälard (bei Walter von St.-Victor, aaO.). Hugo von St.-Victor (PL 176, 865). Robert Pullus (PL 186, 774 A, 964 CD). Petrus Lombardus (PL 191, 1640 C; PL 192, 865). Petrus Comestor (Martin, 54*). Gandulf von Bologna (de Walter, 454). Petrus von Poitiers (PL 211, 1249–1250 und 1254 A). Innozenz III. (PL 217, 862–863) usf. Vgl. Thomas, S. Th. III, q 77, a 7 und das Lauda Sion: «Fracto demum sacramento ... Nulla rei fit scissura, Signi tantum fit fractura.» Bereits die Formel des Johannes von Fécamp, Confessio fidei, p 4, c 3: «Dividitur per partes, sed totus in partibus» (PL 101, 1088 D).

[39] Lanfranc (PL 150, 430 C, 436 D). Guitmund von Aversa (149, 1430, 1448 B). Bernold von Konstanz, De sacramentis excommunicatorum (MGH, Libelli de lite, Bd. 2, 91). Epistula de sacramentis haereticorum (Bd. 3, 17). Bruno von Segni (PL 165, 499 C). Gregor von Bergamo, c 2, 4, 12, 21 (Hurter, 8, 18, 49, 85) usf.

gab sich auch nicht damit zufrieden, öfter zu beteuern, der geistliche und unsichtbare eucharistische Leib sei dennoch substantiell,[40] auf substantielle Weise gegenwärtig, auch nicht damit, die augustinische Definition des Sakraments als *visibile verbum* etwas tendenziös zu deuten, um daraus die Gegenwart Christi *in veritate substantiae* zu erschließen.[41] Um die gefährliche Neuerung einzudämmen, waren diese Worte zu alt, zu verbraucht. Man mußte *substantia* auf eine neue Art dienstbar machen.

Als echte Präzedenzfälle können offenbar die *substantia vitae aeternae*, die *vitalis substantia* oder *substantia virtutis* des hl. Ambrosius[42] nicht gelten, ebensowenig die *vivificatrix substantia* Cassiodors[43] und Hattos von Vercelli;[44] der Ton lag hier mehr auf «Leben» und «Kraft» als auf «Substanz». Ebenso müßig wäre es, in den Versen des Juvencus:

> Vitalisque hodie sancti substantia panis
> Provenit nobis ...[45]

oder in den Orationen der Sakramentarien, wo die Rede ist von *substantia aeternitatis*, *caelestis mensae substantia*, *perpetuae vitae substantia*, *substantia reparationis et vitae* usf.,[46] jene Art von Be-

[40] De sacramentis ..., lib 1, c 11 (PL 180, 772 A).

[41] Lib 1, c 21 (PL 180, 802 A). Wenn auch gewiß «sacramentum» im allgemeinen von Augustin nicht als leer und rein symbolisch verstanden wurde (vgl. unten, Kap. 10), wie Berengar wollte, indem er immerfort «sacramentum» und «res sacramenti» unterschied und einander abrupt gegenüberstellte, so wären doch anderseits die «sacramenta corporalia», von denen Alger spricht (ebd. 801 A), vom großen Lehrer nicht im selben präzisen Sinn vom Leib Christi verstanden worden. Siehe Contra Faustum (PL 42, 356–357; Panormia, 161, 148 B).

[42] In ps. 118, s 18, n 28 (PL 15, 1462 D). De mysteriis, n 47 (PL 16, 404 C). De fide, lib 3, c 15, n 127: «Propterea ἐπιούσιος panis, quod ex Verbi substantia virtutis manentis cordi et animae subminstret» (PL 16, 614 C). Ivo von Chartres, Decretum (PL 161, 144 C, 145 C). Durandus von Troarn (PL 149, 1384 D). Lanfranc, Liber de corpore, c 6: Die Schrift bezeichnet das Brot als Leib des Herrn, «quia animam incomprehensibiliter pascendo satiat, eique aeternae vitae substantiam subministrat» (PL 150, 416 C).

[43] In psalmos

[44] In Hebr.: «In ista carne ac sanguine nil cruentum, nil corruptibile mens humana concipiat ..., sed vivificatricem substantiam atque salutarem in pane et vino» (PL 134, 755 A). Renallo von Barcelona (PL 147, 602 A).

[45] Evangelica historia (PL 19, 133).

[46] Leonianum (Férotin, 5, 61, 117). Gelasianum: «Sic temporales hostiae consecrentur, ut perpetuae vitae sumentibus procurent substantiam» (Thomazi, 123). Gallikanisches Sakramentar, Fastenmesse (PL 72, 479 A). Missale gothicum (567, Muratori; Bannister, Bd. 1, 51).

stimmtheit zu suchen, die das Wort *substantia* im heutigen Wortgebrauch hat.[47] Firmicus Maternus drückt sich ebenso unbestimmt aus, wenn er sagt, Christus liefere seinen Gläubigen die Substanz seiner Majestät aus.[48] Ebensowenig sind die zahlreichen Texte zu gebrauchen, wo in Anlehnung an das Vaterunser seit Cyrill von Jerusalem[49] und Hieronymus[50] die Eucharistie als *panis (super-) substantialis* katexochen bezeichnet wird. Ambrosius erwähnt in *De sacramentis* ausdrücklich nur die Substanz der Gottheit, und nicht die von Fleisch und Blut.[51] Das Dekret des Gelasius griff bloß den Ausdruck des *De sacramentis* auf;[52] ebensowenig prägnante Bedeutung hat die gregorianische Oration, wenn sie bittet: *ut ... illius conservatione vivamus, ad cuius nos substantiam paschalibus remediis transtulisti.*[53] Weder der hl. Avitus, der seiner Herde verkündet, der Erlöser habe den Seinen vor dem Tod die «himmlische Substanz» zurücklassen wollen,[54] noch Heriger von Lobbes, der erklärt, die Substanz Christi vereine sich unserem Fleisch, wie einst unser Fleisch in seine Gottheit aufgenommen wurde,[55] tragen eine wirklich neue Nuance bei. Ratramnus, der zweimal eines der Ambrosiusworte anführt,[56] sprach selber anläß-

[47] C. L. Feltoe bemerkt bei diesem Anlaß: «in all these cases, ‹substantia› seems to mean the reality (veritas, ἀλήθεια) in a general sense, not the essence (essentia, οὐσία) in the technical sense, which it was afterwards taken to signify», in: JThSt 10 [1908–1909] 578). In Wirklichkeit steht für gewöhnlich nicht einmal der allgemeine Sinn von Wahrheit im Vordergrund. – Man würde anscheinend die Absicht dieser Texte (und einiger anderer) richtiger wiedergeben, wenn man dafür etwa «substantielle Nahrung» einsetzen würde. Der Sinn steht noch dem ersten, materiellen, sehr nah, wie ihn etwa Gregor kennt, wenn er von den großen Reichtümern Jobs als «substantia magna» spricht (PL 75, 551 A; vgl. 563 B; PL 76, 122 D; PL 77, 1106 A); vgl. Augustin (PL 37, 1645). Lk 15, 12.

[48] De errore profanarum religionum, c 18, n 7: «ut maiestatis suae substantiam credentibus traderet» (Heuten, 89).

[49] Cat. mystagog. 5, c 15 (PG 33, 119).

[50] In Matthaeum (PL 26, 43) usf. Vgl. Gregor von Nyssa, Über das Gebet des Herrn, c 4 (PG 44, 1169). Johannes Damascenus, lib 4, c 13 (PG 13, 1152) usf.

[51] Lib 6, c 1, n 4: «Idem Dominus noster Jesus Christus consors est et divinitatis et corporis, et tu qui accipis carnem, divinae eius substantiae in illo participaris alimento» (PL 16, 455 A). Vgl. Gratian, De consecratione, d 2, c 84 (Friedberg, 1349).

[52] «In divinam transeunt, Sancto Spiritu perficiente, substantiam» (Routh, Scriptorum ecclesiasticorum opuscula, Bd. 2, 3. Aufl., 139).

[53] Lietzmann, 72. Missale gothicum (PL 72, 283 A).

[54] Ex sermone die natali calicis, n 4 (Peiper, 104).

[55] C 9 (PL 139, 188 A). Vgl. c 3: «ex substantia panis et vini», das er Gottschalk entnimmt (Lambot, 326 und 327).

[56] C 51 und 69 (PL 121, 147 C, 155 A, 156 A).

lich der Eucharistie mehrmals von Substanz, aber vor allem, um ihren unsichtbaren und geheimnisvollen Charakter zu unterstreichen.[57] Sogar Paschasius, der doch im *Liber de corpore* von der *conversio* des ganzen Brotes und Weines in den Leib Christi gesprochen hatte,[58] bietet kaum einen Beleg, wenn er im Brief an Frudegard schreibt: *Tamen vera substantia, quamvis dicatur argumentum*, handelt es sich doch bloß um ein nebenher eingeführtes Schriftzitat.[59] Über die zwei Belege, die man aus Hincmar von Reims anführen kann, wäre Ähnliches zu sagen,[60] desgleichen über einen noch abgelegeneren: die Notiz des Anastasius Bibliothecarius über Nikolaus I.[61]

Indes standen neben diesen Texten doch ein paar andere. Es gab die Überlieferung des «Eusebius von Emesa» – das heißt, wie wir wissen, des Faustus von Reji –: *Visibiles creaturas in substantiam corporis et sanguinis sui... convertit, in Christi substantiam terrena et mortalia commutantur.*[62] Gewiß besaß das Wort *substantia* in der Sprache des Faustus noch nicht den präzisen Sinn wie später, als es in Gegensatz gestellt wurde zur *species* oder zu den *accidentia*. Immerhin bezeichnete es als Synonym von *natura* die Wirklichkeit selbst im Unterschied zu ihrer *appellatio*,[63] und auf den Leib und das Blut Christi und nicht mehr bloß auf seine Gottheit angewandt, bereitete es die technische Sprache vor, die sich von den Formeln des Faustus her ausbilden sollte.[64] Paschasius hatte diesen «Eusebius» zitiert,[65] Alkuin sich daran inspiriert.[66] Andere sollten

[57] C 30: «Tunc intelligentis quod non, sicut infideles arbitrantur, carnem meam a credentibus comedendam, sed vere per mysterium panem et vinum, in corporis et sanguinis mei conversa substantiam, a credentibus sumenda»; c 49: «... secundum visibilem speciem; at vero secundum invisibilem substantiam... Unde secundum visibilem creaturam, corpus pascunt; juxta vero potentioris virtutem substantiae, fidelium mentes et pascunt et sanctificant» (PL 121, 140B und 147A).

[58] C 8, n 2; c 21, n 9 (PL 120, 1287C, 1340C).

[59] PL 120, 1361BC. Vgl. Hebr 11,1 (Ratramnus; PL 121, 132A).

[60] De cavendis vitiis, c 9 und 10 (PL 125, 917D und 926B).

[61] «Cruces de argento purissimo, quae pendent ante figuram substantiae carnis ejusdem Domini nostri Jesu Christi» (PL 128, 1359).

[62] Homilia de corpore et sanguine Christi, c 2 (PL 30, 272B und C).

[63] Epistula 3 (Engelbrecht, 168–169). Weiteres dazu bei Luc Richard, Recherches sur la doctrine de l'Eucharistie en Gaule du Ve siècle (Diss. Masch.schrift, Lyon 1948) 164–176.

[64] Faustus kennt auch die andere Verwendung von «substantia»: Sermones 2 und 3 (Engelbrecht, 232 und 235).

[65] Ad Frudegardum (PL 120, 1354B). [66] Epistula 41 (PL 100, 203).

dasselbe tun, wie der Verfasser der «Vita des hl. Odo von Canterbury»;[67] ja der Text des Faustus, von Ivo von Chartres ausgezogen,[68] wurde schließlich dem Dekret des Gratian einverleibt.[69] Die Formel *consecrare in substantiam corporis* behauptete sich neben andern, ähnlichen, die entweder bloß sagen: *in sacramentum, in mysterium,*[70] *in dignitatem,*[71] oder dann *in carnem,*[72] *in corpus.* Zu Beginn des 11. Jahrhunderts hatte Fulbert von Chartres, der Lehrer Berengars, das Wort *Substanz* dreimal verwendet und ihm dabei sein volles Gewicht gegeben (fraglich ist aber, ob alle Stellen authentisch sind).[73] Bei den Gegnern Berengars hatte das Wort sogleich eingeschlagen.[74] Maurilius von Rouen († 1067), der in seiner Bischofsstadt 1063 (und vielleicht schon 1055) ein Konzil gegen die neue Irrlehre präsidierte,[75] legte Wert darauf, es auf seinem Totenbett auszusprechen,[76] um damit seinen Glauben zu bekunden. Nun war das Wort in die Alltagssprache all derer, die

[67] Da der Heilige die Ungläubigen nicht zu überzeugen vermag, ruft er die göttliche Barmherzigkeit an, «quae ad depellendos hominum errores substantivam divinorum mysteriorum declararet proprietatem» (n 10; PL 133, 939 BC).

[68] Decretum, p 2, c 4 (PL 161, 140 A).

[69] De consecratione, c 35 (Friedberg, 1325). Es wird auch von Petrus Comestor angeführt (Martin, 41*).

[70] Isidor von Sevilla (PL 83, 755 B). Etherius und Beatus (PL 96, 941 B). Beda (PL 94, 75 A). Rabanus Maurus (PL 107, 319 A; PL 109, 992). Paschasius Radbert (PL 120, 1294 C). Gelasianum (Wilson, 30 und 220) usf. Noch Honorius von Autun: «in sacramentum corporis et sanguinis sui transtulit» (PL 172, 579 B), «substantiam panis et vini commuto vobis in corporis mei edulium» (ebd. 1251); und Gerhoh von Reichersberg, In ps. 3: «Tu benedixisti panem et vinum, atque tua benedictione convertisti ea in tui corporis atque sanguinis ineffabile sacramentum» (PL 193, 676 B).

[71] Theodulf von Orléans (PL 105, 240 A).

[72] So bereits Rabanus Maurus, Liber de sacris ordinibus, c 19 (PL 112, 1185 D). Paschasius Radbert, Liber de corpore, c 8, n 2 (PL 120, 1287 C). Vgl. Hildebert, Versus de mysterio missae:

Nam res cui panis prodem substantia mansit,
In Christi carnem deitatis munere transit ...
In Christi carnem panis substantia transit.

(PL 171, 1193 C und 1194 D; vgl. 1202 A.) Kard. Humbert, Frag. disputationis contra Graecos (PL 143, 1216 D). Ivo von Chartres (PL 161, 158 D). Alger von Lüttich (PL 180, 755 B und 825 D) usf.

[73] PL 141, 195 A, 203 C, 204 D.

[74] Durandus von Troarn (PL 149, 1377 D, 1393 C, 1409 D, 1412 A, 1413 B). Lanfranc (PL 150, 419 A, 756 D). Guitmund von Aversa (PL 149, 1450 B, 1477 D, 1478, 1490 A). Römisches Konzil von 1079 (PL 148, 809). Oder «in essentiam» (so Lanfranc; PL 150, 430 C).

[75] Mansi XIX, 1028–1030).

[76] PL 143, 1383 A. Derlei Glaubensbekenntnisse sind ein Zeichen der Zeit. Der hl. Bruno legte auf dem Sterbebett ein ähnliches ab (PL 152, 554 AB).

von der Eucharistie handelten, eingeführt.[77] Auch die adverbiale Form *substantialiter*, die anscheinend Durandus von Troarn als einer der ersten verwendet[78] und Guitmund übernommen hat,[79] samt ihrer Nebenform *substantive*,[80] waren rasch eingebürgert.[81] Sie steht in der Bekenntnisformel, die vom Laterankonzil 1076 Berengar auferlegt wurde. Dieses Adverb war ihm ganz besonders sauer geworden. Er bat um Änderung in *salva sua substantia*. Nachträglich erklärte er, er habe es nur unter Drohung ausgesprochen, sich des Beispiels Christi erinnernd, der oft genug seine eigenen Worte nicht im Sinn verstand, den die grobe Menge ihnen zuschrieb. Er bereute es aber wie eine Schwäche und bat Gott um Verzeihung dafür, um des Heils seiner Seele willen.[82] Diese Züge zeigen klar, welche dogmatische Tragweite dem *substantialiter* beigemessen wurde; das Substantiv war immerhin weniger kompro-

[77] Anselm von Laon (PL 159, 256B). Odo von Cambrai (PL 160, 1059A, 1062AB, 1063B). Werner von St. Blasien: «Nec dubitandum quia panis per sacra verba benedictionis sacerdotis verum in corpus Domini convertatur, ita ut substantia panis non remaneat; sed colorem et saporem panis remanere, et sub una specie veram Christi corporis substantiam latere» (PL 157, 910D). Ivo von Chartres, Decretum, p 2, c 9 (PL 161, 159BC). Arnulf von Rochester (d'Achery, Spicilegium, Bd. 3, 473 und 474). Osbern, Vita S. Dunstani: «transferens speciem panis et vini in veram substantiam carnis et sanguinis Christi» (PL 137, 451). Bruno von Segni (PL 165, 290C). Rupert von Deutz (PL 167, 662AB, 770C, 1665B; PL 169, 462A). Honorius von Autun (PL 172, 1252D). Hugo von St.-Victor: «substantia in substantiam transeunte» (PL 176, 468B). Alger von Lüttich (PL 180, 786B). Hervaeus von Bourg-Dieu (PL 181, 918B). Hugo von Rouen (PL 192, 209C) usf. Bonaventura wird die Formel einmal Ambrosius, ein anderes Mal Eusebius von Emesa zuschreiben (Quaracchi IX, 248, und IV, 231).

[78] Liber de corpore ... (PL 149, 1405A). Vgl. 1393D und 1398A hinsichtlich des Manna.

[79] De corporis ... veritate (PL 149, 1467B, 1472B, 1478ABC, 1481A, 1488B, 1494D, 1500D).

[80] AaO. (PL 149, 1469D, 1478A und D).

[81] Ps-Haimo (PL 118, 815CD). Bruno von Segni (PL 165, 500A). Vgl. Anselm von Laon (PL 159, 256C). Honorius von Autun (PL 172, 1255A). Hugo von St.-Victor (PL 176, 466D). Alger von Lüttich, De sacramentis (PL 180, 761A und 762B). Ps-Bernhard, Instructio sacerdotis (PL 184, 785C). Gregor von Bergamo (Hurter, 116) usf. Damit war die Vorbereitung für das Erscheinen von «transsubstantiatio» vollendet. Das Verb findet sich zum erstenmal bei Stephan von Baugé († 1139 oder 1140), Tractatus de sacramento altaris, c 13 und 14: «ut oblatio panis et vini transsubstantietur in corpus et sanguinem Jesu Christi», «panem quem accepi, in corpus meum transsubstantiavi» (PL 172, 1291C und 1293C).

[82] Mansi XX, 524DE. Martène und Durand, Thesaurus, Bd. 4, 108 und 115–116, usf. Vgl. M. Cappuyns, Bérenger de Tours, in: DHGE, Bd. 8, col 395–396. Er hatte sich schon selber Vorwürfe gemacht wegen seiner Unterwerfung unter das römische Konzil 1059 und seine Haltung mit derjenigen des Petrus und Aaron verglichen (De sacra cena, 61–65).

mittierend. Gewisse Schüler Berengars machten sich keinerlei Skrupel daraus, es zu übernehmen, in einer scheinbar genauen Formel, mit der sie doch die Lehre des Meisters nicht zu verleugnen brauchten. «Sie verkünden», schrieb Guitmund von Aversa über sie, «daß die Eucharistie nicht wahrhaft und substantiell der Leib des Herrn sei»;[83] das hindert aber nicht, daß man bei einem von ihnen, der seine Schrift wohl unter den Augen des Meisters selbst verfaßt hat und vielleicht der berufene Wortführer war, liest: *verti in substantiam corporis Christi.*[84]

So kommt es, daß wie *spiritualis* früher auch von den «Realisten» verwendet wurde, jetzt *substantia* den «Spiritualisten» ebenfalls verfügbar blieb. Unter diesen Umständen ist es nicht verwunderlich, daß Alger von Lüttich nach weitergehender Bestimmtheit sucht. Lanfranc und Guitmund liefern sie ihm. Mit einer subtilen, aber hinreichend klaren Distinktion erklärt er in ihrem Gefolge, daß der Leib Christi, der keine Nahrung für den Leib ist, dennoch in einer wahren Hinsicht vom Leib gegessen wird.

> ... Sacrificium Ecclesiae duobus confici, duobusque constare: visibili elementorum specie, et invisibili Christi carne et sanguine... Secundum haec duo, sunt etiam duae comestiones Christi in Ecclesia: una corporalis, altera spiritualis. Una fit ore, altera fit corde... Et corporali quidem ore corporaliter manducamus et bibimus, quoties de altari dominico ipsum dominicum corpus substantialiter per manum sacerdotis in sacramento panis et vini accipimus; corde vero spiritualiter comedimus et bibimus, quoties, ut ait beatus Augustinus, hoc quod pro salute nostra Filius Dei in cruce pependit in memoria recondimus... De corporali comestione ipse Dominus ait: «Accipite et comedite ...»; de spirituali vero comestione ait Augustinus: «Panem caelestem spiritualiter manducate.»[85]

[83] De corporis ... veritate, lib 1 (PL 149, 1430 A).

[84] Der Text wurde von M. Matronola OSB in: Orbis Romanus (1936) veröffentlicht und von R. Geiselmann, in: TQ (1937) untersucht. Es ist richtig, daß der Verfasser beifügt: «secundum quemdam modum» (Matronola, 116–117). Vgl. BTAM 3, 240–242; Dom Cappuyns hat angekündigt, daß er auf die Frage zurückkommen werde. Der Verfasser drückt die Weise der eucharistischen Gegenwart mit «spiritualiter» aus. – Vgl. De sacra cena, 134.

[85] De sacramentis ..., lib 1, c 20 (PL 180, 797–798; vgl. 775 A, 806 B). Andere werden den Ausdruck «accipite et comedite» differenzierter auffassen: so Albert der Große, In Matthaeum (Vivès, Bd. 21, 163).

Alger folgt hier Guitmund, der ebenfalls gesagt hatte: *cibus spiritualis* und *corporaliter sumimus*.[86] Er folgt vor allem Lanfranc, besser gesagt, er schreibt ihn ab.[87] Aber Guitmund hatte in seinem ganzen Werk vermieden, von «geistigem Fleisch» oder «geistigem Leib» zu reden, er hatte nur *caro incorruptibilis* gesagt.[88] Lanfranc seinerseits hat seinen Nachfolgern den Weg nicht ohne anfängliches Zögern freigegeben: er hatte zuerst von einer doppelten Verspeisung geredet, *utraque necessaria*, *utraque fructuosa*, ohne dabei die Worte *spiritualis* und *corporalis* fallenzulassen.[89] Alger selbst, obzwar entschlossener, muß seine Sprache mäßigen, um keinem allzu grellen Paradox zu verfallen. An Stellen wie der angeführten wird man feststellen, daß von *caro spiritualis* oder *corpus spirituale* nicht mehr gesprochen wird. Denn in beiden möglichen Bedeutungen konnte Alger einen solchen Ausdruck nicht mehr verwenden, ohne sich *in verbis* zu widersprechen: entweder hätte er ihm den umgekehrten Sinn unterschoben, den er ihm eben verliehen hatte, oder er hätte ihn auf sinnlose Weise mit der *corporalis comestio* zusammenfallen lassen. Der Übergang von der gestrigen Redensweise und der sich jetzt ankündigenden mußte sorgfältiger angebahnt werden. Einerseits ist der eucharistische Leib zwar noch «unsichtbar», aber doch nicht mehr wie früher «geistig»;[90] dieses Eigenschaftswort wird für Aussagen vorbehalten, die näher bei seiner alten Bedeutung im Sinne Augustins und Hieronymus' liegen. Die neue Verwendung, die es

[86] PL 149, 1439 A und 1500 C. Bruno von Segni: «Ipse corporaliter manduceretur et biberetur ...» (PL 165, 290–291).

[87] Lanfranc, Liber de corpore ..., c 17 (PL 150, 429 BC).

[88] PL 149, 1494 B; vgl. 1451 A.

[89] PL 150, 425 CD.

[90] Ein Satz in Buch I, Kap. 11, bildet irgendwie den Übergang: «Quia igitur spirituale corpus Christi et sanguis, non carnalis sed spiritualis cibus est, quo spiritualiter Christus suam sibi, ut corpus capiti, unit et incorporat Ecclesiam» (PL 180, 774 A). Der Zusammenhang zeigt, daß es sich zu Beginn um den objektiv in seinem sakramentalen Zustand betrachteten Leib handelt: «spirituale» hat dann den gleichen Sinn wie «invisibile». Bald aber verlegt sich, durch die Vermittlung des Gedankens vom «spiritualis cibus», die Aufmerksamkeit auf die geistige Wirkung der Kommunion, so daß das «spiritualiter Christus» rückwirkend den Sinn von «spirituale corpus» verändert oder wenigstens ergänzt. Ein solches Gleiten oder sich Verlängern des Sinnes, wie man es ähnlich bei Hieronymus oder Ambrosius (oben, Kap. 6) feststellen konnte, war hier umso leichter, als der Kommunizierende die Kirche selber war und von ihm somit nicht angenommen werden konnte, er empfange Christus nur «corporaliter».

auf die von der Kommunion erzielte Wirkung einschränkt, wird indes noch einige Zeit davon zurückhalten, *spiritualis* unmittelbar mit *caro* oder mit *corpus* zusammenzustellen, man begnügt sich mit Formeln wie *in veritate autem spiritualis gratiae.*[91]

Beiworte werden übertragen

Der Trennungsstrich ist trotzdem gezogen. Künftig steht auf der einen Seite die Reihe: *essentialis*, *substantialis*, *corporalis*, die die ältere Reihe *invisibilis*, *intelligibilis*, *sacramentalis* ablöst, um den gleichen Leib zu bezeichnen, während « *mysticus* » vermieden wird. Auf der andern Seite steht das Äquivalent dieser letzten Reihe: *spiritualis*, das zuweilen vom jetzt freigewordenen *mysticus* ersetzt werden kann.

Als Beleg für den neu eingeführten Gebrauch sei der kleine Traktat *De corpore et sanguine Domini* angeführt, der sicherlich nicht von Haymo von Halberstadt ist, obwohl die Ausgaben auf Aussage einer Handschrift hin ihn ihm zuschreiben, sowenig wie von Haymo von Auxerre. Er stammt aus viel späterer Zeit. Er setzt die Arbeit der ersten nachberengarischen Generation als beendet voraus und dürfte kurz vor Alger von Lüttich verfaßt sein:[92]

> Significat ergo hoc (haec?) corporalis et temporalis carnis Christi et sanguinis comestio et incorporatio, illam aeternae societatis et refectionis visionem spiritalem et sempiternam, qua ei incorporabimur et uniemur in futuro.[93]

Hier, wie bei Alger und schon bei Lanfranc, wie auch beim Prediger Herbert Losinga,[94] bei Bruno von Segni[95] oder Gregor

[91] PL 180, 801C; vgl. 799A, 773CD. Liber de misericordia et iustitia (PL 180, 885BC). Stephan von Baugé (PL 172, 1298D).

[92] Nach Geiselmann stammt das Werk vielleicht von einem andern Haimo: von Hirschau oder von Telleia; auf jeden Fall von einem Schriftsteller des ausgehenden 11. Jahrhunderts.

[93] PL 118, 617B.

[94] Sermo 7 (Goulburn-Symonds, 191 und 196).

[95] PL 165, 290–291, 500A. Glosse zu Johannes 6,57: «Qui non manet in Christo ... non manducat spiritualiter, et sic sacramentum sibi sumit in iudicium corporaliter» (PL 114, 384B). Roland Bandinelli, Sententiae (Gietl, 229).

von Bergamo,[96] wird der Gegensatz *corporalis-spiritualis*, der zwar schon das Fleisch und Blut Christi betrifft, doch erst unmittelbar auf den Empfang durch den Kommunizierenden angewendet: *comestio*, *manducatio*, *incorporatio*. Damit läßt sich bequem die augustinische Formel distinguieren: *Qui non manet in Christo et in quo non manet Christus, procul dubio nec manducat carnem eius, nec bibit eius sanguinem.*[97] Aber die so geschlagene Bresche wird sich alsbald verbreitern. Dann wird das doppelte Essen – *gemina comestio* – ausdrücklich als eine Folgerung aus dem « doppelten Fleisch » vorgestellt. Man höre zum Beispiel Odo von Lucca:

> Sacramentum in hoc loco ipsum corpus... Domini appellamus; rem vero sacramenti, ipsam efficaciam sacramenti, quam Hieronymus vocat spiritualem carnem Christi... Itaque, sicut dupliciter intelligitur caro Christi..., ita et sumptio corporis et sanguinis Domini duplex esse dicitur, scilicet sacramentalis et spiritualis.[98]

Von der Behauptung eines körperlichen Essens wird man dergestalt weitergeführt zur Behauptung einer körperlichen Gegenwart. Auch diese Aussage war nichts Unerhörtes. Es gab sie sogar in der Liturgie. Die Präfation von der Osteroktav im gelasianischen Sakramentar drückt sich so aus:

> ... Nos clementiam tuam suppliciter exorare, ut Filius tuus Dominus noster Jesus Christus, qui se usque in finem saeculi suis promisit fidelibus adfuturum, et *praesentiae corporalis mysteriis* non deserat quos redemit, et maiestatis suae beneficiis non relinquat.[99]

Das war freilich eine Ausnahme. Vielleicht dürfte man sie nicht einmal als solche hinnehmen, weil diese *mysteria praesentiae cor-*

[96] Hurter, 117 und 119.

[97] In Joannem, tr 26 (PL 35, 1614). Vgl. Sententiae, n 341 (PL 45, 1890). Die Stelle wurde folgendermaßen interpoliert: « Nec manducat (spiritualiter) carnem eius, nec bibit eius sanguinem (licet carnaliter et visibiliter premat dentibus sacramentum corporis et sanguinis Christi) ... » In Schriften, wo die polemische oder apologetische Tendenz weniger ausgeprägt ist, erhält sich Augustins Sprache besser; so auch bei Balduin (PL 204, 395).

[98] Odo von Lucca, Summa sententiarum (PL 176, 144). Speculum Ecclesiae (PL 177, 366A). Petrus Lombardus (PL 192, 858–859; PL 191, 1006B, 1647C). Breviarum sententiarum (Landgraf, in: RTAM [1931] 345). Schule von Laon, Sammlung Deus de cuius principio (Weisweiler, ebd. [1933] 269). Radulf Ardens 155, (PL 1850D). Gandulf von Bologna (de Walter, 443). Von da an wird die Formel unbeschränkt wiederholt.

[99] Wilson, 96–97. Sakramentar von St. Gallen (Mohlberg, n 1281) und von Angoulême (Cagin). Missale Francorum (PL 72, 337C).

poralis auch ein bloßes Gegenstück sein konnten zu den *mysteria passionis*, die ja keine Wiederholung des Leidens ausdrücken wollten, sondern nur deren Gedächtnis im Symbol und die aktuelle Anwendung ihrer Frucht.[100] Wie dem auch sei: die Theologie drückte sich für gewöhnlich nicht so aus; selbst bei strammen Zeugen der eucharistischen Gegenwart wurde die *praesentia corporalis* (als Gegenwart in der Gestalt des Fleisches, sinnlich und räumlich festgelegt)[101] in Nachfolge Augustins[102] und Leos[103] als mit der Himmelfahrt beendet angesehen.[104] Von da an gab es bloß noch eine *praesentia spiritualis*, die freilich nicht weniger real war. Man hatte aber vom gleichen Augustinus gelernt, die Verheißung des Herrn, er werde bis zum Ende der Welt bei uns sein, auf die Kirche als den Leib Christi hin auszulegen.[105] *Ecclesia Christi, id est Christi corpus in terra.*[106] Die Redeweise hatte sich eingebürgert, ohne daß zunächst der Fall der Eucharistie eigens im Blickpunkt stand, dieser Fall war darin mit Selbstverständlichkeit eingegliedert. *Corporaliter absens*, schrieb Rupert im Gefolge Augu-

[100] Oben, Kap. 3, Anm. 56–58 und 71. Vgl. römische Liturgie, Oratio vom Kardienstag: «dominicae passionis sacramenta peragere». Rupert von Deutz, De Spiritu sancto: «Rem sacramenti, Christus ipse mysterium suae dixit esse passionis» (PL 167, 1663).

[101] Rupert: «Id quod corporaliter vel localiter videri potest ...» (PL 170, 40C). Später wird man vorsichtiger sagen: «Praesentiam suam *carnalem* erat Ecclesiae subtracturus.» Johannes von Paris, De potestate regia et papali, c 2 (Goldast, Bd. 2, 110).

[102] In Joannem, tr 50 und 92 (PL 35, 1760, 1763, 1862). In epistulam Joannis ad Parthos, tr 10, n 9 (PL 35, 2060–2061). Sermo 235, Kommentar zum Entschwinden Jesu in Emmaus: «Abcessit ab eis corpore, qui tenebatur fide. Ideo enim Dominus absentavit se corpore ab omni Ecclesia et ascendit in caelum, ut fides aedificetur. Si enim non nosti nisi quod vides, ubi est fides? ... Aedificetur fides, quia reddetur species» (PL 38, 119). Vgl. aber In Joannem, tr 50 (PL 35, 1759).

[103] Sermo 2 in Ascensione, c 2: «Corporalis praesentiae modum fecit, mansurus in Patris dextera ...» (PL 54, 398A). Vgl. Cyrill von Jerusalem, Cat. 14, c 30: *σαρκὶ νῦν ἄπεστιν* (PG 33, 865A). Bernhard (PL 183, 302D).

[104] Beda: «tam parvo tempore apud Ecclesiam corporaliter mansurus ...» (PL 94, 129B). Glossa in Marcum (PL 114, 229D). Guibert von Nogent (PL 156, 631D, 649C; vgl. 534C). Radulf von St. Germer, In Leviticum (BMP, Bd. 17, 88A und 216D). Bruno von Segni («Eusebius gallicanus»; BMP, Bd. 6, 697C). – Ein unklarer Text von Amalarius, De ecclesiasticis officiis, lib 1, c 12: «Ascendit in caelum, et invisibilis factus est ... Quamvis praesentiam eius corporalem non videamus, tamen venerando eam quotidie salutamus» (PL 105, 1017D). Ivo von Chartres sagt: «temporalis praesentia» (PL 162, 591D). Siehe ferner Thomas von Aquin, In Joannem, c 13, lect 7, n 1; c 14, lect 1, n 4.

[105] In ps. 56, n 1 (PL 36, 662).

[106] Augustin, In ps. 71, n 8 (PL 36, 906).

stins;[107] und indem er die Kirche mit der Witwe von Naim verglich, rechtfertigte er seinen Ausdruck dadurch, daß der Gemahl dieser Witwe, zwar auferstanden und lebend, doch nicht mehr in körperlicher Gegenwart anwesend war.[108] Aber Ruperts Sprache war schon weniger eindeutig; wo er die Verheißung Jesu behandelt, immer bei den Seinen zu bleiben, redet er etwas anders als sein Meister. Jesus, so sagt er, kehrt nach seiner Himmelfahrt zurück, *reversione quidem vel praesentia invisibili, sed actu, vel sacramento visibili.*[109] Andere werden bald weniger schüchtern sein als Rupert. Dieselben Ausdrücke, die früher das irdische Weilen des sterblichen Jesus unter den Seinen kennzeichneten, dienen jetzt dazu, auch seine sakramentale Gegenwart auszusagen:

> ... Exhibuit tibi ad tempus corporalem praesentiam suam, ut te ad spiritualem excitaret. Ideo corporaliter ad te venit, et exhibuit tibi ad tempus corporalem praesentiam suam, ut per illam spiritualis inveniretur, quae non auferretur ...[110]

Nicht zufrieden damit, dieses «*exhibuit*» zweimal zu wiederholen – auch ein Wort, das die Eucharistie der Inkarnation annähert[111] und sich schon bei Alger von Lüttich fand,[112] – stellt Hugo von St. Victor nunmehr eine ausdrückliche Parallele zur einstigen historischen Gegenwart her:

> Ita per carnem assumptam olim in mundum venit, et secundum praesentiam corporalem ad tempus cum hominibus conversatus est, ut eos ad spiritualem praesentiam quaerendam et inveniendam excitaret. Postea, completa dispensatione, secundum corporalem praesentiam recessit, et secundum spiritualem praesentiam remansit...

[107] PL 167, 1459 A. Vgl. Augustin, In ps. 44, n 23: «absentavit se corpore»; In ps. 46, n 7: «credite in absentem» (PL 36, 508 und 528).

[108] De Spiritu Sancto, lib 8, c 13 (PL 167, 1796 D): «Nec futurum erat ut ipse Christus, postquam passus est, per semetipsum Ecclesiam sibi de hoc mundo colligeret corporali praesentia.» (Vgl. oben, S. 169 f).

[109] In Ezech., lib 1, c 10 (PL 167, 1431 C). Hingegen enthält der Kommentar In «Quamvis secundum visibilem praesentiam hic non sit, quamvis humanam formam Cantica, lib 5, keinerlei Anspielung auf die Eucharistie (PL 168, 930 D; vgl. 932 A): in caelum levaverit, ... tamen hic intra vos est».

[110] Hugo von St.-Victor, De sacramentis, lib 2, p 8, c 13 (PL 176, 470 C). Vgl. Ps-Bernhard (Hugo Metellus), Tractatus de corpore Domini: «Sicut sanctis apostolis apparuit in vera carne, ita et modo se nobis ostendit in sancto pane» (PL 182, 1150 BC).

[111] Ps-Primasius, In Hebr.: «per incarnationis exhibitionem» (PL 68, 733 B).

[112] Oben, Kap. 6, Anm. 27.

Sic ergo in sacramento suo modo temporaliter ad te venit, et est eo corporaliter tecum, ut et tu per corporalem praesentiam ad spiritualem quaerendam exciteris, et inveniendam adiuveris. Quando in manibus sacramentum eius tenes, corporaliter tecum est. Quando ore suscipis, corporaliter tecum est. Quando manducas et quando gustas, corporaliter tecum est. Denique in visu, in tactu, in sapore, corporaliter tecum est. Quando sensus corporaliter afficitur, praesentia eius corporalis non aufertur. Postquam autem sensus corporalis in percipiendo deficit, deinceps corporalis praesentia quaerenda non est, sed spiritualis retinenda. Dispensatio completa est, perfectum sacramentum, virtus manet. Christus de ore ad cor transit ...[113]

Die zahlreichen Schüler des Victoriners werden sich auf diese Stelle berufen, und einige werden ihren Lehrer noch überbieten, indem sie die diskrete Zurückhaltung fallenlassen, die er durch sein flüchtiges *suo modo* noch wahrte. So der Verfasser des *Speculum Ecclesiae*,[114] wie auch Petrus Comestor.[115] Eine solche Passage liest sich sowohl bei dem letztern[116] wie im Traktat des Balduin von Canterbury,[117] wo sie vielleicht interpoliert ist. Von nun an treten *visibilis* und *corporalis* durchaus auseinander.[118] Sogar Gerhoh und Arno von Reichersberg könnten als Zeugen dieser Entwicklung angeführt werden. Gewiß, sie hätten eine solche Parallele zwischen eucharistischer Gegenwart und Gegenwart während des Erdenlebens niemals gezogen, wie Hugo; ihrer Grundlehre gemäß, die im vorigen Kapitel erinnert wurde, hüten sie sich, wie andere *corporalis* und *spiritualis* auseinanderzureißen. Dennoch schließen auch sie den Ausdruck *praesentia spiritualis* als verdächtig klingend aus ihrem Wortschatz aus. Sie reden nicht bloß von einer «Gegenwart des Leibes», einer «Gegenwart Christi in sei-

[113] AaO. (PL 176, 470, 471).

[114] «Sic ad te venit corporaliter» (PL 177, 364–365; 363D: «substantiam corpoream»).

[115] Sententiae de sacramentis (Martin, 56).

[116] Ebd. (Martin, 55–56).

[117] «Esu et usu et perceptione ipsius corporis et sanguinis qui intra nos recipitur, ut sit in nobis non solum per praesentiam divinitatis, a qua conditi sumus, sed etiam per praesentiam corporis, quo redempti sumus, sicut ipse repromisit et dixit: ecce ego vobiscum sum, etc.» (PL 204, 695D). Radulf Ardens (PL 155, 1856D). Alanus von Lille, Contra haereticos, lib 1, c 62 (PL 210, 365C).

[118] Hugo von St. Victor: «visibiliter secundum sacramenti speciem, et corporaliter secundum carnis et sanguinis Christi veritatem» (PL 176, 467A). Im übrigen verwendet Hugo auch weiterhin die Gegenüberstellung «visibiliter – spiritualiter»: «Hoc quod ejus sacramentum visibiliter percipimus, signum est quod ei spiritualiter uniri debemus» (PL 176, 467–468).

nem Leib», sondern zögern nicht (sogar sie nicht!) zu sagen, Christus sei in der Eucharistie «leiblich gegenwärtig». Sie meinen sogar, es sehr laut verkünden zu sollen. Und weniger als für sonst jemanden ist für sie die Realität des Leibes gebunden an seine Sichtbarkeit.[119]

Nicht von den «Gestalten» redend, sondern die in ihnen verborgene Wirklichkeit meinend, wird man also geläufig von *corporalis*, *corporaliter* reden, oder wenn man *sacramentalis*, *sacramentaliter* sagt, dann wird auch hier die Körperlichkeit mitverstanden.[120] *Intellectualis* war bereits ausgeschaltet, es stand im Verdacht, *incorporalis* besagen zu wollen.

> Corpus, quod dixeras crucifixum, intellectuale constituis. In quo evidentissime patet, quod incorporeum confiteris.[121]

Sogar *invisibilis* und *invisibiliter* werden dic Tendenz haben, mit *spiritualis* und *spiritualiter* auf die ausgeschlossene Seite der Disjunktion zu treten.[122] Dieses dauernde Weitergleiten ereignet sich nirgends schroff. Keine klare Entscheidung steht dahinter. Und wo es erreicht ist, kann das Ergebnis als eine bedeutsame Annäherung an den Standpunkt der Alten und keineswegs als Neuerung erscheinen. Ist man nicht schlicht zu Augustinus zurückgekehrt?[123] Doch ist das wirklich nur ein Schein. *Corporalis* (oder *sacramentalis*) und *spiritualis* entsprachen einander früher ungefähr wie *sacramentum* und *virtus sacramenti:*[124] so in den liturgischen Texten,

[119] Gerhoh von Reichersberg, De gloria et honore Filii hominis, c 13, n 1: «Eucharistiam suscipiunt, in qua ipsum fontem gratiae corporaliter praesenten credunt» (PL 194, 1117C; vgl. AB). Arno von Reichersberg, Liber apologeticus contra Folmarum, S. 102 und 223. Und die oben S. 169 f angeführten Texte.

[120] Franz von Assisi wird in seinem Testament schreiben: «Nihil vides corporaliter in hoc saeculo de ipso altissimo Filio Dei, nisi sanctissimum corpus et sanctissimum sanguinem suum.»

[121] Hugo von Langres, De corpore et sanguine Christi contra Berengarium (PL 142, 1327 A).

[122] Speculum Ecclesiae (PL 177, 365C).

[123] Augustin, Sermo 71 (PL 38, 453). In Joannem, tr 26 (PL 35, 1614). De Civ. Dei, lib 21, c 25 (PL 41, 741) usf.

[124] Bruno von Würzburg, In ps. 22 (PL 142, 112 B nach Augustin und Ps-Hieronymus). Glossa in Joannem (PL 114, 384 B). Rupert von Deutz, In Joannem, lib 6: «corporalis mensae dominicae communicatio» (PL 169, 469 D). Honorius von Autun, Gemma animae, c 111 (PL 172, 521 A) usf. Und später Wiclif, mit seinem gewohnten Archaismus: «Est enim secundum distinctionem famosam duplex comestio, scilicet corporalis et spiritualis», Sermones, p 2, s 61 (Loserth, 455).

wo von einer *corporalis sumptio* die Rede ist.[125] Jetzt dagegen sind beide jenseits des bloßen *sacramentum* beheimatet und entsprechen den beiden «Sachen», die man unter dem Zeichen unterscheidet: *duo modi manducandi, duae res sacramenti.*[126] Die Ideengeschichte kehrt nie genau zum gleichen Standort zurück. Auf seiner Kreisfahrt hat sich *sacramentalis* mit neuen Werten beladen, während *spiritualis* irgendwie ausgehöhlt worden ist.[127]

Preisgabe von «spiritualis»

Das ist, in Worte eingezeichnet, ein Hauptergebnis des langen Ringens um den archaisierenden Neuerer Berengar. Lange hatte der Gegensatz von Fleisch und Geist die Spekulationen über die Eucharistie beherrscht, wie er auch die über die Heilige Schrift beherrschte. *Haec mysteria non carnalia, sed spiritualia – totum spiritualiter intelligendum, ubi nihil carnale sentire licet,*[128] *non carnale quippiam et terrenum de sanctis arbitrari, sed divine ea et spiritualiter accipi.*[129] Im Gefolge von Johannes hatten die Väter diese Antithese für die Eucharistie ausgewertet, wie sie es im Gefolge Pauli vor allem für die Schrift getan hatten. Beda hatte sie von Augustin übernommen und weitergereicht.[130] Paschasius Radbert hatte sie nicht verkannt[131], trotz der Anschuldigungen seiner Gegner auf groben Realismus, zu denen er mit seinen Wunder-

[125] Oder «corporea et spiritualia alimenta», usf. Leonianum (Feltoe, 4 und 72).

[126] Breviarium sententiarum (Landgraf, aaO., 345). Petrus Lombardus, In I Cor. (PL 191, 1640D). Petrus Comestor (Martin, 36*). Gandulf von Bologna (de Walter, 443). Petrus von Poitiers: «Sacramentaliter sumere est ipsam carnem veram Christi sumere, sive inde percipiatur fructus, sive non ... Spiritualiter sumere est fructum sumere ... sive sumatur corpus Christi sive non» (PL 211, 1252–1253). Magister Simon, der «comestio sacramentalis» und «comestio realis» unterscheidet (Weisweiler, 34).

[127] Später wird man auf die Formel: «manducatio saltem spiritualis» stoßen. So bei Thomas von Aquin, S.Th. III^{a}, q 80, a 11.

[128] Paschasius Radbert (PL 120, 1330C, 1305C).

[129] Hesychius, In Leviticum, lib 6 (PG 93, 1071C). Vgl. Athanasius, Vierter Brief an Serapion, n 19 (Lebon, 203–204; vgl Anmerkung des Übersetzers) usf.

[130] Vgl. In Joannem, c 6 (PL 92, 718C, 720A, 721D).

[131] In Matthaeum, lib 12, c 26: «Spiritaliter accipienda sunt haec omnia quae traduntur in sacramento, etc.» (PL 125, 895A). Liber de corpore: «Disce aliud gustare, quam quod ore carnis sentitur, aliud videre, quam quod oculis istis carneis monstratur. Disce quia Deus spiritus illocaliter ubique est. Intellige quia spiritalia

geschichten einigen Anlaß geboten hatte.[132] Auch Hincmar nicht, der doch für die eriugenistischen Tendenzen so streng war.[133] Die *Responsio cuiusdam* räumt ihr einen Ehrenplatz ein, dort wo sie die Juden tadelt, die das Geschenk des Herrn ablehnen, *quia clausis perfidiae ianuis veritatem intrare non sinentes, pro spiritualibus carnalia, pro innocentissimis cruenta intelligere maluerunt.*[134] Gerhard von Cambrai berief sich beim Konzil von Arras 1025 darauf, um die Einwände der «neuen Manichäer» zu entkräften.[135] Sie konnte auch nicht fehlen in der Kontroverse des Samuel über die Ankunft des Messias.[136] Zu fest war sie eingebürgert, um vor langer Zeit verschwinden zu können. Man begegnet ihr noch im *Brevis Tractatus* Hildeberts[137] oder bei der hl. Hildegard, die dem ewigen Vater die Worte in den Mund legt: *Filius meus apud me manens in caelo, apud homines etiam manet in terra; sed hoc spirituale et non carnale est.*[138] Rupert vor allem bleibt ihr treu.[139] In seiner Synthese, die zwar nicht im Geschmack der zeitgenössischen Dialektiker entworfen, aber nichtsdestoweniger kraftvoll gezimmert war, setzt er auf originelle Art, mit aller Vorsicht, die ihm sein Bestreben nach Rechtgläubigkeit auferlegt, die spiritualisierende Tradition fort. Für ihn ist der sakramentale Leib als der auferstandene wesenhaft unsichtbar, untastbar, von jedem fleischlichen Element frei.[140] Aber obwohl er keinerlei Gefallen an den Lehren Berengars und seiner Nachahmer fand, kam dieser große Beschauliche zu spät, um noch angehört zu werden und Gefolgschaft zu finden. Ein

haec sicut nec localiter, sic utique nec carnaliter ante conspectum divinae maiestatis in sublime feruntur» (ebd. 1287C; vgl. 1310, 1327–1332, 1357D).

[132] Anekdoten, deren Sammlung von einer Ausgabe des Liber de corpore zur andern immer mehr anschwoll.

[133] De cavendis vitiis, c 10 (PL 125, 920–921).

[134] D'Achery, Spicilegium, Bd. 1, 149.

[135] «Sed fortassis aliquis nimis carnaliter hoc audiens obiciat...» (Mansi XIX, 431–432).

[136] Samuelis Marochani, Liber de Messiae adventu praeterito, c 21 (PL 149, 360C).

[137] PL 171, 1150C.

[138] Scivias, lib 2, visio 6 (PL 197, 529–530).

[139] In Joannem, lib 6 (PL 169, 463); In Exodum, lib 3, c 11 (PL 167, 662AB) usf. Vgl. Bernhard, In festo sancti Martini, n 10: «Videtur tamen etiam in hoc mane de carnibus Agni nonnihil esse servatum; sed quod residuum est, utique iam datur igni; quod videlicet usque hodie eadem caro nobis, sed spiritualiter utique, non carnaliter exhibeatur» (PL 183, 495A).

[140] In Joannem (PL 169, 467 und 806); In Malachiam (PL 168, 821A).

Ausruf wie dieser: *O sacerdotes carnis, hostes Spiritus,*[141] mochte im Zusammenhang ganz richtig sein, zeitgemäß war er nicht mehr. Während der Abt von Deutz seine Kommentare über Liturgie und Schrift verfaßte, hatte sich die eucharistische Theologie schon unwiderruflich auf ganz andere Wege festgelegt. An die Stelle der altüberlieferten Antithese Fleisch–Geist, war, noch unter den gleichen Worten, eine andersartige getreten: die zwischen Symbol und Wirklichkeit. *Spiritualiter*, das ursprünglich den Gegensatz zu *carnaliter* bildete, war jetzt Gegensatz zu *sensualiter* geworden, und dann zu *naturaliter* und zu *substantialiter*. Damit war es unterwegs, mit dem unbestimmten *figuraliter* zu verschmelzen. Dabei stand aber der ganze Glaube auf dem Spiel. *Spiritualiter intelligere*, das lange Zeit die rechte Haltung betreffs der Eucharistie bezeichnet hatte, war langsam zum Ausdruck für eine Fehlhaltung geworden. Damit das Mysterium nicht ausgeleert würde, das Sakrament seine Kraft behalte,[142] hatte man sich allgemein damit abgefunden, eine Redeweise und bis zu einem gewissen Punkt auch eine Denkweise preiszugeben, die zu solcher Fehlleistung führte. Eine Sorge beherrschte nunmehr alles: Das *substantive, non umbratice corpus,*[143] das *proprium substantivum corpus*[144] zu verteidigen. Die Vorkämpfer des eucharistischen Realismus greifen dazu ein paar Hinweise des Paschasius Radbert auf, verstärken, verallgemeinern sie. Bei einigen von ihnen bedeutet ein fleischliches Verständnis der Eucharistie nicht vor allem, wie im Evangelium, eine verkehrte Art, das Geheimnis zu verstehen, sie sehen darin nurmehr die Haltung der Irrlehrer, die aufgrund ihrer Sinne urteilend – aufgrund jenes *sensus carnis*, den Paulus verurteilt hatte – die ganze sakramentale Heilsordnung umstürzen, indem sie die reale körperliche Gegenwart Christi leugnen.[145]

[141] In Malachiam (PL 168, 831 B). «... Ubi venit sacrificium valens, rursus removeri debuit sacrificium carnis et sanguinis» (ebd. 829 D).

[142] Hugo von Langres, De corpore et sanguine Christi contra Berengarium: «erit impotens sacramentum» (PL 142, 1327 C).

[143] Guitmund von Aversa (PL 149, 1164 D). Man sehe auch, wie Durandus von Troarn die Folgerungen aus der Irrlehre zieht (PL 149, 1377 C), eine Paulusdeutung ausschaltet, die ihr Nahrung bieten könnte (ebd. 1411 AB), das «naturaliter» verteidigt (ebd. 1392). Vgl. Guibert von Nogent, Epistula de buccella Judae data (PL 156, 591 AC).

[144] Honorius von Autun, Eucharistion, c 5 (PL 172, 1252 D).

[145] So Guitmund (PL 149, 1439 D); man beachte aber 1456–1457. Ps-Haimo (PL 118, 816 C). Vgl. Paschasius Radbert (PL 120, 1306 A). Die alte Sicht wird von

Trotz der Weitergabe augustinischer Texte in den kanonischen Sammlungen wird das «spiritualistische» Vokabular allmählich wenn nicht aufgehoben, so doch verdünnt und verwandelt. Früher verurteilte man *corporeum* als gleichsinnig mit *corruptibile*, jetzt verurteilt man *incorporeum* als gleichwertig wie *phantasticum*.[146] Nach einem langen Jahrhundert der Kontroversen und der Systematisierungsversuche, gegen die Mitte des 12. Jahrhunderts registriert Petrus Lombardus, seiner Gewohnheit gemäß, dieses Ergebnis.[147]

Ein paar Spuren der Terminologie, die bis auf Berengar die herrschende gewesen war, überleben. An einer Stelle seiner Sentenzen, die von der Summa des Odo von Lucca abhängt, wiederholt der Lombarde noch eine Formel, die sich unverändert bei Lanfranc erhalten hatte, und die man Augustin zuschrieb, in der Meinung, sie stamme aus dem Florileg, das Prosper von Aquitanien von ihm hergestellt hatte. Das sakramentale Fleisch wird dort *invisibilis, intelligibilis et spiritualis*[148] genannt und dem *corpus visibile et palpabile* gegenübergestellt, dessen *sacramentum* sie ist. Ein festgeprägter Ausdruck, der routinemäßig weitergegeben oder aus Pietät für seinen Verfasser abgeschrieben wird, aber nur noch Zeuge einer versunkenen Zeit ist. Sobald unsere beiden Sentenzenmeister wieder im eigenen Namen sprechen, kehren sie spontan zur neuen Terminologie zurück, indem sie so beide im Laufe des gleichen Kapitels, ja der gleichen *distinctio* die Sprache wechseln, und dann das sakramentale Fleisch nicht länger mit *invisibilis et intelligibilis* bezeichnen.[149]

Thomas bewahrt werden, wo er Jo 6 kommentiert: lib 5, n 1; lib 8, n 3, 4, 5; vgl. c 7, lib 4, n 1.

[146] Das Beiwort wird zunächst von den «Spiritualisten», dann von den «Realisten» verworfen. Der Neue Bund ist dem Alten überlegen, so sagte einst schon Johannes Chrysostomus, weil er οὐδὲν σωματικὸν ἢ φανταστικόν enthält: In Hebr. h 8, n 1 (PG 63, 67).

[147] Siehe oben, Kap. 4.

[148] Lanfranc (PL 150, 424 A). Ivo von Chartres (PL 161, 153 D, 1076 A). Alger von Lüttich (PL 180, 772 A, 793 BC). Gregor von Bergamo (Hurter, 81). Gratian, De consecratione, d 2, c 48 (Friedberg, 1332). Odo von Lucca (PL 176, 144 B). Petrus Lombardus (PL 192, 860). Petrus von Poitiers (PL 211, 1250 B) usf.

[149] AaO. Ebenso Gerhoh von Reichersberg, Liber de simoniacis (MGH, Libelli de lite, Bd. 3, 267).

Zweiter Ausgleich zwischen Hieronymus und Augustinus

Die Reaktion gegen Berengar hatte die Bewegung verstärkt, die, seit der Zeit Paschasius Radberts angelaufen, immer mehr dazu drängte, die beiden ersten der drei «Leiber» zusammenzulegen und im Gegensatz dazu den dritten von ihnen abzuheben. Wir wiesen schon oben darauf hin.[150] Die paschasische Theorie wurde so, auch unter Beibehaltung der alten Etikette, faktisch mehr und mehr eine Theorie vom zweifachen Leib: dem historisch-sakramentalen und dem kirchlichen. Honorius von Autun ist einer der letzten Zeugen des Schemas, das vom 9. Jahrhundert her überliefert wurde. Im 1. Kapitel seines *Eucharistion* schreibt er:

> Trifarie corpus Domini dicitur. Primo id quod de virgine incarnatum, in ara crucis pro nobis est oblatum... Secundo, corpus Domini dicitur, quod ob pignus Ecclesiae traditum Spiritu sancto consecrante ex substantia panis et vini ... quotidie conficitur... Tertio, corpus Domini tota Ecclesia praedicatur, quae de omnibus electis ut de multis membris in unum compaginatur.[151]

Honorius liebt auch die subtilen Redewendungen, im Geschmack eines Gottschalk oder Heriger, um die verschiedenen «Leiber» abwechselnd zu unterscheiden und zu vereinigen.[152] Vergeblich aber würde man in seinem Traktat nach den alten Ausdrücken wie *corpus mysticum* oder *corpus in mysterio* suchen, wo der zweite Leib bezeichnet werden soll; man fände auch nichts, was dem *corpus sacrificii* Ruperts oder dem *vicarium corpus* Guiberts von Nogent entspräche. Hingegen wird ausführlich und unzweideutig die wesentliche Identität der beiden ersten Leiber gezeigt.[153] Mit Honorius ist übrigens die Dreiteilung ans Ende

[150] Siehe oben, Kap. 4.

[151] PL 172, 1250 A. Vgl. c 3: «Corpus de virgine procreatum in caelis residens universae creaturae dominatur. Corpus autem de pane et vino per Spiritum sanctum consecratum et in substantiam prioris translatum, veraciter a populo fidelium manducatur; per hoc quoque corpus tertium quod est Ecclesia Christo incorporatur» (ebd. 1252 AB).

[152] So c 1: «Hoc tertium primo per medium connectitur, sicut ternarius binario et monade conficitur» (ebd. 1250 B); c 2: «primum corpus per medium sibi tertium incorporare» (ebd. 1250 C); c 3: «ecce corpus de virgine generatum tenuit in manibus corpus de substantia panis» (ebd. 1251 C) usf.

[153] «In praedictum corpus transfertur» (ebd. 1250 A); «in substantiam prioris translatum» (ebd. 1252 A) usf.

ihrer Laufbahn gelangt, trotz ihrer Anstrengung, sich selbst zu überleben, indem sie sich an den Ritus der Hostienbrechung klammerte und so mit der Theorie des Amalarius über das *triforme corpus* verschmolz.[154] Der Tag wird kommen, da man ausdrücklich nur noch von einem « zweifachen Leib Christi » [155] reden wird, dessen übliche Benennungen dann *corpus verum* und *corpus mysticum* sein werden. Bereits ein Wilhelm von St. Thierry kennt die drei Bezeichnungen nicht mehr, es sei denn (wie wir sehen werden) in einer einschneidenden Abänderung.[156] Und schon verkünden die *Sententiae Florianenses: Duobus modis corpus Christi dicitur.*[157] Desgleichen Gregor von Bergamo:

> Aliud est corpus, quod sacramentum est, aliud corpus, cuius sacramentum est. Bipertita enim ratione dominicum corpus accipientes in Scripturis, aliud esse novimus Christi corpus, quod videlicet ipse est, aliud autem corpus, cuius ipse caput est.[158]

In der Tat: im Maße als der eucharistische Realismus alle Aufmerksamkeit an sich zog, trat das Problem der Gegenwärtigkeit Christi an die Stelle des Problems der heiligen Handlung; das eigentliche Fundament für die einstige Unterscheidung zwischen *corpus quod pependit ligno* und *corpus quod in mysterio immolatur* schwand großenteils dahin. Man mochte wohl noch eine zweifache Form unterscheiden, die eine « menschlich » oder « persönlich », die andere « sakramental »,[159] oder einen « sichtbaren » und einen « unsichtbaren » [160] Zustand: der Abstand zwischen historischem und eucharistischem Leib mußte sich auch im Ausdruck verringern bis zur Grenze der völligen Aufhebung. *Christus substantiali-*

[154] Nachdem Honorius in Erinnerung gerufen hat, daß die drei Leiber, die er eben unterschieden hat, nur einer sind, fügt er bei, c 1: « Et quia unum corpus creditur, ideo de una oblata conficitur; quia vero tribus modis accipitur, idcirco consecrata oblata in tria dividitur. Pars namque quae in calicem mittitur, est illud corpus Domini quod in gloria sumitur; quae vero a sacerdote percipitur, est illud quod ob pignus Ecclesiae relinquitur; quae autem ad viaticum in pyxide reponitur, est illud ad laborem adhuc huic mundo quasi carceri inclinatur » (ebd. 1250 BC).

[155] Wilhelm von Auxerre, Summa aurea (fol 116 v).

[156] Unten Kap. 8, Anmerkung 25.

[157] N 66 (Ostlender, 30).

[158] C 18 (Hurter, 75–76). Viele ähnliche Beispiele finden sich dort, wo die dreigeteilte Struktur der Sakramente erklärt wird.

[159] Alger von Lüttich, De sacramentis ..., lib 1, c 9, 16 und 17 (PL 180, 768 CD, 790).

[160] Sententiae Anselmi (Bliemetzrieder, 117) usf.

ter semper idem.[161] War nicht auf beiden Seiten *ipsum corpus* vorhanden?[162] War nicht auch die *media caro* Herigers von Lobbes,[163] das *medium corpus*, das auch Paschasius gekannt hatte,[164] doch wirklich das *ipsum corpus*, die *ipsa caro*, wie Augustin selber ein-, zweimal gesagt hatte, gerade an einer Stelle, wo er die zwei Arten, das Fleisch Christi zu essen, erläuterte?[165] Am Vorabend der berengarischen Kontroverse konnte man, ohne Ärgernis zu erregen, mit Fulbert von Chartres die beiden ersten Leiber des alten Triptychon als *quodammodo aliud et aliud* unterscheiden:

> ... Illud dominicum corpus ... in caelis locatum, iam non moritur; istud sacramentorum quotidie nobis moritur... Illud de virgine assumptum, et istud de materiali et virginali creatura consecratum.[166]

Sogar noch während die Schlacht in vollem Gange war, konnten ein paar durchaus orthodox sein wollende Meister sich nach den alten Kategorien ausdrücken. Und doch, so «klug und gottesfürchtig» sie sein mochten, sie erregten die Ungeduld der übrigen. Durandus von Troarn fährt diese allzu Konservativen recht unsanft an.[167] Ohne sie mit Berengar gleichzusetzen, verfehlt man nicht, auch sie bei der gleichen Gelegenheit abzufertigen, indem man ihnen vor allem die «metabolischen» Texte des Ambrosius entgegensetzt.

Freilich: diese immer betontere Zustimmung zum ersten Aspekt der ambrosianischen Eucharistielehre war für gewöhnlich

[161] Guitmund von Aversa (PL 149, 1461 C). Bruno von Segni: «ut una eademque essentia sit et eius carnis quae de virgine nata est, et eius quae de pane facta est» (PL 165, 499 C). Manegold: «De Christi corpore reficeretur, quod de virgine sumptum est» (PL 155, 165 D). Gottfried von Vendôme (PL 157, 213 AB) usf.

[162] Oben Kap. 4.

[163] PL 139, 186 A. Vgl. 186 C: «Eucharistia mediante».

[164] PL 120, 896 C.

[165] Sermo 71 (PL 38, 453). Vgl. In ps. 98 (PL 37, 1265). Heriger von Lobbes (PL 139, 180 CD). Hugo von Langres (PL 142, 1330 D). Deoduin von Lüttich (PL 146, 1441 B). Hugo Metellus (PL 188, 1274 A) usf.

[166] Epistula 3, Einardo (PL 141, 194–195).

[167] Durandus von Troarn: «Sunt nonnulli his aliquanto, ut sibi videntur, prudentiores atque religiosores, qui carnem quidem dicant esse Christi, non tamen illam quam de virgine sancta Christus ipse suscepit, ... sed quamdam novam, quam benedictio recens consecravit» (PL 149, 1387 B). Vom Tag an, da an Stelle aller unklaren Vorstellungen von der Wirkung der Konsekration jener Gedanke durchdrang, der zur endgültigen Formel der Transsubstantiation führen sollte, wurde ein solcher Dualismus, auch wenn er bloß in den Worten lag, unerträglich. Daher die Ungeduld Durandus' von Troarn.

von einer immer betonteren Abwendung vom zweiten Aspekt begleitet, nämlich von seiner Auffassung von «geistigem Leib». So zitiert und kommentiert Durandus von Troarn zwar ausführlich Ambrosius und übernimmt auch den Satz über das *corpus spirituale* aus *De mysteriis*, hütet sich aber, den letztern in seiner Auslegung zu besprechen: im Gegenteil, er unterstreicht den Gebrauch, den Ambrosius von *caro* macht, um dann aber jeden Versuch, den eucharistischen Leib in einem für seinen Geschmack allzu «himmlischen» oder «geistigen» Sinn auszulegen, kurzerhand zu unterbinden.[168] Auch der Spiritualismus Augustins verliert an Boden. Was davon bei einem Guibert von Nogent oder Rupert von Deutz übrigbleibt, ist im Grunde nur ein Nachleben, das von der Mitwelt, wie bemerkt, ungern gesehen wird und bald darauf verschwindet. Schließlich – ein Zeichen der Zeit – begnügt sich ein Wilhelm von St. Thierry, dessen Denken doch so subtil und für die Einflüsse der griechischen Mystik aufgeschlossen war,[169] nicht mehr damit, mit seinen Zeitgenossen von einem «leiblichen Essen» zu reden – *corporaliter manducatur* –, er spricht anläßlich des historischen wie des eucharistischen Leibes sogar von *materialis caro*.[170] Der Ausdruck mag weniger ärgerlich sein, als der erste Anschein es vermuten läßt, man sieht in der Tat, daß Wilhelm ihn nur wählt, weil er primär den historischen Leib damit bezeichnen will. Aber eine undifferenzierte Gleichsetzung beider Aspekte stand trotz allem dahinter.

Zweierlei Fleisch, zweierlei Leib also. Was bei Hieronymus das «erste» Fleisch gewesen war, kann jetzt gleichgesetzt werden nicht mehr nur mit dem historischen Leib, sondern mit den zwei ersten der drei paschasischen «Leiber», das heißt mit dem historisch-sakramentalen Leib. Man brauchte dazu bloß die abwer-

[168] De corpore et sanguine Christi ..., p 4a, c 7 und 8 (PL 149, 1385–1386).

[169] J.-M. Déchanet, De l'Apologie à la Lettre d'or, in: RAM (1939) 16–21, und: Aux Sources de la doctrine spirituelle de Guillaume de Saint-Thierry, in: Collectanea Ordinis Cisterciensium Reformatorum (1938–1939). Allerdings stammt der Eucharistie-Traktat aus der Zeit um 1134, und Wilhelm starb erst 1147 oder 1148. Vor allem in den letzten Jahren ist der griechische Einfluß spürbar. Vgl. Adam, Guillaume de Saint-Thierry (1923) 54 und 98–99.

[170] «Caro vel corpus Christi, quod in ara crucis et in altari sacrificatur, et corporaliter manducatur ... Materialis caro Christi, cum sit sacramentum illius spiritualis carnis, tamen vere est caro Christi» (PL 180, 355 und 356).

tende Nuance zu entfernen, die ihm bei Hieronymus anhing, dann konnte damit sachlich die schlichte Wahrheit von der leiblichen Gegenwart in der Eucharistie ausgesagt sein; man mußte dabei bloß von der sinnlichen Wahrnehmbarkeit absehen und das Fleisch in der Wirklichkeit seiner einfachen «Wesenheit» betrachten. Damit hatte man einen zweiten Konkordismus erzielt, der von dem im 9. Jahrhundert geschaffenen ganz verschieden war. Die *caro spiritualis*, ihrer zentralen Stellung entthront, ist jetzt nur bezüglich der sakramentalen Wirkung als geistlich zu bezeichnen, nicht aber in ihrer Wirklichkeit selber. Den vorhin zitierten Zeugen mag noch ein letzter zugefügt werden: Stephan von Baugé:

> Duplex est caro Christi: illa quae nata est de virgine et sumitur in sacramento, et ea quae manducatur fideliter credendo, sine qua non prodest sacramentalis, quia Deus declaravit dicens: »Caro non prodest quidquam, spiritus est qui vivificat« ... Sic carnem Christi manducare, est eam sumere in spiritu et veritate.[171]

Dieser Text verwendet, wie viele andere seinesgleichen, gleichzeitig Hieronymus und Augustin. Die Weise, sie auszugleichen, hat sich gewandelt, aber die beiden großen Kirchenlehrer bleiben auch im Rahmen des zweiten Systems ebenso vereint wie sie es in dem des ersten waren. Alles entwickelt sich unter ihrem Patronat. – Noch erfindungsreicher läßt Wilhelm von St. Thierry auf einem augustinisch gefärbten Hintergrund eine ganze Reihe von Hieronymustexten aufscheinen. Dies geschieht im 6. Kapitel seines Traktats *De corpore et sanguine Domini*,[172] das just die Überschrift trägt: *De duplici corpore Christi*. Nach Anführung des uns bekannten Textes im Epheserbriefkommentar fährt er fort:

> De carne enim illa priori, quae crucifixa est, haec altera procedit [spiritualis et divina]. Et secundum psalmistam educit Deus panem de

[171] PL 172, 1296. Odo von Lucca, Summa sententiarum, tr 6, c 3: «Et ista res sacramenti virtus appellatur; dicitur etiam spiritualis caro Christi. Hieronymus... Ipsa efficacia sacramenti, quae spiritualis caro Christi et virtus sacramenti appellantur» (PL 176, 140C und D). Hugo Metellus (PL 188, 1273C). Petrus Lombardus (PL 192, 857 und 859). Speculum Ecclesiae (PL 177, 365D). Wilhelm von Auxerre, Summa Aurea (fol. 258–259) usf.

[172] Meist wird das Werk unter seinem zweiten Titel: De sacramento altaris, angeführt.

terra, cum a terreni corporis agro quem a nobis assumpsit, mysterium profert caelestis panis ac poculi salutaris, quo reficitur Ecclesia.[173] Et sicut corpus Domini quod mortuum est, in evangelio granum frumenti vocatur cadens in terram, sic in psalmo adeps frumenti vocatur illa mystica caro, ad quam Dominus hortans discipulos, dicebat: »Nisi manducaveritis ...«[174]

Et in sacramentis corpus Domini facit sanctae Ecclesiae fides, cuius generaliter est ipsum sacrificum, cuiuscumque sit meriti per quem fit; spiritualem vero illam carnem, per gratiam Dei vitae ministrantium vel percipientium. Unde illud: »ut nobis fiat corpus et sanguis Filii tui«. Nobis, inquit, fiat. Fit enim proculdubio corpus Domini in mensa altaris semper, cum solemne illud celebratur mysterium ritu quo debet; sed non semper eis fit, per quos fit.[175]

[173] Hieronymus, In ps. 103, im Anhang angeführt (PL 180, 363 B).

[174] Hieronymus, In Isaiam, ebenfalls angeführt (ebd. 363 B).

[175] PL 180, 353, vgl. 358. Brief an die Brüder von Mont-Dieu (PL 184, 327–328, nach Augustin; Davy, n 55, 104). Die Deutung des «nobis» war damals klassisch: Paschasius Radbert (PL 120, 1312 B, 1344 A). Bernold (MGH, Libelli de Lite, Bd. 2, 91, usf., in Nachbildung Augustins (PL 35, 1618). Für den Mißbrauch bei Berengar siehe oben, Anm. 8.

Achtes Kapitel

«UNUM CORPUS», «UNA CARO»

« *Res et virtus sacramenti* »

Mühseliger war bei diesem neuen Ausgleich die vollkommene Einigung der beiden abschließenden Größen zustande zu bringen, der *caro spiritualis* (die unterdessen bei manchen zu einer *caro mystica* geworden war) und des *corpus-Ecclesia* (das unterwegs ist zu *corpus mysticum*). Wenn die einstige *caro spiritualis*, ehe sie in eine *caro materialis* umgedeutet wurde, ohne viel Mühe mit dem *corpus mysticum* des Rabanus Maurus und Paschasius Radbert ineins gesetzt werden konnte, so war das jetzt nicht mehr so leicht: die neue Deutung von *caro spiritualis* ließ sich nur schwer mit dem neu gefaßten *corpus mysticum* in Einklang bringen. Indem das « geistige Fleisch Christi » nicht mehr einfach die Eucharistie war, konnte es auch nicht mehr ohne weiteres die Kirche sein.

Trotzdem wurde der Versuch der Einigung unternommen. Sie sollte sich unter mancherlei Rückschlägen im Rahmen jener Sakramententheologie vollziehen, die ein dreifaches Element unterschied: *sacramentum-tantum*, *res-et-sacramentum*, *res-tantum*. Die Theorie entfaltete sich unter augustinischer Inspiration, obwohl sie Augustins üblicher Redeweise nicht entsprach.[1] Wenn ihre etwas schulhafte Begrifflichkeit abstach von dem fließenden Denken Augustins, so erlaubte sie wenigstens – und das war ein wirklicher Vorteil –, die Mehrdeutigkeit zu umgehen, mit der die beiden Ausdrücke « *sacramentum* » und « *res sacramenti* » belastet waren, und damit den widersprechenden Deutungen der Augu-

[1] Für Augustin ist die res sacramenti noch vorwiegend die res gesta (oder gerenda), deren Ritus das Memoriale (oder das ankündigende, vorwegnehmende Zeichen) ist. Beim christlichen Sakrament ist diese res gesta natürlich Tod und Auferstehung Christi; das tägliche Opfer der Kirche ist das sacramentum jener res, die das Opfer auf Golgotha war. Vgl. De Civ. Dei, lib 10, c 20 (PL 41, 298); Contra Faustum, lib 19, c 13–14 (PL 42, 355); Sermo 22 (PL 38, 1246); Epistula 55, n 1 (PL 33, 305); Enchiridion, c 42 (PL 33, 253) usf. Hingegen: In Joannem, tr 26 (PL 35, 1614); Sermo 227 (PL 37, 1100) usf. Vgl. Ps-Beda, In Joannem: « tantae rei sacramentum » (PL 72, 719 A: es handelt sich um die Passion). Vgl. oben Kap. 2.

stintexte, wo diese Worte auftauchen, zu entrinnen. Insofern entsprach sie vor allem einem Bedürfnis nach Klassifikation und Übersicht, wie eine Bemerkung Algers von Lüttich verrät, der sie als einer der ersten verwendet.[2] Ein solches Bedürfnis wurde damals lebhaft verspürt. So kam es, daß sie in der Alger nachfolgenden Generation bereits als klassisch gilt.[3] Alle Sentenziarier entwickeln sie, und sie werden sie den Summenverfassern weiterreichen. Man weiß, welchen Vorteil Thomas daraus ziehen wird.[4] Wir wollen sie hier nicht in ihren Einzelheiten, Varianten und Abenteuern verfolgen.[5] Nur ein besonderer Zug interessiert uns unmittelbar: daß man in ihr irgendwie zwei Strömungen verfolgen kann; wir wollen diese (obschon es auch hier Schwingungen im Wortbereich gibt) durch zwei Ausdrücke kennzeichnen, die je für den dritten Begriff eingesetzt werden: einerseits *res*, anderseits *virtus*.[6]

Res oder *virtus:* beide geben sich jeweils als der Zielpunkt, die Vollendung des Mysteriums: *quod specie geritur*, *rerum veritate*

[2] De sacramentis, lib 1, c 4 und 5: «Quia igitur sancti sacramentum pro sacramento et re sacramenti, et corpus Christi pro veritate et figura usurpant, ne errorem generent, etc.» (mit einem Lanfranc-Zitat, das Augustin zugeschrieben wird; PL 180, 752 B). Vgl. c 3 (ebd. 747–750) und hauptsächlich Liber de misericordia et iustitia, p 1, c 62 (ebd. 884 D).

[3] Z.B. Gregor von Bergamo, c 14 und 17 (Hurter, 59 und 71). Stephan von Baugé, c 17 (PL 172, 1295–1296). Wilhelm von St. Thierry, Epistula ad Fratres de Monte Dei, n 55 (Davy, 103–104). Hugo von St. Victor, De sacramento corporis Christi (Wilmart, Opuscules choisis de Hugues de Saint-Victor, in: Revue Bénédictine, 1933, 243). Präzise Formeln in der Summa sententiarum des Odo von Lucca, tr 6, c 3 (PL 176, 140). Später Innozenz III., Epistula ad Joannem Lugdunensem (PL 214, 1120–1121); De sacro altaris mysterio, lib 4, c 35–36 (PL 217, 878–880).

[4] Vgl. S. Th. III, q 83, a 3: «Res sacramenti est unitas corporis mystici; sine qua non potest esse salus: nulli enim patet aditus salutis extra Ecclesiam», etc. Bereits: in IV Sent, d 9, a 1, 3° (Moos, 363 und 365).

[5] Für Gerhoh von Reichersberg, dessen Lehre einige besonders interessante Züge aufweist, vgl. unsere Arbeit: «La ‹res sacramenti› chez Gerhoh de Reichersberg, in: Etudes de critique et d'histoire religieuses. Lyon, Facultés catholiques (1948).

[6] Wenn der dritte Terminus nicht mit res bezeichnet wird, dann ist das Wort verfügbar und kann auf den zweiten angewendet werden, ohne daß beigefügt werden müßte ‹et-sacramentum›; wenn der Realismus auf diese Weise hervorgehoben wird, dann bleibt der Symbolismus im Schatten. Vgl. Eberhard von Bamberg, Brief an Eberhard von Salzburg: «... Quibus verbis sufficienter ostenditur, quid sacramentum, quid res sacramenti, quis etiam effectus ipsius sacramenti sit. Quae tria principaliter in hoc sacramento requirenda sunt» (PL 193, 503 C). Eberhard bezieht sich übrigens nicht auf Augustin, sondern auf Hilarius. – Vgl. Adam Scotus, De tripertito tabernaculo, p 2, c 10: «Species visibilis, veritas corporis et virtus gratiae spiritalis» (PL 198, 705).

tenetur – quod agitur mysterio, virtute perficitur.[7] Sie lassen sich also, grob gesprochen, auswechseln. Im einzelnen allerdings werden sie auf recht verschiedene Art definiert. Die *res* ist wesentlich die Einheit der Kirche, der einzige Leib, der sich durch die Einigung einer Mehrzahl von Gliedern bildet. Die *virtus* dagegen ist die geistige Wirksamkeit des Sakraments, sofern dieses vor allem als Nahrung betrachtet wird. Die *res* ist zugleich durch *sacramentum* und durch *res-et-sacramentum* symbolisiert, das heißt durch die eucharistischen Gestalten und durch den individuellen Leib Christi, der sich unter den Gestalten birgt.[8] Der Kirchen-Leib setzt sich zusammen aus Gliedern, die rein sind wie die Glieder des von der Jungfrau geborenen Leibes, wie die Körner des reinen Weizens und die Tropfen der Traube, woraus das Brot und der Wein zusammengesetzt sind:[9] *ex multis granis et multis acinis confecti, ex multis purissimi frumenti granis.*[10] Die *virtus* wird hervorgebracht durch das Fleisch und das Blut Christi, die respektiv das ewige Leben des Leibes und der Seele symbolisieren,[11] die Aufnahme und die Befreiung beider durch den Erlöser:

[7] Römisches Meßbuch, Herbst-Quatembersamstag und 2. Sonntag nach Ostern. Vgl. Amalarius, Liber officialis, lib 1, c 24: «Ipsa sacramenta ad hoc valent ut nos perducant ad ipsas res quarum sacramentum sunt» (PL 105, 1044 B).

[8] Daher die richtige Erwähnung der Kirche in folgendem Text Wilhelms von Auxerre, De officiis, fol II: «Tria ibi vocantur, scilicet panis qui transsubstantiatur; res sacramenti, id est Ecclesia triumphans; et species panis, Ecclesia militans.»

[9] Der Symbolismus der Reinheit, der sich auf ein Wort des Johannes Damascenus stützt, De fide orthodoxa, lib 3, c 2 und lib 4, c 14 (PG 94, 985 B und 1160 C) ist zeitlich später als der Symbolismus der Einheit und auch weniger grundlegend. Häufig tritt er erst auf gegen Ende des 12. Jahrhunderts. Anselm von Havelberg (PL 188, 1245 B). Gandulf von Bologna (Walter, 442–443). Wilhelm von Auxerre (fol 116 v°). Albert der Große, usf. Man wird sich dann in Spekulationen über homogene und heterogene Glieder ergehen. Vgl. z. B. Summa Alexandri, IV^{a}, q 10, m 3 und 4.

[10] Zahllose Belege. Erwähnt sei eine besondere Anwendung bei Anselm von Havelberg: «... ita ex multis tam graecorum quam latinorum turbis una et concors ... constituatur Ecclesia» (aaO.). Auch die häufige Verbindung mit dem Jesuswort: «nisi granum frumenti ...», ist zu beachten, das Anlaß zu schönen Ausführungen gibt.

[11] Gemäß dem Ambrosiaster, In I Cor. (PL 17, 243 B). So Amalarius (PL 105, 1010 D). Gezo von Tortona (PL 137, 388 B). Anselm von Laon (PL 159, 255 B; vgl. PL 162, 1470–1471). Hatto von Vercelli (PL 134, 379 B, 380 A). Sententiae Florianenses (Ostlender, 41). Florilegium von Saint-Amand (RTAM, 1939, 320). Gilbertus Universalis, In ps. 21 (ebd. 1936, 58; vgl. Glossa in Lucam, PL 114, 539 B). Honorius von Autun, Eucharistion, c 12 (PL 172, 1257–1258). Petrus Lombardus, In I Cor. (PL 191, 1642 D). Magister Simon (Weisweiler, 28). Summa Präpositins (Geiselmann, Die Abendmahlslehre, aaO. 151) usf.

ut duplicis substantiae
totum cibaret hominem.

Und dieses Fleisch und dieses Blut werden ihrerseits symbolisiert durch die beiden Gestalten, jetzt nicht mehr nur in sich selbst betrachtet, oder in ihrer Herstellung, sondern in ihrer erneuernden Funktion: *prae omnibus aliis cibis sive potibus corpus illis reficitur.*[12] Das stärkende Brot, der erfreuende Wein: könnte es bessere Gleichnisse geben für das lebenspendende Fleisch und Blut?[13]

Man findet diesen doppelten Symbolismus, mehr oder weniger ausführlich, allenthalben. Aber er bleibt fast überall wirklich doppelt, ohne echte Verbindung, ohne organisierendes Prinzip. Auf der einen Seite also: *cibus* und *potus* mit Bezug auf das ewige Leben; auf der andern Seite: *panis* und *vinum* als Zeichen der *unitas ecclesiastici corporis.*[14] Von der einen Richtung her gelangt man mit einem Denken, das von Paulus ausgeht und dann das Symbol des Mahlopfers beizieht, wie der Leviticus es vorschreibt,[15] zur letzten vom Mysterium gemeinten «Sache». Von der anderen Richtung her betrachtet man in der Linie des johanneischen Denkens, wo das Gleichnis vom Manna im Vordergrund steht, die Frucht der Kommunion. Auf der einen Seite die «objektive» und soziale wenn auch ebenfalls innerliche Wirklichkeit: die Einheit der christlichen Gemeinschaft: *panis iste indicat unitatem,*[16] die ganze Kirche als werdend und sich vollendend in diesem Brot.[17]

[12] Ungezählte Beispiele. Wenn die virtus sacramenti nicht in Bezug gesetzt wird zum Symbolismus der Gestalten, wird sie zumeist in der remissio peccatorum zusammengefaßt (Mt 26, 28) im Gefolge von Ambrosius, De sacramentis, lib 4, c 5, n 24 und c 6, n 28 (PL 16, 444 B und 446 A); angeführt von Burchard (PL 140, 756 B) und Gratian, De consecratione, p 2, c 14 und 40 (Friedberg, 1319 und 1328). Gerhoh von Reichersberg, Petrus Comestor (Martin, 49*).

[13] Alkuin, Epistula 137 (MGH, Epistularum t. 4, 212). Kommentar Abälards zu I Cor. 11 (Landgraf, Bd. 2, 264).

[14] Alger von Lüttich, De sacramentis (PL 180, 7994 C und 823 AB). Petrus von Poitiers (PL 211, 1242). Petrus von Cella (PL 202, 768). Vgl. Bonaventura, Breviloquium, p 6, c 9 (Quaracchi V, 274).

[15] So Beda, In Leviticum (PL 91, 334 A). Rabanus Maurus, In Leviticum (PL 108, 257 A). Ivo von Chartres, De convenientia (PL 162, 543 C, 544 C) usf.

[16] Rabanus Maurus, In I Cor. 10 (PL 112, 95 A und 103 A: «In uno pane omnes significantur.» Madrider Sakramentstraktat: «unionem caritatis» (Weisweiler, 92). Dieser Symbolismus wird in den Catechismus Romanus eingehen, p 2, n 19, 4°.

[17] Das entwickeln viele Texte, die das Bild von der Herstellung des Brotes ausnützen: die Mühle der beiden Testamente, das Taufwasser, das Feuer des Geistes usf.

Auf der andern Seite eine «subjektive», jedem Kommunizierenden sich einverleibende Wirklichkeit: das Leben, oder besser: die Belebung, die Erquickung des geistlichen Menschen: *virtus et plenitudo spiritualis refectionis*[18] – *virtute sacramenti interior homo satiatur.*[19] Noch ein Unterschied sei hervorgehoben, der durch die letzten Worte hindurch spürbar wird: obschon sie vom Sakrament, das sie ursächlich bewirkt, abhängt, kann doch nachträglich die *res sacramenti* für sich betrachtet werden als eine gegebene Wirklichkeit, während die *virtus sacramenti* viel enger an das Sakrament gebunden bleibt, deren «Kraft» sie ist: der Ausdruck ist mehr dynamisch als substantiell. Wenn die *res* ein *effectus* ist,[20] ist die *virtus* eher eine *efficacia*[21] oder besser noch: eine *efficientia.*[22]

Paulus und Johannes geeint

Nun ist es klar, daß wenn bei Meister Simon das *corpus mysticum* völlig mit der *res sacramenti* übereinstimmte, so anderseits die *caro mystica* innerlicher mit der *virtus* harmonisierte. Selbst in ihrer Endwirkung betrachtet, war sie weniger die schon produzierte und gleichsam objektivierte Wirkung des Sakramentes als vielmehr dieses selbst, sofern es vermittels der Disposition des Empfängers in ihm seine lebenspendende Wirkung ausübt. Es entsprach vielmehr dem, was Cassiodor die *substantia vivificatrix atque salutaris* genannt hatte.[23] Die *virtus*, mit der Christi Fleisch begabt war, sollte gewiß in den Besitz des Kommunizierenden gelangen; wenn aber dieser unwürdig war, so blieb sie, statt in ihn ein- und überzugehen, in Christus zurück.[24] So können wir besser

[18] Hugo von St. Victor, De sacramentis, lib 2, p 8, c 8 (PL 176, 467 D).

[19] Rabanus Maurus, De clericorum institutione (PL 107, 318). Honorius von Autun, Gemma animae, c III (PL 172, 581 A).

[20] Wilhelm von Melitona, Opusculum super missam: «Effectum huius sacramenti, qui est pax et unitas» (Dansend, Festschrift Grabmann, Bd. 1, 1935, 574).

[21] Augustin: «vis sacramentorum» (PL 43, 255). Speculum Ecclesiae (PL 177, 365–366). Odo von Lucca (PL 176, 140 D). – Aber Odo identifiziert nacheinander res und virtus, virtus und efficacia, res und efficacia, und jedes dieser drei Worte mit spiritualis caro (ebd. 140 C, 140 D, 143 C).

[22] Speculum Ecclesiae (PL 177, 266 C).

[23] In Ps. 109 (PL 70, 797 B).

[24] So für die Kommunion des Judas: Honorius von Autun (PL 172, 1131–1132). Vgl. Hugo von St. Victor (PL 176, 471).

verstehen, daß der gleiche Ausdruck *caro spiritualis* nacheinander für die beiden von uns vorgeführten Konkordanzunternehmungen benützt werden konnte. Bald ließ man sie gleichsam nach der Böschung Sakrament (Eucharistie) sich neigen, bald wieder nach der Böschung ihres Effektes (Kirche): ihr eigentlicher Platz aber – da man ihr einen solchen in einem nicht für sie geschaffenen Rahmen zuteilen wollte – lag eher in der Schwebe zwischen beiden. Wenigstens ein Schriftsteller hat sich klare Rechenschaft davon gegeben. In seiner originellen Art, die überlieferte Formel vom « dreifachen Leib » auszulegen, hat Wilhelm von Saint-Thierry zunächst (wie wir im letzten Kapitel sahen) die beiden ersten früheren Leiber zusammengetan, um dann die *caro spiritualis* des Hieronymus zwischen Eucharistie und Kirche zu stellen:

> Aliter enim cogitanda est caro illa, vel corpus, quod pependit in ligno et sacrificatur in altari, aliter caro eius, vel corpus, quod qui manducaverit, habet in se vitam manentem, aliter caro, vel corpus eius, quod est Ecclesia.[25]

Und ferner: noch ehe dieses zweite geistig oder mystisch genannte Fleisch als das Einigungsprinzip der Seele erscheint, ist es für jede Seele das lebendige und lebenspendende Fleisch, und eben seine Bezeichnung als *caro* ließ den Gedanken an einen Organismus, der für die *res sacramenti* wesentlich ist, nicht aufkommen. Das waren die zwei Gründe, um die *caro* zur *virtus* zu stellen und sie von der *res* fernzuhalten und damit jeden Versuch einer Gleichsetzung mit dem *corpus mysticum* zu entmutigen. – Daher nun eine gewisse Konkurrenz zwischen beiden Ausdrücken, zwischen *caro* und *corpus*, je nachdem man im Gesamtentwurf den Akzent mehr auf die *virtus* oder mehr auf die *res* legte, auf die *vita spiritualis* oder auf die *unitas Ecclesiae*. Aber da beide gleich traditionell und auch gleich wesentlich waren, konnten auch Schriftsteller, die für sie weder Ausgleich noch Gleichsetzung fanden, sich nicht entschließen, eines von beiden zu opfern. So endete die Konkurrenz fast immer damit, daß jedem sein Teil gegeben und beides nebeneinander stehengelassen wurde.

[25] C 12 (PL 180, 361–362). So wird im Innern der Eucharistie selbst gleichsam ein doppelter Leib unterschieden. Zwischen den beiden letzten Größen herrscht analoge Beziehung wie zwischen der natura naturans und der natura naturata.

So etwa beim Ps-Haymo. Er hat eben den paulinischen Symbolismus entwickelt und setzt nun mit einem *aliter* zur johanneischen Symbolik über:

> Corpus Christi et sanguis ... ad similitudinem sumentium revera signa dicuntur; sicut enim panis, qui sacratus fit corpus Christi, ex multis granis fit unus panis, et potus ille qui sanctificatus efficitur sanguis Christi, ex multis acinis fit unus potus, sic omnes digne sumentes hoc sacramentum ex multis unum corpus in Christo efficiuntur.
>
> Possunt et aliter corpus Christi et sanguis signa nominari: quod manducamus et in corpus Christi nostrum traiicimus, quodammodo nobis incorporari videtur et uniri ...[26]

Desgleichen Honorius von Autun in seiner *Elucidarium:*

> Sicut pane corpus nutritur, ita Christi cibo anima reficitur – et sicut panis ex multis granis conficitur, ita Christi corpus ex multis electis colligitur ...[27]

«Alio respectu» sagt auch der Verfasser des *Speculum Ecclesiae*,[28] wenn er von einem zum andern Symbolismus übergeht. Die *Sententiae divinitatis* unterscheiden zwei Gründe, weshalb Christus das Blut und den Wein gewählt hat: wieder durch ein bloßes *vel* verknüpft, sind es unsere beiden Symbolismen.[29] Eine weitere dualistische Formel, ein wenig verschieden von der vorigen, wird vertreten vom *Liber de canone mystici libaminis*[30] oder von der abälardischen Sammlung der *Sententiae Parisienses:*[31] Unter der Gestalt des Brotes empfangen, bezeichnet der Leib Christi die Einheit der Kirche und die Gemeinschaft der Heiligen, das Blut dagegen verschafft die Sündenvergebung und bedeutet das daraus entspringende Leben der Seele. Denn nach den «Physikern» wie nach der Schrift «liegt das Leben der Seele im Blut».[32] Die *Epi-*

[26] De corpore et sanguine Domini (PL 118, 817).

[27] Lib 1, c 28 (PL 172, 1129 AB).

[28] C 7, De celebratione missae (PL 177, 363 A, 365–366).

[29] Tractatus 5 (Geyer, 130). Odo von Ourscamp (Pitra, 37–38). Alger von Lüttich: «Item ...» (PL 180, 823 AB).

[30] «Ex participatione sanguinis, remissionem peccatorum ..., ex participatione corporis, unitatem in societate sanctorum» (PL 177, 462 B).

[31] «Sumptio corporis Christi, quod est in altari, significat coniunctionem illius qui sumit ad totam Ecclesiam. Sumptio sanguinis significat vitam, quam habet per sanguinem. Unde Moyses: Vita animae in sanguine est» (Landgraf, 41).

[32] Nach Dt 12,23. Cyrill von Alexandrien, 2. Osterhomilie: ψυχῆς τύπον τὸ αἷμα (PG 77, 441 D). Augustin (PL 34, 702–704; PL 42, 143–145). Ps-Primasius, In Hebr.: «Et congrue per sanguinem vita accipitur, quia vita hominis in sanguine est» (PL 68, 790 B). Alger von Lüttich (PL 180, 826 CD). Werner von St. Blasien (?) (PL 157, 910 B). Petrus Lombardus (PL 191, 1642 D) usf.

tome Theologiae christianae des Magister Herman liefert eine weitere Variante, die den zugrunde liegenden Dualismus ebensowenig überwindet.[33] Für Wilhelm de Saint-Thierry ist die Eucharistie Sakrament für zwei Wirklichkeiten, die er – entgegen seiner sonstigen Gewohnheit – durch den respektiven Gebrauch von *caro* und *corpus* auseinanderhält: die eine dieser Wirklichkeiten ist die *caro spiritualis*, in dem Sinne verstanden, wie er ihn uns oben erklärte, die andere ist das *corpus Christi, quod est Ecclesia.*[34]

Der Verfasser der *Ysagoge in theologiam*[35] (auch ein Abälardianer) sowie Odo von Lucca[36] treffen umfassendere Vorkehrungen. Noch bevor sie zum zentralen Stück des Mysteriums, d.h. zum *res-et-sacramentum* vordringen, führen sie schon die Kirche als Leib Christi ein, veranlaßt durch den Symbolismus der Gestalten, dann erst erwähnen sie die *virtus* oder *efficacia sacramenti*, die bei ihnen mit der *caro spiritualis* Christi zusammenfällt.[37] Und während sie vorwiegend im *corpus-Ecclesia* die Einheit der Glieder Christi untereinander sehen, erscheint für sie die *caro spiritualis* als die Einigung jedes Kommunizierenden (jedes Gliedes Christi) mit dem Haupt.

In diesen zwei letzten Beispielen (man könnte eine große Zahl anderer anführen) ist die johanneische Linie der paulinischen bereits angenähert, und zwar durch die Art, wie die johanneische Verheißungsrede vom Brot des Lebens von den Abschiedsreden her ausgelegt wird. Die Einigung Christi und des Glaubenden wird zur *unio capitis et membrorum*»[38] und enthält damit wenigstens eine Andeutung an den Gedanken vom *corpus ex plurimis membris adunatum*. Diese Andeutung verstärkt sich in (ebenfalls

[33] C 29 (PL 179, 1741).

[34] Liber de sacramento altaris, c 9 (PL 180, 356–357).

[35] Landgraf, 205.

[36] Summa sententiarum, tr 6, c 3 (PL 176, 140). Schon im ersten Teil seiner Darlegung – die das sacramentum tantum betrifft – setzt Odo beide Symbolismen der Gestalten nebeneinander.

[37] Ebd. 147: «Tria in hoc sacramento consideranda sunt: species visibiles ..., verum corpus Christi, tertium, ipsa efficacia sacramenti, quae spiritualis caro Christi, et virtus sacramenti appellatur.» Dieses dritte Element wird von Odo auch als res bezeichnet; dafür aber erhielt die «unitas Ecclesiae», die anfänglich bei Anlaß der «species visibiles» genannt wurde, diese Bezeichnung nicht.

[38] Stephan von Baugé (PL 172, 1295–1296). Speculum Ecclesiae: «Haec unio est ... virtus sacramenti» (PL 177, 365 BC). Balduin von Canterbury (PL 204, 716

sehr zahlreichen) Texten, wo das Subjekt, das das Sakrament empfängt, nicht mehr die Einzelseele ist, auch wenn sie als Glied verstanden würde, sondern die Kirche im ganzen:[39] *Sacrificia quibus Ecclesia mirabiliter pascitur et nutritur*[40] – *Ecclesiae vita, caro Salvatoris.*[41] Ist die Kirche einmal als soziale Wirklichkeit verstanden, dann entsteht eine offenkundige Entsprechung zwischen ihrem Leben und ihrer Einheit: wird jetzt nicht eine Einigung der Glieder – die durch das Sakrament noch enger geschlossen wird – zum Maßstab für die Stärke ihres innern Lebens? – Und trotzdem: die beiden paulinischen Metaphern von der Einigung Christi und seiner Kirche zu einem einzigen Fleisch und der Einigung der Glieder Christi in einem einzigen Leib waren nicht einfach zur Deckung zu bringen. Der doppelte Symbolismus der eucharistischen Gestalten, verbunden mit dem natürlichen Abstand des Sinnes von *caro* und *corpus* beließ eine Spannung zwischen der eucharistischen Linie Pauli und der des Johannes. Man konnte sie einander annähern, aber sie liefen eher nebeneinander her als aufeinander zu. Gandulf von Bologna stellt ein wenig später fest: die Wirkung der Eucharistie ist *res gemina.*[42]

Bei Petrus Lombardus aber, dem bald Petrus von Troyes folgen wird,[43] erscheint plötzlich jeder Abstand aufgehoben. Die Wirkung des Mysteriums ist nur noch eine einzige, die *virtus* fällt zusammen mit der *res.* Wie jedermann, stellt auch Petrus Lombardus die beiden Symbolismen der Gestalten nebeneinander: Nahrung des in-

bis 718), usf. Vgl. das gelasianische (Wilson, 18) und gregorianische Sakramentar (Lietzmann, 36).

[39] Sehr zahlreiche Beispiele. So Alger von Lüttich (PL 180, 749). Hervaeus von Bourg-Dieu (PL 181, 1268 B). Epistula de sacramentis haereticorum (MGH, Libelli de lite, Bd. 3, 17) usf.

[40] Gregorianum (Lietzmann, 58). Augustin, Sermo 90, n 6 (PL 38, 563). Fredegisus von Tours, Epistola de nihilo et tenebris: «Universa Ecclesia, ... quae, e Christi latere orta, sacratissimae carnis eius pabulo pretiosique sanguinis poculo educata» (PL 105, 753 A) usf.

[41] Guitmund von Aversa, lib 1 (PL 149, 1435–1436). Renallo von Barcelona: «Sponsa suo Sponso iungitur Ecclesia» (PL 147, 601 A) usf.

[42] Sententiae, lib 4, n 101–104 (de Walter, 442–443). Ebenso auch Petrus von Poitiers, Sententiae, lib 5, c 10 (PL 211, 1241–1244) und Wilhelm von Auxerre, Summa aurea (Fol 257 v°). Und die «Perpétuité»: «... vom Zeichen, das er in die Eucharistie gelegt hat und das uns den Gedanken an geistige Nahrung und geistige Kraft nahelegt, die wir durch Fleisch und Blut Christi erhalten, und von der Einheit der Glieder, die seinen mystischen Leib ausmachen» (Migne, Bd. 2, 785).

[43] Sententiae de sacramentis (Martin, 35*–36*).

wendigen Menschen, Herstellung der kirchlichen Einheit.[44] Aber in der Einheit der zu einem einzigen Leib versammelten Kirchenglieder, in der *unitas fidelium*, zögert er nicht, die *mystica caro Christi* zu erblicken, worin die letzte «Sache» des Sakramentes liegt. *Res-et-non-sacramentum, mystica eius caro*. Die Terminologie ist dergestalt vereinheitlicht. *Mystica caro* und *corpus mysticum* können jetzt vertauscht werden. Der erste Ausdruck wird dem zweiten den Weg gebahnt haben.

Augustinische Lehre

Ein solches Amalgam wird man gewiß als künstlich bezeichnen. Das ist es auch ohne Zweifel, solange man nur auf die Terminologie blickt. Strengt man sich aber an, unter die Oberfläche der Worte zu dringen, so wird man verstehen, daß es vor allem durch einen engeren Anschluß an die Eucharistielehre Augustins entstand. Es gibt sich ausdrücklich als Interpretation dieser Lehre, die in ihrer reichen Einheitlichkeit entfaltet werden soll.[45] Will man in der lombardischen Formel mehr sehen als die offenkundige Künstlichkeit, nämlich das Gedankengefüge, dessen Zeichen und gleichsam Knoten sie ist, dann wird man gut daran tun, einen Augenblick die karge Persönlichkeit des Lombarden zu vergessen, um Augustin selber zu befragen.

Augustins Lehre stellt nichts schlechthin Neues dar. Alle ihre Grund-Sätze sind in der Schrift vorgebildet, und die Hauptstrukturen liegen bei den Vorgängern schon geformt vor, besonders bei Cyprian,[46] Hilarius,[47] Gregor von Nyssa,[48] Chrysostomus[49] und auch

[44] Sententiae, lib 4, d 8, n 4 (Quaracchi, 792); d 9, c 3 (ebd. 796): «rerum veritatem ... ipsam efficientiam». In I Cor.: «rem, id est unitatem fidelium et gratiae augmentum» (PL 191, 1643).

[45] PL 192, 859. Die Gleichsetzung von «sacramentum» mit «corpus Christi» ist übrigens geschichtlich sehr anfechtbar (oben Kap. 7, Anm. 41).

[46] Epistulae 63 und 69, c 5 (Bayard, Bd. 2, 199–213 und 242–243). J. Turmel meint, der Bischof von Karthago habe hier, «nach mühsamem Suchen, eine künstliche Erklärung» gefunden. vergißt aber unter anderem einfach das «unus panis, unum corpus» des 1. Korintherbriefs (Histoire des dogmes, Bd. 5, 274).

[47] De Trinitate, lib 3, c 24; lib 8, c 15–16 (PL 10, 66 und 247–248).

[48] Orat. catech., c 37, n 3 (Méridier, 174).

[49] In Joannem, h 46 (PG 59, 260). In I Cor., h 24 (PG 61, 200). In Hebr., h 6, n 2 (PG 63, 56).

bei den Zeitgenossen wie Cyrill von Alexandrien.[50] Es waren aber doch erst vereinzelte Elemente, die noch nicht von einer gesamthaften Denkströmung erfaßt sind. Augustin greift sie auf, eint sie, erneuert und vertieft sie, organisiert sie um das Zentrum einer einzigen Intuition. Der wunderbare 26. Traktat über das Johannes-Evangelium legt dar, wie das geistige Leben, das aus dieser Nahrung des Fleisches Christi geschöpft wird, durch Einfügung in die Einheit seines Leibes erfolgt und deshalb beschrieben werden muß als Teilnahme an der «Gemeinschaft der Heiligen»:

> »Caro enim mea, inquit, vere est cibus, et sanguis meus vere est potus.« Cum enim cibo et potu id appetant homines, ut non esuriant neque sitiant, hoc veraciter non praestat nisi iste cibus et potus, qui eos a quibus sumitur, immortales et incorruptibiles facit; id est, societas ipsa sanctorum, ubi erit et unitas plena atque perfecta. Propterea quippe, sicut etiam ante nos hoc intellexerunt homines Dei, Dominus noster Jesus Christus corpus et sanguinem suum in eis rebus commendavit, quae ad unum aliquid rediguntur ex multis: nam aliud in unum ex multis granis confit, aliud in unum ex multis acinis confluit.[51]

Man beachte den Nominativ: *societas ipsa sanctorum*. Die Worte sind nicht Prädikat, sondern Subjekt. Sie selber, diese heilige Sozietät, der selige Zustand, wonach unsere Sehnsucht strebt, ist gleichzeitig unsere Nahrung, unser Trank: *Hunc itaque cibum et potum, societatem vult intelligi corporis et membrorum suorum, quod est sancta Ecclesia in praedestinatis.*[52] – Das letzte Ziel fällt zusammen mit der Quelle. Die Kirche holt in Vollkommenheit Christus ein. Die beiden *res sacramenti* bilden zusammen nur eine einzige, und in dieser doppelten und einigen Teilnahme findet ein

[50] Adv. Nestorium, lib 4 (PG 76, 189–197). In Joannem, lib 11 (PG 74, 560).

[51] In Joannem, tr 26, c 6, n 17 (PL 35, 1614). Vor allem angeführt bei Ps-Beda (PL 92, 718–719), Alkuin (PL 100, 845C). Rabanus Maurus (PL 110, 494A), Haymo von Halberstadt, Homilia 62 (PL 118, 349AB), Rupert von Deutz (PL 16 482), Alger von Lüttich (PL 180, 794–795).

[52] In Joannem, tr 26, c 6, n 15 (PL 35, 1614). Augustin fügt bei: «Huius rei sacramentum, id est unitatis corporis et sanguinis Christi ... de mensa dominica sumitur ... Res vero ipsa cuius sacramentum est, omni homini ad vitam (sumitur)»; angeführt bei Abälard (PL 178, 1532) und in der Glossa (PL 114, 384A). Vgl. Fulgentius, Epistula 12, n 24–26, anläßlich der Kinder, die ohne Empfang der Kommunion starben (PL 65, 390–392). – Und es ist nochmals die gleiche «congregatio societasque sanctorum», welche das von ihrem Hohenpriester dargebrachte Opfer bildet: De Civ. Dei, lib 10, c 6 (PL 41, 283–284).

jeder das ewige Leben... *Perfectum est nobis corpus, perficiamur in corpore.*[53] Der definitive Sinn dieser Lehre, ihr eigentlicher Ernst, ist von den Apologeten mit ihren zu kurzen Interessen verkannt worden. Kardinal Du Perron, die Tragweite einer richtigen Bemerkung überschätzend, sieht darin nur ein Mittel, das Augustin ergriffen hatte, um vor einer nicht eingeweihten Hörerschaft das Geheimnis der Realpräsenz zu verhüllen.[54] Mit mehr Grund könnte man dem Text einen Mangel an spekulativer Durchdringung vorwerfen. Aber man würde ihn völlig verkennen, wenn man ihm vorwürfe, er vermenge die Dinge oder er schließe gar eine Seite des Geheimnisses aus, während es sich doch der gewohnten Gedankenführung Augustins entsprechend um eine fließende Kontinuität handelt.[55] Gewiß, man kann dieser erstaunlichen Mischung von theologischer Exegese, Predigt im vertrauten Kreis, lyrischem Aufschwung,[56] einer Mischung, die so völlig gelang, so einheitlich ist, daß sie kein « Gemisch » bildet – keine letzte begriffliche Klärung abverlangen. Texte solcher Prägung werden sich in Vereinzelung immer schlecht verteidigen gegen die Mißdeutungen derer, die Rupert (gerade anläßlich dieser Stelle) *nimium festini lectores et immaturi doctores*[57] genannt hat, und sie werden auch nie den Bedürfnissen einer Schuldogmatik genügen. Immerhin darf man fragen, ob solche Mängel nicht das Gegenstück einer gedanklichen Fülle sind, die den sprachlichen Ausdruck übersteigt und sich nur auf fragmentarische und paradoxe Art dem Ahnenden verständlich machen kann.[58]

[53] In Ps. 39, n 12, über die Worte: « corpus autem perfecisti mihi » (PL 36, 442). Adrevald von Fleury (PL 124, 952 A).

[54] Examen du livre du sieur du Plessis (Les diverses œuvres ..., 3. Aufl. 1933, 1100).

[55] Die Ausdrucksweise Augustins ist durchaus nicht ungenau. Vgl. etwa Sermo 227: « Si bene accepistis, vos estis quod accepistis » (PL 38, 1100), oder Sermo 272: « Si ergo vos estis corpus Christi et membra, ... mysterium vestrum accepistis » (PL 38, 1247).

[56] Ein solcher Text zeigt, wie richtig Fénelon in seiner « Lettre sur les occupations de l'Académie » urteilt: « Der heilige Augustinus ist gleichzeitig erhaben und volkstümlich, er dringt zu den tiefsten Ursprüngen vor und tut es in den alltäglichsten Wendungen » (Kap. 4. Œuvres, Paris, Bd. 6, 624).

[57] In Joannem, lib 6 (PL 169, 482). Hugo Metellus, Ad Gerlandum (PL 188, 1273–1274).

[58] Damit soll nicht gesagt sein, daß Augustin im Gefüge seiner Synthese alle Elemente der Schrift und der Tradition mit gleichem Glück integriert hat... Genug, daß die Kirche ihre Lehre in der von uns besprochenen Stelle wiedererkennt und

Die Rückkehr zu Augustin, die sich in der Formel des Lombarden ausdrückt, hat also nicht bloß das äußerliche Verdienst einer größeren Treue zur Überlieferung. In ein paar Worten, deren Verbindung diskutabel bleibt, kondensiert sie andeutend eine tiefe, harmonische Theologie, in der die beiden Gesichtspunkte des «Mysteriums» und der «Kommunion» organisch verbunden sind. Paulus und Johannes sind hier jeder durch den andern erklärt, sind sozusagen ineinandergegossen; Johannes führt zu Paulus hin, und Paulus erscheint durch Johannes vertieft. Die beiden Apostel sind nicht, wie so oft, äußerlich ausgeglichen, durch irgendein oberflächliches Arrangement, sondern bereichern sich gegenseitig. Der Mittelbegriff, der diese Operation ermöglicht, wird in seiner Vollendung dem Genius Augustins verdankt, und liegt in der berühmten Aussage: *Non me in te mutabis, sicut cibum carnis tuae, sed tu mutaberis in me.*[59] Der natürliche Symbolismus der Ernährung wird umgeworfen: *Manducans transformatur in naturam cibi quem manducat.*[60] Denn das eucharistische Brot ist kein gewöhnliches Brot, es ist das Leben, an dem alle Lebendigen teilnehmen. *Quando Christus manducatur, vita manducatur.*[61] Er

ihr einen Ehrenplatz in ihrer Liturgie einräumt, da sie in der 3. Nokturn des Fronleichnamsfestes gelesen wird. – Vgl. P.-Th. Camelot, Réalisme et symbolisme dans la doctrine eucharistique de saint Augustin (RSPhTh, 1947, 394–410).

[59] Confessiones, lib 7, c 10, n 16 (PL 32, 742); In Joannem (PL 35, 1353) usf. Etherius und Beatus, Ad Elipandum: «Obinde manducamus corpus eius et sanguinem eius bibimus, ut sicut illud in nos invisceratur et trajicitur visibiliter, sic nos in illo transformamur et invisceramur» (PL 96, 943 A). Rabanus Maurus (PL 107, 318 A). Paschasius Radbert (PL 120, 1306 B). Honorius von Autun (PL 172, 1129 C). Epistula III^a contra Folmarum (BMP, Bd. 25, 313 H). Hugo von St. Victor (PL 176, 465 und 471 AB). Speculum Ecclesiae (PL 177, 365 A). Gerhoh von Reichersberg (PL 193, 883 A, 1054 D, 1051 BC). Richard von St. Victor (PL 196, 262 CD). Innozenz III. (PL 217, 866 D). Wilhelm von Auxerre, Summa Aurea (fol 259 r°). Bonaventura, In cena Domini (Quaracchi IX, 249); Sermo de sanctissimo corpore (ebd. V, 155); Breviloquium (ebd. 275). Albert der Große, In IV Sent., d 9, a 2 und 4. Thomas von Aquin, In IV Sent., d 8, q 1, a 3; d 9, a 1; d 12, q 2, a 1, sol 1 (Moos, 318, 364, 524); In Joannem, c 6, p 3, n 5; lib 7, n 3. Urban IV., Bulle Transiturus. Summa Alexandri, IV^a, a 10, m 9, a 1, kommentiert: «id est corpori meo mystico unieris». Gerson, De septem sacramentis (Opera, 1706, Bd. 1, 270). In seinem Johanneskommentar wird Erasmus sagen: «ita, vice versa ...» (Basel, 1535, 76–77). Der Text des Augustin wird im Catechismus Romanus angeführt und erläutert, p 2, De Eucharistiae sacramento, n 49.

[60] Wilhelm von St. Thierry, Liber de natura et dignitate amoris, c 13, n 38 (PL 184, 403).

[61] Augustin, Sermo 131: «Manduca vitam, bibe vitam» (PL 38, 729); De peccatorum meritis, lib 1, c 24, n 34: «Optime Punici christiani ... sacramentum corporis Christi, nihil aliud quam Vitam vocant» (PL 44, 128). Ambrosius, In ps. 118, sermo

verwandelt die, die er mit seiner Substanz nährt, in sich selber. Er ist selber der Leib, für den die, die ihn essen, zur Nahrung werden:

> Dominus noster Jesus Christus, qui vult pasci ministerio servorum suorum, hoc est, in suum corpus quasi mactatos et manducatos transferre credentes...[62]

Dieses große Thema, das nicht ohne patristische Vorstufen ist,[63] und für das es vielleicht nicht sehr schwer wäre, einen platonischen Ursprung zu finden,[64] das sich aber so wundersam den Gegebenheiten der Offenbarung einfügt, hat die Scholastik schwerfällig subtilisiert. Schon Wilhelm von Auxerre kommentiert Augustin mit Distinktionen einer Methodik, die sich im Vollbesitz ihrer Mittel fühlt. Er zerlegt den Akt des Essens in vier Tätigkeiten, deren eine bei der Kommunion Christus zugeschrieben werden müsse, während die anderen dem Kommunizierenden eignen.[65] Lassen wir diese Armseligkeiten auf sich beruhen, bleiben wir beim Wesentlichen in seiner abgründigen Einfalt, und betrachten wir es noch einen Augenblick. Wie nach dem traditionellen Schema Gottes Wort den Zustand unserer Sterblichkeit annahm, um uns an seinem göttlichen Zustand teilnehmen zu lassen, so vollendet es sein Werk damit, daß er sich zu unserer Nahrung

18, n 28: «Hic est panis vitae: qui ergo vitam manducat, mori non potest; quomodo enim morietur, cui cibus vita est? Quomodo deficiet, qui habuerit vitalem substantiam?» (PL 15, 1462 BC; vgl. n 14, ebd. 1457 D). Cäsarius von Arles, Sermo 187, n 1 (Morin, 723). Florus von Lyon, Expositio missae, c 73, n 6 und 7 (Duc, 148). Hincmar (PL 125, 923 D). Johannes von Fécamps (PL 101, 1088 D, 1091 C). Ivo von Chartres (PL 161, 151 A). Glossa in I Cor. (PL 144, 536 B). Alger von Lüttich (PL 180, 783 A). Gratian, De consecratione, d 2, c 70 (Friedberg, 1341). Petrus Lombardus (PL 191, 1623 D). Gerhoh von Reichersberg (PL 194, 1122 D) usf. Berengar führt das Wort an und verkündet: «Beatus Augustinus in Evangelio», was ihm eine Rüge Lanfrancs einträgt (PL 150, 421 D).

[62] Augustin, Quaestiones evangeliorum (PL 35, 1353). Paulinus von Nola, Epistula 23, n 16, wo er Ri 14,14 kommentiert: «De dente exivit esca et de potente dulce» (PL 61, 268 AB). Leo der Große, Sermo 63, c 7 (PL 54, 357) usf. Vgl. eine weitere Anwendung des gleichen Gedankens bei Augustin, In ps 34, s 2, n 15 (PL 36, 341).

[63] Gregor von Nyssa, In Cantica, h 2: «Am Quell der offenen Seite Christi trinkend wird die Seele selbst in einen aufspringenden Quell verwandelt» (PG 44, 801 B). Hieronymus, In ps. 182 (Morin, 248), und Augustin, In ps. 122, n 1 (PL 37, 1630): Mit Christus bekleidet werden wir selbst zu einem Gewand Christi.

[64] Die Seele, die sich vom Schönen nährt, wird in das Schöne verwandelt.

[65] Die «masticatio» und «delectatio» liegen uns an; dagegen sind die «assimilatio» und die «incorporatio» die Angelegenheit Christi: Summa Aurea, lib 4 (fol 258 v°). Vgl. Bonaventura, d 12, p 1, a 3, q 1 (Quaracchi IV, 284).

macht, um uns in seinen Leib hinein aufzunehmen.[66] *Cum pascit pascitur et cum pascitur pascit ..., cibus eius ego ipse.*[67] Damit der Mensch das Engelsbrot essen kann, macht sich der König der Engel zum Menschen.[68] Und wie er unseren gebrechlichen Leib annahm, so nimmt er uns jetzt in seinen unsterblichen Leib auf.[69] Weil er aber das Haupt dieses einzigen Leibes ist, dessen Glieder die Kommunizierenden sind, verwirklicht die Einverleibung dieser Glieder gleichzeitig die Einigung eines jeden mit dem Haupt und ihre Einigung unter sich. In einem Wort, sie ist *unio corporis in capite.*[70] Gerhoh von Reichenberg verfälscht also weder den Gedanken Augustins noch die dogmatische Wahrheit selbst, wenn er schreibt:

> Christus integer in altaris mysterio manducatur; neque manducans mutabit illum in se, scilicet cibum carnis suae; sed ipse mutabitur in

[66] In ps. 87, n 3 (PL 37, 1111). Etherius und Beatus: «Cibus Domini sumus, et in membris eius transformamur» (PL 96, 938C). Ps-Beda, In ps. 103 (PL 93, 1010D). Alkuin (MGH, Epistularium, Bd. 4, 215). Ermenrich von Ellwangen (ebd. Bd. 5, 539). Jesse, Epistula de baptismo (PL 105, 791 BC). Durandus von Troarn (PL 149, 1398C). Glossa in Joannem (PL 114, 384D). Radulf von St. Germer, In Leviticum: «Penes vero Dei sunt, qui fide ac bonis operibus Dominum pascunt, et seipsos in Christi corpus trajiciunt» (BMP, Bd. 17, 187F) usf. Gezo von Tortona, im Gefolge von Hilarius (PL 137, 382–383). Vitis mystica, c 4, n 16 (PL 184, 646C). Ps-Bernhard, In feria 2ª Pasch. sermo, n 22: «... et nos sumus panis eius» (PL 184, 978C).

[67] Bernhard, In Cantica, sermo 71, n 5 (PL 183, 1123B). Bruno von Segni (BMP Bd. 6, 676C). Petrus von Poitiers, Allegoriae super Tabernaculum Moysi (Moore-Corbett, 84). Wiclif wird auf diese Art das Wort Jesu bei Johannes deuten: «ego cibum habeo manducare, quem vos nescitis», Sermones p 2, s 61 (Loserth, 455 bis 457).

[68] Augustin, Sermo 194, n 2 (PL 38, 1016). Prosper, In ps. 110 (PL 51, 322A). Cäsarius von Arles, Sermo 202, n 2 (Morin, 772). Ps-Beda, In ps. 40 (PL 93, 699A). Remigius von Auxerre, Enarrationes in psalmos (PL 131, 155AB und 312C). Vgl. Heriger (PL 139, 188AB). Bonaventura, In cena Domini, sermo 1: «Ipse secundum divinitatem fuit cibus angelorum, et ideo necesse fuit quod fieret nobis agnus per assumptionem nostrae humanitatis, ut sic in sacramento fieret cibus noster» (Quaracchi IX, 248).

[69] Faustus von Reji, Homilie «Magnitudo», Schluß: «et qui corpus fragilitatis nostrae assumpserat, nos in corpus suae immortalitatis assumat» (PL 30, 276A). Ps-Primasius, In Hebr.: «Sicut communicavit Christus nostrae substantiae per assumptionem hominis, sic et nos participes eius sumus per assumptionem corporis et sanguinis eius» (PL 68, 702C).

[70] Werner von St. Blasien (?), Sermo in cena Domini: «In specie vero panis invisibile de caelo descendit, et unionem corporis in capite, in specie panis voluit designari, sicut ait Apostolus: Unus panis, unum corpus sumus omnes» (PL 157, 911B). Vgl. Sermo de resurrectione: «Idcirco voluit Christus a nobis manducari, ut nos sibi incorporaret: hoc est sacramentum corporis Christi, et res sacramenti corporis Christi ...» (ebd. 929A).

illum, ut sit membrum corporis eius, quod est Ecclesia una, per unum corpus Christi redempta et vegetata.[71]

Und die gleiche Wahrheit wird ebenso getreu ausgesprochen in den Worten Arnolds von Bonneval:

> Sed et nos ipsi, corpus eius effecti, sacramento et re sacramenti capiti nostro connectimur et unimur, singuli alter alterius membra...[72]

« *Unitas et vita* »

Hier also sind *res* und *virtus sacramenti* unlöslich verbunden. Hier wird nichts künstlich in Begriffe zerlegt. Die *res* ist *vita* so wie sie *unitas* ist, die *virtus* ist *veritas* wie sie *vita* ist. *Incorporetur ut vivificetur.*[73] Was Ps-Beda nach Augustin das Lebensbrot nennt, *dulcem escam unitatis.*[74] Durch dieses Lebensbrot, das bei Johannes im 6. Kapitel verheißen ist, wird verwirklicht, was Paulus im 1. Korintherbrief *unus panis, unum corpus* nennt. Denn das geistliche Leben ist eine soziale Einheit.

> Virtus enim ipsa quae ibi intellegitur, unitas est, ut redacti in corpus eius, effecti membra eius, simus quod accipimus.[75]

[71] Epistula ad Adamum (PL 193, 497C). «Christus integer» ist ein augustinischer Ausdruck für den totalen Christus, Haupt und Leib. Hier dagegen ist der Sinn zweifelhaft, denn Gerhoh sagt anderswo: «In vero agno, qui tollit peccata mundi, caput cum pedibus, divinitas videlicet cum tota humanitate voratur, qui Christus integer in altaris mysterio manducatur» (ebd. 504AB, mit den Bemerkungen von Eberhard von Bamberg).

[72] Liber de cardinalibus operibus Christi (PL 189, 1649D). Wilhelm von Auvergne, De sacramento eucharistiae, c 4: «(Christus) totum corpus Ecclesiae spiritualiter in ista sacra mensa veraciter comedit, quia illud in sui similitudinem convertens, in se et sui nutrimentum assumit, vel augmentum ...» (Opera, 1574, Bd. 1, 441–442).

[73] Augustin, In Joannem, tr 26, n 13 (PL 35, 1613); In Ps 26, s 2, n 2 (PL 36, 200). Für Fulgentius besagt «gratia spiritualis» dasselbe wie «unitas»; er rückt Menschwerdung und Eucharistie nah aneinander, sofern beides Werk der Einheit ist und vom gleichen Geist der Einheit gewirkt wird: Ad Monimum, lib 2, c 10 (PL 65, 188–190).

[74] Ps-Beda, In ps. 68: «Acceperat enim Dominus escam, qui pascha cum discipulis suis comedit, in qua sacramentum corporis sui commendaverat. Super hac dulcem escam unitatis, scilicet corporis Christi et caritatis Christi, quam etiam commendat Apostolus dicens: ‹unus panis, unum corpus nos omnes in Christo sumus›, etc.» (PL 93, 848D). Augustin, In ps. 68, n 6 (PL 36, 859).

[75] Augustin, Sermo 57 (PL 38, 389); Epistula 185 (PL 33, 815). Honorius von Autun, Eucharistion, c 4: «Sicut enim corporalis (esca) in substantiam nostri corporis vertitur, sic Ecclesia per hunc cibum in corpus Christi vertitur, et una caro cum eo efficitur ...» (PL 172, 1252B).

Das Prinzip dieses Lebens ist niemand anderer als der Geist Christi, der ein Geist der Einheit ist, so daß wer im Leib Christi lebt, ernährt wird von seinem Geist.[76] Und ist das nicht auch die Lehre der johanneischen Abschiedsrede?[77] Sie beginnt mit dem Weinstockgleichnis und endet mit dem Hohenpriesterlichen Gebet: nichts könnte deutlicher ausdrücken, daß die Intimität des Kommunizierenden mit Christus seine Ausweitung zu den Dimensionen der Kirche bedeutet. In alldem liegt nicht der geringste Konkordismus. Wenn Johannes durch Paulus ausgelegt wird, so wird er es auch durch sich selbst, wenn anders es wahr ist, daß das Weinstockbild und die ganze Schilderung des Letzten Mahles nicht minder eucharistisch sind wie die Ankündigung des Lebensbrotes. Hatte anderseits nicht auch Paulus an das Manna als « geistliche Speise » der Israeliten in der Wüste erinnert? Und bot er nicht eine weitere Grundlage für die Annäherung beider Blickpunkte, wenn er die Einigung von Christus und der Kirche vom andern « großen Mysterium » her anging, wo zwei so innig eins werden, daß sie nur ein einziges Fleisch sind?[78] *Unus panis, una caro*...

Der letzte Zug mußte um so stärker ins Auge fallen als auch Johannes in seiner Art – auf Kalvaria, der Stätte des alten Paradieses – eine Hochzeit Christi mit seiner Kirche darstellt: neuer Adam und neue Eva... Man könnte auch, den paulinischen Symbolismus des *unus panis* benützend, darauf hinweisen, daß bei der Herstellung des Teiges das Wasser eine unentbehrliche Rolle spielt: *aquae coagulum*.[79] War aber dieses Wasser nicht das der

[76] Augustin, In Joannem, tr 27, n 11: « ut carnem Christi et sanguinem Christi non edamus tantum in sacramento, quod et multi mali, sed usque ad spiritus participationem manducemus et bibamus, ut in Domini corpore tanquam membra maneamus, ut eius spiritu vegetemur » (PL 35, 1621); vgl. n 6 (ebd. 1618). Rabanus Maurus (PL 107, 318 B). Alger von Lüttich (PL 180, 885 D).

[77] Der Zusammenhang zwischen dem Abendmahl der Synoptiker und der Abschiedsrede des Johannes wird zum Beispiel von Manegold, Contra Wolfelmum (PL 155, 166 B), aufgezeigt.

[78] Augustin, Sermo Denis 3, n 4 (Morin, 20); In ps. 127 (PL 37, 1679) usf. Chrysostomus, In Matthaeum, h 82, n 5 (PG 58, 743–744). Paschasius Radbert (PL 120, 1286 A, 1304 B). Heriger von Lobbes (PL 139, 186 A). Glosse in Ephes.: « Quomodo sponsus et sponsa dicuntur, sic caput et corpus. Sive ergo dicatur caput et corpus, sive sponsus et sponsa, unum intelligite. Fit enim ex duobus quasi una quaedam persona » (PL 114, 599 B).

[79] Walafried Strabo, De rebus ecclesiasticis, c 16 (PL 114, 936).

Taufe,[80] die in der Tat das Werk der Einheit einleitet, das dann die Eucharistie vertiefen soll?[81] Schon seit den Zeiten des Irenäus[82] war der Lehre Pauli dieser bildhafte, aber richtige Kommentar zugewachsen, und Augustin liebt es, die Täuflinge damit vertraut zu machen. *Unus panis, panis dominicus omnis effecti.*[83] Die Entsprechung der Gleichnisbilder ging noch weiter. Hatte nicht wiederum Johannes geschildert, wie dieses Taufwasser zusammen mit dem Blut – dem Symbol der Eucharistie – aus der von der Lanze geöffneten Seite Jesu hervordrang?[84] *Bibitur quod de Christi latere manavit.*[85] Die Liturgien vergaßen nicht darauf hinzuweisen,

[80] Augustin, Sermo 229 (PL 38, 1103). Maximus von Turin, Homilia 111 (PL 57, 513–514). Cäsarius von Arles (PL 67, 1055–1056). Faustus von Reji (PL 30, 275). Isidor von Sevilla (PL 83, 321C, 323D). Etherius und Beatus (PL 96, 938B). Liber mozarabicus sacramentorum (Férotin, 638). Beda (PL 91, 334A; PL 92, 595). Amalarius (PL 105, 1131B). Rabanus Maurus (PL 107, 320B; PL 108, 257A; PL 111, 131–132; PL 112, 94–95). Walafricd Strabo (PL 114, 936C). Paschasius Radbert (PL 120, 830–831, 1332). Remigius von Auxerre (PL 131, 260A). Petrus Damiani, Sermo 38 (PL 144, 709AB). Durandus von Troarn (PL 149, 1414CD). Guitmund von Aversa (PL 149, 1460). Ivo von Chartres (PL 161, 135; PL 162, 543C). Anselm von Laon (PL 162, 1471A). Franco (PL 166, 777). Alger von Lüttich (PL 180, 794D). Honorius von Autun (PL 172, 554C, 790D, 1256C, usf.). Gilbertus Universalis (Smalley, RTAM, 1936, 57). Kommentar Abälards In 1Cor.10 (Landgraf, Bd. 2, 259). Hervaeus von Bourg-Dieu (PL 181, 917C). Gratian, De consecratione, d 2, c 36 (Friedberg, 1326). Magister Simon (Weisweiler, 27–28); Madrider Traktat (Weisweiler, 91). Schule von Laon, De corpore Domini (Weisweiler, CXXXVIII). Sicard von Cremona (PL 213, 117) usf.

Wir heben hier nur einen Zug des komplexen Symbolismus heraus, wonach das Werk der Taufe durch die verschiedenen Vorgänge bei der Zubereitung des Brotes ausgedrückt wird.

[81] Fulgentius, Epistula 12, n 24 (PL 65, 390–391).

[82] Adv. Haer., lib 3, c 17, n 2 (PG 7, 930). Vgl. I Kor 12,13.

[83] Augustin, Sermo 6 (PL 46, 835). Sermones 227 und 272 (PL 38 und 1247) usf.

[84] Ein anderes parallellaufendes Gleichnis war der Durchgang durch das Rote Meer: Augustin, In Joannem, tr 11, n 4 (PL 35, 1477); tr 45, n 9 (ebd. 1723); Sermo Wilmart 5 (Morin, 687). Hesychius (Ps-Athanasius), In ps. 136 (PG 27, 1272B). Hieronymus, In ps. 105 (Morin, 174). Ps-Primasius, In Hebr.: «Allegorice autem mare rubrum baptismus est, rubore sanguinis Christi consecratus» (PL 68, 769B). Remigius von Auxerre (PL 131, 225C, 715A). Hatto von Vercelli, In Hebr. (PL 134, 809D) usf. Vgl. Chrysostomus, In Hebr. (PG 63, 124).

[85] Ambrosius, In Lucam, lib 10, n 135 (PL 15, 1838C). Ps-Ambrosius, De sacramentis (PL 16, 447AB). Augustin, Contra Faustum (PL 42, 265). Cyrill von Alexandrien, In I Cor. 10 fr. (PG 74, 880BC). Hesychius, In ps. 35 (PG 93, 1189C). Historia mystagogica (JThSt IX, 264). Liber sive definitio ecclesiasticorum dogmatum, c 41 (ebd. VII, 97). Faustus von Reji (PL 30, 274BC). Rabanus Maurus (PL 107, 320A). Florus von Lyon, Expositio missae (Duc, 136). Ps-Augustin, Ad neophytos, angeführt bei Paschasius (PL 120, 1091A). Rupert von Deutz (PL 169, 520D). Werner von St. Blasien (PL 157, 910D). Honorius von Autun (PL 172, 555A). Hugo von St. Victor, De sacramentis (PL 176, 425D). Herman, Epitome (PL 178, 1742A). Speculum Ecclesiae (PL 177, 367CD). Hervaeus von Bourg-Dieu (PL 181,

wenn der Priester dem Wein im Kelch das Wasser zugießt.[86] Sinnbildet nun aber diese mystische Mischung nicht gleichzeitig – wie Cyprian es ausführlich dargelegt hatte[87] – die notwendige Einigung Christi und des durch Christi Leiden losgekauften christlichen Volkes im Meßopfer?[88] *Qui separat aquam, negat unionem Christi et Ecclesiae.*[89] Weil beides auf Kalvaria erfordert war, um die Kirche zu bilden, bleibt beides, Wasser und Blut, gleichfalls unentbehrlich, wenn unser Heil gewirkt wird.[90] Darum sind Wasser und Wein bei der Feier des Sakramentes unentbehrlich,[91] was neuere liturgische Gebete wiederum unterstreichen.[92]

935C). Anselm von Havelberg (PL 188, 1243BC). Petrus von Blois (PL 207, 1145BC). Sicard von Cremona (PL 213, 117 und 146). Stephan Langton (Geiselmann, Die Abendmahlslehre ..., 85) usf.

[86] Ambrosianische, mozarabische, gallikanische Liturgien: «De latere Domini nostri Jesu Christi exivit sanguis et aqua.» In Lyon und bei den Kartäusern beibehaltene Formel.

[87] Epistula 63 (Bayard, Bd. 2, 205–208). Beide Erklärungen werden gegeben von Ps-Germanus von Paris: «Aqua autem ideo miscetur, vel quia decet populo unitum esse cum Domino, vel quia de latere Christi in cruce exivit sanguis et aqua» (PL 72, 93B). Ebenso von Theodulf von Orléans, Liber de ordine baptismi, c 18 (PL 105, 240), vom Konzil von Tribur im Jahre 895, can 19 (Mansi VIII, 131) usf.

[88] Faustus von Reji (PL 30, 274–275). 4. Konzil von Braga, can 2 (Mansi XI, 155–156). Etherius und Beatus (PL 96, 941BD). Alkuin (MGH, Epistularum t. 4, 212). Rabanus Maurus (PL 107, 320AB). Amalarius (PL 105, 1131A). Paschasius Radbert (PL 120, 1308 und 1353). Christian von Stavelot (PL 106, 1477A). Walafried Strabo (PL 114, 903C und 936D). Expositio «Spiritus Sancti» (PL 147, 202B). Haymo von Halberstadt, Homilia 64 (PL 118, 363–364). Regino von Prüm (PL 132, 204–205). Burchard, «ex decretis Julii papae» (PL 140, 752). Ivo von Chartres (PL 161, 163AD und 1079AB). Anselm von Laon (PL 159, 255C). Sententiae Anselmi (Bliemetzrieder, 116). Gilbertus Universalis (Smalley, 58). Commentarius Cantabrigiensis, In I Cor. 10: «Sanguini autem aqua admiscetur in significatione gentium, etc.» (Landgraf, Bd. 2, 258). Kard. Humbert, Contra Nicetam, c 19 (PL 143, 991B). Honorius von Autun (PL 172, 556A, 557–558D). Stephan von Baugé (PL 172, 1285A). Odo von Lucca (PL 176, 145). Sermo de excellentia (PL 184, 988). Robert Pullus (PL 186, 963B). Gratian, De consecratione, d 2, c 7 (Friedberg, 1316). Anselm von Havelberg (PL 188, 1242B). Petrus Lombardus (PL 191, 1642–1643). Magister Simon (Weisweiler, 29). Madrider Traktat (Weisweiler, 91). Petrus Comestor (Martin, 38–39). Petrus von Blois (PL 207, 1144–1145) usf. Vgl. Thomas von Aquin, In IV Sent., d 8, q 1, a 1 (Moos, 314).

[89] Speculum Ecclesiae (PL 177, 367C). Alger v. Lüttich (PL 180, 795–769 u. 820).

[90] Ps-Haimo, In Isaiam (PL 116, 1034A); Homilia 64 (PL 118, 363–364). Vgl. Vinzenz von Beauvais, Speculum historiale, lib 8, c 29: wie das Wasser vom Wein aufgenommen wird, so «Ecclesia mutatur in Christum».

[91] Burchard, «ex decretis Alexandri papae» (PL 140, 753). Vgl. Ps-Isidor (PL 83, 1227 und 1242B).

[92] Das heutige Meßgebet: «Deus qui humanae substantiae ...» ist eine alte Weihnachts-Kollekte (gelasianisch und gregorianisch), der man die Worte «per huius aquae et vini mysterium» beigefügt hat. Ein anderes Gebet wird von Grancolas zitiert, Les anciennes liturgies, Bd. 1 (1967) 553, nach den Notes sur la liturgie de saint Pierre de Lindanus: «Domine Jesu Christe, qui in cruce positus de latere

Ein anderer Johannestext, diesmal aus der Apokalypse, ließ diesen doppelten mit dem Taufwasser verbundenen Symbolismus zur Einheit verschmelzen: *Aquae multae, populi multi*, hieß es dort,[93] und entsprechend schien auch der vielschichtige Sinn des Psalmwortes zu sein: *Assumpsit me de aquis multis.*[94] Anselm von Laon konnte deshalb in seinem Matthäus-Kommentar sagen:

> Quia et nos in Christo et in nobis Christus manere oportet, vinum dominici calicis aqua miscetur. Attestante enim Joanne, aquae populi sunt, et neque aquam solam, neque vinum solum, sicut nec granum frumenti solum sine aqua commixtione et confessione (sic) in pane, cuiquam licet offerre, ne talis oblatio quasi caput a membris secernendum esse significet.[95]

Man achte auf die Stärke dieses letzten Ausdrucks, der uns wieder das Opfer der Kirche (und damit eines jeden von uns) de facto wie de iure untrennbar zeigt vom Opfer Christi. Die Bedeutung des Wassers in seinem zweifachen Bezug zum eucharistischen Opfer – Geheimnis der Passion und Geheimnis der Kirche, des zerrissenen Leibes und des geeinten Leibes – öffnete demnach eine neue Weise, beides zu vereinen: die *virtus* und die *res*, die innigere Einheit mit dem Herrn und dem sozialen Aufbau seiner Kirche, die Einigung der Kirche mit Christus und die der Glieder untereinander: *una caro, unum corpus...*

Unus panis, una caro. Una caro, unum corpus. Alles das, diese

tuo sanguinem et aquam, unde tibi Ecclesiam consecrares, manare voluisti, suscipe hoc sacrificium.»

[93] Apk 17,15. Wird immerfort zitiert. Hilarius, In ps. 123, 5 und 124, n 1, usf. (Zingerle, 593 und 596); Tractatus mysteriorum, I, 34: «Wir stellen oft fest, daß die Völker mit dem Wort Gewässer bezeichnet werden; so wird es heißen: ‹Die Gewässer haben dich gesehen, o Gott, und sie haben gezittert›, oder: ‹Ihr Gewässer alle, klatscht in die Hände!›» (Ps 76, 17; 62,2; 97,8) (Brisson, 131).

[94] Breviarium in psalmos (PL 26, 867 AB). Cassiodor, In ps. 17: «Apte vero dixit Ecclesia: accepit me, quae sponso Christo juncta laetatur. Multitudines autem aquarum sive innumerae gentes intelligi possunt, unde Ecclesiam ... constat esse collectam, sive hoc dicit de fontibus sacris, quando Ecclesia catholica multitudinem filiorum baptismatis regeneratione conquirit» (PL 70, 129 A). Haymo von Halberstadt (PL 116, 249 A). Remigius von Auxerre (PL 131, 225 C). Bruno von Würzburg (PL 142, 94 B). Bruno der Kartäuser (PL 152, 701 CD). Petrus Lombardus (PL 191, 194 D).

[95] In Matthaeum, c 26 (PL 162, 1471 A). Vgl. Petrus Cantor, Summa de sacramentis, de eucharistia, q 21: «Quod in passione ex latere Domini sanguis et aqua profluxerunt, observavit Ecclesia, ut in sacramento vinum et aqua commiscerentur, et ad significandum conformitatem Christi et Ecclesiae, quia per aquam populi designantur. Unde aquae multae, populi multi» (Dumoutet, Archives d'histoire littéraire et doctrinale du moyen âge, Bd. 14, 249).

Fülle der Überlieferung in ihrer mystischen Verflochtenheit, verdichtet sich in der kurzen Formel: *caro mystica, unitas Ecclesiae.* Durch eine künstliche Ineinssetzung heilt sie eine ebenso künstliche Zertrennung. Ob sich Petrus Lombardus dessen bewußt war? Fast scheint es einem so, wenn man sieht, wie er in seinem Pauluskommentar ausgiebig Texte Augustins zitiert, in denen dieser *corpus* und *caro* eint und vom Bild von Leib und Haupt übergeht zu dem von Bräutigam und Braut.[96] Nicht alle sollten ihm darin folgen. Bald wird Robert von Melun, seinerseits Paulus auslegend, gegen diesen Eklektismus protestieren.[97] Indem er die strikte paulinische Orthodoxie (man versteht, in welchem Sinne) ohne Beimischung johanneischer Elemente vorstellen will, möchte Robert in der *res sacramenti* einzig die Einheit der Kirche erblicken. Was die Vermischung von Wasser und Wein im Kelch angeht, so weigert er sich, trotz der uralten Überlieferung, darin irgendeine Andeutung an die Kreuzesszene bei Johannes zu sehen; nach ihm kennzeichnet sie nichts weiter als die Hinzufügung der Heiden zu den Juden bei der Formung der Kirche.[98]

Der Lombarde hatte richtiger gesehen. Doch braucht sein Verdienst nicht überschätzt zu werden. Andere vor ihm hatten in der gleichen Verkürzung die beiden genannten Gesichtspunkte zusammenschaut; so Odo von Cluny, in dem kurzen Gedicht, das Gezo von Tortona seinem *Liber de Corpore* voranstellt:

> ... Hinc placet hoc munus quod fit de pluribus unum,
> Corpus huic capiti, caput inde cohaeret et illi ...[99]

[96] In Ephes. (PL 192, 215–216). Siehe vor allem Augustin, In ps. 138: «Corpus eius est sancta Ecclesia, quae coniux eius est.» Ambrosius, In Lucam, lib 5, n 92: «Nos ergo viscera sumus Ecclesiae, quoniam membra sumus corporis eius, de carne eius et de ossibus eius» (PL 15, 1661 A); lib 8, n 26: «Hoc enim corpus Domini et ossa de ossibus eius capiti cohaerebunt» (ebd. 1773 A).

[97] Quaestiones de epistulis Pauli (Martin, 211). Im übrigen kennt man den durchgängigen Widerstand Roberts, dieses «griesgrämigen Zensors des Magister Sententiarum» (J. de Ghellinck, Festschrift Baeumker, Bd. 1, 1913, 79), gegen die Schule von Laon, die in Paris fortlebt.

[98] «Vino autem admiscetur aqua, non ideo quia aperto latere Domini exivit sanguis et aqua, sed in ea significatione qua ostenditur gentes in corpore Christi, quod est Ecclesia, participatione huius sacramenti uniti cum Judaeis qui per vinum significantur, qui vitam per cultum unius Dei habebant, Gentiles vero per aquam quae in motu et fluxu est. Nam et illi ante praedicationem Christi in fluxu vitiorum et motu saeculi detinebantur.» Vgl. Balduin von Canterbury (PL 204, 772 B) usf. Cyprian, der bereits diese Erklärung gab, hielt sie nicht für die einzige.

[99] PL 137, 376 A.

Ihm gleich hatten viele die Haupttexte der Überlieferung angeführt und erklärt, vor allem diejenigen Augustins. Tiefer als er hatten manche sich von der Theologie des großen Lehrers durchtränken lassen. Weniger auf wörtliche Harmonisierung bedacht, hatten sie oft seinen innern Rhythmus getreuer übernommen. Denkerisch sind Wilhelm von St. Thierry, Alger von Lüttich,[100] Hugo von St. Victor[101] dem Lombarden überlegen, ihnen vor allem müßten wir in der Ideengeschichte einen Ehrenplatz einräumen. Petrus Venerabilis, Gerhoh von Reichersberg wären zu beachten gewesen. Der Sentenzenmeister bleibt vor allem ein «kluger Kompilator». Er faßt und ordnet zusammen, sein Werk gleicht einem Mosaik. Aber in dieser Arbeit von bescheidenem Rang, die zu solchem Erfolg berufen war, «entdeckt, wer seinen Text aufs genaueste untersucht, in einer winzigen Zutat, in der Auswechslung eines Wortes, der Ersetzung einer Partikel, eine wirkliche Originalität des Denkens oder des Folgerns, dort wo eine oberflächliche Lektüre nichts weiter als einen Abschreiber gezeigt hätte».[102] Der Fall, den wir eben vorgeführt haben, bestätigt dieses Urteil R. P. von Ghellincks.

Die Sprache des Lombarden stellt indes nur einen Übergang dar. Denn trotz allem war die Einheit der Kirche natürlicher durch das Bild des Leibes als durch das des Fleisches ausgedrückt. Deshalb hatte die Formel Magister Simons die Zukunft für sich. Und zwar um so mehr als *caro mystica* seiner Herkunft gemäß, die eng mit der *virtus sacramenti* verknüpft war, dem eucharistischen Zusammenhang verbunden bleiben mußte, während *corpus mysticum*, das jetzt eine *res significata sed non contenta*[103] bezeichnete, davon ohne Schwierigkeit abgelöst werden konnte.

[100] Vgl. vor allem De sacramentis, lib 1, c 3, 15, 19, 22 (PL 180, 749–751, 783, 794–795, 806). Er sagt in einer einzigen Formel: «virtus et res sacramenti»; er sieht sehr wohl, wie beides zusammen die eine Wirkung des Sakramentes ausmacht: die Einigung des Leibes mit dem Haupt und die der Glieder untereinander, und wie die Einheit der Kirche das ewige Leben verleiht. An einigen Stellen aber bleibt es beim bloßen Nebeneinander der beiden Symbolismen (ebd. 794C, 823AB).

[101] De sacramentis, lib 2, p 8 (PL 176, 465); lib 1, p 10, c 9: «res et virtus sacramenti (ebd. 342D) usf.

[102] J. de Ghellinck, L'histoire de la définition des sacrements au XIIe siècle, in: Mélanges Mandonnet, Bd. 2, 96; ebenso: L'essor de la littérature latine au XIIe siècle, Bd. 1, 70–73. Vgl. H. Weisweiler, RTAM (1934) 161–180.

[103] Siehe unten, Kap. 10, Anm. 124 bis 128.

Neuntes Kapitel

«WAHRHEIT UND WAHRHEIT»

Vom *corpus mysticum* des Hesychius oder Paschasius Radbert zum *corpus mysticum* Bonifaz' VIII. ist der Abstand so groß, daß die beiden Aussagen keinerlei Verwandtschaft zu haben scheinen. Geschichtlich leitet sich dennoch die zweite von der ersten her. Der sakramentale und der kirchliche Leib haben der Reihe nach diese Bezeichnung « mystisch » an sich gezogen, jeder in Beziehung und Gegensatz zum andern. Wie erklärt sich letzten Endes eine so vollkommene Umkehrung?

Corpus mysticum mochte eine Zeitlang sehr verbreitet gewesen sein, es scheint aber, daß es, wenigstens im Westen,[1] nie in die Liturgie übernommen wurde. Trotz des langdauernden Erfolges der Hesychius-Übersetzung, wo es zu lesen stand, und auch trotz des Ruhmes, den ihm die angemaßte Autorität Augustins verlieh, lag darin ein erster Grund der Schwäche. Langsam verblaßte es vor der konkurrierenden Aussage: *corpus verum*, die sich durch die natürliche Lehrentwicklung und durch den Gegenschlag der Polemiken immer mehr durchsetzte.

Wahrheit der Fülle

Gewiß: seit langem, seit jeher wußte man wohl und sagte es wenn nötig auch ausdrücklich, daß der sakramentale Leib *verum*

[1] Für den Osten kann man auf die Epiklese der (syr.) Liturgie des Jakob von Sarug hinweisen (Anfang 6.Jh.): «Veniat Spiritus sanctus ... et exhibeat panem quidem istum, corpus ipsum pretiosum Domini nostri Jesu Christi ... et calicem hunc, ipsum sanguinem vivum D.N.J.C. Et faciat utrumque unum corpus et sanguinem, unum sanctum aequale et mysticum, etc.» Renaudot erklärt: « mysticum sive sacramentale, ut pariter verti potest, quia licet vere et realiter, mystice tamen fit, quia non sensibiliter fit, sed in sacramento » (Liturgiarum orientalium collectio, 2. Aufl., Bd. 2, 360 und 370).

corpus,[2] *vera caro,*[3] *vere caro et sanguis*[4] war. Man bekannte sich zu der *veritas corporis et sanguinis Domini.*[5] Man stand dafür ein, daß in den heiligen Mysterien Christus selbst *in veritate*[6] gegenwärtig war, daß man seinen Leib und sein Blut *secundum veritatem*[7] empfing. Im 9. Jahrhundert, unter der Feder eines Paschasius Radbert[8] und Hincmar[9] wurden die Erklärungen drängender. Aber es gilt zu beachten, daß in der Sprache der alten Christenheit, die sich aus einer Fusion der hebräischen Bibel und des Platonismus gebildet hatte,[10] die Worte *verum, veritas* vielfach ganz andere Vorstellungen wachriefen als das bloße «wahr» und «Wahrheit» unserer heutigen Umgangssprache: eine Fülle, eine Seinsvollkommenheit, eine geistige Vollendung, die dort, wo es um die

[2] Faustus von Reji (PL 30, 273B). Braulio von Saragossa (PL 80, 690A). Ps-Beda, In psalmos (PL 93, 597D). Hincmar, De praedestinatione, c 31 (PL 125, 296D). Bruno von Angers (PL 147, 1203A) usf. Vgl. Ambrosius, De sacramentis (PL 16, 445A).

[3] Ambrosius, De sacramentis (PL 16, 453–454; vgl. Ivo von Chartres, PL 161, 147A und B). De 42 mansionibus filiorum Israel (PL 17, 20C). Breviarium in psalmos (PL 32, 1250–1251). Vgl. Ambrosius, De mysteriis (PL 16, 407A).

[4] Hilarius, De Trinitate, lib 8, c 13 (PL 10, 246). Hieronymus, In ps. 145 (Morin, Anal. Mareds. Bd. 3, 3. Teil, 290). Koptische, äthiopische, armenische Liturgien.

[5] Hilarius, De Trinitate, lib 8, c 14 (PL 10, 247A); wird auch von Eberhard von Bamberg angeführt (PL 193, 503C). Kanon Muratori: «... ut sicut veritatem caelestis sacrificii exsequimur, sic veritatem dominici corporis et sanguinis hauriamus». Hieronymus, In Matthaeum (PL 26, 195B). Leo der Große, Sermo 91, c 3; Epistula 39, c 2 (PL 54, 452B und 868B). Gezo von Tortona, Liber de corpore et sanguine Christi, c 8 (PL 137, 383B). Ivo von Chartres, Decretum, p 2, c 4 (PL 161, 139B) und c 9 (ebd. 156C). Vgl. Bernhard, Vita Sancti Malachiae, c 26, n 57 (PL 182, 1105D).

[6] Libri Carolini, lib 4, c 14 (PL 98, 1214CD). Nikolaus I., Epistula 4 (PL 119, 778D). Remigius von Auxerre, De celebratione missae (PL 101, 1260D und 1261B). Kommentar von Auxerre, In I Cor. und In Hebr. (PL 117, 564B, 572D, 874D, 886C). Vgl. Isaak von Antiochien, Sermo de fide (Assemani, Bd. 1, 222). Koptische Liturgie: «corpus et sanguis Emmanuelis Dei nostri, hoc est in rei veritate, amen» (vgl. Le Brun, Explication des cérémonies de la messe, neue Aufl., Bd. 2, 1860, 435).

[7] Macarius Magnes, lib 3, c 23 (Blondel, 106, vgl. 103). Hesychius, In Leviticum, lib 6, c 22 (PG 93, 1071B). Eid, der von der griechischen Kirche den Konvertiten aus dem Islam auferlegt wurde.

[8] Liber de corpore, passim (PL 120, 1274, 1277–1281, 1356–1357, usf.). In Matthaeum (ebd. 890C und D). Florus drückt es in einer weniger präzisen Formel aus: «verissimum corporis et sanguinis sui mysterium» (PL 119, 85A).

[9] De praedestinatione dissertatio posterior, c 31 (PL 125, 296); Vita Remigii (MGH, Script. rer. merov. Bd. 3, 334) usf.

[10] Schon der johanneische Begriff der ἀλήθεια als Übersetzung des hebräischen Begriffs ‹'emet› (beginnend mit Aleph, endend mit Tau, vgl. Alpha–Omega, mit dem doppelten Gedanken der Bewährtheit und der Fülle). Vgl. Thomas von Aquin, In Joannem, c 6, lib 4, n 1.

Eucharistie ging, eigentlich nur dem dritten und letzten «Leib», der Kirche zugeteilt werden konnte.

Leib, Geist, Wahrheit: es herrschte ja zwischen diesen drei Worten ein innerstes Entsprechungsverhältnis. Wie der Leib sich zum Schatten verhielt, so der Geist zum Buchstaben, so die Wahrheit zur Gleichnisfigur.[11] *Corporaliter*, *spiritualiter*, *veraciter:* drei Adverbien, die uns von vielen Texten in dieser Proportion vorgestellt werden,[12] wobei andere Entsprechungen uns ihren Sinn zuweilen noch besser erschließen: so die barbarischen Ausdrücke *summaliter*[13] und *pleniter*.[14] *Corpus, id est plenitudo.*[15] *Corpus, id est solida veritas.*[16] *Non umbra sed veritas, non figura sed plenitudo.*[17] *Corpus, id est rei veritas* ...[18] Da das eucharistische Geheimnis, verstanden als geistliche Speisung, bestimmt war, die Vollendung dieses Leibes und dieser «Fülle Christi», der Kirche

[11] Hieronymus, Epistula 149, n 1 (Hilberg, Bd. 3, 357). Johannes Scotus, In Joannem, fr 2: «Figuram suam ipsa Veritas exponit, umbram suam ipsum corpus asserit ... Magna distantia inter litteram et spiritum, inter figuram et veritatem, inter umbram et corpus» (PL 122, 320 AB); fr 1: «Umbra erat legalis agnus, veritas erat ac veluti quoddam corpus umbrae, Jesus Christus» (PL 114, 613 A). Hervaeus von Bourg-Dieu (PL 181, 1335 D). Schule Abälards, In Rom.: «In lege illa umbram esse et figuram, in evangelio vero ipsam veritatem, quae est corpus illius umbrae, id est Christum, quem umbrae illae figurabant» (Landgraf, 90).

[12] Augustin, De Genesi ad litteram, lib 12, c 7, n 17 (PL 34, 459). Prosper, Liber sententiarum, s 295 (PL 51, 471 C). Johannes Scotus, In prologum Joannis und In Joannem. fr. 1 (PL 122, 296 D und 299 C). Libri carolini, lib 1, c 19: «Nos habemus in veritate spiritaliter ea quae ... figurabantur. Quanto ergo eminet umbrae corpus, imagini veritas, etc.» (PL 98, 1048). Hervaeus von Bourg-Dieu (PL 181, 1331 A und CD).

[13] Ps-Primasius, In Coloss. (PL 68 m 653 C, vgl. 655 B).

[14] Kommentar von Auxerre, In Coloss. (PL 117, 755 CD).

[15] Kommentar von Auxerre, In Ephes. (PL 117, 707 B, vgl. 716 D und 720 D). Rupert von Deutz, In Joannem (PL 169, 483 A). Wilhelm von St. Thierry (PL 180, 357 D). Hervaeus von Bourg-Dieu (PL 181, 1219 B) nach Augustin, In Ps. 67, n 23 (PL 36, 828).

[16] Hervaeus von Bourg-Dieu, In Coloss. (PL 181, 1335 D). Vgl. Etherius und Beatus, Ad Elipandum, lib 2, c 53: «Non habitat umbraliter in illo divinitas, tamquam in templo a rege Salomone facto, sed corporaliter ... id est, solide atque veraciter» (PL 96, 1008) nach Augustin, In ps. 67 (PL 36, 828).

[17] Gregor von Elvira (Tractatus Origenis, tr 8; Batiffol-Wilmart, 95). Ambrosius, In Lucam, lib 7, n 96: «Illud in figura ante praecessit, nunc autem plenum in veritate mysterium est» (PL 15, 1724 B). Hieronymus, Epistula 121, n 10: «Nos juxta spiritum transeamus ad Christum qui ad distinctionem umbrarum nunc corpus appellatur. Quomodo enim in corpore veritas est, etc.» (Hilberg, Bd. 3, 44). Amalarius, De ecclesiasticis officiis, lib 3, c 11: «evangelica plenitudo» (PL 105, 1119 A; vgl. c 19, ebd. 1128 AB). Ferner Bossuet: «Man verliert sich in Wolken, oder umarmt nur einen Schatten anstelle des Leibes der Religion.» (Second écrit sur le livre des Maximes, n 17; Lachat, Bd. 19, 387).

[18] Sedulius Scottus, In Coloss., 2 (PL 103, 227 C).

nämlich, herbeizuführen, war es doppelt natürlich, daß auch die Wirkung eines solchen Mysteriums verstanden wurde als seine «Wahrheit» und gleichzeitig als seine «Sache»: *veritas et res, rerum veritas*... Man erinnert sich an die Art, wie schon Origenes in einem oft mißverstandenen Kontrast das *σῶμα τυπικόν* dem *σῶμα ἀληθινόν*[19] gegenübergestellt hatte; und in den Genuß des «wahren Lebens» würde der Christ erst gelangen zur Stunde des *pascha plenum*.[20] Später hatte Ambrosius vom Altaropfer als von einer Darbringung «im Bild» geredet, deren «Wahrheit» im Himmel weilte.[21] Und wenn Maximus Confessor die «himmlische Hierarchie» des Areopagiten kommentierte, bemerkte er sogleich: «Überall nennt er die göttliche Liturgie und die heiligen Gaben Symbole der oberen und wahreren Dinge.»[22] Und Augustin: *Quod in sacramento visibiliter sumitur, in ipsa veritate spiritualiter manducetur, spiritualiter libatur.*[23] Oder: *Sacramentum corporis Christi, in vero Christi corpore primitus acceperunt.*[24] Den großen Afrikaner getreu in Sprache und Gedanke nachahmend, sagte Fulgentius von Ruspe: *Dono caritatis hoc nobis confertur, ut hoc in veritate simus, quod in sacrificio mystice celebramus*,[25] oder subtiler: *Non solum secundum veritatis mysteria, sed secundum mysterii veritatem.*[26]

Das alles war keineswegs nur ein mehr oder weniger esoterisches

[19] In Matthaeum, 11,14 (Klostermann, 58). Die beiden Epitheta des Origenes werden oft wiederholt werden, aber in ganz anderem Sinn. So Natalis Alexander, Dissertatio de fide christianorum decimi saeculi circa eucharistiam: «Perire autem et in minutissimas particulas dividi, non convenit corpori et sanguini Domini vero, sed typico, scilicet pani et vino» (Zaccaria, Thesaurus theologicus, Bd. 10, 947). Die «Perpétuité» widerlegt Aubertin, dem der gleiche Widersinn unterlaufen war, gibt aber selber eine ungenaue Erklärung: «Er nennt ... die Eucharistie den typischen Leib, so wie alle Väter sie Antityp genannt haben» (Migne, Bd. 2, 851).

[20] In Matthaeum ser. n 86 (Klostermann, 198). Vgl. Lk 22,15–16.

[21] In ps. 38, n 25 (PL 14, 1051–1052). De officiis ministrorum, lib 1, c 48, n238 (PL 16, 97 A).

[22] Scholia in Eccl. Hierarch., c 3, 3, 12 (PG 4, 149C).

[23] Sermo 131, n 1 (PL 37, 729 = De verbis apostoli, s 2); angeführt von Alger (PL 180, 798C), Gratian, De consecratione, d 2, c 58 (Friedberg, 1336), usf. Dieselbe Unterscheidung und Verwendung von «verum» hinsichtlich des Wunders; so Sermo 98: «Neque enim tantum miracula propter miracula faciebat Christus, sed ut illa quae faciebat mira essent videntibus, vera essent intelligentibus» (PL 38, 592: de verbis Domini, s 44).

[24] De Civ. Dei, lib 21, c 25, n 3 (PL 41, 742).

[25] Contra Fabianum, fr 28 (PL 65, 790 A).

[26] Epistula 12, n 24 (PL 65, 390C).

Reden gelehrter Theologen. Es war auch die Sprache der Liturgie. Eine Oratio im *Sacramentarium leonianum* drückt sich wie folgt aus:

> Sumendo pignus caelestis arcani, et in terris positi iam superno pane satiati, quaesumus Domine, deprecantibus servis tuis, ut quod in nobis mystice geritur, veraciter impleatur.[27]

Man beachte den Gegensatz *mystice-veraciter*, wie ihn vorhin auch Fulgentius im Fragment gegen Fabian aufgestellt hatte. In der im Blickpunkt stehenden eucharistischen Ordnung entspricht er dem Gegensatz von *corpus mysticum* (sacramentale) und *corpus verum* (ecclesiasticum). Das gelasianische[28] und das gregorianische[29] Sakramentar enthalten beide ein ähnliches Gebet, das man früher Gregor dem Großen zuschrieb und das heute noch im römischen Meßbuch steht:[30]

> Perficiant in nobis, quaesumus, Domine, tua sacramenta quod continent, ut quae nunc specie gerimus, rerum veritate capiamus.

Diese letzten Worte sollten im Laufe des Mittelalters oft angeführt, kommentiert und besprochen werden, seit Ratramnus, der darin einen Beweis seiner Ansicht zu finden meinte.[31] Gregor von Bergamo wird von ihnen eine Definition in aller Form geben: *quod dicitur rerum veritas, efficiendarum rerum adimpletio est*, um daraufhin den konkreten Gehalt zu bestimmen: *pacis nostrae mysterium et indissolubilis unitatis*.[32] Nicht weniger treffend hatte Guitmund von Aversa erklärt: *Rerum veritate capiamus, id est, revera unum Christi corpus et una Ecclesia simus*.[33] Petrus Damiani betete mit entsprechenden Worten:

> Deus, qui nobis salutis aeternae dignatus es pignus impendere, da nobis ... ad eiusdem veritatis plenitudinem pervenire.[34]

[27] Feltoe, 3. [28] Wilson, 202. [29] Lietzmann, 95.

[30] Quatember-Samstag im September, Postcommunio, Variante: «quae nunc spe (oder: in spe) gerimus». Man bemerkte die Ähnlichkeit mit Origenes, In Jesu Nave, h 8, n 4 (Übersetzung des Rufin): «... ut ea quae nunc fide et spe praesumpsimus, tunc etiam rerum effectu corporaliter teneamus» (Baehrens, 339).

[31] De corpore et sanguine Domini, c 85–88 (PL 121, 160–165).

[32] De veritate corporis, c 10 und 11 (Hurter, 42 und 44).

[33] Lib 2 (PL 149, 1468 B).

[34] PL 145, 953 D. Gelasianum: «ad superni plenitudinem sacramenti, cuius libavimus sancta, tendamus» (Wilson, 252).

Trotz der zahlreichen und tiefgreifenden Wandlungen, die wir bald noch feststellen werden, kann man doch durch das ganze 12. Jahrhundert hindurch diesen alten Sprachgebrauch bezeugt finden, der nur ganz langsam verschwinden wird. Hugo von St. Victor,[35] dem wie gewöhnlich alsbald der Verfasser des *Speculum Ecclesiae*[36] folgt, spricht von der Gnade des Sakraments als der *veritas*, deren Zeichen die Gestalten sind. Er nennt sie gleichzeitig *virtus*, deren Quell Fleisch und Blut des Herrn sind. An den beiden Stellen, wo Petrus Lombardus, wie oben dargestellt, *unitas fidelium* oder *unitas Ecclesiae* mit *caro spiritualis* oder *mystica caro* (für ihn die *res sacramenti*) gleichsetzt, fügt er sogleich bei: dies sei es, was die Tradition zusammen mit der Liturgie die *veritas* nenne:

> Sacramentum hic dicit (Augustinus) corpus Christi proprium, de virgine ductum; rem vero, spiritualem Christi carnem... Et qui manducant spiritualiter, veritatem carnis et sanguinis dicuntur sumere...[37]
>
> Bonus ... accipit sacramentum, id est, carnem Christi propriam et sanguinem, et rem, id est, unitatem fidelium et gratiae augmentum. Malus vero accipit sacramentum, id est, corpus Christi sub sacramento, et non rem, id est, unitatem Ecclesiae. Et est: Bonus manducat spiritualiter et sacramentaliter, malus vero sacramentaliter tantum... Ad quod videtur illa collecta pertinere: »Perficiant, etc.«, id est, ut sicut sub specie sacramentali carnem Christi sumimus, ita rei veritate, id est, spiritualiter carnem Christi sumamus.[38]

Ein paar Jahre später wird auch Magister Simon schreiben: *Ad huius corporis veritatem transire*.[39] Da diese Worte im gleichen Abschnitt dem Satz folgen, wo Simon die Eucharistie *corpus verum* und die Kirche *corpus mysticum* nennt, erhält die Aussage freilich etwas Unstimmiges. Beim Lombarden stand man vor einem Gemenge alter Ausdrücke mit neuen Erklärungen; hier aber finden sich die beiden Sprachen, die alte und die neue, schroff nebeneinander gestellt. Magister Simon hat dieses Vorgehen nicht erfunden; wir finden es auch bei Arnold von Bonneval:

[35] De sacramentis, lib 2, p 8, c 8 (PL 176, 467).
[36] C 7 (PL 177, 365).
[37] Sententiae, lib 4, d 9, c 3 (PL 192, 859).
[38] In I Cor. (PL 191, 1643).
[39] Tractatus de sacramentis (Weisweiler, 28).

Sicut in persona Christi humanitas videbatur et latebat divinitas; ita sacramento visibili ineffabiliter divina se infudit essentia, ut esset religioni circa sacramenta devotio, et ad veritatem, cuius corpus et sanguis sacramenta sunt, sincerior pateret accessus.[40]

Schließlich bei Petrus Comestor in einer an seine Priester gerichteten Predigt:

Mundamini, qui offertis hostiam Domini. Mundamini, qui defertis aliis corpus Domini; ut, mundati, quod nunc similitudine geritis, quandoque rerum veritate capiatis.[41]

In all diesen Texten erkennen wir den Sprachgebrauch unserer « biblischen Zone », wo nach dem von Paulus und dem Hebräerbrief umrissenen christlichen Verständnis der Allegorie die biblischen Erkenntnisse und Dinge, Taten und Personen in ihrer geschichtlichen und substantiellen Wirklichkeit selbst Figuren der geistlichen Wirklichkeiten sind, die allein an der lautern und endgültigen Wahrheit des Logos teilhaben, indem sie sich in die Fülle seines Leibes hinein integrieren.[42] Die Worte, mit denen die Tradition das Verhältnis Israels zu Christus oder auch Christi selber in seinem Erdenzustand zu seiner ewigen « Fülle » ausdrückte, dienen hier dazu, die Beziehung des Sakramentes zu seinem Endziel zu bestimmen.

Diese Parallele nötigt uns zu einer ersten Feststellung. Ist Christus der « wahre Isaak », der « wahre Moses », so werden durch ihn die geschichtlichen Persönlichkeiten Isaaks und Moses' keineswegs irreal. Sagt man von ihm, er sei der « wesentliche » David,[43] so soll damit nicht gesagt werden, der Begründer des jüdischen Königtums sei ein bloßes Gespenst gewesen. Und wenn die Kirche sich als das wahre Israel nach dem Geist erklärt, dann will sie uns nicht

[40] Liber de cardinalibus operibus Christi (PL 189, 1643–1644).

[41] Ps-Hildebert, Sermo 93 (PL 171, 776 A).

[42] Cyrill von Alexandrien liefert ein charakteristisches Beispiel für diesen Wortgebrauch (Contra Julianum, lib 10), an dem sich die enge Verbindung zwischen den Ideen der Geistigkeit, der Fülle und der Wahrheit aufweisen läßt (PG 76, 1029 C, 1044 C, 1048 AB); siehe auch In Joannem, lib 4, c 2 (PG 73, 561 A). Vgl. Epiphanius, Haeresis 8, c 7: *ἀληθινῶς πληροῦσθαι* (PG 41, 216 AB). Hilarius, De Trinitate (PL 10, 139). Ambrosius, In Lucam (PL 15, 1542 C) usf.

[43] Ps-Beda, In ps. 27 (PL 93, 619 C). Vgl. Severus von Antiochien, Contra impium grammaticum: « per typici Salomonis sapientiam, verus et spiritualis Salomon ... » (Lebon, 208) usf.

weismachen, das Israel nach dem Fleisch sei nur ein Mythos gewesen. Daß im irdischen Jerusalem *typus fuit, non veritas,*[44] heißt nicht, es sei keine wahre Stadt gewesen...[45] Und wenn Augustinus[46] und Hieronymus[47] uns belehren, die Taten des Herrn, sein Leben, sein Tod, seine Auferstehung seien die «Sakramente des inwendigen Menschen», alle Erkenntnisse seines Lebens seien «mystisch» und müßten ihre Wahrheit in uns finden, dann bestreiten diese Väter natürlich in keiner Weise die Geschichtlichkeit noch die eminente geistige Bedeutung alles Getanen. Genauso wenig ermächtigt uns also die Aussage, die Kirche sei der «wahre Leib», an der Realität des «typischen» oder «mystischen» Leibes zu zweifeln, der seine Figur oder sein Sakrament ist. Nach Guitmund von Aversa sagt es auch Hugo von St. Victor:

> Quid enim? Numquid ideo sacramentum altaris veritas non est, quia figura est? Ergo, nec mors Christi veritas est; et resurrectio Christi veritas non est, quia figura est. Nam et mortem Christi et resurrectionem figuram esse et imaginem et similitudinem et sacramentum et exemplum, Apostolus manifeste declarat...[48]

[44] Hieronymus, In Jeremiam (PL 24, 874B). Augustin: «Vera Sion Ecclesia est christianorum» (PL 36, 959) usf.

[45] Nichts ist geläufiger als diese Redeweise. Ein paar Beispiele noch: Irenäus, Adv. Haer.: «(Salomon) typum veri Templi aedificabat ... In typica profectione (ex Aegypto), in vera nostra profectione» (PG 7, 1057B und 1064C). Ps-Chrysostomus: «Venit Dominus mystice in Cana Galileae» (PG 55, 602). Rabanus Maurus, De clericorum institutione: «per salivam typicam». Ps-Beda, In ps. 33: «Quando in fine invitabimur ad nuptias veri sponsi» (PL 93, 655B). Ivo von Chartres, Sermo in Epiph.: «mystice vero aqua in vinum mutata» (PL 162, 575). Herbert Losinga, Sermo 2: «Typicarum domum nuptiarum ingreditur» (Goulburn-Symonds, 56). Joachim von Floris, In Joannem IV: «Mystice discipuli revertuntur ad Dominum» (Fournier, 10, Anm. 4).

[46] De Trinitate, lib 4, c 3, n 6 (PL 42, 891–892). Enchiridion, c 53 (PL 40, 257). De spiritu et littera, c 6, n 10 (PL 44, 206f.). Vgl. Braulio von Saragossa (PL 80, 661D). Amalarius (PL 105, 1022D). Remigius von Auxerre (PL 101, 1253C).

[47] Tractatus in Marcum: «Omne quod fecit Jesus, sacramenta sunt, salus nostra est... Salvator sive ambulat, sive sedet, sive comedit, sive dormit, nostra sunt sacramenta» (Morin, 355).

[48] De sacramentis, lib 2, p 8, c 6 (PL 176, 466). Guitmund von Aversa, lib 2: «Nos quippe illam (eucharistiam) non veremur dicere figuram et sacramentum. Hic fortasse respondebit umbraticus, quod et dicere solitus est: Si figura est, quomodo veritas? ... O male cordati hominis insulsissima ratio! Non legisti in evangelio ipsum Christum signum appellari? etc.» (PL 149, 1457). Vgl. Bessarion, De sacramento eucharistiae (PG 161, 498AB).

Aber in unseren Texten steckt oft mehr als ein implizierter Parallelismus oder eine Transposition. Mehr als die Übernahme einer Sprache, die zunächst für einen anderen Gegenstand geprägt worden war. Die Eucharistie *in sich selbst*, und nicht mehr bloß in ihrer Wirkung, wird ebenfalls öfter mit Worten bezeichnet, die für gewöhnlich das Neue Testament ausdrücken. Dann bezeichnet man sie eben ganz eindeutig als einen Wesensteil, ja als das Herzstück des Neuen Bundes. *Sanguis Christi, novum testamentum.*[49] Die Eucharistie ist das *mysterium Christi*, das *mysterium christianum*, worin die ganze « evangelische Fülle » sich beisammen findet. Sie faßt in ihrem Reichtum alles zusammen, was Paulus im Epheserbrief in das eine Wort « *mysterion* » zusammenfaßte, das heißt die Gesamtheit der Ratschlüsse Gottes mit der Welt, wie sie in Christus geoffenbart und verwirklicht worden sind.[50]

Nun gab es nach der Überlieferung zwei Arten, die neue testamentliche Offenbarung zu verstehen: entweder als endgültige Wahrheit, die die Vorbereitungen und Figuren des Alten Bundes vollendend ablöst, oder als einen Zwischenzustand zwischen dem Schatten der Vergangenheit und dem vollen Licht der kommenden Ewigkeit. Wir müssen also darauf gefaßt sein, abermals zwei Textreihen zu begegnen, in denen die Eucharistie jeweils nach dem ersten oder zweiten dieser Gesichtspunkte verstanden wird.

Wenn uns etwa Ambrosius sagt, daß heute in der Kirche Christus « im Bilde »[51] dargebracht wird, dann dürfen wir nicht meinen, er spiele bloß auf jene Riten der Messe an, die symbolisch die reale Opferung auf Kalvaria andeuteten, oder stelle gar irgendwie die Opferbedeutung dieser Riten oder die darin verborgene Fülle in Zweifel. Seine Blickrichtung geht nicht auf das Kreuz und sein Gedächtnis, sondern umgekehrt auf den Himmel und seinen vor-

[49] Florus, Expositio missae, c 61 (Duc, 134). Siehe oben, Kap. 3. In seinem Lukaskommentar wird Erasmus sagen: « Dominus Jesus, mystico symbolo suis consecraturus novum testamentum, accepit panem ... » (Basel, 1535, 218). Vgl. Lk 22,20.

[50] Cyrill von Alexandrien, Adv. Nestorium, lib 4, c 5 (PG 76, 193–197).

[51] De officiis ministrorum, loc. cit.; angeführt bei Ivo von Chartres (PL 161, 142 D) und Abälard (PL 178, 1520 A). Siehe auch c 49, 239 (PL 16, 94 B).

wegnehmenden Abglanz.[52] Das Altargeheimnis wird «im Bild» gefeiert, wie alle Mysterien unseres Heils, solange sie sich in der Zeitlichkeit abspielen, und so wie wir sie vor der endgültigen Ankunft dieses Heils erkennen können. Wie der Ausdruck hier gebraucht wird, stammt er aus dem Hebräerbrief.[53] Er ist nicht spezifisch liturgisch. Er ist weit entfernt, eine bloße Zeremonie, eine bildliche Gedächtnishandlung zu bezeichnen, umspannt vielmehr die gesamte Menschwerdungsordnung – es sei denn, man wolle (ganz im Geist des Hebräerbriefes) diese ganze Ordnung erlösender Inkarnation selbst als eine umfassende Liturgie bezeichnen, ein irdisch-zeitliches Abbild der ewigen im Himmel sich ereignenden Liturgie: *Passio, quam Christus celebravit semel.*

Bild: Das Wort bestimmt also den Zwischenort, wo das Neue Testament in seiner jetzigen Gestalt steht: zwischen Schatten und Wahrheit, dem Schatten näher durch die Art der Erkenntnis, die der Mensch dabei behält – *per speculum et in aenigmate* –,[54] aber wieviel näher der Wahrheit durch sein inneres Wesen! *Umbra in lege, imago in evangelio, veritas in caelestibus.*[55] Nicht anders das Opfer der Kirche, wenn es einerseits den figuralen Opfern des Alten Bundes, anderseits dem verglichen wird, was man das himmlische Opfer nennen kann. Es besitzt eine Bild-Wirklichkeit wie Christus selbst, in seinem ganzen unteilbaren Sein. Schalten wir

[52] Vgl. Apologia David altera, c 7, n 36: «Veni ergo, Domine Jesu, et aperi nobis fontes tuos, ut bibamus de aqua, quam qui bibit, non sitiet in aeternum. Et quoniam ad fontem tuum meruimus pervenire, liceat nobis imaginem saltem mysteriorum videre caelestium» (PL 14, 901 B). [53] Hebr 8,5 und 10,1.

[54] Ambrosius, In Lucam, lib 7, n 39: «Si tantum, Domine Jesu, confert umbra tua, quantum utique veritas affert? Quemadmodum vivemus, quando iam non erimus in umbra, sed in ipsa vita?» (PL 15, 1709 B).

[55] Ambrosius, in Ps. 38, n 25 (PL 14, 1051–1052). De excessu fratris sui Satyri, lib 2 (= De fide resurrectionis), n 109 (PL 16, 1347). Bereits Origenes, In ps. 38, h 2, n 2 (PG 12, 1402–1403). Maximus, Scholia in eccl. Hierarch., c 3, 3, 2 (PG 4, 137 D). Vgl. Johannes Damascenus, der (nicht wörtlich) Chrysostomus zitiert, mit einer etwas verschiedenen Terminologie; Orat. pro sacris imaginibus 1 und 3: *σκιά – ἀλήθεια – τὰ πράγματα* (PG 94, 1269–1271 und 1361–1364).

Sowenig wie umbra ist also hier imago bloßes Synonym von typus oder figura, wie dies anderswo der Fall ist (z. B. Chrysostomus, PG 63, 55 oder Cyrill von Alexandrien, PG 74, 629 B). Vgl. Bruno von Segni: «Primum tabernaculum est Synagoga, secundum Ecclesia, tertium caelum... Primum in umbra fuit et figura; secundum in figura est et veritate, tertium in veritate sola. In primo ostenditur vita, in secundo datur, in tertio possidetur. Non enim sacramenta Synagogae medicinam docent et ostendunt, sed ipsa potius sunt medicina et remissio peccatorum. (In tertio tabernaculo) nihil in figura, omnia in veritate». Pascal (Chevalier, 673).

hier unsere abgeblaßten Vorstellungen aus[56] und bedenken wir, daß für die Alten die Aussage, der Sohn sei das vollkommene Bild des Vaters, eine totale Kommunikation zwischen beiden, eine wahrhafte Identität der Natur enthielt.[57] *Imago ista*, sagt der Kolosserbrief-Kommentar des Ps-Primasius, *veritas est: non inanis, quia virtus; non vacua, quia plenitudo vitae.*[58] Auch das sind ambrosianische Formeln. *Christus non umbra, sed imago Dei.*[59] *In Christo imagine ambulat, qui sequitur evangelium.*[60] Unser Mysterium ist kein leeres Bild, sondern es ist auch oder vor allem Wahrheit: *non vacua imago, sed veritas.*[61] Alger von Lüttich sagt treffend: Wir stehen nicht mehr in der Zeit der verheißenen Wahrheit, sondern in der geschenkten, wenn auch noch nicht gezeigten.[62] Wenn also die Eucharistie hier als ein « Bild » bezeichnet wird, dann weder als Gegensatz zur realistischen Auffassung des Mysteriums noch im Vergleich zur Vergangenheit. Einen solchen Widerspruch mit sich selbst darf man Ambrosius nicht zumuten. Seine eucharistischen Formeln sind im übrigen klar genug, und wenn er die vorläufigen Opfer der Juden mit dem dauernden Opfer Christi vergleicht, ist ihm der Gegensatz von *species* und *veritas* durchaus vertraut.[63] Er erinnert uns bloß daran, daß die Eucharistie zum umfassenden *sacramentum Christi* gehört und daß wir daran teilnehmend noch

[56] Zur ursprünglichen Kraft des Wortes im Neuen Testament vgl. ThW II 386 (Kleinknecht).

[57] Vgl. Athanasius, Briefe an Bischof Serapion, I (Lebon, 127). Hilarius, De Trinitate, lib 11, c 5: « quae nisi perfectam paternae beatitudinis habet gloriam, et absolutam naturae totius refert speciem, non est in imaginis veritate, etc. » (PL 10, 400 B). Ebenso hinsichtlich der Inkarnation; vgl. Faustus von Reji, Sermo 2, de Nativitate: « Ecce in hac die, mutata vice, factus est Deus ad similitudinem nostram » (Engelbrecht, 227).

[58] PL 68, 652 B.

[59] De excessu fratris sui Satyri, lib 2 (= De fide resurrectionis) n 109 (PL 16, 1347). In ps. 38, n 24: « In Christo imagine ambulat, qui sequitur evangelium » (PL 14, 1051 A). Paschasius Radbert, Ad Frudegardum (PL 120, 1353 AB). Vgl. G. Kittel, ThW II, 386.

[60] In ps. 38, n 24 (PL 14, 1051 A).

[61] PL 16, 1347 C. Vgl. Athanasius, Epistulae heortasticae, 14, n 3: « Proxima nunc nobis est veritas, imago illa Dei invisibilis, Dominus noster Jesus Christus » (PG 26, 1420 C).

[62] De sacramentis, lib 1, c 8: « Vetus enim Testamentum veritatem promisit, non dedit; novum dedit, sed non ostendit », lib 2, c3 (PL 180, 763 und 815). Vgl. Du Perron, Réplique à la Response du serenissime Roy de la Grand Bretagne (Paris 1620) 871–872.

[63] In Lucam, lib 1, n 22 (PL 15, 1542 C).

warten und um die künftigen Güter flehen müssen, *in quibus perfectio, in quibus veritas est.*[64]

Der Blickpunkt Augustins steht dem des Ambrosius nahe – abgesehen von jenem dynamischen Schwung, den seine glühende Seele seinem Denken überall mitteilt –, wenn er im 12. Buch *Contra Faustum* unsern irdischen Gottesdienst mit dem ewigen vergleicht:

> ... Significat finem saeculi, quando erit sanctorum requies, non adhuc in sacramento spei, quo in hoc tempore consociatur Ecclesia, quamdiu bibitur quod de Christi latere manavit; sed iam in ipsa perfectione salutis aeternae, cum tradetur regnum Deo et Patri, ut in illa perspicua contemplatione incommutabilis veritatis, nullis mysteriis corporalibus egeamus.[65]

Wie wollte man in der Tat anders von der Eucharistie reden, als indem man vom Herrn redet? Übt er darin nicht wie auf Erden

[64] De officiis, aaO. Vgl. Gregorianum: «ut de perceptis muneribus gratias exhibentes, beneficia potiora sumamus» (Lietzmann, 15). Gelasianum (Mohlberg, 12) usf. Ps-Beda, In ps. 26: «Nunc in sacramento suspiremus, ingemamus, ut tandem in re sacramenti gaudeamus» (PL 93, 613C). Paschasius Radbert, In Matthaeum: «Beatus homo qui manducaverit panem in regno Dei: quia alicubi numquam panis verae vitae comeditur. Hinc quippe iam in regno Dei Patris, sed adhuc in sacramento; illuc vero cum impletum fuerit hoc regnum in nobis, evacuabitur istud quod est ex parte, tuncque fruemur facie ad faciem, cum venerit ipse et quod perfectum est» (PL 120, 896B).

Wenn imago im gewöhnlichen materiellen Sinn genommen wird, wie etwa im Bilderstreit, dann wird sie als völlig unangemessen verworfen; so etwa in den Libri carolini, lib 4, c 14 (PL 98, 1093–1096); vgl. oben Kap. 1, Anm. 16. Anderseits drängten sich die Kategorien des biblischen Exemplarismus kraft ihrer dauernden Verwendung so sehr auf, daß der Verfasser dieser Diatribe davon ganz beherrscht bleibt. Dies wird dem Pasteur Claude erlauben, anläßlich derselben Stelle in seiner Réponse au premier traité ... 30–31 zu schreiben: «Es ist also sonnenklar, daß dieses Konzil (von Frankfurt) das Wort Bild ablehnt, nicht in dem Sinn, wie wir es als ein heiliges Zeichen Jesu Christi verstehen, der für unser Heil gestorben ist, ... sondern sofern Bild als Schatten des Gesetzes verstanden wird, oder als ein Vorausbild des künftigen Christus» (1667). Der Brief Hadrians I. an den Patriarchen Tarasius (787) zeigt eine andere merkwürdige Mischung beider Geschichtspunkte: Um den Kult gemalter Bilder zu rechtfertigen, nimmt der Papst das Bild eines Lammes, das das wahre Lamm sinnbildet, und fügt bei: «ergo veteres figuras et umbras, ut veritatis indicia et praesagia, Ecclesiae traditas amplectentes ...» (Mansi XII, 1018). – Selbst wenn man zur Verteidigung der Bilderverehrung einen Vergleich zwischen den Bildern und der Eucharistie anstellen wird, wird der sprachliche Ausdruck noch immer nicht so weit erklärt sein, daß jedes Mißverständnis ausgeschlossen bleibt. Nikolaus I, Epistula 4, ad Michaelem imperatorem, 860 (PL 119, 778BD).

[65] Lib 12, c 20 (PL 42, 265). Und lib 19, c 2: Die «Wahrheit», die dem Naturgesetz und dem Schriftgesetz nachfolgt, muß selber ihre Propheten haben (col. 348). Vgl. In ps. 64, n 1: «Tenemus lucem, umbra transiit, tamen in quadam captivitate sumus» (PL 36, 773).

sein Mittleramt aus? Ist er darin nicht noch immer unser Weg zum Vater? Nun aber ist alles Weghafte dazu bestimmt, zu vergehen. *Nec ipse Dominus, in quantum via nostra esse dignatus est, tenere nos voluit, sed transire...*[66] Dieses *sacramentum spei* und diese *mysteria corporalia* stellen sich somit neben die *imago* des Ambrosius. Sie meinen dasselbe wie das τυπικῶς ἔτι Gregors von Nazianz.[67] Dasselbe wie *typus magnus et spes vitae* in einer syrischen Liturgie.[68] Ausdrücke solcher Art oder die Formeln *veritas in mysterio, imago sacramenti* in alten Sakramentarien[69] kennzeichnen also die Eucharistie nicht so ausschließlich, daß sie sich nicht ebensogut auf das ganze *sacramentum dominicae incarnationis* oder *sacramentum suscepti corporis*[70] anwenden ließen. Sie umgreifen in Wirklichkeit, wie die Eucharistie es selbst tut, die ganze Ordnung der *sancta fidei sacramenta*,[71] das heißt der ganzen christlichen Heilsökonomie. Solange die Welt besteht, leben wir *in sacramentis*, das heißt nach der Erklärung Gregors des Großen, noch nicht in unserer endgültigen Wohnung, sondern auf der halbüberschrittenen Schwelle, *intra portam*.[72] Unser Pascha ist fortan Christus, aber immer noch als ein Übergang. Und sind nicht alle Heilsmittel in ihrer providentiellen Mannigfaltigkeit, ob man sie nun von innen oder von außen ansieht, sie auf eine unfruchtbare Vergangenheit oder eine hoffnungsvolle Zukunft bezieht, in ihren beiden untrennbaren Aspekten als « geistlich » und als « leiblich »,

[66] De doctrina christiana, lib 1, c 34, n 38 (PL 34, 33).

[67] Orat. 54, c 23 (PG 36, 653–656). Dabei weiß Gregor sehr wohl (er hat es eben gesagt: c 21, 652D), daß Christus die Pascha-Mysterien bereits zu ihrer Vollendung gebracht hat.

[68] Liturgia Gregorii catholici orientis, qui Abulfaragius et Bar-Hebri dictus est (Renaudot, Bd. 2, 458).

[69] Gelasianum: « Quod imagine contingimus sacramenti, manifesta perceptione (var.: participatione) sumamus » (Wilson, 186). Vgl. Ratramnus (PL 121, 162) oder auch einen Text wie der folgende von Honorius von Autun, wo das Zeremonielle hervorgehoben ist: « Huius immensi gaudii futuri celebrare festivitatem recolit nunc Ecclesia umbratice per paschalis festi solemnitatem » (Speculum Ecclesiae, PL 172, 939C).

[70] Ambrosius, De fide, lib 3, c 7, n 50 (PL 16, 600A) usf. Apologia David altera, c 7, n 39: « corporis sacramentum » (PL 14, 902B).

[71] Gregor der Große, In Ezechielem, lib 2, h 10, n 8 (PL 76, 1063A). Der Ausdruck ist in die römische Liturgie aufgenommen worden: Oratio am Fest der Verklärung.

[72] Gregor der Große, In Ezechielem, lib 2, h 1, n 16 (PL 76, 945–947).

und das heißt doch sowohl als «Wahrheit» wie als «Figur»: Bild?[73]

Die gleiche Sicht bleibt unsern Mittelalterlichen vertraut. Von ihr her kann Hugo von St. Victor zwischen *sacramentum – imago* und *res* oder *virtus* die gleiche Spannung setzen wie zwischen Glaube und Beschauung.[74] Von ihr her kann ein Schüler Hugos die drei Taborzelte wie folgt allegorisch deuten:

> Tria sunt tabernacula: Synagoga, Ecclesia, caelum... Primum fuit in umbra et figura, secundum in figura et veritate, tertium in sola veritate. In primo ostenditur vita, in secundo datur, in tertio possidetur.[75]

Von ihr her kann Wilhelm von St. Thierry sagen: *Quamdiu in imagine pertransimus, corporalibus religamur sacramentis, ne a Deo recedamus.*[76] Und der gleiche Wilhelm wird zu seinem schönen Kommentar des Hohelied-Verses: *donec aspiret dies et inclinentur umbrae*, davon singen: Braut und Bräutigam sind schon vereint, aber im Dunkel des Glaubens. Noch ist die Zeit von *speculum* und *aenigma*, und nicht die der *visio facie ad faciem et summi boni plenitudo*. Wir leben somit *in flore spei*, nicht *in fructu rei, in plena ubertate fructuum spiritus*. Schatten der Nichtigkeiten umringen uns. Doch eines Tages werden sie verwehen und dem siegenden Licht der Wahrheit weichen:

> Tunc, sicut olim nova gratiae sacramenta finem imposuerunt veteribus sacramentis, res ipsa sacramentorum omnium finem imponent omnibus omnino sacramentis. In sacramentis quippe Novi Testamenti caepit aspirare novae gratiae dies: in illo vero omnis consumptionis fine, erit meridies...[77]

[73] Hier liefert die «Perpétuité» einen guten Kommentar: «Wenn dieser Vater sagt, Christus werde im Bild dargebracht, dann heißt das nicht, er werde im Bild seines Leibes dargebracht, sondern im Bild jener Herrlichkeit, mit der er sich selber seinem Vater darbringt und ewig darbringen wird» (Migne, Bd. 2, 715).

[74] De sacramentis, lib 1, p 10, c 8 (PL 176, 342BD).

[75] Miscellanea, lib 7, tit 55 (PL 177, 896CD).

[76] Liber de natura et dignitate amoris (PL 184, 406C).

[77] Expositio in Cantica, c 2 (PL 180, 536). Hugo von St. Victor, der das «geschriebene Gesetz» dem «Naturgesetz» überordnet, findet sich genötigt, vier Stufen in der sakramentalen Heilsökonomie zu unterscheiden: «Videntur ergo prima illa sacramenta quae sub naturali lege praecesserunt, quasi quaedam umbra veritatis; illa vero quae postea sub scripta lege secuta sunt, quasi quaedam imago vel figura veritatis; ista autem quae sub gratia novissime consequuntur, non iam umbra vel imago, sed corpus veritatis... Post quae quarto loco sequitur spiritus» (PL 176, 346CD).

In der gleichen Gedankenspur wird Thomas von Aquin seinen Artikel der Summa entwerfen, der die Frage stellt, ob die Zeremonien des alten Gesetzes bei der Ankunft Christi aufgehoben worden sind. Um zu antworten, unterscheidet er einen dreifachen Zustand des innern Kultes: erst der dritte, der der Seligen im Himmel, wird nichts Figürliches mehr enthalten.[78]

Da das Mittelalter die Kette der Überlieferung so fortführt, wurde sie in der Neuzeit nicht so restlos zerrissen, daß uns solche Redeweise heute befremdlich oder verdächtig erscheinen müßte.[79] Bossuet zögert nicht, sie anzuwenden; er greift nicht nur Gedanken der Väter auf, sondern spricht spontan ihre Sprache:

> Man muß anerkennen, daß alles, was in der christlichen Religion sozusagen am meisten Wahrheit ist, jeweils gleichzeitig Mysterium und heiliges Zeichen ist. Die Menschwerdung Jesu Christi sinnbildet uns die vollkommene Einheit, die wir mit der Gottheit in Gnade und Glorie eingehen sollen. Seine Geburt und sein Tod sind Figur unseres geistlichen Geborenwerdens und Sterbens. Wenn er im Mysterium der Eucharistie in seinem eigenen Fleisch und Blut unsern Leibern zu nahen geruht, dann ladet er uns damit zur Einheit der Geister ein und stellt sie uns figürlich vor. Kurz: bis wir zur vollen und offenbaren Wahrheit gelangt sind, die uns ewig beseligen soll, wird alle Wahrheit uns Figur einer innerlicheren Wahrheit sein: wir werden Christus ganz lauter in seiner eigenen Gestalt und von aller Figürlichkeit losgelöst erst schmecken, wenn wir ihn in der Fülle seiner Glorie zur Rechten des Vaters erblicken werden.[80]

Endlich kann man im Wort *pignus*, dem man so häufig in den Gebeten der Liturgie begegnet und das das Trienter Konzil bestätigen wird,[81] etwas wie einen Inbegriff der ambrosianischen *imago* und der augustinischen *spes* oder ähnlicher Ausdrücke erblicken. Wir

[78] I^a II^ae q 103, a 3. Vgl. a 2. Bereits In IV Sent., d 8, q 1, a 3: «... In veteri lege figurae sine rebus proponebantur; in nova autem proponuntur figurae cum rebus; in patria autem res sine figuris. Et ideo orat Ecclesia, «ut quod nunc spe gerimus, rerum veritate capiamus in patria» (Moos, 318–319). Vgl. In Joannem, c 3, lib 1, n 2.

[79] Desgleichen Pascal: «... Und die Christen verstehen selbst die Eucharistie als ein Gleichnis der Glorie, der sie entgegenstreben» (Brunschwicg, 670).

[80] Histoire des Variations, 4. Buch, 12. Kap. (Lachat, Bd. 14, 151). Desgleichen Fénelon, Entretiens affectifs pour les principales fêtes de l'année, XIV, für den Tag der Himmelfahrt (Œuvres, Paris, Bd. 1, 484). Pascal (Chevalier, 671).

[81] Sessio 13, c 2: «Pignus praeterea id esse voluit futurae nostrae gloriae et perpetuae felicitatis, adeoque symbolum unius corporis, cuius ipse caput existit.» Vgl. Leo XIII., Enzyklika Mirae caritatis (Acta Leonis XIII. Bd. 22, 124).

brauchen dabei nicht auf dem ursprünglichen Sinn zu beharren, der ihn ungeschickt machte, das griechische ἀρραβών wiederzugeben.[82] Arrabōn ist etwas anderes und weit mehr als ein bloßes Pfand. Aber in der neuen Bedeutung, die ein ungeschickter Übersetzer schließlich durchgesetzt hatte, als Zwischenglied zwischen der einfachen Verheißung und der Ganzheit der Gabe wurde es doch zu einem glücklichen Ausdruck für das Sakrament der neuen Heilsordnung. Wenn die Eucharistie *imago* ist wie Christus, dann ist sie auch *pignus* wie der Heilige Geist. *Ipsum pignus dedit.*[83] Und wie der Geist bei der Taufe *pignus haereditatis*[84] war, so ist Christus in der Eucharistie *pignus corporis*. Objektiv ist also das *pignus* nicht weniger als die *res;* es ist wenigstens teilweise bereits die Sache selbst, wenn auch noch nicht in der Fülle,[85] das heißt: noch nicht als bis zum Grund besessen und unverhüllt betrachtet. *Pignus quoque generale substantiae habet*, sagte Gregor von Elvira;[86] *Perficiant sacramenta quod continent*, unsere gregorianische Oration. Der Begriff bleibt zweideutig, wie die christliche Wirklichkeit selbst in den Bedingungen unserer zeitlichen Existenz. Um ihre genaue Tragweite in der Anwendung auf die Eucharistie einzuschätzen, muß man sich bloß noch einmal erinnern, daß es den Alten in ihrem Nachdenken über dieses Mysterium nicht daran lag, abstrakt eine objektive Gegenwart zu definieren oder zu dosieren, sondern an der doppelten Frage nach dem Opferereignis und der Kommunion:

[82] Eph 1,4; 2Kor 1,22. Hieronymus: «Pignus latinus interpres pro arrhabone posuit. Non idipsum autem arrhabo quam pignus sonat, etc.» (PL 30, 457B). Vgl. Tertullian, De carnis resurrectione, c 51: «Depositum servat in semetipso, arrabonem summae totius. Quemadmodum enim nobis arrabonem spiritus reliquit, ita et a nobis arrabonem carnis accepit, et vexit in caelum pignus totius summae illuc quandoque redigendae» (Kroymann, 105). Kommentar von Auxerre, In Ephes. (PL 117, 705–706). Hervaeus von Bourg-Dieu (PL 181, 1214–1215). Mit «pignus» wird eher ἐνέχυρον oder ἐχέγγυον wiedergegeben.

[83] Hatto von Vercelli, In Ephes. (PL 134, 549C). Vgl. Cyrill von Alexandrien, Homiliae diversae, h 10: *Θεοῦ παρουσία, θυσίας φρικτῆς ἱερουργία, δωρεὰ ἀθανασίας καὶ ἀρραβῶνες ζωῆς ἀτελευήτου* (PG 77, 1028B).

[84] Eph. 1,14; 2Kor 1,22ff.; Röm 8,23 (*ἀπαρχήν:* Erstlingsgaben). Vgl. Augustin (PL 37, 1723). Gerhoh von Reichersberg: «Spiritus tuus mihi in pignus datus»; und: «fidelis anima, Spiritu sancto arrhata» (PL 193, 1062B und 1658D). Wilhelm von St. Thierry: «Spiritus sanctus ... animas inarrhat» (PL 180, 323A).

[85] Gaudentius von Brescia, Tractatus 2 (Glueck, 30–31). Augustin (PL 35, 1877).

[86] Tractatus 17 (Batiffol-Wilmart, 187).

Cum ipse Filius Dei dicat: »Caro mea vere est cibus et sanguis meus vere est potus«, ita intelligendum est, eadem redemptionis nostrae mysteria [et] vere esse corpus et sanguinem Domini, ut illius unitatis perfectae, quam cum capite nostro iam spe, postea re tenebimus, pignora credere debemus.[87]

So begreift man, weshalb Paschasius Radbert das Wort *pignus* selbst in seine Definition des Sakraments einführt,[88] und daß die Eucharistie geläufig als *pignus salutis*,[89] *pignus immortalitatis*,[90] *pignus futurae gloriae*...[91] bezeichnet wird. Denn das *pignus* verhält sich zur *res* oder zum *effectus*[92] wie die *imago* zur *veritas*, oder, von einem subjektiveren Gesichtspunkt aus, wie die *spes* zur *vita aeterna*.[93] Gleich der *imago* und der *spes* definiert sich pignus durch seinen Bezug zur *plenitudo veritatis*[94] oder zur *rerum veritas*.[95]

[87] Walafried Strabo, De rebus ecclesiasticis, c 17 (PL 114, 937 D). Gezo von Tortona, c 38 (PL 137, 389 C). Vgl. Fulbert von Chartres, Epistula 5 (PL 141, 202 A).

[88] «Sacramentum ... est quidquid in aliqua celebratione divina nobis quasi pignus salutis traditur, etc.» (PL 120, 1275 A). Zum Vergleich Augustin, Epistula 55, n 2 (PL 33, 205), Sermo 334, n 2 (PL 38, 1479) und Isidor von Sevilla, Etymologiae (PL 82, 255 C).

[89] Gelasianum: «pignus salutis aeternae celebrantes» (Wilson, 182, 186). Vetus missale gallicanum (PL 72, 379 C). Gregorianum (Lietzmann, 33). Fulbert von Chartres: «corporis et sanguinis sui pignus salutare nobis reliquit» (PL 141, 202 A; hier im entgegengesetzten Sinn: eher mit ‹Reliquie› verwandt). Petrus Damiani (oben, Anm. 34) usf.

[90] Gelasianum: «pignus aeternae vitae capientes» (Wilson, 349). Gregorianum: «pignus redemptionis aeternae» (Lietzmann, 87). Leonianum: «pignus caelestis arcani» (Supra, Anm. 25) usf. Vgl. Athanasius, Epistulae heortasticae 2, n 10: «Jam cum nobis id tempus sit futuri mundi symbolum, magnam dominicam celebrabimus, arrham hic futurae illius capientes aeternae vitae» (PG 26, 1366 AB).

[91] Vgl. Theodoret, hinsichtlich der Taufe (PG 83, 512 B) usf.

[92] Gregorianum: «ut illius salutaris capiamus effectum, cuius per haec mysteria pignus accepimus» (Lietzmann, 28, 82, 96). Ähnlicher Gegensatz zwischen dem «gustus» und dem «effectus»: «ut cuius laetamur gustu, renovemur effectu» (Lietzmann, 28 und 105). Epistula de sacramentis haereticorum: «in sacramento carnis et sanguinis praegustans» (MGH, libelli de lite, Bd. 3, 17). Die beiden Metaphern werden bereits von Augustin, anläßlich des Heiligen Geistes, zusammengerückt, Sermo Wilmart 11, n 9 (Morin 701).

[93] Man beachte die Variante bei der oben Anm. 28 erwähnten Oration. So Petrus von Poitiers, Sententiae (PL 211, 1253 B).

[94] Vgl. Petrus Damiani, Carmina et preces: «Deus, qui nobis salutis aeternae dignatus es pignus impendere, da nobis ... ad eiusdem veritatis plenitudinem pervenire» (PL 145, 953 D).

[95] Man erkennt den innern Widerspruch in der kalvinistischen Position Claudes, wenn er schreibt: «Einer der Zwecke, für den dieses Sakrament gefeiert wird, ist auch der, daß unser Leib das Brot und den Wein als Unterpfand und Gleichnis seiner Auferstehung empfange» (Réponse aux deux traités, Charenton 1667, 300).

Noch bleibt eine letzte Serie von Texten zu besprechen, die wichtigsten sogar, in der das Neue Testament, zusammengefaßt im Opfer Christi, sich darstellt als die geistige Vollendung des Alten Bundes und als die Wahrheit seiner zahlreichen Gleichnisse.[96] *Ab umbra nunc digredientes, ad veritatem veniamus.*[97] In diesem Übergang vom *pascha typicum* zum *verum Pascha*,[98] diesem Anlaß unaufhörlicher Meditation des christlichen Bewußtseins, wies nun das geopferte und verzehrte Osterlamm ebensosehr auf die Eucharistie wie auf das Kreuz hin, je nachdem man die Aufmerksamkeit mehr dem heiligen Mahl oder der Schlachtung zuwandte. Um diese zentrale Figur verteilten sich andere Figuren in zwei Gruppen, je nachdem sie sich unmittelbarer auf das Opfer des Kreuzes bezogen – wie die Opferung Isaaks durch seinen Vater[99] – oder auf das Altarssakrament – wie das Opfer des Melchisedek[100] oder das Manna in der Wüste. Eine der vollendetsten Formeln über die Erfüllung des Alten im Neuen Bund aus der Väterzeit bezieht sich gerade auf Melchisedek und die Eucharistie. Sie stammt von Cyprian:

> Praecedit ante imago sacrificii, in pane et vino scilicet constituta: quam rem perficiens et adimplens Dominus, panem et calicem mixtum vino obtulit, et qui est plenitudo, veritatem praefiguratae imaginis adimplevit.[101]

Im selben Sinn, anläßlich des Manna, Paschasius Radbert: *Tunc adumbrabatur imago veritatis; nunc autem, mysterium impletae*

[96] Cyrill von Alexandrien, Glaphyra in Leviticum: *«ἐγώ εἰμι ἡ ἀλήθεια», τουτέστι, τῶν ἐν νόμῳ τύπων ἡ πλήρωσις. Τέλος γὰρ νόμων καὶ προφητῶν ὁ Χριστός»*. (PG 69, 581 A.)

[97] Athanasius, Epistulae heortasticae 1, n 3 (PL 26, 1361–1362). Hieronymus, In Isaiam: «ut convertatur de lege ad evangelium, et victimarum imaginibus derelictis, transferat se ad spiritualis sacrificii veritatem» (PL 24, 275 B).

[98] Hieronymus, In Matthaeum (PL 26, 195). Hesychius (PG 93, 1078–1082) usf. Berengar von Venusia (Morin, RTAM, 1932, 120).

[99] Wenn auch sogar dieses zuweilen direkt auf die Eucharistie bezogen wird. So bei Rupert von Deutz, In Joannem, lib 7 (PL 169, 491 B).

[100] Siehe aber Amalarius, Eclogae de officio missae (PL 105, 1324 A).

[101] Epistula 63, c 4 (Hartel, 704). Cyrill von Alexandrien, Homiliae diversae, h 10 (PG 77, 1024 A). Gelasianum, n 27 (Mohlberg, 4–5). Rabanus Maurus: «Noe typum futurae veritatis ostendamus» (PL 107, 320 D). Johannes von Avranches, Confessio fidei, lib 4, c 2 (PL 101, 1087 C).

veritatis.[102] Christus, sagte Hesychius, begehrte vor seinem Tod das Pascha mit seinen Jüngern zusammen zu essen, nicht nur « das Pascha », sondern « dieses Pascha », in welchem durch den Vorübergang aller Gleichnisse die Wahrheit sich erfüllen sollte.[103] Man wird nicht müde, diesen entscheidenden Gegensatz herauszustellen. Die Zeiten Melchisedeks, Abrahams und Moses' waren *tempus figurarum:* heute strahlt der *dies veritatis.*[104] Die alten Opfer wurden *in umbra*, *in figura*, *in typo*, *in mysterio*, *in praefiguratione* dargebracht: das neue Opfer wird täglich *in veritate*[105] gefeiert. Im Wort eines späten Liturgikers, der auf keinerlei Originalität erpicht ist, kann man den Widerhall aller Väter vernehmen:

> Quod in Veteri Testamento promissum, praefiguratum et a longe salutatum, in Novo autem datum, revelatum et palam factum est, hic praesentialiter exhibetur, non in umbra, sed in veritate, non in figura, sed in re... Haec enim omnia per Christum in Ecclesia coram spirituali arca Domini quotidie actitantur.[106]

Einzig das Opfer des Neuen Bundes ist also *verum sacrificium.*[107] Es ist zwar noch *sacramentum*, aber « geistiges Sakrament »,[108]

[102] Liber de corpore, c 5, n 1 (PL 120, 1280 BC). Paschasius fügt hinzu: « Et facta est eucharistia ex resurrectione caro Christi, quae prius per agnum vel per eandem e caelis escam figurabatur credentibus adfutura. » Ambrosiaster, In I Cor. 11: « Apud veteres imago veritatis, quae nunc apparuit » (PL 17, 243 B). Gregor von Nazianz, Orat. 45 (PG 36, 652 D) usf.

[103] In ps. 37, 10 (Devreesse, RB, 1924) 515.

[104] Rupert von Deutz, In Genesim, lib 4, c 4 (PL 167, 329 B). Hildegard, Epistula 47 (PL 197, 223 C). Fulgentius, Epistula 14, n 46: « tempus redditae veritatis », « sacramenta revelatae veritatis » (PL 65, 433–435). Vgl. Zeno von Verona, lib 2, tr 56 und 59 (PL 11, 511 B und 515 A).

[105] Ambrosius, De mysteriis, c 8, n 48 und 49 (PL 16, 405 A); De fide, lib 3, n 89 (ebd. 607 D). Ps-Ambrosius, De sacramentis (PL 16, 423 B und 427 C). Epiphanius, Haeresis 8 (PG 41, 213 C). Hieronymus, In Matthaeum (PL 26, 195 B). Ps-Haimo, In Hebr. (PL 117, 874 D und 886 C). Abälard, Sic et Non, c 117 (PL 178, 1522 D). Rupert von Deutz, In Joannem (PL 169, 391 D). De Spiritu sancto (PL 167, 1662 B) usf.

[106] Robert Paululus, De officiis ecclesiasticis, lib 2, c 13 (PL 177, 418 BD).

[107] Florus, Expositio missae, c 65 (Duc, 140). Remigius von Auxerre, Homilia 8 (PL 131, 909 D). Rupert von Deutz, In Matthaeum (PL 168, 1548 D) usf.

[108] Constitut. apostol., lib 8, c 8, n 5 (Funk, 485). Chrysostomus, In I Cor., h 23 (PG 61, 191). Cäsarius von Arles (Morin, 297–298). Honorius von Autun, Speculum Ecclesiae: « Omnia legalia nobis Christus convertit in sacramenta spiritualia » (PL 172, 842 B) usf. Ps-Ambrosius: « spiritualium sacramentorum manna » (PL 17, 650 C). Vgl. Remigius von Auxerre über die « carnalia sacramenta » (PL 131, 535 C). Vgl. oben, Kap. 6, Anm. 115.

himmlisches[109] Sakrament und Mysterium, Sakrament des Heils.[110] Es ist das einzige göttliche Sakrament,[111] das einzige Sakrament der Ewigkeit.[112] Es ist nicht mehr « Figur von Figur » oder « Sakrament von Sakrament »,[113] wie es die mosaischen Riten waren, nicht mehr *umbratile sacramentum*[114] oder *figurale sacramentum*,[115] nicht mehr *sacramentum praenuntiativum*,[116] sondern *sacramentum*

[109] Tertullian, De baptismo, c 10: Der alte Ritus « nihil caeleste praestabat, sed caelestibus praeministrabat » (PL 1, 1211 A). Chrysostomus, In Hebr. h 14, n 1 und 2: « Himmlisch sind die geistigen Opfer, denn obschon sie auf Erden dargebracht werden, sind sie des Himmels würdig ... Denn die Kirche ist himmlisch, sie ist nichts anderes als der Himmel » (PG 64, 111 und 112). Ambrosius, In Lucam (PL 15, 1711 B und 1721 B); In ps. 118, s 18 (PL 15, 1461 C); De paenitentia, lib 2, n 89 (PL 16, 518 A); De sacramentis (PL 16, 419 C, 427 B, 437 C, 442 B, 447 C, 448 A, 449 A, 452 C; vgl. 427 B und 443 A: « verbis caelestibus consecratum »). Ps-Ambrosius, Precatio (PL 17, 754 C). Gregor von Elvira (Batiffol-Wilmart, 180). Cassian, Collatio 23 (PL 49, 1279). Gelasianum (Mohlberg, 2, 11, usf.). Gregorianum (Lietzmann, 9, 23, 24 usf.). 4. Konzil von Braga, can 3 (Mansi XI, 156 C). Beda, Epistula 2 (PL 94, 666 AB). Alkuin (PL 101, 459 A). Amalarius (PL 105, 1151 B). Florus (Duc, 132). Ps-Primasius, In Hebr.: « Caelestia autem mysteria dicit spiritalia, quae observatores suos in veritate ad caelestia ducunt » (PL 68, 734 D, vgl. 745 C). Vetus Missale Gallicanum (PL 72, 373 A). Paschasius Radbert (PL 120, 81 D, 668 B, 719 B, 886 B). Gerard von Cambrai (Mansi XIX, 438 D). Johannes von Fécamp (PL 101, 1086 C). Petrus Damiani (PL 144, 627 D und 727 D; PL 145, 712 D). Missale gothicum (PL 72, 261 D, 300 D). Gozechin, Epistula ad Valcherem, c 30 (PL 194, 785 C) usf. Cyprian (Hartel, 215, 712, 802, 808); Ivo von Chartres, Decretum (PL 161, 155 B); Gratian, De consecratione, d 2, c 35 (Friedberg, 1325) usf.

[110] Vgl. Paschasius Radbert, In Matthaeum (PL 120, 726 C) usf.

[111] Vgl. Konzil von Rom, 1074, can 13 und 18 (Mansi XX, 416 B und 424 C). Paschasius Radbert, In Matthaeum (PL 120, 719 D) usf.

[112] Ps-Clemens, Epistolae decretales, ep 2 (PG 1, 485 A). Cyprian, De catholicae Ecclesiae unitate (Hartel, 215). Didymus, De Trinitate, lib 3, c 21: *τοῦ ἀκροάτου καὶ διαιωνίου μυστηρίου* (PG 39, 905 C). Hilarius, In Matthaeum, c 30, n 2, über Judas: « Dignus enim aeternorum sacramentorum communione non fuerat » (PL 10, 1065 B). Hesychius (Ps-Athanasius), In ps. 22 (PG 27, 729 D, vgl. 660 C). Gelasianum: « quod sacramentis aeternitatis instituis » (Wilson, 34, 92, 93). Gregorianum: « aeternitatis efficiant sacramentum » (Lietzmann, 41). Ps-Primasius, In Hebr. (PL 68, 735 B). Vetus Missale Gallicanum (PL 72, 372 D). Paschasius Radbert: « aeternae gloriae sacramentum » (PL 120, 741 B) usf.

[113] Balduin von Canterbury (PL 204, 650 A). Vgl. Gregor von Nazianz (PG 36, 653). Chrysostomus, In Hebr.: *τύπου τύπον* (angeführt von Johannes Damascenus, Orat. pro sacris imaginibus, 1 und 3, PG 94, 1271 und 1364; vgl. Chrysostomus, h 12). Rabanus Maurus, In I Cor. 10: « forma futuri sacramenti nostri » (PL 112, 88 B). Hugo von St. Victor, De sacramentis, lib 1, p 11, c 1 und 2: « Omnia enim illa superioris temporis sacramenta ... signa quaedam fuerunt et figurae eorum quae nunc sub gratia exhibita sunt sacramentorum... Ista vero... tantummodo invisibilis gratiae signa et sacramenta existunt » (PL 176, 343 B und C).

[114] Augustin, De spiritu et littera, c 14, n 25 (PL 44, 216).

[115] Thomas von Aquin, S.Th. III q 66, a 2: « In passione Christi terminata sunt figuralia sacramenta »; q 70, a 1, ad 2.

[116] Vgl. Augustin, Contra Faustum, lib 19, c 13 und 14 (PL 42, 355).

verum,[117] *mysterium verum*.[118] Die Kinder Israels bekamen vom Himmel «mystische Brote», wir empfangen von dorther das wahre Brot.[119] Ihr ganzes Leben ging *in umbra sacramentorum* dahin:[120] wir feiern heute *mystice* ihr Brandopfer, indem wir *veraciter* am geschlachteten Leib des Erlösers teilhaben. Was sie bloß *praefigurationibus carnalibus* besaßen, das umfangen wir heute *spiritualiter in veritate*.[121] *Res ipsas agimus*.[122] Im Mittelpunkt unseres Kultes thront die *Ipsa rei veritas*.[123] Zwischen den beiden Ökonomien also

> tantum interest ... quantum inter umbram et corpora, inter imaginem et veritatem, inter exemplaria futurorum et ea ipsa quae per exemplaria praefigurabantur.[124]

Es erübrigt sich, die Zitate zu vermehren. Beachten wir indes, daß zwei Ausdrucksweisen sich so in Konkurrenz befinden. Vorhin hieß es, die Eucharistie sei «typisch» oder «mystisch» – *mystice celebramus*, *mysticum corpus* –, während die unter dem Ritus verborgene und durch die geistige Einsicht entdeckte «Wahrheit» deren Wirkung, deren endgültige «Sache» war, vor allem eben der Leib der Kirche, dessen Fülle freilich noch aussteht. Dann lag die Wahrheit schließlich jenseits des Sakraments. Jetzt dagegen ist

[117] Hieronymus, In Matthaeum (PL 26, 195 B). Etherius und Beatus (PL 96, 941 A). Paschasius Radbert (PL 120, 1360 A). Adrevald von Fleury (PL 124, 948 D). Berengar von Venusia (Morin, 20). Bruno von Segni, Sententiae, lib 4, c 9 (PL 165, 1004 D), usf. Vgl. Johannes von Paris, De potestate regia et papali, c 4: «sacramenta eorum non erant vera, sed figuralia» (Goldast, 112).

[118] Hesychius, In Leviticum (PG 93, 1078 D) usf.

[119] Hieronymus, In Ps. 109 (Morin, 201). Franco, De gratia Dei, lib 10 (PL 166, 775 B).

[120] Ivo von Chartres, Sermo 1 (PL 162, 508 A).

[121] Libri Carolini, lib 1, c 19 (PL 98, 1048 A). Hatto von Vercelli, In Hebr. (PL 134, 828 B). Vgl. Fulgentius, Epistula 14, n 46: «in veritate spiritualis mysterii» (PL 65, 434). Remigius von Auxerre, In ps. 74 (PL 131, 535 C).

[122] Rabanus Maurus, In I Cor. 10: «Jam non opus (est) ut cum res ipsas manifestas agimus, figurarum praenuntiantium celebrationi serviamus» (PL 112, 90. 91 B).

[123] Rabanus Maurus, In Numeros (PL 108, 678 BC); In Josue, lib 3, c 17 (PL 108, 1107–1108). Ps-Haimo, In Hebr. (PL 117, 889 B). Rupert von Deutz, In Matthaeum, lib 10 (PL 168, 1548 D). Vgl. Cyrill von Alexandrien (PG 74, 612 D). Chrysostomus (PG 63, 97–98).

[124] Hieronymus, In Titum, c 1 (PL 26, 569 A). Isidor von Sevilla, De ecclesiasticis officiis, lib 1, c 18, n 10 (PL 83, 756 C). Etherius und Beatus (PL 96, 942 C). Libri carolini, lib 4, c 14 (PL 98, 1214 BC); vgl. lib 1, c 19: «quanto ergo eminet corpus, etc.» (ebd. 1048 B). Gregor von Bergamo, c 12 (Hurter, 51). Vgl. Basilius, De Spiritu sancto, c 14, n 32 (PG 32, 125 A).

das Sakrament selbst zur «Sache» und «Wahrheit» der alten Riten geworden, die in ihm gleichzeitig ihren «Geist» und ihren «Leib» empfangen, das heißt ihre Verstehbarkeit und ihre Vollendung.[125] Vorhin sollten wir übergehen vom gegenwärtigen Bild zum vollen Licht der Wahrheit: *Videmus nunc per imaginem bona, et tenemus imaginis bona... Ad veritatem pervenire nitamur.*[126] Jetzt wird von uns der Glaube gefordert, daß trotz verharrender Dunkelheit der Übergang bereits vollzogen ist, so wie vom Schatten zum Leib, auch von der Figur zur Wahrheit.[127] *Novum et aeternum Testamentum.*

Vetustatem novitas,
Umbram fugat veritas ...

Sosehr die beiden Gesichtspunkte sich unterscheiden, sie enthalten keinen dogmatischen Widerspruch. Zunächst weil sie einander ja ablösen. Hat man das Sakrament in der Wirkung, die es beim Empfänger auslösen soll, erwogen, so betrachtet man nachher das Mysterium, das jetzt schon unter den sakramentalen Hüllen des Opfers verborgen anwest. Stand zuerst die Kommunion im Mittelpunkt, so jetzt das Opfer. Man gewinnt von diesem Wechsel eine konkrete Vorstellung, wenn man beachtet, daß die charakteristischsten Aussagen der ersten Reihe aus Postkommunionen stammten, während eine Großzahl der zweiten aus Präfationen und Sekreten genommen sind. Auch beim einzelnen Autor wechselt mit dem Standpunkt die Aussageweise. Augustin, der in der aufgezeigten Art von Sakrament und der davon erwarteten Frucht spricht, entdeckt dennoch in der *christiana celebritas* die Fülle des

[125] Florus, Expositio missae, c 60 (Duc, 132). Rabanus Maurus, In Matthaeum, lib 8 (PL 107, 1107 B). Glossa in Lucam: «Non ultra mosaicum pascha celebrabo, donec in Ecclesia, quod est regnum Dei, spiritualiter intellectum compleatur» (PL 114, 337 D). Petrus Damiani, Dialogus inter Judaeum et Christianum: «Postquam haec omnia spiritualiter fecit intelligi, tunc enim mandata legalia veraciter adimplentur, cum iuxta spiritualem intelligentiam ad quam instituta sunt, fiunt» (PL 145, 60 B). Hervaeus von Bourg-Dieu, In Coloss. (PL 181, 1335 D).

[126] Ambrosius, In ps. 38 (PL 14, 1052): De excessu fratris sui Satyri, lib 2 (= De fide resurrectionis, PL 16, 1347 C). Man vergleiche etwa mit Ps-Haimo, In Hebr. (PL 117, 890 C).

[127] Vgl. ferner Cyrill von Alexandrien, In Joannem, lib 3 (PG 73, 512 f.); Adv. Nestorium, lib 4, c 5 (PG 76, 196 B, 197 AB). Paschasius Radbert, Ad Frudegardum (PL 120, 1359–1360).

Lichtes und der Wahrheit, wovon die fleischlichen Juden nur *nocturnas quasdam figuras* besaßen.[128]

Ferner sei betont, daß so wenig wie vorhin die Worte *species*, *pignus*, *spes* oder *imago* eine Einschränkung des Glaubens an eine «reale Gegenwart» einschlossen (man könnte höchstens sagen, sie hätten ihren Standort zuweilen noch *vor* dieser ausdrücklichen Wahrheit bezogen), jetzt das Wort *veritas* für sich allein genommen bereits einen direkten Zeugen zugunsten dieser Realpräsenz besagt. Sehr viele Texte beziehen ihren Ort ebenfalls noch vor einer Spekulation, die bewußt zwischen Eucharistie und Kreuz unterscheiden würde. Wie die *spiritualitas* und die *plenitudo*, so beziehen sie die von ihnen gepriesene *veritas* zunächst auf die gesamte christliche Heilsordnung in ihrem Gegensatz zur alttestamentlichen:

> ... Agni immaculati caro et sanguis in sacris altaribus quotidie offertur, et fidelium ore in pastum animarum suarum salubriter percipitur, ut, umbra legis recedente, veritas pateat evangelii.[129]

Sacramentum verum ist also vor allem *sacramentum plenum*, d.h. *sacramentum impletum*.[130] Die alten Sakramente waren nur Verheißungen des Erlösers, die heutigen liefern uns wirksam das Heil.[131] Sie sind *sacramenta christianae perfectionis*,[132] *veri Paschae sacramenta*,[133] *sacramenta in veritate completa*,[134] *potentia et poten-*

[128] Sermo de sancta Pascha (= Wilmart 8; Morin, 691).

[129] Rabanus Maurus, In Josue (PL 108, 1108 A). Vgl. Ps-Primasius, In Hebr. (PL 68, 782 B). Für Ambrosius ist das ganze christliche Mysterium ein «mysterium spirituale»: In Lucam, lib 9, n 15 (PL 15, 1797 AB). Ferner auch Augustin, In Joannem, tr 11, n 8 (PL 35, 1479). Ambrosiaster, In I Cor. (PL 17, 233 D). Gaudentius von Brescia, Tractatus 2 in Exodum (Glueck, 25–26). Fulgentius, Epistula 14, n 44: «Ideo in ipso sacrificio corporis Christi a gratiarum actione incipimus, ut Christum non dandum, sed datum nobis in veritate monstremus» (PL 65, 432).

[130] Glossa in 4m Librum Sententiarum, Hs von Bamberg (Weisweiler, Festschrift Grabmann, Bd. 1, 1935, 378). Hugo von St. Victor, De sacramentis (PL 176, 447 A und 448 C). Vgl. das Sakramentar des Serapion von Thmuis, Taufwasserweihe (Brightman, JThSt 1, 263). Oben, Anm. 58.

[131] Augustin, In ps. 73, n 2: «Alia sunt sacramenta dantia salutem, alia promittentia Salvatorem, Sacramenta Novi Testamenti dant salutem, sacramenta Veteris Testamenti promiserunt Salvatorem» (PL 36, 931). Fulgentius, Epistula 14, n 44 (PL 65, 432). Vgl. Bessarion, De sacramento Eucharistiae (PG 161, 498 D).

[132] Walafried Strabo (PL 114, 939 A).

[133] Rabanus Maurus, In Matthaeum, lib 8 (PL 107, 1106 D). Florus, Expositio missae, c 4, n 7: «Similiter celebramus, et si quae alia fuerunt vetera sacramenta, quae omnia umbras futurorum appellat Apostolus, quia ea significabant suo tempore revelanda, quae nos revelata percipimus, ut remota umbra, nuda eorum luce frueremur» (Duc, 90). Hieronymus, Epistula 78, n 43: «Sub duce Jesu Jordanem transeat,

ter salvantia Christi sacramenta.[135] Die Wahrheit, um die es hier geht, ist also das gemeinsame Kennzeichen aller wesentlichen Riten des Christentums. Sie betrifft zum Beispiel ebensosehr die Taufe wie die Eucharistie:

> Si in figura tantum valuerunt baptismata, quanto amplius valet baptisma in veritate.[136]
>
> Si ergo figura maris tantum valuit, species baptismi quantum valebit? Si quod gestum est in figura, traiectum populum ad manna perduxit, quid exhibebit Christus in veritate baptismi sui, traiecto per eum populo suo?[137]

Die Wahrheit dieser Riten setzt in ihnen gewiß eine Gegenwart Christi voraus, aber diese wird noch in einem weiten und unbestimmten Sinn verstanden. Was sie vielmehr unmittelbar aussagt – wie ihr Äquivalent *res ipsa* –,[138] ist, daß diese Riten ihre *virtus* in sich selber haben:[139] *vera sacrificia, quibus perfecte possent homines mundari,*[140] daß sie durch sich selbst vollkommen wirksam sind. Von Gleichnis zu Wahrheit liegt, wie Johannes Chrysostomus sagt, der ganze Abstand von Ohnmacht zu Kraft.[141] Oder mit Rupert: Das Altarssakrament ist für uns Lebende dasselbe wie der Abstieg Christi zur Unterwelt für die Toten: *nobis ... mis-*

et circumcisus cultro evangelii, primum comedat de caelesti pane, et occurrat ei princeps exercituum Dei, ut verum Pascha nequaquam in Aegypto, sed in finibus terrae sanctae comedat» (Hilberg, Bd. 2, 86).

[134] Ps-Primasius, In Hebr. (PL 68, 747 B).

[135] Gerhoh von Reichersberg, In psalmos (PL 194, 294 C): «Ibi promittentia, hic habentia Salvatorem ...; illa Salvatorem, haec salutem promittunt» (ebd. 357 D).

[136] Ambrosius, De sacramentis, lib 2, c 4, n 13 (PL 16, 427 C).

[137] Augustin, In Joannem, tr 11, n 4 (PL 35, 1477). Wie auch die Eucharistie wird die Taufe als «Sacramentum Christi» bezeichnet: Augustin, Brief an Hieronymus (Hilberg, Bd. 3, 210 und 211), oder «sacramenta spiritualia»: Ambrosius, In Lucam (PL 15, 1627 C) usf. Vgl. Basilius, De Spiritu sancto, c 14, n 31–33 (PG 32, 121–128). Chrysostomus, In I Cor., h 23 (PG 61, 191).

[138] Vgl. Hildebert, Gedicht über das Ende der jüdischen Riten, in fine:

> Ecce vides in lege typos et signa praeisse,
> Et caput ad proprium tria sacramenta redisse,
> Hostia, coniugium, baptismus qualia primo
> Talia nunc; res ipsa redit, disparuit umbra.

(Hauréau, Notice sur les mélanges poétiques d'Hildebert de Lavardin, in: Notices et extraits des manuscrits de la Bibliothèque nationale ..., Bd. 28, 1878, 358).

[139] Hatto von Vercelli, In Hebr.: «In hoc dejicit illa sacramenta ostendens quia nullam habebant virtutem» (PL 134, 778 C).

[140] Ps-Primasius, In Hebr. (PL 68, 745 C, 748 B): «Istud (sacrificium) est veritas ... perfectum reddit hominem.»

[141] In Hebr. h 17, n 3 (PG 63, 131).

sum est sacramentum istud, in quo sub specie panis et vini latet utilitas mortis et resurrectionis eius.[142] Oder mit einem seiner Zeitgenossen, Guibert von Nogent: Nach den Wandlungsworten enthält der Kelch nichts Geringeres als die ganze Gnade des Neuen Testaments, *magni boni effectiva, et non inanis et umbratica.* Auf diese Art, so fährt Guibert fort, müssen die beiden Worte *mysterium fidei* verstanden werden, die der Priester ausspricht:

> Ac si diceret: Arcanum totius fidei, in quo scilicet universae nostrae credulitatis maiestas latet; unde, ut sequentia dicunt, ipse calix sanguinis fructum in se portat nonnisi divinum, remissionem videlicet peccatorum.
>
> Dicant ergo quaenam umbra est, quae tantam parturit veritatem![143]

Bemerkenswert ist, daß trotz der Tendenz Augustins, in seinen Formeln eine Art Gleichgewicht zwischen dem Glauben an den kommenden und dem Glauben an den schon gekommenen Christus zu setzen,[144] das Memoriale doch niemals als ein bloßes symmetrisches Gegenstück zur Figura behandelt wird. Beide bilden nicht zusammen die zwei Flügel eines Diptychons, die äußerlich an das Mittelbild angehängt wären. Die *nova umbra* ist weit mehr als ein Schatten oder ein Widerschein, sie liegt unvergleichlich höher als die *veteres umbrae.*[145] Die *praeformatio* des Leibes, wie sie im Opfer Melchisedeks dargebracht wurde, läßt sich an Würde und Wirksamkeit nicht vergleichen mit seiner *transformatio* im Opfer der Kirche.[146] Der Antitypos unterscheidet sich nicht von der

[142] De victoria Verbi Dei, lib 12, c 12 (PL 169, 1472C).

[143] Epistula de buccella Judae data (PL 156, 527–528).

[144] Etwa In Joannem, tr 26, n 12 (PL 35, 1612); tr 45, n 9: «Tempora variata sunt, non fides», «fide manente, signa variata», daher der paradoxe Nachdruck auf «spiritualem eundem (potum biberunt)» (ebd. 1722–1723), und die Parallele zwischen «Weissagung» und «Gedächtnis» des einzigen Opfers: Contra Faustum, lib 20, c 18 und 21 (PL 42, 382–383 und 385); De catechizandis rudibus, c 3, n 6: «ita eum credentes venturum esse, sicut nos venisse», und n 27 (PL 40, 313 und 332). In ps. 77, n 2: «Sacramentum regni caelorum velabatur in Veteri Testamento, quod plenitudine temporis revelaretur in Novo. Idem itaque in mysterio cibus et potus illorum qui noster; sed significatione idem, non specie; quia idem ipse Christus illis in petra figuratus, nobis in carne manifestatus» (PL 36, 983). Fulgentius, Epistula 14, n 47 (PL 65, 485). Aber vgl. oben, Anm. 131, und Kap. 3, Anm. 77, usf.

[145] Alger von Lüttich (PL 180, 815B).

[146] Siehe oben, Kap. 3, Anm. 76. Sacramentarium gallicanum vetus (PL 72, 357B).

Wahrheit, wie dies beim Typos der Fall ist, sondern ist in ihr inbegriffen; ein gleiches Wort kann oft beide bezeichnen: eben das Wort «Wahrheit». Trotzdem zieht all das noch nicht die klare Setzung der «Realpräsenz» mit sich.

Über *corpus* ließe sich Ähnliches sagen. Auch dieser Begriff umfaßt oft die ganze sakramentale Wirklichkeit der neuen Heilsordnung, ohne den deutlichen Hinweis auf eine «körperliche Anwesenheit» miteinzuschließen. Wie *veritas* muß er dann durch seinen Gegensatz zu Begriffen wie *umbra* und *figura* verstanden werden, sofern er der Leere jüdischer Zeremonien, deren ganzer Wert im Gleichnishaften lag, die evangelische Fülle entgegenstellt, die die Fülle Christi selber ist: *umbra legis erat, corpus est Christi.*[147] Wenn die Kirche die Sakramente des alten und die des neuen Gesetzes unterscheidet, dann *dividit figuras a veritate, umbras a corpore.*[148] In bestimmter Hinsicht ist somit *corpus* eine Metapher, und bis in die Aussage über das Eucharistiegeheimnis, in welchem diese Fülle ihren höchsten Verdichtungspunkt annimmt, verwenden es unsere Theologen in Nachfolge Augustins und einiger Paulustexte *propter umbrarum comparationem.*[149]

Subtile Entfaltungen

Dieser natürliche und wohlbegründete Gebrauch der überlieferten Sprache hat trotzdem in der Entwicklung der Eucharistie-

[147] Ps-Primasius, In Coloss. (PL 68, 656B). Hugo von Rouen, Tractatus de memoria, lib 2, n 8: «Praecedentia quoque sancta mysteria, in Christo Jesu Domino nostro integra et vera in unum pariter sunt impleta, ut sua persona Apostolus dicit ‹quia in Christo inhabitat omnis plenitudo divinitatis corporaliter›; hoc est, non sub umbra, non sub figura, sed essentialiter. Ipse est corpus umbrarum, veritas figurarum praecedentium, etc.» (PL 192, 1313B). Thomas von Aquin wird in S.Th. I[a] II[ae], q 107, a 2 sagen: «Coloss. 2 dicitur de caeremonialibus, quod erant umbra futurorum: corpus autem Christi, id est veritas pertinet ad Christum.»

[148] Fulgentius, Epistula 14, n 45 (PL 65, 432–433).

[149] Augustin, De Genesi ad litteram, lib 12, c 7, n 17: «Quia sacramenta veteris testamenti appellat umbras futuri, propter umbrarum comparationem corporaliter dixit habitare in Christo plenitudinem divinitatis, quod in illo impleantur omnia quae in illis umbris figurata sunt, ac sic quodammodo umbrarum illarum ipse sit corpus, hoc est figurarum et significationum illarum ipse sit veritas» (PL 34, 459). Prosper, Liber sententiarum (PL 51, 471C). Ps-Primasius (PL 68, 653). Sedulius Scotus (PL 103, 226D). Hatto von Vercelli (PL 134, 623AB). Anstelle von «propter umbrarum comparationem» liest man bei Sedulius: «propter umbrarum corpus», was vielleicht nur eine mangelhafte Abschrift ist.

lehre zur Explizitierung der realistischen Aussagen mitgeholfen. Auf das eine Geheimnis des *corpus Christi* angewendet, mußten die beiden Worte *veritas* und *corpus*, zunächst parallel gebraucht, sich schließlich notwendig zusammentun, um das zu bilden, was man, in einem Wortspiel, nicht bloß als das *corpus veritatis*, sondern nun auch die *veritas corporis* bezeichnen kann. Bereits Novatian,[150] dann Hilarius[151] hatten analoge Ausdrücke beigezogen, um den kirchlichen Glauben an die Realität der Menschwerdung auszusagen. Ambrosius ahmt sie für die Eucharistie nach, was angesichts seines besonders klaren Realismus nicht verwunderlich ist. Sein *De mysteriis* bietet uns das erste Beispiel für die subtile Denkbewegung, die wir mitten in ihrer Ereignung aufspüren möchten. Im Lauf seines Vergleichs mit dem Manna sagt er:

> Potior est enim lux quam umbra, veritas quam figura, corpus auctoris quam manna de caelo.[152]

Dieses *corpus auctoris* ist, wie man sieht, keineswegs mehr bloßes Gegenstück zu *umbra*. Der Gedanke hat einen Sprung gemacht, der uns auf eine andere Ebene versetzt.[153] Das gleiche geschieht bei Paschasius Radbert, der die Einsetzungsworte kommentiert:

> Miror quid velint nunc quidam dicere, non in re esse veritatem carnis Christi vel sanguinis ..., figura et non veritatem, umbram et non corpus: cum hic species accipit veritatem et figuram, *veterum hostiarum corpus*.[154]

Hieronymus kann uns ein weiteres Beispiel liefern:

[150] De Trinitate, c 9: «Hunc enim Jesum Christum ..., et in veteri testamento legimus esse repromissum, et in novo testamento animadvertimus exhibitum, omnium sacramentorum umbras et figuras de praesentia corporatae veritatis implentem» (PL 3, 900C).

[151] De Trinitate, lib 5, c 17: «Sacramenta legis mysterium dispensationis praefigurant... Namque cum lex umbra sit futurorum, veritatem corporis umbrae species expressit» (PL 10, 139AB).

[152] C 8, n 49 im Blick auf 1 Kor 10 (PL 16, 405B); angeführt bei Ivo von Chartres, Decretum, p 2, c 7 (PL 161, 145D). Abälard, Sic et Non (PL 178, 1522D) usf. Du Perron wird es ganz zu Beginn seines großen Traktats über die Eucharistie (Epître au Roi) anführen. Vgl. De sacramentis, lib 4, c 3, n 10: «Ipse auctor sacramentorum» (PL 16, 438B).

[153] Ein ähnliches Beispiel bei Gregor von Nyssa, De vita Moysis (PG 44, 368BC).

[154] In Matthaeum, lib 12, c 26 (PL 120, 890D).

Postquam typicum Pascha fuerat impletum, et agni carnes cum apostolis comederat, assumit panem, qui confortat cor hominis, et ad verum Paschae transgreditur sacramentum; ut, quomodo in praefiguratione eius Melchisedech, summi Dei sacerdos, panem et vinum offerens, fecerat, ipse quoque *in veritate sui corporis et sanguinis* repraesentaret.[155]

Derselbe gleitende Sinnübergang, um bei derselben entscheidenden Aussage zu landen, findet sich im 5. Brief Fulberts von Chartres und bei Alger von Lüttich:

Quod legis manna sub umbra signabat, hoc dominici corporis pandit veritas patefacta.[156]

Sacramentum unum omnibus legalibus sacramentis dignius superordinavit, quo ... veritate sui corporis umbras sacrificiorum veterum complendo ut superfluas repelleret.[157]

Merkwürdiger erscheint der Fall des Kardinals Humbert. Es ging darum, auf einen Vorwurf der Griechen gegen die lateinische Sitte des ungesäuerten Brotes zu antworten.[158] War das letztere nicht ein Kennzeichen des jüdischen Osterfestes, das von Christus aufgehoben wurde? In langen Kapiteln bemüht sich Humbert zu zeigen, daß das Alte Testament nicht aufgehoben, durch das Neue zerstört, sondern vollendet, zu seiner Fülle hingeführt worden ist. Der überlieferte Wortschatz fließt ihm von selbst aus der Feder; er spricht vom Übergang *ab umbra ad veritatem*, *a signis ad res*, auch wir, sagt er, müssen in unserer Exegese übergehen *a littera occidente ad spiritum vivificantem*, usf. Und in diesem Zusammenhang schreibt er:

Corpus veritatis ex azymo et in azymo rite venerantes atque retinentes, ore et corde praegustamus iam quam suavis est Dominus.[159]

155 In Matthaeum, lib 4, c 26 (PL 26, 195); angeführt bei Adrevald von Fleury (PL 124, 948–949). Gratian, De Consecratione, d 2, c 88 (Friedberg, 1350) usf.

156 PL 141, 203 B.

157 De sacramentis, lib 2, c 3 (PL 180, 818 CD). Siehe auch Augustin, In Joannem, tr 26, n 12 (PL 35, 1614), wie auch den Nachdruck, den Alger bei seiner Auslegung darauf legt, Liber de misericordia et iustitia, p 1, c 62 (PL 180, 884–885).

158 Vgl. Nicetae libellus contra Latinos, c 2: «Qui azymorum adhuc participant, sub umbra legis sunt, et Hebraeorum mensam comedunt, non autem rationalem et vivam Dei mensam» (PL 143, 973 C).

159 Adv. Graecorum calumnias, c 43 (PL 143, 961 C). Vgl. c 42: «Secundum ordinem Melchisedech ideo sacerdos dicitur, quia panem et vinum offerendum atque sumendum in veritate carnis et sanguinis sui constituit fidelibus suis» (ebd. 958 D).

Es bedurfte also nicht einmal einer Umstellung der Worte, um das *corpus veritatis* in die *veritas corporis* zu verwandeln, um einen Ausdruck, der von jeher zur Deutung der Schrifttheologie diente, die eucharistische Gegenwart bezeichnen zu lassen.

In einem Vergleich, den Rupert kurz darauf zwischen Isaak und Christus zieht, kehrt die klassische Antithese wieder: *in figura – in veritate*. Aber auch hier wird das Opfer Christi – im Gegensatz zum *in figura* Isaaks – nicht einfach mit *in veritate* gekennzeichnet, sondern es tritt unversehens der Zusatz *carnis et sanguinis* hinzu und deutet auf die Gegenwart Christi im verwandelten Brot hin. Der traditionelle Gegensatz zwischen dem bildhaften und dem «wahren» Opfer wird überlagert von einem andern: zwischen dem Opfer, das deshalb nur *in figura* stattfand, weil an Stelle des Leibes Isaaks der des Widders geopfert wurde, und dem Opfer, das deshalb in Wahrheit erfolgte, weil Einheit besteht zwischen der dargebrachten Materie von Brot und Wein und dem geschlachteten Leibe Christi. All das wird in zwei Zeilen gesagt:

> Illic in figura immolatus est Isaac in ariete, hic in pane et vino immolatur Dei Filius in carnis et sanguinis sui veritate.[160]

In einem ähnlichen Vergleich zwischen jüdischem und christlichem Abendmahl kann Rupert auch so formulieren: *Illa figura tunc in praesentiarum erat implenda re veritatis, veritate rei praesentis.*[161]

Kühner verfährt ein liturgisches Gebet, das einen Paulustext verwandelt und mit einer Interpolation versieht:

> ... Pascha enim nostrum immolatus est Christus; ut iam non in fermento veteri, neque in carnalium sanguine victimarum, sed *in azymis sinceritatis et corporis veritatis* immolemus.[162]

Auf einem analogen Weg verallgemeinert sich die eucharistische Verwendung der Worte *substantia*, *substantialiter*, wie man bei Durandus von Troarn feststellen kann, bei dem diese Worte

[160] In Joannem, lib 7 (PL 169, 491 B).

[161] De Spiritu sancto, lib 3, c 21 (PL 165, 1662 B). Ein ähnliches Gleiten bei Augustin, In ps. 39, n 12 (PL 36, 441–442); nur spricht Augustin seiner Gewohnheit gemäß vom «Leib» in einem umfassenderen Sinn.

[162] Missale gothicum, missa paschalis, feria 4ª, contestatio (Bannister I, 86; vgl. II, 69: «The word ‹corporis› is out of place here; it may have been a marginal gloss»). Idem: Vetus missale gallicanum (PL 72, 374 B).

mehrfach ausdrücklich zu *umbra* und *figura* als Bezeichnung des Manna in Kontrast gestellt werden.[163] Auf die gleiche Art wie mit *veritas* verbindet sich *corpus* jetzt mit *substantia*, um unter der Ägide des biblischen Exemplarismus dem triumphierenden Realismus eine neue Ausdrucksform zu verleihen.

> Universa ... contingebant in figura, quae profecto nusquam valet idem quod ipsa res quam figurat, sicut umbra non est idem quod ipsa rei vel corporis substantia.[164]

So werden von Jahrhundert zu Jahrhundert dieselben Worte, dieselben Formeln überliefert, aber ihre Bedeutung wandelt sich, wird reicher oder zuweilen ärmer, weil die Fragestellungen, die Interessen, die Zentren der Aufmerksamkeit sich ebenfalls wandeln, überlagern oder miteinander in Streit geraten. Noch ein Beispiel: die Formel *mysterii veritas*. In den ersten Jahrhunderten des Mittelalters behält sie ihren Platz im allgemeinen Rahmen der Beziehungen zwischen den beiden Testamenten. So bei Rabanus Maurus: *mysterium, cujus habemus veritatem*,[165] oder bei Walafried Strabo: *oblationes Domino consecrare, quae ... veritatem mysterii continerent*.[166] In ähnlicher Absicht hatte einst Cyprian gesagt: *sacramenti veritatem celebremus*,[167] und Johannes Chrysostomus, den Hebräerbrief auslegend, sprach «von der Figur und dem Mysterium, dessen Wahrheit wir besitzen».[168] Aber jetzt unternimmt Guitmund von Aversa die Widerlegung des berengarschen Symbolismus. Die Formel kommt ihm ganz natürlich ins Gedächtnis zurück; er entlehnt sie aber Ambrosius, mit einem Gehalt, der seinen neuen Absichten entgegenkommt: *Astruamus mysterii veritatem*.[169] Kurz darauf wird Bernold von Konstanz anläßlich einer

[163] P 5, c 13 und 15 (PL 149, 1393–1398).

[164] Rupert von Deutz, In Joannem, lib 6 (PL 169, 461 C).

[165] PL 112, 802 C.

[166] De rebus ecclesiasticis, c 16 (PL 114, 937 C).

[167] Epistula 63, c 16, n 1 (Hartel, Bd. 3, 741). Obschon es sich sicher um die Eucharistie handelt, wäre der Sinn des Ausdrucks schwer genau festzulegen, wenn nicht die Erwähnung des «sacrificium verum et plenum» (c 14, n 4) ein paar Zeilen vorher erlaubte, darin einen impliziten Hinweis auf die Figuren des Alten Bundes zu sehen.

[168] Homilia 27, n 1 (PG 63, 185): *ὑπομιμνήσκει τύπου καὶ μυστηρίου οὗ τὴν ἀλήθειαν ἔχομεν*.

[169] Lib 3 (PL 149, 1472 D). Ambrosius, De mysteriis, c 3, n 53 (PL 16, 407 A); angeführt bei Ivo von Chartres, Decretum (PL 161, 146 D).

andern Kontroverse, aber mit dem gleichen Ziel ebenfalls sagen: *veritatem sacramentorum ... quae eadem integritate et bonis et malis adesse creduntur.*[170]

Wahrheit und Wahrheit

Bei der eben angedeuteten Entwicklung war es der Glaube an die Wahrheit des im Sakrament gegenwärtigen Leibes, ein aktiv im Bewußtsein der Gläubigen sich betätigender Glaube, der sie lenkte, oft ohne daß es ihnen selbst zu Bewußtsein kam. Das zuletzt angeführte Beispiel zeigt aber, daß vom 9. und besonders vom 11. Jahrhundert an durch die bekannten Kontroversen die Entwicklung sich überstürzte.

Hincmar von Reims schlug sich zu Recht oder Unrecht mit Gegnern herum, die angeblich sagten *quod sacramenta altaris non verum corpus et verus sanguis sit Domini.*[171] Im gleichen Geist schrieb Paschasius Radbert an Frudegard über sie: *Volunt extenuare hoc verbum corporis, quod non sit vera caro Christi, quae nunc in sacramento celebratur.*[172] Dieselbe Grundanklage ertönt gegen Berengar: *Veritatem carnis ac sanguinis negas*, sagte ihm unverhohlen Durandus von Troarn; und ferner: *(Dicunt haeretici) nihil in sacramentis dominicis ad veritatem fieri.*[173] Adelmann von Lüttich drückt sich seinem vom Weg abgekommenen Korrespondenten ganz ähnlich aus.[174] Der hl. Bernhard wird in seinem «Leben des hl. Malachias»[175] schreiben – und sein Text zeigt anschaulich, wie unter dem Druck der häretischen Mißbräuche die überlieferten Formeln ihre Bedeutung ändern –: *Quidam clericus ... praesumpsit dicere, in eucharistia esse tantummodo sacramentum, et non rem sacramenti, id est solam sanctificationem, non*

[170] De sacramentis haereticorum (MGH, Libelli de lite, Bd. 2, 90). Honorius von Autun, De offendiculo, c 41 (ebd. Bd. 3, 51).

[171] De praedestinatione dissertatio posterior, c 31 (PL 125, 296 D).

[172] PL 120, 1356 D. Gezo von Tortona, c 41 (PL 137, 392–393).

[173] De corpore et sanguine Christi, p 1 (PL 149, 1377 A).

[174] De eucharistiae sacramento ad Berengarium epistula (Heurtevent, 288). Vgl. Osbern, Leben des hl. Odo von Canterbury, c 10 (PL 133, 939–940). Petrus Venerabilis (PL 189, 788 C) usf.

[175] C 26, n 57 (PL 182, 1105 CD).

corporis veritatem. Deshalb vermehren sich nun auch außerhalb der biblischen Zusammenhänge und Reminiszenzen, die wir bisher betrachteten, die einfachen Formeln wie *verum corpus*, *vera caro*, *verus sanguis*, usf.[176] Den Abhandlungen *De corpore* oder *De sacramento corporis* folgen jetzt solche mit der Überschrift *De veritate corporis.*[177]

Haec est vera caro, veri qua pascimur agni!

singt Hildebert.[178] Bald wird Petrus Venerabilis in einem berühmten Satz Lanfranc, Guitmund und Alger belobigen, so trefflich gehandelt zu haben *de veritate corporis et sanguinis Christi, quae sacramentorum velamine tegitur.*[179] Ungezählte Priester schicken sich an zu zelebrieren, indem sie dem Herrn mit den Gebetsworten Johannes' von Fécamp sagen: *Caro tua in veritate sumitur, sanguis tuus in veritate bibitur.*[180] Im theologischen Denken weicht der Gesichtspunkt der Aktion eindeutig dem Gesichtspunkt der Gegenwärtigkeit, und die Betrachtung der verschiedenen Zustände des Herrn tritt ebenfalls zurück hinter der identisch sich durchhaltenden Wesenheit oder Substanz: *substantivum verumque corpus, carnis et sanguinis vera natura.*[181] Im Gefolge Lanfrancs, und bevor er das Glaubensbekenntnis, das Berengar unterschreiben mußte, wiedergibt, sammelt Ivo von Chartres in einem langen Kapitel seines *Decretum* alle Texte Augustins, die ihm die Schlußfolgerung gestatten: *Ergo vera caro eius est quam accipimus, et verus sanguis quem potamus.*[182] Und wenn zwischen Kreuz und

[176] Zahllose Beispiele. – Auch die Setzung der Identität zwischen sakramentalem und geschichtlichem Leib (oben Kap. 4) führte zum gleichen Sprachgebrauch, denn der geschichtliche Leib wurde selber «corpus verum» genannt, wenn man den individuellen Leib Christi als des Hauptes vom übrigen «einzigen Leib» unterscheiden wollte. So Sententiae Florianenses, n 74 in Hinblick auf den Ritus des Brechens: «Harum trium partium Corporis Christi, quae videntur fieri, illa pars quam tenet sacerdos in manibus, designat verum corpus Christi, etc.» (Ostlender, 35).

[177] Traktate des Guitmund, des Bernold (Weisweiler, in: Scholastik, 1937, 80–93), des Gregor von Bergamo...

[178] Liber de sacra eucharistia (PL 171, 1200 B).

[179] Tractatus contra Petrobrusianos (PL 189, 788 D).

[180] Oratio Summe sacerdos, die vom römischen Meßbuch dem heiligen Ambrosius zugeschrieben wird. Vgl. Wilmart, Auteurs spirituels et textes dévots du moyen âge latin, 117.

[181] Durandus von Troarn (PL 149, 1303 C, 1405 A). «Vere corpus naturale et sanguis substantivus» (ebd. 1412 A) usf.

[182] Decretum, p 2, c 9 (PL 161, 160 D).

Altar ein Unterschied im Modus des Opfers, der Darbringung und der Schlachtung besteht, so besteht keiner in der Realität des darbringenden Priesters und des dargebrachten Opfers: *non est in ipsius Christi veritate diversitas*, erklärt Alger von Lüttich.[183] *Est in mysteriis vera dominici corporis substantia*, sagt Wilhelm von St. Thierry.[184] Und bald darauf Gerhoh von Reichersberg in einem seiner Briefe gegen Folmar, der in seinen Augen ein neuer Berengar ist: *In veritate sacramentorum Christi adoratur Deus, qui et sumitur in corpore de virgine sumpto et in caelum assumpto.*[185] Alle beharren auf der *essentialis veritas*,[186] oder *veritas essentiae.*[187] 1079 mußte sich Berengar zur *veritas substantiae*[188] bekennen, und die Termini dieses Bekenntnisses werden endlos wiederaufgegriffen.[189] *Nemo sanae mentis dubitat de veritate substantiae*, lesen wir in einem theologischen Fragment aus der Schule von Laon.[190] Im Sakrament befindet sich Christus nach Durandus von Troarn *in veritate naturaliter.*[191] Früher hätte man mit Anspielung auf die Opfer des Alten Bundes sagen können: *nihil inane putandum est in sacrificio veritatis*, heute sagt man mit einem beliebten, Ambrosius zugeschriebenen Wort: *nihil falsum.*[192] Gewiß, diese Wahrheit des Sakramentes ist immer noch eine « Fülle », aber sie ist doch zunächst und vor allem eine « Echtheit » *(sinceritas)*:[193] *tam vera*

[183] De sacramentis, lib 1, c 16: « ibi idem verus Christus » (PL 180, 787 C); c 18: « substantialiter et vere » (ebd. 792 C) usf.

[184] Epistula ad quemdam monachum (PL 180, 343 BC).

[185] Epistula 7, ad Adamum (PL 193, 497 B).

[186] Alger von Lüttich: « De Christi hic et ibi essentiali veritate » (PL 180, 787 C).

[187] Guitmund von Aversa (PL 149, 1448 B). Gregor von Bergamo, c 13 (Hurter, 53).

[188] « Non tantum per signum et virtutem sacramenti, sed in proprietate naturae et veritate substantiae. »

[189] Odo von Cambrai: « Vera substantia Christi corporis et sanguinis » (PL 160, 1062). Alger: « Veritas dominicae substantiae » (PL 180, 884 D, 786 D). Abälard, Theologia christiana, lib 4: « Utrum panis ille qui videtur, figura tantum sit dominici corporis, an etiam veritas substantiae ipsius dominicae carnis » (PL 178, 1286) usf. [190] Lottin, RTAM (1937) 253, vgl. 252.

[191] Liber de corpore (PL 149, 1392).

[192] Petrus Lombardus, In I Cor. 11 (PL 191, 1644 D). Petrus Comestor, Sententiae de sacramentis (Martin, 54*). Petrus von Poitiers, Sententiae, lib 5, c 12 (PL 211, 1250 A). Wilhelm von St. Thierry, Epistula ad quemdam monachum (PL 180, 343 C). Vgl. Fulbert von Chartres: « corpus Christi verum ... non inanis mysterii symbolum » (PL 141, 202 A). Durandus von Troarn: « Nihil inane et veritatis vacuum, nihil umbratile et fucatum » (PL 149, 1412 A).

[193] Durandus von Troarn: « Sinceritas in ... sacramenti ... dignitate » (PL 149, 1413 B).

Christi caro verusque sanguis existit, quam verax esse ipse Christus probatur.[194] Sie ist eine «einfache Wahrheit»: *Corpus et sanguinem suum ... tradidit, absque omni ambiguitate, simplici veritate.*[195] *Vere, veraciter comedere* ist zu einem einfachen Gegenstück zu *vere, veraciter consecrare*, usf. geworden. Die Hauptsache ist nicht mehr, wie für Augustin,[196] sich von Christus im Geist und in der Wahrheit zu ernähren, sondern – würdig oder unwürdig – den wahren Leib Christi zu empfangen.[197] Immerhin behält die alte Sprechweise noch ihre Lebendigkeit, und man muß ihr eine Zeitlang noch Zugeständnisse machen, trägt aber Sorge, alle Zweideutigkeit zu vermeiden, und sagt dann zum Beispiel: *sancte et vere corpus manducare.*[198] Alger von Lüttich, bei dem wir früher ein Zögern betreffs des «körperlichen Essens» feststellten, kann uns ein ähnliches Zögern für das «wahre Essen» bekunden:

> Quamvis in sacramento suo vere sit et vere sumatur quantum ad substantiam, verius tamen et perfectius fide ac devotione sumitur quantum ad salutis gratiam.[199]

Es gibt also Wahrheit und Wahrheit. Die beiden Arten der Wahrheit widersprechen einander natürlich nicht, beziehen sich aber auf ganz verschiedene Sachverhalte. Die Sorge, jene Wahrheit mehr zu betonen, die unmittelbar gefährdet war, und auf die man deshalb besonders zu achten begann, führte dahin, ihr auch immer ausschließlicher die Bezeichnung Wahrheit vorzubehalten. Hugo von St. Victor, der beide «Wahrheiten» sorgfältig unterscheidet,[200] verschiebt in der klassischen Dreiteilung ein wenig die Terminologie: nach dem *sacramentum* kommt die *veritas*, die selber schon die *res sacramenti* ist, dann folgt an dritter Stelle die

[194] Ebd. col 1378.

[195] Hugo von Rouen, Contra haereticos (PL 192, 1281D; vgl. 1271D, 1276D).

[196] De Civ. Dei, lib 21, c 25, n 2: «Qui ergo est in eius corporis unitate, etc., ipse vere dicendus est manducare corpus Domini» (PL 41, 741). Rabanus Maurus, De clericorum institutione, lib 1, c 31: «bene et veraciter» (PL 107, 318B).

[197] Johannes von Fécamp, Confessio fidei (PL 101, 1089B). Manegold, Contra Wolfelmum (PL 155, 166A). Petrus von Blois (PL 207, 1140A). Innozenz III. (PL 217, 860C, vgl. 862A). Gregor von Bergamo (Hurter, 11). Florilegium sancti Amandi: «nec tamen negandum est, quin et mali verum corpus accipiant» (Lottin, 1939, 320) usf.

[198] Wilhelm von St. Thierry, De sacramento altaris, c 4 (PL 180, 351B).

[199] De sacramentis, lib 1, c 11 (PL 180, 773C).

[200] De sacramentis, lib 2, p 11, c 13 (PL 176, 505).

res sacramenti, die nun zugleich *res veritatis* ist.[201] Wieder verschiebt sich, wie in früher geschilderten Fällen, unter dem Beharren des Wortes der Sinn des alten Gegensatzes von *species* und *veritas*. Die ganze Entwicklung, die dieses Kapitel beschreibt, ist hier inbegriffshaft zusammengefaßt.

In der gregorianischen Oration – *quod specie gerimus*... – war *species* in einem weiten Sinn genommen: sie umfaßte die ganze heilige Handlung, mit dem Nachdruck auf der menschlichen, sinnlichen, zeitlichen Seite – *quod temporaliter gerimus*, *quae temporali celebramus actione* –,[202] ohne jeden Ausschluß dessen, was diese Handlung an Innerlichem und «Mysterienhaftem» in sich barg,[203] sowenig wie die Erwähnung des zeitlichen Sterbens des Erlösers in ähnlich gearteten Orationen eine Leugnung seiner ewigen Fruchtbarkeit war.[204] Ist denn nicht die ganze οἰκονομία – im Gegensatz zur θεολογία – wesenhaft der Materialität und Zeitlichkeit eingesenkt? Ist Kirche auf ihrer Wanderschaft nicht *Ecclesia temporalis*,[205] ohne deshalb aufzuhören, die Braut und der Leib Christi zu sein? So gehörte denn diese eucharistische *species* zum Bereich – nicht der «fleischlichen» Sakramente des Alten Bundes, denen gegenüber die christlichen «geistig» genannt

[201] De sacramento corporis Christi: «In sacramento corporis Christi tria sunt: sacramentum,veritas ipsius sacramenti, res sacramenti. Sacramentum est species panis. Veritas est ipsum corpus Christi. Res veritatis, gratia et amor ipsius. Et nota quia veritas corporis Christi, id est ipsum verum corpus Christi, dicitur res sacramenti respectu speciei panis, et sacramentum respectu gratiae et amoris ipsius veritatis, id es veri corporis Christi» (Wilmart, 243).

[202] Gelasianum (Wilson, 164, 184, 209). Ähnliche Formeln im Gregorianum (Lietzmann, 67, 73, 78, 85). Vgl. Gregor der Große, In Ezechielem, lib 2, h 1, n 16: «a sacramentis temporalibus transire ad aeterna» (PL 76, 947 A). Römisches Meßbuch, Postcommunio von Fronleichnam: temporalis perceptio, sempiterna fruitio». Wenn der menschliche Anteil am Opfer besonders hervorgehoben werden soll, gibt es Wendungen wie diese: «quae humiliter gerimus» (Gregorianum, Lietzmann, 90), «quod fragili celebramus officio» (Sakramentar des Alkuin, PL 101, 449 D) usf.

[203] Was «specie» gefeiert, vollbracht und empfangen wird, ist eben das, was den erflehten Effekt «rerum veritate» hervorbringen soll. Postcommunio eines angelsächsischen Sakramentars zum Jahrestag eines Martyrers: «Sumpsimus, Domine, caelestia sacramenta ..., ut quod temporaliter gerimus, aeternis gaudiis consequamur» (Bannister, JThSt 7, 1907–1908, 97, 402); oder im römischen Meßbuch, am 19. Januar: «ut quae temporali celebramus actione, perpetua salvatione capiamus».

[204] Gregorianum: «ut per temporalem Filii tui mortem, quam mysteria veneranda testantur, vitam nobis dedisse perpetuam confidamus» (Lietzmann, 44; Römisches Meßbuch, Postcommunio vom Mittwoch in der Karwoche).

[205] Remigius von Auxerre, In psalmos (PL 131, 368 D, 466 D, 583 D).

werden,[206] auch nicht dessen, was Augustin einschränkend in gewissen ganz klaren Texten als *visibile sacramentum* oder *sacramentum foris*[207] bezeichnet, sondern dessen, was er *corporalia sacramenta* oder *corporalia mysteria*[208] oder auch *sacramenta temporalia* nennt, und das ist nach seiner Erklärung *quidquid in Ecclesia geritur temporaliter.*[209] Andere werden auch von *visibilia mysteria,*[210] *visibilia mysteria novae legis*[211] sprechen. In der so verstandenen *species* lag, wenngleich unter besonderem Gesichtspunkt, das ganze Kultmysterium der Kirche. Sie war die *eucharistia visibilis*, von der Johannes Scotus spricht, als Figur und Unterpfand jener ganz geistlichen Einigung des Gläubigen mit Christus, in welcher das Heil liegt.[212] Die Aktion, die sie besagte, war Aktion *in mysterio* oder *in sacramento*, wovon soviel andere Texte sprechen.[213] Die ihr entsprechende *veritas* aber – *rerum veritate capiamus* – war, wie oben gezeigt, ebenfalls eine weite und tiefe, identisch mit der *res sacramenti:* ihr Begriff war an den der Ewigkeit gebunden, in der allein, so wie der Leib Christi selber, sie sich vollendete.[214]

[206] Ebd. (PL 131, 535C) usf.

[207] Ad Bonifacium, n 2: «Aqua igitur exhibens forinsecus sacramentum gratiae, et Spiritus operans intrinsecus beneficium gratiae» (PL 33, 360) usf. Oder auch: «sacramentum visibiliter sumptum», oder «solum sacramentum»: De Civ. Dei, lib 21, c 25, n 2 (PL 41, 741).

[208] Contra Faustum (PL 42, 265); Confessiones, lib 13, c 20, n 28 (Labriolle, 387); De peccato originali, n 35 (PL 44, 402). In allgemeinerem Sinn: «tam multa in Scripturis rerum spiritualium corporalia sacramenta» (PL 37, 276). Vgl. De mendacio, n 40: «corporeorum sacramentorum signacula» (PL 40, 514). Florus (Duc, 136). Johannes von Fécamp (PL 101, 1091 A). Ivo von Chartres, Decretum (PL 161, 148B). Alger von Lüttich (PL 180, 764A). Hervaeus von Bourg-Dieu (PL 181, 935C) usf. Gelasianum: «ut ... quae corporaliter gerimus, spiritualiter consequamur» (Wilson, 206). [209] In ps. 146, n 8 (PL 37, 1903).

[210] Gregorianum: «Quae visibilibus mysteriis sumenda percepimus, invisibili consequamur effectu» (Lietzmann, 68). Ivo von Chartres, Sermo 1 (PL 162, 505C) usf.

[211] Johannes Scotus, Super Hierarchiam caelestem (PL 122, 142D). Oder: «ecclesiastica novi testamenti mysteria» (ebd. 182B).

[212] Super Hierarchiam caelestem (PL 122, 140CD). Gregor von Nazianz, Oratio 17, c 12: τοὺς τύπους τῆς ἐμῆς σωτηρίας (PG 35, 980). Liturgie des hl. Basilius: die Eucharistie ist der «Typus» der Auferstehung.

[213] Auch hier ließen sich zwei Reihen von Texten unterscheiden, je nachdem im Mysterium mehr das menschliche Handeln oder das göttliche Schenken betrachtet wird. Im letzteren Fall ist der Sinn des ersten Terminus stärker, und der Satz drückt weniger einen Gegensatz aus als eine bewegte Kontinuität: Gregorianum: «quos tuis mysteriis recreasti», «sacramenti tui participatio salutaris», «quos tuis reficis sacramentis» (Lietzmann, 39, 40, 64, 75).

[214] Ps-Alkuin (Johannes von Fécamp), Confessio fidei, p 3, c 12: «Per fidem veniendum est ad veritatem, per fidem ad speciem ... Purgatur homo per rerum

In der Theologie nach der Zeit Berengars hingegen, und in Auswirkung der Art, wie er selber die gregorianische Formel im Gefolge des «Johannes Scotus»[215] verstand, erhält der weiterhin häufige Gegensatz *species–veritas* fast ausschließlich einen ganz anderen Sinn, einen viel einfacheren und alltäglicheren. Die positive Beziehung zwischen der Vorwegnahme des Mysteriums im Symbol und seiner Frucht wird aufgegeben; übrig bleibt nur eine banale Entgegensetzung. In dieser Sicht ist dann *species* nur noch das *sacramentum-tantum* der neu aufkommenden Dreiteilung, unter Wegfall seines ausdrücklichen Zeichencharakters. Es ist bereits das, was heute als «sakramentale Gestalten» bezeichnet wird, obwohl auch die Riten einbegriffen sein können, aber auch diese bloß in ihrer Äußerlichkeit. Es sind vor allem die «Erscheinungen von Brot und Wein», trügerische Erscheinungen, «Scheinbarkeiten», im Gegensatz zur «Wahrheit», das heißt der Wirklichkeit des Fleisches und Blutes, deren Substanz hier auf dem Altar weilt, realgegenwärtig. Jetzt ist es die *sacramenti species*,[216] die *umbra sacramenti*,[217] unter der die Wahrheit Christi sich verbirgt:[218] *corpus specie panis velatum*.[219]

Ratramnus sowohl wie Paschasius Radbert[220] kannten bereits diese Antithese und versagten es sich nicht, sie zu verwenden.[221] Das eigentlich Neue besteht somit nicht in solcher Verwendung, sondern in deren völliger Verallgemeinerung und im damit gegebenen Vergessen der früheren Bedeutung. *Vera caro Domini est, et remanent species*, schreibt Renallo von Barcelona.[222] So unterscheidet Lanfranc,[223] dann Guitmund von Aversa einerseits *visibilis species et visibilia mysteria*, anderseits *substantia corporis vera-*

temporalium fidem, ut aeternarum percipiat veritatem» (PL 101, 1061 CD, 1062 A; im Gefolge Augustins).

[215] Vgl. Aszelin, Epistola ad Berengarium (PL 150, 67–68).

[216] Hugo von St. Victor (PL 176, 467 A).

[217] Adam von St. Victor, Sequentia (PL 196, 1434).

[218] Erste Fassung des Adoro Te:

Adoro devote – latens veritas
Te qui sub his formis vere latitas.

(Wilmart, Auteurs spirituels et textes dévots du moyen-âge latin, 393).

[219] Epistula 3ª contra Folmarum (BMP Bd. 25, 315 F).

[220] PL 120, 1269 und 890 D.

[221] C 16: «species-corpus», «species-mysteria» (PL 121, 135 A); c 49: «species visibilis – invisibilis substantia» (ebd. 147 A), «in specie – in virtute» (ebd. 150 A).

[222] Um 1080 (PL 147, 606 A). [223] PL 150, 423 C.

citer.[224] Desgleichen Petrus Damiani,[225] Rudolf von St. Tron,[226] Gilbert von Hoiland,[227] Alger von Lüttich,[228] Hugo von St. Victor[229] mit dem Gefolge seiner Satelliten,[230] Gottfried von Vendôme,[231] Gerhoh von Reichersberg[232] usf. Desgleichen die Sentenzen Rolands[233] oder der *Tractatus de schismaticis* (zwischen 1164–1168): *sacramentum in specie, res in corporis veritate*,[234] oder der Eucharistie-Traktat des Petrus Comestor.[235] Nicht anders Petrus von Celle,[236] oder der Ps-Damiani, der nicht vor Ende des 12. Jahrhunderts schreibt: *Species quidem corroditur, sed veritas numquam corrumpitur.*[237] Alle setzen dem Schein des Brotes die Wahrheit des Leibes gegenüber, wie das Unsichtbare dem Sichtbaren, das Geglaubte dem Betasteten und Gesehenen. Und die Theologie wird zum Früheren nicht mehr zurückkehren.

Und doch muß man zuweilen einen Blick zurückwerfen, um die Texte der Überlieferung überhaupt zu verstehen: Texte der Heiligen Schrift, der Väter und der Liturgie. Einige dieser Texte werden jetzt allerdings unter die «Einwände» eingereiht. Man verwendet sie kaum mehr für die positive Erklärung des Dogmas, muß sie aber den Neuerern entreißen, die sie für ihre Negationen in Anspruch nehmen. In einem seiner Briefe stellt Lanfranc fest, daß wenn Augustin von *figura* spricht, er bei vielen den Anschein

224 «Secundum visibilem speciem et visibilia mysteria – substantia corporis veraciter» (PL 149, 1461 C).

225 Opusculum 47, c 2: «Quod enim tu per visibilem panis ac vini speciem suscipis, ille, velit, nolit, dominici corporis ac sanguinis intelligit veritatem» (PL 145, 712 B). Vgl. Werner von St. Blasien (PL 157, 910 D).

226 «... Quod non sub specie sit totus Jesus utraque» (vgl. Mansi XX, 845 A).

227 In Cantica sermo 7, n 8 (PL 184, 46–47).

228 De sacramentis (PL 180, 753 C, 755 CD).

229 «Species visibilis – veritas corporis», «secundum sacramenti speciem – secundum carnis et sanguinis veritatem» (PL 176, 466 und 467).

230 Speculum Ecclesiae: «species quae visibilis cernitur, veritas corporis quae invisibilis creditur» (PL 77, 365). Richard von Wedinghausen: «Quare sub hac specie sacramenti veritas lateat et veletur» (PL 177, 361 A). Sermo de excellentia (PL 184, 989–990). Innozenz III. (1202) Epistula 121 ad Joannem, Archiepiscopum Lugdunensem (PL 214, 1121 AB).

231 PL 157, 212 D und 213 C. Werner von St. Blasien(?) (PL 157, 910 D) usf.

332 Tractatus adversus simoniacos, n 29 (PL 194, 1367 A).

233 «Species panis, verum corpus» (Gietl, 216).

234 MGH, Libelli de lite, Bd. 3, 127.

235 «Circa panis et vini speciem, circa corporis Christi veritatem» (Martin, 56).

236 Liber de panibus, c 1 (PL 202, 934 A).

237 Expositio canonis (PL 145, 883 C).

erweckt hat und noch erweckt, er leugne die «Wahrheit».[238] Die ehrwürdigen Texte, in denen der Glaube sich durch Jahrhunderte ausgedrückt, das geistliche Leben sich Nahrung geholt hatte, sind also vorwiegend zu Quellen von Schwierigkeiten geworden, und unter dieser Rücksicht befaßt man sich mit ihnen. *Necessitas nobis incumbit ut, ad obstruendam blasphemiam, ostendamus quod ea quae opponuntur vocabula, nostram assertionem nullatenus impediunt.* Gregor von Bergamo, dem wir diese Erklärung verdanken,[239] führt das Vorhaben methodisch durch. Um sich davon zu überzeugen, braucht man nur die Überschriften seiner Kapitel anzusehen: eine Folge von kleinen Abhandlungen fertigt einen nach dem andern diese Zeugen einer versinkenden Zeit ab, durch «Erklärungen» wird das Gift, das die Irrlehre hineinlegt, entfernt, damit aber allzuoft auch die Kraft, die darin verborgen lag. Der Reihe nach werden dergestalt Johannes, Paulus, Ambrosius, Augustin mehr oder weniger neutralisiert.[240] Und unser Gregor steht nicht vereinzelt; oben sind uns andere Beispiele begegnet,[241] und ein paar werden noch im nächsten Kapitel aufscheinen. Begnügen wir uns hier zum Schluß mit der gregorianischen Oration, die noch im 12. Jahrhundert Gegenstand zahlreicher Kommentierungen bleibt. Folgendes sagt darüber der *Liber septem partium*, der vielleicht von Anselm von Laon stammt:

> Credendum est verum corpus Christi, etc. Quod, *licet* beatus Gregorius in quadam postcommunione speciem vocet, *non tamen* ob hoc dicit, quod pane quod consecratur corpus Christi figuretur, quia ipsum est; sed quia aliud a nobis agendum insinuat.[242]

Man sieht die Absicht und den Gedanken. Es sind dieselben bei Robert von Melun:

[238] Epistula 10 ad Domnaldum (Mansi XX, 32E).

[239] C 10 (Hurter, 39).

[240] C 5 bis 10.

[241] Vgl. Kp. 4. Ferner ein Fragment aus der Schule von Laon, das Dom Lottin veröffentlicht hat (RTAM, 1946, 280): «Sciendum est autem unumquemque hominem unum corpus Christi et sanguinem sumere, licet in tali specie ... Augustini tamen verba aliquantulum ab hoc videntur dissonare. Dicit enim Augustinus: Bonus accipit sacramentum et rem sacramenti; malus, sacramentum et non rem. Sed sciendum est, duas res esse huius sacramenti, etc.»

[242] Angeführt von R. M. Martin, Ausgabe des Robert von Melun, Quaestiones de divina pagina, 22, Anm.

Quaeritur, *utrum re vel specie tantum* in praesenti ab Ecclesia sumatur corpus Christi. Quod specie tantum et non re, videtur velle Gregorius, qui in fine cuiusdam communionis ita dicit: »ut quod specie sumimus (sic), rerum veritate capiamus«. Quod sic exponitur, etc.[243]

Gewiß, «Erklärungen» dieser Art bestehen nicht aus Sätzen, die dem ursprünglichen Textsinn formell widersprechen. Für gewöhnlich sind sie nicht als widersinnig abzutun, nicht einmal als unstimmig. Zuweilen treffen sie etwas Richtiges. So im Fall Roberts von Melun.[244] Oft aber fließen sie aus fremden Quellen und eröffnen dem Denken andere Perspektiven als die in den Texten liegenden. Sicher aber ist: was in diesen das Wesentliche war, ist zur Nebensache geworden. Der Gedanke verharrt nicht dabei, nährt sich nicht davon. Das Wiederfinden des rechten Sinnes ist wichtig, weil damit ein gefährlicher Sinn abgewendet wird. Statt deshalb eine feste Auslegung zu wählen, zieht man es vor, dem Leser die Wahl zwischen zwei Deutungen zu belassen: dieser aber ist befriedigt, aus der Verlegenheit gezogen zu sein und fühlt kein Bedürfnis, für sich selber zu wählen. So tat Lanfranc,[245] der bald selber, unter dem Namen Papst Gregors, von Ivo von Chartres[246] und Gratian[247] zitiert werden wird, und Petrus Lombardus überliefert ihn dann der Nachwelt:

Postulat quippe sacerdos ut corpus Christi quod specie panis vinique geritur, manifesta visione, sicuti revera est, quandoque capiatur. Veritas enim pro manifestatione in sacris saepe litteris reperitur... Quamvis non improbabiliter quidam exponant hoc in loco esse carnis ac sanguinis veritatem, ipsam eorumdem efficientiam, id est peccatorum remissionem. Illis namque omnibus modis vera Christi caro ac sanguis existit qui digne percipiunt...[248]

[243] Quaestiones de divina pagina (zwischen 1143 und 1147), q 38 (Martin, 22–23). Vgl. Petrus von Poitiers, der bei der Gelegenheit noch ein anderes liturgisches Gebet erklärt: «ut per ea quae sumimus, potiora sumamus» (PL 211, 1253 AB).

[244] «Specie sumitur in praesenti corpus Christi, id est sacramentaliter, id est ad significandam illam unionem qua conformes erimus Deo, quod tunc erit, quando videbimus eum sicuti est. Et tamen non minus re sumitur a digne sumentibus, etc.» (aaO.). [245] Liber de corpore, c 20 (PL 150, 436 B und C).

[246] Decretum, p 2, c 9; Panormia, lib 1, c 132 (PL 161, 157 B und 1745 A).

[274] Decretum, De consecratione, d 2, c 34 (Friedberg, 1324–1325).

[248] Sententiae, lib 4, c 9, n 3 (PL 192, 859). In I Cor.: «Ad quod videtur illa collecta pertinere... Vel aliter...» (PL 191, 1643–1644). Thomas von Aquin, der IV Sent., d 8, q 1, a 3 die gregorianische Oration in ihrem traditionellen Sinn zitiert hat, schreibt kurz darauf, q 2, a 1: «... non fieret corpus Christi in altari secundum rei veritatem» (Moos, 319 und 333, vgl. oben S. 243.)

Aufs Ganze gesehen, und wenn man mehr auf den Geist als auf den Buchstaben achtet, kann man sagen: die alten Texte werden nicht mehr verstanden, weil der Geist, der sie verfaßt hatte, sich zum Teil verflüchtigt hat.[249] Das ist so, weil die Theologie der Eucharistie immer mehr zu einer Apologetik wird und sich um die Verteidigung der «realen Gegenwart» herum organisiert. Die Verteidigung des Dogmas tritt an die Stelle der *intelligentia fidei*. Diese Entwicklung, dieser Gegensatz, diese Mißverständnisse und daraus erwachsenden falsch gestellten Probleme, dieses Nichtbegreifen, das die Kehrseite neuer Einsichten ist: all das findet sich sinnbildlich zusammengefaßt in den beiden sich ablösenden Bedeutungen von *veritas*.

[249] Aufgrund des gleichen Nichtverstehens der Vergangenheit werden später die kalvinistischen Theologen eine entgegengesetzte Deutung unseres Textes vorlegen, die einen Widerspruch in sich enthalten wird: sie werden «rerum veritas» übersetzen mit «realitas» oder «praesentia realis». Man kann dazu die Bemerkungen Mabillons nachlesen, Praefationes in Acta sanctorum ordinis sancti Benedicti, in saec. 4^{m}, n 96–100 (Trient, 1724, 337–338).

Zehntes Kapitel

VOM SYMBOL ZUR DIALEKTIK

«*Veritas et figura*»

Der «zweite Leib» ist also ebensosehr wie die beiden andern, und genau im gleichen Sinn wie der erste, *corpus verum*. So wird er in Zukunft ausdrücklich und irgendwie offiziell genannt werden. Zwischen dieser Benennung und der andern: *corpus mysticum* bestand an sich keine logische Unvereinbarkeit. Man konnte durchaus mit Paschasius und Alger *corpus verum et mysticum*, *corpus mysticum et vera caro* sagen,[1] oder im Gefolge von Hilarius: *vere sub mysterio, vere in mysterio*.[2] Und so hatte ja auch Heriger von Lobbes verkündet, in der Eucharistie müßte man die Dinge gleichzeitig *figurate* und *in veritate* auffassen.[3] Trotzdem hat das Vordringen von *verum* einen Rückzug von *mysticum* zur Folge.

Gebannt vom Gedanken an die Realgegenwart mußte das theologische Denken fatalerweise von der «mystischen» Bedeutung des sakramentalen Leibes abgelenkt werden. Man kann in dieser Hinsicht schematisch vier Haltungen unterscheiden. – Für die einen soll die Wahrheit expliziter als früher gesichert werden, als die Bedingung, an der die ganze Ökonomie des Mysteriums hängt; doch vergessen sie nicht, daß die Eucharistie in ihrer Wahrheit selbst «Figur» ist, ihr mystisches Band zur Kirche hinüber bleibt für sie wesentlich. – Bei einer zweiten Gruppe werden ebenfalls beide Seiten beibehalten, aber ihre Beziehung wird umgekehrt. Wenn man «Figur» zugesteht, dann um alsbald beizufügen: was da Figur ist, ist zuerst und vor allem Wahrheit: *Haec ita signa sunt, ut sint etiam res*[4] – *non solum mystice, sed etiam vere*.[5] Diese

[1] Alger von Lüttich (PL 180, 748) usf. Vgl. Paschasius Radbert, Liber de corpore, c 4 (PL 120, 1277–1278); Ad Frudegardum (ebd. 1353 A).

[2] Hilarius, De Trinitate, lib 8, n 13 (PL 10, 246 B). Gezo von Tortona (PL 137, 833 A). Odo von Lucca: «in sacramento verum corpus» (PL 176, 143) Bernhard, In Cantica, s 33: «Mihi apponitur veritas, sed in sacramento» (PL 183, 952).

[3] C 4 (PL 139, 182 B).

[4] Kardinal Humbert, Adv. simoniacos, lib 2, c 39 (MGH, Libelli de lite, Bd. 1, 188). Hugo von St. Victor (oben, Kp. 9, Anm. 48) usf.

[5] In dieser Wendung, die von Gregor von Bergamo stammt (Hurter, 8 und 18), weist «mystice» eher auf die historische Wahrheit Christi hin als auf die geistige

beiden ersten Einstellungen schließen sich übrigens nicht aus; manche halten sie abwechselnd, je nach der Phase, in der sich ihre Erörterung findet. Das bezeugt die folgende Doppelaussage Durandus' von Troarn:

> Sacramentum dominicum figuram iuxta aliquid et similitudinem non negamus, ut in veritate tamen corpus Christi et sanguinem naturaliter existere profiteamur ...
>
> Corporis et sanguinis Christi perceptio ... iuxta integritatem rerum vera esse constat, et tamen a significationis gratia non vacat.[6]

Im gleichen Geist der Synthese lobt Gregor von Bergamo den Hieronymus,[7] weil er einerseits nach Matthäus gezeigt hat *veritatem corporis sanguinisque dominici*, ohne anderseits zu versäumen, nach Markus die Eucharistie als figura *corporis Christi quod est Ecclesia praesens* darzustellen; dann schließt er:

> Incunctanter credimus et fatemur veritatem corporis et sanguinis Christi, et praeservatam speciem panis et vini gratanter admittimus figuram corporis, quod est Ecclesia.[8]

Die Hitze der Kontroverse führt aber zuweilen dazu, daß der kirchliche Symbolismus völlig vergessen wird. Man meint dann genug getan zu haben, wenn man das *corpus verum* gebührlich nachgewiesen hat, und hat einen Grund mehr, nicht vom *corpus mysticum* zu handeln. Man wiederholt und kommentiert immer wieder den Satz, den Berengar hatte unterschreiben müssen: *Panem et vinum post consecrationem non solum sacramentum, sed*

Wahrheit der Kirche oder des Himmels. Bei andern Texten dieser Art jedoch schließt der im Vordergrund stehende der beiden Symbolismen den zweiten nicht unbedingt aus. Vgl. Deoduin von Lüttich an König Heinrich von Frankreich: « Astruunt corpus Domini non tam corpus esse quam umbram et figuram corporis Domini » (PL 146, 1439). Konzil von Piacenza (1095), can 6: « quod panis et vinum ... non solum figurate, sed etiam vere et essentialiter in corpus et sanguinem Domini convertantur » (Mansi XX, 803C; Bernoldi Chronicon, MGH, Script., Bd. 5, 462). Vgl. Hugonis Chronicon, lib 2 (Script. Bd. 8, 443).

[6] Liber de corpore et sanguine Christi (PL 149, 1392 und 1414).

[7] In Wirklichkeit Ps-Hieronymus (PL 30, 632) für den Markuskommentar.

[8] C 18 (Hurter, 77). Und c 25 anläßlich eines Textes des hl. Gregor: « Reminiscat (prudens lector) quod, salva veritate corporis et sanguinis Christi, sacramentum passionis illius in mensa dominica peragi iam supra plenius explicavimus » (ebd. 99 bis 100). Hugo von St. Victor, De sacramentis, lib 2, p 8, c 7: « Divinissima Eucharistia quae in altari et secundum panis et vini speciem et secundum corporis et sanguinis Christi veritatem visibiliter et corporaliter tractatur, sacramentum est et signum et imago invisibilis et spiritualis participationis Jesu ... » (PL 176, 467 AB).

etiam verum corpus et sanguinem, und scheint sich dabei nicht mehr zu erinnern, daß auch dieser «wahre Leib» seinerseits «Sakrament» ist. Es läßt sich verstehen, wenn kurze Polemiken, die das Dringendste erledigen und keine vollständige Dogmatik der Eucharistie bieten wollen, es dabei bewenden lassen. Wenn aber gewichtigere, reifere Werke, wie der Traktat des Guitmund von Aversa, den symbolischen Gesichtspunkt stark zurücktreten lassen, so zeigt sich damit doch eine Wende an. Bei Guitmund und seinen Nachfolgern ist diese Unterlassung noch nicht völlig durchgehend.[9]

Eine letzte Gruppe von Theologen läßt sich schlicht vom Gegner führen. Um ihn besser zu widerlegen, folgen sie ihm unklug auf seinem eigenen Boden und merken die Gefahr nicht, die ihnen dabei droht. Bekanntlich schlug Berengar die Bedeutung einiger Sätze von «Johannes Scotus» (Ratramnus) hoch an, die er allerdings überschätzte. Ferner zog er die berühmte gregorianische Oration heran, um sich bei der Eucharistie mit einer bloßen *species* ohne objektive Fülle begnügen zu können, desgleichen deutete er die ambrosianische *imago* als eine reine *figura*, die nach ihm der künftigen *veritas* äußerlich blieb. Eine mörderische Zerspaltung, die man von vornherein hätte zurückweisen müssen. Manche aber begnügen sich damit, sie umzukehren und legen damit das gleiche Unverständnis an den Tag wie Berengar, nur in entgegengesetzter Richtung blickend. So etwa der römische Diakon am Konzil von Vercelli, der die Stelle lesen hört, wo Ratramnus den sakramentalen Leib als *pignus et imago rei futurae* bestimmt,[10] und dann ausruft: *Si adhuc in figura sumus, quando rem tenebimus?* ...[11] So anscheinend auch Berengar von Venusia in seinem an Gregor VII. gerichteten Brief gegen seinen Namensvetter.[12] Wollte man dem, was wie so viele andere theologische

[9] Das Wesentliche des Symbolismus ist bei Guitmund gut gewahrt: De corporis veritate, lib 2 (PL 149, 1468 AC); Confessio (ebd. 1500 BD).

[10] Ratramnus fügte folgenden Kommentar hinzu: «aliud est quod nunc geritur, aliud quod in futuro manifestabitur» (PL 121, 164).

[11] Berengar, De sacra cena (Vischer, 43).

[12] «Surgit igitur verum (sacramentum), quia iam non typicum; non figura, sed veritas» (Morin, RTAM, 1932, 120). Analog äußert sich Aszelin, Epistola ad Berengarium (Hardouin, Concilia, Bd. 6, col 1020) und auch der prätentiöse Gozechin, Epistula ad Valcherem, c 30 (PL 143, 900).

Diskussionen nur eine Reihe verworrener Mißverständnisse gewesen zu sein scheint, klarbewußten Ausdruck geben, so könnte man sagen, daß diese Ultra-Orthodoxen in die vom Irrlehrer ihnen gestellte Falle gegangen sind, oder auch, daß sie in Eintracht mit ihm die überlieferte Lehre verstümmeln: der eine behält davon das «Symbol», der andere die «Wahrheit». Dem *mystice, non vere*[13] entspricht ebenso einseitig ein *vere, non mystice*. Die Orthodoxie mag gerettet sein, dafür ist die Theologie verarmt. Paschasius Radbert wußte es seinerzeit besser.

Die letzte Gruppe bleibt eine kleine Minorität. Man darf ihr nicht von vornherein jeden Theologen zurechnen, der an vereinzelten Stellen die *figura* zugunsten der *veritas* ausschaltet. Wenn etwa Balduin von Canterbury nach vielen andern schreibt: *Quod ergo Christus dixit, hoc est corpus meum, expressa veritas est, non figura*,[14] dann sieht man, was er meint, und der Rest seiner Arbeit zeigt hinreichend, daß er den überlieferten Symbolismus nicht preisgibt. Für viele nach ihm wird die Eucharistie noch ausdrücklich *figura et res*,[15] *veritas et figura*[16] bleiben. Nur kann eben dieses *figura* (auch wenn *veritas* und *res* angefochten sind) auf zwei sehr verschiedene Arten aufgefaßt werden. Kurz nach Beginn der Berengar-Krise schreibt der Verfasser des Briefes an Abt Gerald, in der Folge des schon früher zitierten Glaubensbekenntnisses:

[13] Vgl. Alger von Lüttich, De sacramentis (PL 180, 776). Vgl. oben, Anm. 5.

[14] PL 204, 661. Manegold, Contra Wolfelmum, c 18: «In mensa Christi, eiusdem non figurativo sed vero corpore reficeris» (PL 155, 166 A). Durandus von Troarn (PL 149, 1377 D) usf. So bereits Rather von Verona: «Panem utique et vinum per naturam, carnem et sanguinem vere et non figuraliter factum» (Zum Autor: Dom Morin, in: Revue bénédictine, 1908, 17; vgl. ebd. 11; der Text ist ähnlich dem der «Exaggeratio»: Heriger?).

Entsprechende Formeln bei den Griechen. Johannes Damascenus, De fide orthodoxa, lib 4, c 13: «Der Herr hat nicht gesagt: Dies ist das Gleichnis meines Leibes, sondern: Dies ist mein Leib» (PG 94, 1148). Anastasius Sinaita. Theophylakt, In Marcum 14 und In Joannem 6, usf.

[15] Florilegium von Saint-Amand (Lottin, RTAM, 1939, 309). Hugo von Rouen, Dialog. lib 5, n 14: «Ne figura putetur, corpus, inquit, meum quod pro vobis tradetur» (PL 192, 1209C).

[16] Innonzenz III. (PL 214, 1120). Durandus von Mende, Rationale divinorum officiorum, lib 4, c 42, n 21 (176). Bessarion, De sacramento Eucharistiae: «Verum Dei corpus, et veritas est et figura: siquidem ostensum est, quemadmodum panis et vini visibilis species, figura seu signum est veri et in eis contenti dominici corporis et etiam mystici corporis, ita corpus verum figuram mystici et ecclesiastici corporis esse; ad haec verum Domini corpus quod in altari consecratur, futurorum figuram dici, Damascenus testatur» (PG 161, 497 D). Vgl. auch Pascal, Pensées (Brunschwicg, 862).

> ... Quod autem panis et caro, sacramentum vel figura, tanta consecratio dicitur, non solum non reprobo, verum in fidei ratione colligens catholice amplector et approbo. Panem namque orthodoxe dici nemo qui probe sapit dubitat... Sacramentum vero, quia species visibilis quae videtur secretius virtute divina consecratur... Figura quoque, quia aliud intelligitur quam quod videtur...[17]

Er kann dann zwar seinen Schluß ziehen mit einer Formel, die derjenigen Gregors von Bergamo gleichwertig scheint: *Ergo, post consecrationem tanti mysterii, sic eucharistiam Domini me credo sumere, ut nullo modo negem in sacramento figuram esse.*[18] Aber diese *figura* ist nicht mehr die der Kirche. Der Verfasser gehört also zu denen, die aus lauter Reaktion gegen die Irrlehre den kirchlichen Symbolismus vergessen haben; er will hier nichts sagen, als daß das Lamm Gottes sich in der Eucharistie nicht unter fleischlichen Gestalten darstellt. Viele noch werden so reden. Der Symbolismus wird immer mehr an Boden verlieren, wenn er auch nie ganz aus der Tradition verschwinden wird. Dabei stellen wir fest, daß die beiden Worte *veritas et figura* oft ohne ihre Stellung zu wechseln einen neuen Sinn erhalten, durch eine ähnliche Verschiebung, wie sie im letzten Kapitel für *species – veritas* festgestellt wurde. Selbst wenn *figura* noch als Attribut des *corpus Christi* aufgefaßt scheint (durch einen philologischen Widersinn, der an sich schon genügt, um die Abweichung vom echten Sinn aufzudecken), besagt es doch nichts weiter mehr als die «Gestalten oder Erscheinungen» des Brotes:

> Corpus Christi veritas et figura: veritas, quia in re vera caro et sanguis est; figura vero, quia panis videtur specie et sapore.[19]

Widerstand gegen das Vordringen des Rationalismus

Wie die Worte *mysterium, imago, figura* und andere bei den Schriftstellern jener Zeit oft vieldeutig sind, so auch das Wort «Symbolismus», das wir eben verwendet haben, um die über-

[17] PL 149, 433D und 434B. (Wir zitieren nach einem Ms der Bibliothek von Besançon, das P. de Vrégille eingesehen hat). Vgl. oben, S. 120.

[18] AaO.

[19] Petrus Coelestinus, Opusculum 1, c 49 (BMP, Bd. 25, 784F).

lieferte Denkart zu kennzeichnen, das aber öfter auch für die Lehre Berengars und der Seinen gebraucht wird, die so gegen den orthodoxen «Realismus» abgegrenzt werden soll. Wenn wir aber diese Lehre nicht sosehr von den Thesen her kennzeichnen, zu denen sie gelangt, als vom Geist und von der Methode her, die sie ins Werk setzt, dann wird man sie viel eher als einen Rationalismus und eine Dialektik bezeichnen müssen. Gewiß, ihre Anhänger möchten schließlich in der Eucharistie nur ein Symbol Christi sehen; aber weit entfernt, die tradierte Symbolik zu übertreiben, lassen sie sie als erste im Stich. Die Form ihres Denkens selbst widerstrebt ihr, seine neuen Techniken sind dafür ungeeignet. Ihr Rationalismus ist keineswegs durch die Sorge bestimmt, der *ratio* mehr Raum neben der *auctoritas* zu verschaffen; ihre Dialektik ist auch nicht gekennzeichnet durch Liebe zur Diskussion, den Gebrauch des Syllogismus oder durch massive Entlehnung logischer Termini von Boethius.[20] Das alles sind Äußerlichkeiten. Tiefer unten, in den dunkeln Kellern des Geistes, in jener geheimnisvollen Schicht, wo alles sich vorweg verschwistert, ehe es ans Tageslicht tritt, hat sich die entscheidende Wende vollzogen, deren Symptome sich erstmals virulent in der berengarischen Krise offenbaren. Unsere neuen Dialektiker sind zu nichts weiter mehr fähig, als eine Wirklichkeit auseinanderzuklauben, die durch die Meister des ontologischen Symbolismus, die Kirchenväter, für immer geeint schien. Unter Berengars Händen zerlöst sich die sakramentale Synthese, wie einst unter den Händen der Arianer und ihrer Schüler die trinitarische und christologische Synthese.[21] Auf der einen Seite ein realer Leib - irdisch oder himmlisch –, der nicht anders als *sensualiter* wahrnehmbar ist; auf der andern Seite ein geistlicher Leib, der keinerlei wahre Körperlichkeit und, grob gesagt, keinerlei objektive Existenz mehr hat. Auf der einen Seite der

[20] Sigbert von Gembloux, De scriptoribus ecclesiasticis, c 154: «Berengarius ... dialecticae peritia insignis ... Dum dialecticis sophismatibus contra simplicitatem apostolicae fidei abutitur ..., magis interpolat clara quam dilucidat obscura» (PL 160, 582 BC). J. de Ghellinck hat mit Recht von der «überladenen Dialektik» der Berengarschüler gesprochen (DTC V, 1242). Siehe auch seine Studie: Dialectique et dogme au Xe et XIIe siècles, in: Festschrift Baeumker, Bd. 1 (1913) 79–99.

[21] Dem entspricht der entscheidende Vorwurf des hl. Hilarius gegen die arianische Dialektik, De Trinitate, lib 2, c 5: «insecabilia desecantibus, incorrupta scindentibus, indivisa partientibus» (PL 10, 54 A).

Gedanke einer substantiellen Gegenwart, die für uns aufgehört hat, seit Christus zum Himmel gefahren ist,[22] auf der andern eine «Kraft», die aber ihres prägnanten Sinnes entkleidet ist, den sie bei den Theologen der letzten Generation noch besessen hatte. Auf der einen Seite schließlich Christus in seiner personalen Wirklichkeit, oder, im Sakrament, mit seiner Kraft, und anderswo die Kirche, die wir bilden... Frühere haben Christus und die Kirche, das Haupt und die Glieder des Leibes vielleicht zu stark angenähert; Berengar aber hat kein Gefühl mehr für ihre gegenseitige Einwohnung. Seine Dialektik macht es ihm unmöglich, den *Christus unus*, *Christus plenus*, *Christus totus*, *Christus integer* Augustins zu verstehen.[23] Keiner ist dem Geheimnis des *caput in corpore et corpus in capite* fremder geworden als dieser Abschreiber augustinischer Wendungen.[24] Alle symbolischen Implikationen verwandeln sich in seiner Geistesart in dialektische Antithesen. So trennt er in einem fort, was die Tradition einte.[25] Vielleicht erscheinen manche dieser von uns formulierten Antithesen vom historischen Gesichtspunkt aus übertrieben; wir sagten ja schon, daß Berengars Denken sich nie genau festlegen läßt. Auch ist es angesichts des verstümmelten Zustandes, in dem seine Aussagen uns überliefert sind, schwer, den genauen Anteil an Negation darin festzustellen. Sicher aber steckt diese mehr als nur keimhaft darin, und man wird am Ende des Prozesses die Saat aufgehen sehen.

[22] De sacra cena: «Corpus enim in quo surrexit, uno loco esse oportet» (Vischer, 266; vgl. 200). Hier lag, wie schon bemerkt, eine der Verlegenheiten des Augustinismus. Vgl. Oben, Kap. 6 und 7.

[23] Augustin, De peccatorum meritis, lib 1, c 31, n 60, der 1 Kor 12,12 anführt: «Non dixit: Ita et Christi; sed, ita et Christus; unum Christum appellans caput et corpus» (PL 44, 145), In Joannem, tr 28, n 1 (PL 35, 1622); In ps. 37 (PL 36, 399) usf. Vgl. Chrysostomus, In I Cor., h 30 (PG 61, 250).

[24] Prosper, in ps. 142 (PL 51, 406B).

[25] Wenn er zum Beispiel schreibt: «Exigit (Christus) ut per comestionem et bibitionem corporalem, quae fit per res exteriores, per panem et vinum, commonefacias te spiritualis comestionis et bibitionis, quae fit in mente de Christi carne et sanguine, dum te reficis in interiore tuo incarnatione Verbi et passione» (Vischer, 223), dann verwendet er durchwegs überlieferte Wendungen, um eine wirkliche Neuerung in der Lehre auszudrücken. Für ihn bringt die «comestio corporalis (= sacramentalis)» nicht von sich her die Wirkung hervor, falls der Empfänger die rechte Disposition mitbringt, sie gibt nur den Gedanken daran ein. – Eine ähnliche Zerspaltung wird im Bereich der Christologie Gerhoh von Reichersberg der Dialektik seiner Gegner vorwerfen. In ps. 67: «seorsum de anima, seorsum de carne, seorsum de Christi divinitate disputant indisciplinatis et stultis quaestionibus ...» (PL 194, 192B).

Die ganze tragische Größe des Konflikts im 11. Jahrhundert bricht aber erst auf, wenn man bedenkt: was vom Blickpunkt der Orthodoxie als absteigende Kurve erscheint, das erscheint vom Standpunkt des Denkens als mit dem ganzen Nimbus aufsteigenden Lebens umgeben. Der berengarische Rationalismus bezeichnet die Richtung des Fortschritts, die Historiker und Theologen zögern nicht, das anzuerkennen. Sie pflegen Berengar an die Spitze derer zu stellen, die die moderne Theologie heraufgeführt haben, also vor die beiden Anselm und vor Abälard.[26] «Die berengarische Episode», so schreibt Amann, «bezeichnet den Auftakt einer neuen Ära für das christliche, besser: für das menschheitliche Denken», man erkenne darin «die ersten Anfänge der geistigen Bewegung, die zur großen Renaissance des 12. Jahrhunderts führen sollte.»[27] Mit der ungemäßigten Kühnheit aller Vorläufer umreißt der als Häresiarch Verurteilte das Ideal, woran sich die markantesten theologischen Werke der folgenden Jahrhunderte orientieren werden.

> Maxime plane cordis est, per omnia ad *dialecticam* confugere, quia confugere ad eam, *ad rationem* est confugere, quo qui non confugit, cum secundum rationem sit, factus ad imaginem Dei, suum honorem reliquit, nec potest renovari de die in diem ad imaginem Dei.[28]

Wenn Berengar so, bis in die Meditation der Glaubensgeheimnisse hinein, «die eminente Rolle der Vernunft»[29] preist, dann findet seine Stimme vielfachen Widerhall. Seine Gegner mögen ihm, mehr oder weniger geschickt, die «Autoritäten» entwinden, auf die er sich stützt; andere mögen seine Dialektik verspotten, die

[26] So Mandonnet, Dante le Théologien (1935) 168–169: «Seit dem 11. Jahrhundert mit Berengar, aber besonders mit Petrus Abaelard zu Beginn des folgenden Jahrhunderts beginnt die Theologie den Weg der Wissenschaft zu beschreiten dank den methodischen Prinzipien, die nunmehr eingeführt werden ...»

[27] L'Eglise au pouvoir des laïques, 533 (Fliche-Martin, Histoire de L'Eglise, Bd. 7, 1940).

[28] De sacra cena (Vischer, 100). Vgl. Heriger von Lobbes (PL 139, 185 B). Dieser Text Berengars und die ganze darauf folgende Stelle ist, buchstäblich genommen, noch immer ein Echo von Augustin, In Ps. 42, n 6 (PL 36, 480). E. Gilson hat in seiner Introduction à l'étude de saint Augustin (²1943) 288, Anm. 3, diesen Vergleich gezogen. Andere Wendungen Berengars: «Intellectualitas, interioris hominis decus» (Vischer 222); «Homo in honore positus, id est intellectu praeditus» (ebd. 221). Er wehrt sich jedoch dagegen, sich mißbräuchlich auf «dialecticas quaestiones» zu beziehen (ebd. 99).

[29] De sacra cena (Vischer 53).

er, wie sie sagen, «dem Aristoteles, dem Chrysipp und dem Cicero entwendet hat»,[30] sie mögen sie auch von ihm selber entlehnen, um damit einige seiner Schlüsse zu widerlegen[31] und ihm ein paar seiner verführten Schüler wieder abzugewinnen:[32] es stand doch in niemandes Gewalt, seinen Einfluß zu hemmen. Und es geht hier nicht mehr um den direkten und faßbaren Einfluß, nicht einmal mehr um jenen subtileren, den wir vorhin in den Reaktionen auf die neue Lehre wirksam zeigten. Es geht in Wahrheit nicht mehr um den Einfluß eines Einzelnen. Tiefer, umfassender breitet eine neue Geistesrichtung sich aus, eine neue Form der Problematik, die das Interesse beansprucht, eine neue Weise des Denkens mit neuen sich ausbildenden Kategorien. Ein neues Zeitalter des Geistes bricht an, für das Berengar von Tours, so mittelmäßig seine Begabung auch war, doch einer der ersten Zeugen und kräftigsten Wegbereiter war. Der Glaube ist noch lebendig genug, seinen Irrtum alsbald auszuscheiden; dieser wird zwar dauernd wieder aufstehen,[33] aber noch auf Jahrhunderte hinaus jedesmal niedergeschlagen werden. Der Symbolismus jedoch, worin dieser Glaube sich ausdrückte und entfaltete, ist tödlich getroffen. Lange wird er scheinbar noch überleben, ja im 12. Jahrhundert werden einige seiner köstlichsten Früchte reifen. Doch jetzt schon sind die Anzeichen seines Verfalls unverkennbar. Seine Wurzeln werden langsam vom analytischen Denken zernagt, mit dem er notwendig immer weitergehender paktieren muß. Seine Lebensgeister dorren; äußerlich dehnt er sich noch aus, aber die Ströme der Tiefe sind umgeleitet. Er wird immer mehr, was man im modernen Sinn Allegorismus nennt mit seinen «eigenen Auslegungsprinzipien, seinen Schlüsseln, seinen Zahlentheorien, die den Eindruck der Starrheit verstärken».[34] Nicht er wird die neuen Probleme lösen, die fortan unabwendbar gestellt sind. Lanfranc durfte seinem

[30] Anastasius von Angers, angeführt von J. de Ghellinck, La littérature latine au moyen âge, Bd. 2, 93.

[31] So Lanfranc, c 7 und 8 (PL 150, 416–418). Siehe auch seine grundsätzliche Erklärung, In I Cor.: «Perspicaciter intuentibus, dialectica sacramenta Dei non impugat; sed cum res exigit, si rectissime teneatur, astruit et confirmat» (PL 150, 157 B).

[32] Vgl. Guitmund von Aversa, lib 1 (PL 149, 1428 B).

[33] Abälard, Theologia christiana, lib 4 (PL 178, 1286). Zacharias Chrysopolitanus (PL 186, 507–508). Hugo Metellus, Epistula 4 (PL 188, 1273–1276).

[34] J. de Ghellinck, L'essor de la littérature latine au XIIe siècle, Bd. 1, 97.

Gegner noch sagen: *Ad dialecticam confugium facis,*[35] aber bald wird das Spiel umgekehrt sein: jene gelten als unerheblich, die vor der Dialektik fliehen. *Sed dialectici quaerunt,* sagte Alger von Lüttich gegen Ende seines großen Werkes, und ein Abschnitt genügte ihm noch, die unerwünschten Fragen abzuschütteln, die nichts zum Verständnis des Mysteriums beitrugen. Doch nun werden diese Fragen immer drängender, entwickeln sich, erzeugen kettenweise neue Fragen. Konnten sie anfänglich in einen Anhang verwiesen werden, so rücken sie jetzt gegen die Mitte vor, fordern den ganzen Raum. Antwort muß her, wenn nicht alles aufs Spiel gesetzt sein soll. Aus dem *dialectici quaerunt* wird jetzt ein *quaeri solet,* das immer umfassender wird. Die schönen Betrachtungen der Vergangenheit, die Symbole, rieselnd von dogmatischem Reichtum, werden zurückgestellt, wenn auch nicht förmlich verachtet. Mit der heimlich verneinenden Dialektik, die man auf die Dauer nicht mit dem Verweis auf die Allmacht abfertigen konnte, wird einzig eine andere Dialektik fertig werden. Nach vielerlei Zögern wird sie endlich, zwei Jahrhunderte nach Berengar, bereitstehen. Die Waffen werden geschmiedet sein. Der Dialektik von «Zeichen» und «Sache» wird eine Dialektik von Substanz und Akzidens und von der Quantität als Vize-Substanz antworten...[36] Der sakramentale Realismus wird dann nur noch ganz nebenbei ein Symbolismus sein; der fortdauernde Glaube an die Realpräsenz wird nochmals für ein paar Jahrhunderte durch eine Theologie neuen Stils und neuer Implikationen verteidigt werden.[37]

Eine solche Entwicklung erklärt sich nicht allein durch taktische Notwendigkeiten. Nicht immer eroberten die neuen Fragen das Feld der Theologie wie ein verheerender Heuschreckenschwarm. Die Fragen erschienen auch liebenswert; selbst wenn die Irrlehre abgeklungen war, verweilte das theologische Denken bei ihnen als

[35] Liber de corpore, c 7 (PL 150, 416D).

[36] Vgl. Bonaventura, De decem praeceptis, col 3, n 13 (Quaracchi V, 517). Der Tag wird kommen, da bei manchen Theologen der ganze Traktat «De sacramento altaris» kaum mehr etwas anderes sein wird als die Anwendung einer Abhandlung «De puncti, lineae, superficiei, corporis, quantitatis, qualitatis et substantiae distinctione»; wie die Überschrift des langen Traktats von Ockham lautet, den er 1349 verfaßte (ed. Bruce Birch, 1930, 2).

[37] Vgl. F. Cavallera, La théologie positive: «Das 12. Jahrhundert eröffnet eine völlig neue Periode in der theologischen Entwicklung der Sakramentenlehre», in: BLE (1925) 42.

einem genußreichen Erbteil. Der Rest blieb Gedächtnissache, am Rand, dessen Sinn sich langsam verlor, weil niemand mehr danach fragte. Nachdem die Dialektik aufgehört hatte, Gegner zu sein, wurde sie Versuchung. Gefahr von außen, Gefahr von innen! Die Ausdrücke *quaerunt*, *quaeritur*, *quaestiones*, die überall aufschießen, sind «Zeichen der Zeit», in ihnen «äußert sich die Glut des Fragens in religiösen Denkproblemen»,[38] aber es ist ein neues, verändertes, ganz anders gerichtetes Fragen als die religiöse Betrachtung der Mysterien. Dabei geschieht, was zu allen Zeiten der Veränderung oder, wenn man will, des Fortschritts sich begibt. Wie soll man auf den ersten Blick das Zukunftsträchtige vom Verwerflich-Neuen unterscheiden? Und ist nicht das Erste meist anfänglich im Zweiten verborgen? Die orthodoxen Gemüter erschrecken. Die Haltung eines Florus gegen Amalarius und gegen Johannes Scotus im 9. Jahrhundert aufgreifend fechten sie gegen die *quaestiones scrupulosas et plenas scandalis* der neuen Doktoren.[39] Sie spotten über die Subtilitäten, die diese erfinden, «trunken von einem mehr scholastischen als theologischen Geist». Sie tadeln ihren Rückgriff auf «fremde Lehren», auf «Gründe einer weltlichen Philosophie» und auf Argumente aus der «Physik». Sie warnen vor dem «lästerlichen» Wunsch, das Mysterium zu «begreifen».[40] Und während die einen den großen Strom der Überlieferung fortzuleiten bemüht sind, zuweilen noch mit Erfolg, begnügen sich andere damit, zum schlichten Glauben zurückzurufen. In ihrem Widerstand versteift, meinen sie den alten Vätern treu zu sein, weil auch sie mit Abscheu zurückweisen, was Hilarius *callidae philosophiae tortuosas quaestiones* nannte.[41] Und doch ist ihr Geist ein anderer. Unter dem paradoxen Zusammenwirken der beiden Parteien verschieben sich die Gesichtspunkte. Eine einigermaßen neue Auffassung des Mysteriums bricht sich Bahn,

[38] J. de Ghellinck, Sacra Pagina (Festschrift Pelzer, 1947, 40). Ähnliche Ausdrücke kehrten im Periarchôn des Origenes immer wieder, wie Bonnefoy, Origène théoricien de la méthode théologique, bemerkt hat, in: Mélanges Cavallera (1948) 141.

[39] Wilhelm von St. Thierry, Disputatio adversus Petrum Abaelardum (PL 180, 276 A). Ebd.: «Deinde aliam movet quaestionem...» (281 A).

[40] Gerhoh von Reichersberg, De gloria et honore Filii hominis (PL 194, 1074 bis 1076); In ps. 67 (PL 194, 215 D). Arno von Reichersberg, Liber apologeticus (Weichert, 73–74 und 113) usf.

[41] Hilarius, De Trinitate, lib 12, c 19 (PL 10, 444 B).

die den alten Symbolismus erledigt, indem sie im Glaubenden die Voraussetzungen aufhebt, die ihn erzeugt hatten. Das gilt es nun noch im einzelnen zu zeigen.

Geist des Augustinismus

Nochmals ist auf Augustin zurückzukommen, der der große Erzieher des Frühmittelalters war. Er war gewiß nicht der Mann, die wesentliche Dunkelheit des Glaubens zu leugnen und die demütigende Unterwerfung unserer Vernunft unter ihn zu bestreiten. Hatte das Blendwerk des Manichäismus ihn eine Zeitlang bezaubert, als der funkelnde Faustus ihm eine Lehre verhieß, die sich allein an die Vernunft wandte, so erkannte er bald die tolle Anmaßung dieses Prahlers, die nicht nur inhaltlich Betrug war, sondern in allen Punkten der wahren Situation des Menschseins widersprach. Nie wird jedes Geheimnis gelüftet sein.[42] Dennoch war die demütige Weisheit, der er sich fortan für immer verschrieb, keine geistige Verstümmelung. Sie forderte keinerlei Verzicht auf Einsatz der Vernunft. Den Wissensdurst verwirft Augustin nicht, nur seine vorgreifende Ungeduld und perversen Verirrungen.[43] Er will, daß man zuerst das Fundament des Glaubens lege, um dann das Denkgebäude höher aufführen zu können.[44] Sein Schüler muß glauben, nicht *statt*, sondern *um* zu verstehen. *Fides, si non cogitatur, nulla est.*[45] Das Verstehen ist die geschuldete Folge und die normale Belohnung des Glaubens.[46] Dieser sichert

[42] Augustin stellt mehrfach Rückblicke an auf seine manichäische Periode, z. B. Sermo 51, n 6 (PL 38, 336–337).

[43] De Trinitate, lib 1, c 1: «qui fidei contemnentes initium, immaturo et perverso rationis amore falluntur». Unter diesen gibt es solche, die «intercludunt sibimet intelligentiae vias» (PL 42, 819).

[44] In Joannem, tr. 39, n 3: «A fundamento fidei non recedamus, ut ad culmen perfectionis veniamus» (PL 35, 1682). Epistula ad Consensium: «Haec dixerimus, ut fidem tuam ad amorem intelligentiae cohorter, ad quam vera ratio perducit et cui fides animum praeparat... Si autem nec cupit, et ea quae intelligenda sunt, credenda tantummodo existimat, cui rei fides prosit ignorat» (PL 33, 454 und 456) Vgl. Contra academicos (PL 32, 257); De Trinitate, lib 15, c 28, n 51 (PL 42, 1098) usf.

[45] De praedestinatione sanctorum, n 5 (PL 44, 963).

[46] In Joannem, tr 22, n 2: «Gradus pietatis est fides, fidei fructus intellectus, ut perveniatur ad vitam aeternam» (PL 35, 1574), und ferner: «Ideo non intelligunt, quia non credunt. Propheta enim dicit: Nisi credideritis, non intelligetis. Per fidem

die Berührung mit dem Gegenstand, die erst zur lebendigen Einsicht führen kann.[47] Die geoffenbarte Wahrheit ist also zuerst ein *Dogma*, in dem Sinn, daß der Verstand sie diskussionslos aufgrund der Autorität der Kirche Christi empfängt, die hienieden die Stimme Gottes selbst ist, in der gleichen Art wie der Wille die Gebote entgegennimmt; aber dieses Dogma ist auch ein *Mysterium*. Und wenn dieses für unser menschliches Vermögen wesenhaft dunkel ist, so erstrahlt es in sich selbst von geheimer Sinnfülle. Bedeutet es für den Glauben eine Erprobung, so ist es doch gleichzeitig ein Zeichen, ein Anruf. Es ladet ein, es stachelt auf zu Suchen und Forschen. Wir ahnen, ja erraten, daß es einen leuchtenden Hintergrund hat. Das Rätsel will gelöst sein, auch wenn seine Wahrheit uns über uns selbst hinausführen müßte. Unter dem Buchstaben wird der Geist spürbar. Durch das Zeichen hindurch soll die Sache erreicht werden, die einzig stillende Wirklichkeit. *Interiorem hominem spiritali intelligentia nutriamus.*[48] Das ist der *modus interior*, nach dem jeder sich anzustrengen hat, wenn er einmal, so gut er's kann, das in der Offenbarung Vorgelegte sich angeeignet hat.[49] – Wollten wir für einen Augenblick den Gedanken Augustins in unsere Sprache übertragen, so würden wir sagen: jedes Mysterium, das heißt jede geoffenbarte Wahrheit ist für ihn Sakrament, das heißt Zeichen, und hinwieder ist jedes Sakrament, das heißt jeder heilige Ritus, selbst Mysterium, da er schwanger ist von zu begreifender Wahrheit.

Die Einheit des so definierten Mysteriums und Sakramentes verwirklicht sich zuhöchst in der Eucharistie, dem Zentrum des christlichen Glaubens und Kultes. Eucharistie und Heilige Schrift:

copulamur, per intellectum vivificamur. Prius haereamus per fidem, ut sit quod vivificetur per intellectum.» Alkuin, der diese Stelle anführt, gibt am Ende folgende Variante: «ut sic vivificemur per intellectum» (PL 100, 839 A). Sermo 126: «Fides enim est gradus intelligendi, intellectus autem meritum fidei» (PL 38, 698). In ps. 8, n 6 (PL 36, 111).

[47] Sermo 41 de verbis Domini: «Sic accipite, sic credite, ut mereamini intelligere. Fides enim debet praecedere intellectum, ut sit intellectus fidei praemium.» Vgl. De peccatorum meritis, lib 1, c 21, n 29: «Sed prius sanctarum Scripturarum auctoritatibus colla subdenda sunt, ut ad intellectum per fidem quisque perveniat» (PL 44, 125). De vera religione, n 45: «Auctoritas fidem flagitat, et rationi praeparat hominem: ratio ad intellectum per cognitionem perducit» (PL 34, 141).

[48] De spiritu et littera, c 4 (PL 44, 203). In Epistulam Joannis ad Parthos, tr 10, n 5: «Quaere ubi transeas, non ubi remaneas» (PL 35, 2057).

[49] De Trinitate, lib 8, prooemium, n 1 (PL 42, 97).

das sind die beiden bevorzugten Felder, die dem suchenden Forschen des Glaubenden offenstehen. Auf beide wird man Augustins Aussage anwenden: *Intellectum valde ama.*[50] Wer wollte behaupten, daß hier kein tieferer Sinn zu erforschen bleibt? Je mehr Mysterium, um so mehr Sinn! *Mysterium intelligere, mysterii altitudinem capere*, hatte schon Ambrosius gesagt,[51] der dem Mailänder Konvertiten das Wesentliche am Ideal der griechischen Väter übermitteln sollte; er liebte es auch, Wunder und Mysterium zu vergleichen, um aus dem Gegensatz die geistige Fruchtbarkeit des zweiten herausspringen zu lassen.[52] Man kennt zudem die augustinische Auffassung vom Wunder als einem geheimnisvollen Zeichen, das Träger einer Lehre ist: *Facta miraculorum, quasi verba sunt sacramentorum.* In diesem Geist von Ambrosius und Augustin wird Rupert zum Beispiel sagen: *cum miraculo simul et mysterium est*,[53] oder Gerhoh von Reichersberg wird das *miraculi mysterium* suchen.[54] Wie wollte man also Mysterium und Vernunft in Gegensatz bringen, wo sich alles darum dreht, einen geheimnisvollen Sinngrund, eine *mystica ratio* wahrzunehmen?[55] Unsere Augustinisten werden es genugsam wiederholen. Die mystischen Fakten sind für sie voller Sinn, voller göttlicher Absichten, im Gegensatz zu den zufälligen Ereignissen.[56] Noch mit

[50] Epistula 120, n 13 (PL 33, 459).

[51] In Lucam (PL 15, 1675 C und 1676 B).

[52] In Lucam: « Habes miraculum in elementis, habes documentum in mysteriis » (PL 15, 1633 B); « Mihi plus mysterium quam miraculum prodest » (ebd. 1579 B; vgl. 1689 A usf.). Doch meinte man bei Ambrosius wie bei Hilarius eine größere Zurückhaltung angesichts des Mysteriums feststellen zu können als bei Augustinus: « Tu quoque manum ori admove, scrutari non licet superna mysteria » (De fide, lib 1 n 65; PL, 16, 543 C). Ist doch für Augustin die Gefahr des Rationalismus eunomianischer Prägung schon ferner gerückt.

[53] In Reg., lib 5, c 25 (PL 167, 1261 D; vgl. 645 B). Vgl. Faustus von Reji (Eusebius von Emesa), Sermones de Epiphania (Engelbrecht, 247 und 256); oder Paschasius Radbert, In Matthaeum (PL 120, 359 C, 518 D, 524 B, 529 B).

[54] In ps. 77 (PL 194, 450 B).

[55] Oben, Kp. 2, Anm. 126. Cyrill von Alexandrien, In Joannem (PG 73, 456 C). Gregor von Elvira: « mysticae rationis imaginem portendebant » (Tractatus Origenis, 28); oder auch: « rationem atque mysterium » = der geistliche Sinn (76). Ambrosius, In ps. 1, n 41: « mysteriorum ratio » (Petschenig, 35). Pachymeres, In eccl. Hierarchiam, c 3, n 3 (PG 3, 457 A) usf. Vgl. Origenes (Rufin) über die « rationabiles sensus »: In Genesim, h 12, n 5; In Numeros, h 12, n 1 (PG 12, 229 D, 658 A) usf. Ferner Lanfranc: « non sine certi mysterii ratione » (PL 150, 425 C), oder Stephan von Baugé (PL 172, 1285 AB).

[56] Gilbert, In Cantica, s 4, n 4: « Quis ista aut neget mystica, aut credat fortuita? » (PL 184, 28 C). Rupert von Deutz (PL 167, 739 A, 1245 D) usf.

Rupert rufen sie voller Entzücken aus: *Cuncta splendida, cuncta divinae rationis sunt plena.*[57] In der Eucharistie wie in der Schrift ist für sie alles voller Mysterien, das heißt voller Sinn: *plena mysterii, plena rationis.*[58] Der Umfang der beiden Begriffe deckt sich immer wieder:[59]

> Grande sacramentum est, nec ratione vacat.[60]

Der Geist muß diese geheimnisvollen Sinngründe betreten, wie man in ein Heiligtum eintritt; immer tiefer soll er in sie eindringen – *plenius atque perfectius introire mysteria*[61] – und damit immer tiefere Einsicht gewinnen. «Solange wir leben, sollen wir vom Suchen nicht ablassen.»[62] Schande über den, der wie der verdrossene Knecht im Evangelium sein Talent vergräbt, sich dem Forschen entzieht, das Schatzkästlein, auf dessen Grund das Mysterium glänzt, ehrfürchtig verscharrt, ohne auch nur versucht zu haben, es zu öffnen! Die Huldigung, die der Herr von unserem Glauben erwarten darf, ist nicht diese zurückhaltende Gebärde, sondern im Gegenteil eine mit begieriger Anhänglichkeit geführte Forschung.[63] Unsere Schwachheit wird dabei zuletzt erliegen, aber es ist ihr nicht erlaubt, von vornherein die Waffen zu strecken.[64] Wunderbare Ausblicke öffnen sich so vor der Vernunft. Ein weites Feld wird ihr vorgegeben, auf dem sie den verborgenen

[57] In Exodum, lib 2, c 5 (PL 167, 612D).

[58] Florus, Expositio missae, c 59, n 6: «Haec est rationabilis hostia, plena videlicet rationis, plena mysterii» (Duc, 131). Johannes von Fécamp, Confessio fidei, lib 4, c 2 (PL 101, 1088AB). Gilbertus Universalis, Glosula in psalmos (Smalley, 1936, 58). Vgl. Origenes, In Exodum, h 7, n 3: «Putas non habet aliquid rationis, quod, etc.?» «Si vero rimemur in his mysterium latens ...» (Baehrens, 207); In Leviticum, h 5, n 3: «quae sit ratio, quaeve mysteria» (Baehrens, 340). Im Gefolge einer alten Gewohnheit wird auch Aegidius von Rom noch schreiben, De ecclesiastica potestate, lib 1, c 3: «Nec vacat a mysterio, quod aliquando pro toto homine ponitur caro, aliquando anima» (Scholtz, 9).

[59] Bei Exegeten und Liturgikern steht bald «quid mysterii (oder sacramenti) contineat» und bald «quid rationis». Eucher, Instructiones (PL 50, 803A). Amalarius (PL 105, 1101C und 1244A). Ps-Primasius, In Hebr. (PL 68, 739D). Radulf von St. Germer, In Leviticum (BMP, Bd. 17, 68G und 164D).

[60] Hildebert, Versus de mysterio missae (PL 171, 1180A).

[61] Missale von Bobbio, Missa in cena Domini (Lowe, 62). Gallikanisches Sakramentar, ebd. (PL 72, 493B).

[62] Hugo von St. Victor, De sacramentis, lib 2, 14, 9: «Quamdiu vivimus, necesse habemus semper quaerere» (PL 176, 570) usf.

[63] Othlo von St. Emmeran, Dialogus de tribus quaestionibus, c 33: «avida et fidelissima inquisitione» (PL 146, 101–102).

[64] Leo der Große, Sermo 11 de passione Domini, c 1 (PL 54, 350A) usf.

Sinngründen der Geheimnisse nachgehen kann. Das Denken verfeinert sich, das ganze Sein schwingt sich vom Glauben her empor *ad divinae subtilitatis intelligentiam!*[65] Wieviel Erfindungskraft wird eingesetzt, um all die verborgenen Zusammenhänge unter den Zeichen und Sinnbildern aufzuspüren! Wie fruchtbar ist die Entdeckerkraft! Welche Seligkeit, sich einzustimmen *in consonantiarum mysticarum ordine!*[66] Welcher Vorgeschmack ewiger Seligkeit!

Man wird einwenden, hier werde mit Worten gespielt, solche Vorstellungen setzten jedenfalls einen völlig mystischen Begriff der Vernunft voraus, der uns Heutigen kaum noch etwas zu sagen habe. Nun, dies müßte noch untersucht werden. Aber hier geht es zunächst um die Geschichte. Macht nicht vielleicht eben diese mystische Auffassung die Originalität des hl. Augustin aus? Bezeichnet er nicht gerade dadurch ob man ihn nun als Einzelpersönlichkeit nimmt oder als Höhepunkt des patristischen Zeitalters – eine denkwürdige Phase in der Geschichte des menschlichen Geistes? Er stellt sich an den genauen Knotenpunkt, wo das Forschen der Vernunft zusammenfällt mit der Sehnsucht des Herzens, beide zusammen die einzige Kurve und Schwingung des Geistes bilden. Man hat oft gefragt, ob die augustinische Beschauung bloß als «intellektuell» oder als eigentlich «mystisch» zu bezeichnen sei.[67] Man könnte die gleiche Frage anläßlich der Inspiration seiner gesamten Theologie stellen. Aber vielleicht würde schon die Fragestellung in dieser Form, die, von einer andern Erfahrung als der seinen ausgehend, Begriffe gegeneinanderstellt, die ihr nicht angemessen sind, für uns den Zugang zum Eigentlichen dieser Erfahrung endgültig verrammeln. Denn nicht nur in den Lösungen, sondern früher und tiefer in den Fragen unterscheiden sich die großen Geister, die großen Zeitalter. Keine zwei bedeutenden Denker oder Mystiker stellen die wesentlichen Fra-

[65] Guibert von Nogent, De pignoribus sanctorum, lib 2, c 6, n 4 (PL 156, 650).

[66] Othlo von St. Emmeran, Dialogus de tribus quaestionibus, c 43 (PL 146, 120 A).

[67] Cavallera stellt richtig fest: «Niemand wäre weniger mystisch als Augustin, wenn man mißbräuchlich unter Mystik einen Irrationalismus der Erkenntnis verstehen wollte. Keiner hat energischer als er auf die Notwendigkeit gedrungen, daß der Geist sich durch eigene Anstrengung die Wahrheit aneigne» Siehe auch M.-D. Chenu, RevScPhTh 19 (1930), 572–573.

gen in sich überdeckenden Formeln. Sogar im Bereich einer selben theologischen oder spirituellen Tradition vermittelt uns ein jeder – wenn recht befragt – das Gefühl immer neuer Erfindung, die für das Geistesleben notwendig ist, und gleichsam einer dauernden Grenzverschiebung. Keiner der Maßgeblichen tritt auf, ohne daß sich in Regionen, die uns durch ewig gültige Kategorien gekennzeichnet scheinen, seine Wirksamkeit einschriebe. Glückhafter als die größten Schiffskapitäne und kühnsten Erbauer von Reichen, gelingt es ihnen, uns den früheren Zustand der Geisteswelt gänzlich vergessen zu lassen, denn sie haben sie neugeprägt. Aber im unvermeidlichen Gegenschlag wird auch ihr Werk, wenn es seinerseits «überholt» wird, ebenso notwendig verkannt. Uns fehlt die Einbildungskraft, selbst wenn wir ihre Texte noch in Händen haben, um ihr geistiges Weltall zu rekonstruieren. Denn wir müßten uns in der Tiefe unserer selbst auf das besinnen, was eben von neuem umgeschmolzen worden ist. Worte mögen sich konservieren, die ganze Apparatur der Beweise: doch hat man damit in sich selbst die Mutter-Ideen noch nicht wiedererweckt, die diese ganze Vorrichtung von Worten und Begriffen auszudrücken bestimmt war. Dergestalt haben wir heute Mühe, jene *intelligentia fidei*, die die Seele und die treibende Kraft alles Augustinismus war, ich sage nicht bloß für uns selber zu verlebendigen, oder sie auch nur rückblickend zu rechtfertigen, sondern sie überhaupt wiederzufinden. Der Begriff scheint uns unheilbar zweideutig, wir sehen die Mitte nicht, die man ihm zuweisen könnte zwischen mystischer Erleuchtung, die ganz übernatürlich die Seele eines sonst vielleicht recht unwissenden Heiligen heimsuchen kann, um ihn jenseits alles vernünftig Erklärbaren in Gottes verborgenste Geheimnisse einzubeziehen – und der Anstrengung rationalen Forschens, wie sie sowohl der Theologe wie der Philosoph, jeder nach seiner Methode, an den Daten der Offenbarung betreiben. Wo steht denn diese «Einsicht», die wir weder als Vernunft noch als Mystik ansprechen können und die doch vorgibt, beides in einem zu sein?

So räsoniert notwendig heute die Vernunft, auch die christliche. Wir können es nicht ändern, daß sie seit langem säkularisiert ist. Die Atmosphäre, in der sie sich normalerweise bewegt, der natürliche Rhythmus ihres Atems sind von dem der Väterzeit ganz verschieden. Bei diesen war die Triebkraft des Denkens nicht die Identität, auch nicht die Analogie, sondern *Anagogie*. War sie in ihrem Ausgangspunkt immer gründlich inkarniert, so war sie zugleich als Bewegung immer aufsteigend: von der Schöpfung empor zu Christus, von Christus hinauf bis in die *invisibilia Dei*. Alles Sinnliche war für sie ein Sakrament, es wollte weniger organisiert und begründet als im Steigen durchlaufen sein. *Universa pertingens, universa pertransiens.*[68] Im weitesten Sinn also war diese Anagogie, nach einem Ausdruck des Hieronymus, der damit Origenes wiedergibt – *perspicacia intuitus sacramentorum*. «Vernünftig sein» und «kontemplativ sein» war im Innersten ein und dasselbe: *hominis est rationale contemplativumque proprium.*[69] Hält man es für bedeutungslos in einem ganzen Geistesleben, wenn die menschliche Vernunft und der Logos Gottes durch das gleiche Wort bezeichnet wurden? Das ungeschaffene Bild des Vaters und die nach Gottes Bild geschaffene Kreatur besaßen eine intime Verwandtschaft, und die Bestimmung der Vernunft war es, diese Verwandtschaft zu erweisen und zu vollenden. Ausgehend von der Natur, ausgehend von der Geschichte oder von der Schrift oder von der Liturgie: ausgehend von Jeglichem schwang sich der Geist zur geistlichen Einsicht empor: immer im Licht des göttlichen Wortes, immer im Drang des göttlichen Geistes.

So verstanden ist die augustinische Lehre von der Illumination weit mehr als die Theorie eines einzelnen Denkers; sie war und sie bleibt für uns der Zeuge eines Zustandes der Vernunft. Stellt sie damit einen durch die späteren Errungenschaften dieser Vernunft überholten Zustand dar? Eine solche Auffassung des «Fortschritts» mit ihrem einfältigen Hochmut würde uns endgültig aus einem Geisterreich ausschließen, dem anzugehören wir sogar die Sehnsucht verloren hätten. Lassen wir uns von Max Scheler belehren, der uns sagt:

[68] Gilbert, In Cantica, s 4, n 8 (PL 184, 31 B). Augustin, De diversis quaestionibus, 2, 43, über die Menschwerdung des Wortes und die Herabkunft die Geistes in Taubengestalt: «Utrumque autem visibiliter factum est propter carnales, ab iis quae oculis corporeis cernuntur, ad ea quae mente intelliguntur, *sacramentorum gradibus* transferendos» (PL 40, 28). Paschasius Radbert, In Matthaeum (PL 120, 59 A, 173 B, 719 B). Vgl. F. van der Meer, «Sacramentum» chez saint Augustin, in: Maison-Dieu 13 (1948) 56.

[69] Hesychius, In Leviticum, lib 6, Vorwort (PG 93, 1019 BC).

> Die Phasen der Entwicklung sind nie bloß »Trittbretter«, sondern auch eigenwertig und wesenseigenartig. Entwicklung ist nie bloß Fortschritt, sondern immer auch Dekadenz.[70]

In keinem Bereich dürfte sich dieses Gesetz eindeutiger bewahrheiten als hier. Aber nochmals: das Unternehmen, ein geistiges Verhalten zu kritisieren oder zu verteidigen, wäre eitel, wenn jeder Versuch einer Kritik oder Rechtfertigung nach unseren heutigen Normen nur dazu führen kann, es zu fälschen, ohne ihm neues Leben einhauchen zu können. Wenn wir noch, obwohl schwächlich, von seinen uns hinterlassenen Produkten leben, so ist doch es selber in seiner unterscheidenden Besonderheit lange tot.[71] Seit dem Ende des 11. Jahrhunderts ist das Gleichgewicht, das es voraussetzt, aufgehoben. Anselm und Rupert, Abälard und Hugo von St. Victor sind allesamt Erben Augustins. Alle suchen sie nach dieser Einsicht, die brennend zu ersehnen er sie gelehrt hat. Aber zwischen der «rationalistischen» Theologie eines Anselm oder eines Abälard und der «symbolistischen» oder «mystischen» eines Rupert oder Hugo ist der Graben schon aufgerissen.

Der Fall des hl. Anselm ist besonders wichtig, seine Erwägung besonders lehrreich. Mit ihm ändert sich die Richtung, anscheinend unbewußt; wohin fortan das Denken strebt, ist noch nicht absehbar, und doch ist das Neue darin schon mehr als zur Hälfte verwirklicht. Anselm fährt im Kielwasser Augustins, ist entschlossen, eine Anstrengung neu aufzugreifen, die im Lauf ungünstiger Jahrhunderte erschlafft war. Wie sein Meister bewegt er sich im Innern des Glaubens. Ohne ihn in Frage zu stellen, klammert er ihn trotzdem ein: er will die Vernunft darin heraus-

[70] Wesen und Formen der Sympathie ([5]1948) 32–33.

[71] «Wir sehen», schreibt Ch. Journet (Introduction à la théologie [1947] 113), daß noch heute der Ausdruck intelligentia fidei für uns die Fülle seiner Bewegtheit und Kraft behalten muß. Denn ein Prozeß der Differenzierung, der dabei nicht immerfort zu seinen Wurzeln, seiner Mutter-Idee, seinen ursprünglichen Implikationen zurückkehrte, um dort neue Nahrung zu schöpfen, müßte aus der Bahn geraten, vertrocknen, verirren.» Man kann es nicht besser sagen; diese Worte beschrieben die ganze Anstrengung, die wir unsererseits hier zu machen versuchen. Und doch kann diese Anstrengung nur dann einige Frucht tragen, wenn man sich zuerst ein möglichst lebendiges Bewußtsein von jener Mannigfaltigkeit verschafft, die das Werk der Zeit ist. Niemals wird unsere intelligentia fidei, wenn sie etwas Ernsthaftes sein will, die bloße Reproduktion einzelner Denkschritte eines Augustinus oder Anselm sein können.

treten lassen.[72] *Fides quaerens intellectum:* es ist das traditionelle Programm. Aber die Zeit ist seit Augustin vorangeschritten, das 11. Jahrhundert läßt sich nicht ohne weiteres dem fünften anschweißen. Die nun aufblühende Renaissance unterliegt dem Gesetz aller geschichtlichen Wiedergeburten. Ein Weg zurück kann sie nicht sein. Viel stärker, als sie es möchte, viel stärker auch als sie sich dessen bewußt ist, ist sie Innovation, um nicht zu sagen Revolution.

So ist es nicht weiter erstaunlich, daß die Darsteller des anselmischen Denkens sich in zwei gegensätzliche Lager aufteilen, deren keines je endgültig über das andere siegen wird. Das Recht liegt auf beiden Seiten. Denn dieses Denken ist doppeldeutig. Es ist «weder eine Theologie im eigentlichen Sinn», im modernen nämlich, «noch eine rein mystische Lehre».[73] Augustinisch noch in seiner tiefen Absicht wie auch in seinen tragenden Formeln, kehrt es Augustin doch den Rücken, indem es neue Kräfte in seinen Dienst zieht und von einem neuen Ideal des Verstehens fasziniert ist. Wie Augustin arbeitet Anselm daran, «die geglaubte Wahrheit in gewußte Wahrheit» zu verwandeln, doch weder das Verfahren noch das Ziel sind sich genau gleichgeblieben. Für Anselm wie für Augustin kann man sagen, daß «das Glauben ein einfacher Ersatz für das Wissen» sei,[74] aber das anselmische «Wissen» ist nicht mehr das augustinische. Ohne seinen kontemplativen Charakter aufzuheben, nimmt das anselmische Wissen die Gestalt einer Beweisführung an. Ist Anselm auch kein Rationalist im modernen Sinn, so nicht deshalb, weil er zögern würde, den Glaubensgegenstand streng zu beweisen (und sich dabei zum bessern Verständnis auch mit Wahrscheinlichkeitsgründen zu be-

[72] Prologium: «Sub persona conantis erigere mentem suam ad contemplandum Deum, et quarentis intelligere quod credit, subditum scripsi opusculum» (PL 158, 224). De fide Trinitatis, praefatio: «Nullum tamen reprehendendum arbitror, si fide stabilitus, in rationis eius indagine se voluerit exercere... Et, ut alia taceam, quibus sacra Pagina nos ad investigandam rationem invitat, ubi dicit: nisi credideritis, non intelligetis, aperte nos monet intentionem ad intellectum extendere, cum docet qualiter ad illum debeamus proficere» (PL 158, 261) usf.

[73] Jean Leclercq und J.-P. Bonnes, Jean de Fécamp (1946) 78–79.

[74] E. Gilson, L'esprit de la philosophie médiévale, Bd. 1, 37; vgl. 43: «Das trübe Medium des Glaubens wich jäh für sie der Durchsichtigkeit des Verstehens.» Diese Formeln gelten nach Gilson ebensosehr für die Theologie Augustins wie für die Anselms und Thomas' von Aquin.

gnügen), sondern nur deshalb, weil die Beweisführung selber für ihn durch eine Vernunft erfolgt, deren Licht noch göttlich ist. Der Glaube ist nach ihm dem Verstehen nicht so entgegengesetzt, wie für uns die übernatürliche Ordnung der natürlichen, oder wie die Ordnung der Offenbarung derjenigen der bloßen Vernunft. Sondern wenn der Glaube eine positive Offenbarung voraussetzt, dann setzt das Verstehen eine vernunfthafte Offenbarung voraus, und wie die zweite auf die erste angewendet wird, so ist die erste normalerweise dazu bestimmt, sich in die zweite zu verwandeln. Die Vernunft bei Anselm ist also noch nicht säkularisiert. Sie ist aber auch nicht mehr die Einsicht Augustins; ihre Wendung zum Dialektischen, ihre Ausrichtung auf den Beweis kündet ein neues Zeitalter an.[75] Anselm ist in keiner Weise ein Rationalist – Abälard wird es ebensowenig sein. Und doch sind Anselm und Abälard die Begründer des «christlichen Rationalismus».

Dieser christliche Rationalismus konnte sich die *intelligentia mysteriorum* nicht mehr ohne Beweisführung vorstellen. Ein solcher Ehrgeiz mußte naturgemäß eine mystische Gegenströmung auslösen, so daß die beiden latenten Tendenzen im Augustinismus sich immer ausdrücklicher gegenübertreten mußten. Er mußte auch im Gegenwurf ein Ideal des nackten Glaubens erwecken, das dem eigentlich augustinischen Ideal ebenso fern stand. Dieser Vorgang wird in der eucharistischen Theologie besonders deutlich. Sie war der Hauptanlaß für die entscheidende Kehre, die sich damals im christlichen Denken vollzog, und bleibt für uns die beste Illustration dafür.

[75] Paul Vignaux übersteigt den Gegensatz, der zum Beispiel Dom Cappuyns und Ad. Kolping auf der einen Seite, Anselm Stolz auf der andern Seite entzweit, und beharrt auf der Ambivalenz des anselmischen Werkes: La pensée au moyen âge, 38 und 42. Ein Beispiel sei noch angeführt, das die Dinge verdeutlichen kann. Das «vere esse» des Proslogions stammt, wie A. Stolz feststellt, von Augustin und den Neuplatonikern, wo es die gleiche Bedeutung hat wie «incommutabiliter esse»; aber Dom Cappuyns bemerkt auch, daß dieses «vere esse» bei Anselm eine leichte Transposition oder vielmehr Einschränkung erfährt, «die ihm wenig mehr beläßt als den Sinn von: wirklich, real, in re existieren» (BTAM, 1938, 288–289).

Gegen ein indiskretes Verstehen, das mit seinen Fragestellungen auch seine Methoden veränderte, wird zuerst mittels einer Anzahl traditioneller Axiome reagiert, die jetzt um so nachdrücklicher und ausschließlicher betont werden. Für die Eucharistie erinnert man an Worte des Hilarius gegen den Rationalismus, der das Geheimnis nicht zu respektieren weiß.[76] Neugierigem Fragen wird ein Zaum angelegt (dabei besteht aber Gefahr, daß auch die traditionelle Suche nach Einsicht entmutigt wird), indem man die alte Formel wiederholt, die bei Gregor dem Großen die Unterwerfung des Geistes angesichts des Wunders forderte oder die Diskussion der Glaubenstatsachen durch die Vernunft untersagte:[77] eine Formel, die längst in der Liturgie ihren Platz gefunden hatte: *sacramenta divina non tam discutienda sunt, quam credenda* –[78] *magis veneranda quam discutienda.*[79] Nur fehlt jetzt diesen heilsamen Anweisungen das Gegengewicht. Der Geist wird nicht mehr eingeladen, trotz allem nach dem zu suchen, was sich unter der Rätselhülle der Riten oder Worte verbirgt. Man sagt nicht mehr wie Florus:

> Agnoscisne, rogo, reverendae aenigmata matris,
> Et mea quid signent mystica verba capis?[80]

[76] De Trinitate, lib 2, c 2 (PL 10,51). Gezo von Tortona (PL 137, 376).

[77] Moralia in Job, lib 6, n 19: «Divina miracula et semper debent considerari per studium, et nunquam discuti per intellectum. Mira igitur ex fide credenda sunt, perscrutanda per rationem non sunt, quia si haec nostris oculis ratio expanderet, mira non essent» (PL 75, 739 BC). Vgl. im Bezug auf die Menschwerdung, Conc. Francof. ep. synodica ad praesules Hispaniae missa: «Divina enim magis fide veneranda sunt quam ratione investiganda» (PL 101, 1331 B). Schon Ambrosius, dessen anti-dialektische Tendenz sehr betont ist: «Discutimus quae non videmus, qui iubemur credere magis quam discutere, quae videmus» (De fide, lib 1, n 78; PL 547 A; vgl. n 42 und 84, ebd. 537 A und 548 B).

[78] Gallikanisches Sakramentar, Missa in symboli traditione (PL 72, 488C).

[79] Florus, Expositio missae, c 66, n 1 (Duc, 140). Remigius von Auxerre, De celebratione missae (PL 101, 1262). Dieses Wort wiederholt sich anläßlich des geheimnisvollen Gebetes im Kanon «Supplices te rogamus». Innozenz III. verwendet es, um die Fragen jener zu unterbinden, die wissen möchten, was für einen Leib Christus in der Eucharistie hingibt (PL 217, 863).

[80] De iniusta vexatione Ecclesiae lugdunensis, c 57–58 (MGH, Poetae aevi Carolini, Bd. 2, 557).

Man führt im Gegenteil mit Wohlgefallen das Wort des Siraciden an: *Altiora te ne quaesieris.*[81] Die Eucharistie ist ein tiefes, ein unergründliches Mysterium, man soll es nicht vermessentlich zu ergründen versuchen.[82] Der Verfasser des Briefes an Patricius – nicht Rather von Verona, sondern ein wesentlich späterer Schriftsteller –[83] fordert einen schlichten Glauben, der sich mit keinerlei spekulativer Anstrengung belastet: *De caeteris, quaeso, ne solliciteris.*[84] Einstmals, so erklärt Alger von Lüttich, durfte Jakob mit dem Engel ringen, aber er hatte Arme eines Patriarchen, und er hoffte, am Ende der Nacht ein Morgenrot aufgehen zu sehen; für uns, die wir schwachen Geistes sind, wäre es Tollheit, irgendwie mit Gott ringen zu wollen: nicht nur gewännen wir nichts, wir verlören dabei, und könnten im voraus sicher sein, daß der ganze Kampf bis zuletzt in der Nacht verbliebe.[85] Vergebliches Unterfangen, das Mysterium «verstehen» zu wollen! Lanfranc versichert es gleichfalls: *Si quaeris modum quo id fieri possit, breviter ad praesens respondeo: mysterium fidei credi salubriter potest, vestigari utiliter non potest.*[86] Wer sich zu solchem Vorwitz verleiten läßt, macht sich sogar des Mangels an Glauben verdächtig: *De sua salute dubitare videtur, qui de mysteriis salutis questionem facere cognoscitur.* Ein Schüler Lanfrancs, Arnulf von Rochester verkündet das, im Hinblick auf solche, die sich fragen, ob man bei der Kommunion nur den Leib Christi oder mit dem Leib auch seine Seele empfange.[87] Und er fügt hinzu: Meiden wir diese Stolzen, die durch Aufwerfen solcher Fragen weise erscheinen möch-

[81] Lanfranc (PL 150, 427 A). Ernulf, Epistula 2ª (d'Achery, Spicilegium, Bd. 3, 473) usf. Gewiß verwarf Augustin das eitel-neugierige Fragen. Bei den Dingen, die Gott nicht geoffenbart hat, zog er eine «cauta ignoratio» einer «temeraria praesumptio» vor. Die Erfahrung mit soviel Irrlehrern, die sich gotteslästerliche Fabeln ersonnen hatten, ließ Augustin auf die Worte des Siraciden zurückgreifen (Ad Orosium, c 11, n 14; PL 42, 578); aber damit wollte er den glaubenden Geist nicht entmutigen, demütig und brennend das Mysterium zu befragen.

[82] Speculum Ecclesiae, c 7 (PL 177, 367 B).

[83] Rather starb 974; der Brief stammt eher aus der zweiten Hälfte des 11. Jahrhunderts, vielleicht ist er sogar, laut Geiselmann, nach 1120 verfaßt. Vgl. RHE (1927) 308.

[84] «De caeteris, quaeso, ne solliciteris, quandoquidem mysterium esse audis; nam si mysterium est, non valet comprehendi; si fide debet credi, non vero discuti» (PL 135, 647–648).

[85] Hugo von Lüttich, De corpore et sanguine Christi (PL 142, 1328 C).

[86] Liber de corpore, c 10 (PL 150, 421 D).

[87] Epistula 2ª (d'Achery, Bd. 3, 473).

ten, und statt so eitlen Disputationen beizupflichten, geben wir das Beispiel eines demütigen treuen Gehorsams gegenüber den Verfügungen der Kirche und der heiligen Autoritäten.[88] Den Tüfteleien der Vernunft stelle sich der lautere schlichte Glaube entgegen.[89]

Somit tritt das Mysterium, das einzusehen wäre, vor dem Wunder, das nur geglaubt werden kann, zurück, weil die Auffassung der Vernunft sich gewandelt hat. Der Glaube eröffnet nicht länger den Raum für die kontemplative Einsicht: er ist ein Hindernis, das von Gott selbst den Gelüsten der spekulierenden Vernunft über den Weg gelegt worden ist. Es geht nicht mehr darum, sich vom Glauben zur Einsicht zu erheben; das Vermögen der Einsicht ist zu einem solchen der Dialektik geworden; so muß man denn im Gegenteil sagen: *intellectum fides transcendit.*[90] Wenn man trotzdem zuweilen noch von «Verstehen» spricht, dann meint man damit eindeutig: sich einen rechten Begriff von der zu glaubenden Sache machen. *Panem vides, intellige carnem.*[91] Wenn der klassische Spruch: *fides quaerens intellectum* wiederholt wird, dann nur um gegen die Leugner das «wie» des Mysteriums ein klein wenig zu erhellen, um auf ihre Einwände zu antworten. Das verfolgte Ziel ist nicht mehr kontemplativ, auch nicht dogmatisch, sondern rein apologetisch (nach einem gewohnten Gesetz wird die Dogmatik dabei bald wieder auf ihre Rechnung kommen).[92] Man unter-

[88] Ernulf, ebd.: «Cuius generis percunctationes ab his frequenter proponi solent, qui appetunt sapientes videri, quod magis delectat philosophicis disputationibus elate inservire, quam ecclesiasticis disciplinis et sacris auctoritatibus humiliter ac fideliter oboedire... Non est utile animae christianae insolitis disputationibus discutere mysteria redemptionis nostrae...» Herbert Losinga, Sermo 7: «Ea est summa ratio, voluntati et verbo Dei credere, et fatuis investigationibus occulta et secreta divina opera nullatenus perscrutari» (Goulburn-Symonds, 190).

[89] Johannes von Fécamp, Confessio fidei, lib 4, c 3–6 (PL 101, 1088–1090). Hugo von Rouen, Dialogorum, lib 5, c 15: «Quomodo possunt haec fieri? – ... Sacramenta fidem quaerunt, diffiniri nesciunt ...» (PL 192, 1210).

[90] Speculum Ecclesiae, c 7 (PL 177, 362). «Fides est excelsior dialectica» (ebd.).

[91] Berengar von Venusia, Kommentar zum 26. Traktat Augustins über den hl. Johannes: «Quid est autem, quod hic egregius expositor nos in hoc loco intelligere persuadet, nisi ut ea quae videmus non credamus, et ea quae non videmus intelligamus? Panem vides, intellige carnem; vinum vides, intellige sanguinem. Intelligendo crede, credendo manduca, manducando imitare: id est, Christus in te, et tu in Christo maneas» (Morin, aaO. 119). Durandus von Troarn, p 5, c 16: «Ita et in dominico sacramento panem, qui cernitur, nihil aliud quam Christi carnem, quae percipitur, intelligimus, tametsi hoc capere vel disserere nequeamus» (PL 149, 1400 A).

[92] Vgl. Apologétique et théologie, in: NRT 57 (1930).

nimmt mit mehr oder weniger Eifer diese Aufgabe, um die Anweisung Petri zu befolgen: jeder Gläubige solle bereit sein, Rechenschaft von seinem Glauben abzulegen.[93] Das *rationem reddere* ist an die Stelle des *mente cernere* getreten.[94] Und auch so bleibt es noch in den Augen mancher ein Weg voller Zugeständnisse, den zu betreten sie sich weigern.

So bricht sich allmählich eine neue Denkweise Bahn. Eine Einzelheit erlaubt uns, sie in ihrem Ansatz zu beobachten. Es geht um die Antwort auf die klassische Frage: Warum schenkt sich uns Christus unter der Gestalt des Brotes? Der grundlegende Sinn der Frage bestand darin, zu fragen, warum Gott, um sich uns mitzuteilen, die sakramentale Ordnung verfügt hatte. Die Antwort war, daß eine solche «oikonomia» sich unserer Menschheit anpassen wollte. Wir brauchen sinnliche Zeichen, weil wir Sinnenwesen sind. Die Sakramente – *visibilia sacramenta, corporalia mysteria* – setzen die Bewegung der Menschwerdung fort. Sie sind *propter eruditionem nostram* eingesetzt.[95] Wie Gott unseresgleichen wurde, um uns zu erscheinen, so stellt er sich uns unter diesen «Gestalten» vor: sie nähern die göttliche Wirklichkeit unserem fleischlichen Sein und schenken uns dadurch Zugang zu ihm. Fragte man aber nun näherhin: *cur in tali specie?*, dann war die Antwort nicht schwer; die reiche Symbolik von Brot und Wein legte sie nahe. Und dachte man genauer an Fleisch und Blut, wie sie auf dem Altar gegenwärtig sind, so konnte man bewundern, daß sie *sub alia specie* verborgen waren, sei es, weil der verherrlichte Leib Christi uns als solcher überwältigen würde,[96] sei es vor allem, um uns ein

[93] 1 Petr 3,15.

[94] Man vergleiche Augustin, De Trinitate, lib 1, c 2, n 4: «reddere rationem quod Trinitas sit unus et solus et verus Deus, etc.» und lib 8, prooemium, n 1: «modus aliquis adhibendus est, ... quo possit mente cerni essentia veritatis ...»

[95] Ferner Hugo von St. Victor, De sacramentis, lib 1, p 9, c 3: «Propter eruditionem quoque instituta sunt sacramenta, ut per id quod foris in sacramento in specie visibili cernitur, ad invisibilem virtutem quae intus in re sacramenti constat agnoscendam mens humana erudiatur» (PL 176, 320AB). Hugo übersieht dabei nicht zwei andere Gründe: «propter humiliationem, propter exercitationem». Und Bonaventura, Tractatus de plantatione paradisi: «Sicut in Christum pie intendentibus aspectus carnis, qui patebat, via erat ad agnitionem divinitatis, quae latebat; sic ad intelligendam divinae sapientiae veritatem, aenigmaticis ac mysticis figuris intelligentiae rationalis manuducitur oculus» (Quaracchi V, 574–575). Schon Gaudentius von Brescia, Tractatus 2, betonte die symbolische Ratio (Glueck, 31–32).

[96] Gottfried von Vendôme, Tractatus de corpore et sanguine D.N.J.C.: «Si illa gloriosissima caro et sacratissimus ille sanguis ... in propria natura hominibus ap-

natürliches Gefühl des Grausens zu ersparen... Seit dem *De sacramentis*[97] und seit Gregor wird dieser letzte Grund überall mitangeführt.[98]

Zusammengefaßt: alle diese Antworten laufen darauf hinaus, daß Gott die Dinge nicht anders verfügen konnte, wenn er mit unserer Menschennatur rechnen wollte. – Aber im Maße als in der aufgewiesenen Art die Auffassung vom Mysterium sich verschiebt, erhält eine andere Antwort Oberhand: der Schleier der «Gestalten» hat jetzt keinen andern Zweck mehr, als unsern Glauben zu erproben. Darin liegt fortan zumindest ihre Hauptbedeutung. *Ut occulto mysterio fides exerceatur ad meritum*, meint Alger von Lüttich,[99] nach seinem Landsmann Adelmann.[100] Paschasius Radbert hatte es schon gesagt,[101] doch stand dieser Gedanke bei ihm im Hintergrund, er wurde als letzte Begründung angeführt, während er seit dem 12. Jahrhundert ins Rampenlicht gestellt und breit entwickelt wird. So etwa bei Petrus Comestor,[102] bei Innozenz III. [103] und beim Ps-Damiani.[104] Im Verhältnis von

parerent, prae sui magnitudine, homines illa ferre non possent, etc.» (PL 157, 212–213).

[97] Lib 4, c 4, n 20 (PL 16, 443 A). Desgleichen Cyrill von Alexandrien, Theophylakt, usf. Mozarabische Liturgie (PL 85, 249).

[98] Werner von St. Blasien (PL 157, 910 BC und 910–911). Bruno von Segni (PL 165, 502 B). Ivo von Chartres (PL 161, 144 D und 147 BC). Rupert von Deutz, De Spiritu sancto, lib 3, c 21 (PL 167, 1662 D). Hildebert (PL 171, 1194 A). Ps-Hugo, Miscellanea (PL 177, 492 C). Fragment der Schule von Laon (Lottin, RTAM, 1946, 280). Gratian, De consecratione, d 2, c 43, 55 und 73 (Friedberg, 1329, 2335, 1344) usf.

[99] De sacramentis, lib 2, c 3 (PL 180, 821). Vgl. Prologus (ebd. 741). Guibert von Nogent bringt diesen Grund erst an letzter Stelle; darin verrät sich wieder sein gewohnter Archaismus: «... fidem quoque exercendam» (PL 156, 640 AB).

[100] «Ut ergo fides exerceatur, credendo quod non apparet, vitale sacramentum sub specie corporea vitaliter latet, uti anima in corpore» (Heurtevent, 294). Vgl. Liber de sacra eucharistia (PL 171, 1203 C).

[101] C 13, n 1: «ut ... et meritum cresceret de virtute fidei» (PL 120, 1315 C). Vgl. Heriger, c 1 (PL 139, 180 AB).

[102] Sententiae de sacramentis, De corpore ..., n 8: «Sub alia specie, et non sub propria specie ... dedit hoc sacramentum Christus, tribus de causis. Prima, ut fides ... haberet meritum; nec enim fides habet meritum, cui humana ratio praebet experimentum» (Martin, 37).

[103] Epistula 121 ad Joannem, archiepiscopum Lugdunensem: «Dicitur tamen mysterium fidei, quoniam et aliud ibi creditur quam cernitur, et aliud cernitur quam credatur. Cernitur enim species panis et vini, et creditur veritas carnis et sanguinis, ac virtus unitatis et caritatis» (PL 214, 1121 A).

[104] Expositio canonis: «Tribus ex causis sacramentum corporis et saguinis sui sub alia specie sumendum instituit: ad augendum meritum, ad fovendum sensum, et ad vitandum ridiculum. Ad augendum meritum, quia aliud ibi cernitur, et aliud cre-

der *panis species* zur *Christi caro* erscheint jetzt nur noch das Anderssein beachtlich. Worte, die Thomas in seinem 7. Opusculum gebraucht, werfen ein deutliches Licht auf die erfolgte Wandlung, denn während man früher vor allem die positive Analogie zwischen Zeichen und Bezeichneten betonte, begnügt er sich damit, ihre Unterschiede hervorzuheben.

> ... Accidentia autem sine subiecto in eodem subsistunt, ut fides locum habeat, dum visibile invisibiliter sumitur, aliena specie occultatum.[105]

Nicht minder bezeichnend ist die Verwendung, die man um die gleiche Zeit von dem bekannten Ausspruch Gregors des Großen macht: *Fides non habet meritum, cui humana ratio praebet experimentum.*[106] Gregor hatte das in einer Homilie für die Osteroktav gesagt, anläßlich des Wunders, daß der Auferstandene «durch verschlossene Türen» in den Abendmahlssaal tritt. Er drückt damit einen ihm vertrauten Gedanken aus,[107] und es läßt sich nicht leugnen, daß der heilige Papst auch sonst die Abenteuer der Vernunft nicht sonderlich ermutigt. Immerhin war er gleich seinem Meister Augustin der Ansicht, daß wenn unbedingte Unterwerfung unter die Offenbarungstatsachen dem Glaubensleben die unentbehrliche Grundlage sichert, sie dennoch von der Anstrengung gefolgt sein muß, das unter der Rinde der Tatsachen ver-

ditur. Ad fovendum sensum, ne abhorreret animus quod cerneret oculus. Ad vitandum ridiculum, ne insultaret paganus si id ageret Christianus» (PL 145, 884 B). Diese Aufzählung der drei Motive war klassisch. Sie findet sich schon bei Petrus Comestor. Man begegnet ihr wieder in der Glossa über das 4. Buch der Sentenzen, von der Weisweiler einige Bruchstücke in der Festschrift Grabmann, Bd. 1, 1935, 392, vorgelegt hat. Vgl. Bonaventura, Sermo de sanctissimo corpore Christi (Quaracchi V, 564).

105 Im 10. Kap. seiner Exposition de la doctrine catholique wird Bossuet schreiben: «Da der Herr in diesem Geheimnis unsern Glauben erproben und uns gleichzeitig das Grauen davor ersparen wollte, sein Fleisch und Blut in ihrer eigenen Gestalt zu essen und zu trinken, war es angemessen, sie uns unter fremder Gestalt darzureichen» (Vogt, 151–152).

106 In Evangelia, lib 2, h 26, n 1: «Prima lectionis huius evangelicae quaestio animum pulsat, quomodo post resurrectionem corpus dominicum verum fuit, quod clausis janius ad discipulos ingredi potuit. Sed sciendum nobis est, quod divina operatio si ratione comprehenditur, non est admirabilis, nec fides, etc.» (PL 76, 1197 C). Angeführt von Ivo von Chartres, Decretum, p 2, c 9 (PL 161, 159 A), Abälard, Sic et Non, 1 (PL 178, 1349–1350).

107 Vgl. Moralia in Job, lib 6, c 16, n 19 (PL 75, 439 BC); lib 9, c 15, n 22 (ebd. 871 C). In Ezechielem, lib 2, h 8, n 10 (PL 76, 1034 B). Vgl. Thomas von Aquin, In Joannem, c 20, lib 4, n 1.

steckte Geheimnis zu «verstehen».[108] Jetzt aber besteht das Neue darin, daß man das, was Gregor von einem Wunder aussagte, auf die Eucharistie überträgt, die ein Mysterium ist,[109] und daß man zuweilen sogar seinen Ausspruch, der ein weltliches, rationalistisches Forschen verurteilte, heranzieht, um jede Anstrengung des «Verstehens» von vornherein zu unterbinden.[110]

Aber das «Wunder» der Eucharistie ist unsern Sinnen nicht wahrnehmbar. So treten, um den Glauben zu unterstützen, *ad corroborandas mentes carnalium*, andere Wunder helfend hinzu. Ambrosius hatte die Analogie zweier anderer großer Wunder angerufen: Schöpfung und Inkarnation: da man diese als möglich anerkennen mußte, warum sollte eines, das ihnen vergleichbar ist, nicht auch glaubhaft sein?[111] Eine andere Überlieferung, die über Paschasius Radbert[112] und Ps-Germanus von Paris[113] auf Gregor den Großen zurückreicht, brachte außerdem Zeugnisse «eucharistischer Wunder» bei, deren Sammlung immer mehr anschwoll.[114] Autoren, die darauf bestehen, daß man sich an den

[108] Johannes Scotus täuschte sich also nicht über den Sinn seiner Maxime, wenn er sie an der folgenden Stelle zitiert: Ad.S.Joannem, tr 2: «... Per fidem venitur ad rationem, unde et evangelium dicit: nisi credideritis, non intelligetis. Ergo melior est fides quam ratio. Gregorius: Fides non habet meritum, etc. Pauci enim sunt qui ratione possint confirmare id quod credunt. Et hoc fuerunt duo apostoli currentes ad monumentum: Joannes, scilicet ratio, Petrus, fides ...» (In Boethium, Rand, 49–50).

[109] So Lanfranc, Guitmund, Alger (PL 180, 885B), Gregor von Bergamo (Hurter, 98 und 123), Magister Simon (Weisweiler, 27), Petrus Comestor (Martin, 7), Petrus Lombardus, Sententiae, lib 4, d 11, c 3; Ps-Thomas, Opusculum 51, c 7 (Vivès, Bd.28, 195). Vgl. Gerhoh von Reichersberg (PL 193, 576A); Arno (Weichert, 6); Eberhard von Bamberg (PL 193, 505C). Othlo von St.Emmeran zitiert das Wort Gregors anläßlich des Mysteriums der Menschwerdung: Vita sancti Wolfkangi episcopi, c 28 (Worte des Heiligen) (MGH, Script. Bd.4, 538). Vgl. Bonaventura, Sermo 3 (Quaracchi V, 564).

[110] Gregors Ausspruch wird von Wilhelm von Auxerre zitiert in einer Objektion, die er widerlegt: Summa Aurea, Prolog (Pigouchet, fol 22); De officiis (Douai, 65, fol 11ª: vgl. Martineau, in: Etudes d'histoire litt. et doctr. du XIIIᵉ siècle, Bd.2, 32). Gregor IX. hingegen wird sich ihn zu eigen machen in seiner bekannten Bulle vom 7.Juli 1228 an die Magistri der Theologie in Paris.

[111] Desgleichen Johannes Damascenus, De fide orthodoxa, lib 4, c 13 (PG 92, 1140). Dasselbe tun auch Paschasius Radbert (PL 120, 1267–1272 und 1279BC), Rather von Verona (PL 136, 646), Gezo von Tortona (PL 137, 376–377). Fulbert von Chartres (PL 141, 204A), Gottfried von Vendôme (PL 157, 213D) ...

[112] Liber de corpore, c 9, n 8–12 und c 14 (PL 120, 1298–1303 und 1316–1321). Man weiß, daß Paschasius seine Sammlung bei jeder neuen Ausgabe vermehrte.

[113] PL 72, 93AB.

[114] Gezo von Tortona, c 41: «Cum itaque hoc solum satisfacere deberet omnibus quod veritatis discipulis ab ipsa Veritate est traditum, quibusdam tamen, quorum corda caligo infidelitatis obduxerat nec aliter credere poterant, ipsam humanae

bloßen Glauben halte, machen gerne von dieser Art Wunder Gebrauch. Erscheint die Eucharistie unglaubhaft, dann werden sie lieber auf diese äußerliche, rein positive Apologetik zurückgreifen, als eine notwendig negative und ihrer Meinung nach immer gefährliche Apologie versuchen. Statt unmittelbar die rationalen Schwierigkeiten wegzuschaffen, beugen sie die Vernunft unter das Wunderbare, das sich sogar den Sinnen aufdrängt: *Praebeant fidem mirabilia mirabilibus, incomprehensibilia incomprehensibilibus.*[115] Auf solchem Weg, der von Gott selber gebahnt wird, erhält die Wahrheit ihre Verbürgung, ohne daß das Mysterium verletzt zu werden droht. Die Historiker haben darauf hingewiesen,[116] daß die «Vermehrung der eucharistischen Wunder gegen Mitte des 11. Jahrhunderts ziemlich genau mit den Kontroversen mit Berengar und der offiziellen Definition einer echten substantiellen Verwandlung von Brot und Wein bei der Messe zusammenfällt.»[117] Nicht minder bemerkenswert ist das Faktum ihrer systematischen Verwertung durch solche, die, der alten *intelligentia* entsagend, sich gleichzeitig vor der neuen «Dialektik» fürchten.

Entwertung des Symbols

Aus diesen verschiedenen Umgestaltungen tritt als das klarste Ergebnis die Entwertung des Symbols hervor. Die augustinische

formae effigiem, sicut se rei veritas habet, olim Dominus revelare dignatus est, ut quod paucis manifestabatur ad fidem, omnibus proficeret ad salutem» (PL 137, 593 A); in den nächsten Kapiteln folgen Schilderungen von Wundern. Gerard von Cambrai (PL 142, 1281–1284). Petrus Damiani (PL 144, 277; PL 145, 118, 573, 712). Lanfranc (PL 150, 426 AB und 435 C).

[115] Johannes von Fécamp (PL 101, 1090 CD). Vgl. Gregor: «Sed haec ipsa nostri Redemptoris opera, quae ex semetipsis comprehendi nequaquam possunt, ex alia eius operatione pensanda sunt, ut rebus mirabilibus fidem praebeant facta mirabiliora» (PL 76, 1197 C); aber Gregor sprach vom Wunder der verschlossenen Türen, das er mit dem Wunder der Jungfrauengeburt stützte. – Osbern, Leben des hl. Odo von Canterbury, n. 10: «Dum quadam die in conspectu totius populi sacrosanctis missarum solemniis devotus intenderet, expressis lacrymis Dei omnipotentis clementiam in suo ministerio affore postulavit, quae ad depellendos hominum errores substantivam divinorum mysteriorum declararet proprietatem ...» (PL 133, 939 BC).

[116] D. H. B., in: BTAM I, n 378, S. 206. (Rezension von Browe, Die Eucharistischen Wunder des Mittelalters (1938).

[117] Wiclif wird darüber klagen, daß diese Wunder zugunsten der «neuen» Lehre erfunden worden seien (De Eucharistia, Prolog; Loserth, 1).

Theologie bestand in der Betrachtung der «Zeichen» und der «Dinge»;[118] die der «Zeichen» wird mit der Zeit verblassen. Zum Beispiel wird dann in der Trinitätstheologie die Lehre vom «Bild» und von den «Spuren» der Dreieinigkeit in der Schöpfung allmählich durchlöchert werden. Die Schule Gilberts de la Porrée spricht ihr jede noetische Bedeutung ab und will darin, wie die Modernen, nichts weiter sehen als bloße Vergleiche. Die an ihnen geübte Kritik besteht in dem Aufweis, daß diese Vergleiche deshalb bedeutungslos sind, weil man aus ihnen keinen strikten Beweis ziehen kann.[119] Die Porretaner sind mißtrauische «Rationalisten», jüngere Brüder jener hemmungslosen Rationalisten, deren Dialektik die Trinität selber angriff. Sie bilden wie eine zweite Welle von Vorläufern der modernen Theologie. Bei den ersten war die Vernunft enthusiastisch, bei den zweiten ist sie kritisch; beide sind gleichsehr den Denkformen des augustinischen Symbolismus entfremdet. Gleichzeitig verlagert sich nun auch in der Sakramententheologie der Schwerpunkt: in den Vordergrund tritt der Gedanke der Wirksamkeit, während langsam der des Bedeutens verblaßt. Am klarsten ist diese Entwicklung in der eucharistischen Theologie. Auch wo man ihr noch einen breiten Raum zugesteht, wird das Gleichnishafte daran irgendwie künstlich und nebensächlich. Man beachte, wie bereits Berengar von Venusia die augustinische Lehre von den Weizenkörnern als dem Gleichnis der Einheit als Frucht des Mysteriums darstellt:

> Quid nos aliud beatus Augustinus intelligere ammonet, immo quasi vi quadam id sentire cogit? – Ut, Christi corpus et sanguinem sumendo, unitatem et caritatem teneamus... In cuius assertione sententiae, eleganti panis et vini utitur similitudine, quae sic ex pluribus unita sunt, ut iam nullo modo singula a se vel discerni vel sequestrari possint.[120]

Die Lehre bleibt aufrecht, ganz ausdrücklich sogar. Aber ihr Nerv ist durchschnitten. Es handelt sich nur noch um eine praktische Folgerung, eine moralische Ermahnung, gestützt auf einen

[118] De doctrina christiana, lib 1, n 2: «Omnis doctrina vel rerum est vel signorum, sed res per signa discuntur» (PL 34, 19). Vgl. Bessarion: «Omnis theologica doctrina, teste Augustino, signis constat et rebus» (PG 161, 494C).

[119] So Roland Bandinelli, Sentenzen (Gietl, 25–26) und Liber de vera philosophia.

[120] Epistula ad Gregorium VII adversus Berengarium (Morin, 123).

« eleganten Vergleich ». Das Wesensband, das den eucharistischen Kult mit der Einheit der Kirche zusammenschloß, ist verschwunden. Wenn wir ein Jahrhundert später die eucharistischen Schriften der Abälard-Schule durchmustern, stellen wir fest, daß selbst das Wort *mysticus* fehlt:[121] Anzeichen einer gedanklichen Neuorientierung, die von dieser Schule entscheidend mitbestimmt wird. Noch später und auf lange hinaus können die gewohnten Themen des Symbolismus weitergeführt werden, sie haben sich trotzdem selbst überlebt. Alte Gewohnheit hält ihnen einen Ehrenplatz offen, aber ihre « erweckende Kraft »[122] ist dahin.

Auch hier kann eine leise Veränderung in den klassischen Formeln zum Anzeichen des unmerklichen Ideenwandels dienen. Man erinnert sich, wie in der frühen Zeit die *res* oder *veritas sacramenti* jene Einheit des kirchlichen Leibes war, auf die hin der Blick des Glaubens wie unmittelbar hinübersprang. Man erinnert sich ferner, daß es seit der Zeit Algers von Lüttich üblich wurde, im Rahmen der damals sich ausbildenden Dreiteilung eine doppelte *res sacramenti* zu unterscheiden: die erste war *res-et-sacramentum*, das heißt zugleich *significata et significans*, während die zweite *significata sed non significans* war, man sprach von *res significata tantum* oder kurz von *res tantum*. Diese beiden « Sachen » waren so im Raum des Sakraments unterschieden und einander entgegengesetzt, das in seiner Ganzheit beide umfaßte. *Hoc enim sacramentum*, sagt der Madrider-Traktat über die sieben Sakramente, *duas in se res continet: Christum scilicet et unionem caritatis.*[123] Nun aber beginnt von der Mitte des 12. Jahrhunderts an dieser Gegensatz in eine andere Formel überzugehen: die erste der beiden « Sachen » wird jetzt *res significata et contenta*, die zweite *res significata et non contenta* genannt. So bereits im Kommentar des Lombarden über den Ersten Korintherbrief.[124] So auch im *De sacramentis* des Petrus Comestor[125] und in einer Predigt des

[121] So auch in den Sentenzen Rolands.

[122] Vgl. E. Mersch, Le Corps mystique du Christ, Bd. 2, 162, anläßlich der Formeln der augustinischen Predigten, die von der Frühscholastik aufgegriffen werden.

[123] Weisweiler, 92. Hugo von St. Victor sagt auch, daß das dritte Element mit den beiden ersten zusammen das « unum sacramentum » integriere.

[124] PL 191, 1642 A.

[125] Martin, 35.

Petrus von Celle.[126] Und bald wird *significata-tantum* – das zuerst sagen wollte *et-non-significans* – etwas anderes nahelegen: *et-non-contenta*. Die letzte Wirklichkeit des Sakraments, jene, in der einst die Sache und die Wahrheit katexochen lag, ist dergestalt aus dem Sakrament hinausgetrieben.[127] Der Symbolismus wird äußerlich, man kann ihn fortan mit Schweigen übergehen, ohne der Vollständigkeit des Sakraments zu schaden. Vom Augenblick an, da der Kirchenleib zum *corpus mysticum* wird, löst er sich bereits von der Eucharistie los. Durandus von Mende wird später die beiden siegreichen Terminologien in eine Zeile zusammenfassen: *Forma panis ... veram carnem et continet et significat, mysticam vero significat sed non continet*.[128] Nochmals eine sprachliche Kleinigkeit? Gewiß. Aber diese Kleinigkeit ist die Anzeige eines wichtigen Ereignisses: im gleichen Zug, in dem man die Kirche aus dem *corpus verum* ausstieß, begann man auch, die Kirche aus dem *mysterium fidei* auszustoßen.[129]

Konservativ aus Instinkt, hat Bonaventura eine etwas verschiedene Redeweise vorgezogen. Für ihn ist der eucharistische Leib *res media* und der kirchliche Leib *res ultima*.[130] Deutlich behält er soweit er kann die alte symbolistische Denkart bei. Die augustinische Auffassung vom Mysterium bleibt bei ihm sehr bewußt.[131] Aber seine Synthese bezeichnet nur einen Zwischenhalt in einer unaufhaltsamen Entwicklung. Sie kann den Riß zwischen Mystik und spekulativer Vernunft nicht mehr heilen. Sowenig wie der Zeit selbst kann dem Denken Einhalt geboten werden; solche Risse sind unweigerlich die Voraussetzung neuer Synthesen. Das Ver-

[126] Sermo 40, in cena Domini (PL 202, 768).

[127] Ein erster Schritt in dieser Richtung wurde getan, als man den «effectus» von der «veritas» oder «res» zu unterscheiden begann: So Bernold (PL 148, 1064) oder Alger (PL 180, 884).

[128] Rationale, lib 4, c 42 (176). Vgl. Innozenz III. (PL 214, 1120–1121).

[129] Indes noch Innozenz III.: PL 214, 1121 A.

[130] In IV Sent., d 9, a 2, q 1 (Quaracchi IV, 208); aber S. 184: «res contenta – efficacia». Bonaventura sagt auch, das Sakrament sei um des Glaubensverdienstes willen eingesetzt worden, aber dieser Grund steht bei ihm nicht an erster Stelle, und zum Glauben gesellt er Hoffnung und Liebe: In cena Domini, s 2, c 3 (Quaracchi IX, 252).

[131] In Parasceve sermo 2: «Mysteria, quanto profundius investigantur, tanto profundiora inveniuntur» (Quaracchi IX, 262). Er unterscheidet sorgfältig die «perscrutatio studiosa» von der «perscrutatio curiosa»: In Sententias, prooemium, 2, 2, ad obiecta.

gangene kehrt nicht wieder, hat aber sein Ewigkeitsvermächtnis in andere Hände gelegt. Die Bonaventuraschule war eine Krönung, und das heißt in mancher Beziehung ein Ende. Der Thomismus dagegen, obwohl von langer Hand vorbereitet und noch mit dem gleichen Überlieferungsgut befrachtet,[132] war eher ein Ausgangspunkt. Durch ihn läuft die Strömung, die die träge Menschheit neuen Abenteuern entgegentreiben wird.

[132] Für Thomas, In IV Sent., d 8, q 2, a 1, wie für Bonaventura ist die Kirche als mystischer Leib die «res ultima» des eucharistischen Mysteriums, sie ist sogar, wenn unsere Deutung richtig ist, die «res contenta»: «Significat (hoc sacramentum) etiam quasi rem ultimam, corpus mysticum, scilicet Ecclesiam... Panis autem non est figura rei contentae in sacramento secundum quod est corpus homogeneum, sed secundum quod ex diversis conficitur granis» (Moos, 335–336). Vgl. aber, In Joannem, c 6, lib 7, n 3: «... rem sacramenti, quae est duplex: una contenta et signata, quae est Christus integer ..., alia res est signata et non contenta, et hoc est corpus Christi mysticum ...» Über die Kirche als mystischen Leib und die Beziehungen von Eucharistie und Kirche bei Thomas vgl. C.-M. Travers, Valeur sociale de la liturgie d'après saint Thomas d'Aquin («Lex Orandi», 5) 152–181 und 222–227. Man beachte auch, daß Thomas in der Summa den augustinischen Begriff des Zeichens heranzieht, um die Sakramentenlehre einzuleiten: vgl. H.-F. Dondaine, La définition des sacrements dans la Somme théologique, in: RSPhTh 31 (1947) 213–228. Siehe auch I.-H. Dalmais, in: La Maison-Dieu, 14 (1949) 73.

Ein Symptom dafür, daß der Sinn für den kirchlichen Symbolismus sich später verloren hat, könnte in einer Variante von III[a] q 83, a 5, ad 8, gefunden werden. Man liest heute: «viventes in terra sacramento utuntur». Die Ausgaben erwähnen eine Lesart: «uniuntur», die doch vermutlich den ursprünglichen Text wiedergibt.

SCHLUSS

«*Corpus mystice designatum*»

Die Untersuchung hat uns vor allem gezeigt, warum in der Bezeichnung des sakramentalen Leibes das Wort *mysticum* durch das Wort *verum* abgelöst wurde. Nun soll noch genauer gezeigt werden, warum *mysticum*, statt einfach zu verschwinden, den Platz von *verum* in der Bezeichnung der Kirche eingenommen hat.

Seit Beginn des Christentums war die Eucharistie in ihrer Beziehung zur Kirche betrachtet worden. Die *communio corporis Christi*, von der Paulus zu den Korinthern sprach,[1] war ihre geheimnisvolle Einigung, durch das Ereignis des Sakraments, in die Gemeinschaft hinein: das Mysterium des einzigen Leibes, von allen gebildet, die teilhaben am «einzigen Brot». Von da an war entsprechend die Kirche immerfort an die Eucharistie gebunden erschienen. Schlägt man zum Beispiel die Glossa über Paulus auf: nicht, wie man meinen könnte, an der Stelle über den Abendmahlsbericht, sondern anläßlich des Leibgleichnisses, das der Apostel auf die Christengemeinschaft überträgt, so liest man den Satz: *Hoc est sacrificium christianorum, ut multi unum corpus sint in Christo.*[2]

Dieses gegenseitige Band, das lange Zeit als wesentlich galt, erklärt, in welchem Sinn *corpus mysticum* auf die Kirche angewendet werden konnte. Es hat sich gezeigt, daß diese erstmals im Hinblick auf die Eucharistie so bezeichnet wurde; um dem Ausdruck nachzugehen, war es deshalb kaum nötig, den eucharistischen Zusammenhang zu verlassen. Indes, spätere Theologen, die sich hierfür auf ein, zwei Stellen bei Thomas berufen konnten,[3] haben gemeint, *mysticum* stünde immer im Gegensatz zu *naturale*. Nach ihnen wäre ein Leib «mystisch», sofern er eben nicht «physisch» oder «naturhaft» Leib ist. Diese Deutung scheint

[1] 1 Kor 10,17–18.
[2] In I Cor. 12, 3 (PL 114, 510D).
[3] Siehe oben Kap. 5.

auch der Römische Katechismus übernommen zu haben.[4] An sich enthält sie gewiß keinen Irrtum; ist der Ausdruck einmal geprägt, so wird dieser Gegensatz sich auch sogleich aufdrängen, analog etwa dazu, wie in der Bibel der *sensus mysticus* sich dem *sensus litteralis* entgegenstellt. Aber eine Versuchung ergab sich damit doch, gerade im Fall der Kirche wie in dem der Schrift: aus dem Vergleich nur noch das Gleichnishafte herauszuheben, und «mystisch» als eine Abschwächung von «wirklich» oder «wahr» zu verstehen. Viele sind ihr erlegen. Nach einigen sollte *corpus mysticum* nichts weiter aussagen als etwa *collegium catholicorum* oder *collectio fidelium*.[5] Dann kann allerdings jeder Verein so benannt werden: so unterscheidet etwa Antoine des Rosiers fünf hauptsächliche *corpora mystica*, da er in der Gesamtmenschheit eine Stufenfolge von fünf Gesellschaftsformen feststellt.[6] Andere erinnern sich, daß Augustin[7] und Gregor[8] von einem *corpus diaboli* gesprochen hatten und finden keine Schwierigkeit darin, ihrerseits von einem *corpus diaboli mysticum* zu reden.[9] Noch andere Theologen widerstehen allerdings solchen Versuchungen und protestieren gegen diese Erweiterung des Begriffs, die ihnen als Mißbrauch erscheint. So zum Beispiel im 18. Jahrhundert ein Natalis Alexander,[10] oder in unsern Tagen P. Prat in seinem Paulusbuch.[11] Sie weigern sich, den mystischen Leib Christi mit irgendeiner «moralischen Entität» auf dieselbe Stufe zu stellen. Ohne Zweifel haben sie recht; die gesamte ursprüngliche Tradition liefert uns, in getreuer Auslegung der Schrift, höchst reali-

[4] P 1, a 9, n 16: «Quemadmodum enim humanum corpus multis constat membris, eaque ab una anima aluntur, quae oculis visum, auribus auditum, et aliis sensibus diversas vires subministrat: ita corpus Christi mysticum, quod est Ecclesia, ex multis fidelibus compositum est.»

[5] Philothei Achillini, Somnium Viridarii, c 360 (Goldast, 218–219).

[6] Monarchia, p 2, c 6 (Goldast, 312).

[7] De Genesi ad litteram, lib 11, n 31 (PL 34, 441–442); In psalmos (PL 36, 938; 37, 1807). Ambrosius, In ps. 37, n 9 (Petschenig, 143, und Hieronymus, In Ezechielem (PL 25, 279 D) sprachen vom «Leib des Drachens».

[8] Moralia in Job, passim (PL 75). Dem Ausdruck «corpus diaboli» begegnet man im Mittelalter häufig (etwa bei Gottschalk, Lambot, 189 und 203; Paschasius Radbert, In Matthaeum: PL 120, 469 D; In Lamentationes Jeremiae: ebd. 1155 A; Rupert von Deutz, PL 168, 530 B, 613 C, 665 B, 670 D), man wird ihn auch bei Luther noch finden: «corpus mysticum Judae» (vgl. W. Wagner, ZkTh, 1937, 35).

[9] So der Verfasser der Titel für De Genesi ad litteram (PL 34, 441).

[10] Theologia dogmatica et moralis (1703) Bd. 1, 50.

[11] La théologie de saint Paul, Bd. 2, 14. Aufl., 344.

stische Aussagen betreffs des kirchlichen Leibes.[12] Aber die Versuchung verlöre jede Ansatzstelle, wenn man genauer auf den ursprünglichen Sinn des umstrittenen Wortes achten wollte.

Als man *corpus mysticum* auf die Eucharistie anwandte, bezeichnete es das *corpus in mysterio*, das unmittelbar korrelativ war zu einem *mysterium corporis*. Man versteht dann ohne weiteres, daß es während eines ganzen ersten Zeitalters geboten schien, den sakramentalen Leib vom geschichtlichen zu unterscheiden: vom gekreuzigten Leib. Es war die gleiche Unterscheidung wie die zwischen dem Sakrament der Passion und dieser selbst, womit die tiefe Identität in keiner Weise geleugnet war, die ja gerade durch das Sakrament gesichert werden sollte. Wenn der Verfasser des *Opus imperfectum in Matthaeum* anläßlich der Altargefäße schrieb: *in quibus non verum corpus Christi, sed mysterium corporis eius continetur*,[13] dann gab er, den Gegensatz so hervorhebend, die traditionelle Meinung nicht genau wieder.[14] Stufenweise rückt dann, wie wir es dargestellt haben, der Ausdruck *corpus mysticum* von der eucharistischen auf die kirchliche Seite hinüber, nun hatte man wieder, in einem analogen Sinn, ein *mysterium corporis*. *Corpus mysticum* ist jetzt das geheimnisvolle Bedeutetwerden des kirchlichen Leibes durch das Sakrament, und in diesem radikalen Verständnis kann man strikt sagen, daß jener in der Eucharistie «enthalten» ist. Man ging dann vom *mysterium corporis* zum *corpus in mysterio*, von der Bedeutung zur bedeuteten Sache über.

Die Kirche ist also der mystische Leib Christi: das heißt ganz einfach: sie ist der Leib Christi, der durch das Sakrament bezeich-

[12] Zum Beispiel Remigius d'Auxerre: «Ego iam factus templum eius, id est configuratus corpori claritatis eius, iam factus verum corpus eius» (PL 131, 276 A). Alger von Lüttich: «ut ipse caput eius (= Ecclesiae), et ipsa esset corpus suum, non nominetenus tantum, sed in veritate sui corporis, vere sibi concorporatum ...» (PL 180, 747). Summa des Alexander, IV^a, q 10, m 3, a 6: «Ad illud quod obicitur, quod corpus Christi verum est unum simpliciter, mysticum aggregative, dicendum quod non est verum; quia et membra mystici unitatem habent a connexione caritatis.»

[13] PG 56, 691. Das Werk wurde lateinisch verfaßt, in der ersten Hälfte des 6. Jahrhunderts, vermutlich in der Gegend von Ravenna. Vgl. Dom Morin, Les homélies latines sur saint Matthieu attribuées à Origène, in: Revue bénédictine 54 (1942).

[14] Es scheint, daß der Verfasser der Matthäushomilien, die unter Origenes' Namen gingen (gleiche Zeit und gleicher Ort), vermutlich gegen diese falsche Deutung reagieren wollte, und desgleichen haben die mittelalterlichen Kopisten den anstößigen Abschnitt beim Abschreiben ausgelassen. Dom Morin, aaO.

net wird. *Mysticum* ist ein Kurzausdruck für *mystice significatum, mystice designatum.* Dieser Sinn ergibt sich klar aus seiner erstmaligen Bezeugung im Werk des Magister Simon: *In sacramento altaris duo sunt, id est, corpus Christi verum, et quod per illud significatur, corpus eius mysticum, quod est Ecclesia.*[15] Liegt hier nicht eine wahre Definition von *mysticum* vor? In der Magister Simon vorausgehenden Generation erscheint das Definierte noch nicht, wohl aber ist die Definition schon da, die es ankündigt und gleichsam herbeiruft. So bei einem Gregor von Bergamo. Nachdem er im 18. Kapitel seines Traktats die Stelle Pauli über den einzigen Leib, den alle am Brot Teilnehmenden bilden, zitiert hat, fährt er fort:

> Istud unum corpus quod nos multi, sancto nos vivificante Spiritu, sumus, *per hoc sacramentum mystice designari*, patenter his verbis expressit Apostolus.[16]

Dieser mystisch durch das Sakrament bezeichnete Leib wird bald ganz natürlich als mystischer Leib bezeichnet werden. Andere sagen: *corpus significatum*,[17] und meinen das gleiche, nach dem Gesetz der *translatio idiomatum* kann der Ausdruck der bezeichnenden Eucharistie übergehen auf die bezeichnete Kirche, vom *sacrum signum* zum *sacrum secretum.*[18] Wollte man in diesem neuen Gebrauch die Spur einer einschränkenden Bedeutung finden, so läge diese höchstens darin, daß während der individuelle Leib Christi im Sakrament « in Wahrheit » gegenwärtig ist, der kirchliche Leib darin nur « in mysterio » liegt.[19] Es handelt sich aber nicht um eine

[15] Tractatus de sacramentis (Weisweiler, 27). Vgl. Traktat von Madrid: « ... ut per verum corpus mysticum significetur, scilicet Ecclesia » (Weisweiler, 91). Auch Gerson wird sagen: « de corpore Christi vero, quod est sacramentum corporis mystici » (Opera, Antwerpen 1706, Bd. 1, 257).

[16] Hurter, 74.

[17] Sicard von Cremona (PL 213, 132). Petrus von Tarentaise (angeführt von Botte, in: RTAM, 1929, 306–307). Summa des Alexander, IV^{a}, q 10, m 5, a 2. Vgl. Nikolaus Cabasilas, Auslegung der göttlichen Liturgie: « Die Kirche wird gleicherweise durch die heiligen Mysterien bedeutet, sie, die der Leib Christi ist » (Salaville, SC 4, 1943, 208). Vgl. Thomas von Aquin, In Joannem, c 6, lib 7, n 3 und 5.

[18] Odo von Ourscamp, Quaestiones, p 2, q 266: « ... dicimus speciem illam et corpus Domini esse sacramentum unitatis Ecclesiae, quae solummodo sacrum est secretum, et non sacrum signum » (Pitra, 92).

[19] Dies erklärt auch Gregor von Bergamo, c 19: « Res vero ipsae, quarum haec sacramenta sunt, non in veritate sed tantum in significatione utrobique geruntur; quia et in baptismate sacra mors Christi ac resurrectio non proprie sed mystice cele-

Einschränkung dieser Realität. Ja selbst wenn einmal jeder Bezug auf die Eucharistie vergessen sein wird, wird der Ausdruck noch immer von seinem Gegenstand her bestimmt sein, wie es Kardinal du Perron sagte: « Das Wort mystisch wird von den Autoren nicht immer dazu verwendet, die Realität der Dinge zu leugnen, sondern um ihre Evidenz und Begreiflichkeit auszuschließen.» [20] Die Kirche ist als Leib Christi ein Mysterium; und gegen die platte Auffassung des Aufklärungszeitalters, die von manchen liberalen Protestanten weitergeführt wurde, ist festzuhalten, daß ein Mysterium, auch wenn es einmal bezeichnet, bedeutet, « offenbart » worden ist, deswegen nicht minder dunkel, verborgen und « mystisch » bleibt.

Verbindung zweier Realismen

Realismus der Eucharistie, Realismus der Kirche: diese beiden Realismen stützen sich gegenseitig, sie bürgen füreinander. Der kirchliche Realismus sichert den eucharistischen Realismus, und dieser umgekehrt sichert jenen. Die gleiche Einheit des Wortes spiegelt sich in beiden.[21] Heute wird uns vor allem unser Glaube an die « reale Gegenwart », die dank jahrhundertelangen Kontroversen und Spekulationen klargestellt ist, Zugang zum Glauben an den kirchlichen Leib gewähren: da es wirksam durch das Mysterium des Altars bezeichnet wird, muß das Mysterium der Kirche von gleicher Natur und gleicher Tiefe sein.[22] Bei den Alten war die Blickrichtung oft die umgekehrte. Der Akzent lag für gewöhnlich mehr auf der Wirkung als auf der Ursache. Aber der kirchliche Realismus, für den sie uns allenthalben die ausdrücklichsten Zeugnisse ablegen, verbürgt uns gleichzeitig, falls es dessen bedarf,

bratur, et in eucharistia nihilominus corpus Christi, quod est Ecclesia, non essentialiter super altare locatur, neque proprie a participantibus manducatur, sed mystice solummodo vel sacramentaliter intimatur ...» (Hurter, 79–80).

[20] Traité de l'Eucharistie (1622), 599. Nachträglich wurde noch ein anderer Grund gefunden, um diesen Gebrauch von « corpus mysticum » zu rechtfertigen: es enthalte angeblich eine Andeutung an das « sacramentum (Mysterium) magnum » des Epheserbriefs. So Wiclif, De Ecclesia, c 5: « Corpus Christi vocatur corpus mysticum, propter mysterium caelestis coniugii inter Christum et Ecclesiam Christi »; vgl. c 6 und 18 (Loserth, 102–103, 138–440).

[21] Rupert von Deutz, De divinis officiis, lib 2, c 2 (PL 170, 35).

[22] Schon Paschasius an Frudegard (PL 120, 1361 C).

ihren eucharistischen Realismus. Denn die Ursache muß ihrer Wirkung entsprechen. Die Verfasser der « Perpétuité » haben das vorzüglich gesagt: hundert Väterstellen

> enthalten alle dieselbe Lehre: nämlich, daß der Leib Christi, von den Gläubigen empfangen, unter ihnen eine Art von Einheit herstellt, die nicht bloß moralisch, sondern physisch und naturhaft ist, weil sie auf der realen Einigung unseres Leibes mit dem Leib Christi aufruht, so daß man sagen kann, daß alle diese Leiber, mit denen Christus eucharistisch eins geworden ist, nur einen einzigen Leib bilden, da sie ein gleiches individuelles Band haben: den Leib Christi. Diese Stellen bilden also so wenig einen Einwand gegen die reale Gegenwart, daß sie sie vielmehr gerade begründen, da doch die Gläubigen nur deshalb zu einem Leib geeint sind, weil die Eucharistie, die Christi Leib ist, mit ihnen verbunden ist.[23]

Nach der gleichen innern Logik – und dieser Gegenbeweis ist nicht wertlos – müssen die, dic in neuerer Zeit die traditionelle Idee der Kirche ihrer Fülle berauben, gleichzeitig auch die Realität der eucharistischen Gegenwart problematisieren. So versucht Calvin eine gleiche Idee « virtueller Gegenwart » Christi im Sakrament und in den Gläubigen aufzustellen. Seine Begründung ist in beiden Fällen die gleiche: « denn er ist im Himmel, und wir sind hier auf Erden ».[24] Wenn Pastor Claude das Zeugnis, das die Apologeten für die katholische Eucharistie aus den Vätern ziehen, entkräften will, sieht er sich genötigt, auch ihre Aussagen über die Kirche in Frage zu stellen.[25] – Wie sollte in der Tat die Kirche real aufgebaut, ihre Glieder zu einem real einzigen Organismus versammelt werden, wenn das Mittel dazu, das Sakrament, nur ein Symbol desjenigen enthielte, dessen Leib sie werden soll und der allein die Einheit herstellen kann? Augustin selber wird unver-

[23] Lib 5, c 9 (Migne, Bd. 2, 427). Vgl. Rupert von Deutz, In Joannem, lib 6 (PL 169, 482). Honorius von Autun, Elucidarium, lib 1, c 27: « Quomodo est Ecclesia corpus eius, et electi membra eius? – Ut corpus capiti inhaeret et ab eo regitur, ita Ecclesia per sacramentum corporis Christi ei coniungitur; imo, unum cum eo corpus efficitur » (PL 172, 1128 D). Alger von Lüttich (PL 180, 747). Erasmus, In Matthaeum, c 26 (Basel, 1535, 162).

[24] 41. Predigt über den Epheserbrief, Kap. 5, v 30 auslegend: « Es verbleibt noch zu zeigen, wie es zugeht, daß wir Gebein und Fleisch Jesu Christi sind. Denn er ist im Himmel, und wir sind hienieden auf Erden... Dies alles vollzieht sich durch die wunderbare Kraft seines Heiligen Geistes. Er wirkt so machtvoll, daß wir all unsere Kraft in ihm haben... » (Opera, Bd. 51, col 770). Vgl. E. Mersch, Le Corps mystique du Christ, Bd. 2, 2. Aufl., 422–423.

[25] Vgl. « Perpétuité », lib 4, c 9 (Migne, Bd. 2, 318–322).

ständlich und sein ganzer eindringlicher Mystizismus verflüchtigt sich in eine hohle Phrase, wenn man nach den Implikationen seiner Lehre fragend darin den überlieferten Glauben nicht mehr erkennt. Ihm ist die Eucharistie sehr viel mehr als ein Symbol, weil sie doch in aller Wahrheit das Sakrament ist, *quo in hoc tempore consociatur Ecclesia*,[26] weil Wasser und Wein des Opfers, wie Wasser und Blut, die vom Kreuz rannen, selber die Sakramente sind, *quibus aedificatur Ecclesia*.[27] Reale, weil realisierende Gegenwart!

Dieses Band reziproker Ursächlichkeit und Garantie zwischen den beiden Mysterien der Kirche und der Eucharistie kann deshalb gar nicht überschätzt werden, nicht bloß zum Verständnis des Dogmas selber, sondern auch für das der christlichen Vergangenheit. Wenn unsere Theologen nach ihrem eigenen ehrlichen Geständnis oft Mühe haben, die Lehre von der realen Gegenwart in gewissen Eucharistielehren des Altertums wiederzufinden, so suchen sie vielleicht einfach zuviel darin. Würden sie schlicht und ohne Nebengedanken nach dem Gesamtsinn einer solchen Lehre fragen, so würden sie wahrscheinlich die darin implizierte reale Gegenwart entdecken. Während sie ergebnislos nach dieser fahnden, beachten sie gewisse andere Wesenszüge zuwenig, worin das Gesuchte sich ihnen zeigen würde. Ja, sie minimisieren sogar oft diese Züge aufgrund eines unbewußten taktischen Irrtums, und tun, als lägen darin nur zusätzliche Erwägungen, Moralitäten ohne dogmatische Tragweite, deren Ausdruck nicht gepreßt werden darf, ja die zu übernehmen man gar nicht verpflichtet ist. Sie bemühen sich, die großen Lehrer, die sich darüber ausließen, zu entschuldigen, und scheinen nicht zu bemerken, daß dieser ganze von ihnen verschmähte Blütengarten seine kraftvollen Wurzeln in der Heiligen Schrift hat.

Vernachlässigung des kirchlichen Symbolismus oder Minimalisierung des kirchlichen Realismus: beide Fehler finden sich nicht selten beisammen. Schon die allgemeine Entwicklung drängte, wie

[26] Contra Faustum, lib 12, c 20 (PL 42, 265). Man kann in diesem Sinn mit M. Comeau sagen, Les Prédications pascales de saint Augustin (RSR, 1933, 268), daß sich bei Augustin der Symbolismus immer auf der Grundlage der realistischen Deutung entfaltet und diese in keiner Weise gefährdet.

[27] De Civ. Dei, lib 22, c 17 (PL 41, 779). Vgl. In ps. 126 (PL 37, 1672) usf. Sermo Denis 3, n 3: «Ne dissolvamini manducate vinculum vestrum» (PL 46, 828).

wir sahen, in diese Richtung. Das Verhängnis der protestantischen Kontroverse trug bei, sie zu vermehren. So sagt Bellarmin nichts über die Beziehungen zwischen Eucharistie und Kirche. Dieses Schweigen widerspricht so grell der Fülle seiner Gelehrsamkeit, daß es fast den Anschein hat, er vermeide es systematisch, in vielen von ihm angeführten Texten jene Sätze wiederzugeben, wo davon die Rede ist. Wo er einmal nicht umhin kann, darauf anzuspielen, weil ihm seine Gegner einige Augustintexte vorhalten, will er die Stellen nur betrachten, sofern sie Einwände sind, und kommt zum Schluß, daß Augustin darin bloß versucht hat, die Wahrheit zu verbergen: *Respondemus ... Augustinum dedita opera dissimulasse questionem, et ad moralem cohortationem digressum!*[28] Du Perron argumentiert nicht anders. Für ihn ist die Lehre, die von den Vätern anläßlich der Eucharistie entwickelt wird, nur eine «indirekte, seitliche, nebensächliche», die sich in «hyperbolischen oder allegorischen» Gleichnissen entfaltet. Alles, was sie sagen, ist wie Schatten, verglichen mit dem Licht, wie Echo oder «Widerklang» verglichen mit der Stimme.[29] Ihr ganzer Zweck besteht darin, «den Geist der Leser zu ergötzen durch die heilige Heiterkeit und den Erfindungsreichtum in diesen allegorischen Andeutungen und Anwendungen». Und wenn jemand sich wundert, daß dieser «Wider-Klang» zuweilen als einziger ertönt oder der Schatten sich so breit macht, daß man den Körper nicht mehr bemerkt, dann findet Du Perron, wie auch Bellarmin, die Erklärung in etwas, was man bald darauf die Arkandisziplin nennen wird. Wer sich an Katechumenen wendet, kann ihnen das Zentrum des Mysteriums noch nicht enthüllen.

> Für die Katechumenen deutet der hl. Augustin die Worte des Herrn über sein Fleisch und Blut noch nicht auf sein wahres reales Fleisch oder auf sein wahres reales Blut, ... sondern auf den moralischen und politischen Leib Christi, das heißt auf die Gesellschaft seiner Kirche... Das ist ein moralisches und akzessorisches Verständnis, womit der hl. Augustin unterdessen die Neugier der Katechumenen abspeist und unterhält, bis sie einmal fähig sind, endgültig die

[28] De sacramento Eucharistiae.

[29] Indem Du Perron diese beiden Arten, von der Eucharistie zu reden, nicht zu Unrecht mit den beiden Deutungsweisen der Schrift bei den Vätern vergleicht, bemerkt er in seinem Bestreben, den buchstäblichen Sinn vorzuziehen, gar nicht, daß er die überlieferte Terminologie in ihr Gegenteil verkehrt.

eigentliche, direkte und unmittelbare Einsicht in diese Worte zu erlangen...[30]

Dasselbe muß nach Du Perron von den Schriften gesagt werden, die an Heiden gerichtet waren oder ihnen unter die Augen kommen konnten. Die Väter «verbargen und überdeckten ihre Aussagen ... mit Gewölk und Doppelsinn, um ihre profanen Leser oder Hörer in der Schwebe und Ungewißheit über die wahre Meinung der Kirche zu halten».[31] Aber gibt es nicht Predigten an Täuflinge, die ausdrücklicher reden? Sollte die wahre Lehre auch vor denen noch verborgen werden, die bereits in der Kirche sind? Die «Perpétuité» will das nicht behaupten, aber nach ihrer Ansicht handelt es sich dann um «moralische» und nicht um «dogmatische» Reden. Der Prediger setzt voraus, daß seine Hörer «über die Substanz des Glaubens Bescheid wissen» und sucht «bloß ihre Frömmigkeit zu erbauen».[32] Die Väter würden sich demnach fast immer an Hörer wenden, die sie entweder noch nicht belehren dürfen oder von denen sie voraussetzen müssen, daß sie bereits belehrt sind! Die «Perpétuité» ist, wie wir sahen, an andern Stellen selbst besser belehrt.

Ein paar neuere Dogmengeschichtler gehen ähnliche Wege. Sie teilen die alten Eucharistietexte mit Vorliebe in zwei Gruppen ein: die erste wird von den «realistischen» Texten gebildet, wäh-

[30] Réplique à la Response du serenissime Roy de la Grand Bretagne (1620), 879–880; Traité de l'Eucharistie (1622) 55–59.

[31] Examen du livre du Sieur Du Plessis (Les diverses œuvres..., 3. Aufl. 1633, 1100). Der Protestant Daillé hat diese «Arkandisziplin» (das Wort stammt von ihm) festgehalten, um damit die unheilbare Dunkelheit der Väter zu beklagen. Daher einerseits seine Zustimmung zu dem von Du Perron aufgestellten Grundsatz und anderseits seine Kritik der Anwendung, die der Kardinal davon macht, «dieser große und gelehrte Beobachter aller Sitten des Altertums»: «Solche Taktik wäre bei diesen heiligen Männern schwer glaubhaft, hätten wir nicht einen so großen Kardinal als Bürgen dafür... Die Feststellung hat ihm so sehr eingeleuchtet, daß er sie immerfort wiederholt, ja man kann sagen, daß es die Hauptquelle ist, aus der er die Mehrzahl seiner subtilen und so bewunderswerten Lösungen für die Väterstellen zieht. Die Gelehrten werden freilich bei manchen dieser Anwendungen einiges einzuwenden haben. Uns soll es hier genug sein, daß er zugibt, die Väter bedienten sich öfter dieser Methode...» (Traité de l'emploi des saints Pères, 1. Teil, Kap. 6, 1632, 170–174).

[32] Migne, Bd. 2, 795; vgl. 768–778. Derartige Erklärungen wurden schon öfter abgegeben anläßlich der «Erstkommunion-Predigten» Augustins; so auch von A. Comeau, Les Prédications pascales de saint Augustin (RSR, 1933, 263–265). Etwas Wahres ist an ihnen, aber sie reichen nicht aus. Vgl. Batiffol, L'eucharistie ([5]1913) 235–236.

rend die « allegorischen » der zweiten Gruppe zugewiesen werden, die man fallenlassen kann. Bloß sind die Texte der ersten Gruppe nicht immer so realistisch, wie man gern möchte, und indem man die allegorischen fahren läßt, beraubt man sich nicht selten der wirksamsten Zeugen des echtesten Realismus. Angst vor Symbolismus ist hier ein schlechter Ratgeber. « Der Allegorismus einiger Väter », so hat man zum Beispiel geschrieben, « wonach Christi Leib sein mystischer oder kirchlicher Leib ist, oder auch seine Lehre, seine Unterweisung, ermächtigt uns noch nicht, aus ihnen Vertreter des eucharistischen Symbolismus zu machen ».[33] Ganz gewiß! Oft gilt das genaue Gegenteil. Es ist aber eben deshalb doppelt bedauerlich, daß man, um einer negativ symbolischen Deutung zu entgehen, freiwillig auf einen *wesentlichen* Teil der Eucharistielehre der Alten verzichtet. Nicht minder bedauerlich ist, daß eine Theologie sich als streng « historisch »-« positiv » ausgibt, aber ungeschickt genug ist, ihren eigenen Geisteszustand einem Zeitalter zuzuschreiben, wo ein ganz entgegengesetzter Zustand herrschte. Der ontologische Symbolismus hat in der Geschichte des christlichen Denkens, ja in diesem Denken selbst, einen viel zu bedeutenden Platz inne, als daß man ihn, zumal in der Sakramententheologie, ungestraft übersehen oder geringschätzen dürfte.

Vom einen Sinn zum andern

Es dürfte nun klar genug geworden sein, wie und warum *corpus mysticum* von der eucharistischen zur kirchlichen Verwendung überging und welche genaue Bedeutung ihm in beiden Fällen zugelegt werden muß. Man wird aber die ganze Tragweite der Änderung doch erst ermessen, wenn man das Folgende im Auge behält. Angesichts der drei vorliegenden Größen: des historischen, des sakramentalen und des kirchlichen Leibes Christi, die man in Einklang bringen, das heißt zugleich unterscheiden und einigen mußte, wurde der wichtige Einschnitt anfänglich zwischen dem ersten und zweiten Leib gelegt, während er später zwischen den zweiten und dritten zu liegen kam. Damit ist in Kürze das Faktum ausgedrückt, das die ganze Lehrentwicklung beherrscht.

[33] G. Bareille, Eucharistie (DTC XII, 1123).

Man stelle sich diese Entwicklung nicht wie einen Bruch oder eine schroffe Wendung vor, aber auch nicht wie eine einsinnige oder einfache Entfaltung. Eher wäre sie einer Kreisbewegung vergleichbar, die auch an entscheidenden Wendepunkten sich kaum beschleunigt oder ihre Richtung verändert. Aufgrund dieser Bewegung erneuern sich unaufhörlich, aber beinah unmerklich die Gesichtspunkte. Ein neuer Aspekt enthüllt sich, den man zunächst noch mit dem alten verwechselt, bis dieser hinschwindet. Neue Denkgewohnheiten werden übernommen, sozusagen ohne daß man es merkt. Immerfort dreht sich das Rad, so unerbittlich, fast so regelmäßig wie die Zeit selber, und unter dem Einfluß der umgebenden Geistigkeit verwandeln sich nicht vor allem die Lösungen, sondern die Fragestellungen. Daraus entspringt eine Anzahl von Interferenzerscheinungen, auch von Mißverständnissen zwischen solchen, die mehr der Vergangenheit verbunden bleiben und solchen, die mehr in die Zukunft ausblicken. Streitgespräche finden statt, die oft lebhafter geführt werden als der wirkliche Abstand der Gesichtspunkte es erforderte: zwischen denen, die mit dem Blick auf die neuen Bedürfnisse gerne jeden Archaismus als Irrtum abtäten, und denen, die im Gegenteil das dumpfe Gefühl haben, die Preisgabe des Alten schließe den Verlust großer Reichtümer ein. Von hier aus erklärt sich noch das doppelte Phänomen von überlieferten Formeln, die im Weiterdauern sich im Ausdruck wandeln, und mehr noch von solchen, deren Sinn sich allmählich weiterentwickelt, während ihr Buchstabe unverändert beharrt. Und in all dem liegt doch echte dogmatische Kontinuität.[34] Selten nur kann eine Neuerung, selbst eine leichte, sich nicht auf einen früheren Text berufen, alle Synthesen, die sich anbahnen, reichen

[34] Ohne die Schulgegensätze oder auch den Wechsel der Gesichtspunkte im Lauf der Geschichte unterschätzen zu wollen, kann man sich doch das Urteil zu eigen machen, das Gerbero in seiner Synopsis Apologiae pro Ruperto gefällt hat: «Adverte diversas catholicorum Patrum de Christi corpore in sacramento enuntiationes, unum tamen fidei sensum. Ab aliis dictum observo Christi corpus in altari differe secundum speciem ab eo quod sedet in gloria; ab aliis, ipsum esse quod de virginis sanguinibus formatum, et tamen non ipsum secundum speciem et nonnullas qualitates; ab aliis istud esse illius typum, similitudinem, imaginem et figuram; in memoriam videlicet cruenti sacrificii; ab aliis, corpus hoc visibile et videri, palpabile et palpari, frangi et dentibus atteri; ab aliis vero, unum esse idem Christi corpus, non aliud et aliud. Et hoc corpus quod est in sacramento, invisibile esse, intelligibile et spirituale, pro modo existendi sub mysticis speciebus. Haec autem in sono vocis licet diversa, in uno unius fidei intellectu paucis concilio» (PL 167, 42 AB).

mit ihren Wurzeln in die fernste Vergangenheit zurück. Von einem Zeitalter zum andern, wie auch von einem Lehrer zum andern, geht es nur um Akzentverschiebungen – die doch um so irreduzibler sind, als sie den Regeln logischer Abklärung entgleiten. Die Art also, wie wir im Lauf dieser Studie Entwicklung, Gegensätze und Abweichungen dargestellt haben, kann somit überbetont gewesen sein, wenigstens mag unser Kommentar denen, die die Gesamtheit der Texte kennen, zu verdeutlichend, oft zu willkürlich erschienen sein. Dies ganz zu vermeiden, wäre schwierig gewesen; mußte man nicht so flüchtige Linien etwas kräftiger nachziehen, um sie überhaupt sichtbar zu machen?

Das schlimmste der Mißverständnisse, die diese Entwicklung zeitigte, war, geschichtlich betrachtet, ohne Zweifel jenes, dem das Denken Augustins zum Opfer fiel. Es mußte mit dem Fortschreiten der Zeit fehlgedeutet werden; durch die Jahrhunderte hin sehen wir die sich auf ihn Berufenden in zwei Lager sich spalten, zwei entgegengesetzte Deutungen anbietend, die beide fast immer falsch sind. Beispiele dafür sind uns oben begegnet. Eines der kennzeichnendsten ist die Lehre Augustins über die Kommunion der Unwürdigen. Diese treten zum heiligen Tisch, empfangen das Sakrament. Was aber tut der Herr? Er handelt nicht wie beim Abendmahl, wo es ihm eine so süße Speise war, das Pascha mit seinen Jüngern zu essen. Er handelt wie am Kreuz, als er den hingehaltenen bittern Trank zwar kostete, aber dann zu trinken sich weigerte. *Non admittit ad corpus suum.*[35] Das muß übersetzt werden: «Er will sie sich nicht einverleiben.» Das ist die übliche Blickrichtung Augustins, der in der Verlängerung der Eucharistie immer den Kirchenleib sieht. Hat man aber einmal

[35] In Ps. 68, s. 68, s 2, n 6: «Dederunt in escam meam fel... Acceperat autem ipse escam suavem, quando pascha manducavit cum discipulis suis: ibi sacramentum sui corporis demonstravit. In hanc escam tam suavem, tam dulcem unitatis Christi, quam commendat Apostolus dicens: quia unus panis, unum corpus multi sumus; in hanc escam suavem, quis est qui dat fel, nisi contradictores evangelii, tanquam illi persecutores Christi? Dant fel super tam iucundum cibum. – Sed quid facit Dominus? Non admittit ad corpus suum. Hoc sacramento ipse Dominus, quando obtulerunt fel, gustavit, et noluit bibere. Si non eos pateremur, nec omnino gustaremus; quia vero necesse est eos pati, necesse est gustari. Sed quia in membris Christi tales esse non possunt, gustari possunt, recipi in corpus non possunt» (PL 36, 859). Vgl. In Joannem, tr 59, n 1: «Illi manducabant panem Dominum, ille (Judas) panem Domini contra Dominum, illi vitam, ille paenam» (PL 35, 1796) usf.

diesen Kirchenleib vom eucharistischen irgendwie abgetrennt, dann wird die Deutung solcher Texte unmöglich. Wo das *sumi a Christo* und das *sumere Christum* auseinandergerissen sind, muß es scheinen, als ob Augustin, der beide nur durch eine subtile Nuance unterschied, bei der Leugnung des ersten auch das zweite leugnen mußte. Die Frage, die Augustin beschäftigte, war die Fruchtbarkeit des Sakraments, die seiner geistlichen Frucht *(transitus in corpus Christi)*, und nun macht man eine Frage des gültigen Empfangs oder der realen Gegenwart daraus! Es ging in Wirklichkeit um die *communio*, und künftig geht es vor allem um die Wirkungen der *consecratio*.[36] Durch den neuen Blickpunkt wird die Lesung der Augustintexte verfälscht. Man befragt sie auf eine Antwort hin, die sie nicht geben können. Vollziehen die Schismatiker, Häretiker, Exkommunizierten wirklich das Sakrament? Haben sie den Leib Christi auf ihren Altären? Die Frage wird vom 11. Jahrhundert an gestellt. Nein, antworten die einen, worunter Gerhoh von Reichersberg: denn die katholische Kirche ist doch die Stätte des wahrhaften Opfers. «Wer könnte sich ausmalen, daß die Häretiker, besonders die erklärten, mit Exkommunikation oder Interdikt belegten, Christus in ihren Gottesdiensten hätten?»[37] Ja, antworten die Vertreter der Lehre, die den Sieg davon tragen sollte, während die dritte Gruppe die Lösung in einer bessern Unterscheidung zwischen den von Gerhoh gemeinten Fällen und den einfachen Unwürdigen sucht...[38] Die beiden extremen Parteien so gut wie die vermittelnde werden sich auf Augustin berufen können, aber wenn die zweite es mit mehr Grund tun kann, greifen doch beide daneben.[39]

[36] Man achte auch auf den doppelten Sinn der Unterscheidung zwischen «sacramentum» und «res sacramenti»: vgl. Ps-Bernhard (PL 184, 954 A) und ein Fragment der Schule von Laon (Lottin, 396, RTAM 13, 1946, 280).

[37] In ps. 23 (PL 193, 1088 BC). Epistula ad Innocentium papam (MGH, Libelli de lite, Bd. 3, 225–226). Opusculum ad cardinales (ebd. 408); In ps. 64 (PL 193, 483) usf.

[38] Honorius von Autun, Elucidarium, lib 1 (PL 172, 1130–1131); Eucharistion, c 6–10 (PL 172, 1253–1255). Vgl. Petrus Lombardus, Sent., lib 4, c 9 (PL 192, 858–859). Was die unwürdige Kommunion angeht, ist übrigens Gerhohs Lehre sehr klar und korrekt: Liber contra duas haereses, c 5 (PL 194, 1181–1182). Vgl. Rupert von Deutz, De Spiritu sancto, lib 3, c 22 (PL 167, 1663–1664).

[39] Einer der Letzten, der die Doppeldeutigkeiten aufdecken konnte (vor den historischen Forschungen der Modernen) war Rupert, der dem Augustinismus noch nahesteht: De Spiritu sancto, lib 3, c 22 (PL 167, 1663–1664; De divinis officiis, lib 2, p 11, c 13 (PL 170, 505–506). Siehe ebenso Hugo von St. Victor, De sacramen-

Man schließe daraus nicht, die Entwicklung als ganze sei unglücklich gewesen. Sie war normal, somit gut. Sie war außerdem notwendig, um den Irrtümern zu wehren und auf Fragen zu antworten, die der Fortschritt des Denkens unweigerlich stellen mußte. Die Konservierung des *Status quo* von Theorien und Gesichtspunkten war nie und kann nie das adäquate Mittel sein, die Wahrheit zu bewahren. Im vorliegenden Fall bilden die vielen Mißverständnisse, die durch die Wandlungen hervorgerufen wurden, die unvermeidlichen Schattenseiten, wie jeder Vorteil sie besitzt. Von den Verstümmelungen, die tatsächlich vielfach vorkamen, läßt sich gleiches nicht sagen. Was für Verheerungen hat hier die Irrlehre, auch die überwundene, angestellt! «Unselige» (so könnte man ein Wort Pascals abwandeln), «die die Verteidiger des Glaubens dazu verführten, sich vom Kern der Religion abzuwenden», um die Spekulation über die Eucharistie auf äußerliche Fragen der Apologetik hinzulenken! Die Fragen mußten vielleicht gestellt werden, aber sie beanspruchten faktisch die ganze Denkanstrengung für sich. Die Systeme, die sich so ergaben, waren mehr «wissenschaftlich» als religiös und konnten sich nicht als etwas Abgerundetes ausgeben. Doch lag der Schaden weniger in ihrer unvermeidlichen Vorläufigkeit als in der Preisgabe des alten Gutes, die sie zu sanktionieren schienen. Wir haben gesehen, daß das 13. Jahrhundert das große Erbe in seine neuen Bauten einbezog. Aber die Entwicklung sollte sich bald danach überstürzen; und wenn die Formeln immer noch überliefert werden, so bleiben sie allzuoft leer. Zuweilen brachte das Lehramt das Wesentliche in Erinnerung: die Theologie widersprach zwar nicht, hörte aber nicht immer zu oder gab nur gedämpften Widerhall.

Der Schaden betraf gleichsehr das Gebiet der Eucharistie wie das der Kirche.

Auf der einen Seite orientiert sich die immer wachsende eucharistische Andacht[40] auch immer ungehemmter in Richtung auf

tis, lib 2, p 11, c 13 (PL 176, 505–506) und Fragment De sacramento corporis Christi (Wilmart, 243). Vgl. L. Brigué, Le communiant mal disposé reçoit-il vraiment le corps du Christ? La Question à la fin du XIe siècle, in: Science religieuse, travaux et recherches, 1943, 70–101.

[40] Über diesen Fortschritt der eucharistischen Andacht im 13. Jahrhundert: F. Baix et C. Lambot, La dévotion à l'Eucharistie et le septième centenaire de la

eine individualistische Frömmigkeit hin,[41] war nicht selten ungeschützt vor sentimentalen Exzessen. So wurde einer der schönsten Fortschritte in der Geschichte christlichen Lebens verhindert, seine besten Früchte zu zeitigen. Was die Kirche angeht, so vollendete sie zwar, gegen Angriffe von innen und von außen sich verteidigend, das Bild ihrer äußern Gestalt und formulierte sich auch entsprechend; ihre innere Idee aber wurde bei zahlreichen Theologen immer weniger realistisch, weil immer weniger mystisch. Die thomistische Synthese, die noch so stark von Tradition gespiesen und so kraftvoll durchstrukturiert war, wurde rasch von ganz andersgerichteten Systemen abgelöst, die allzustark von der Lage der Kontroversen abhängig waren.[42] Außer bei ein paar vereinzelten Denkern, wie Nikolaus von Kues im 15. Jahrhundert,[43] schwand so das «Mysterium» der Kirche vom Denkhorizont, als müßte ein notwendiger Konflikt bestehen zwischen der Vollkommenheit der «sichtbaren Gesellschaft» und der intimen Gefügtheit des «Leibes Christi»![44] Demnach wäre es fruchtbar, ja noch mehr: es wäre dringend geboten, daß das, was heute von der «Christenheit» übrigbleibt, um seiner Verjüngung willen zurücktauchte in die sakramentalen Ursprünge des «mystischen Leibes». Denn hier liegen die geheimnisvollen Quellgründe der Kirche. Täglich bringen sich Kirche und Eucharistie gegenseitig

Fête-Dieu (1946); Axters OP, usf.: Studia eucharistica DCCI anni a condito Festo Sanctissimi Corporis Christi (1946).

[41] Die Forschung hat dies öfter festgestellt, z. B. P. Batiffol: L'eucharistie, [5]1913, S. IV: «Einige Zeilen der Didache umreißen das eucharistische Symbol der kirchlichen Einheit, dem eines Tages Augustin seine ganze Fülle geben wird, während die moderne Frömmigkeit sich im Gegenteil davon entfernt zu haben scheint.» Die Lehre der Tradition wurde erneut durch Kardinal Maglione in seinem Brief vom 11. Juli 1939 an Eugène Duthoit in Erinnerung gebracht: «Seitdem die Gnade der Menschwerdung und Erlösung den mystischen Leib Christi geformt und die Eucharistie, aus der Vielheit der Weizenkörner gebildet, im verwandelten Brot das Mysterium einer transzendenten Einheit hergestellt hat, kann man in aller Wahrheit mit Paulus sagen: Unum corpus multi sumus, quia de uno pane participamus» (Semaine sociale de Bordeaux, 1939, 7–8). In jüngster Zeit Pius XII. in seiner Botschaft vom Mai 1942.

[42] Vgl. M.-J. Congar, L'idée thomiste de l'Eglise, in: Esquisses du Mystère de l'Eglise, 51–91.

[43] De concordantia catholica, lib 1, c 6 und lib 3, c 1 (Paris, 1514; anast. Neudruck Bonn 1928, Fol IX und LII.

[44] Der Catechismus Romanus sagt indes (p 1, a 9, n 21): «Cum igitur hic articulus non minus quam caeteri intelligentiae nostrae facultatem et vires superet ...» Aber nicht alle Theologen haben das stets genügend beherzigt.

hervor, die Idee der Kirche und die der Eucharistie können deshalb nicht umhin, sich auch gegenseitig zu fördern und zu vertiefen.[45] *Per escam et sanguinem Dominici corporis fraternitas cuncta copuletur!*[46]

Wir sind freilich nicht so naiv zu glauben, diese lebendige Synthese sei zu irgendeiner Zeit im Denken der Theologen oder in der Praxis des Volkes vollkommen verwirklicht worden. Die Jahrhunderte, die uns das meiste Material für unsern Aufbau lieferten, waren, wie alle übrigen Zeiten der Verwirrung, Zeiten, in denen Zwietracht und Heuchelei herrschten. Wenn die tragische Not der unsrigen uns drängt, die ursprüngliche Kraft des Christlichen gleichsam neu zu erfinden – denn wir sterben daran, sie verloren zu haben –, so würde auch diese Tat der Neufindung uns nie gestatten, uns « im Geist in eine idealisierte Vergangenheit » zu flüchten, sowenig wie uns « eine imaginäre Zuflucht » zu schaffen in einer nach unserer Phantasie ausgemalten Zukunft.[47] Dagegen müßten wir ernsthaft lernen, die wahren Reichtümer, die die christliche Vergangenheit uns anvertraut, zu sehen oder neu zu entdecken. Unsere Väter, die des Altertums, aber auch die des Mittelalters, sollen uns lehren, im einzigen Opfer die Gegenwart der « drei Leiber Christi » zu sehen.[48] Dies erscheint um so dringlicher, als sonst die Kraft des heute überall in der Kirche, zumal in der Liturgie vorstoßenden Gemeinschaftsgedankens ernste Gefahren enthielte. Sie könnte vielfach in Naturalismus absinken. Wir sind immer daran, es zu vergessen: nicht das Menschliche unserer Versammlung zur gemeinsamen Mysterienfeier, nicht die begeisterte kollektive Einübung in die Gemeinschaftsleistung wird jemals von

[45] Die von Scheeben in seiner Dogmatik gewählte Anordnung läßt die überlieferte Sicht klar hervortreten. Er handelt zuerst von der Eucharistie, dann von der Kirche, dann von den übrigen Sakramenten. « Sacramenta faciunt Ecclesiam », sagt Ps-Haimo, In psalmos (PL 116, 248 D), was besonders für die Eucharistie zutrifft. Vgl. Thomas von Aquin: « Ecclesia fabricatur, consecratur, etc. » Bossuet, Explication de quelques difficultés sur les prières de la messe, n 36.

[46] Meßgebet der mozarabischen Liturgie, von Julian von Toledo (PL 96, 759 B).

[47] Vgl. Romano Guardini, Liturgische Bildung (1923) 52.

[48] Nikolaus Cabasilas, Auslegung der göttlichen Liturgie, c 38: « Die Kirche wird in den heiligen Mysterien nicht wie in Gleichnissen bedeutet, sondern so wie im Herzen die andern Glieder bedeutet werden ..., denn es herrscht hier nicht nur Gemeinsamkeit des Namens oder Analogie der Ähnlichkeit, sondern Identität der Wirklichkeit » (Salaville, SC 4, 1943, 211). Vgl. PG 150,452D.

selber daraus die Einheit der Glieder Christi herstellen. Diese erfolgt nicht ohne die Vergebung der Sünden, die die erste Frucht des vergossenen Blutes ist.[49] Gedächtnis des Leidens, Opferhingabe an den Vater, Bekehrung der Herzen: ohne diese ganz innerlichen Wirklichkeiten wird man nie etwas anderes als eine Karikatur der christlichen Gemeinschaft erstellen. Aber was wir in der Eucharistie besitzen, ist kein menschliches Trugbild, es ist ein «Mysterium des Glaubens». Um dieses *Mysterium fidei*, das auch als Ganzes ein *mysterium salutis* ist, zu betrachten, können wir abschließend nochmals die Stimme eines der Alten anhören, die durch dieses ganze Buch hindurch zu uns gesprochen haben:

> ... Dem einen und einzigen Gottessohn und Menschensohn sind alle Glieder des Leibes wie ihrem Haupt zugefügt, alle die im Glauben dieses Geheimnisses, in der Fülle dieser Liebe aufgenommen worden sind. Ein einziger Leib, eine einzige Person, ein einziger Christus, Haupt und Leib, erhebt sich also zum Himmel, und indem er Gott die Kirche in ihrer Glorie zeigt, ruft er voller Dankbarkeit aus: »Das endlich ist Bein von meinem Bein, Fleisch von meinem Fleisch!« Und indem er zeigt, daß er und sie in einer wahrhaften Einheit der Person sich begegnen, sagt er weiter: »Und sie werden zwei sein in einem einzigen Fleisch.«
>
> Ja, hier liegt ein großes Mysterium verborgen. Das Fleisch Christi, das vor der Passion nur dem einen Wort Gottes gehörte, ist durch die Passion so gewachsen, es hat sich so ausgebreitet und hat so den Erdkreis erfüllt, daß es alle Erwählten, die von Anfang der Welt an gelebt haben oder leben werden bis ans Ende der Welt, bis hin zum letzten Erwählten der Endzeit, durch die neue einigende Kraft dieses Sakraments zu einer einzigen Kirche, ja Gott und die Menschheit auf ewig ehelich zusammenfügt. Jenes Fleisch war das einsame Weizenkorn, ehe es in die Erde sank, um zu sterben, jetzt aber, da es tot war, wächst es auf dem Altar, wird fruchtbar unter unsern Händen, in unsern Leibern, und während der große reiche Herr der Ernte zum Himmel fährt, nimmt er die fruchtbare Erde, auf der er selber gewachsen war, mit in die Scheunen des Himmels empor.[50]

[49] Vgl. Mt 26, 28.

[50] Rupert von Deutz, De divinis officiis, lib 2, c 11 (PL 170, 43). Vgl. In Joannem, lib 6 (PL 169, 482–483). Augustin, In ps 59, n 9 und 69, n 1 (PL 36, 720 und 805–806). Gregor der Große, In evangelia, lib 1, h 8 (PL 76, 1104 B) angeführt von Florus (PL 119, 89 D). Paschasius Radbert (PL 120, 1304). Etherius und Beatus (PL 96, 936 D). Leoninisches Sakramentar (Feltoe, 35). Adelmann von Brescia (Heurtevent, 300) Franco (PL 166, 777). Ps-Hildebert (PL 171, 1208). Stephan von Baugé (PL 172, 1285) usf. Vgl. Thomas von Aquin, c 12, lib 4, n 5.

ANHANG

DAS «CORPUS TRIFORME» DES AMALARIUS UND SEINE SCHICKSALE

Einleitung

Arianer! Nestorianer! Falscher Prophet! Unerhört Verwegener, aufgeblasen von fleischlichem Sinn, schlimmer als Pelagius! Feind des Glaubens, der Schrift und der Kirche, schuldig des Attentats auf die Einheit Christi! Lachhafte, gotteslästerliche Ansichten! Verworrenes und verwirrendes Geschwätz! Perverse Dogmen, eitle Märchen! Ungeheuerlicher Widersinn! Bücher voller Torheit, Wahnsinn, Fieberphantasien, weltlicher Neuerungen! Voller verderblicher Irrtümer, Lügen, Lästerungen, Häresien! Bücher vom Teufel inspiriert, die man unbedingt verbrennen muß!...[1] Wer ist der Häresiarch, den man so kraftvoll anklagt? – Es ist Amalarius von Metz, Bischof von Trier, eine bedeutsame Persönlichkeit, Vertrauensmann Karls des Großen und Ludwigs des Frommen, der Schüler, Mitarbeiter und Nachfolger Alkuins bei der großen liturgischen Reform des 9. Jahrhunderts. – Und von wo geht die Verurteilung aus? Von einem kleinen Kreis – einem Klan, hat Dom Wilmart geschrieben –,[2] dessen Mittelpunkt Florus war, Erzdiakon von Lyon, auch er eine bedeutende Persönlichkeit, ein verdienstvoller Schriftsteller und gleichfalls einflußreicher Liturgiker. Bei dieser «wütenden Offensive feuern alle Batterien vom gleichen Ort her».[3] Ein Umstand soll sogleich erwähnt werden, der uns die Heftigkeit des Angriffs erklärt und es uns erspart, uns übermäßig aufzuregen. Agobard, Erzbischof von Lyon, hatte 833 für die Söhne Ludwigs des Frommen in ihrem Aufstand gegen den Vater Partei ergriffen und wurde bald darauf nach Italien in die Verbannung verwiesen. Der siegreiche Kaiser setzte Amalarius als

[1] Florus, Adv. Amalarium (PL 119, 76–78; MGH, Concilia, Bd. 2, 770). Agobard, Contra Libros quatuor Amalarii (PL 104, 342–349); De divina psalmodia (PL 104, 327–334).

[2] Un lecteur ennemi d'Amalaire, in: Revue bénédictine (1924) 326.

[3] Vielleicht ist sogar Florus der einzige Verfasser all dieser Streitschriften. Vgl. Wilmart, Une lettre sans adresse écrite vers le milieu du IXe siècle, in: Revue bénédictine (1930) 158–159. Bereits Histoire littéraire de la France, Bd. 5, 136.

Verwalter der Lyoner Kirche ein, der es alsbald unternahm, diese trotz ihres konservativen und partikularistischen Geistes jenen liturgischen Neuerungen gefügig zu machen,[4] die er selber vertrat.[5] Er setzte damit ein Unternehmen fort, für das er zu Beginn des Jahrhunderts nur die ersten Grundsteine gelegt hatte, während eines früheren Lyoner Aufenthalts als Hilfsbischof unter dem Vorsitz von Leidrad.[6] Aber Ludwig der Fromme war gutmütig; schon 838 kehrte Agobard in Gnaden zurück. Während Fortuna das Lager wechselte, nahm Lyon seine Rache. Und was diente ihm nun als Vorwand für seine Ausschreitungen? Es gab deren mehrere. Amalarius hatte die Lyoner vor allem deshalb irritiert, weil er während des Gottesdienstes «plebeios psalmos»[7] singen ließ. Für sie, die keinen andern Gesang als den von Worten der Heiligen Schrift zuließen, war das ein schwerer Angriff auf die göttliche Lauterkeit des Kultes.[8] Immerhin konnte man deswegen schwerlich auf formelle Häresie klagen, und die Neuerung lag viel eher im unduldsamen Purismus Agobards.[9] Es gab aber auch, es gab vor allem das *corpus triforme!*

Amalarius hatte vor mehr als zwanzig Jahren ein großes gelehrtes Werk über den kirchlichen Gottesdienst verfaßt. In diesem erstmals 813[10] erschienenen *Liber officialis*[11] hatte er neben zahl-

[4] P. Chevallard, Saint Agobard (1896) 168: «Unveränderliche Konservierung alter Überlieferungen, ängstliches Fernhalten alles Neuen ... scheint von jeher ein Wesensmerkmal der Lyoner Kirche gewesen zu sein.»

[5] Vgl. Florus, Adv. Amalarium I (PL 119, 73 BC und 76 C).

[6] Dieser letzte Zug ist nicht völlig gesichert. Amalarius' Geschichte bleibt in manchen Punkten dunkel.

[7] Agobard, Liber de divina psalmodia (PL 104, 327 A).

[8] Florus, Adv. Amalarium (PL 119, 80 CD). Vgl. Mémoire du Chapitre primatial de Lyon, contenant ses motifs de ne point admettre la nouvelle liturgie (1776): «Die Anhänglichkeit der Kirche von Lyon an ihre Riten war nie abergläubisch und blind», aber sie liebt die «liturgischen Revolutionen» nicht, erachtet sie leicht als dem Glauben abträglich; «der Grundsatz, der sie von jeher geleitet hat ..., ist der: in ihren Gebeten wenig menschliche Zutaten zu verwenden, vielmehr alles der Heiligen Schrift zu entnehmen» (S. 37, 68, 115).

[9] Vgl. Mabillon, Musaeum italicum, Bd. 2, 4. Dom Guéranger, Institutions liturgiques, 2. Aufl., Bd. 1, 247–248.

[10] Die erste Ausgabe enthielt nur die drei ersten Bücher, die zweite fügte ein viertes Buch hinzu (zwischen 813 und 823), die dritte erschien 823. Vgl. J.-M. Hanssens, Le texte du Liber officialis d'Amalaire, in Ephemerides liturgicae (1933 und 1934).

[11] So lautet der wahre Titel des De ecclesiasticis officiis (PL 105, 985–1242). In einem späteren Werk, De ordine antiphonarii (nach 831: Bishop, Liturgica historica,

reichen gelehrten Mitteilungen und traditionellen Erklärungen auch einige selbsterfundene Symbolismen eingeführt. Einer von diesen hatte den Blitz auf sich herabgezogen. Es war eine Auslegung des Ritus der Brotbrechung. Während der Messe, zwischen *Pater Noster* und *Agnus Dei* brach der Priester – wie noch heute in unsern lateinischen Liturgien – die geweihte Hostie in drei Teile. Diese drei Partikel, so sagte Amalarius, versinnbilden die drei Teile, aus denen der Leib Christi sich zusammensetzt:

> Triforme est corpus Christi, eorum scilicet qui gustaverunt mortem et morituri sunt: primum videlicet, sanctum et immaculatum, quod assumptum est ex Maria virgine; alterum, quod ambulat in terra; tertium, quod iacet in sepulcris. Per particulam oblatae immissam in calicem, ostenditur Christi corpus, quod iam resurrexit a mortuis; per comestam a sacerdote vel a populo, ambulans adhuc super terram; per relictam in altari, iacens in sepulcris...[12]

An diesem Text entdeckt Florus die Achillesferse. Mit zäher Wut zielt er daraufhin und trifft sie schließlich. Schon 835 hatte er den in Thionville versammelten Bischöfen geschrieben, um gegen den Allegorismus des Amalarius Einsprache zu erheben.[13] Der Schritt scheint damals keine Wirkung gehabt zu haben. Auf dem Konzil von Quiercy jedoch, im September 838, erreicht er nach einer fieberhaften Anklage[14] die Verurteilung des *corpus triforme*. Dennoch war, trotz seiner Empörung, trotz der Sentenz von Quiercy, trotz des Einschreitens erst Agobards in Person, dann seines zweiten Nachfolgers auf dem Lyoner Stuhl, Remigius,[15] die

334), spielt Amalarius mehrfach auf seinen «Libellus officialis» (PL 105, 1280 bis 1314) an. Das ist übrigens ein gebräuchlicher Titel: «Romani, in omnibus suis libris officialibus» (ebd. 1308 A).

[12] Lib 3, c 35 (PL 105, 1154–1155).

[13] Er schloß: «Claudendus est plane iuxta legis praeceptum bos cornipeda et os eius sempiterni freno silentii constringendum, imo ... divinarum sententiarum lapidibus obruendus!» (PL 119, 76 BC).

[14] MGH, Concilia, Bd. 2, 768–778. Das ist der Anfang jener Rede, die in PL 119 als Adv. Amalarium III (col. 94–96) bezeichnet wird. Man kennt übrigens die Entscheidung des Konzils nur aus dem Bericht des Florus (MGH, ebd. 778–782; dieser bildet den ersten Teil des Adv. Amalarium II, in PL 119, 80–85). Man darf annehmen, daß seine Objektivität nicht viel größer ist als jene, deren er sich in seiner Rede rühmte (ebd. 770). Vgl. 82 C: «Deliberatum est doctrinam hanc esse omnino damnabilem, et ab omnibus catholicae fidei cultoribus funditus respuendam.»

[15] Liber de tribus epistulis, c 40 (PL 121, 1054). Dieser Traktat könnte durchaus auch von Florus verfaßt sein, der den Amalarius überlebte und auch dann die Waffen nicht streckte.

Autorität des Amalarius, die auf dem wissenschaftlichen Wert seiner Arbeit wie auf dem symbolistischen Zeitgeschmack beruhte, nicht ernstlich erschüttert. Der Triumph des Lyoner Purismus hielt nicht an. – Aber es geschah, was in solchen Fällen öfter vorkommt: während die geprägte Formel weitergereicht wurde, trat in ihrem Verständnis allmählich ein Wandel ein. Es ist nicht ohne Interesse, ihre Peripetien zu verfolgen und zuerst den ursprünglichen Sinn des Ausdrucks festzulegen, jenen, den Amalarius selber damit verband. Denn er wirkt auf manche wie eine Hieroglyphe, und nicht alle Forscher, die sich damit befaßt haben, verstehen sie auf die gleiche Art.

Erstes Kapitel

DER TEXT DES AMALARIUS

Die verschiedenen für das *corpus triforme* vorgeschlagenen Deutungen lassen sich in zwei Typen einreihen, die wir, um bündig zu sein, den «individuellen» und den «kollektiven» Typ nennen wollen. Nach dem individuellen Auslegungstyp sind die drei von Amalarius unterschiedenen «Formen» des Leibes Christi drei verschiedene Aspekte oder auch drei aufeinanderfolgende Zustände des individuellen Leibes Christi, die sich alle auf seinen natürlichen Leib beziehen, unter Ausschluß dessen, was man heute den «mystischen Leib» nennt. So verstanden ihn schon im 12. Jahrhundert eine Anzahl Theologen, die Arnulf von Rochester als *summae peritiae viri* bezeichnet:

> Videtur etiam nonnullis summae peritiae viris, hanc idcirco inter sacra missarum solemnia dominici corporis triformiter fieri divisionem, quatenus illo partium numero solemniter recolatur, qualiter ipsa eadem carnis substantia in figura humani corporis a Verbo Dei assumpta, sub trina varietate hominibus propter homines fuerit exhibita. Mortalibus enim oculis mortalis apparuit, in sepulcro mortuus iacuit, immortalis surrexit...[1]

Nur gab sich eine solche Auslegung damals nicht als historische Exegese. Die Spekulation der Theologen jener Zeit mag uns reichlich phantastisch erscheinen, ihnen selbst ging es um wichtigere Dinge als um die exakte Rekonstruktion dessen, was der Metzer Liturgiker sich ausgedacht hatte.[2] Nach manchen neueren Forschern wäre damit aber wirklich der Ursinn des *corpus triforme* getroffen. «Versteht man den Gedanken Amalarius' richtig», schreibt R. Heurtevent in seinem Werk über «Durand de Troarn et les débuts de l'hérésie bérengarienne»,[3] worin er auch unsere

[1] Epistula secunda (gegen 1115), in: d'Achery, Spicilegium, Bd. 3, 472. Der liturgische Kompilator Durandus von Mende wird diese Erklärung unter vielen andern in seinem Rationale divinorum officiorum, lib 4, c 51, n 21, aufführen.

[2] Arnulf hatte zuerst zwei andere Erklärungen vorgebracht, denen wir noch begegnen werden.

[3] Im Jahre 1912, S. 174. Vgl. S. 184, Anm. 2: die Analyse der von Florus vorgetragenen Deutung.

Frage streift, «so liegt kein theologischer Irrtum darin. Christi Leib, sofern er unsern sterblichen Leibern ähnlich ist, bot, zu verschiedenen Epochen seiner Existenz betrachtet, wirklich einen dreifachen Aspekt, eine dreifache Erscheinungsweise.» Im Artikel «Messe» des Dictionnaire de théologie catholique[4] übernimmt Gaudel diese Ansicht Heurtevents. Im Artikel «Eucharistie» desselben Wörterbuchs hatte F. Vernet sich für eine Deutung gleichen Typs entschieden, versuchte aber dem Text Genaueres abzugewinnen:

> Das ist der Symbolismus des Amalarius: der in den Kelch gesenkte Teil der Hostie versinnbildet den heiligen, unbefleckten Leib Christi, der von der Jungfrau geboren und von den Toten auferstanden ist; der Teil, der zur Kommunion des Priesters und des christlichen Volkes dient, stellt den Leib Christi dar, der durch die Kommunion in den Lebendigen ist, der aufgesparte Teil sinnbildet den in den Gräbern ruhenden Leib Christi, das heißt in denen, die einst kommuniziert haben und gestorben sind.[5]

Die gleiche Deutung legt auch A. Michel vor.[6] Und soweit man es seinem unklaren Text entnehmen kann, war dies auch ungefähr die Ansicht des Abbé Mignon.[7] Dom Ceillier dagegen hatte einst die Dinge ganz anders verstanden. Ebenfalls nachsichtig für das *corpus triforme*, suchte er es auf andere Art zu «retten». Man kann ihm, sagte er, einen annehmbaren Sinn geben, «weil man nicht nur den natürlichen Leib, sondern auch die streitende Kirche als Leib Christi bezeichnen kann, wenn auch auf andere Art, und weil auch die Kirche der Abgestorbenen, zu der die im Himmel und die im Fegfeuer Weilenden gehören, ebenfalls zum Leib Christi gehört».[8] Das ist also die Deutung gemäß dem «kollektiven Typ». Dom Ceillier hat sie einfach aus der «Perpétuité» abgeschrieben, aber unter Weglassung der Folge. Denn nachdem

[4] Bd. X, 999.

[5] Eucharistie du IXe siècle à la fin du XIe siècle (ebd. Bd. V, 1212).

[6] DTC XV, 2035, Art. Ubiquisme.

[7] Les origines de la scolastique et Hugues de Saint-Victor, Bd. 2 (1895) 148: «Amalarius unterschied einen dreifachen Leib Christi: 1. den aus dem Schoß der Jungfrau genommenen Leib, 2. den Leib, den er in uns besitzt, während wir auf Erden weilen, 3. den Leib, den er im Grab hatte, als er unter den Toten weilte.» Dann fügt Mignon bei – als habe Amalarius zuerst seine Theorie frei erfunden, um nachträglich die Liturgie daraufhin auszurichten: «Er behauptete, die Hostie müsse in drei Teile geteilt werden, um an diese Ansichten zu erinnern.»

[8] Histoire des auteurs ecclésiastiques (Vivès, Bd. 12, 350).

die « Perpétuité » festgestellt hat, daß der Ausdruck des Amalarius so verstanden « an sich selbst unschuldig » ist, fährt sie fort, daß sie « im Sinn des Amalarius verwerflich war, der anscheinend meinte, der Leib Christi weile wirklich in den Gräbern, sei ein wirklicher Teil der Körper der verstorbenen Erwählten und der lebenden Gläubigen ».[9]

Während Vernet, wie wir sahen, dieser letzten Auslegung folgte, hat E. Amann neuerdings die von Dom Ceillier verteidigte wieder aufgegriffen. Als erfahrener Historiker hütete er sich aber, die anachronistischen Einzelheiten seiner berühmten Vorgänger bezüglich der « Kirche der Toten » zu wiederholen. Im Band, den er der « Karolingischen Zeit » widmet, liest man, daß nach Amalarius die drei Teile der Hostie « das *triforme corpus* darstellten: der von der Jungfrau geborene und auferstandene Leib ist dabei von dem in den Kelch gesenkten Teil repräsentiert, der mystische Leib Christi, das heißt das auf Erden lebende Christenvolk, durch den zur Kommunion verwendeten Teil, die Gesamtheit der Verstorbenen, die ebenfalls zum mystischen Leib gehören, von der auf dem Altar bewahrten Parzelle bezeichnet ».[10]

Wir halten den so revidierten zweiten Erklärungstyp – trotz dem verbalen Anachronismus « mystischer Leib » – für den richtigen, obschon moderne Forscher oft den ersten vorziehen. Zwei Gruppen von Argumenten scheinen dafür zu sprechen. Die ersten entstammen dem allgemeinen Zusammenhang des zeitgenössischen Schrifttums. Die zweiten ergeben sich aus einer aufmerksamen Lesung des Textes selbst.

Man weiß zunächst ganz im allgemeinen, daß alle Theologen des neunten Jahrhunderts dort, wo sie die Eucharistie behandeln, sie in Beziehung zum kirchlichen Leib setzen. Und zwar so sehr, daß wenn man auf einem von ihnen dem Wort *corpus* ohne weiteren Zusatz begegnet, man berechtigt ist, anzunehmen, es handle sich um diesen Gesamtleib – ohne Ausschluß des Hauptes. Amalarius selber liefert uns ein Beispiel auf der Seite, die dem *corpus triforme* vorausgeht: durch den gekreuzigten Leib, sagt er,

[9] Ausgabe Migne, Bd. 1 (1841) 881.

[10] 1938, S. 309. – Man sehe sich auch noch die zusammenhanglose Deutung bei Hefele-Leclercq an, Histoire des Conciles, Bd. 4 (1911) 92.

hominum genus quatuor climatum ad unitatem unius corporis accessit, und im unmittelbaren Zusammenhang und Beda zitierend: *si eius corporis particeps non est, id est Ecclesiae.*[11] – Daß es sich mit unserem *corpus triforme* nicht anders verhält, dafür bürgen die Angriffe des Florus selbst. Gewiß mißdeutet dieser systematisch den Gegner, dessen Verurteilung er anstrebt;[12] seine «bittere Mißgunst»[13] raubt ihm die klare Sicht. Der Vergleich, den er zwischen dem *corpus triforme* des unseligen Liturgikers und dem *corpus bipartitum*, von dem Tychonius gesprochen und das Augustin kritisiert hatte, ist ebenso absurd wie hinterhältig.[14] Nicht weniger gilt das von der stets wiederholten Anschuldigung, sein Gegner zerteile Christus in «drei Leiber».[15] Hatte Amalarius nicht selbst gesagt: *Multae oblatae propter vota offerentium unus panis est propter unitatem corporis Christi?*[16] Aber so ungerecht und leidenschaftlich die Polemik des Florus auch sein mag, sie entfaltet sich doch innerhalb eines Rahmens, dessen wesentliche Linien zu verbiegen nicht in seiner Gewalt lag. Die beiden Antagonisten lebten zur gleichen Zeit, atmeten dieselbe Atmosphäre. Zwischen ihnen herrschte das Mindestmaß an Verständigung, das der unreflexe Gebrauch derselben Kategorien voraussetzt. Wenn Florus zum Beispiel ausruft: *Quomodo caelestem panem in tria dividit, aliud illic asserens esse Christum, aliud viventes fideles, aliud*

[11] De ecclesiasticis officiis, lib 3, c 31 und 34 (PL 105, 1152 B und 1193 D). Vgl. lib 4, c 29: «in corpore Christus» (ebd. 1216 C); c 17: «Tria pura sacramenta exierunt de homine Christo in passione eius, spiritus, aqua et sanguis, quae tria unum monstrant Christum» (ebd. 1198 A); c 23: «Christi corpori copulantur, et sub uno capite uno eius spiritu fidelia membra vegetantur» (ebd. 1203 BC; vgl. Augustin, In Joannem, tr 99). Desgleichen außerhalb eines die Eucharistie unmittelbar betreffenden Textes (vgl. ebd. 1022 D, 1226 B, usf.).

[12] Was ihn nicht hindert auszurufen: «Testis est mihi omnipotens Deus, quia haec non impulsu iracundiae tanquam laesus exaggero ...» (MGH, Concilia, Bd. 2, 770). Auch für ihn handelt es sich (wie schon in einem andern Streit) «um nichts weniger als die gesamte Religion»!

[13] M. Andrieu, Immixtio et Consecratio, 43.

[14] Florus stellte diese Texte zusammen, um gegen Amalarius die Kritik vorbringen zu können, die Augustin an Tychonius übte. Vgl. Adv. Amalarium I, n 8: «nomine irreligioso...» (PL 119, 77 B). Er sagt immer mit absichtlichem Nachdruck: «corpus triforme et tripartitum», «triforme vel tripartitum, imo tria corpora» (ebd. 74 B, 76–77, 81 A, 83 A). Es glückt ihm, diesen Ausdruck damit so einzubürgern, daß mancher Spätere ihn ohne polemische Absicht Amalarius selber zuschreiben wird.

[15] Adv. Amalarium II: «Jesum, quantum in se est, solvit ac dissipat, dividens eum in tres partes, in tres formas et in tria corpora» (PL 119, 87 D).

[16] Eclogae de officio missae (PL 105, 1328 C).

iam defunctos?,[17] dann legt er gewiß einen falschen Akzent auf dieses dreifache « aliud » und zieht dann den ausdrücklichsten Zusicherungen des Amalarius zuwider allerhand schreckliche Folgerungen daraus:[18] aber er geht doch von einer richtigen Feststellung aus und bestimmt korrekt die drei Begriffe des *corpus triforme*. Wenn er von der Kirche spricht, deren Einheit Christus durch seinen Tod besiegeln wollte, oder von dem Mysterium unaussprechlicher Einigung, das einst durch Adam und Eva vorgebildet wurde, dann sagt er zweifellos nichts, was Amalarius nicht ebensogut zugeben würde, und in diesem Sinn sind seine Worte zwar eitel, fallen aber nicht aus dem sachlichen Rahmen heraus.[19] Amalarius verdirbt zwar keineswegs, wie Florus behauptet, die Einheit des kirchlichen Leibes, aber auch er handelt tatsächlich von diesem, und der Beweisgang seines unversöhnlichen Gegners beruht nicht im ganzen auf einer groben *ignoratio elenchi*, die ihm ja jeden Kredit geraubt hätte. – Beachten wir ferner, daß Amalarius weniger neu ist, als oft behauptet wurde. Er erfindet einen neuen Symbolismus in dem Sinn, daß er den Ritus der dreifachen Brechung und des Eintauchens von einer Dreiteilung des Leibes Christi her erklärt. Aber diese Dreiteilung hat er nicht erfunden. Man trifft sie schon, fast mit den gleichen Worten, mehr als ein Jahrhundert früher, im Werk von Etherius und Beatus gegen Elipandus von Toledo (gegen 685). Die beiden Spanier – die sich für gewöhnlich nicht durch übermäßige Originalität auszeichnen – polemisieren gegen die Ansicht, nach der die völlig geläuterten Gerechten schon jetzt mit Leib und Seele bei Christus im Himmel weilen. Wenn das wahr wäre, so fragen sie, *quomodo pars corporis Ecclesiae quae caput habet in caelo, pars ascendit, et pars patitur adhuc, et pars iacet supulta?*[20] Das ist bereits das *triforme corpus*. Es wird aber hier ausdrücklich als *corpus Ecclesiae* bezeichnet.

[17] Adv. Amalarium II (PL 119, 85 D).

[18] Eclogae de officio missae (PL 105, 1316C, 1318A, 1328C).

[19] Adv. Amalarium II (PL 119, 87); vgl. 86AB: « Apostolus, omni divisionis suspicione sublata, clamat assidue: Multi unum corpus sumus in Christo ... Hanc quoque unitatem in sacrificio sacro, sancto mysterio asserens designari: unus panis, inquit, etc. Ita igitur omnes tam antiqui quam moderni, tam viventes quam dormientes, in Christo unus panis sumus ... » Adv. Amalarium I (ebd. 76–77).

[20] Ad Elipandum, lib 1, c 90 (PL 96, 949–950). Die beiden Verfasser fahren fort: « Et ubi erit illud quod Joannes in Apocalypsi dicit: Vidi super altare animas inter-

Es wird Zeit, sich dem Text des *Liber officialis* selbst zuzuwenden. Vom ersten der drei Leiber wird gesagt, er sei auferstanden: *iam resurrexit.* Wären die beiden andern «Leiber» zwei andere Zustände des individuellen Leibes, wie Heurtevent meint, so wäre schon die von Amalarius befolgte Reihenfolge befremdlich. Man würde Christus zuerst in seiner Auferstehung betrachten, dann in seinem sterblichen Leib, schließlich im Grabe. Zudem wird der erste Leib so vorgestellt: *sanctum et immaculatum, quod assumptum est ex Maria Virgine.* Wie sollte dies ein Privileg des auferstandenen Leibes sein? Die Beschreibung meint offenkundig den individuellen Leib Christi, in welchem Zustand seiner Existenz man ihn auch betrachten mag, im Zustand des Totseins oder der Verherrlichung oder des Erdenlebens. Dies scheint gegen die Deutung Heurtevents schlüssig. Weniger vielleicht gegen die Deutung Vernets, der im zweiten und dritten Leib eine Bezeichnung der Eucharistie erblickt: nun aber weiß man, daß damals das *corpus natum de Virgine* und *corpus in mysterio* ganz allgemein unterschieden wurden, wie die Lehre des Paschasius Radbert selber bezeugt, und noch viel stärker die des Florus. Indes, wenn das Attribut *natum de virgine* ganz natürlich den historischen Leib dem sakramentalen entgegensetzt, so versteht sich das Attribut *sanctum et immaculatum* viel besser, wenn das Gegenstück zum ersten Leib in jenen Leibern besteht, die weniger heilig sind als der erste und sich aus den verschiedenen Gruppen der Gläubigen zusammensetzen.

Noch auf andere Einzelheiten des Textes ist zu achten. Schon der ganze Anfang, seine Einleitungsformel, ist erhellend: *Triforme est corpus Christi, eorum scilicet qui gustaverunt mortem et morituri sunt.* So grammatikalisch ungeschickt der Satz auch gebaut sein mag, so zeigt doch die Mehrzahl des *eorum scilicet*, als Apposition zu *corpus Christi*, hinreichend, daß eine Mehrheit von Individuen in dem gemeinten Leib inbegriffen ist. – Ferner sagt Amalarius, um den zweiten Leib zu bestimmen: *quod ambulat in terra*, und um den dritten zu bezeichnen: *quod iacet in sepulcris.*

emptorum propter Verbum Dei?..... Ubi illic adiungitur: Datae sunt illis singulae stolae albae, nisi tantum animae quae adhuc desiderant corpora, ut adhuc in terram suam duplicia possideant, cum omnium hominum fuerit resurrectio?»

Das läßt sich viel natürlicher verstehen, wenn von den lebenden und abgestorbenen Gläubigen die Rede ist, als wenn die Gegenwart Christi durch die Kommunion in ihnen gemeint wäre; im letztern Fall müßte eher stehen: *corpus in his qui ambulant ... corpus in his qui iacent...* Die es anders verstehen, beziehen sich zuweilen auf die Gewohnheit, den Sterbenden[21] oder den Toten[22] die Kommunion zu geben, oder auf die analoge Sitte, die noch im 9. Jahrhundert durch einen Text Gottschalks bezeugt wird,[23] beim Begräbnis eine Parzelle geweihten Brotes auf die Brust der Leiche zu legen.[24] Oder sie verweisen zumindest auf eine Ansicht, die auch unser Liturgiker teilte: daß der eucharistische Leib in denen, die kommuniziert haben, irgendwie weiterdauert. Es ist in der Tat möglich, daß Amalarius selber an einer Stelle auf den Begräbnisritus anspielt, den Gottschalk erwähnt, um ihn zu verurteilen.[25] Noch ein letzter Gesichtspunkt wird geltend gemacht; er ist, wie sich gleich zeigen wird, nicht völlig abwegig, obschon keinerlei Anlaß besteht, Amalarius hier ein grob-materielles Verständnis zu unterschieben. Aber keiner dieser Gründe zwingt uns, eine Deutung des *corpus triforme* anzunehmen, gegen die so vieles spricht. – Betrachten wir in der Tat die auf den dritten Leib bezügliche Erklärung, die u. E. jeden Zweifel zerstreut:

> ... Idem corpus oblatam ducit secum ad sepulcrum, et vocat illam Sancta Ecclesia viaticum morientis, ut ostendatur non eo debere qui in Christo moriuntur deputari mortuos, sed dormientes... Remanetque in altari ipsa particula usque ad finem missae, quia usque in finem saeculi corpora sanctorum quiescent in sepulcris.[26]

[21] Vgl. Das Leben der hl. Melania: «Consuetudo autem est Romanis, ut cum animae egrediuntur, communio Domini in ore sit» (Rampolla, 39). Melania selber kommunizierte an ihrem Todestag dreimal (S. 83). Vgl. Paulinus, Vita Ambrosii (PL 14,43).

[22] Diese ist nur für den Osten und für Afrika bezeugt (DACL Bd. 3, 1445–2446). Vgl. Pascal, Brief vom 17. Oktober 1661 an die Périer.

[23] De corpore et sanguine Domini (Lambot, 337).

[24] Amphilochius, Leben des hl. Basilius (Acta sanctorum, junii, Bd. 2, 943E). Gregor der Große, Dialogi, lib 2, c 24 (PL 76, 180–182). Burchard, lib 5, c 31 (PL 140, 758C). Vgl. Dom Martène, De antiquis ecclesiae ritibus (Venedig, Bd. 2, 1783, 367–368).

[25] Liber officialis, lib 4, c 41 (PL 105, 1236BC). Bericht vom Tod des hl. Cuthbert, nach Beda (vgl. die Anmerkung in PL 78, 473). Aber der Text des Amalarius läßt sich ohne Bezug auf diese Sitte erklären...

[26] aaO. (PL 105, 1155).

Dieser dritte Leib wird also nicht von den Sterbenden mit ins Grab genommen, wie man es von der Eucharistie sagen könnte, die man den Toten als Wegzehrung mitgibt, oder die sie früher während ihres sterblichen Lebens erhalten haben. Vielmehr ist es der Leib, der die Eucharistie dahin mitnimmt: *oblatam ducit secum*... Amalarius spricht anderswo ausdrücklich von der Kommunion als Wegzehrung.[27] Er glaubt auch mit der ganzen Tradition, daß die in diesem Leben empfangenen Kommunionen ein Unterpfand sind nicht nur der Unsterblichkeit für die Seele, sondern der Auferstehung für den Leib.[28] Der vorliegende Text setzt sowohl jene Sitte wie diesen Glauben voraus. Und doch ist kein Zweifel möglich: Subjekt des Satzes ist der, der das Pfand erhält, und ist nicht das Pfand selber. Man muß darin unbedingt nicht den Herrn, son-

[27] Im zweiten Vorwort zum Liber officialis: «Quando in extremo vitae est homo, ut separentur corpus et anima, sumit anima viaticum sibi corpus Christi, ut propter illud corpus in spe homo vivat, usquedum recipiat corpus in resurrectione» (PL 105, 989B). Die Frage der Wegzehrung war damals sehr akut. Vgl. das Capitularium von 810, c 16 (PL 97, 326A), das in den Sammlungen oft wiedergegeben wird (PL 119, 707A und 734–735, usw.).

[28] Der Gedanke konnte mehr oder weniger materiell verstanden werden. Einzelne Ausdrücke scheinen zuweilen auf dem Glauben an ein wunderbares «physisches Weiterdauern» des Fleisches Christi in dem des Empfängers zu verweisen. Aber das sind doch wohl nur Redensarten. Die Frage hängt mit der des «Stercoranismus» zusammen. In der Tat konnten damals drei Meinungen über das Weiterdauern der eucharistischen Gegenwart nach der Kommunion vertreten werden: die erste, zusammengefaßt im Wort «Stercoranismus» wurde wahrscheinlich von niemandem vertreten, obschon mehrere sich darüber rechtfertigen mußten, die beiden andern werden von Amalarius als Ansichten erwähnt, deren Wahl er offenläßt: «... invisibiliter assumatur in caelum, an reservetur in corpore nostro usque in diem sepulturae» (Epistula 6, PL 107, 1338). Vernet deutet diesen Text als eine von Amalarius selbst angebrachte Verbesserung seiner Lehre vom «corpus quod iacet in sepulcris»: im Liber officialis hätte er vertreten, daß Christus materiell in der Leiche bleibt bis ans Ende der Zeiten, und nun hätte er, vielleicht durch die Einwände erschüttert, zur Ansicht hinübergewechselt, die Gegenwart Christi höre mit dem Tag des Begräbnisses auf. Diese erfinderische Deutung fällt von selber dahin, wenn man, wie wir meinen, das «corpus quod iacet in sepulcris» ganz anders verstehen muß. Es sei vermerkt, daß die Kommunion im Hinblick auf die Auferstehung von Amalarius anscheinend ebenso geistig verstanden wurde wie von vielen andern (vgl. PL 105, 989B), vornehmlich von Heriger von Lobbes, der von Vernet ausgezeichnet kommentiert wird.

Die «Perpétuité», die das Konzil von Quierzy rechtfertigen will, beschuldigt Amalarius des Stercoranismus. Aber gerade das Weiterdauern des Leibes Christi im Gläubigen, wie es von Amalarius vertreten wird, werden die Gegner des Stercoranismus ins Feld führen. So Kard. Humbert, Contra Nicetam, c 23: «Horremus quidem dicere, sed compellimur a tua impudenti improbitate. Conaris Christum, imo ipsam Vitam, per digestionem sicut caenum olidum dimittere in latrinam. Et ubi est, quod dixit: Qui manducat carnem meam et bibet sanguinem meum, in me manet et ego in eo?» (PL 143, 993C).

dern den Gläubigen, genauer die verstorbenen Gläubigen sehen. Darauf verweist außerdem der Symbolbezug, den Amalarius herstellt: ein Teilchen der geweihten Hostie, eben jenes, das für die Sterbenden bestimmt ist, bleibt bis zum Ende der Messe auf dem Altar, wie der Leib der «Heiligen» im Grab bleiben muß bis ans Ende der Welt...

Schließlich dürfte es auch erlaubt sein, Amalarius durch sich selber zu erklären, ohne seinen *Liber officialis* zu verlassen. Im 20. Kapitel des gleichen 3. Buches liefert er uns nämlich, mit etwas verschiedenen Worten, eine erste Skizze seines *corpus triforme*, so wie wir es verstehen. Das erfolgt anläßlich des bischöflichen Sitzes in seiner Kirche. Der Gedanke unseres Liturgikers erhebt sich ganz natürlich von diesem irdischen Stuhl zu dem von der Schrift erwähnten Thron im Himmel, denn er fragt sich, warum unter den Jüngern Christi die einen sitzen und die andern stehen; dies wieder leitet eine Unterscheidung von zwei Arten von Gliedern im einzigen Leib Christi ein:

> Sedent cum eo (Christo) quibus promisit: »Cum sederit Filius hominis in sede maiestatis suae, sedebitis et vos, etc.« De quibus dicit Paulus apostolus ad Ephesios: »Et conressuscitavit et consedere fecit in caelestibus in Christo Jesu.«
>
> De his qui ascenderunt secum, aliqui sedent, et aliqui stant. Per eos qui sedent, demonstrantur membra Christi in pace quiescentia; per eos qui stant, in certamine posita. Caput et membra, unum corpus: quomodo Christus in aliquibus sedet, in aliquibus stat, ut illum vidit Stephanus in sartamine positus (Act. 7), aliqui ascendentium sedent, aliqui stant.[29]

Angesichts so vieler Gründe wird man die einzige Analogie, die man unseres Wissens für die «individualistische» Deutung anführen kann, für wenig gewichtig halten; wir wollen sie trotzdem nicht verschweigen. Es handelt sich um eine Stelle im Anhang zum ersten Buch von Rabanus Maurus *De clericorum institutione:*

> ... Per particulam oblatae immissae in calicem, ostendit Christi corpus, quod iam resurrexit a mortuis. Per comestam a sacerdote et populo, quod post resurrectionem adhuc cum discipulis ambulans in

[29] PL 105, 1118 BC.

terra, et seipsum victum praebens. Per relictam in altari, insinuat eum iacere in sepulcro, et a discipulis in passione derelictum.[30]

Der Verfasser dieses Textes – mag er Rabanus Maurus selber sein oder ein anderer – hat jedenfalls nach Amalarius geschrieben.[31] Daß er trotz eines tieferen Unterschieds von ihm abhängig ist, scheint wegen der Ähnlichkeit der Form evident. Er hatte gewiß Gründe, dem Symbolismus des *Liber officialis* einen andern vorzuziehen. Nichts verpflichtet uns, beide gleichzusetzen. Aber die getroffene Wahl dürfte darauf verweisen, daß der Zusatz zum Buch des Rabanus Maurus spät erfolgt sein muß.

Mehrere Jahre anscheinend, ehe Amalarius den *Liber officialis* verfaßte, hatte er schon ein anderes liturgisches Werk zusammengestellt, die *Eclogae de officio missae*,[32] worin er eine leicht verschiedene Deutung vom Ritus des Brotbrechens und Eintauchens gab. Dieser bis zum Rätselhaften zusammengedrängte Text macht einige Schwierigkeiten. Dennoch scheint er uns die «kollektive» Deutung zu bestätigen, die sich uns für den entsprechenden Text im *Liber officialis* aufdrängte.

> ... Sicut enim multae ecclesiae sunt per universum orbem terrarum propter diversa loca, et tamen una sancta est catholica propter unam fidem: sic et multae oblatae propter vota offerentium, unus panis est propter unitatem corporis Christi. Si enim requiris quare non integra oblata ponitur in calicem, cum constet integrum corpus Domini resurrexisse: partim resurrecturum, partim iam vivit ut ultra non moriatur, partim mortale est et tamen in caelo.[33]

Nochmals gibt es also bloß einen einzigen Leib Christi, das heißt eine einzige Kirche; und ihrer Einzigkeit entspricht die Einzigkeit des eucharistischen Brotes unter der Vielheit der Hostien. Das

[30] PL 107, 326. – Dieser Glaube erklärt das Vorhandensein der berühmten eucharistischen Inschrift des Pectorius von Autun auf einem Grabe.

[31] Das De clericorum institutione stammt ungefähr von 813, ist also dem Liber officialis gleichzeitig.

[32] Den Eclogae selbst scheint ein Traktat vorausgegangen zu sein, der sozusagen ihre erste Ausgabe gewesen wäre und der in einem Züricher Ms vorhanden ist. Vgl. J.-M. Hanssens, in: Ephemerides liturgicae, 1927.

[33] PL 105, 1328CD. «Integrum resurrexisse» muß übersetzt werden: «Der Leib des Herrn ist unversehrt auferstanden», und nicht «der ganze Leib des Herrn (in allen Bedeutungen dieses Wortes) ist auferstanden». Hier liegt, vom Einwand her und im Blick auf seine Beantwortung, ein Übergang von dem individuellen zum kirchlichen Sinn von «corpus».

Band zwischen diesem ersten Satz und dem zweiten[34] verbürgt uns, daß es sich auch bei diesem Leib – ohne Ausschluß des individuellen Leibes, der sein Haupt ist – um den kirchlichen Leib handelt.[35]

Wir wollen uns nicht bei der Beurteilung des Wertes dieser Spekulation aufhalten. Ist man heute einig, ihren Erfinder vom Verbrechen der Häresie reinzuwaschen,[36] so pflegen manche noch immer von seinen «Irrtümern»[37] oder wenigstens «Albernheiten»[38] zu reden. Im allgemeinen ist das über ihn gefällte Urteil streng. Man wirft ihm sowohl das Neue wie das Übertriebene seiner Symbolik vor, und dabei dient das *corpus triforme* als obligates Beispiel. Das Übermaß an Strenge erklärt sich, besonders bei Erforschern der Lyoner Schule,[39] aus einem letzten Nachwirken des Florus: der temperamentvolle Diakon imponiert auch dann noch, wenn man Distanz von ihm zu haben glaubt. Bei andern erklärt sich die gleiche Strenge aus der weitverbreiteten Verständnislosigkeit für das Symbolische,[40] sowie daraus, daß man oft an äußerlichen und wirklich künstlichen Einzelheiten des Symbolverfahrens hängenbleibt. Schließlich beharrt und verhärtet sich das Vorurteil gegen Amalarius dadurch, daß nach gemeiner Ansicht alles, was ein Autor dem Symbolismus zuteilt, ebendamit schon dem

[34] Weil Vernet nur den zweiten Teil des Textes in Betracht zog, meinte er ihn für seine «individuelle» Auslegung beiziehen zu können.

[35] Amalarius schließt in seinem Symbolismus die Deutungen vom individuellen Typ nicht grundsätzlich aus. So in Eclogae (PL 105, 1328–1329). Vgl. De ordine antiphonarii, c 21 (ebd. 1276C).

[36] So Dom Morin, DTC I, 934: «Die Häresie, deren ihn Florus beschuldigte ... kann nicht ernst genommen werden.»

[37] So Dom Leclercq, in: Hefele-Leclercq, Histoire des Conciles, Bd. 4, 102.

[38] J. P. Bock, Die Brotbitte des Vaterunsers (1911) 187, Anm. 1.

[39] P. Chevallard, Biograph des hl. Agobard, spricht von den «Irrtümern und Phantastereien» des Amalarius, von seinen «hohlen Tüfteleien, seinen ungenauen, irrtümlichen und oft genug lächerlichen Ansichten». Er denkt, Florus und Agobard hätten lediglich einen «Angriff» abgewehrt und scheint zu meinen, die polemischen Exzesse hätten auf beiden Seiten stattgefunden... Dagegen anerkennt Paul Duc, obschon dem Florus wohlgesinnt, daß dieser sich «zu einer giftigen Polemik hinreißen ließ, bei der der Geist der Parteilichkeit über die Rechte der Liebe und sogar der Gerechtigkeit obsiegte» (Studie zur Expositio missae des Florus von Lyon, 29).

[40] Solche, die ein tieferes Gespür für die Werte des Symbolismus besitzen, sind naturgemäß Amalarius wohlgesinnter. So Dom Guéranger, Institutions liturgiques, 2. Aufl., Bd. 1, 256.

Realismus entzogen wird: ein vom Rationalismus ausgebeutetes protestantisches Vorurteil, von dem die Apologeten sich einschüchtern lassen.[41] – Diese Bemerkungen zielen nur darauf, eine richtigere Einschätzung der Lehre des Amalarius zu ermöglichen, einer Lehre, für die er mehr Zeuge als verantwortlicher Autor ist, trotz der originellen Form, die er ihr zu geben verstand. Überschätzen darf man ihn nicht. Er mag eine große Persönlichkeit und ein für seine Zeit beachtlicher Gelehrter gewesen sein, ein großer Geist war er nicht. Klar ist auch, daß seine Theorie vom *corpus triforme* nur noch historischen Wert für uns haben kann. Sie ist aber auch so wenig «Theorie» als nur möglich. Kraft eines Symbolismus, der gewiß nichts Objektives aussagte, aber wenigstens nicht aus der *Analogia fidei* herausfiel, auch nicht «kindischer» oder «befremdlicher»[42] war als hundert andere, die Amalarius nicht erfunden hat,[43] bekundet sich hier, in zeitbedingten Schattierungen, der große überlieferte Gedanke vom innern Bezug der Eucharistie auf die Totalität des Leibes Christi.[44] Dies soll uns nun beschäftigen.

[41] Vgl. Claude, Réponse aux deux traités intitulés «La Perpétuité de la foi de l'Eglise catholique touchant l'Eucharistie» (Charenton 1667), 3. Teil, Kap. 2, 485 bis 488: Claude zitiert den Text über das corpus triforme, um zu beweisen, daß Amalarius nicht an die reale Gegenwart glaubte. – Armand Dulac (J. Turmel) anläßlich Bernolds von Konstanz: «Bernold kopiert (die symbolischen Erklärungen der Theologen des 9. Jahrhunderts über die Messe), ohne zu ahnen, daß das Dogma der Verwandlung, das jüngst in der Kirche angenommen worden war, dem Symbolismus seine Daseinsberechtigung raubt. Er redet wie die Alten und denkt doch nicht mehr wie sie» (RHLR, 1911, 466). Ein gröberer Widersinn ist kaum denkbar. Loisy hat sehr richtig gesagt: «Der wahrhaft religiöse Symbolismus ist immer realistisch» (La crise morale du temps présent et l'éducation humaine, 1937, 247–248).

[42] Dom Morin, aaO. Chevallard, aaO., 175–176.

[43] Wie die meisten Schriftsteller seines Jahrhunderts wirkt Amalarius vor allem als Kompilator. Seinen Schriften nach zu urteilen, muß er ein bescheidener und versöhnlicher Geist gewesen sein. «Sein Fehler ist eher übermäßige Leichtgläubigkeit und Gutmütigkeit», sagt Dom Morin (Revue bénédictine, 1899, 420). Er drängt seine Ansichten nicht auf, sagt es deutlich, wenn er für etwas keine andere Autorität hat als die seine, und verurteilt Gebräuche auch dann nicht, wenn er ihnen selber nicht beipflichtet. (Vgl. De ordine antiphonarii, PL 105, 1244 A, 1291 CD, 1299 D.)

[44] Wenn später ein Guitmund von Aversa gerade anläßlich der Brechung der geweihten Hostie in drei Teile schreibt: «Nec tamen tres particulae separatae sunt tria corpora, sed unum corpus», dann wird es für ihn nur darum gehen, die Unversehrtheit des individuellen Leibes Christi in jeder Partikel sicherzustellen: «Ita ergo tota hostia est corpus Christi, ut nihilominus unaquaeque particula separata sit totum corpus Christi.» Der Ähnlichkeit der Formeln zwischen ihm und Amalarius entspricht also keine Ähnlichkeit des Gedankens. Immerhin folgert Guitmund aus dieser Ganzheit des individuellen Leibes Christi unter jeder Partikel: «Propterea

Zweites Kapitel

ENTWICKLUNG DER LEHRE

Von nun an wird das ganze Mittelalter das *corpus triforme* erwähnen. Man schreibt zuweilen dieses glückliche Los einer Fehlzuteilung zu, wie sie damals so häufig vorkamen. Der *Liber de divinis officiis* des Ps-Alkuin, eine Kompilation aus dem 10., vielleicht 11. Jahrhundert, hatte den Text des Amalarius gleich nach der Bemerkung angeführt, daß die Sitte, in der Messe das *Agnus Dei* zu beten, auf Papst Sergius zurückgehe.[1] Durch diese Annäherung getäuscht, hatten Kanonisten dem Sergius auch das zugeteilt, was dem Amalarius gehörte. So die *Panormia* Ivos von Chartres,[2] und die *Sententiae Magistri A.*[3] Der Irrtum hatte sich auch in das *Decretum Gratiani* eingeschlichen.[4] Die seltsame Symbolik, der Einbildungskraft eines zumindest suspekten Autors entstammend, fand sich somit von einer Autorität gedeckt, die päpstlichen Erlassen zukam, und sie profitierte gleichzeitig von der riesigen raschen Ausbreitung des *Decretum*.[5] Auf diese Art, fügt man bei, habe leider das *triforme corpus* bis zu den Fürsten der Schule, zu Albert und Thomas vordringen können.

ipsi, qui sumimus communionem huius sancti panis et calicis, unum Christi corpus efficimur», und findet damit wieder zum abschließenden Gedanken des Amalarius, der aber weder von Amalarius noch von Guitmund stammt, sondern Gemeingut der ganzen christlichen Tradition ist. De corporis veritate, lib 1 (PL 149, 1434 B und C).

Über den liturgischen Allegorismus des Amalarius und seiner Nachfolger, dessen Wesen, Ursache, Ergebnisse, vgl. J. Jungmann, Missarum Sollemnia, 1. Teil, Kap. 8 bis 13. Unter den griechischen Vertretern dieser Art von Allegorismus ist bemerkenswert Theodor von Mopsuestia, 15. Katech. Hom. (Tonneau-Devreesse, Rom 1949)

[1] PL 101, 1246.

[2] Lib 1, c 140 (PL 161, 1076D).

[3] Über diese theologische Sammlung, die eine der Quellen Gratians ist, vgl. Fournier-Le Bras, Histoire des collections canoniques en Occident, Bd. 2, 329–330, und G. Le Bras, Alger de Liége et Gratien, in: RSPhTh 20 (1932).

[4] De consecratione, d 2, c 22: «Quare tres partes fiant ex corpore Christi» (Friedberg, 1321).

[5] F. Vernet, aaO., col 1217. M. de la Taille, Mysterium fidei, 2. Aufl., 435, Anm. 1. Vgl. J. de Ghellinck, L'essor de la littérature latine au XIIe siècle, Bd. 1, 106: «Der Erfolg des Bologneser Mönchs war viel unmittelbarer und allgemeiner als der des Petrus Lombardus mit seinem Sentenzenbuch.»

Vom 12. Jahrhundert an findet man in der Tat ein einleitendes «Sergius Papa dixit». Aber ein solcher Irrtum genügt nicht, um das «faszinierende Prestige des *triforme corpus Domini*» zu erklären. Bei Theologen wie Liturgikern und Kanonisten herrscht dieses Prestige schon lange vor Gratian, und das heißt doch lange bevor Amalarius' Text dem Sergius zugeschrieben wurde. Übrigens galt Amalarius gar nicht als ein verdächtiger Autor. Die den Bischöfen von Quiercy entrissene Verurteilung hat wohl kaum jemanden irregeführt, man erinnerte sich eher daran, daß ein anderes, kurz vorher in Thionville, 835, tagendes Konzil beim ersten Angriff des Florus jeden Antrag auf Verurteilung zurückgewiesen hatte.[6] Vielleicht haben auch bloß ein paar Kopisten eine Zeitlang aus Klugheitsgründen das Kapitel mit der umstrittenen Theorie ausgelassen.[7] Die bittern Klagen eines Remigius von Lyon bezeugen die rasche und ausgedehnte Verbreitung der Ideen Amalarius' und die Autorität, die sich bald nach seinem Tod an seinen Namen knüpfte. In Frankreich, ja darüber hinaus werden seine Schriften herumgereicht, gewichtige Männer der Kirche befragen sie, um ihren Glauben zu erleuchten, auch einfache Geister finden an ihm Geschmack und lesen ihn ...[8] Wohl gibt es hier und dort eine einschränkende Bemerkung. Der alte Paschasius Radbert, der seinerzeit vermutlich in Corbie den Besuch des Amalarius empfangen hatte, war nicht überzeugt worden und sandte an seinen Jünger Frudegard diese Warnung: *Ne sequaris ineptias de tripartito corpore..., non secundum deliramenta quorumdam.*[9] Und doch, wenn die Lyoner Anklagen einigen Widerhall fanden, so war dieser bald verklungen. Kein anderes Anzeichen irgendwelcher Gegnerschaft ist auf uns gekommen als eine kurze anonyme Schrift, die gleichfalls von einem unmittelbaren Schüler des Florus zu stammen scheint.[10] Anderseits sind die meisten Liturgiker, die

[6] Vgl. Hefele-Leclercq, Histoire des Conciles, Bd. 4, 91–92: «Das Konzil wurde durch andere Geschäfte verhindert, sich mit dem Buch des Amalarius zu befassen.»

[7] Vgl. M. Andrieu, Immixtio et Consecratio, S. 33, Anm. 2.

[8] Liber de tribus epistulis, c 40 (PL 121, 1054). Es scheint also nicht, daß aufs Ganze gesehen das «triforme corpus» von vornherein «schlecht aufgenommen» worden sei (J. de Ghellinck, DTC V, 1274).

[9] PL 120, 1365–1366.

[10] «Quidam nostrorum temporum praesumptor Amalarius... Ad cuius confutandam insaniam ex dictis beati Augustini quidam vir venerabilis et nostro tempore

nach Amalarius schreiben, weitgehend von ihm abhängig. Der Verfasser *De divinis officiis* plündert ihn aus. Desgleichen die *Expositio divinorum officiorum*, die man Johannes von Avranches zugeschrieben hat.[11] Ein weiterer Liturgiker des 11. Jahrhunderts, Berno von Reichenau († 1048) bezieht sich mehrfach auf ihn, nicht ohne jeweils ein Wort des Lobes beizufügen: *Amalarium divinorum officiorum scrutator non contemnendus, indagator sollertissimus...*[12]

Aber auch die beharrlichsten und scheinbar gleichförmigsten Traditionen sind, wenn sie wirklich lebendig bleiben, niemals bloße Wiederholung. Es kann sogar sein – wir sprachen schon davon –, daß sich unter der Fortdauer der Worte die Bedeutung wesentlich ändert, entsprechend der Variation oder Entwicklung der benachbarten Ideen. Dies bewahrheitet sich auch beim *corpus triforme*. Und zwar sowohl für die konkrete Bestimmung jedes der drei Leiber, wie auch für ihren symbolischen Bezug auf die drei Fragmente der Hostie.

Der zweite Terminus – *corpus ambulans in terra* – war zu klar bestimmt, als daß er hätte verändert werden können. Der dritte aber – *corpus iacens in sepulcris* – sollte vielerlei Wandlungen durchmachen, die auf den ersten zurückwirkten.

Es ist beachtlich, daß Amalarius bei der Aufzählung der Hauptteile des « Leibes Christi » die Seelen der schon in den Himmel eingegangenen Gerechten nirgends erwähnt. Nicht als ob er diese Kategorie von Gliedern Christi einfach verkennen würde, denn anderswo nennt er sie ausdrücklich.[13] Aber eine solche Vorstellung war damals zwar nicht unerhört, aber doch noch keineswegs Allgemeingut.[14] Vor allem stand sie auch bei solchen, die sie wie Ama-

in fide et doctrina catholica satis probatus, qualiter responderit, et eius cavendas nemias redarguerit, non piguit subnotare... » (Vgl. Dom Morin, Revue bénédictine, 1905, 166). [11] PL 101 und 147.

[12] De officio missae, c 4 und 7 (PL 142, 1064C und 1076B). Qualiter adventus Domini celebretur, c 2 (ebd. 1081 C).

[13] De ecclesiasticis officiis, lib 4, c 42 (PL 105, 1239CD). Liber de ordine antiphonarii, c 1 (ebd. 1249B). Vielleicht Eclogae de officio missae (ebd. 1328D).

[14] Julian von Toledo scheint der erste gewesen zu sein, der den Gedanken mit einigem Nachdruck ausgesprochen hat: Prognosticon futuri saeculi, lib 2: « Quomodo se animae defunctorum habeant ante resurrectionem corporis »; doch redet auch er mit einiger Zurückhaltung: die vollkommen geläuterten Seelen sind im Himmel mit Christus zusammen, aber schauen Gott nicht so, wie sie ihn nach der

larius bejahten, noch nicht zentral im Bewußtsein. Die Heilsaussichten des Einzelnen waren noch gewohnheitsmäßig mit den kollektiven Schicksalen der Kirche verbunden, die eschatologischen Ausblicke noch vom Dogma der Totenauferstehung beherrscht. Eines der *Capitula* des Rudolf von Bourges drückt die damals übliche Art, die Letzten Dinge zu sehen, trefflich aus:

> ... Hoc agit universa Ecclesia, quae in peregrinatione mortalitatis inventa est, exspectans in finem saeculi quod in Domini nostri Jesu Christi corpore praemonstratum est, qui est Primogenitus mortuorum.[15]

Wenn Remigius von Auxerre den fünften Psalm kommentiert, läßt er die Kirche sagen: *Ego catholica Ecclesia, introibo in domum tuam, caelestem Jerusalem, scilicet supernorum civium civitatem.*[16] Wenn er acht Weltzeitalter unterscheidet, so erklärt er das siebte, das dem der Ewigkeit vorausgeht, als die Zeit der *dormientes.*[17] Die Unsterblichkeit wurde meist als eine Folge der Auferstehung betrachtet, nicht die Auferstehung als eine akzidentelle Ergänzung der Unsterblichkeit.[18] Die christliche Hoffnung war *spes resurrectionis.*[19] Um die Lebenden in ihrer Totentrauer zu trösten, lud man sie zumeist ein, nach dem Horizont der Auferstehung und des endgültigen Sieges Christi Ausschau zu halten.[20] Das Totenoffizium in

Auferstehung schauen werden. Vgl. vor allem c 1–11 (PL 96, 475–480; und lib 2, c 55: «Similes ergo tunc angelis erimus, quia sicut illi nunc vident, ita nos Deum post resurrectionem videbimus» (ebd. 522 B). Vgl. A. Veiga Valiña, La doctrina escatológica de San Julián de Toledo (1940).

[15] C 26 (PL 119, 716 B). Das Poenitentiale des Rabanus Maurus, c 33, betrachtet die Wirkung der Eucharistie für die Vereinigung von Seele und Leib und für die Wiedervereinigung des gesamten «corpus Christi» zur «societas sanctorum» «per modum unius» (PL 110, 493–494).

[16] PL 131, 169 A.

[17] Ebd. 634 B. Vergleich mit Gregor von Nazianz, Lobrede auf Caesarius, c 17, n 2: «Du aber, mögest du in die Himmel eingehen, göttliches und heiliges Haupt! Mögest du im Schoße Abrahams, was immer dieser sein mag, deine Ruhe empfangen!...» (Boulenger, 37).

[18] Im Kanon der 4. Messe von Mona bittet der Priester, daß der Empfang der Eucharistie allen gewähre «tranquillam spem resurrectionis atque immortalitatis aeternae (Missale Richenovense, Missa IV, post secreta, Neale-Forbes, 11).

[19] Augustin, De catechizandis rudibus, n 11: «Narratione finita, spes resurrectionis intimanda est» (PL 40, 317). Über die Lehre Augustins vom Zustand der Seele nach dem Tod vgl. J. Rivière, in: Œuvres de saint Augustin, Bd. 9, Exposés généraux de la foi, 419–420.

[20] So Braulio von Saragossa, Epistulae 19, 29 und 34 (PL 80, 665 D, 676 B, 680 A).

den alten mozarabischen und gallikanischen Liturgien setzt immerfort diese Perspektiven voraus.[21] Nur Christus hatte, am Ostermorgen vom Grabe erstehend, den letzten Feind schon besiegt.[22] Das Haupt hatte triumphiert, war in die endgültige Herrlichkeit eingegangen, während die Glieder ihm erst nach ihrer eigenen Auferstehung nachdringen konnten. Bis dahin waren sie nur in Hoffnung gerettet.[23] Wie immer ihr gegenwärtiges Los und ihr Aufenthaltsort vorgestellt wurde, sie verharrten in einem Zustand des Schlummers und der Erwartung, wie ihn der Ausdruck *jacere in sepulcro* beschrieb. Das 4. Buch des *Liber officialis* kommt mehrfach darauf zu sprechen, zumal anläßlich der Oktaven der Heiligenfeste. Weshalb eine doppelte Feier im Abstand von acht Tagen? Deshalb, antwortet Amalarius, weil man am ersten Festtag die vergangene «Aufnahme» der Heiligen in den «Frieden» feiert, ihre «Ruhe», ihren «Schlummer» in den verschiedenen «Wohnungen». Am Oktavtag dagegen feiert man vorwegnehmend ihr «Erwachen», ihre «Auferstehung», ihren Eintritt in das «kommende Weltalter», das versinnbildet wird durch den achten Tag, den Tag der Auferstehung des Herrn.[24]

Und doch waren bereits bei Amalarius die in Christus Entschlafenen «Heiligen», die den dritten Teil seines «*Leibes*» ausmachten, ebenfalls in der kurzen nachfolgenden Erklärung mitbezeichnet, als solche nämlich, deren Leib – der Körper aus Fleisch – im Grabe ruht. Das Ruhen der sterblichen Überreste sinnbildete den Schlummer des Betreffenden selbst. So glitt man in einem natürlichen Übergang, der bei dieser Erwähnung des Grabes fast unvermeidlich war, vom einen Sinn des Wortes «Leib» zum andern über: vom mystisch-kollektiven zum individuell-materiellen. Dies aber nur um zu erklären, subsidiär sozusagen, weshalb das dritte

[21] Liber mozarabicus ordinum (Férotin, 111–149 und 422). Sacramentarium gallicanum vetus (PL 72, 539C, 566–568). Vgl. Gelasianum (Wilson, 295) usf.

[22] Vgl. das Exultet: «Haec nox est, in qua destructis vinculis mortis Christus ab inferis victor ascendit.»

[23] Remigius von Auxerre: «Laetentur hic in spe, et post, in aeternum exsultabunt, id est, plenarie gaudebunt, cum duplicem stolam immortalitatis accipient» (PL 131, 170A). Braulio von Saragossa, Epistulae 19, 29 und 34 (PL 80, 665D, 676B, 680A). Amalarius (PL 105, 989B, 1307A; vgl. 1238D).

[24] C 36 (PL 105, 1228–1229). Vgl. c 9 (ebd. 1185D). Die gleiche Erklärung, verwandelt, im Rationale des Durandus von Mende, lib 7, c 1, n 42: die gleiche Partikel bedeutet das Fürbittegebet für jene, die ein schlechtes Leben führen.

Stückchen der Hostie bis zum Ende der Messe auf dem Altar verblieb. In der späteren Entwicklung wird aber nun dieser zweite Sinn, statt sich einfach dem ersten anzufügen, auf ihn zurückwirken. Zunächst geschieht es wie schüchtern, dank der Einführung einer zweideutigen Formel: *corpus fidelium iacens in sepulcris*, wie in der *Expositio divinorum officiorum* des Ps-Johannes von Avranches:

> Pars oblatae immissa calici ostendit corpus Christi quod resurrexit a mortuis. Pars a sacerdote comesta vel a populo significat corpus Christi adhuc in terra manens. Pars relicta in altari, quam Ecclesia viaticum sibi sumit, significat corpus fidelium iacens in sepulcris: haec pars remanet in altari usque ad finem missae, quia usque ad finem saeculi corpora sanctorum quiescunt in sepulcris.[25]

Doch bald werden wir Zeugen einer energischeren Umgestaltung des amalarischen Textes, wobei in seiner Wiedergabe die *corpora sanctorum* an einen besseren Platz gerückt werden. So in der *Panormia*,[26] dann bei Gratian.[27] Dieser so umgegossene Text wird dann, unter dem Namen des Sergius, von Petrus Lombardus, Odo von Lucca, Petrus Comestor zitiert.

> ... Quid autem partes illae significent, Sergius papa tradit, inquiens...: Triforme est corpus Christi. Pars oblatae in calicem missa, corpus Christi quod iam resurrexit monstrat; pars comesta, ambulantem (sic) adhuc super terram; pars in altari usque ad finem missae remanens, corpus iacens in sepulcro significat, quia usque ad finem saeculi corpora sanctorum in sepulcris erunt.[28]

Auch eine so geringfügige Änderung wie *corpus iacens in sepulcro* anstelle des ursprünglichen *iacens in sepulcris* hat ihre Bedeutung. Diese Änderung war notwendig. Denn ein fleischlicher indi-

[25] PL 147, 203 B. Gegen Ende der gleichen «Expositio» erneute Erwähnung des corpus triforme, da man mit unbedeutenden Varianten einfach Amalarius wiedergibt (ebd. 212 A).

[26] Lib 1, c 140 (PL 161, 1076).

[27] De consecratione, d 2, c 22 (Friedberg, 1321).

[28] Petrus Lombardus, Sententiae, lib 4, d 12, n 6 (PL 192, 866). Odo von Lucca, Summa Sententiarum, tr 6, c 9 (PL 176, 145). Petrus Comestor, Sententiae de sacramentis (Martin, 57). Unwichtige Varianten erwähnen wir nicht; sie können zudem Abschreib- oder Druckfehler sein, so wird aus «pars oblatae»: «pars oblata»...

vidueller Leib – eine Leiche – kann ja immer nur in einem einzigen Grab liegen.[29]

Diese Verlagerung des Interesses, das die Aufmerksamkeit auf die materiellen Leiber der Heiligen lenkt, war Anlaß zur genaueren Frage, wo nun die Heiligen selber, das heißt vor allem ihre Seelen weilten, denn nur ihr Körper lag im Grab. Darauf wird bald allgemein die Antwort Julians von Toledo erteilt werden: die Seelen der Heiligen weilen bei Christus, im Himmel. Von da eine neue Verschiebung, die ebenfalls auf verschiedene Arten erfolgen wird. Bei Bernold von Konstanz († 1100)[30] und Ivo von Chartres[31] ändert sich das Bild des «Entschlafens», der «Ruhe». Der Teil des *Corpus Christi* oder *corpus Ecclesiae*, der sein irdisches Dasein vollendet hat, geht zwar noch nicht zu seinem Sonntag ein, genießt aber doch schon seine Ruhe in Christus: *iam requiescit in Christo, iam cum capite suo quasi in sabbato quiescit, et unam iam immortalitatis stolam possidet.* Diese Formel stammt von Ivo von Chartres. Man wird feststellen, daß die Annäherung zwischen den Heiligen und Christus ihrem Haupt sich sozusagen in beiden Richtungen durchgeführt findet, und zwar durch Ausnützen des Symbolismus vom Sabbat. Zu solchem Behuf – und dieser Zug scheint Ivo eigentümlich – wurde der erste Leib (oder das *substantivum corpus Christi)* nicht als auferstanden und glorreich erklärt, sondern nur als etwas, *quod sabbato quievit in sepulcro.*

Hugo von St. Victor erwähnt weiterhin den dritten Leib im Grab, und darin kann er konservativer erscheinen als ein Bernold oder Ivo. Gleichzeitig aber verzichtet er auf das, was noch wie eine

[29] Im Kommentar zum 1. Korintherbrief zitiert Petrus Lombardus die gleiche Stelle, aber das dritte Glied wird durch eine einfachere tendenziösere Wendung wiedergegeben, in der eindeutig nur noch von materiellen Körpern die Rede ist: «Pars in altari usque ad finem remanens missae, corpora sanctorum usque in finem saeculi in sepulcris iacentia» (PL 191, 1645 D).

[30] Micrologus, lib 17: «Tripliciter enim corpus Domini intelligitur: unum,quod resurrexit a mortuis; quod significat particula in sanguinem missa; aliud, quod adhuc vivit in terra, significatum per particulam a sacerdote consumptam; tertium, quod iam requiescit in Christo, quod et a tertia particula in altari servata apte figuratur, quam viaticum morientium appellare solemus» (PL 151, 988).

[31] De convenientia veteris et novi sacrificii (PL 162, 559–560). Ivo liegt es vor allem daran, «capitis, id est Christi, et Ecclesiae unitatem» zu zeigen. Wie die Kirche der Heiligen «cum capite suo quiescit», so gilt von der Kirche der noch lebenden Gläubigen: «Christi passionem imitatur».

Einschränkung bezüglich des Seligkeitszustandes der Seele erscheinen konnte, man erkennt daran, daß er später schreibt:

> Alia pars corporis est in membris illis, quae iam secuta sunt caput, et sunt cum ipso capite, ubi est ipsum caput. Illi ergo qui iam de hac vita exierunt, quorum corpora in sepulcris requiescunt, et animae cum Christo sunt, isti sunt pars corporis altera.[32]

Unter den Schülern Hugos, die gleich ihm den Leib und die Seele erwähnen, bleiben die einen, wie der Verfasser des *Sermo de excellentia Sanctissimi Sacramenti*[33] der ersten Schattierung treu, die Hugo fallengelassen hatte: *quasi in sabbato quiescunt in anima.* Andere, wie Lothar von Segni,[34] beziehen das *requiescere* auf den Leib allein, während sie die Seele mit Christus « herrschen » sehen. Denn seit einiger Zeit schon hatte eine dritte, entschiedener erneuernde Gruppe begonnen, sich nur noch um die « verherrlichte, herrschende, triumphierende, jubelnde » Seele zu kümmern. So etwa die *Sententiae Florianenses*, die mit der Schule Abälards verknüpft sind.[35] So Magister Simon,[36] Petrus Comestor,[37] Balduin von Canterbury.[38] So Richard von Wedinghausen: *Pars illa est Ecclesiae quae in exsultatione est, et gaudet cum Christo in aeterna beatitudine.*[39]

Unter solchen Bedingungen wurde es widersinnig, in der Auf-

[32] De sacramentis, lib 2, p 8, c 10 (PL 176, 468–469). – In einem andern Zusammenhang begegnet man einem Beleg für die Verbreitung der Formel « in sepulcris » bei Petrus Venerabilis, Sermo 2, In Laudem sepulcri Domini (PL 189, 974 AB).

[33] N 13 (PL 184, 988–989).

[34] De sacro altaris mysterio, lib 6, c 3: « Illi quorum corpora requiescunt in tumulis, et animae regnant cum Christo » (PL 217, 907–908). Lothar hat zuerst den Text des Petrus Lombardus wiedergegeben. Dann, nach einem Übergang: « Potest et aliter hoc mysterium explanari », schreibt er Hugo ab: « Est enim corpus Christi universalis (Hugo: universa) Ecclesia, caput scilicet cum membris... Et inveniuntur in isto corpore quasi tres partes, ex quibus totum corpus consistit... »

[35] N 74: « Designat animas quae regnant cum Christo in caelis » (Ostlender, 33).

[36] Tractatus de sacramentis: « partem Ecclesiae quae iam cum Christo triumphat in caelis » (Weisweiler, 39).

[37] Sententiae de sacramentis: « Sanctos qui de hac vita iam egressi sunt, et extra passiones huius saeculi cum capite suo, id est Christo, gloriantur, futuram resurrectionem exspectantes » (Martin, 57).

[38] Liber de sacramento altaris: « Membra illa corporis huius quae iam impassibilia, et iam glorificata, capiti suo in requie coniunguntur » (PL 204, 771–772). Man wird sich vergegenwärtigen müssen, daß gewisse Teile des Traktats vermutlich interpoliert sind.

[39] Liber de canone mystici libaminis, c 9 (PL 177, 467–468).

zählung jene beiden Leiber weiterhin zu unterscheiden, von denen man gleichzeitig erklärte, sie seien geeint, nämlich das auferstandene Haupt und die schon mit ihm verherrlichten Glieder. Ihre Einigung wird sich also vollziehen, wenn auch, wie gewohnt, stufenweise. Bereits wird seit Ivo von Chartres die Anordnung des Amalarius öfter geändert: Der dritte Leib rückt an die zweite Stelle: *secunda portio* nennt es Ivo, während die irdische Kirche an den Schluß gestellt wird. Dieser veränderten Anordnung entspricht ein veränderter Symbolismus, von dem unten noch die Rede sein wird. Seit Hugo von St. Victor sodann, den der *Sermo de excellentia* und Lothar von Segni nachahmen, werden die so angenäherten Teile mittels einer Klammer verbunden: *et sunt quasi simul duae partes istae, caput scilicet, id est Christus, et altera pars corporis, id est boni defuncti*, sagt Hugo. Und Petrus Comestor noch unmittelbarer: *Duae partes quae sunt extra calicem ... significant Christum et sanctos.* – Schließlich wird, in einer dritten Etappe, ungefähr um dieselbe Zeit, der entscheidende Schritt vollzogen. Die beiden zusammengerückten Teile werden fortan zu einem einzigen: zu dem ganzen Teil des *Corpus Christi*, der bereits in der Glorie weilt. Bei Amalarius war dieser erste Leib, das *corpus quod iam surrexit*, einzig das Haupt, das heißt die Person Christi. Höchstens konnte man daran denken, ihm Maria zuzugesellen, aufgrund ihrer Aufnahme in den Himmel, oder, hypothetisch, ein paar Heilige, die schon auferstanden sein mochten.[40] Jetzt aber zählen alle Erwählten dazu, deren Auferstehung unerheblich geworden ist.

Der erste, bei dem diese Verschmelzung vollzogen erscheint, ist Hildebert von Lavardin – wenn anders die ihm zugeschriebenen *Versus de mysterio missae* wirklich von ihm stammen:[41]

[40] Tatsächlich wird lange Zeit hindurch nichts Derartiges erwähnt. Vgl. unten Thomas von Aquin.

[41] Dieses Gedicht, das eine gereimte Paraphrase der Zeremonien und Gebete der Messe darstellt, wird von J. de Ghellinck als echt betrachtet; er erblickt darin eine poetische Überarbeitung der Schrift Ivos von Chartres über die Eucharistie (DTC V, 1255). Auch Hauréau schrieb es Hildebert zu. Indes ist die Stelle über das «triforme corpus» sehr verschieden von der entsprechenden Bemerkung Ivos von Chartres, und ihre Lehre findet sich nachweislich nur bei Schriftstellern der folgenden Generation. Aber Hildebert war, was den Zustand der gerechten Seele nach dem Tod betrifft, manchen seiner Zeitgenossen voraus; vgl. Epistulae, lib 2, ep. 23: «Et quidem sanctorum animae, dum mortalitatis huius circumferunt corpus, in Sion

... Nos quoque, non frustra legem Christumque sequentes,
Apte partimur dona dicata Deo.

Nam tres Ecclesiae sunt partes. Una laborat
In terris; partem iam fovet alta quies;

Partem quae restat, clementior excoquit ignis,
Excoctaeque patet transitus ad requiem.

Diversas meritis, diversas sorte locorum,
Tres istas partes hostia fracta notat.

Pars intincta mero, vivis aptatur, opusque
Sanguinis et carnis expiat ipsa caro.

Pro bene defunctis, quorum purgatior unus
Hoc interventu non eget, alter eget,

Offerri reliquas ratio iubet, obtinet usus,
Nec tamen his idem fructus utrique datur:

Nam dum pro iusto sacris assistitur aris,
Pro iusto grates ipse minister agit ...[42]

Ein paar Verse weiter erscheint das gleiche Thema nochmals. Man beachte aber, daß Hildebert zwar die Erwählten mit Christus zusammen zum «ersten Leib» rechnet, sie aber doch sorgsam zu zweien Malen als *semibeatos* bezeichnet. An keiner der beiden Stellen spricht er ihnen «Herrlichkeit» zu, sondern nur «Ruhe».[43] Eine letzte Zurückhaltung also, der man später kaum mehr begegnen wird.

Bei einer Anzahl Autoren, die etwas später schreiben, ist die Fusion der beiden ersten Leiber endgültig vollzogen. So im *De sacrificio missae* des Ps-Alger von Lüttich, der eine ganze Lehre über die Früchte des Meßopfers daran anknüpft;[44] so auch im

esse dicuntur, scilicet a longe speculantes, quam sperant et praestolantur mercedem. Sunt autem eaedem in Jerusalem, quando, sarcina carnis deposita, facie ad faciem Deum vident, mutantes imperfectum plenitudini, spem muneri, imaginem veritati» (PL 171, 241 BC).

[42] PL 171, 1191.

[43] Ebd. 1192 CD und 1193 AB. Diese beiden Stellen stimmen übrigens nicht in allen Punkten überein; nur die zweite paßt völlig zu der oben im Text angeführten Stelle. Die erste findet sich nur in einem Manuskript. Wir legen deshalb auch keinen Nachdruck darauf.

[44] «... Prima portio, quae sanguini admiscetur, rogat pro eis qui, iam exuti corporibus, sed corporum vitiis obligati, habent in se quod per paenam purgatoriam examinari debeat et purgari. Media portio pro eis orat, qui adhuc viventes in carne

Speculum Ecclesiae,[45] in den *Sententiae divinitatis*[46] und im *Tractatus* Stephans von Baugé.[47]

Die neue Auslegung, die sich nun rasch ausbreitet und siegreich bleibt, ist das unzweifelhafte Anzeichen, daß die kollektive Eschatologie und die einst so kraftvoll hervortretende Erwartung der Endauferstehung verblassen. Im kirchlich verbleibenden Rahmen ruht jetzt der Blick weniger auf den Geschicken der Kirche als auf denen des einzelnen Gläubigen. Der Glaube an einen «Aufschub der Herrlichkeit» wird seltener. Die theologische Spekulation schreitet fort. Dieser Fortschritt aber bringt seine Rückschläge mit sich. Die Gesamtidee vom Opfer und seinen Früchten verliert ihre grandiose Einfachheit. Die tiefe Lehre von Christi Leib ist im Rückschritt begriffen, und auf den Ruinen der alten Vorstellungen macht sich ein gewisser Spiritualismus breit.

Das dritte Stück der Einteilung Amalarius' scheint also jetzt ohne Gegenstand zu sein: der Behälter bleibt leer. Kein *corpus in sepulcris* mehr. Sollten wir also künftig ein *corpus biforme haben*, kraft einer ähnlichen Entwicklung wie jene, die im gleichen 12. Jahrhundert das *triplex corpus* der Paschasius-Tradition in ein *duplex corpus* verwandelt hat? Mitnichten. «Die große Kirche

et quasi in medio positi, libertate arbitrii sui possunt declinare quo volunt, ad dexteram vel ad sinistram. Tertia portio gratias agit pro sanctis qui in gloria constituti non habent necesse ut pro eis fundetur oratio. Ita passio Christi omnibus prodest: defunctis ad veniam, vivis ad gratiam, sanctis ad gloriam. Idemque sacramentum singulis cooperatur in bonum, dum mortuos purgat, vivos iustificat, iustos coronat...» (PL 180, 856).

[45] c 7: «... Sacerdos quoque, sequens legem et Christum, panem sacrosanctum partitur in tres partes. Quarum una in sanguine ponitur, pro illa parte Ecclesiae quae adhuc peregrinatur passionibus exposita. Aliae duae illis adaptantur partibus Ecclesiae, quarum una extra vitam in igne emundatur, et altera cum Christo iam glorificatur. Ut una pars Ecclesiae iustificetur, et altera citius liberetur, et pro tertia gratiae solvantur» (PL 177, 373).

[46] Tractatus 5: «... Secundum quosdam tres partes fiunt, inde duae ponuntur super patenam, tertia in calicem. Illa pars quae primo sumitur, est gratiarum actio pro illis qui in aeternam beatitudinem recepti sunt et cum Christo sedent ad dexteram Patris. Illa pars quae secundo sumitur, est expurgatio pro illis qui adhuc detinentur in purgatorio. Illa quae tertio sumitur, est commemoratio pro illis qui adhuc detinentur in hoc exsilio» (Geyer, 138).

[47] Tractatus de sacramento altaris, c 18: «Frangitur hostia et in tres partes dividitur, sanctae Trinitati dedicata, quarum una, in calicem demissa, sanguini immergitur pro illa parte Ecclesiae, quae naufragio huius saeculi agitata, multis perturbationibus passionum concutitur; aliae duae extra calicem sunt, pro illis quarum una igne examinatur, quae est fidelium, altera est sanctorum, quae cum Christo regnat in aeternum» (PL 172, 1303 A).

unter der Erde»,[48] die im ursprünglichen Entwurf von allen in Christus Verstorbenen unterschiedslos gebildet wurde, ist keineswegs schon als ganze vom Grab zur Glorie übergegangen. Die «Versammlung der Väter» hat sich nicht mit einem Schlag in eine vollendete Fülle Christi verwandelt. In der Tat hatte eben damals eine andere Lehre mächtig an Raum gewonnen und immer mehr praktische Bedeutung erlangt, gerade auch in engem Anschluß an die Meßopfertheorie: die Lehre vom Fegfeuer. Die Seelen im Fegfeuer werden jetzt zu natürlichen Erben jener Gerechten, die nach der früheren Vorstellung noch auf der Schwelle der Seligkeit zurückgehalten waren. Und wie sollte die Symbolik des Opfers es unterlassen, ihnen ihren Anteil zukommen zu lassen, da doch das Opfer selbst so oft für sie dargebracht wurde?[49] Diese Seelen werden also fortan den dritten Teil des einzigen Leibes Christi bilden, jenen Teil, der bei Amalarius vom dritten Hostienfragment versinnbildet war. Neben den Lebenden und den Heiligen stehen jetzt – in variabler Anordnung – die Abgestorbenen.[50] Neben denen, die noch in der Verbannung pilgern, und den schon in die selige Heimat Eingelassenen stehen die, die einer letzten Läuterung unterworfen werden.[51] Neben der auf Erden arbeitenden und sich mühenden Kirche und der im Himmel erquickten steht jene, der ein gnädiges Feuer den Weg zur Ruhe hin bahnt.[52] Oder wenn man die bald klassisch werdenden Begriffe brauchen will: neben der streitenden und der triumphierenden steht nun die leidende Kirche.

> Corpus Christi ... dividitur in tres partes, propter tres partes Ecclesiae, quarum una triumphat, altera militat, tertia in paenis purgatorii est.[53]

[48] Paul Claudel, L'épée et le miroir (1939) 157.

[49] Die Sitte, Messen «pro dormitione» zu lesen, ist alt. Aber solange sie auf den Friedhöfen oder für den zu Begrabenden in der Kirche selber gelesen wurden, waren sie natürlich nicht so häufig wie später. – Allgemeiner sagt Ps-Germanus von Paris, daß die Messe dargebracht wird «in salutem viventium et requiem defunctorum» (PL 72, 89 A).

[50] De sacrificio missae, oben Anm. 44.

[51] Oben, Anm. 44, 45, 47.

[52] Hildebert, Versus de mysterio missae.

[53] Robert von Melun, Quaestiones de epistulis Pauli, In I Cor. (Martin, 211), usf. Vgl. Statuta synodalia Caducensis, Ruthenensis et Tutelensis ecclesiarum (1289), c 16: «in saeculo, in paradiso, in purgatorio» (Marthène et Durand, Thesaurus novus anecdotarum, Bd. 4, 711 B).

Daraus folgt, nach einer von Petrus Cantor angeführten Ansicht, die ihn vor einen peinlichen Gewissensfall stellt, daß der Priester verpflichtet ist, selber am Altar die drei Fragmente zu verzehren, zum besten der drei Kategorien von Kirchengliedern; sonst schiene die Messe nicht *plena et perfecta: Tenetur enim tres partes sumere in sacramento pertinentes ad statum eorum qui adhuc sunt vivi, et eorum qui iam triumphant, et eorum qui iam sunt in purgatorio.*[54]

Die amalarische Dreiteilung bleibt also erhalten, und die Lehre entwickelt sich, ohne den überlieferten Rahmen zu sprengen. Immerhin wird die erfolgte Änderung zur Kenntnis genommen. Und doch – das ist der Erwähnung wert – werden unsere Theologen durch die Zuteilung der alten Formel an Papst Sergius keineswegs eingeschüchtert, da sie sich von Traditionstreue nicht die enge und rein statische Vorstellung machen, die wir ihnen zuweilen zumuten. Und sowenig diese Zuteilung den Erfolg der Formel ausgelöst hatte, sowenig hat sie ihre Fortentwicklung gehemmt. Robertus Paululus – selbst nur ein Kompilator ohne betonte Originalität – übernimmt bei der Abfassung seines *De ecclesiasticis officiis* im letzten Drittel des 12. Jahrhunderts die neue Art, das *corpus triforme* zu deuten. Dann fügt er bei, ohne etwas Bedenkliches darin zu sehen: *Sergius tamen papa aliter super his loquitur. Vult enim, etc.*[55] Nicht anders verfährt die *Summa Aurea* Wilhelms von Auxerre.[56] Erst später werden einige eine Synthese versuchen, etwa Albert der Große, dessen Eklektizismus hier wenig Zusammenhang zeigt:

> ... Corpus mysticum ... est triforme: quaedam enim pars ipsius cum capite suo regnat et triumphat in caelis; quaedam autem adhuc in labore militat in terris; et quaedam in purgatorii paenis. – Instituit ergo beatus papa Sergius ut pars una, etc. Statuit etiam ut tertia in altari remaneret in fine post omnia mysteria sumenda, quae signat eos qui in sepulcris sunt, et in purgatorio, in fine cum Christo vivendos fore per spiritualem incorporationem.[57]

[54] Summa de sacramentis, de eucharistia, q 8 (Dumoutet, in: Archives d'histoire littéraire et doctrinale du moyen âge, Bd. 14, 203–204).

[55] C 39 (PL 177, 436).

[56] Lib 4: «In terra ... in purgatorio ... in paradiso ... Tamen papa dicit, etc.» (fol 260 r⁰).

[57] De sacrificio missae, tr 3, c 21, n 1 (Vivès, Bd. 38, 157).

Auf das *tamen* des Robertus Paululus und des Wilhelm von Auxerre folgt ein künstliches *ergo*, das die erfolgte Weiterentwicklung nicht zu verbergen vermag.

Indes war diese Entwicklung nicht so einseitig erfolgt, wie man es nach dem Vorgesagten vermuten könnte. Es müssen jetzt noch einige Fälle behandelt werden, in denen Älteres überlebt, sowie Zwischenformen und mehr oder weniger stark abweichende Varianten, die das entworfene Schema ein wenig komplizieren. Wir brauchen uns nicht aufzuhalten bei Schriftstellern wie Hildebert von Lavardin[58] oder Ps-Damiani,[59] die nur nebenher und ohne Kommentar ein paar Zeilen aus Amalarius zitieren. Lassen wir auch Bonaventura beiseite, wenn er schreibt: *Quia in corpore mystico sunt in triplici differentia, quidam enim regnant in paradiso, quidam securi exspectant in sepulcro, quidam autem pugnant in merito: ideo tres partes fiunt in hoc sacramento.*[60] Denn hier handelt es sich doch wohl nur um eine altertümelnde Ausdrucksweise, das «Grab» ist für Bonaventura das Fegfeuer. Der Fall des Honorius von Autun ist interessanter. Im 89. Kapitel seines *Sacramentarium* übernimmt Honorius wörtlich fast die ganze Seite aus dem *Liber officialis*, er bewahrt sogar (wenigstens einmal) das *in sepulcris*, das später durchwegs mit *in sepulcro*[61] wiedergegeben

[58] Liber de expositione missae: «De corpore Domini tripartito. Per particulam oblatae missae in calicem, ostenditur corpus Christi quod iam surrexit a mortuis. Per comestam a sacerdote vel a populo, ambulans adhuc super terram. Per relictam in altari, iacens in sepulcro» (PL 171, 1171, Anm.). Das ist ungefähr die von Odo von Lucca und vom Lombarden zitierte Formel (oben Anm. 25). Die Echtheit dieses Werkleins ist nicht unbestritten (J. de Ghellinck, DTC V, 1251).

[59] Expositio canonis secundum Petrum Damianum (PL 145, 891–892).

[60] In IV Sent., d 12, p 1, a 3, q 3 (Quaracchi V, 286).

[61] «Triforme est corpus Christi. Primum, sanctum et immaculatum, assumptum ex Maria virgine; alterum, quod adhuc ambulat in terra, sancta scilicet Ecclesia; tertium, quod iacet in sepulcris. Per particulam oblatam in calicem missae, ostenditur corpus Christi, quod iam resurrexit a mortuis; per comestam a sacerdote vel a populo, ambulans adhuc super terram; per relictam in altari, iacens in sepulcro» (PL 172, 795 CD).

Der nachfolgende Satz scheint eine Auslegung vorauszusetzen, die sich der von uns für Amalarius gegebenen entgegensetzt: «Idem corpus ducit oblatam secum ad sepulcrum, et vocat illud sancta Ecclesia morientis viaticum.» Der dritte «Leib» wäre somit der eucharistische Leib, der die Sterbenden ins Grab begleiten würde. Wir vermuten aber, daß hier nur ein Versehen des Honorius vorliegt oder ein einfacher Fall von Attraktion (illud statt illum), weil er hier einerseits eine unzweifelhaft kollektive Deutung des zweiten Leibes gibt (sancta scilicet Ecclesia), und ander-

wird. Im ersten Buch seiner *Gemma animae* reproduziert er mit Genauigkeit die Lehre des Amalarius in eigener Formulierung:

> Oblata non integra sumitur, sed in tria dividitur: unum in calicem mittitur, aliud a sacerdote consumitur, tertium in pixidem morituris ad viaticum reponitur; quia corpus Domini est triforme. Illud quod de Maria sumptum, a morte resurgens caelos penetravit; et illud quod adhuc in electis in terra laborat; et illud quod in sepulcris iam pausat.
>
> Pars in calicem missa, est corpus Domini iam sumptum in gloria. Pars a sacerdote veluti apostolo comesta, est corpus Christi, id est Ecclesia, adhuc laborans in terra. Pars in altari relicta, est corpus Domini in sepulcris quiescens, id est Ecclesia in Christo mortua per unionem corporis Christi resurrectura.[62]

Ein so reiner Konservatismus ist selten. Es wird sich erweisen, daß Honorius selbst nicht immer dabei stehengeblieben ist. Andere behalten die alte Erklärung nur intakt, indem sie sogleich die neue danebenstellen. So der Verfasser eines der eucharistischen Gedichte, die von Beaugendre fälschlich dem Hildebert zugeschrieben wurden:

> Signant tres partes Christi de corpore; prima
> Ipsius carnem, sanctosque secunda sepultos,
> – Aut defunctorum purgatos prima, secunda
> Qui purgantur adhuc – viventes tertia...[63]

Dasselbe tut der Verfasser der *Sententiae divinitatis*.[64] Die Formel, die er zuerst anführt, vor der andern, die durchdringen sollte, ist identisch mit der des Ps-Hildebert, bis auf das *sepultos*, das durch *receptos* ersetzt wird: der Ausdruck wurde früher auf die Glieder Christi angewendet, die in ihren verschiedenen *receptacula*[65] auf

seits die Parallelstelle der Gemma animae vorliegt. – Honorius schließt mit der gewohnten Bemerkung: «Particula ipsa remanet in altari usque ad finem missae, quia usque in finem saeculi corpora sanctorum requiescunt in sepulcris.»

[62] Lib 1, c 64 (PL 172, 363–364).

[63] Quid divisio corporis Christi in tres partes significet (PL 171, 1280 A). Eine andere Handschrift (Colb. 1367, ebendort wiedergegeben, 1280 B) sagt einfach:

> Tres partes factae de Christi corpore signant:
> Prima suam carnem, sanctosque secunda sepultos,
> Tertia viventes ...

Das gleiche Gedicht kehrt etwas später unter den Carmina miscellanea (1404–1407) nochmals wieder.

[64] AaO.

[65] Vgl. Amalarius, Liber Officialis, lib 4, c 42: «qui illico ... penetrent regna caelorum, aut qui in aliis custodiis recipiantur» (PL 105, 1239 CD).

den Anbruch der Reichsherrlichkeit harrten, doch war er unbestimmt genug, um jetzt auch die himmlische Wohnung der geläuterten Seelen anzudeuten.[66] Nochmals dasselbe im 3. Buch des *Mitrale* Sicards von Cremona. Zur Zeit, da er schreibt, ist die Deutung auf die streitende, leidende und triumphierende Kirche nichts Neues mehr. Aber gleich dem Verfasser der *Sententiae divinitatis* stellt er ihr noch die alte Erklärung voran, unter etwas gewandelten Worten dem Sinn nach unverändert bewahrt:

> Oblata in tres partes dividitur... Prima est corpus mysticum, id est Ecclesia ambulans super terram; secunda est similiter mysticum dormiens usque ad diem iudicii in sepultura, tertia est personale, resumptum in gloria.[67]

Dasselbe schließlich bei Albert dem Großen in seinem Sentenzenkommentar.[68]

Die alte Lehre war ebenfalls in zwei andern Versen zusammengefaßt worden, die klassisch wurden und deren Erfolg zur Erhaltung des Gedankens beitrug. Noch die großen Scholastiker Bonaventura[69] und Thomas von Aquin[70] kennen sie und verfehlen es nicht, sie zu zitieren:

> Hostia dividitur in partes: tincta beatos
> Plene – sicca notat vivos, – servata sepultos.

Thomas beschränkt sich strikt auf die Kommentierung dieser Worte. Unter die erste Kategorie werden nach ihm nur *ipse Chri-*

[66] Vgl. die Sententiae selber in der nachfolgenden Stelle (oben Anm. 46 zitiert). In diesem Fall würde die Erklärung die gleiche sein wie die Ivos von Chartres und Bernolds von Konstanz, die, wie wir sahen, im 12. Jahrhundert öfter wiederholt wird.

Wenn man der Interpunktion der Ausgabe Geyers folgen will, würden unsere Sentenzen die «Heiligen» mit dem auferstandenen Christus in Verbindung bringen, um mit ihm zusammen den ersten Leib zu bilden: «prima, suam carnem sanctosque; secunda, receptos; tertia, viventes». Die Versetzung eines Beistrichs im klassischen Zitat hätte bei der Entwicklung des «corpus triforme» ihre Rolle gespielt, und zwar eine ganz friedliche.

[67] Lib 3, c 8. Sicard fährt fort: «Vel mista sanguini significat Ecclesiam militantem in terris; aliae vero, illos qui sunt in purgatorio et qui triumphant in caelo» (PL 213, 141). Im 6. Kap. steht eine so elliptische Formel, daß sie beide Deutungen zuläßt: «diversitatem corporis Christi, scilicet ambulantis, quiescentis et sedentis» (ebd. 138).

[68] In IV Sent., d 13, a 14.

[69] In IV Sent., d 12, p 1, a 3, q 3 (Bd. 4, 286).

[70] S.Th. III q 83, a 5, ad 8^{m} (Vivès, Bd. 5, 528).

stus et beata Virgo fallen, und (so fügt er in der Summa bei): *si qui alii sancti cum corporibus sunt in gloria:* es sind jene, die die *plena participatio beatitudinis* besitzen, die *plene beati quantum ad animam et corpus.* Die Rückkehr zur ursprünglichen Auffassung ist hier so klar wie möglich. Die zweite Kategorie macht keinerlei Schwierigkeit. Unter die dritte – *sepultos* – stellt Thomas, ebenfalls wie Amalarius, alle Verstorbenen, die *in exspectatione plenae beatitudinis* sind; er nennt sie die *caeteri*, macht aber einen Zusatz, der den fortgeschrittenen Zustand der Lehre verrät. Diese *caeteri*, so sagt er sowohl in der Summa wie im Sentenzenkommentar, zerfallen in zwei Gruppen: *qui vel stolam animae tantum habent, vel neutram – quorum animae sunt vel in purgatorio, vel in caelo.*[71] – *Nova et vetera.*[72]

[71] Ebd. und In IV Sent., d 12, q 1, a 3 (Bd. 10, 305).

[72] Die klassische Einteilung der Kirche in drei Teile hat sich auch in andern Bildern als dem des Amalarius ausgedrückt. So im Bild der drei Teile des Tempels, wie ein alter Kirchweihhymnus es entwickelt:

Rex Salomon fecit templum
Cuius instar et exemplum
  Christus et Ecclesia.
Sed tres partes sunt in templo
Trinitatis sub exemplo:
  Imma, summa, media.
Prima signat vivos cunctos
Et secunda iam defunctos
  Redivivos tertia.

Wiclif, der diese Strophe in einer seiner Predigten anführt, sagt selber: «Ecclesia catholica dividitur in tres partes, scilicet in Ecclesiam militantem, Ecclesiam dormientem et Ecclesiam triumphantem» (Sermonum, p 4ª, s 5; Loserth, 1890, 42). Man achte auf den Archaismus des Ausdrucks «dormientem». Die gleiche Ausdrucksweise bei Nikolaus von Kues, De concordantia catholica, lib 1, c 4 und 5: «In hac Ecclesia, Trinitatis signaculum quaerentes, inveniemus iam Ecclesiam triplicem ordinem habentem, sc. triumphantem, dormientem et militantem, etc.»

Drittes Kapitel

ENTWICKLUNG DES SYMBOLISMUS

Man vergesse nicht: das *corpus triforme* ist vor allem die Auslegung eines Ritus. Die Bemerkung darüber im *Liber officialis* fällt anläßlich des Hostienfragments, das auf dem Altar bleibt, nachdem Brotbrechung, Eintauchen in den Wein, Kommunion vollzogen worden sind.

Die liturgischen Gebräuche waren diesbezüglich nicht überall dieselben. Erwähnt sei nur, was zum Verständnis des Amalarius förderlich ist. Während bei der griechischen Messe die Hostie von vornherein in vier Teile geteilt wurde, und im Westen beim mozarabischen Ritus neun Teile hergestellt wurden, die die neun Hauptgeheimnisse des Erlösers bedeuten sollten, von der *corporatio* bis zum *regnum*, überschritt die römische Liturgie, so wie die fränkische Reform sie übernommen hatte, die Dreizahl nicht. Das war bereits die heutige Sitte, jedoch mit dem doppelten Unterschied, daß einer der drei Teile sogleich zwischen Priester und Volk verteilt wurde, während ein anderer aufbewahrt wurde, um später, je nach Bedürfnis, den Kranken und Sterbenden ausgeteilt zu werden. Ein paar Spuren dieser alten Sitte haben sich bis heute erhalten: Beim Pontifikalamt des Papstes wird der dritte Teil der eben konsekrierten Hostie in zwei Teile geteilt für die Kommunion des Diakons und des Subdiakons, und in der Messe einer Bischofsweihe empfängt der Geweihte bei der Kommunion auch eines der drei geweihten Hostienfragmente. Was die *immixtio* oder *commixtio* angeht, so besteht sie darin, daß ein Stückchen der Hostie in den Kelch getan und mit dem heiligen Blut vermischt wird; auch sie wurde in allen Liturgien angewendet.

Die *fractio panis* war nie eine rein durch Nutzen bedingte Handlung gewesen. Schon Paulus hatte eine Gleichnisbeziehung zwischen ihr und seiner Idee der *κοινωνία* hergestellt.[1] Sie war verbunden mit dem Andenken nicht nur an die Austeilung bei der Brotver-

[1] Batiffol, Leçons sur la messe (1923) 184. Vgl. Ignatius von Antiochien, Ad Ephesios, c 20, n 2: ἕνα ἄρτον κλῶντες.

mehrung, sondern auch an den Wortlaut der Einsetzungsberichte wie an die Emmausepisode, und besaß damit für lange Zeit eine Bedeutsamkeit, die sich aber schließlich verlor, während gleichzeitig der Ritus seine Stelle innerhalb der Opferhandlung wechselte.[2] Anscheinend schon früh drängte sich eine andere symbolische Bedeutung vor: sollte die *confractio* bei der Messe nicht ein lebhaftes Bild der *confractio* am Kreuz sein? Die Art, wie gewisse östliche Liturgien die Einsetzungsworte wiedergaben, deutet bereits darauf hin: *Hoc est corpus meum quod pro vobis frangitur;*[3] noch klarer zeigt es das Glaubensbekenntnis, das dort die Brotbrechung selber begleitet: *Credimus in hac confractione corporis... nos esse redemptos..., recolimus passionem tuam, corpus tuum in peccatorum nostrorum remissione confractum.*[4] Die *immixtio* dagegen scheint einen ganz andern Ursprung zu haben, wenigstens in der römischen Liturgie, wo sie zuerst als Abschluß für den Ritus des *fermentum* und der *sancta* diente: ihr Sinn war dann, die Fortdauer des gleichen Opfers im Fortdauern der einen Kirche zu sinnbilden.[5] Als aber die Partikel, die in den Kelch getaucht werden

[2] Genauerhin müßte man zwei Brechungsriten verschiedenen Ursprungs unterscheiden, den einen ursprünglichen, wesentlichen, den die römische Messe mit Feierlichkeit umgibt, und einen andern, der aufkam, als man eine geweihte Partikel ablösen wollte, um sie auf dem Altar zu behalten. Der erste ging der Kommunion unmittelbar voran. Dann wurden beide Riten zusammengelegt, aber der Platz war fortan der des an zweiter Stelle eingeführten, nach dem Vaterunser: «da man eine doppelte Brechung für überflüssig hielt, schritt man dazu, die feierliche am Thron, die so alt, so geheiligt, so ausdrucksvoll war, fallen zu lassen, um nur noch die einfache am Altar zu behalten. Man wollte gewiß die großartige Bedeutung der alten auf diese übertragen, aber ihr Abstand von der Kommunion war jetzt zu groß, und ihr Sinn, der kaum noch betont wird, verliert sich» (Dom B. Capelle, Le rite de la fraction dans la messe romaine, in: Revue bénédictine 53, 1941, 38–39). Vgl. L. Haberstroh, Der Ritus der Brechung und Mischung, nach dem Missale Romanum (St. Gabrieler Studien 5, Mödling 1937).

[3] Koptische Liturgie, Übersetzung von Renaudot. Vgl. Le Brun, Explication des cérémonies de la messe, Bd. 2, neue Aufl. 1860, 425. Ps-Ambrosius, De sacramentis, lib 4, c 5, n 21: «Hoc est enim corpus meum, quod pro multis confringetur» (PL 16, 443 B). Eutychius von Konstantinopel, Osterpredigt: *ἡ κλάσις τοῦ ἄρτου τοῦ τιμίου τὴν σφαγὴν δηλοῖ* (PG 86, 2996 A).

[4] Alte gallikanische Messe, Weihnachtstag, usf. Vgl. Le Brun, aaO., 224. Der Terminus, mit dem die römische Liturgie diesen Ritus bezeichnet, ist «confractio». Ordo romanus I, n 19: «expleta confractione». Vgl. Liber pontificalis, Bd. 1, 376: «tempore confractionis dominici corporis».

[5] Duchesne, Origines du culte chrétien, 3. Aufl., 163 und 184. Batiffol, Leçons sur la messe (1923) 34–36, 76–77, 88, 90–91, 284–285. Vgl. Le Brun, aaO., Bd. 1, 502–504. Amalarius spielt in seinen Eclogae auf die sancta an: «Episcopus veniens ad altare, adorat primo sancta» (PL 105, 1317 D). – Mit dem gleichen Ritus ver-

sollte, einfach von der an diesem Tag geweihten Hostie weggebrochen wurde, änderte sich der Sinn des Ritus. Vielleicht sah man eine Zeitlang darin nur ein Symbol für die Einheit des Sakraments unter der Zweiheit der Gestalten. Bald aber mußte die *commixtio* als Gegenstück und notwendige Ergänzung zur *confractio* erscheinen: wenn diese das Zerrissenwerden Christi, seine Passion und seinen Tod ins Gedächtnis brachte, so erinnerte jene durch die symbolische Vereinigung von Leib und Blut an die glorreiche Auferstehung. *Coniunctio corporis Domini* sagt die mozarabische Liturgie.[6]

Man kann sich denken, daß Amalarius sich diese Erklärung nicht entgehen ließ. Sein Allegorismus, der sich an die geringsten Einzelheiten der Riten heftet, macht daraus den Höhepunkt eines ganzen Systems, das aus jeder Gebärde des Zelebranten einen Bezug auf Passion, Begräbnis, Auferstehung herausliest. Den römischen Text, der ihm als Leitfaden dient, erklärt er wie folgt:

> Dicit libellus memoratus: »Cum dixerit, Pax Domini sit semper vobiscum, mitti in calicem de sancta.« Ut reor, non frustra. Corporalis vita ex sanguine constat et carne. Quamdiu haec duo vigent in homine, spiritus adest. In isto officio monstratur, sanguinem fusum pro nostra anima, et carnem mortuam pro nostro corpore redire ad propriam substantiam, atque spiritu vivificante vegetari hominem novum, ut ultra non moriatur, qui pro nobis mortuus fuit et resurrexit.[7]

bindet sich vielleicht ursprünglich das «Behalten» eines Teils der Hostie auf dem Altar (Batiffol, 92).

[6] So wenigstens deuten manche diese Formel: vgl. H. Rabotin, in: Eucharistia (1941) 560, der auch mehrere ähnliche Formeln aus östlichen Liturgien beibringt: Schon im 5. Jahrhundert sieht Narsas darin (d.h. im Ritus der Vermischung) die Bezeugung, daß «der Leib und das Blut eins sind», somit ein Sinnbild der Auferstehung. Für die Jakobusliturgie ist es «ein Zeichen der Einheit des heiligen Leibes und des kostbaren Blutes» woraus «Einheit, Heiligung und Vollkommenheit» erwachsen. Dieselbe symbolische Bedeutung in der Markusliturgie. In Konstantinopel hat man nur die kurze und unklare Formel: «für die Fülle des Heiligen Geistes». Wenn man Le Brun glauben darf (aaO., Bd. I, 506), so wird man die ebenso dunkle Formel des Florus ebenfalls als Andeutung der Auferstehung auslegen: Expositio missae, c 89, n 1: «Commiscens sacerdos dominicam oblationem, ut calix Domini totam plenitudinem contineat sacramenti...» (Duc, 155). Uns erscheint die Sache aber zumindest fraglich. Die Formel des Florus begegnet wieder bei Remigius von Auxerre, De celebratione missae (Ps-Alkuin, Liber de divinis officiis; PL 101, 1270 B).

[7] Liber officialis, lib 3, c 31: «De immissione panis in vinum» (PL 105, 1152 A). Man vergleiche c 26: «Quando Christus dixit: hic est calix sanguinis mei, suum sanguinem signavit, qui sanguis, sicut vinum est intra calicem, ita erat intra corpus» (ebd. 1144 D).

Schon in seinen *Eclogae* hatte er im wesentlichen dasselbe gesagt: *Quando panis mittitur in vinum, animam Domini ad corpus redire demonstrat.*[8]

Dieser Zusammenhang wird somit der Ausgangspunkt für Amalarius sein. Trotz einiger Wendungen, die dagegen zu sprechen scheinen,[9] hat er dabei wahrscheinlich eine schon bestehende Tradition übernommen. Er will, gemäß seinem Grundsatz: *non vacat a mysterio quidquid in officio agitur,*[10] diese Tradition weiter ausbauen, indem er die Teilung der Hostie in *drei* Teile zu begründen und die Bedeutung jedes einzelnen Teils zu erklären sucht. Bei diesem Anlaß taucht (neben einer Hilfserklärung in den *Eclogae* vermittels der drei Tischgenossen von Emmaus[11]) der Gedanke des *corpus triforme* auf. Nach der *pars immersa in calicem,* die den auferstandenen Herrn symbolisiert, kommt die *pars a sacerdote vel populo comesta,* in der es natürlich ist, das *corpus ambulans in terra* zu erblicken, weil dieser Teil doch von den auf Erden Lebenden empfangen wird. Nun bleibt noch das dritte Fragment, das das *corpus iacens* bezeichnen wird, aus zwei Gründen: weil es zur Wegzehrung der Sterbenden bestimmt ist, und weil es auf dem Altar liegen gelassen wird, nach der Kommunion

[8] PL 105, 1316B. Vgl. Honorius von Autun, Gemma animae, lib 1, c 63: «Oblata frangitur, quia panis angelorum nobis in cruce frangitur, ut fractio peccatorum nostrorum per comestionem ipsius reintegretur» (PL 172, 563B). Gandulf von Bologna, Sententiae, lib 4, n 128: «Fractio etiam ipsa mysticam habet significationem. Designat enim Christi passionem et mortem ...» (de Walter, 455) usf.

[9] Zunächst das «ut reor, non frustra» (aaO., Anm. 5); dann, am Ende des gleichen Kapitels 31: «Quid nobis videtur posse significare immissio panis in vinum, et pax populo porrecta per vocem sacerdotis, magistris abtulimus ad dilucidandum» (PL 105, 1152D). Sollte Amalarius mit diesem vorsichtigen Satz zu verstehen geben, daß er der Erfinder des eben entwickelten Symbolismus ist? Er scheint nur der zu sein, der ihn in eine geistige Welt einführt, wo er bisher noch ungewohnt war. Vgl. L. Haberstroh, Der Ritus der Brechung und Mischung nach dem Missale Romanum (1937) und Besprechung von Robilliard, RSPhTh (1938) 461.

[10] PL 105, 1152D. Vgl. Paschasius Radbert, In Matthaeum: «Nihil vacat a mysterio» (PL 120, 899C).

[11] «Fractio oblatarum illam fractionem significat quam Dominus duobus fecit in Emmaus. Qua de re solent aliqui episcoporum, quando invicem communicant, tres portiones facere de una oblata in typo horum trium, id est Christi et Cleopae et, ut dicunt, Lucae ...» (PL 105, 1328C). Vgl. Honorius von Autun, Gemma animae, lib 1, c 63: «... Episcopus oblatam frangit, quia Dominus panem Emmaus discipulis fregit. In tres partes oblatam dividit: una sibi retenta, duas diacono et subdiacono tribuit, quia Dominus, fracto pane, unam partem sibi, duas Cleophae et Lucae divisit» (PL 172, 563D).

und bis zum Ende der Messe, so wie das *corpus iacens* in Erwartung der Auferstehung bis zum Weltende liegen bleibt.[12]

Die Symbolik des *corpus triforme* sollte nicht weniger Wandlungen erfahren wie seine Theologie. Wenn der allgemeine liturgische Rahmen, so wie der theologische, unverändert bleibt, so wandeln sich innerhalb dieses Rahmens die Einzelheiten der Deutung: der respektive Bezug der drei «Leiber» zu den drei Fragmenten der Hostie wird nicht immer auf die gleiche Art verstanden. Aber Riten sind ein viel stabilerer Stoff als Theorien. So sind die im folgenden zu betrachtenden Variationen viel weniger durch Wandlungen in den Riten bedingt, als die im vorigen Kapitel betrachteten Veränderungen von den Wandlungen und Entwicklungen der Theologie abhingen.

Die einzige rituelle Veränderung betrifft die dritte Partikel der Hostie. Aus verschiedenen Gründen[13] verlor sich allmählich der Brauch, sie auf dem Altar für die Krankenkommunion zu «verwahren». Albert der Große wird im 13. Jahrhundert feststellen, daß er in mehreren Orden, bei den Predigerbrüdern, den Franziskanern, Zisterziensern und in zahlreichen Kirchen mit Weltklerus nicht mehr beachtet wird.[14] Fast ein halbes Jahrhundert zuvor schrieb Sicard von Cremona bereits: *Una (pars) quandoque in altari in pyxide infirmis ad viaticum reservatur*,[15] und schon am

[12] Das wird von Florus klar zusammengefaßt: «Quomodo, inquam, unum caelestem panem in tria dividit? Aliud illic asserens esse Christum, aliud viventes fideles, aliud jam defunctos. Et Christum quidem calicis particula contineri, viventes in patenae fragmentis, defunctos autem in tertia quadam altaris particula censeri» (PL 119, 85D).

[13] Eine der Handschriften von Bonaventuras Sentenzenkommentar enthält diese zusätzliche Glosse: «Olim reservabatur usque ad gratiarum actionem, scilicet ad collectas ultimas. Sed postea multae factae sunt negligentiae circa partem reservatam, quia quidam ponebant librum desuper. Ideo, modo sumitur cum aliis» (Quaracchi IV, 286). Die Erklärung ist offensichtlich nicht ausreichend, ebensowenig die des hl. Thomas, S. Th. III q 83, a 5, ad 8: «Hic tamen ritus non servatur modo ... propter periculum.» In Wahrheit wurde der Ritus weniger abgeschafft als abgeändert, vgl. Batiffol, Leçons sur la messe, 92, Anm.: «Es ist beachtlich, daß das Verschwinden dieses Brauchs zusammenfällt mit dem Erscheinen des über dem Altar aufgehängten Gefäßes im 12. Jahrhundert, in diesem Gefäß wird der aufbewahrte Teil künftig hinterlegt.»

[14] In IV Sent., d 13, q 14 (Vivès, Bd. 29, 358). Um 1250 macht Albert diese Bemerkung in Gestalt eines Einwandes gegen den traditionellen Symbolismus. Seine Antwort ist die folgende: «Papa (= Sergius) loquitur hic ... tantum secundum ritum qui in Ecclesia Romana consuevit obervari pro tempore. Universaliter enim corpus Christi in tria dividitur, licet non universaliter una partium usque in finem missae observetur» (ebd. 359).

[15] Mitrale, lib 3, c 8 (PL 213, 141).

Ende des 12. Jahrhunderts mußte Gandulf von Bologna die Bemerkung des Papstes Sergius über den dritten Leib durch den Zusatz erklären: *Intelligitur esse dictum secundum diversam Ecclesiae consuetudinem.*[16]

Diese Preisgabe des alten Brauches, die zeitlich zusammenfiel mit der Entwicklung neuer Ansichten über die Verstorbenen, mußte auch den Wandel des Symbolismus, der sich zunächst an die dritte Partikel anlehnte, beschleunigen. Indem dieser seine rituelle Grundlage und seinen dogmatischen Bezugspunkt verlor, hing er in der Luft. – Von diesem Fall abgesehen aber gehen die Wandlungen nicht auf liturgische Ursachen zurück. Sie fordern keine andere Erklärung als die Phantasie ihrer Erfinder. In der Tat: so stabil Riten zu sein pflegen, die von heiliger Überlieferung geschützt sind, so leicht können ihre symbolischen Deutungen nach allen Richtungen hin verbessert, neu und ausgiebiger gedeutet werden. Von außen gesehen und in ihren Einzelheiten ist diese Deutung völlig subjektiv. Jeder kann dabei eine Freiheit walten lassen, die an die der alten Griechen bei der Auslegung ihrer Mythen erinnert. Der Erfolg seiner persönlichen Funde wird vom aufgewandten Scharfsinn wie vom dogmatischen Gewicht abhängen, mit dem er seine Symbole zu beschweren vermag. Er kann auch, willkürlicher, von der Autorität abhängen, die sich sonst mit seinem Namen verbindet, oder von zufälligen Umständen... Das *triforme corpus* aber war hinreichend geprägt, die Grundidee seiner Symbolik war wesentlich genug und verlieh dem eucharistischen Geheimnis eine so sachliche Illustration, daß ihm eine lange Laufbahn vorausgesagt werden konnte. Weshalb aber entsprach dieses bestimmte Hostienfragment eher diesem als einem andern Leib? Hier besaßen die Symbole weniger Stringenz als in andern Fällen. Tatsächlich werden so viele Kombinationen erdacht, als Möglichkeiten sich bieten.

Für Amalarius war die Partikel im Kelch das Symbol des auferstandenen Leibes. Viele folgten ihm darin, sei es weil die Erklärung sie befriedigte, oder einfach aus Gewohnheit. So Liturgiker wie Johannes von Avranches und Marsilius von Rouen. So auch noch Thomas von Aquin. Aber andere fragen sich, ob man

[16] Sententiae, lib 4, n 127 (de Walter, 455).

darin nicht eher das Symbol des *corpus ambulans in terra* sehen müßte. Legt der Kelch nicht, nach der Schrift selbst, eher den Gedanken an das Leiden als an die Glorie nahe? Sprach Christus nicht selber vom Kelch seiner Passion? Amalarius, dem logischer Zusammenhang wenig am Herzen lag, hatte selber an einer Stelle der *Eclogae* darauf hingewiesen.[17] Somit muß die dem Kelch eingesenkte Parzelle anscheinend den Teil des Leibes Christi bedeuten, der noch in der Anfechtung lebt und überdies hienieden die Passion des Herrn nachahmen muß, um zur Glorie seiner Auferstehung zu gelangen. *Christi passionem imitari:* war nicht dies nach den beiden großen Lehrern, die das Mittelalter anzuführen nicht müde wird,[18] die echte Teilnahme am Opfer und die wahre Kommunion beim heiligen Gastmahl? So dachten manche, angeführt wie es scheint durch Ivo von Chartres; und ihre Zahl ist im Wachsen begriffen.[19] Jetzt bedeutet die *pars in calicem missa* die Glieder Christi *adhuc in passione viventes*, *in naufragio huius saeculi*, *in laboribus huius vitae*. Oder der Kelch erscheint als eine Art Gefängnis: *qui detinentur in hoc exsilio*. Ein mnemotechnischer Vers wird die neue Deutung allen Gedächtnissen einprägen:

... Tertia viventes: haec in sanguine tincta est.

Thomas, der wie gezeigt an der ursprünglichen Tradition festhält, hat doch auch einen Platz für diese. Andere kommen zum gleichen Ergebnis, doch aufgrund einer ganz andern Symbolik, in der sich das steigende Aufmerken auf den Sühnecharakter der

[17] «Habens in sinistro brachio calicem et desuper corporale: Quoniam quod passus est temporale fuit... Significat vero ... calix ipsam passionem» (PL 105, 1323 D). Vgl. Fulgentius, Epistula 14, 41 und 42: «Neque enim dubium est ... a Domino nomine calicis significatam gratiam passionis, etc.» (PL 65, 429 A–430 D). Vgl. Paschasius Radbert, In Matthaeum, lib 9, c 20 (PL 120, 690 B). Nach Florus (PL 119, 74 C und 81 B) verglich Amalarius den Kelch auch mit dem Grab. In den Eclogae wird er eher mit dem Altar verglichen (PL 105, 1326 B).

[18] Augustin, Gregor der Große, Dialogi, lib 4, c 58 (PL 77, 425). Vgl. Origenes, In Matt. ser. c 92: «Calicem autem hunc qui bibitur passionis, in multis locis nominat Scriptura, praecipue qui a martyribus proprie bibitur ...» (Klostermann, 209 bis 210). Didymus der Blinde, In ps. 115, v. 4: «Er nennt Kelch die Geduld in den Kämpfen um die Frömmigkeit, wenn wir der Sünde bis in den Tod widerstehen» (PG 39, 1556 A).

[19] Hugo, Stephan von Baugé, Speculum Ecclesiae, Sermo de excellentia, Balduin von Canterbury, Magister Simon, Petrus Comestor, Robert Paululus, Ps-Hildebert, Innozenz III., Sententiae divinitatis, Sicard von Cremona, Wilhelm von Auxerre, usf.

Messe spiegelt: die Lebenden sind durch die *pars immissa* bestens symbolisiert, weil sie das *opus sanguinis et carnis* vollbringen, das durch die *caro sanguini admista* sühnen muß.[20]

Und doch: wenn man einmal begonnen hatte, in einem der drei Leiber die im Fegfeuer weilenden Abgestorbenen zu sehen, wie wäre man nicht auf den Gedanken gekommen, sie ebenfalls in der *pars immissa* symbolisiert zu sehen? Bildeten sie denn nicht jenen Teil des Leibes Christi, der sich die leidende Kirche nennt? Und wenn der Kelch ein Gefängnis ist, hat dann nicht das Fegfeuer mehr Anspruch als die Erde, dieser Kelch genannt zu werden?[21] Legt er nicht außer dem Gedanken an Schmerz den ans Sterben nahe? Paschasius Radbert hatte erklärt: der Schrei am Ölberg: «Dieser Kelch gehe an mir vorüber», wurde angesichts des schmerzlichen Leidens ausgestoßen, aber ebenso im großen Schrecken vor dem nahenden Tod.[22] Damit droht nun seinerseits das *corpus ambulans* aus seiner Stellung verdrängt zu werden und einen andern symbolischen Haltepunkt suchen zu müssen. Dies geschieht tatsächlich bei Ps-Alger von Lüttich. Das *corpus ambulans* ist hier die vom Priester genossene Partikel, das heißt die zweite in der Reihenfolge der Aufzählung: eignet sich diese *media portio* nicht recht gut, um die zu bezeichnen, die noch im Fleische lebend, *quasi in medio positi*, sich nach rechts wie nach links wenden können gemäß ihrem freien Willen? Ein besonders künstlicher und armseliger Symbolismus, aber man wird zugeben, daß es schwierig ist, jedesmal drei ebenso treffende für die drei Leiber ausfindig zu machen.

Und wenn der Kelch schon Zeichen der Schmerzen ist, so durfte man doch nicht vergessen, daß er nach der Schrift auch ein Zeichen der Freude sein kann: *Calix inebrians, quam praeclarus est!* Er ist

[20] Robert Paululus, De ecclesiasticis officiis, c 39: «Tertia pars, quae in calice ponitur, propitiatio est pro vivis, opusque sanguinis et carnis expiat illa caro sanguini admista» (PL 177, 436). Desgleichen in den Versus de mysterio missae, die oben angeführt wurden (Kap. 2, Anm. 42). – Dieser Hinweis auf den Sühnecharacter der Messe wird immer betonter. Vgl. Wilhelm von Auxerre, Summa Aurea, lib 4 (fol 260 r°).

[21] So scheint es bei Petrus Cantor die «tertia pars in sanguine tincta» zu sein, die «ad statum eorum qui iam sunt in purgatorio» in Beziehung gesetzt wird (Dumoutet, 203–204; vgl. oben S. 353).

[22] Vgl. Paschasius Radbert, In Matthaeum, lib 9, c 20 (PL 120, 690C).

poculum suavitatis.[23] Waren einmal die Heiligen aus der anonymen Masse der *dormientes* ausgesondert und bei Christus in der himmlischen Stätte versammelt, so besaß man an ihnen eine neue Kandidatengruppe für den Symbolismus der *pars immissa*. In den *Sententiae Florianenses* sind sie die Gewinner: *Illa pars quae videtur esse in calice, designat animas quae regnant cum Christo in caelis.*[24] Aus einem andern Grund sind sie es auch bei Richard von Wedinghausen. Bevor die Parzelle in den Kelch getaucht wird, hält der Priester sie in der Hand und macht mit ihr mehrere Kreuzzeichen: so halten wir gleichsam die Heiligen in der Hand, wenn wir sie durch unsern Glauben und unsere Werke nachahmen und machen nach ihrem Beispiel Kreuzzeichen, indem wir uns den Leiden Christi zugesellen. Der Verfasser des *Liber de canone mystici libaminis* liebt, wie man sieht, weithergeholte Symbolismen.[25] Viel schlichter war es zu sagen: die dem glorreichen Christus Beigesellten mußten mit dem gleichen Sinnbild bezeichnet werden wie er, obwohl sie noch nicht mit ihm zusammen auferstanden sind.[26] Damit schließt sich die neuere Erklärung der älteren an. Ein anderes Lehrgedicht übernahm ihre Verbreitung: *Tincta beatos plene*... Bonaventura erblickt darin freilich eine Schwierigkeit: die natürliche Bedeutung des Kelches ist das Leiden; er ist ungeeignet, die Seligen zu bezeichnen. Seine eigene Antwort darauf ist diese:

> ... Alia proprietas est, scilicet facilis sumptionis, per quam beati significantur, qui sine aliqua retardatione degustant.[27]

[23] Paschasius Radbert, In Matthaeum (PL 120, 895 D). Vgl. Ambrosius, De Elia, c 10, n 34: «Merito dicunt singuli refecti spiritali cibo et spiritali potu: Parasti in conspectu meo mensam ... et poculum inebrians quam praeclarum est!» (PL 14, 708 D.) [24] N 74 (Ostlender, 33).

[25] «Tertia pars dominici corporis quam manu tenemus cum cruces facimus, pars illa est Ecclesiae quae in exultatione est et gaudet cum Christo in aeterna beatitudine. Hanc ergo, id est sanctos in manu tenere, id est fide et opere imitari debemus, ut sic cruces faciamus, id est passionibus Christi communicemus» (PL 177, 467–468).

[26] Albert der Große löst die Schwierigkeit, indem er eine dreifache Auferstehung unterscheidet: «resurrectio a culpa per gratiam, resurrectio animae a paena per gloriam, resurrectio corporis». So können die Seelen der Heiligen, die schon eine doppelte Auferstehung erlebt haben, ohne Bedenken in die gleiche Kategorie, in den gleichen «Leib» getan werden wie der auferstandene Christus: In IV Sent., d 13, a 14 (Vivès, Bd. 29, 359–360). Ein neues Beispiel für die Einfältigkeiten, womit die großen Geister jener Zeit, die über alles schreiben mußten, sich zufriedengaben.

[27] In IV Sent., d 12, p 1, a 3, q 3 (Quaracchi IV, 286).

Vom rein symbolistischen Standpunkt aus scheint die Antwort schwach. Es ist aber auf dieses *sine aliqua retardatione* zu achten, dessen Absicht klar ist. Bonaventura läßt die Gelegenheit einer theologischen Berichtigung nicht unbenützt vorbeigehen, die im 13. Jahrhundert noch nicht überflüssig war. Im übrigen galt es, wohl oder übel eine Klassifizierung zu rechtfertigen, die schon im voraus angenommen war. Die leichte Willkür war in Kauf zu nehmen, und der Wunsch ging dahin, im Innern des *triforme corpus* die neue Kategorie der Heiligen im Himmel einzubürgern, ohne die Gesamt-Ökonomie der Formel in Frage zu stellen.

Die Untersuchung über die beiden andern Teile der Hostie – den vom Priester *sicca* verzehrten und den nach der Kommunion auf dem Altar verbleibenden, wäre dazu angetan, das über das erste Gesagte zu ergänzen. Aber der Leser hat gewiß das Gefühl, es sei nun genug. Im 13. Jahrhundert erreicht die Entwicklung – wenn das Wort für solche Veränderungen überhaupt angebracht ist – ihren Abschluß. Statt zum Symbolismus des *triforme corpus* einen persönlichen Beitrag zu leisten oder unter den überlieferten Formeln eine auszuwählen, sind Theologen und Liturgiker bedacht, sich nichts vom Angehäuften entgehen zu lassen. So macht es zum Beispiel Sicard von Cremona.[28] Der Eklektizismus eines Durandus von Mende,[29] später eines Sylvius,[30] werden sehr viel ausgiebiger sein. Der Grundsatz war, die großen Scholastiker miteinander auszugleichen: *Non est inconveniens per idem diversa significari,*[31] hatte schon Thomas, nach Albert gesagt,[32] ein Prinzip, das vor allem in der Auslegung der Heiligen Schrift seinen Ort besaß. Dennoch wird dieser Katalog von Symbolen – Durandus zählt sechs Systeme von solchen auf – bald nur noch ein retrospektives Interesse bieten. In der lebendigen Theologie spielt das *corpus triforme* keine Rolle mehr.[33]

[28] Mitrale, lib 3, c 8 (PL 213, 141).

[29] Rationale divinorum officiorum, lib 4, c 51, n 21 und 22.

[30] In 3m, q 83, a 5. Sylvius zeigt den Zusammenhang mit der Änderung im liturgischen Gebrauch und dem Wandel der Erklärungen: «secundum morem nunc in Ecclesia usitatum ...»

[31] In IV Sent., d 12, q 1, a 3, q 3, ad 4m.

[32] In IV Sent. (Vivès, Bd. 29, 358).

[33] Wir haben nur die Varianten innerhalb des amalarischen Schemas aufgezeigt. Die drei Hostienteile symbolisierten auch andere Triaden: natürlich die Drei-

Und doch hatte es, dank dem Rückhalt, den ihm der Ritus bot, seine Laufbahn über alle Erwartung hinaus verlängert. Sehr bald schon war es in Gefahr, als überholt zu gelten, verstand es aber, sich zu verwandeln statt unterzugehen. Ein solches Glück war dem andern zeitgenössischen Theorem nicht beschieden gewesen: dem *triplex modus corporis* von Paschasius Radbert und Gottschalk. Honorius von Autun hatte zwar im 12. Jahrhundert versucht, ihn am Glück des ersten teilnehmen zu lassen, indem er ihn, durch eine erfindungsreiche Übersetzung, in den von Amalarius bereinigten liturgischen Rahmen einführte. Nach Aufzählung der drei paschasischen Leiber – historischer, sakramentaler, kirchlicher Leib – und nach Erweis ihrer Einheit im Heiligen Geist, fährt Honorius fort:

> Und weil wir glauben, daß nur ein einziger Leib ist, bringen wir nur ein einziges Opfer dar; aber weil wir glauben, daß er auf drei Weisen existiert, teilen wir die geweihte Opfergabe in drei Teile. Der in den Kelch gesenkte Teil bedeutet den in die Herrlichkeit aufgenommenen Leib des Herrn; der vom Priester verzehrte bedeutet den der Kirche als Unterpfand hinterlassenen Leib, der für die Wegzehrung in der Pyxis hinterlegte besagt diesen Leib, der sich für die Arbeit noch dieser Welt zuneigt wie einem Gefängnis.[34]

Aber dieser Ansatz blieb ohne Folgen. Er kam gewiß zu spät. Die beiden Theorien blieben unabhängig voneinander, und das Nachleben des Amalarius war länger als das des Paschasius. Obschon weniger freundlich begrüßt als der Pseudo-Augustinus – denn das fördernde Patronat kam ihm erst später zu – hat sich der Pseudo-Sergius dafür als hartnäckiger erwiesen. Beide indes bleiben für uns die Zeugen der engen Verbindung zwischen Kirche und Eucharistie im Mittelalter.

einigkeit, aber auch die drei Tischgenossen von Emmaus, die drei Ordnungen der Christen: Prälaten, Enthaltsame, Verheiratete, die selbst wieder durch Noe, Daniel und Job bezeichnet wurden, die drei verwundeten Teile des Leibes Jesu: Füße, Hände, Seite, usf.

[34] Eucharistion, c 1 (PL 172, 1250).

Im gleichen Verlag erschienen

Henri Kardinal de Lubac

DIE KIRCHE
Eine Betrachtung (1968) 342 S.

GEIST AUS DER GESCHICHTE
Das Schriftverständnis von Origenes (1968) 522 S.

CORPUS MYSTICUM
Kirche und Eucharistie im Mittelalter (^{2}1995) 369 S.

GLAUBEN AUS DER LIEBE
(„Catholicisme. Les aspects sociaux du dogme") (^{3}1992) 432 S.

DIE FREIHEIT DER GNADE

I. DAS ERBE AUGUSTINS (1972) 373 S.
II. DAS PARADOX DES MENSCHEN.
Mit einer Bibliographie des Verfassers (1972) 390 S.

GLAUBENSPARADOXE (1972) 109 S.

QUELLEN KIRCHLICHER EINHEIT (1974) 204 S.

CREDO
Gestalt und Lebendigkeit unseres Glaubensbekenntnisses
(1975) 294 S.

„DU HAST MICH BETROGEN, HERR!"
Der Origenes-Kommentar über Jeremia 20,7 (1984) 120 S.

ÜBER GOTT HINAUS
Tragödie des atheistischen Humanismus (1984) 397 S.

GEHEIMNIS AUS DEM WIR LEBEN
Paradox und Mysterium der Kirche (^{2}1990) 163 S.

AUF DEN WEGEN GOTTES (1992) 300 S.

Karl Neufeld - Michel Sales

BIBLIOGRAPHIE HENRI KARDINAL DE LUBAC 1925-1974
(^{2}1975) 88 S.

Michel Sales

DER MENSCH UND DIE GOTTESIDEE BEI HENRI DE LUBAC
(1978) 98 S.

Hans Urs von Balthasar

HENRI DE LUBAC. Sein organisches Lebenswerk (1976) 100 S.